广东教育年鉴编纂委员会

主　　任：林如鹏
副 主 任：黄建固　冯　伟　李璧亮　李向明　朱建华　程大欣　邵允振　徐仕敏　曾声海　吴艳玲　方树生
　　　　　陈健生
委　　员：（以姓氏笔画为序）
　　　　　丁开万　王春涛　王静娴　王魏锋　龙海山　卢振家　邢　颖　江存余　许　曙　李　霞　李金俊
　　　　　吴宝榆　张建锋　张家浚　陈东海　林柏春　周昭国　赵　琦　胡浩伟　姜　琳　倪　熙　黄　妍
　　　　　黄小坚　梅　毅　傅湘龙　廖开锐　廖荣辉　谭永丰　戴庆洲

　　　　　习恩民　王晓韩　叶淦奎　刘　刚　许伟明　李桂蓉　杨　栋　杨利华　吴月德　利社会　陈　升
　　　　　陈　爽　林卫兴　周章玉　郑秀玉　黄令遥　梁钊俊　彭晓新　谢先群　黎　妍

主　　　　编：朱建华
副 　主 　编：王魏锋　黄小坚
编辑部主任：龙建刚
编辑部副主任：王蔓霞
编　　　　辑：王蔓霞　许纯子

GUANGDONG
EDUCATION
YEARBOOK

广东教育年鉴
2023

广东省教育厅 编

·广州·

版权所有　翻印必究

图书在版编目（CIP）数据

广东教育年鉴·2023/广东省教育厅编． ――广州：中山大学出版社，2025.3.
ISBN 978－7－306－08389－0

Ⅰ．G527.65－54

中国国家版本馆CIP数据核字第2025H74Y20号

GUANGDONG JIAOYU NIANJIAN · 2023

出 版 人：王天琪
策划编辑：廖丽玲　王蔓霞
责任编辑：廖丽玲
封面设计：林绵华
责任校对：赵　婷
责任技编：靳晓虹
策　　划：广东教育杂志社
出版发行：中山大学出版社
电　　话：编辑部 020－84110283，84113349，84111997，84110779，84110776
　　　　　发行部 020－84111998，84111981，84111160
地　　址：广州市新港西路135号
邮　　编：510275　　传　真：020－84036565
网　　址：http://www.zsup.com.cn　E-mail：zdcbs@mail.sysu.edu.cn
印 刷 者：恒美印务（广州）有限公司
规　　格：889mm×1194mm　　1/16　　34.25印张　　1133千字
版次印次：2025年3月第1版　　2025年3月第1次印刷
定　　价：260.00元

如发现本书因印装质量影响阅读，请与出版社发行部联系调换

出版说明

一、《广东教育年鉴》（以下简称《年鉴》）是由广东省教育厅组织编纂的逐年反映广东教育改革与发展情况的文献资料性工具书，是社会各界了解教育基本情况和各级教育部门交流经验的平台，是展示教育风采的重要窗口。自2007年起每年出版一卷，本卷是第十七卷。

二、本卷《年鉴》的编纂工作以马克思列宁主义、毛泽东思想、邓小平理论、"三个代表"重要思想、科学发展观、习近平新时代中国特色社会主义思想为指导，全面贯彻党的二十大精神和习近平总书记关于教育的重要论述、对广东系列重要讲话重要指示精神，落实省委"1310"具体部署，围绕"加快建设教育强省"和"构建高质量教育体系"的总目标和总抓手，聚焦教育领域综合改革，全面、系统、准确地记述全省教育的基本情况和教育现代化建设的主要举措，实事求是地总结全省教育工作的成就和经验，反映全省教育事业发展的基本面貌，为宣传、检索、研究广东教育提供权威的信息资料，促进广东教育改革发展。

三、本卷《年鉴》分"特载""重要文件""概况""各级各类教育""教育综合管理""市域教育""教育统计""学校展示"八大类目。采取三级目结构分类编辑法，以类目为一级目，以栏目为二级目，以条目为三级目。其中"各级各类教育""教育综合管理""市域教育"三个部分是主体，分别由主题相对独立的若干个栏目组成，每个栏目分为若干条目以及子条目。

四、本卷《年鉴》的基本栏目包括：省教育厅主要领导的讲话，教育部等部委有关教育的政策文件，省委、省政府有关教育的政策文件，省教育厅及省相关单位有关教育的政策文件，教育事业发展概况，教育要事录，教育视点，基础教育，职业教育与终身教育，高等教育，民办教育，党建工作，思想政治工作，政策法规，发展规划，基建财务，教育审计，学生助学，安全保卫工作，科研创新，体育卫生艺术与国防教育，队伍建设，教育交流与合作，人事管理，教育督导，学校后勤管理，老干部工作，教育纪检监察，招生考试，教育研究，教育期刊，语言文字工作，毕业生就业创业工作，校外教育培训监管工作，教育装备，政务服务，各地级以上市教育概况及教育成果与特色。

五、按目前国际国内通例，当年的年鉴反映上一年工作的基本情况。某些多年才能完成的工作任务，主要记述当年此项工作的进展情况。

六、《年鉴》发布的统计数据，由广东省教育厅发展规划处和基建财务处提供，引用应以此为准。某些条目中的数据，因统计口径不一，可能有不尽一致之处，请读者使用时注意。

七、《年鉴》的组稿以及编务工作得到了省教育厅机关各处（室）、有关直属单位，各地级以上市教育局及有关部门的积极协助和紧密配合。在年鉴编纂过程中，虽力求做到内容全面系统、资料准确无误、文字简明精练，但由于我们水平有限，仍有需要改进之处，欢迎读者批评指正。

《广东教育年鉴》编辑部
2024年6月

目　录

特　载

凝心聚力 乘势而上 高质量推进教育强省建设
　　——在2022年全省教育工作会议上的讲话 …………………………………………………………（003）

重　要　文　件

教育部等七部门关于印发《农村义务教育学生营养改善计划实施办法》的通知 ………………………（013）
教育部关于进一步加强新时代中小学思政课建设的意见 ……………………………………………（022）
教育部等十部门关于印发《全面推进"大思政课"建设的工作方案》的通知 …………………………（026）
教育部办公厅 工业和信息化部办公厅 国家知识产权局办公室关于组织开展"千校万企"协同创新伙伴
　　行动的通知 ………………………………………………………………………………………（030）
教育部办公厅 国家知识产权局办公室 科技部办公厅关于组织开展"百校千项"高价值专利培育转化
　　行动的通知 ………………………………………………………………………………………（032）
教育部关于推进新时代普通高等学校学历继续教育改革的实施意见 ………………………………（034）
财政部 教育部关于印发《中小学校财务制度》的通知 ………………………………………………（042）
科技部 财政部 教育部 中科院 自然科学基金委关于开展减轻青年科研人员负担专项行动的通知 ……（048）
科技部等七部门关于做好科研助理岗位开发和落实工作的通知 ……………………………………（050）
教育部办公厅等十二部门关于进一步加强学科类隐形变异培训防范治理工作的意见 ………………（052）
教育部等十三部门关于规范面向中小学生的非学科类校外培训的意见 ……………………………（055）
教育部等八部门关于印发《新时代基础教育强师计划》的通知 ………………………………………（059）
广东省人民政府办公厅关于印发广东省进一步支持大学生创新创业若干措施的通知 ………………（063）
广东省人民政府办公厅关于转发省教育厅等部门广东省"十四五"特殊教育发展提升行动计划的
　　通知 ………………………………………………………………………………………………（066）
广东省人民政府办公厅关于印发广东省全面加强新时代语言文字工作若干措施的通知 ……………（070）
广东省人民政府侨务办公室 广东省教育厅印发关于华侨学生在我省接受高中阶段教育实施办法的
　　通知 ………………………………………………………………………………………………（073）
关于印发《2022年广东省高校毕业生就业创业十大行动方案》的通知 ………………………………（076）
广东省教育厅 中共广东省委机构编制委员会办公室 广东省民政厅 广东省市场监督管理局关于印发
　　《广东省面向中小学生的全省性竞赛活动管理实施细则》的通知 ………………………………（080）
广东省教育厅等六部门关于印发非学科类校外培训机构办学许可证审批流程指引（试行）的
　　通知 ………………………………………………………………………………………………（083）

广东省教育厅 广东省发展和改革委员会 广东省财政厅 广东省自然资源厅 广东省住房和城乡建设厅 广东省卫生健康委员会关于印发《广东省加强住宅小区配套幼儿园建设和管理工作的指导意见》的通知 ……（088）

广东省教育厅等九部门关于印发《广东省"十四五"学前教育发展提升行动计划》《广东省"十四五"县域普通高中发展提升行动计划》的通知 ……（091）

广东省教育厅 广东省发展和改革委员会 广东省民政厅 广东省财政厅 广东省人力资源和社会保障厅 广东省市场监督管理局关于印发《广东省普惠性民办幼儿园认定、扶持和管理办法》的通知 ……（98）

广东省教育厅关于印发《广东省教育系统内部审计工作规定》的通知 ……（102）

广东省科学技术厅 广东省教育厅关于印发《广东省科技类校外培训机构设置标准（试行）》的通知 ……（108）

广东省体育局 广东省教育厅关于印发深化体教融合促进青少年健康发展实施意见的通知 ……（112）

广东省体育局 广东省教育厅关于印发《广东省体育类校外培训机构设置标准（试行）》的通知 ……（115）

广东省财政厅 广东省教育厅关于印发《广东省高等教育"冲一流、补短板、强特色"提升计划（2021—2025年）资金管理办法》的通知 ……（120）

广东省文化和旅游厅 广东省教育厅关于印发《广东省文化艺术类校外培训机构设置标准（试行）》的通知 ……（125）

广东省教育厅关于印发《广东省教育系统开展法治宣传教育的第八个五年规划（2021—2025年）》的通知 ……（129）

广东省人力资源和社会保障厅 广东省教育厅关于印发《广东省中小学教师职称评审办法》和《广东省中小学教师职称评价标准条件》的通知 ……（134）

概　　况

2022年广东省教育事业发展概况 ……（161）
2022年广东省教育要事录 ……（164）

教育视点

广东交出"双减"成绩单 ……（170）
精准培养，携手共进
　　——记广东省中小学"百千万人才培养工程" ……（172）
扩容提质：广东奋力推进学前教育高质量发展 ……（177）
从"大有可为"到"大有作为"
　　——广东职业教育十年发展纪实 ……（181）
广东十年强师之路 ……（187）
广东10年投入超50亿元，只为打造这一"强劲引擎" ……（191）
心怀"国之大者"培育时代新人 ……（194）

各级各类教育

基础教育

发展综述 ……（201）
学前教育 ……（202）
　基本情况 ……（202）

实施"5080"攻坚工程	(202)
完善学前教育体制机制	(202)
实施学前教育科学保教示范工程	(202)
开展乡村幼儿园质量提升项目	(202)
义务教育	(203)
基本情况	(203)
全力抓好"双减"工作	(203)
补齐农村教育发展"短板"	(203)
保障适龄儿童少年平等就学权利	(203)
推进集团化办学工作	(203)
普通高中教育	(204)
基本情况	(204)
加强学位建设	(204)
推进新课程新教材实施	(204)
加强普通高中招生管理	(204)
推进县域普通高中发展提升	(204)
深化教育评价改革	(204)
特殊教育	(204)
基本情况	(204)
强化特殊教育顶层设计	(204)
改善特殊教育办学条件	(204)
做好招生入学工作	(204)
推动融合教育发展	(204)
提升特殊教育质量	(204)
保障特殊教育经费	(205)
民族教育	(205)
基本情况	(205)
做好省内少数民族工作	(205)
西藏新疆学生分期分批来粤	(205)
指导各学校开展爱国主义教育	(205)
强化内地民族班日常管理	(205)
开展铸牢中华民族共同体意识调研	(205)
举办广东省内地民族班内派教师专项培训	(205)
教育信息化	(205)
基本情况	(205)
加强平台建设	(205)
推进信息技术与教育教学融合创新	(205)
推进教育大数据应用	(206)
提升教育系统网络与信息安全保障能力	(206)
学校展示（幼儿园、小学、中学）	(207)

职业教育与终身教育

发展综述	(295)

高等职业教育 (296)
　　基本情况 (296)
　　省职业教育城 (296)
　　高水平高职学校建设 (296)
　　创新强校工程 (296)
　　现代学徒制试点 (296)
　　高职教育质量工程项目 (296)
　　本科层次职业教育试点工作 (296)
中等职业教育 (297)
　　基本情况 (297)
　　招生工作 (297)
　　高水平中职学校建设 (297)
　　专业建设 (297)
　　中职教育质量工程项目 (297)
　　就业升学工作 (297)
终身教育 (297)
　　基本情况 (297)
　　全民终身学习活动周 (297)
　　高等学历继续教育 (297)
　　继续教育质量提升工程 (297)
　　社区教育和老年教育 (298)
　　学分银行 (298)
学校展示（中职、高校及其他） (299)

高等教育

发展综述 (333)
教育教学管理 (335)
　　教学基本条件建设 (335)
　　专业建设 (335)
　　课程建设 (336)
　　教学质量管理 (337)
学位与研究生教育 (338)
　　学位工作 (338)
　　研究生教育工作 (338)

民办教育

民办教育概况 (340)
加强民办学校党建工作 (340)
提升规范化办学程度 (340)
推进民办教育分类管理 (340)
落实省级财政扶持政策 (340)
加强民办高校监督管理 (340)
提升内涵发展特色发展水平 (340)

教育综合管理

党建工作 ……………………………………………………………………………………………… (343)
 综述 …………………………………………………………………………………………… (343)
 坚持旗帜鲜明讲政治抓政治 ……………………………………………………………… (343)
 委厅机关各级党组织掀起学习贯彻热潮 ………………………………………………… (343)
 推进厅机关基层党组织建设 ……………………………………………………………… (344)
 推进党风廉政建设 ………………………………………………………………………… (344)
 加强巡察整改工作 ………………………………………………………………………… (344)
 坚持党建带群建 …………………………………………………………………………… (344)
 加强高校党的政治建设 …………………………………………………………………… (345)
 全省高校传达学习贯彻党的二十大精神及省第十三次党代会精神 …………………… (345)
 落实高校基层党建三年行动计划任务 …………………………………………………… (345)
 做好高校发展党员和党员教育管理工作 ………………………………………………… (345)
 民办高校和中小学校党建工作 …………………………………………………………… (345)
 全省高校统一战线工作 …………………………………………………………………… (346)

思想政治工作 …………………………………………………………………………………… (346)
 中小学德育工作综述 ……………………………………………………………………… (346)
 中小学德育体系建设 ……………………………………………………………………… (346)
 中小学思政课程建设 ……………………………………………………………………… (346)
 中小学心理健康教育 ……………………………………………………………………… (346)
 中小学校园文化建设 ……………………………………………………………………… (346)
 中小学德育队伍建设 ……………………………………………………………………… (346)
 劳动教育 …………………………………………………………………………………… (346)
 家庭教育 …………………………………………………………………………………… (347)
 校外教育 …………………………………………………………………………………… (347)
 高校思想政治工作综述 …………………………………………………………………… (347)
 迎接和学习宣传贯彻党的二十大 ………………………………………………………… (347)
 高校思想政治理论课建设 ………………………………………………………………… (347)
 高校思想政治工作体系建设 ……………………………………………………………… (347)
 高校学生心理健康教育 …………………………………………………………………… (347)
 高校少数民族学生教育管理服务 ………………………………………………………… (347)

政策法规 ………………………………………………………………………………………… (348)
 依法行政工作 ……………………………………………………………………………… (348)
 行政复议、应诉工作 ……………………………………………………………………… (348)
 规范性文件管理 …………………………………………………………………………… (348)
 依法治校工作 ……………………………………………………………………………… (348)
 教育政策研究 ……………………………………………………………………………… (348)
 青少年法治教育 …………………………………………………………………………… (348)

发展规划 ………………………………………………………………………………………… (348)
 教育发展规划编制工作 …………………………………………………………………… (348)

高校设置工作 ·· (349)
  独立学院转设和民办高校管理工作 ·· (349)
  高等教育招生计划工作 ··· (349)
  深化粤港澳大湾区和深圳先行示范区教育工作 ····························· (349)
  教育大数据及统计工作 ··· (349)
基建财务 ·· (350)
教育审计 ·· (350)
  综述 ·· (350)
  教育审计实务工作 ··· (351)
  教育审计整改工作 ··· (351)
  教育审计制度建设 ··· (351)
  教育审计队伍建设 ··· (352)
  教育审计信息化建设 ·· (352)
学生助学 ·· (352)
  综述 ·· (352)
  加强政治建设 ··· (352)
  加强制度建设 ··· (352)
  推进系统建设 ··· (352)
  加强资助宣传 ··· (353)
  落实特殊困难学生精准资助 ·· (353)
  强化监督检查 ··· (353)
  学生资助育人成效显著 ··· (353)
安全保卫工作 ·· (353)
  综述 ·· (353)
  政治维稳工作 ··· (353)
  学校安全管理工作 ··· (353)
  安全教育工作 ··· (354)
科研创新 ·· (354)
  高校科技/社科统计工作 ·· (354)
  科研人力资源 ··· (354)
  科研活动经费 ··· (354)
  研究机构 ··· (355)
  科研项目 ··· (355)
  科研成果 ··· (355)
  学术交流 ··· (355)
  高校科技创新工作 ··· (355)
  知识产权 ··· (356)
  教育科研基本情况 ··· (356)
体育卫生艺术与国防教育 ··· (356)
  提升党建工作质量 ··· (356)
  做好校园疫情防控工作 ··· (356)
  制定出台系列学校体育政策文件 ·· (357)

举办省级学生综合运动会 ………………………………………………… (357)
　　提升学生体质健康水平 …………………………………………………… (357)
　　促进青少年校园足球健康发展 …………………………………………… (357)
　　推动学校体育特色发展 …………………………………………………… (357)
　　健全学校美育建设体系 …………………………………………………… (357)
　　促进学校美育教学发展 …………………………………………………… (357)
　　推动学校美育工作特色发展 ……………………………………………… (357)
　　全面彰显学校美育成果影响力 …………………………………………… (357)
　　完善学校美育帮扶协作机制 ……………………………………………… (357)
　　推动近视防控工作 ………………………………………………………… (357)
　　加强健康教育和健康促进 ………………………………………………… (357)
　　不断提升校园应急救护水平 ……………………………………………… (358)
　　学校国防教育工作有新进步 ……………………………………………… (358)
　　超额完成大学生征兵任务 ………………………………………………… (358)
队伍建设 ……………………………………………………………………………… (358)
　　综述 ………………………………………………………………………… (358)
　　推进完成民生实事任务 …………………………………………………… (358)
　　全面加强师德师风建设 …………………………………………………… (358)
　　大力推动教师专业发展 …………………………………………………… (358)
　　加强乡村教师队伍建设 …………………………………………………… (359)
　　推进教师管理制度改革 …………………………………………………… (359)
　　强化教师工资待遇保障 …………………………………………………… (359)
　　加强教师管理信息化建设 ………………………………………………… (359)
　　高校领导干部思想建设 …………………………………………………… (360)
　　高校领导干部能力建设 …………………………………………………… (360)
　　高校领导干部班子组织建设 ……………………………………………… (360)
　　干部管理监督工作 ………………………………………………………… (360)
　　高校教育人才"组团式"帮扶工作 ………………………………………… (360)
教育交流与合作 ……………………………………………………………………… (361)
　　综述 ………………………………………………………………………… (361)
　　加强顶层设计 ……………………………………………………………… (361)
　　推进粤港澳大湾区国际教育示范区建设 ………………………………… (361)
　　参与"一带一路"建设 …………………………………………………… (361)
　　推进中外人文交流 ………………………………………………………… (361)
　　推进粤港澳台地区交流合作 ……………………………………………… (362)
　　做好涉外事项管理服务 …………………………………………………… (362)
人事管理 ……………………………………………………………………………… (362)
　　综述 ………………………………………………………………………… (362)
　　委厅干部队伍建设 ………………………………………………………… (363)
　　教育系统人才队伍建设 …………………………………………………… (363)
　　干部人事领域改革 ………………………………………………………… (363)
教育督导 ……………………………………………………………………………… (363)

深化新时代教育督导体制机制改革 ……………………………………………………………………… (363)
　　开展政府履行教育职责评价 …………………………………………………………………………… (364)
　　开展基础教育质量监测工作 …………………………………………………………………………… (364)
　　推进义务教育优质均衡发展和县域学前教育督导评估 ……………………………………………… (364)
　　开展教育领域专项督导 ………………………………………………………………………………… (364)
　　开展教育乱收费治理 …………………………………………………………………………………… (364)
学校后勤管理 ………………………………………………………………………………………………… (365)
　　综述 ……………………………………………………………………………………………………… (365)
　　支部建设 ………………………………………………………………………………………………… (365)
　　疫情防控与物资保障 …………………………………………………………………………………… (365)
　　食品安全工作 …………………………………………………………………………………………… (365)
　　中小学"厕所革命" ……………………………………………………………………………………… (365)
　　绿色学校 ………………………………………………………………………………………………… (365)
　　节能减排 ………………………………………………………………………………………………… (365)
　　宿舍管理 ………………………………………………………………………………………………… (365)
　　校服管理 ………………………………………………………………………………………………… (366)
　　高校医疗保健 …………………………………………………………………………………………… (366)
　　校办企业 ………………………………………………………………………………………………… (366)
老干部工作 …………………………………………………………………………………………………… (366)
　　综述 ……………………………………………………………………………………………………… (366)
　　抓党建聚合力 …………………………………………………………………………………………… (366)
　　抓防控保健康 …………………………………………………………………………………………… (367)
　　办实事强服务 …………………………………………………………………………………………… (367)
教育纪检监察 ………………………………………………………………………………………………… (367)
　　综述 ……………………………………………………………………………………………………… (367)
　　强化政治监督 …………………………………………………………………………………………… (367)
　　坚持有案必查 …………………………………………………………………………………………… (368)
　　做好巡视巡察"后半篇文章" …………………………………………………………………………… (368)
　　推动高校纪委建设 ……………………………………………………………………………………… (368)
　　加强队伍建设 …………………………………………………………………………………………… (368)
招生考试 ……………………………………………………………………………………………………… (368)
　　综述 ……………………………………………………………………………………………………… (368)
　　普通高考 ………………………………………………………………………………………………… (368)
　　港澳台联合招生考试 …………………………………………………………………………………… (368)
　　高中阶段学校招生考试 ………………………………………………………………………………… (368)
　　中高职贯通五年一贯制和三二分段招生考试 ………………………………………………………… (368)
　　西部人才培养战略 ……………………………………………………………………………………… (369)
　　中等职业技能考试 ……………………………………………………………………………………… (369)
　　普通高中学业水平合格性考试 ………………………………………………………………………… (369)
　　普通专升本考试 ………………………………………………………………………………………… (369)
　　自学考试 ………………………………………………………………………………………………… (369)
　　社会考试 ………………………………………………………………………………………………… (369)

目录
CONTENTS

  研究生招生考试 ………………………………………………… (369)
  成人高校招生考试 ………………………………………………… (369)
  考试命题 …………………………………………………………… (369)
  考试评价 …………………………………………………………… (369)
  考试招生服务 ……………………………………………………… (369)
  考试招生保障条件建设 …………………………………………… (369)
  教育考试服务 ……………………………………………………… (369)
  命题基地建设 ……………………………………………………… (370)
教育研究 ……………………………………………………………… (370)
  落实立德树人根本任务 …………………………………………… (370)
  加快打造高质量教育研究体系 …………………………………… (370)
  加快建设高端新型教育智库 ……………………………………… (372)
教育期刊 ……………………………………………………………… (372)
  综述 ………………………………………………………………… (372)
  党建工作 …………………………………………………………… (372)
  教育宣传工作 ……………………………………………………… (373)
  期刊编校工作 ……………………………………………………… (373)
  教育品牌活动 ……………………………………………………… (373)
  新媒体工作 ………………………………………………………… (373)
  人才队伍建设 ……………………………………………………… (373)
语言文字工作 ………………………………………………………… (373)
  综述 ………………………………………………………………… (373)
  提升语言文字工作治理能力和治理水平 ………………………… (373)
  普通话水平测试 …………………………………………………… (373)
  推广普通话宣传工作 ……………………………………………… (373)
  中华优秀传统文化传承传播 ……………………………………… (374)
  推进粤港澳大湾区及海外语言文化交流合作 …………………… (374)
  语言资源保护工程广东项目 ……………………………………… (374)
  推进语言基地建设 ………………………………………………… (374)
  关注特殊人群语言文字需求 ……………………………………… (374)
毕业生就业创业工作 ………………………………………………… (374)
  综述 ………………………………………………………………… (374)
  主要措施 …………………………………………………………… (375)
校外教育培训监管工作 ……………………………………………… (376)
  综述 ………………………………………………………………… (376)
  持续巩固校外培训治理成果 ……………………………………… (376)
  全面规范非学科类校外培训机构 ………………………………… (377)
  进一步强化风险防范化解 ………………………………………… (377)
  落实全国监管平台全流程监管工作 ……………………………… (377)
  强化校外培训监管行政执法 ……………………………………… (377)
  规范全省中小学生社会竞赛活动 ………………………………… (377)
教育装备 ……………………………………………………………… (378)

  综述 …… (378)

  中小学教育装备 ………………………………………………………………………………………………… (378)

  高等教育装备 …………………………………………………………………………………………………… (378)

  教育采购管理 …………………………………………………………………………………………………… (378)

  世界银行贷款项目 ……………………………………………………………………………………………… (379)

政务服务 ……… (379)

  综述 …… (379)

  全方位推进政务服务标准化规范化 …………………………………………………………………………… (379)

  多举措保障政务微信安全运维 ………………………………………………………………………………… (380)

  多维度谋划赋能乡村教育振兴 ………………………………………………………………………………… (380)

市 域 教 育

广州市教育

概况 ……… (383)

各级各类教育 ……………………………………………………………………………………………………… (385)

  基础教育 …… (385)

  职业教育 …… (387)

  市属高等教育 …………………………………………………………………………………………………… (387)

  民办教育 …… (387)

教育成果与特色 …………………………………………………………………………………………………… (388)

  市属高校党建示范创建和质量创优活动取得突破 …………………………………………………………… (388)

  开展新时代广州"师·说"活动 ……………………………………………………………………………… (388)

  "广州市乡村教师学历提升计划"迎来首届毕业生 ………………………………………………………… (388)

  举行"教育部人工智能助推教师队伍建设行动试点项目"启动仪式 ……………………………………… (388)

  "强基计划"取得成效 ………………………………………………………………………………………… (388)

  《广州教育蓝皮书·广州教育发展报告（2021—2022）》出版 …………………………………………… (388)

  开展中小学、幼儿园督导评估 ………………………………………………………………………………… (388)

  源头防范化解教培机构风险 …………………………………………………………………………………… (388)

  建设基础教育国家级优秀教学成果推广应用示范区 ……………………………………………………… (388)

  举办2022年粤港澳大湾区创客教育研讨交流活动 ………………………………………………………… (389)

  构建优质数字教育资源体系 …………………………………………………………………………………… (389)

  全面普及智慧阅读 ……………………………………………………………………………………………… (389)

  推进全市中小学人工智能教育普及工作 ……………………………………………………………………… (389)

  广州启动首批市属优质基础教育资源集团化办学督导评估工作 …………………………………………… (389)

  完善教师发展支持新体系 ……………………………………………………………………………………… (389)

  评出首批中等职业学校正高级讲师 …………………………………………………………………………… (389)

  校内提质减负 …………………………………………………………………………………………………… (390)

  校内课后服务 …………………………………………………………………………………………………… (390)

  购买民办义务教育学校学位 …………………………………………………………………………………… (390)

  普通高中新课程新教材实施示范区建设 ……………………………………………………………………… (390)

  "粤菜师傅"工程 ……………………………………………………………………………………………… (390)

广州市成功加入联合国教科文组织全球学习型城市网络会员 …………………………………………（390）
"创办港澳子弟学校"入选全国最佳实践案例 ………………………………………………………（390）

深圳市教育

概况 ……………………………………………………………………………………………………（391）
各级各类教育 …………………………………………………………………………………………（391）
 基础教育 ……………………………………………………………………………………………（391）
 职业教育与终身教育 ………………………………………………………………………………（391）
 高等教育 ……………………………………………………………………………………………（392）
 民办教育 ……………………………………………………………………………………………（392）
教育成果与特色 ………………………………………………………………………………………（392）
 教育综合改革 ………………………………………………………………………………………（392）
 学校安全管理 ………………………………………………………………………………………（393）
 教育督导 ……………………………………………………………………………………………（393）
 教育宣传 ……………………………………………………………………………………………（393）
 教育治理 ……………………………………………………………………………………………（393）
 教育考试 ……………………………………………………………………………………………（393）
 教育信息化 …………………………………………………………………………………………（393）
 教育资助 ……………………………………………………………………………………………（393）
 教学成果 ……………………………………………………………………………………………（393）
 队伍建设 ……………………………………………………………………………………………（394）
 学校思政工作 ………………………………………………………………………………………（394）
 校外培训治理 ………………………………………………………………………………………（394）
 教育交流合作 ………………………………………………………………………………………（394）

珠海市教育

概况 ……………………………………………………………………………………………………（395）
各级各类教育 …………………………………………………………………………………………（397）
 基础教育 ……………………………………………………………………………………………（397）
 中等职业教育 ………………………………………………………………………………………（398）
 高等教育 ……………………………………………………………………………………………（398）
 民办教育 ……………………………………………………………………………………………（398）
教育成果与特色 ………………………………………………………………………………………（399）
 党建引领 ……………………………………………………………………………………………（399）
 学校建设 ……………………………………………………………………………………………（399）
 教师队伍建设 ………………………………………………………………………………………（399）
 师德师风建设 ………………………………………………………………………………………（400）
 合作办学 ……………………………………………………………………………………………（400）
 珠港澳合作交流 ……………………………………………………………………………………（400）
 "双减"改革 ………………………………………………………………………………………（400）
 教育改革创新 ………………………………………………………………………………………（400）
 人事制度改革 ………………………………………………………………………………………（400）
 人才子女入学 ………………………………………………………………………………………（401）
 校园安全 ……………………………………………………………………………………………（401）

依法治教 ………………………………………………………………………………………… (401)

汕头市教育

　概况 ……………………………………………………………………………………………… (402)
　各级各类教育 …………………………………………………………………………………… (402)
　　基础教育 ………………………………………………………………………………………… (402)
　　职业与成人教育 ………………………………………………………………………………… (402)
　　高等教育 ………………………………………………………………………………………… (403)
　　民办教育 ………………………………………………………………………………………… (403)
　　终身教育和社区教育 …………………………………………………………………………… (403)
　教育成果与特色 ………………………………………………………………………………… (403)
　　教育系统疫情防控 ……………………………………………………………………………… (403)
　　教育督导 ………………………………………………………………………………………… (403)
　　教育法治 ………………………………………………………………………………………… (404)
　　校园安全 ………………………………………………………………………………………… (404)
　　教育公平 ………………………………………………………………………………………… (405)
　　扶困助学 ………………………………………………………………………………………… (405)
　　招生考试 ………………………………………………………………………………………… (405)
　　高考录取 ………………………………………………………………………………………… (406)
　　教师队伍建设 …………………………………………………………………………………… (406)
　　教育信息化 ……………………………………………………………………………………… (406)
　　教育教学 ………………………………………………………………………………………… (406)
　　学校德育 ………………………………………………………………………………………… (407)
　　学校体育 ………………………………………………………………………………………… (408)
　　学校卫生健康 …………………………………………………………………………………… (408)
　　学校美育 ………………………………………………………………………………………… (409)

佛山市教育

　概况 ……………………………………………………………………………………………… (410)
　各级各类教育 …………………………………………………………………………………… (411)
　　基础教育 ………………………………………………………………………………………… (411)
　　职业与成人教育 ………………………………………………………………………………… (411)
　　高等教育 ………………………………………………………………………………………… (411)
　教育成果与特色 ………………………………………………………………………………… (411)
　　中小学生心理健康教育 ………………………………………………………………………… (411)
　　中小学劳动教育 ………………………………………………………………………………… (412)
　　"双减"工作全面落实 …………………………………………………………………………… (412)
　　推进五育并举融合育人 ………………………………………………………………………… (412)
　　深入实施"新强师工程" ………………………………………………………………………… (412)
　　全力维护校园安全稳定 ………………………………………………………………………… (412)
　　深化教育科研和教学研究 ……………………………………………………………………… (412)
　　推动信息技术与教育融合创新 ………………………………………………………………… (413)
　　推动高校科技成果转化落地 …………………………………………………………………… (413)
　　加大教育对口帮扶与交流合作 ………………………………………………………………… (413)

韶关市教育
- 概况 ……………………………………………………………………………………………… (414)
- 各级各类教育 …………………………………………………………………………………… (415)
  - 基础教育 …………………………………………………………………………………… (415)
  - 职业与成人教育 …………………………………………………………………………… (415)
  - 高等教育 …………………………………………………………………………………… (415)
- 教育成果与特色 ………………………………………………………………………………… (416)
  - 市县级人民政府履行教育职责评价取得好成绩 ………………………………………… (416)
  - 举办广东省第十三届中学生运动会 ……………………………………………………… (416)
  - 深化新时代校长队伍建设改革 …………………………………………………………… (416)
  - 全面实施初中学生综合素质评价改革 …………………………………………………… (416)
  - 探索校内课后服务新模式 ………………………………………………………………… (416)
  - 规范校园安全管理 ………………………………………………………………………… (416)
  - 规范落实"双减"工作 …………………………………………………………………… (417)
  - 加强教师队伍建设 ………………………………………………………………………… (417)
  - 继续推进"县管校聘"工作 ……………………………………………………………… (417)
  - 推动职业教育高质量发展 ………………………………………………………………… (417)
  - 专业和实训基地建设取得新成绩 ………………………………………………………… (417)
  - 深化校企合作产教融合 …………………………………………………………………… (417)
  - 加强教育交流 ……………………………………………………………………………… (418)
  - 做好教育服务 ……………………………………………………………………………… (418)
  - 扎实做好学生资助 ………………………………………………………………………… (418)

河源市教育
- 概况 ……………………………………………………………………………………………… (419)
- 各级各类教育 …………………………………………………………………………………… (419)
  - 基础教育 …………………………………………………………………………………… (419)
  - 职业教育与终身教育 ……………………………………………………………………… (420)
  - 高等教育 …………………………………………………………………………………… (420)
  - 民办教育 …………………………………………………………………………………… (421)
  - 专门教育 …………………………………………………………………………………… (421)
- 教育成果与特色 ………………………………………………………………………………… (421)
  - "双减"工作 ……………………………………………………………………………… (421)
  - 教师队伍建设 ……………………………………………………………………………… (421)
  - 教育信息化工作 …………………………………………………………………………… (421)
  - 未成年人教育保护工作 …………………………………………………………………… (421)
  - 教育安全防护工作 ………………………………………………………………………… (422)

梅州市教育
- 概况 ……………………………………………………………………………………………… (423)
- 各级各类教育 …………………………………………………………………………………… (423)
  - 基础教育 …………………………………………………………………………………… (423)
  - 职业教育与终身教育 ……………………………………………………………………… (424)
- 教育成果与特色 ………………………………………………………………………………… (424)

学校体育成果 (424)
　　素质教育建设 (424)
　　教师人才队伍建设 (424)
　　学生资助工作 (424)

惠州市教育

　概况 (425)
　各级各类教育 (425)
　　基础教育 (425)
　　职业与成人教育 (426)
　　高等教育 (426)
　　专门教育 (426)
　教育成果与特色 (426)
　　成立市委教育工委党校 (426)
　　召开"高质量党建引领惠州教育高质量发展"座谈会 (426)
　　平安校园建设 (426)
　　学位供给保障有力 (426)
　　强化立德树人 (427)
　　引进教育人才 (427)
　　社会办学 (427)

汕尾市教育

　概况 (428)
　各级各类教育 (429)
　　基础教育 (429)
　　中等职业教育 (429)
　　高等教育 (429)
　　民办教育 (429)
　教育成果与特色 (429)
　　推进华南师范大学汕尾校区建设 (429)
　　实施"决胜课堂"行动 (429)
　　构建安全和谐教育 (429)

东莞市教育

　概况 (431)
　各级各类教育 (431)
　　基础教育 (431)
　　职业与成人教育 (432)
　　高等教育 (433)
　教育成果与特色 (435)
　　加强党对教育工作的全面领导 (435)
　　落实科学精准防控 (435)
　　落实立德树人根本任务 (435)
　　基础教育结构和品质实现"双提升" (435)
　　"莞邑良师"队伍建设成效明显 (436)

推动产教深度融合 ………………………………………………………………………………………… (436)
　　全面推进重点领域改革攻坚 ……………………………………………………………………………… (436)

中山市教育

概况 …… (437)
各级各类教育 …………………………………………………………………………………………………… (439)
　　基础教育 …………………………………………………………………………………………………… (439)
　　职业与成人教育 …………………………………………………………………………………………… (440)
　　高等教育 …………………………………………………………………………………………………… (440)
　　民办教育 …………………………………………………………………………………………………… (441)
教育成果与特色 ………………………………………………………………………………………………… (441)
　　教育评价改革 ……………………………………………………………………………………………… (441)
　　教育督导 …………………………………………………………………………………………………… (441)
　　德育工作 …………………………………………………………………………………………………… (441)
　　学校安全工作 ……………………………………………………………………………………………… (442)
　　学校体育工作 ……………………………………………………………………………………………… (442)
　　学校艺术工作 ……………………………………………………………………………………………… (443)
　　学校卫生保健 ……………………………………………………………………………………………… (443)
　　教育信息化 ………………………………………………………………………………………………… (443)
　　教育科研 …………………………………………………………………………………………………… (443)
　　教育考试 …………………………………………………………………………………………………… (443)
　　教师队伍建设 ……………………………………………………………………………………………… (444)
　　教育人才引进 ……………………………………………………………………………………………… (444)
　　名教师、名校（园）长、名班主任工程 ………………………………………………………………… (444)
　　对口支援帮扶 ……………………………………………………………………………………………… (444)
　　校外培训机构治理 ………………………………………………………………………………………… (444)
　　语言文字工作 ……………………………………………………………………………………………… (444)
　　2022粤港澳大湾区中小学校长论坛 ……………………………………………………………………… (445)

江门市教育

概况 …… (446)
各级各类教育 …………………………………………………………………………………………………… (446)
　　基础教育 …………………………………………………………………………………………………… (446)
　　职业教育与终身教育 ……………………………………………………………………………………… (446)
　　高等教育 …………………………………………………………………………………………………… (447)
　　民办教育 …………………………………………………………………………………………………… (448)
　　西藏幼师班 ………………………………………………………………………………………………… (448)
教育成果与特色 ………………………………………………………………………………………………… (449)
　　教学教研 …………………………………………………………………………………………………… (449)
　　教师继续教育 ……………………………………………………………………………………………… (449)
　　学生素质教育 ……………………………………………………………………………………………… (449)
　　德育工作 …………………………………………………………………………………………………… (450)
　　体卫艺教育 ………………………………………………………………………………………………… (450)
　　安全教育 …………………………………………………………………………………………………… (450)

阳江市教育

- 概况 (451)
- 各级各类教育 (451)
  - 基础教育 (451)
  - 职业教育与终身教育 (452)
- 教育成果与特色 (452)
  - 加强党的建设 (452)
  - 扩充优质学位 (453)
  - 推进素质教育发展 (453)
  - 深化教师队伍建设 (453)
  - 提升青少年法治素养 (453)
  - 维护教育系统安全稳定 (453)
  - 落实政策发挥资金效用 (454)

湛江市教育

- 概况 (455)
- 各级各类教育 (457)
  - 基础教育 (457)
  - 职业教育 (458)
  - 高等教育 (459)
  - 民办教育 (459)
  - 继续教育 (460)
- 教育成果与特色 (460)
  - 湛江第一中学麻章附属学校建成投入使用 (460)
  - 湛江市曙光学校揭牌 (460)
  - 湛江市语言文字工作委员会成立 (460)
  - 语言文字工作 (460)
  - 国防教育特色学校 (461)
  - 师资队伍建设 (461)
  - 第九届湛江市中小学班主任专业能力大赛 (461)
  - 第四届湛江市中小学心理教师专业能力大赛 (461)
  - 招生考试 (461)
  - 中考和普通高中学业水平考试改革 (461)
  - 考务安全 (461)
  - 考试信息化管理 (462)
  - 初中升学考试 (462)
  - 高等教育升学考试 (462)
  - 成人高考 (462)
  - 高等教育自学考试 (462)
  - 学校体育 (462)
  - 湛江市第五届中小学体育教师技能大赛 (463)
  - 传统体育项目进校园活动 (463)
  - 中小学生体质健康抽测 (463)

湛江市中小学生篮球联赛 (463)

茂名市教育
- 概况 (464)
- 各级各类教育 (464)
  - 基础教育 (464)
  - 中等职业教育 (465)
  - 高等教育 (466)
  - 民办教育 (466)
  - 专门教育 (466)
- 教育成果与特色 (466)
  - 学校建设与扩建 (466)
  - 集团化办学 (466)
  - 校内课后服务优化 (466)
  - "双减"政策落实 (467)

肇庆市教育
- 概况 (468)
- 各级各类教育 (469)
  - 基础教育 (469)
  - 职业与成人教育 (470)
  - 高等教育 (471)
- 教育成果与特色 (472)
  - 高校基层党组织建设 (472)
  - 民办高校基层党组织建设 (472)
  - 中小学校（幼儿园）项目集中投用 (472)
  - 教师信息技术应用能力提升 (472)
  - "双师课堂"建设 (472)
  - 教师全员轮训 (473)
  - 免费义务教育 (473)
  - 普通高考情况 (473)
  - 课程改革 (473)
  - 扶困助学 (473)
  - 学校疫情防控 (474)
  - 强师工程 (474)
  - 山区教师生活补助政策 (474)
  - 师德师风建设 (474)
  - 技能人才培养及办学模式创新 (475)
  - 职业技能竞赛 (475)
  - 成人高考 (475)
  - 自学考试 (475)
  - 老年教育 (475)

清远市教育
- 概况 (476)

各级各类教育 …………………………………………………………………………………………（477）
    基础教育 …………………………………………………………………………………………（477）
    职业与成人教育 …………………………………………………………………………………（478）
    高等教育 …………………………………………………………………………………………（478）
    民办教育 …………………………………………………………………………………………（478）
教育成果与特色 ………………………………………………………………………………………（479）
    政府教育履职考核 ………………………………………………………………………………（479）
    教育督导 …………………………………………………………………………………………（479）
    教育公平 …………………………………………………………………………………………（479）
    学位供给 …………………………………………………………………………………………（479）
    质量监测 …………………………………………………………………………………………（479）
    教育科研 …………………………………………………………………………………………（479）
    课程改革 …………………………………………………………………………………………（479）
    广清教育对口帮扶 ………………………………………………………………………………（480）
    全口径全方位融入式帮扶 ………………………………………………………………………（480）
    扶困助学 …………………………………………………………………………………………（480）
    德育工作 …………………………………………………………………………………………（480）
    学校体育 …………………………………………………………………………………………（481）
    学校美育 …………………………………………………………………………………………（481）
    音乐教育 …………………………………………………………………………………………（481）
    劳动教育 …………………………………………………………………………………………（481）

潮州市教育

概况 ……………………………………………………………………………………………………（482）
各级各类教育 …………………………………………………………………………………………（483）
    基础教育 …………………………………………………………………………………………（483）
    职业教育 …………………………………………………………………………………………（483）
    民办教育 …………………………………………………………………………………………（483）
教育成果与特色 ………………………………………………………………………………………（484）
    德育工作 …………………………………………………………………………………………（484）
    教研工作 …………………………………………………………………………………………（484）
    学校体育 …………………………………………………………………………………………（484）
    美育工作 …………………………………………………………………………………………（484）
    教师队伍建设 ……………………………………………………………………………………（485）
    信息化建设 ………………………………………………………………………………………（485）
    安全工作 …………………………………………………………………………………………（485）

揭阳市教育

概况 ……………………………………………………………………………………………………（486）
各级各类教育 …………………………………………………………………………………………（486）
    基础教育 …………………………………………………………………………………………（486）
    中职教育 …………………………………………………………………………………………（486）
    民办教育 …………………………………………………………………………………………（487）
教育成果与特色 ………………………………………………………………………………………（487）

教育高质量发展	(487)
五育并举	(487)
"双减"工作	(487)
教育改革	(488)
教师队伍建设	(488)
教育保障	(488)
教育信息化	(488)
教育督导	(488)
学校安全管理	(488)

云浮市教育

概况 (489)

各级各类教育 (491)
- 基础教育 (491)
- 职业与成人教育 (491)
- 高等教育 (492)

教育成果与特色 (493)
- 推进中小学规范办学行为 (493)
- 义务教育免试就近入学 (493)
- 加强校内课后服务 (493)
- 推进优质学位供给 (493)
- 推动集团化办学 (493)
- 抓好教育结对帮扶工作 (493)
- 加强教育资源统筹配置 (493)
- 抓好控辍保学工作 (493)
- 开展教学和教研指导 (493)
- 招生考试管理 (494)
- 教师队伍管理 (494)

教 育 统 计

广东省学校数 (497)
广东省毕业生数 (498)
广东省招生数 (499)
广东省在校学生数 (500)
广东省教职工数 (501)
广东省专任教师数 (502)
广东省各级各类教育基本情况（一） (503)
广东省各级各类教育基本情况（二） (504)
广东省各级各类教育基本情况（三） (505)
广东省各级各类民办教育基本情况（一） (506)
广东省各级各类民办教育基本情况（二） (508)
广东省主要教育综合指标在全国排位情况（一） (510)

广东省主要教育综合指标在全国排位情况（二） ·· (511)
广东省各地级以上市学校数 ··· (513)
广东省各地级以上市招生数 ··· (514)
广东省各地级以上市在校学生数 ··· (515)
2022年广东省各普通高校研究生、普通本专科招生数和在校生数 ······························· (516)

特 载

SPEECH

·特 载·
SPEECH

凝心聚力 乘势而上 高质量推进教育强省建设

——在 2022 年全省教育工作会议上的讲话

广东省教育厅党组书记、副厅长　朱孔军

（2022 年 1 月 13 日）

同志们：

根据会议安排，由我代表省教育厅党组作工作报告，总结 2021 年工作情况，就 2022 年教育改革发展稳定任务作说明。待会，副省长王曦还要作重要讲话，对下一步工作提出工作要求。我们要认真学习领会，抓好贯彻落实。

一、2021 年主要工作情况

2021 年，在省委、省政府的正确领导下，全省教育系统坚持以习近平新时代中国特色社会主义思想为指导，全面贯彻党的教育方针，落实立德树人根本任务，围绕"1+1+9"工作部署，团结一心、迎难而上，统筹抓好疫情防控和教育改革发展，全力确保校园安全稳定，教育公平日益彰显，教育质量不断提升。

（一）把党的政治建设摆在首位，教育系统政治判断力政治领悟力政治执行力不断增强

强化政治引领。落实《关于习近平新时代中国特色社会主义思想统领广东教育工作的实施意见》，抓实"第一议题"学习制度，确保学深悟透习近平新时代中国特色社会主义思想。深入学习贯彻总书记"七一"重要讲话精神、党的十九届六中全会精神，推动基层党组织学习教育全覆盖。

夯实基层党建。全面贯彻落实《中国共产党普通高等学校基层组织工作条例》，指导全省高校规范制定校院两级党委、行政和党政联席会议议事规则，制定新一轮基层党建三年行动计划。举办第二十五期全省高校领导干部暑期读书班暨第一期全省高校骨干教师暑期读书班，组织万名高校基层党支部书记开展"知史爱党"网络培训。

推进全面从严治党。建立厅党组与驻厅纪检监察组会商机制，召开专题会商会，压实"两个责任"，以实际行动践行"两个维护"。制定系列巡察及整改制度文件，高站位推动、高起点谋划、高标准开展对 19 所省属高职院校党组织巡察，实现省属高校政治巡视巡察全覆盖和民办高校选派党委书记全覆盖。

（二）精心组织建党百年系列庆祝活动，党史学习教育扎实推进

抓实党史学习教育。组织召开党史学习教育、学习"七一"重要讲话精神、学习六中全会精神等 3 次动员部署会，分别成立 3 个宣讲团深入开展宣讲，带动高校成立各级宣讲团 2 000 多个，开展专题宣讲近万场，覆盖听众超过 100 万人次。推进党史进校园，组织大中小学"同上一堂党史课"活动，组织制作 100 个党史教育优质思政课例、100 门党史教育微课、100 堂学生讲党史公开课，"广东采取十项举措推动党史进校园"被省委作为专报报送中央。

抓好"我为群众办实事"实践。落实"小切口大变化"民生实事办理制度，将"推动新高考平稳落地""基础教育高质量发展""推动'双减'（即减轻义务教育阶段学生作业负担、减轻校外培训负担）工作落实""促进普惠性学前教育扩学位、提质量""深入开展'护校安园'行动"等列入重点民生项目落地生效，推动解决人民群众"急难愁盼"问题。

（三）坚持以习近平新时代中国特色社会主义思想铸魂育人，扎实做好各类安全防范工作

深化思政课改革创新。协调 19 名省领导到高校讲党课暨思政课，持续推动高校抓好专职思政课教师配齐工作，加强齐抓共管思政课建设格局。用好高校思政课集体备课平台，推进思政课课堂教学改革创新。制定《统筹推进大中小学思想政治理论课一体化建设的工作措施》，稳步推进大中小学思政课一体化建设。

落实校园安全责任。聚焦突出风险隐患，开展基层矛盾纠纷排查化解专项行动和校园安全专项整顿工作，组织 5 批次校园安全隐患大排查大整治，常态化抓好校园食品安全、实验室安全和危险化学

品管控。制定《高校图书馆藏书管理工作指引》，开展新媒体政治性错误信息排查整治、政治问题书刊专项整治、学生社团风险隐患排查化解和专项整治。印发《广东省高等学校招收和培养国际学生实施细则》，规范国际学生管理。加强心理健康教育，印发心理危机筛查工作指引，推动科学规范开展心理测评。

筑牢校园疫情防控坚固防线。坚持每天排查2630万名师生健康状况，每天编印简报累计600余期，强化工作要求，建立挂点包干督办工作机制，对全省各级各类学校（含校外培训机构）不定期开展专项督查。坚决守住考试安全底线，13类49场教育考试安全平稳实施，服务考生1033万人次，夏季高考首创病房高考先例，实现"应考尽考、能考尽考、愿考尽考"，无一因疫情缺考。

（四）深化教育领域综合改革，稳妥实施各项新政新策

实施素质教育成效明显。全省中小学学生体质健康优良率达到55%，超过国家规定要求。参加第十四届全国学生运动会获113枚奖牌，排名全国第三。组织第七届中小学生艺术展演、高雅艺术进校园等活动，参与师生5万余人次。推动高校落实劳动教育必修课或主要依托课程，4个地区获评为全国中小学劳动教育实验区。

教育评价改革开局良好。统筹推进办学模式、育人方式、管理体制、保障机制改革，教育评价的"四梁八柱"基本健全，积极创建教育评价改革试点省。开展对市县级人民政府履行教育职责评价并"点对点"反馈评价结果，推动教育督导"长牙齿"。

服务"双区"教育改革先行先试。积极推进大湾区大学、广州交通大学、中山科技大学的筹建工作，重点推进香港科技大学（广州）建设工作，天津大学佐治亚理工深圳学院等一批不具有法人资格中外合作办学机构获批准设立。部省协作全面启动深圳职业教育创新发展高地创建工作。

民办教育规范健康发展。开展《民办教育促进法实施条例》宣讲培训，持续推动民办学校"双计划"落地实施，完善民办高校年检实施办法和指标体系，推进义务教育学校"公参民"办学治理工作，强化规范办学监管。

（五）聚焦短板弱项多点发力，全力推进基础教育高质量发展

完善顶层设计。印发《广东省推动基础教育高质量发展行动方案》，统筹规划15年时间解决全省基础教育发展不平衡不充分问题。制定《关于规范民办义务教育发展的工作方案》《关于加强专门学校建设和专门教育工作的实施办法》，对规范民办义务教育、发展专门教育等进行系统化全方位规划设计。

狠抓"调结构、提质量"。全年新增公办学前教育学位28.84万个，新增公办学位和普惠性民办园学位42.51万个，超额完成年度民生实事建设任务。进城务工人员随迁子女公办学校就读比例达85%以上，民办中小学在校生比例进一步降低。义务教育阶段适龄残疾学生入学安置率达到99%以上。加快建设高质量教研体系，首批遴选145个省级基础教育教研基地项目。

全力推进"双减"。坚持校外治理、校内保障、疏堵结合、标本兼治，推动"双减"工作走深走实。100%的学校建立了校内作业公示制度，课后服务已基本达到两个"全覆盖"；学科类校外培训机构数量累计压减95%以上，义务教育阶段学生校外培训负担有效减轻。

（六）大力实施扩容提质，增强职业教育适应性

积极扩容建高原。启动省级高水平高职院校建设，立项71所高水平中职学校建设单位和17所培育单位，立项127个省级高职高水平专业群和92个省级中职教育"双精准"示范专业。大力实施一流高职院校结对帮扶计划。省职业教育城二期工程顺利推进，已进驻10所院校，在校生约11万人。高职扩招10万人以上，超额完成任务。

大力提质树高峰。深入推进1＋X证书制度试点，发布国家职业技能等级证书"粤菜制作""粤点制作"标准。国家级职业教育示范性虚拟仿真实训基地入选数位居全国首位。全国职业教育大会对粤港澳大湾区职业院校对接产业设置专业给予高度肯定，职业教育工作再次获国务院办公厅督查激励表扬。

（七）高等教育内涵发展水平全面提升，实现地级以上市本科、高职院校全覆盖

"冲补强"实施成效再上新高度。印发《高等教育"冲一流、补短板、强特色"提升计划实施方案（2021—2025年）》，启动新一轮"冲补强"计划。123个学科入围ESI排名前1%，较2017年增长121%，增幅居全国第一。学位授权审核工作取得自1984年以来历史最好成绩，新增博士、硕士学位授予单位各3个。

学科专业建设更上新台阶。新增201个专业入

选国家一流本科专业建设点，全省半数以上高校拥有"国一流"专业建设点。258门课程入选国家首批一流本科课程。推动印发《关于调整优化高等教育学科专业结构的实施意见》，提升学科专业与经济社会发展尤其是产业发展契合度。

就业创业工作又上新水平。实施高校毕业生就业创业促进计划，普通高校毕业生就业率达到96%以上，参军入伍应届大学生比例达到20%，实现有就业意愿的家庭困难毕业生百分百就业。在第七届中国国际"互联网+"大学生创新创业大赛中获得27枚金牌、53枚银牌，实现了"走在前列"的参赛目标。

高校布局结构实现新跨越。调整广东石油化工学院等5所省市共建高校为省属高校。推动11所新建高校（校区）顺利开学，实现地级以上市本科院校、高职院校全覆盖。创新"校本部+新校区"办学模式，将"校本部"的优质办学要素快速"复制"到"新校区"，实现"新校区"高起点高标准高水平办学。

（八）夯实基础精准发力，全面提升教育保障能力和水平

完善新时代教师发展体系。推进"新强师工程"，开展基础教育全口径全方位融入式对口帮扶。启动新一轮高校教育人才"组团式"帮扶工作。挂牌成立147所市县级教师发展中心。实现县域内义务教育教师平均工资收入水平不低于或高于当地公务员平均工资收入水平。

落实"两个只增不减"。2017年党中央提出教育经费投入"两个逐年只增不减"目标要求以来，我省连续4年实现达标。深化预算管理制度改革，建立教育支出大事要事保障机制，落实"先谋事后排钱"要求，集中财力保教育发展重点。

全面推进依法治教。深入贯彻习近平法治思想，开展"法治建设年"活动，提高全省教育系统法治素养。推进新一轮高校章程修改核准工作，推动将党的创新理论和党的建设相关内容写入章程。连续6年开展青少年学宪法讲宪法系列活动，加强青少年法治教育阵地建设，成果突出。

2021年，在省委、省政府的高度重视、坚强领导下，在全社会真诚关心、积极支持下，教育系统广大教职员工无私奉献、不懈奋斗，各项工作顺利完成年度任务目标。同时，要清醒看到，在已经开启的推进教育强省建设新征程上，我们与先进省市相比还有一定差距，还有很多问题要正视要重新研究，很多挑战要面对要妥善应对，很多难题要攻坚要巩固成果。我们的基础教育质量还不够高，职业教育、高等教育学科专业结构还不够优，教育服务和引领经济社会转型发展、支撑关键核心技术自主创新和突破"卡脖子"问题的能力还不够强；我们的教育资源配置与城镇化进程还不够协调，优质教育资源总量还不足，区域之间、城乡之间、学校之间、群体之间教育水平差距还很明显；我们的教师专业发展支持体系还不够健全，教育评价机制还不完善，办学短视、功利问题还比较突出；我们的管理还有漏洞和短板，近段时间高职扩招、校园安全、常态化疫情防控下的校园管理、民办义务教育学校办学、普通高中违规招生等都有引发舆情，应急处置还不够精准到位。这些问题桩桩件件都值得我们警醒，都需要打硬仗、打持久战。我们要高高举起改革的旗帜，对教育改革再认识、再设计、再深化、再冲锋。

二、2022年重点工作

2022年，全省教育的工作思路是以习近平新时代中国特色社会主义思想为指导，全面贯彻党的教育方针和党的十九届六中全会、二十大精神，落实立德树人根本任务，按照"1+1+9"工作部署，聚焦教育现代化重点任务，凝心聚力、乘势而上，高质量推进教育强省建设，努力培养更多德智体美劳全面发展的社会主义建设者和接班人，为广东在全面建设社会主义现代化国家新征程中走在全国前列、创造新的辉煌做出新的更大贡献。

（一）聚焦政治统领，全面加强党对教育工作的领导

坚持和完善党对教育工作的全面领导。深刻领会"两个确立"，坚决做到"两个维护"。抓好"第一议题"学习制度，巩固党史学习教育成果，推动教育系统广大党员干部自觉在政治立场、政治方向、政治原则、政治道路上同党中央保持高度一致。深入落实《中国共产党普通高等学校基层组织工作条例》和教育系统基层党建三年行动计划，为办好人民满意的教育提供坚强的组织保证。指导民办高校将党的建设有关内容写入学校章程，选优配强民办高校党委书记。落实党组织领导的校长负责制，持续加强中小学党建工作。

加强学校思想政治教育工作。持续推进习近平新时代中国特色社会主义思想进教材进课堂进头脑。深化"党史进校园系列活动"成果，加强"四史"学习教育，培育践行社会主义核心价值观。深化"三全育人"综合改革，把思想政治工作贯穿教育

教学全过程。持续在心理知识教育、心理筛查、心理危机干预等重点环节上用力，促进学生身心健康发展。持续抓好高校专职思政课教师配齐工作，力争2022年底达到师生比1∶350的要求。

（二）聚焦高质量发展，深入推动各级各类教育高质量发展

全力推动基础教育高质量发展，这是此次会议的主题之一。省政府印发了《广东省推动基础教育高质量发展行动方案》，我们要发扬"钉钉子"的精神，要真正做到"一张好的蓝图一干到底"。一是切实履行主体责任。省政府每年与各地市签订任务书，市县政府要将基础教育高质量发展列为"一把手工程"，亲自谋划、亲自部署、亲自推动、亲自督办；要履职尽责，定期研究重大事项，集中财力和资源办好基础教育；要选优配强教育部门领导班子和中小学校长，让懂教育的行家里手管教育、抓教育。二是加强公办资源供给。"十四五"期间全省新增基础教育公办学位438万个，任务数是约束性指标，已分解到各地级以上市。各地新增公办学位总数原则上不少于省下达的学位建设任务数，应及早谋划应对。希望各有关部门在教师编制、财政投入、学校用地、办学空间等方面全力支持，同时希望各地开启学校基建项目审批"绿色通道"，特事特办、急事急办。此外，2023年底前，每个地市原则上要建成一所专门学校，满足具有严重不良行为未成年人矫治教育需求。三是优化义务教育结构。要紧盯2022年9月前民办义务教育学校在校生占比省域、市域5%以内和县域15%以内，"公参民"学校规范工作基本完成以及2025年新增公办义务教育学位370万个等硬指标，系统谋划工作推进路径，做实风险评估报告。要加强工作指导推进力度，落实督导检查、通报和约谈制度，确保如期完成工作目标。

大力推进职业教育提质培优。筹备开好全省职业教育大会，推进职业教育高质量发展。要健全具有广东特色的现代职业教育体系。强化中职教育的基础地位，巩固专科高职教育的主体地位，扎实推进省高水平职业院校和专业（群）建设，全面强化内涵建设。推动一批优质高职院校举办职业本科学校或专业。要大力提升办学质量。对接"一核一带一区"区域发展格局和战略性"双十"产业集群，调整优化专业结构，做好专业人才培养方案制订、公开和实施工作。落实学生实习管理规定，确保实习实训不走样。强化职业院校开展职业培训法定职责，全面梳理非学历教育和合作办学项目，规范办学行为。要提升服务发展能力。大力推进"粤菜师傅""广东技工""南粤家政"三项工程，服务保民生、稳就业。推进省职业教育城三期工程建设。全面推行现代学徒制试点，深入推进1+X证书制度试点，推进职业教育集团实体化运作。大力支持深圳建设职业教育创新发展高地。

深入实施一流本科人才培养计划。要优化专业结构，新增一批我省经济社会发展急需的本科专业，新增一批国家级、省级一流本科专业建设点，新增一批专业通过权威组织专业认证，继续遴选1000门左右省级一流本科课程。要深化产教融合协同育人，突出学校比较优势，支持高校联合大中型企业、行业协会、科研院所等建设现代产业学院和未来技术学院，引导各主体深度参与学院人才培养全过程。要实施专项人才培养计划，以专业或专业群为基本单位，通过实验班、创新班、特色班等载体，积极引入外部实验、实践和师资等资源，加强重点领域人才培养，努力形成"一班一做法、一专业一特色"。

着力提升高校服务重大战略和社会需求的能力和水平。要深入实施"冲一流、补短板、强特色"提升计划，着力提升学科建设水平，面向国家战略、科技前沿、社会民生急需领域，调整优化学科结构，强化多学科之间横向交叉、跨界融合，集中力量重点建设一批有显著竞争力和重要影响力的"高峰"学科，培养引进"大师"和高水平创新团队，打造高层次创新平台，努力培育原始创新重大成果。要加强需求引导的、有组织的科研攻关，主动对接国家、省重大项目和工程，建设大平台、组建大团队、培育大项目，策划和精准遴选一批关键核心技术攻关需求，着力突破一批关键核心技术，转化一批重大科技成果。要提高深化科产教融合的主动性和创造性，充分利用重大科技创新平台优势，开展面向国际前沿的重大科研探索和核心技术攻关。开展学术型研究生联合培养，提升分析解决重大科学问题的能力。吸引行业企业全过程深度参与专业学位研究生培养。

扎实推进大学生就业创业工作。我省今年高校毕业生总规模预计71万人，同比增加6.6万人，就业工作任务艰巨。我们要力争就业落实率7月底达70%以上、年底前达90%以上。要保供给，出台积极的就业创业政策，推动加大政策性岗位投放力度，举办系列线上线下供需见面活动，拓展岗位资源。要强引导，开展就业育人主题教育系列活动，发挥好第八届中国国际"互联网+"大学生创新创业大

赛省赛等载体作用，深入推进高校创新创业教育。要重帮扶，兜底保障困难高校毕业生，优先提供岗位、优先推荐录用。要优服务，简化毕业生就业手续，完善高校毕业生就业创业智慧服务平台，为高校毕业生提供精准就业服务。

全面推进依法治教、依法治校。要推进教育立法，推动省实施民促法办法（《中华人民共和国民办教育促进法》办法）、校外教育培训监管条例等教育立法工作。要推动制度建设，完成高校新一轮章程修改核准工作，推动中小学校章程修改审核备案工作。要推进落实民办学校规范达标计划和品牌提升计划，统筹协调强化民办学校监管，促进民办教育健康发展。要加强教育普法，编制印发全省教育系统"八五"法治宣传教育规划，突出宪法学习宣传，增强普法实效性与针对性。

切实落实教育经费投入和管理责任。要按照财政事权和支出责任划分改革要求，切实落实本级政府教育经费投入责任，确保落实"两个逐年只增不减"要求，为全国实现"4%"做出广东贡献。要悟透以人民为中心的发展思想，坚持正确政绩观，坚决防止简单化、乱作为，坚决反对不担当、不作为，防止校园建设中出现大拆大建等破坏性"建设"问题。要落实"先谋事再排钱"工作机制，落实过紧日子要求，实事求是地谋划事业发展。

（三）聚焦深化改革，以更大决心、更强定力、更新思维推进教育综合改革

深入推进教育评价改革。要深入学习领会总书记关于教育评价改革的重要论述精神，坚决推进"破五唯"。严格落实"十不得一严禁"负面清单，持续开展清理规范，加快扭转不科学的教育评价导向。要高标准开展教育评价改革试点省建设，省、市、县、校合力攻坚，努力探索更多广东经验、贡献更多广东方案。

大力发展素质教育。要推动出台广东省全面加强和改进新时代学校体育美育工作行动方案，督促各地各校开足开齐体育美育课、配齐配强体育美育教师，保障学生校内校外1小时体育活动时间，着力培养学生掌握1~2项运动技能，提升学生艺术素养。要统筹推动大中小学普遍落实劳动教育课程、学时、教材、师资、场地、实践活动，让学生在真实的劳动体验中出力流汗、接受教育。

稳妥推进招生制度改革。要深化高考综合改革，总结新高考首考经验，优化高校招生院校专业组设置和计划调整流程，指导高校科学合理确定2024年招生专业选考科目要求并按期公布。要深化中考改革、自考改革，修订中考改革实施意见，出台自学考试专业建设调整实施方案，完善自学考试评价体系。

深化高校办学体制改革。要做好"十四五"时期高校设置工作，扩大高等教育资源，优化高等教育结构；支持符合条件的优质高职院校建设成为本科层次职业学校。要深入落实《推进粤港澳大湾区高等教育合作发展规划》，重点推进香港科技大学（广州）正式设立，统筹推进港澳高校来粤合作办学，推进粤港澳大湾区教师教育学院建设。要稳妥推进粤东粤西粤北地区市属公办高职院校办学体制调整，提升职业教育办学质量和水平。

推进教育交流合作。要服务国家大局，加强和改进中外人文交流，推动国际中文教育创新发展，积极参与"一带一路"教育合作。要服务"双区"和横琴、前海合作区建设，支持引进包括港澳高校在内的世界优质资源来粤办学，加强粤港澳高校联盟等交流合作平台建设。要加强涉外治理能力，推进国际学生培养提质增效、外籍教师管理规范发展。

强化督导评估。要推进新时代教育督导体制机制改革，完善督政、督学和评估监测"三位一体"的教育督导体系，推动教育督导"长牙齿"。要开展对市县级政府履行教育职责评价，公开发布评价结果，督促党委政府部门履职尽责。2022年务必要在全国义务教育优质均衡县和学前教育普及普惠县上实现突破。要开展责任督学挂牌督导，加大幼儿园规范办园行为和中小学生"五项管理"督导力度，促进学生健康成长、全面发展。要开展学前教育、义务教育和普通高中教育质量监测，构建全学段覆盖的质量监测体系，不断提升教育教学质量。

加强教研体系建设。要下大力气推进各地加快配齐配强学科学段教研员，加快教研队伍素质整体提升。要深入推进基础教育教研基地项目建设，打造教研领军团队。要聚焦课程建设改革、育人方式变革等重点领域和关键环节，深入开展教育教学研究。

大力推进"双减"工作。一是校内提质增效。作业管理要再强化，在"压总量、控时间"基本到位的基础上，注重"调结构、提质量"，加强作业总量、类型统筹，减少重复性、机械性作业。课后服务要再提升，在"全覆盖、广参与"基本实现的基础上，注重"强保障、上水平"，加快完善课后服务经费保障机制，拓宽课后服务渠道，丰富课后服务内容。课堂教学要再提质，优化教学方式，促进应教尽教，注重学生核心素养培养，提升课堂教

学质量。二是校外规范管理。各地要加强统筹协调，充分发挥"双减"工作专门协调机制作用，群策群力、合力推进。要认真落实学科类培训政府指导价政策，积极开展学科和非学科项目鉴定工作，加强校外培训预收费资金监管。要充实校外培训执法力量，严厉查处虚假宣传、师资注水、制造和贩卖焦虑、违反培训时间进行学科类培训的违法违规行为。要加强宣传警示教育，引导家长们理性、谨慎参加培训。要加强风险监测，切实防范和化解校外培训涉稳风险。

（四）聚焦安全稳定，全力筑牢校园安全稳定"底板"

建设更高水平的"平安校园"。要树立底线思维，加强安全保障体系和应急指挥体系建设，深入开展矛盾纠纷排查化解，切实将矛盾纠纷和风险隐患化解在萌芽、消除在未发。要巩固提升中小学幼儿园安全防范建设"4个100%"目标成果，推动校园最小应急单元建设，构建"公安巡防点面结合、群防群治辅助护学"校园周边防控体系。2022年要推动30%的高校、指导25%的中小学幼儿园开展更高水平的"平安校园"创建工作。

狠抓政治安全意识形态安全工作。严格落实《2022年全省教育系统政治安全意识形态安全工作指引》有关要求，全面梳理涉政治安全风险隐患，健全定期会商研判、定期风险隐患排查化解等制度，健全"四个一"突发事件处置工作机制。落实意识形态工作责任制，深化综合研判、预警预防、应急处置、工作联动等机制建设，防范各类风险渗透破坏；强化阵地管理，巩固高校制度机制建设成效，加强和改进中小学意识形态工作。

慎终如始抓好疫情防控。要坚决克服麻痹思想、厌战情绪、侥幸心理、松劲心态，做到一个"严格"、五个"加强"。即严格落实值班值守和督导检查，强化重点时段、重点地区、重点场所、重点人群防控措施落实情况的明察暗访和实地督导，压实各方责任。加强人员流动管理，引导师生做到"两严禁""两限制""一鼓励"，实时掌握师生流动情况，建立并实时更新"三本台账"。加强校园管理，对进入校园人员逢进必查，落实亮证、扫码、测温、戴口罩、登记制度，抓好人员密接的重点场所管理。加强校内聚集性活动管理，严控校内聚集性活动和人流量，落实备案审批制度和防护措施，科学制定应急预案。加强后勤保障和服务管理，满足师生学习生活正常需求，提供暖心服务和贴心关怀。加强应急处置管理，完善工作预案，确保常态化和应急状态无时差切换，并在属地卫生疾控部门指导下实施科学处置。

（五）聚焦队伍建设，打造高水平教师队伍、高质量人才队伍

加强教师队伍建设。要健全师德师风建设长效机制，始终把师德师风建设作为教师队伍建设的第一标准和第一要求，将师德师风建设要求贯穿落实到教师管理各环节，贯穿于教育教学管理各方面。要持续提升教师队伍整体素质，加强市县级教师发展中心内涵建设，推进教师职前培养职后培训一体化发展，提高中小学校长的教育管理能力、教师的教育教学能力、教研员的教研科研能力。完善教师准入和退出机制，推进"县管校聘"管理改革。要完善教师工资待遇保障机制，巩固落实"两个不低于或高于"成果，推进落实临聘教师与公办教师同工同酬。要全面开展基础教育全口径全方位融入式对口帮扶，整合珠三角地区和各级教研机构、各高等学校的优质资源，把粤东粤西粤北地区的乡镇中小学校（幼儿园）作为重点帮扶对象，完善结对帮扶关系，着力提高结对帮扶人员的积极性，认真推进落实帮扶任务，为解决基础教育不平衡不充分发展问题破局。

着力加强人才队伍建设。要在粤港澳大湾区高水平人才高地建设上主动担当作为、贡献教育力量，充分发挥广东区位优势，大力吸引集聚海外高层次人才，把高校打造成为国际人才大循环的重要枢纽。要打造自主可控的人才供应链，壮大高校人才培养主阵地，加强基础研究人才"后备军"建设，加大产教融合力度，培养更多高水平工程师、高技能人才等能工巧匠，充分发挥各类人才工程牵引统领作用。要落实党管人才主体责任，完善党委直接联系服务专家制度，做好人才子女入学等服务保障，把优秀人才加快集聚到教育事业的新征程中来。

（六）聚焦政治生态建设，营造教育系统风清气正、干事创业的良好氛围

深化政治巡察。要对标省委巡视工作规划，准确把握巡察工作定位、要素和基本要求，高起点、高标准制定委厅系统巡察工作五年规划。要完善上下联动工作衔接机制，统筹谋划巡视巡察任务、组织实施、运用成果，推进巡察监督与其他监督贯通融合，扎实推进2022年新一轮巡察。要做深做实巡察"后半篇文章"，坚持"双反馈""双报告"机制，推进落实委厅领导挂钩省属高职院校巡察整改联系点工作机制，加强跟进督促，统筹推进整改任务落实。

·特　载·
SPEECH

深化纪律教育和党风廉政建设。要定期组织开展纪律和作风建设典型案例警示教育，坚持把党章党规党纪教育作为各级党组织政治理论学习的重要内容，引导党员干部严守政治纪律和政治规矩。要持续加大全面从严治党力度，压实管党治党责任，坚持挺纪在前，深化运用监督执纪"四种形态"，对发现苗头问题及时提醒纠正，坚决查处违纪违规行为。要深化整治形式主义、官僚主义顽瘴痼疾，特别警惕贯彻党中央决策部署做选择、搞变通、打折扣等问题。抓住关键环节，紧盯重要节点，做到"踏石留印、抓铁有痕"，层层传导压力，持续形成震慑。

同志们，2022年将召开中国共产党第二十次全国代表大会，全面建设社会主义现代化国家新征程将翻开崭新一页。我们要以习近平新时代中国特色社会主义思想为指导，高举习近平新时代中国特色社会主义伟大旗帜，踔厉奋发、笃行不怠，奋力建设高质量教育强省，为广东在全面建设社会主义现代化国家新征程中走在全国前列、创造新的辉煌做出新的更大贡献，以优异成绩迎接党的二十大胜利召开！

谢谢大家！

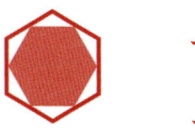 重要文件

MAIN DOCUMENTS

教育部等七部门关于印发《农村义务教育学生营养改善计划实施办法》的通知

(教财〔2022〕2号)

各省、自治区、直辖市教育厅(教委)、发展改革委、财政厅(局)、农业农村(农牧)厅(局、委)、卫生健康委、市场监管局(厅、委)、疾控主管部门,新疆生产建设兵团教育局、发展改革委、财政局、农业农村局、卫生健康委、市场监管局、疾控主管部门:

党中央、国务院高度重视青少年的健康成长。自农村义务教育学生营养改善计划(以下简称营养改善计划)启动实施以来,特别是党的十八大以来,在以习近平同志为核心的党中央坚强领导下,各地扎实推进营养改善计划各项工作,农村学生营养状况明显改善、身体素质明显提升。同时也要看到,一些地方还存在食品安全管理不严格、资金使用管理不规范、供餐质量和水平不高等问题。

为持续巩固营养改善计划试点工作成果,从2022年秋季学期起,将国家试点地区更名为国家计划地区,地方试点地区更名为地方计划地区。为进一步加强和改进营养改善计划工作,持续提升农村学生营养状况和身体素质,不断促进农村教育事业发展和教育公平,现将《农村义务教育学生营养改善计划实施办法》印发给你们,请遵照执行。

教育部 国家发展改革委
财政部 农业农村部
国家卫生健康委 市场监管总局 国家疾控局
2022年10月31日

农村义务教育学生营养改善计划实施办法

第一章 总 则

第一条 为进一步推进实施农村义务教育学生营养改善计划(以下简称营养改善计划),不断改善农村学生营养状况,提高农村学生健康水平,依照国家有关法律法规和标准规范,制定本办法。

第二条 本办法适用于实施营养改善计划的地区和学校。国家计划地区为原集中连片特困地区县(不含县城);地方计划地区为原其他国家扶贫开发工作重点县、原省级扶贫开发工作重点县、民族县、边境县、革命老区县,具体实施步骤由各地结合实际确定。

第二章 管理体制

第三条 营养改善计划在国务院统一领导下,实行地方为主、分级负责,各部门、各方面协同推进的管理体制,政府起主导作用。

第四条 全国农村义务教育学生营养改善计划工作领导小组统一领导和部署营养改善计划的各项工作。成员单位由教育部、中央宣传部、国家发展改革委、财政部、农业农村部、国家卫生健康委、市场监管总局、国家疾控局等部门组成。领导小组办公室设在教育部,简称全国农村学生营养办,负责营养改善计划实施的日常工作。

第五条 营养改善计划实施主体为地方各级政府。地方各级政府要加强组织领导,建立健全营养改善计划议事协调工作机制,明确相关部门职责;要明确各级营养改善计划工作管理部门,安排专人从事日常管理工作,加强条件保障,确保工作落实到位。

(一)省级人民政府负责统筹组织。统筹制订和调整完善本地区实施工作方案和推进计划,合理确定实施步骤和地区;统筹制定相关管理制度和规范;统筹安排资金,改善就餐条件;统筹监督检查。指导各地做好学校食堂建设规划,大力推进食堂供餐。督促有关部门加强食品安全工作,统一发布食品安全信息,组织制订食品安全事故应急预案,加大营养健康监测和膳食指导力度,加强营养健康教育。

（二）市级人民政府负责协调落实。督促指导本地区营养改善计划管理工作，制定审核本地区相关政策。督促县级人民政府落实主体责任，保障运转经费，抓好食品安全，加强资金监管。

（三）县级人民政府是营养改善计划工作的行动主体和责任主体。负责确定具体实施学校，制订实施方案和膳食指导方案，确定供餐模式和供餐内容，建设、改造学校食堂（伙房），制定工作管理制度，加强监督检查，对食品安全和资金安全负总责，主要负责人负直接责任。按照省级及以下财政事权和支出责任划分要求，落实支出责任，加强资金使用管理。指导县级相关部门开展营养改善计划采购工作，规范开展信息公开工作；责成有关食品安全监管部门加强日常食品安全检查，组织开展食品安全事故应急演练和学校食品安全事故调查等。将实施学校调整情况逐级上报，并由省级营养改善计划工作管理部门审核报送至全国农村学生营养办备案。

第六条 各有关部门共同参与营养改善计划的组织实施，各司其职，各负其责。

（一）教育部门牵头负责营养改善计划的组织实施。会同有关部门完善实施方案，建立健全管理机制和监督机制。会同财政、发展改革等部门加强学校食堂（伙房）建设，持续改善学校供餐条件。配合有关食品安全监管部门做好食品安全监管，开展食品安全检查，督促相关行为主体落实责任；配合卫生健康部门、疾控部门开展营养健康教育、膳食指导和学生营养健康监测评估。落实部门职责，指导和督促学校建立健全食品安全管理制度，加强食品安全日常管理和食品安全教育；统筹指导学校建立健全以全过程实时视频监控为基础的日常监管系统，逐步完善电子验货、公开公示、自动报账等功能。落实立德树人根本任务，指导学校将健康教育、劳动教育、感恩教育等融入营养改善计划实施的全过程。

（二）财政部门要充分发挥公共财政职能，制定和完善相关投入政策，会同教育部门加强资金监管，提高资金使用效益。

（三）发展改革部门要加大力度支持农村学校改善供餐条件。加强农副产品价格监测和预警，推进降低农副产品流通环节费用工作。会同教育部门指导实施营养膳食费用分担机制的地区和学校，合理确定伙食费收费标准，并纳入中小学服务性收费和代收费管理。

（四）农业农村部门负责对学校定点采购生产基地的食用农产品生产环节质量安全进行监管。指导农产品生产企业、农民专业合作经济组织向农村学校供应附带承诺达标合格证的安全优质食用农产品，鼓励实现可追溯。

（五）市场监管部门负责食品安全监督管理以及供餐单位主体资格的登记管理。依职责加强学校集中用餐食品安全监督管理，依法查处涉及学校的食品安全违法行为；建立学校食堂食品安全信用档案，及时向教育部门通报学校食品安全相关信息；对学校食堂食品安全管理人员进行抽查考核，指导学校做好食品安全管理和宣传教育；依法会同有关部门开展学校食品安全事故调查处理。

（六）卫生健康部门和疾控部门负责食品安全风险监测与评估，指导食品安全事故的病人救治、流行病学调查和卫生学处置；对学生营养改善提出膳食指导意见，制定营养知识宣传教育和营养健康监测评估方案；在教育部门配合下，开展营养知识宣传教育、膳食指导和营养健康监测评估。

（七）宣传部门要引导各级各类新闻媒体，全面客观反映营养改善计划实施情况，积极推广典型经验，努力营造全社会共同支持、共同监督、共同推进的良好氛围。

第七条 学校负责落实营养改善计划各项具体工作，实行校长负责制。按照县级实施方案研究制定校级具体操作方案，建立健全并落实食品安全、食材采购、资金管理等制度和工作要求。加强食堂管理，不断提高供餐质量。

第三章 供餐管理

第八条 营养改善计划实施地区和学校应大力推进学校食堂供餐。学校食堂由学校自主经营、统一管理，不得对外承包或委托经营。未建设食堂或暂时不具备食堂供餐条件的地区，应加快学校食堂建设与改造，明确实行食堂供餐的时间节点，在过渡期内可采取企业（单位）供餐。学校规模较小、交通便利的地区可根据实际情况，在满足必需的送餐条件和确保食品安全的前提下，以中心校或邻近学校食堂为依托，实行食堂配餐。偏远地区小规模学校（教学点）不具备食堂供餐和配餐条件的，在确保食品卫生和安全的前提下，可实行学校伙房供餐或家庭（个人）托餐。

第九条 营养改善计划实施地区和学校根据地方特点，按照安全、营养、卫生的标准，因地制宜确定供餐内容。

（一）供餐形式。原则上应提供完整的午餐（热食），暂时无法提供午餐的学校可选择加餐或课间餐。尚未提供完整午餐的地区和学校，应不断改善供餐条件，逐步实现供应完整午餐。

（二）供餐食品。必须符合食品安全和营养健康的标准要求，尊重少数民族饮食习惯。供餐食品应提供营养价值较高的畜禽肉蛋奶类食品、新鲜蔬菜水果和谷薯类食品等，不得提供保健食品、含乳饮料和火腿肠等深加工食品，避免提供高盐、高油及高糖的食品，确保食品新鲜卫生、品种多样、营养均衡。倡导学校食堂按需供餐，通过采取小份菜、半份菜、套餐、自助餐等方式，制止餐饮浪费。鼓励各地积极推进"农校对接"，建立学校蔬菜、水果等直供优质农产品基地，在保障产品质量安全和营养的前提下，减少食材采购和流通环节，降低原材料成本。有条件的学校可采取"一日一供"，确保食材新鲜、安全、营养。

（三）供餐食谱。县级卫生健康部门牵头，参照《学生餐营养指南》（WS/T 554—2017）等标准，结合当地学生营养健康状况，制定学生餐所需食物种类及日均数量指标，由学校根据当地市场食材供应等情况，运用学生电子营养师等膳食分析平台或软件，制定带量食谱并予以公示，确保膳食搭配合理、营养均衡。

第十条 营养改善计划供餐基本条件要求。

（一）学校食堂供餐的基本要求。

学校食堂必须在取得食品经营许可证后方可为学生供餐，应在食堂显著位置悬挂或摆放许可证。学校食堂应全面推行明厨亮灶，食堂建设与设施设备配备应当符合《食品经营许可管理办法》《食品安全国家标准餐饮服务通用卫生规范》（GB 31654—2021）和《学校食品安全与营养健康管理规定》等相关要求。学校食堂供餐的基本条件如下：

1. 具有与所经营、制作供应的食品品种、数量、供餐人数相适应的食品原料处理和食品烹饪、贮存等场所，实行明厨亮灶，保持该场所环境整洁，并与有毒、有害场所以及其他污染源保持规定的距离；

2. 具有与所经营、制作供应的食品品种、数量、供餐人数相适应的设施设备，有相应的消毒、更衣、盥洗、采光、照明、通风、防腐、防尘、防蝇、防鼠、防虫、清洁以及处理废水、存放垃圾和废弃物的设施设备；

3. 具有合理的设备布局和工艺流程，防止待加工食品与直接入口食品、原料与成品或者半成品交叉污染，避免食品接触有毒物、不洁物；

4. 具有经食品安全培训、符合相关条件的食品安全管理人员，以及与本单位实际相适应的食品安全规章制度。

（二）供餐企业（单位）的基本条件。

1. 具备国家有关法律法规规定的相关条件；

2. 取得食品经营许可和集体用餐配送资质；实行"互联网+明厨亮灶"，具备独立的餐饮加工场地、符合条件的食品处理区域及设施设备。配备封闭式食品专用运输车辆，一般应安装车辆行驶轨迹监控、装卸食品监控等设备；

3. 配备食品安全管理人员和至少1名具备资质的营养师。建立食品卫生、安全管理制度，投保食品安全责任险；

4. 建立食品加工全过程实时视频监控系统，并将相关视频信号接入属地教育部门和服务学校，配备的监控系统视频要保存30天以上；

5. 参与学校供餐项目政府采购活动前3年内未发生过食品安全事故，在经营活动中没有重大违法情况。

（三）学校伙房和托餐家庭（个人）的基本条件。

学校伙房和托餐家庭（个人）应具备必要的供餐设施和卫生条件，服务人员应于每学期开学前提供有效的健康证明，确保环境卫生和食品安全。具体要求由各地结合实际确定。

第十一条 改善学校食堂就餐条件。

各地要优先支持营养改善计划实施学校食堂建设及饮水、电力设施改造，严禁超标准建设。规模较小学校可结合实际，利用闲置校舍改造食堂。不断改善厨具餐具、餐桌餐椅以及清洗消毒、视频监控设备等基本条件。实行集中就餐的学校，应确保餐桌和餐位数量满足学生就座用餐实际需要。

学校食堂加工操作间应当符合下列要求：最小使用面积不得少于8平方米；墙壁应有1.5米以上的瓷砖或其他防水、防潮、可清洗的材料制成的墙裙；地面应由防水、防滑、无毒、易清洗的材料建造，具有一定坡度，易于清洗与排水；配备有足够的照明、通风、排烟装置和有效的防尘、防鼠、防虫措施，污水排放和存放废弃物的设施设备符合卫生要求；食品加工区天花板保持干净整洁，无霉斑、无尘土；配备食品经营许可证所要求的其他设施设备。

第十二条 加强食品安全管理。

各地各学校应严格落实《中华人民共和国食品

安全法》《中华人民共和国农产品质量安全法》《学校食品安全与营养健康管理规定》等有关要求，切实保障食品安全。

（一）加强食品安全制度建设。各地各校应建立健全食品安全管理制度，包括：食材采购验收、食品贮存加工、供餐管理制度，从业人员健康管理和培训制度、每日晨检制度，加工经营场所及设施设备清洁、消毒和维修保养制度，食品安全事故应急预案以及市场监管部门规定的其他制度。

（二）实施全过程监管。建立健全食品、食用农产品安全追溯体系，加大"互联网+监管"力度。督促学校食堂和供餐企业优先采购可溯源的食材，建立稳定的食材采购渠道。建立健全原材料采购配送、食材验收、入库出库、贮存保管、加工烹饪、餐食分发、学生就餐等全过程实时视频监控系统，视频要保存30天以上。严格实行食堂操作间、储存间封闭管理，非食堂管理人员、操作人员未经允许和登记严禁进入。

（三）落实学校负责人陪餐制度。每餐均应有学校相关负责人与学生共同用餐（餐费自理），做好陪餐记录，及时发现和解决集中用餐过程中存在的问题。建立健全以学生、家长、教师代表为主，营养专家、学校领导和具体管理人员等共同参与的膳食委员会，参与对学校食品安全、供餐质量的日常监管，开展供餐满意度调查等。

第十三条 加强食品贮存管理。

（一）合理设置食品贮存场所。食品贮存场所应根据贮存条件分别设置，加强温湿度监测，做到通风换气、分区分架分类、离墙离地10厘米以上存放，防尘防鼠防虫设施完好，不同区域应有明显标识。散装食品应盛装于容器内，在贮存位置标明食品的名称、生产日期、保质期、供货商及联系方式等内容。盛装食品的容器应符合安全要求。食品贮存场所内不得存放有毒、有害物品及其他任何私人用品。

（二）建立健全出入库管理制度。食堂物品的入库、出库必须由专人负责，签字确认。规模较大的学校，应由两个以上人员签字验收。入库、出库要严格核对数量、检验质量，出库食品先进先出，杜绝质次、变质、过期食品的入库与出库。

（三）建立健全库存盘点制度。食堂物品入库、验收、保管、出库应手续齐全，物、据、账、表相符，日清月结。盘点后相关人员均须在盘存单上签字。食堂应根据日常消耗确定合理库存。变质和过期的食品应按规定及时清理销毁，并办理监销手续。

第十四条 加强食品加工管理。

食品加工过程应严格执行《食品安全国家标准 餐饮服务通用卫生规范》（GB 31654—2021）、《餐饮服务食品安全操作规范》等规定。

（一）必须采用新鲜安全的原料制作食品，不得加工或使用腐败变质和感官性状异常的食品及原料。不得制售冷荤类食品、生食类食品、裱花蛋糕，不得加工制作四季豆、鲜黄花菜、野生蘑菇、发芽土豆等高风险食品。

（二）需要熟制烹饪的食品应烧熟煮透，其烹饪时食品中心温度应达到70℃以上。烹饪后的熟制品、半成品与食品原料应分开存放，防止交叉污染。食品不得接触有毒物、不洁物。

（三）建立食品留样制度。每餐次的食品成品必须留样，并按品种分别盛放于清洗消毒后的专用密闭容器内，在专用冷藏设备中冷藏存放48小时以上，并落实双人双锁管理。每个品种留样量应满足检验需要，不得少于125 g，并记录留样食品名称、留样时间（月、日、时）、留样人员等信息。

（四）严格按照规定使用食品添加剂。严禁超范围、超剂量使用食品添加剂，不得采购、贮存、使用亚硝酸盐。严禁使用非食用物质加工制作食品。食品添加剂应专人专柜（位）保管，按照有关规定做到标识清晰、计量使用、专册记录。

（五）严格规范餐用具清洗与消毒。加工结束后应及时清理加工场所，做到地面无污物、残渣；按照要求对食品容器、餐用具进行清洗消毒，并存放在专用保洁设施内备用。提倡采用热力方法进行消毒。采用化学方法消毒的必须冲洗干净。不得使用未经清洗和消毒的餐用具。餐用具清洗与消毒应由专人做好记录。

第十五条 严格供餐配送管理。

（一）送餐车辆及工用具必须保持清洁卫生。每次运输食品前应进行清洗消毒并做好记录，在运输装卸过程中也应注意保持清洁，运输后进行清洗，防止食品在运输过程中受到污染。

（二）运送集体用餐的容器和车辆应安装食品保温和冷藏设备，确保食品不得在8℃~60℃的温度条件下贮存和运输，从烧熟至食用的间隔时间（食用时限）应符合以下要求：

1. 烧熟后2小时，食品的中心温度保持在60℃以上（热藏）的，其食用时限为烧熟后4小时；

2. 需要冷藏的熟制半成品或成品，应按有关食品安全操作规范在熟制后立即冷却，将食品的中心温度降至8℃并冷藏保存，其食用时限为烧熟后24

小时。供餐前应对食品进行再加热，且加热时食品中心温度应达到70℃以上。

（三）盛装、分送集体用餐的容器应有封装标识，并在表面注明加工单位、加工制作时间和食用时限，必要时标注保存条件、食用方法和营养标识等信息。

（四）学校应安排专门人员负责供餐企业配送食品的查验接收工作。应重点检查配送食品包装是否完整，感官性状是否异常，食品的温度和配送时间是否符合食品安全要求等，并做好食品留样。

第十六条 加强食堂从业人员管理。

各地应按照与就餐学生人数之比不低于1∶100的比例足额配齐学校食堂从业人员。可采取设置公益性岗位、劳务派遣等方式，配备符合条件的学校食堂从业人员。

（一）从业人员（包括临聘人员）每学期开学前必须进行健康检查，取得健康证明后方可上岗，必要时应进行临时健康检查。从业人员健康证明应在食堂显著位置进行统一公示。患有国家卫生健康委规定的有碍食品安全疾病的人员，不得从事接触直接入口食品的工作。不得聘用有不良思想倾向及行为、精神异常或偏激等现象的人员。

（二）从业人员应落实有关培训学时要求，定期参加有关部门和单位组织的食品安全知识、营养配餐、消防知识、职业道德和法制教育培训，增强食品安全意识，提高食品安全操作技能。鼓励从业人员通过自主培训学习提高营养配餐能力。

（三）实行每日晨检制度。食堂管理人员应在每天早晨各项饭菜烹饪活动开始前，对每名从业人员的健康状况进行检查，并将检查情况记录在案。发现有发热、腹泻、皮肤伤口或感染、咽部炎症等有碍食品安全病症的，应立即离开工作岗位，待查明原因并将有碍食品安全的病症治愈后，方可重新上岗。

（四）从业人员应养成良好的个人卫生习惯。工作前、处理食品原料后、便后用肥皂（或洗手液）及流动清水洗手消毒；接触直接入口食品前，应洗手消毒并佩戴一次性食品手套；穿戴清洁的工作衣帽，并把头发置于帽内；不得留长指甲、涂指甲油、戴戒指加工食品；不得在食品加工和销售场所内吸烟。

第四章　资金使用与管理

第十七条 资金安排。

（一）国家计划地区营养膳食补助按照国家规定的基础标准，根据受益学生人数和实际在校天数核定，所需资金由中央财政全额承担。地方计划地区营养膳食补助资金由地方财政承担，中央财政在地方落实国家基础标准后，给予生均定额奖补。

（二）各地要强化省级统筹，结合经济发展水平、财力状况、支出成本等实际，建立健全省、市、县级财政分担机制，合理安排营养改善计划实施中所需的其他应由财政负担的资金。学校自主经营食堂（伙房）发生的水电煤气等日常运行经费纳入学校公用经费开支，对营养改善计划实施学校可适当提高学校公用经费补助水平。学校自主经营食堂（伙房）供餐增加的聘用人员待遇等开支，由地方财政统筹解决。

（三）各地可结合当地经济社会发展实际及物价水平，在落实国家基础标准上，进一步完善政府、家庭、社会力量共同承担膳食费用机制，科学确定伙食费收费标准。鼓励企业、基金会、慈善机构等捐资捐助，在地方政府统筹下，积极开展营养改善计划工作，并按规定享受税费减免优惠政策。

第十八条 资金使用。

（一）中央财政安排的营养膳食补助资金要设立专门台账，明细核算，确保全额用于为学生提供营养膳食，补助学生用餐。不得直接发放给学生个人和家长，严禁克扣、截留、挤占和挪用。

（二）加强学校食堂财务管理。各实施学校应严格执行《中小学校财务制度》有关规定，学校食堂应坚持公益性和非营利性原则，财务活动应纳入学校财务部门统一管理，实行分账核算，真实反映收支状况。食堂收入包括财政补助收入、收取的伙食费和陪餐费收入等。食堂支出包括食材采购成本、人工成本等，不得将应在学校事业经费列支的费用等计入食堂支出。采购配送、食堂从业人员工资等支出不得挤占营养膳食补助资金。

（三）收取伙食费的学校应严格执行中小学收费管理有关规定，所收取的伙食费应全部用于营养改善计划供餐成本开支。供应两餐及以上的学校，应加强食材采购成本核算管理，不得因提供早、晚餐挤占营养膳食补助资金。

第十九条 资金监管。

（一）各地应加强营养膳食补助资金使用管理情况的监管，开展定期审计。指导各实施学校建立健全内部控制制度，强化内部监管。学校应定期（每学期至少一次）公开食堂收支情况，自觉接受师生、家长和社会的监督。

（二）各地要高度重视全国农村义务教育学生

营养改善计划管理信息系统的日常使用管理工作，指导各实施学校及时、准确填报受益学生、补助标准、就餐天数、供餐情况等信息，加强受益学生实名制管理，严防套取、冒领膳食补助资金。各级教育部门应加强数据信息审核，对数据的真实性、完整性、准确性负责。

第五章　采购管理

第二十条　营养改善计划采购工作必须严格执行《中华人民共和国政府采购法》等法律法规和财政部有关规定。各地应根据营养改善计划供餐实际情况，科学确定属于政府采购范围的具体项目内容；对于不属于政府采购范围的项目，应合理确定采购方式，并制定完善采购管理相关制度要求。

第二十一条　加强采购需求管理。

营养改善计划实施地区和学校应严格落实《政府采购需求管理办法》等有关要求。县级教育部门会同财政部门负责指导学校采购需求管理工作。采购人对采购需求管理负有主体责任，应以学生营养改善为目标，合理确定采购需求，科学编制采购实施计划。在确定采购需求前，可通过咨询、论证、问卷调查等方式开展需求调查。应建立健全采购需求管理制度，加强对采购需求的形成和实现过程的内部控制和风险管理。

第二十二条　及时公开采购意向。

采购意向公开由县级有关部门负责，至少在采购活动开始前30日，按采购项目在中国政府采购网地方分网公开，也可在省级以上财政部门指定的其他媒体同步公开。内容应当包括采购项目名称、采购需求概况、预算金额、预计采购时间等。

第二十三条　合理确定采购人和采购方式。

各地可结合实际，因地制宜合理确定采购人和采购方式。对于采购项目金额达到本地区政府采购限额标准的，原则上应依法采用公开招标、邀请招标、竞争性谈判、竞争性磋商、询价等竞争性采购方式进行采购。

（一）完善大宗食材统一采购制度。各实施学校食堂的大米、食用油、面粉、肉、蛋、奶等，均应纳入政府采购范围，由县级有关部门统一组织实施。鼓励探索采用框架协议采购方式实施。

（二）规范原辅材料采购。对于不属于政府采购范围的新鲜蔬菜、水果、干货、调味品等原辅材料，比照政府采购的相关采购方式，可由县级有关部门或学校作为采购人集中带量采购。鼓励各地对多频次、小额零星的原辅材料比照框架协议采购方式采购。偏远地区小规模学校（教学点）经县级教育部门批准，可采取适当的采购方式，并完善相应的采购管理制度，根据符合采购需求、质量和服务相等且报价最低的原则确定成交供应商。

（三）供餐企业（单位）由县级有关部门通过竞争性采购方式确定。纳入营养改善计划的供餐企业（单位）名单，应向社会公告。

第二十四条　严格规范采购程序。

（一）采取竞争性采购方式采购的，采购人应合理设置供应商资格条件，不得阻挠和限制供应商参与政府采购活动，不得差别对待供应商。应科学制定评审规则，细化编制评分指标，全面覆盖营养改善计划采购的核心内容。提供劳务服务方与食品原辅材料供货方不得为同一主体或相关利益人。

（二）鼓励各地通过竞争性采购方式采购食材。通过竞争性采购方式确定的采购标的单价，不得高于学校所在地同期市场公允价格。加强对营养改善计划采购项目的价格监测。对于采购价格明显偏高的，要深入查找原因，并责令整改。

（三）对于非竞争性采购方式的采购项目，各地要结合实际加强管理。大力推行原材料面向生产环节的统一采购，降低采购成本，确保采购质量，努力实现为学生提供"等值优质"食品的目标。

第二十五条　规范合同管理。

（一）对于属于政府采购范围的采购项目，采购人应按规定与中标、成交供应商签订政府采购合同，并严格执行合同约定事项。如供应商违反合同相关规定，采购人有权终止合同。财政部门应当履行政府采购监督管理职责，依法对供应商违法违规行为进行处理，并将相关违法违规供应商列入不良行为记录名单。

（二）对于不属于政府采购范围，由学校自行采购的项目，学校应及时与供应商签订合同，并报县级教育部门备案。合同内容应至少包括采购品目、数量质量、价格机制、服务时间、风险条款和其他保证食品安全事项等。学校应规范结算制度，及时与供应商结算货款。采购员与供应商之间原则上不得发生现金交易。

第二十六条　加强履约验收。

（一）依法组织履约验收。各地应结合实际，指导采购人细化编制验收方案。学校应成立由2人以上组成的验收小组，按照合同约定开展验收工作。验收时，应建立采购验收台账，列明到货品目、数量质量、生产日期等情况，由验收双方共同签署并留存验收证明。对于大宗食材等应严格落实复秤工作机制并如实记录。验收不合格的项目，采购人应当依法及时处理。供应商在履约过程中有违反政府采购法律法规情形的，采购人应当及时报告县级财政部门。

（二）完善食品采购索证索票制度。食品采购应严格执行《餐饮服务食品采购索证索票管理规定》有关要求，查验、索取并留存相关许可证、营业执照、食用农产品承诺达标合格证等产品合格证明文件、动物产品检疫合格证明等材料和由供货方盖章（或签字）的购物凭证。

（三）加强采购档案管理。采购人应严格执行采购档案管理相关规定，完整保存各项采购文件资料，自采购结束之日起至少保存 15 年。

第六章　营养健康监测与教育

第二十七条　卫生健康部门、疾控部门牵头负责营养改善计划实施地区和学校的营养健康监测，开展有针对性的膳食指导和营养宣传教育。营养改善计划实施地区原则上均应纳入常规监测范围。中国疾病预防控制中心根据需要，选择部分市县和学校，定期开展重点监测。常规监测县和重点监测县应按要求准确及时收集监测信息，按期开展监测评估现场调查。各级监测单位应通过营养改善计划营养健康状况监测评估系统按时报送并核查监测数据。各地应充分利用信息化手段加强对学校供餐质量、学生营养状况等日常监测、评估和指导。

第二十八条　各级疾病预防控制中心应定期综合分析当地监测数据，形成学生营养健康监测评估报告，及时报送同级卫生健康部门、教育部门、疾控主管部门和上级疾病预防控制中心。县级疾病预防控制中心要将主要监测结果反馈监测学校；学校应向学生家长反馈主要监测结果，督促存在健康风险的学生到专业医疗机构进行医学检查和评估。

第二十九条　各级疾病预防控制中心应注重学生营养健康监测结果的运用，加强膳食指导。针对监测发现的问题，指导学校通过食物强化、营养优化等方式，科学合理供餐。

第三十条　加强营养健康教育。各级疾病预防控制中心应会同教育部门，指导学校健全并落实健康教育制度，将食品安全与营养健康知识纳入健康教育教学内容。配备专（兼）职健康教育教师，明确课时安排并落实有关学时要求。学校应依托全民营养周、中国学生营养日、食品安全宣传周等重要时间节点，开展营养健康主题教育活动。鼓励各地各校充分利用信息化手段，面向学生和家长、师生员工开展营养健康知识宣传教育。

第三十一条　推动开展劳动教育。各地各校要以实施营养改善计划为载体，指导学生有序参与集体分餐、餐具回收、垃圾分类、清洁打扫和用餐秩序维护等劳动实践活动。有条件的学校还可以开设烹饪小课堂，开展种植养殖等活动，教育引导学生热爱劳动、珍惜劳动成果。

第三十二条　强化感恩教育。各地各校要结合实际，大力宣传营养改善计划有关政策和实施效果，让受益学生和家长充分感受到党和国家对农村学生健康成长的重视和关心；要利用多种渠道、采取多种方式有效开展感恩教育，引导学生懂得珍惜、学会感恩，不断厚植爱国情怀、培养奉献精神。

第七章　应急事件处置

第三十三条　各实施地区和学校应严格执行《中华人民共和国食品安全法》《学校食品安全与营养健康管理规定》中关于食品安全事故处置的有关规定。地方各级人民政府应建立应急事件处置协调机制，明确相关部门职责，逐级逐校制订应急预案，定期组织应急事件处置演练。

第三十四条　应急事件发生后，学校应及时向当地教育、卫生健康、市场监管部门报告，不得擅自发布事故信息。同时，学校应采取下列措施：立即停止供餐活动，封存餐品留样或可能导致食品安全事故的食品及原料、工用具、设施设备和现场；积极配合相关部门开展病人救治、事故调查等工作；在有关部门指导下，制定学生供餐安排预案，做好学生、家长思想工作。

第三十五条　教育部门接到学校食品安全事故报告后，应当立即赶往现场协助相关部门进行调查处理，督促学校采取有效措施，防止事故扩大，并向上级人民政府教育部门报告。学校发生食品安全事故需要启动应急预案的，教育部门应当立即向同级人民政府以及上一级教育部门报告，按照规定进行处置。市场监管部门会同卫生健康、教育等部门依法对食品安全事故进行调查处理。县级以上疾病预防控制中心接到报告后应当对事故现场进行卫生处理，并对与事故有关的因素开展流行病学调查，及时向同级卫生健康、疾控部门和有关食品安全监管部门提交流行病学调查报告。学校食品安全事故的性质、后果及其调查处理情况由市场监管部门会同卫生健康、教育等部门依法发布和解释。

第八章 绩效管理与监督检查

第三十六条 全面实施绩效管理。各地要结合营养改善计划实际特点，合理设定绩效目标，做好绩效运行监控，建立科学的绩效评价体系，强化绩效结果运用，提高营养膳食补助资金配置效率和使用效益。绩效评价内容应以营养膳食补助资金的管理和使用、学生营养状况改善情况、相关管理制度执行情况等为重点。

第三十七条 建立健全公开公示制度。各地应落实有关要求，将营养改善计划有关实施情况纳入政府信息公开工作范围。学校应定期将受益学生名单、人数（次），食堂财务收支情况、食品及原辅材料采购情况、带量带价食谱等予以公示，公示信息应注意保护个人隐私。各地各校应结合实际，借助信息化手段，多渠道接受师生、家长和社会的监督。

第三十八条 有关部门要建立健全监督检查机制，强化日常监管。教育督导部门要把营养改善计划实施情况作为责任督学日常督导的重要内容；财政部门要对资金管理使用情况进行监管；市场监管部门应定期对学校食堂和供餐单位等开展食品安全检查，会同教育部门督促指导学校落实食品安全责任；卫生健康部门要把食品安全风险监测评估、食源性疾病报告和学生营养膳食指导、宣传教育、监测评估作为重点。

第三十九条 各地应结合实际，定期或不定期开展专项监督检查。专项监督检查的重点是食品安全、供餐质量、资金安全、职责履行和餐饮浪费。

（一）食品安全。主要内容包括：供餐单位是否办理食品经营许可证；供餐单位餐饮服务从业人员是否具有健康证明，是否按要求接受相关培训；食材采购、贮存、加工、供应等环节是否符合食品安全有关标准；是否制定食品安全事故应急预案，是否发生食品安全事故，事故发生后是否及时有效处理，相关单位和人员责任是否追究到位。

（二）供餐质量。主要内容包括：学校选定的供餐模式是否科学，供餐内容是否合理；学校制定的带量食谱是否符合有关营养要求；是否按照有关要求开展膳食指导。

（三）资金安全。主要内容包括：营养膳食补助资金是否及时足额下达，是否明细核算，是否存在截留滞留、挤占挪用、违规套取、虚报冒领等问题；是否出现虚列支出、白条抵账、虚假会计凭证和大额现金支付等情况；大宗食材及原辅材料的供应商是否符合有关规定，程序是否合法合规，供应商是否依照国家法律制度和合同约定履约；食堂收支核算是否符合有关财务管理要求，收支状况是否真实，是否按学期公示。

（四）职责履行。主要内容包括：政府主导作用是否得到落实；相关职能部门是否严格履行工作职责，监督管理是否规范；是否建立营养改善计划议事协调工作机制，是否有专门人员负责日常工作，是否有必要的办公条件和工作经费；各项规章制度是否健全，是否有效执行；营养改善计划实施过程中出现的问题是否及时、有效整改，相关人员的责任是否追究到位。

（五）餐饮浪费。主要内容包括：是否开展反对餐饮浪费宣传教育，建立长效机制；是否采取有效措施，在食材采购、加工烹饪、分餐就餐等环节杜绝餐饮浪费。

第四十条 有关部门依法开展对学校食堂、供餐企业（单位）的监管和检查。有权采取下列措施：进入学生餐经营场所实施现场检查，调取有关监控视频；对学生餐进行抽样检验；查阅、复制有关合同、票据、账簿以及其他有关资料；查封、扣押不符合食品安全标准的食品、违法使用的食品和原料、食品添加剂、食品相关产品以及用于违法生产经营或者被污染的工具、设备；查封违法从事食品经营活动的场所。

第四十一条 教育部门应会同有关食品安全监管部门加强供餐监管，建立学校食堂、供餐企业（单位）信用档案。学校食堂、供餐企业（单位）出现下列情况之一者，应立即停止供餐：

（一）违反相关法律法规，被市场监管部门吊销食品经营许可证、营业执照；

（二）发生食品安全事故或在合同期内被行政处罚的；

（三）未持续保持食品经营许可条件，经整改仍不符合食品经营许可条件的；

（四）存在采购加工法律法规禁止生产经营的食品、使用非食用物质、滥用食品添加剂、降低食品安全保障条件等食品安全问题的；

（五）出现降低供餐质量和餐量标准，随意变更供餐食谱等情况，或在供餐质量评议中学生满意度较低，经约谈警告后，仍不改正的；

（六）擅自转包、分包供餐业务或存在擅自变更配餐生产地址、擅自更换履约人等违约行为；

（七）出现其他违反法律法规及有关规定的行为。

具体管理办法由省级教育部门会同有关食品安全监管部门制订。

第四十二条 建立健全食品安全责任追究制度。

对违反法律法规、玩忽职守、疏于管理，导致发生食品安全事故，或发生食品安全事故后迟报、漏报、瞒报造成严重不良后果的，追究相应责任人责任；构成犯罪的，依法依规追究其刑事责任。

（一）县级及以上地方政府在食品安全工作中未履行职责，本行政区域出现重大食品安全事故、造成严重社会影响的，依法对直接负责的主管人员和其他直接责任人员追究相应责任。

（二）县级及以上教育、卫生健康、农业农村、市场监管部门不履行食品安全监督管理法定职责、日常监督检查不到位或者滥用职权、玩忽职守、徇私舞弊的，依法对直接负责的主管人员和其他直接责任人员追究相应责任。

（三）学校、供餐企业（单位）和托餐家庭（个人）不履行或不正确履行食品安全职责，造成食品安全事故的，依法对学校负责人、供餐企业负责人、直接负责的主管人员和其他直接责任人员追究相应责任。

第四十三条 有下列情形之一的，一经查实，依法依规严肃处理：

（一）通过虚报、冒领、套取等手段，挤占、挪用、贪污营养膳食补助资金和学生伙食费的；

（二）设立"小金库"，在食堂经费中列支学校公共开支或教职工奖金福利、津补贴、招待费及其他非食堂经营服务支出等费用的；

（三）在食堂管理中为他人谋利、搞利益输送或以权谋私的；

（四）采购伪劣食材、损害学生身体健康的；

（五）食堂违规承包，大宗食品、食材采购程序不合规合法的；

（六）存在严重浪费现象，造成不良影响的。

第九章　附　　则

第四十四条 本办法由教育部、国家发展改革委、财政部、农业农村部、国家卫生健康委、市场监管总局、国家疾控局负责解释。各地可依据本办法制订具体实施细则。不属于国家计划地区和地方计划地区的其他地区和学校可参照实施。

第四十五条 本办法自印发之日起施行。教育部等十五部门 2012 年 5 月 23 日颁布的《农村义务教育学生营养改善计划实施细则》等 5 个配套文件同时废止。

教育部关于进一步加强新时代中小学思政课建设的意见

(教基〔2022〕5号)

各省、自治区、直辖市教育厅(教委),新疆生产建设兵团教育局:

思政课是落实立德树人根本任务的关键课程,事关社会主义办学方向,事关亿万学生健康成长。近年来,各地各校认真推进中小学思政课改革创新,思政课质量不断提高,广大中小学生精神面貌积极向上,育人作用得到有效发挥。但是,当前中小学思政课建设还存在一些亟待解决的问题,有的地方和学校对思政课重要性认识还不够到位,中小学思政课教学资源还不够丰富鲜活,教师队伍整体素质需要进一步提升,课堂教学和实践育人效果有待增强。为认真贯彻落实党的二十大精神,按照党中央、国务院关于新时代加强和改进思想政治工作的重要部署,现就进一步加强新时代中小学思政课建设,提出如下意见。

一、总体要求

1. 指导思想。以习近平新时代中国特色社会主义思想为指导,深入贯彻落实习近平总书记在学校思想政治理论课教师座谈会上的重要讲话精神和关于思政课建设的重要指示批示精神,加强党对中小学思政课建设的全面领导,全面贯彻党的教育方针,落实立德树人根本任务,积极培育和践行社会主义核心价值观,推进大中小学思想政治教育一体化建设,充分发挥思政课关键课程作用。紧密联系中小学实际,深化中小学思政课改革创新,切实加强思政课教师队伍建设,统筹用好各类教育资源,大力提升思政课育人质量,教育引导广大中小学生扣好人生第一粒扣子,从小听党话、永远跟党走,着力培养担当民族复兴大任的时代新人。

2. 工作原则。

——突出关键地位。育人的根本在于立德,坚定不移用新时代党的创新理论铸魂育人,把思政课建设作为构建高质量教育体系和学校意识形态工作的重要内容,融入学校人才培养全过程、各方面,充分彰显思政课政治引领和价值引领功能。

——强化统筹实施。注重学段衔接,完善大中小学思想政治教育体系;注重相互配合,充分发挥思政课和各类课程的育人功能;注重内外协调,推进学校"小课堂"、社会"大课堂"和网络"云课堂"协同育人。

——坚持问题导向。加强思政课教学管理与教研工作,完善教学内容,丰富教学资源,强化实践育人,着力提高思政课教师专职化专业化水平,深入推进思政课内涵发展,持续提升思政课吸引力感染力。

——深化改革创新。遵循思想政治工作规律、教育教学规律和学生成长规律,坚持守正创新,完善体制机制,创新方法途径,切实增强思政课时代性、针对性、实效性,大力促进思政课改革发展。

3. 工作目标。到2025年,中小学思政课关键地位进一步强化、建设水平全面提高。课堂活力充分激发,优质课程资源更加丰富,实践教学深入开展。思政课教师队伍专职化专业化水平明显提升,小学专职教师配备比例达到70%以上,初高中配齐专职教师,绝大多数教师具有比较扎实的思政教育相关专业知识。"大思政课"体系更加完善,评价机制基本健全。思政课整体质量显著提高,有效发挥沟通心灵、启智润心、激扬斗志的重要育人作用。

二、深化教学管理创新

4. 开齐开足课时。严格落实《义务教育课程方案(2022年版)》和道德与法治课程标准,各地按照确保课时占比达到6%~8%的要求,明确思政课周课时量;在地方课程、校本课程中思政类课程应占一定比例课时。严格落实普通高中思想政治课程标准必修课程学分要求,积极创造条件开好思政课选择性必修、选修课程。要把开齐开足思政课作为严肃的政治纪律、教学纪律,在省级课程实施办法中明确要求,在学校课程实施方案中优先保障,班级课表中明确标示，教学实施中严格执行，不得占用、挪用或者变相压减课时。

5. 落实课程内容。扎实推进习近平新时代中国特色社会主义思想进教材进课堂进学生头脑，依据道德与法治（思想政治）课程标准，统筹编好用好国家中小学思政课统编教材、《习近平新时代中国特色社会主义思想学生读本》等，切实增强思政课教材教辅和读本对不同学段学生的适应性，有针对性地进行中国特色社会主义和中国梦教育、社会主义核心价值观教育、法治教育、铸牢中华民族共同体意识教育、劳动教育、生态文明教育、心理健康教育等；常态化制度化开展理想信念教育，持续抓好党史学习教育，加强爱国主义、集体主义、社会主义教育，持续深化党的领导、社会主义先进文化、革命文化、中华优秀传统文化等各类主题教育；充分利用新时代的伟大实践成就和时政要闻、重大活动、乡村振兴、抗击疫情、奥运精神等方面形成的教育资源，丰富思政课教育内容，有机融入课堂教学。

6. 创新教学方法。思政课要把讲好道理作为本质要求，坚持主导性和主体性相统一，注重针对不同学段学生认知规律，创新教师教与学生学的方式方法。要充分运用案例式、议题式、体验式、项目式等多种教学方法，融合应用现代信息技术，推进基于真实情境的教学；积极采用小组学习、问题解析、学生讲述等课堂形式，注重用好学生身边可知可感的生动事例和典型人物，充分调动学生参与思政课的积极性主动性。教师要以鲜活的语言、真挚的感情，善于用讲故事的方式，把道理讲深、讲透、讲活，着力增强课堂教学实效，打动心灵、感动学生、入脑入心，让思政课真正成为一门教师用心教、学生用心悟的课程。

三、丰富课程教学资源

7. 汇聚优质课程资源。实施国家中小学思政课精品课程建设计划，通过国家级基础教育优秀教学成果评审、全国中小学思政课教师教学基本功展示交流、全国中小学思政课优秀教学案例征集等途径，针对不同学段特点遴选推出一批导向鲜明、思想深刻、内容丰富、形式活泼的思政"精品课"，引导带动各地各校和广大思政课教师不断提高思政课质量水平。加强优质教学辅助资源包建设，围绕课程内容分单元、分专题开发建设丰富多样、分门别类的教学案例库、教学素材库等，通过活页、专册、讲义等多种方式及时充实富有中国特色、时代特征的鲜活教育资源，为思政课教师备好课、上好课提供资源支撑。

8. 丰富社会实践资源。完善思政课实践教学机制，中小学校要制定社会实践大课堂教学计划，安排一定课时用于学生社会实践体验教学活动，推动思政课教学与学生社会实践、志愿服务等活动有机结合，增强学生直接体验和切身感悟。各地各校要统筹爱国主义教育基地、红色教育基地、研学教育基地、综合实践基地、法治教育实践基地、文化场馆、科技场馆、博物馆等校外教育资源，以及地方特色教育资源，建立一批思政课实践教学基地，共同开发建设各具特色的教学资源。

9. 用好数字化资源平台。不断拓展国家中小学智慧教育平台及地方教育资源平台服务功能，广泛汇聚各类优质思政课数字化教学资源，促进优质资源共建共享，并健全资源迭代更新与应用激励机制。建立若干思政课名师网络工作室，开发思政课教师网络集体备课系统，强化专家引领、名师带动、示范培训、在线交流研学。积极推进社会实践大课堂活动实现线上预约、自主选择、过程记录。支持各地通过同步课堂、专递课堂、双师课堂等模式，帮助农村地区薄弱学校开齐开好思政课。

四、加强教师队伍建设

10. 强化专职教师配备。各地要统筹使用中小学教职工编制，有效保障思政课专职教师配备，并制订具体补充计划。各地要研究制定中小学思政课教师周标准工作量课时，原则上按所需的相应思政课教师数配齐思政课专职教师，对于跨年级任教的思政课教师可适当减少课时。小学不满一个标准工作量的可由班主任或语文教师兼任；小学党组织书记、校长、德育主任、少先队大队辅导员等可在培训合格后兼任小学思政课教师。乡村小规模学校确实难以配备专职思政课教师的，可由所属乡镇中心校通过思政课教师"走教""送教"等方式上好思政课。积极落实中小学思政课特聘教师制度，鼓励支持地方优秀党政干部、专家学者、先进模范、英雄人物、法治副校长、校外辅导员等，定期到中小学讲课或作专题报告。

11. 提升教师专业水平。师范院校和其他高校要加强思政教育相关专业建设，大力培养符合新时代中小学思政课教学要求的高素质专业化师资。严格新任思政课教师招聘条件，必须具备国家规定的相应教师资格。建立中小学思政课教师轮训制度，聚焦教育教学能力提升和教学方式方法创新，有针对性开展培训，每3年至少进行一次不少于5日的集中脱产培训；对目前不适应思政课教学要求的教师，应通过开展专门培训等方式，帮助他们提高教学能力，或进行必要的工作岗位调整。健全中小学思政课教师校外实践教育制度，确保每位教师每年参加校外实践教育活动不少于2次。支持思政课教师进修思政教育专业第二学历，在职攻读思政教育相关专业硕士、博士学位。鼓励中小学思政课教师积极申报有关专项研究课题，深入开展中小学思政课教学重点难点问题和教学方法改革创新等研究。

12. 优化教师激励机制。在全国模范教师、优秀教师、教学名师、国家级教学成果奖等评选工作中向中小学思政课教师适当倾斜，大力选树中小学思政课教师年度影响力人物等先进典型，培育遴选一大批国家级中小学思政课名师、骨干教师和优秀青年教师，增强教师职业认同感、光荣感、责任感。在教师专业技术岗位等级设置、职称评聘等方面向思政课教师倾斜，中、高级岗位比例不低于教师队伍平均水平，并实行思政课教师职称评审单列，突出专业水平、教学质量和育人实效导向。各地要认真落实中央有关文件要求，因地制宜设立中小学思政课教师岗位津贴。各地各校要密切关心中小学思政课教师思想和生活状况，努力帮助解决实际困难，不断增强思政课教师的幸福感、获得感。

五、完善教研工作机制

13. 强化教研队伍建设。分学段配齐配强专职思政课教研员，并加大从中小学优秀思政课教师中遴选的力度。要将思政课教研员培训纳入教师"国培计划"，教育部组织实施骨干思政课教研员示范培训，各地制订并实施全员培训计划，每位教研员每年接受不少于72课时的专项培训。中小学校要设置思政课教研组，教研组长应由思政课骨干教师担任。

14. 创新教研方式方法。充分发挥教育部基础教育思政课教学专家指导委员会作用，强化专业指导与引领。各地各校要建立思政课教师教研共同体、集体备课制度等，指导思政课教师认真备课教研。健全思政课教研员到中小学校定期任教、示范授课、巡回评课制度，广泛开展网络教研、远程教研和跨区域教研。鼓励有条件的教研机构、中小学校与各级党校、高校马克思主义学院、干部培训学院建立思政课教研共同体，深入开展中小学思政课教研工作。逐步遴选建设一批国家级中小学思政课研修基地和区域研修中心，发挥示范引领作用。

六、构建大思政课体系

15. 提高课程思政水平。省级教育行政部门要研究制定中小学学科德育指南，充分发挥道德与法治（思想政治）课主阵地作用，深入挖掘语文、历史和其他学科蕴含的思政资源，强化体育、美育、劳动教育的德育功能，准确把握各门学科育人目标，将课程思政有机融入各类课程教学，深入实施跨学科综合育人。要结合地方自然地理特点、民族特色、传统文化以及重大历史事件、历史名人等，因地制宜开发富有教育意义的地方和校本思政课程。

16. 创新德育工作途径。各地各校要深入落实《中小学德育工作指南》，"一校一案"研究制定德育工作实施方案，扎实推进全员、全过程、全方位育人。认真开展"学习新思想 做好接班人""从小学党史 永远跟党走""学雷锋学模范""开学第一课"等主题教育活动，促进学生牢记教导、崇尚英雄、争做先锋；要充分利用重大节庆日、重要纪念日等开展主题鲜明、内容丰富、形式多样、感染力强的教育活动，加强升旗、入团、入队等仪式教育，不断创新德育活动载体。健全学校家庭社会育人机制，引导家长弘扬中华传统美德，更加重视学生品德教育和良好习惯养成，培养亲密和谐亲子关系；统筹利用社会资源，强化实践育人；深入开展学生心理健康教育，培养学生健全人格和积极向上的心理品质。

17. 加强校园文化建设。学校要努力创建积极向上、格调高雅、团结友爱、严肃活泼的校园文化，加强校风教风学风建设，严格校规校纪管理，引导教师关爱学生，构建和谐的师生关系。统筹推动文明培育、文明实践、文明创建，大力培育时代新风新貌，努力提高学校精神文明建设水平；深入挖掘、有效彰显校史校训校歌中思政教育内涵，充分发挥校园广播、校刊、板报等阵地宣传引导作用，突出学校党组织、共青团、少先队标识标志。优化校园环境，要使校园内秩序良好、温馨舒适，"一草一木、一砖一石"都体现教育引导和熏陶。积极创建富有特色的班级育人文化，将思政课教学与班级管理、班（团、队）会、社团活动等有机结合。打造清朗文明的校园网络文化，高度重视做好网络环境下学生德育工作，引导学生正确识网用网，提升网络素养，规范网络言行；不盲目"追星"，自觉抵御"饭圈"、极端"粉圈"等不良网络文化影响。

七、组织实施

18. 加强党的全面领导。各地各校要把提高中小学思政课质量作为重大政治任务，主动谋划、大力推进，切实把好思政课建设政治方向，及时解决突出问题，优先保障思政课建设所需经费，进一步加强教师队伍、教学资源、场所设备等条件建设，认真落实将中小学思政课建设情况纳入各级党委领导班子考核和政治巡视巡察的规定要求。要深入实施中小学校党组织领导的校长负责制，建立健全学校党组织抓思政课工作机制，每学期至少专题研究1次思政课教育教学工作；学校党组织书记、校长作为思政课建设第一责任人，每学期都要走进课堂听课讲课；优先发展中小学思政课骨干教师入党，不断提升中小学思政课教师党员比例；完善党建带团建、队建机制，充分发挥共青团、少先队组织优势和独特作用。

19. 强化督导考核评价。认真落实《义务教育质量评价指南》《普通高中学校办学质量评价指南》等要求，把思政课建设情况作为区域教育质量、学校办学质量和学生发展质量评价的重要内容。教育督导部门和责任督学要定期对中小学思政课建设情况和教学质量进行督导评估，对发现的问题要督促整改到位。深化考试评价改革，强化中考、高考对中小学生学习思政课的指挥棒作用；重视教学过程评价，把教学效果作为重要标准；注重表现性评价，将思政课学习实践情况纳入学生综合素质评价。在教学成果奖的评选上，坚持鲜明导向，注重思政教育内涵，充分发挥思政教育专家和优秀思政课教师在评选中的重要作用。

20. 营造良好工作氛围。各地各校要积极探索、不断总结中小学思政课建设的有效模式，大力推广一批典型经验做法、优秀教学案例和优秀思政课教师先进事迹。各地教育部门要积极会同有关部门切实加强社会环境、网络空间等治理，有效净化中小学生成长环境，与学校思政教育形成合力。充分利用主流媒体和新媒体，加大中小学思政课正面宣传和舆论引导力度，努力形成全社会各方面关心支持办好思政课、教师认真讲好思政课、学生积极学好思政课的良好氛围。

教育部

2022 年 11 月 4 日

教育部等十部门关于印发《全面推进"大思政课"建设的工作方案》的通知

(教社科〔2022〕3号)

现将《全面推进"大思政课"建设的工作方案》印发给你们，请认真贯彻执行。

教育部 中共中央宣传部
中共中央网络安全和信息化委员会办公室
科学技术部 工业和信息化部 生态环境部
国家卫生健康委 国家文物局
国家乡村振兴局 中国关心下一代工作委员会
2022年7月25日

全面推进"大思政课"建设的工作方案

为深入贯彻落实习近平总书记关于"大思政课"的重要指示批示和在中国人民大学考察时的重要讲话精神，贯彻落实中共中央、国务院《关于新时代加强和改进思想政治工作的意见》，中共中央办公厅、国务院办公厅印发的《关于深化新时代学校思想政治理论课改革创新的若干意见》和中共中央办公厅《关于加强新时代马克思主义学院建设的意见》精神，坚持不懈用习近平新时代中国特色社会主义思想铸魂育人，制定本工作方案。

一、总体要求

党的十八大以来，特别是习近平总书记亲自主持召开学校思想政治理论课教师座谈会以来，思政课在党中央治国理政战略全局中的地位日益凸显，发展环境和整体生态发生根本性转变，习近平新时代中国特色社会主义思想铸魂育人成效明显，思政课建设、日常思想政治工作、课程思政全面推进。同时，一些地方和学校对"大思政课"建设的重视程度不够，开门办思政课、调动各种社会资源的意识和能力还不够强，课程教材体系还需要进一步完善，有的学校教师数量不足、质量不高，对实践教学重视不够，有的课堂教学与现实结合不紧密，大中小学思政课一体化建设亟须深化，有的学校第二课堂重活动轻引领，课程思政存在"硬融入""表面化"等现象。

全面推进"大思政课"建设，要坚持以习近平新时代中国特色社会主义思想为指导，聚焦立德树人根本任务，推动用党的创新理论铸魂育人，不断增强针对性、提高有效性，实现入脑入心。坚持开门办思政课，强化问题意识、突出实践导向，充分调动全社会力量和资源，建设"大课堂"、搭建"大平台"、建好"大师资"，建设全国高校思政课教研系统，设立一批实践教学基地，推出一批优质教学资源，做优一批品牌示范活动，支持建设综合改革试验区，推动思政小课堂与社会大课堂相结合，推动各类课程与思政课同向同行，教育引导学生坚定"四个自信"，成为堪当民族复兴重任的时代新人。

二、改革创新主渠道教学

1. 建构党的创新理论研究阐释和教育教学的自主知识体系。各高校全面开设"习近平新时代中国特色社会主义思想概论"课。中央宣传部、教育部编写习近平新时代中国特色社会主义思想概论课教材。教育部实施习近平新时代中国特色社会主义思想研究重大专项，加强习近平新时代中国特色社会主义思想系统化学理化和分领域分专题研究，将习近平新时代中国特色社会主义思想有机融入全面贯穿哲学社会科学各学科知识体系。

2. 建强思政课课程群。各地各校加强以习近平新时代中国特色社会主义思想为核心内容的课程群建设，形成必修课加选修课的课程体系。高校要统筹全校力量，结合自身实际，重点围绕习近平经济思想、习近平法治思想、习近平生态文明思想、习近平强军思想、习近平外交思想以及"四史"、宪法法律、中华优秀传统文化等设定课程模块，开设选择性必修课程。

3. 优化思政课教材体系。落实系列重大主题教育指南和纲要，深入推进习近平总书记在地方工作期间的重大实践、视察地方和学校重要论述进课程教材。及时修订思政课统编教材，将党的创新理论最新成果有机融入各门思政课。编写马克思、恩格斯、列宁关于哲学社会科学及各学科重要论述摘编。持续推进新时代马克思主义理论研究和建设工程重点教材建设。

4. 拓展课堂教学内容。教育部组织制作"思政课导学"课件、讲义、专题片等，帮助教师讲深讲透讲活学好思政课的重要意义。各地各校围绕新时代的伟大实践，充分挖掘地方红色文化、校史资源，将伟大建党精神和抗疫精神、科学家精神、载人航天精神等伟大精神，生动鲜活的实践成就，以及英雄模范的先进事迹等引入课堂，推动党的创新理论和历史融入各学段各门思政课。

5. 创新课堂教学方法。各校加强对学生思想、心理及关心的热点难点问题研究，制定针对性的教学方案。善于采用多样化的教学方法，注重发挥学生主体性作用，积极运用小组研学、情景展示、课题研讨、课堂辩论等方式组织课堂实践。有条件的高校要为思政课配备助教，协助开展教学组织、课后答疑等工作。

6. 优化教学评价体系。高校要建立校领导、教学督导、马克思主义学院班子成员、思政课教师和学生参加的多维度综合教学评价工作体系，重视教学过程评价，增加教学研究和教学成果在评价体系中的权重。用好思政课教学评价结果，作为马克思主义学院和班子成员考核的重要指标，作为思政课教师绩效考核、职称晋升、评奖评优等的基本依据。充分发挥教学指导委员会等专家组织作用，开展教学调研指导。鼓励有条件的高校聘请思政课退休教师担任教学督导员、青年教师的成长导师。

三、善用社会大课堂

7. 构建实践教学工作体系。高校要普遍建立党委统一领导，马克思主义学院积极协调，教务处、宣传部、学工部、团委等职能部门密切配合的思政课实践教学工作体系，在马克思主义学院指定专人负责，建立健全安全保障机制，积极整合思政课教师和辅导员队伍，共同参与组织指导思政课实践教学。将思政课教师、辅导员指导学生开展实践活动、指导学生理论社团等纳入教学工作量。参照学生专业实训（实习）标准设立思政课实践教学专项经费。

8. 落实思政课实践教学学时学分。高校要严格落实本科2个学分、专科1个学分用于思政课实践教学的要求，中小学校要安排一定比例的课时用于学生社会实践体验活动。精心设计实践教学大纲，坚决避免实践教学娱乐化、形式化、表面化。鼓励有条件的高校开设专门的实践教学课。

9. 组织开展多样化的实践教学。教育部持续组织开展中国国际"互联网+"大学生创新创业大赛青年红色筑梦之旅、习近平新时代中国特色社会主义思想大学习领航计划、"小我融入大我，青春献给祖国"主题社会实践、"技能成才，强国有我"主题教育等活动。高校要紧扣思政课实践教学目标和要求，利用志愿服务、理论宣讲、社会调研等实践活动，开展实践教学。注重总结实践教学成果，把优秀成果作为课堂教学的有效补充，支持出版高校思政课实践教学成果，推动实践教学规范化。

10. 建好用好实践教学基地。教育部会同有关部门，利用现有基地（场馆），分专题设立一批"大思政课"实践教学基地。发挥好教育部高校思政课教师研学基地的实践教学功能。各地教育部门要结合实际，积极建设"大思政课"实践教学基地。大中小学要主动对接各级各类实践教学基地，开发现场教学专题，开展实践教学。有条件的学校可与有关基地建立长效合作机制，加强研究和资源开发。各基地要积极创造条件，与各地教育部门、学校建立有效工作机制，协同完成好实践教学任务。

专栏　建好用好"大思政课"实践教学基地
1. 教育部、科技部联合设立科学精神专题实践教学基地。
2. 教育部、工业和信息化部联合设立工业文化专题实践教学基地。
3. 教育部、生态环境部联合设立美丽中国专题实践教学基地。
4. 教育部、国家卫生健康委联合设立抗击疫情专题实践教学基地。
5. 教育部、国家文物局联合设立中华优秀传统文化、革命文化、社会主义先进文化专题实践教学基地。
6. 教育部、国家乡村振兴局联合设立脱贫攻坚、乡村振兴专题实践教学基地。
7. 教育部、中国关心下一代工作委员会联合设立党史新中国史教育专题实践教学基地。

四、搭建大资源平台

11. 建设全国高校思政课教研系统。教育部建设"全国高校思政课教师网络集体备课平台"网络支持系统、"青梨派"大学生自主学习系统、高校思政课教学创新中心资源开发系统、高校思政课教学指导委员会指导审核评估系统、高校思政课教师基础数据系统、高校思政课教师研修培训系统等为一体，共建共享、系统集成、全面覆盖的全国高校思政课教研系统。

12. 推进国家智慧教育平台建设使用。教育部把"大思政课"摆在教育信息化的突出位置，加强国家智慧教育平台思政教育资源建设。通过项目支持的方式，推动教学资源建设常态化机制化。组织开发和推荐一批科学权威实用的课件、讲义，推动一线教师统一使用。加强思政课教学资源库建设，实施中小学思政课精品课程建设计划，推出一批思政"金课"。加大优质资源推广使用力度，指导各地各校用好国家智慧教育平台。

> 专栏　思政课教学资源库
>
> 1. 建设教学案例库。组织征集和开发高质量、多形式的教学案例，特别是聚焦习近平新时代中国特色社会主义思想在中华大地的生动实践，开发一批党的创新理论主题案例。
> 2. 打造教学重难点问题库。建立思政课教学重难点问题征集机制，动态收集学生关注的问题和思想理论困惑，统一组织研究回答，形成教学问题库。
> 3. 建设教学素材库。建立完善采集、审核、共享机制，充分调动一线思政课教师积极性创造性，持续推出一大批优秀思政课课件、讲义、重难点解析、重要参考文献、教学配图、微视频、融媒体公开课等优质教学素材。
> 4. 开发在线示范课程库。以国家统编教材为基本遵循，整合全国优秀思政课教师和哲学社会科学专家力量，组织开发高水平在线示范课程。

13. 打造网络教育宣传云平台。教育部会同中央网信办等，组织开展"大思政课"网络主题宣传活动，鼓励师生围绕思政课教学内容创作微电影、动漫、音乐、短视频等，建设资源共享、在线互动、网络宣传等为一体的"云上大思政课"平台。加强高校思想政治工作网、大学生在线、易班等网络平台建设。积极研发成本适宜的虚拟仿真教学资源。组织开展"同上一堂思政大课"活动。各地各校用好"学习强国"等平台，鼓励思政课教师积极参加中央和地方主流媒体的政论、时政节目，广泛传播党的创新理论。

五、构建大师资体系

14. 建设专兼结合的师资队伍。各地各校严格按照要求配备建强高校专职思政课教师、辅导员队伍，提高中小学专职思政课教师比例，实行思政课特聘教授、兼职教师制度，积极聘请党政领导、科学家、老同志、先进模范等担任思政课兼职教师。深入实施马克思主义学院院长（书记）培养工程，通过集中培养培训、委托重大项目、加强实践锻炼、开展国际国内访学等方式，培养一批青年马克思主义理论家。

> 专栏　建立思政课特聘教授、兼职教师制度
>
> 高校要通过建立健全思政课特聘教授制度，选聘优秀地方党政领导干部、企事业单位管理专家、社科理论界专家、各行业先进模范以及高校党委书记校长、院（系）党政负责人、名师大家和专业课骨干教师、日常思想政治教育骨干等加入思政课教师队伍，讲授思政课；通过建立健全兼职教师制度，形成英雄人物、劳动模范、大国工匠等先进代表，以及革命博物馆、纪念馆、党史馆、烈士陵园等红色基地讲解员、志愿者经常性进高校参与思政课教学的长效机制。

15. 搭建队伍研究平台。充分发挥国家社科基金规划项目、教育部人文社科研究项目思政课教师研究专项作用，设立马克思主义理论研究和建设工程后期资助项目，组织教师加强马克思主义理论和思政课教学研究。重点支持开展"大思政课"建设规律、思政课教学难点及对策、大中小学思政课一体化、课程思政等研究。举办习近平新时代中国特色社会主义思想进教材进课堂进头脑系列研讨会。建设辅导员工作室、资助开展课题研究、推广优秀工作案例。

16. 提升队伍综合能力。完善国家、地方、学校三级培训体系，实现思政课教师培训全覆盖。教育部完善"手拉手"集体备课机制，定期组织开展教学研讨活动。开展中小学思政课教师示范培训、教学基本功展示交流活动。建设辅导员网上资源库、开发虚拟仿真实训平台，组织支持开展国情考察。各地教育部门要建立中小学思政课教师轮训制度，依托各级党校和高校马克思主义学院每3年对中小学思政课教师至少进行一次不少于5日的集中脱产培训。中小学校新进专职思政课教师须取得思政课教师资格。小学兼职思政课教师在上岗前应完成一

定学时的专业培训，并考核合格。各地各高校建立专门制度，常态化支持思政课骨干教师到各级宣传、教育等党政机关或基层挂职锻炼、蹲点调研，相关经历纳入评奖评优、干部选聘体系，相关成果作为职称评聘参考。严格落实生均经费用于思政课教师的学术交流、实践研修等，并逐步加大支持力度。

加强思政课教师培养培训

1. 加强"高校思政课教师信息库"建设。
2. 打造"全国高校思政课教师网络集体备课平台"升级版。
3. 实施"高校思政课教师队伍后备人才培养专项支持计划"。
4. 实施"高校思政课教师在职攻读马克思主义理论博士学位专项支持计划"。
5. 举办"高校思政课骨干教师研修班"和"高校哲学社会科学骨干研修班"。
6. 举办"周末理论大讲堂"。
7. 依托全国高校思政课教师研修（学）基地，组织思政课教师开展分课程、分专题研修活动。
8. "高校思想政治理论课'手拉手'集体备课中心"和"高校思想政治理论课名师工作室"，举办跨地区、跨学段、跨学校等多形式的集体备课、教学研讨活动。
9. 举办"全国高校思政课教学展示活动"。
10. 开展"高校优秀思政课教师和马克思主义理论学科学生奖励基金"遴选。
11. 开展中小学思政课教师示范培训。
12. 开展中小学思政课教师基本功展示交流活动。

六、拓展工作格局

17. 分层分类开展"大思政课"综合改革试点。教育部围绕实践教学、教师队伍建设、大中小学思政课一体化、问题式专题化团队教学和均衡发展等思政课改革创新重大问题，在北京、天津、上海、江西、陕西等地设立综合改革试验区。地方党政负责同志坚持联系高校并讲思政课。坚持教材编写、师资培养、理论阐释、教学研究相结合，统筹推进习近平新时代中国特色社会主义思想研究中心（院）、国家教材建设重点研究基地、人文社科重点研究基地、师资培训中心、马克思主义学院等建设，开展"联学联讲联研"综合改革试点。深入推进"三全育人"综合改革，持续扩大高校"一站式"学生社区综合管理模式建设试点。

18. 深入推进大中小学思政课一体化建设。教育部加强大中小学思政课一体化建设指导委员会建设，支持各地建设一批一体化基地，鼓励高校积极开展与中小学思政课共建。各地教育部门加强引导和协调，建立大中小学师资培育、听课评课、教研交流、集体备课等常态化工作机制。

19. 全面推进课程思政高质量建设。教育部组建高等学校课程思政教学指导委员会，研制普通本科专业类课程思政教学指南，组织开展高校教师课程思政教学能力培训，建设一批课程思政系列共享资源库。建成一批课程思政示范高校，推出一批课程思政示范课程，选树一批课程思政教学名师和团队，建设一批高校课程思政教学研究示范中心。加强中小学学科德育建设。

20. 扎实开展日常思政教育活动。学校党委书记、校长要在开学、毕业典礼等重要场合，讲授"思政大课"。学校要以重大纪念日、重大历史事件为契机，通过"学习新思想，做好接班人"主题教育、职教学生读党报、新时代先进人物进校园、论坛讲坛、讲座报告会等，组织专题"思政大课"。教育部打造并集中展示一批校园文化原创精品，建设一批文化传承基地。办好"全国大学生网络文化节"和"全国高校网络教育优秀作品推选展示活动"。

七、加强组织领导

21. 强化统筹协调。教育部、中央宣传部做好"大思政课"建设的总体谋划。中央网信办指导做好"大思政课"全媒体宣传。科技部、工业和信息化部、生态环境部、国家卫生健康委、国家文物局、国家乡村振兴局、中国关心下一代工作委员会等部门，加强对基地的指导和建设，切实发挥好基地的育人功能。

22. 积极推进落实。各地要把"大思政课"建设作为"十四五"时期推动思政课高质量发展的重要抓手，在基地资源、经费投入、队伍建设、条件保障等方面采取有效措施。将中外合作办学院校纳入"大思政课"建设整体布局。各地各校要及时总结宣传"大思政课"建设的好经验好做法，营造良好舆论氛围。

教育部办公厅 工业和信息化部办公厅 国家知识产权局办公室关于组织开展"千校万企"协同创新伙伴行动的通知

（教科信厅函〔2022〕26号）

各省、自治区、直辖市教育厅（教委）、工业和信息化主管部门、知识产权主管部门，新疆生产建设兵团教育局、工业和信息化局、知识产权局，有关部门（单位）教育司（局），部属各高等学校、部省合建各高等学校：

为贯彻落实党中央、国务院关于国家中长期科学和技术发展的决策部署，加快实施高校科学技术"十四五"和中长期发展规划、《"十四五"促进中小企业发展规划》和《"十四五"国家知识产权保护和运用规划》，推动高校与企业强化创新合作，促进创新链产业链深度融合，教育部、工业和信息化部、国家知识产权局决定共同组织开展"千校万企"协同创新伙伴行动（简称"千校万企"行动）。现将有关事项通知如下。

一、总体要求

坚持以习近平新时代中国特色社会主义思想为指导，深入贯彻党的十九大和十九届历次全会精神，把握新发展阶段、完整准确全面贯彻新发展理念、构建新发展格局，深入实施创新驱动发展战略，加快构建高校有组织科技创新体系，推动高校与龙头企业、中小企业加强产学研合作，最大程度发挥高校作为基础研究主力军、重大科技突破策源地和企业作为创新主体的协同效应，分工协作、优势互补、协同创新，着力突破制约产业发展的关键核心技术和共性技术，加快高校知识产权和科技成果向企业转移转化，推动创新链产业链深度融合，打通从科技强到企业强、产业强、经济强的通道，有力支撑产业基础高级化、产业链现代化。

二、主要目标

利用5年时间，聚焦国家重大战略需求和产业发展共性问题，新增布局30个左右关键核心技术集成攻关大平台和100个左右教育部工程研究中心，推动建设一批校企创新联合体，开展教育部工程研究中心优化整合，联合部署一批协同攻关任务，支持高校和企业探索协同创新的新机制、新模式，根据龙头企业、专精特新中小企业和创新型中小企业特点，实现与高校精准对接，开展不同形式的创新合作，突破一大批制约产业高质量发展的关键核心技术和共性技术，强化企业需求牵引和市场化导向的知识产权布局，有组织推动1 000所以上高校支撑服务10 000家以上企业高质量发展。

三、重点任务

（一）协同攻关一批关键核心技术

着力推动高校与行业龙头企业、专精特新"小巨人"企业、专精特新中小企业开展战略合作，围绕企业创新需求，探索建立"揭榜挂帅"机制，通过企业出题、协同答题的技术攻关模式，提升高校与企业协同创新效率。支持重点"小巨人"企业将财政奖补资金用于开展校企创新合作。

（二）推动打造一批创新联合体

支持高校和龙头企业、中小企业联合组建重点实验室、研究院、技术中心、工程中心、产学研基地等多种形式的创新联合体，加强关键核心技术和共性技术研发，探索专利所有权共享、收益权让渡等合作机制，推动科技成果共享共用。指导做好创新联合体的知识产权归属和收益分配工作，鼓励参照使用《产学研合作协议知识产权相关条款制定指引（试行）》，防范知识产权纠纷风险。对于协同承担攻关任务并取得良好成效的创新联合体，支持建设教育部工程研究中心、制造业创新中心和产业技术基础公共服务平台。

（三）优化整合一批技术创新平台

坚持问题导向和系统布局，强化顶层设计，以重大攻关任务为牵引，优化集成攻关大平台建设布局，为关键领域发展提供支撑。组织开展教育部工程研究中心优化整合，以服务国家重大战略和经济社会高质量发展为目标，围绕关键核心技术、行业共性技术突破以及科技成果的工程化产业化应用，吸纳龙头企业和优质中小企业作为参与共建单位，通过调整、充实、整合等方式，推动工程中心持续强化创新能力，切实为提升产业链供应链现代化水平、推动行业高质量发展提供支撑。

（四）探索选聘一批专家教授作为中小企业技术导师

实施"校企双聘"制度，遴选一批专家教授担任专精特新中小企业技术导师，为企业提供"一对一"的技术咨询指导等支持，促进专家教授的研究成果和专利技术在企业实现产业化应用，实现带去一批技术、推动一批项目、解决一批难题。

（五）择优派驻一批博士生为企业提供技术服务

组建"蓝火博士生工作团"，根据地方及企业技术需求，每年组织在校博士研究生、青年教师等深入企业，为企业开展科技创新服务，帮助解决企业实际问题，同时担任企业的高校联络员，作为企业联系高校的桥梁和纽带，帮助企业对接高校创新资源。

（六）推进实施一批高校专利开放许可项目

组织高校积极参与专利转化专项计划，筛选有市场化前景、应用广泛、实用性较强的技术参与专利开放许可，鼓励探索分阶段许可等多种定价模式，降低中小企业技术获取成本。组织专场对接活动和线上专区，集中发布开放许可专利信息，推动高校专利技术向现实生产力转化。

（七）培育孵化一批专精特新中小企业

鼓励高校科研人员和大学生利用原创技术创办中小企业，引导高校专家团队、大学科技园、小型微型企业创业创新示范基地、中小企业公共服务示范平台、国家中小企业发展基金等加大对其创新创业的支持力度，推动高校孵化培育一批专精特新中小企业和创新型中小企业。

四、组织实施

（一）建立协同机制

教育部、工业和信息化部、国家知识产权局加强沟通协调，构建完善高校与企业协同创新对接机制，及时总结推广校企合作中的典型经验和做法，大力营造产学研深度融合的环境和氛围。各地教育、工业和信息化、知识产权主管部门要结合区域产业发展，联合研究制定政策措施和具体举措，定期分类组织开展校企对接活动，加强对协同创新项目的资金支持力度，加快高校知识产权和科技成果转移转化，有力促进产业高质量发展。

（二）加大激励引导

发挥好评价评估指挥棒作用，把高校科技人员面向企业开展技术开发、技术服务、技术咨询和技术培训以及校企协同创新成果、知识产权转化运用作为评价评估的重要组成部分，并不断优化评价评估体系和办法，激励高校为企业服务。将开展校企合作对接服务情况作为国家小型微型企业创业创新示范基地认定的重要参考，促进提升产学研合作水平。支持高校完善科研评价，培养专业化服务队伍，推动高校科研人员"将论文写在祖国大地上"，为经济高质量发展提供支撑。

（三）动员社会力量

引导各类技术转移中心、中小企业服务机构、知识产权服务机构、行业协会加强对高校与企业产学研合作提供服务，探索构建高校知识产权、科技成果转化库和企业需求库，创新对接合作方式，运用信息化等手段建立完善校企对接常态化机制，降低对接成本，提升对接效率，促进协同创新。

教育部办公厅
工业和信息化部办公厅
国家知识产权局办公室
2022 年 6 月 22 日

教育部办公厅 国家知识产权局办公室 科技部办公厅关于组织开展"百校千项"高价值专利培育转化行动的通知

(教科信厅函〔2022〕42号)

各省、自治区、直辖市教育厅(教委)、知识产权主管部门、科技厅(委),新疆生产建设兵团教育局、知识产权局、科技局,有关部门(单位)教育司(局),部属各高等学校、部省合建各高等学校:

为深入贯彻党的二十大精神,加快落实国家中长期科学和技术发展规划、《知识产权强国建设纲要(2021—2035年)》的有关部署,深入实施《教育部关于加强高校有组织科研 推动高水平自立自强的若干意见》,推动《教育部 国家知识产权局 科技部关于提升高等学校专利质量 促进转化运用的若干意见》落实落地,切实提升高校专利创造质量、加快转化运用,教育部、国家知识产权局、科技部决定共同组织开展"百校千项"高价值专利培育转化行动(简称"百校千项"行动)。现将有关事项通知如下。

一、总体思路

坚持以习近平新时代中国特色社会主义思想为指导,深入学习贯彻党的二十大精神,深入实施科教兴国战略、人才强国战略、创新驱动发展战略,自觉履行高水平科技自立自强的使命担当,深刻把握我国正在从知识产权引进大国向知识产权创造大国转变、知识产权工作正在从追求数量向提高质量转变的新形势新任务,突出高校知识产权工作质量和转化导向,把能否快速产业化服务支撑产业高质量发展和企业核心竞争力提升作为专利价值的重要衡量标准,以高价值专利培育和转化为主线,加强有组织科技成果转化,把科技成果高质量创造、高标准保护和高效益转化贯通起来,推动高校知识产权工作从侧重管理向强化运营转变,坚决树立申请专利主要为了转化和产业化的鲜明政策导向,切实提升高校专利质量,促进创新成果转化运用,更好适应、支撑、引领经济社会高质量发展。

二、主要目标

充分发挥国家知识产权试点示范高校作用,推动专利申请前评估、知识产权全流程管理等制度扎实落地,强化专利导航等服务支撑效能,在高校重大科研计划实施和创新平台建设过程中,挖掘一批有市场化前景的科技成果,布局形成一大批高价值专利,推动实现上千项高价值专利成果转化落地,并探索构建可推广、可复制的高校高价值专利培育和转化运用新模式和新机制,带动提升全国高校专利质量和转化运用水平,有效提升高校科技成果转化效率。

三、重点任务

(一)强化质量源头管理

加快完善高校科研管理部门与技术转移机构的协同联动机制,实现创新价值的及早发现和及时保护。由技术转移部门(或机构)会同科研管理部门等,建立重大项目知识产权全流程管理机制,围绕产业发展与技术竞争方向,科学评价科技成果可专利性和市场应用前景,有效实施职务科技成果披露制度、专利申请前评估制度,建立健全专利分级分类管理体系,从源头上保护创新成果、提升专利质量。

(二)培育高价值专利

聚焦国家重大需要和产业需求,加强有望迅速实现产业化并提升产业发展水平和核心竞争力,产生重大经济社会效益的高价值专利创造。建立完善高价值专利培育工作机制,重点在依托高校建设的全国重点实验室、国家技术创新中心、国家工程研究中心、前沿科学中心、关键核心技术集成攻关大平台、省部级创新平台以及高校承担的"科技创新2030—重大项目"、国家重点研发计划等创新项目实施过程中,充分运用专利导航等手段,在综合分析产业发展环境、研判技术发展趋势的基础上,围绕关键共性技术、前沿引领技术、现代工程技术、颠覆性技术等重大突破，挖掘能够有力支撑传统产业转型、战略新兴产业发展和未来产业形成的科技成果，制订实施专利布局计划，培育一批高价值专利（组合）。

（三）推动高效转化

建立高校、发明人和技术转移机构等主体间责权利相统一的收益分配机制，进一步调动各方积极性，促进科技成果快速转化。强化技术转移机构和人才队伍专业化能力建设，鼓励有条件的高校设立知识产权专员岗位，为高价值专利转化运用提供全流程、专业化服务。综合考虑科技成果特点、技术成熟度、市场需求情况、经济社会影响等因素，分别采取许可、转让、作价投资等不同模式进行转化运用，鼓励普通许可，推进实施专利开放许可，探索先试用、后付费等方式，推动高价值专利面向产业发展需求快速实现高效益转化，切实为产业高质量发展和企业核心竞争力提升提供支撑。

（四）营造良好转化生态

要树立专利等科技成果只有加快转化才能更有效实现创新价值的理念。进一步完善各二级单位科技成果转化绩效评价体系，根据不同学科特点设置考核指标，有针对性地提高科技成果转化在二级单位绩效考核、科研人员职称评审等的权重，更好激发各二级单位和科研人员专利转化运用的积极性和主动性。组建创新联合体，推动产学研深度融合，注重发挥企业在科技成果转化中的需求牵引作用，强化与知名科创机构、风险投资机构等深入合作，适时发布高价值专利和重点科技成果清单，积极组织项目路演等活动，为专利等科技成果转移转化创造良好生态。

四、组织实施

"百校千项"行动分两批进行，实施周期为2022年底—2024年。

第一批次于2022年底启动，重点是发挥示范高校的带头作用，探索形成一批高价值专利培育转化的经验做法和典型案例。参加高校为已认定的30家国家知识产权和成果转化示范高校、有意愿的国家知识产权试点高校。有关高校应于2023年1月30日前上报高价值专利培育转化行动实施方案（模版见附件）；2023年和2024年底上报实施成效和典型案例。

第二批次于2023年上半年启动，重点是在更大范围内推动开展高质量专利培育转化机制的探索实践，全面提升高校知识产权工作能力和水平。参加高校为未参加第一批次的国家知识产权试点高校和有意愿参加的其他高校。有关高校可参考借鉴第一批次高校经验和做法编制高价值专利培育转化行动实施方案，于2023年4月份前上报，并分别于2023年和2024年底上报实施成效和典型案例。

五、保障措施

（一）强化统筹指导

教育部、国家知识产权局、科技部将加大对行动实施的协同推进力度，加强经验总结与交流，及时形成可复制、可推广的案例，有力带动全国高校专利质量和转化运用水平提升。鼓励各地各高校结合工作实际，自主开展高价值专利培育和转化工作。

（二）加大政策倾斜

试点向有意愿的高校派驻知识产权专员，开辟关键核心技术专利申请绿色通道；从每批次选取部分成效较好的高校，支持优先推荐中国专利奖；将高价值专利培育和转化情况纳入相关评估体系。有关地方要加强对"百校千项"行动的支持，将高校高价值专利培育转化纳入地方高等教育和知识产权总体布局，统筹好本地区项目安排和绩效目标，形成支持合力；获得专利转化专项计划奖补的省份，应对参加行动的高校重点予以资金支持。高校要建立高价值专利快速转化机制，完善支持和激励制度。

（三）加强绩效考核

教育部、国家知识产权局、科技部将高校参加"百校千项"行动的成效作为国家知识产权试点示范高校绩效评价、专利转化专项计划绩效考核的重要内容，并作为国家知识产权示范高校建设下一轮评选认定工作的重要依据。支持行动成效较好的高校联合科技领军企业、地方政府，率先开展国家技术创新中心建设。

附件："百校千项"高价值专利培育转化行动实施方案（模版）（略）

教育部办公厅
国家知识产权局办公室
科技部办公厅
2022年12月21日

教育部关于推进新时代普通高等学校学历继续教育改革的实施意见

（教职成〔2022〕2号）

各省、自治区、直辖市教育厅（教委），新疆生产建设兵团教育局，有关部门（单位）教育司（局），部属各高等学校、部省合建各高等学校：

高等学历继续教育是高等教育的重要组成部分，是构建服务全民终身学习教育体系的重要内容，是人民群众创造美好生活、实现共同富裕的重要途径。近年来，普通高等学校举办的学历继续教育快速发展，为促进高等教育大众化、普及化和教育公平，推动经济社会发展和学习型社会建设做出了重要贡献，但也存在办学定位不够明确、制度标准不够完善、治理体系不够健全、人才培养质量不高等突出问题，不能很好适应教育高质量发展要求。为推进新时代普通高等学校举办的学历继续教育改革发展，现提出以下意见。

一、总体要求

1. 指导思想。以习近平新时代中国特色社会主义思想为指导，按照党中央、国务院关于办好继续教育的决策部署，把握新发展阶段，贯彻新发展理念，服务构建新发展格局，全面贯彻党的教育方针，加强党的领导，坚持社会主义办学方向，落实立德树人根本任务，遵循继续教育规律、适应在职学习特点，坚持规范与发展并重，加强内涵建设，推动高等学历继续教育规范、有序、健康发展，服务全民终身学习需要，为促进经济社会发展和人的全面发展提供有力支撑。

2. 基本原则。系统谋划，分类指导。坚持系统思维，整体谋划事业发展，引导不同类型的办学主体明确各自办学定位，形成各有所长、各具特色的发展格局。育人为本，提高质量。坚守教育初心，落实教育教学要求，规范教学组织实施，强化过程管理，全面提高人才培养质量。夯实基础，强化能力。加强办学条件对办学规模的约束作用，增强基础能力建设，提升办学能力，扩大优质资源供给。数字赋能，精准治理。充分发挥继续教育与信息技术深度融合的优势，率先实现数字化转型，提升办学和管理智慧化水平。

3. 主要目标。建立健全与新发展阶段相适应的高等学历继续教育办学体系、标准体系、管理体系、评价体系、服务体系，形成办学结构合理、质量标准完善、办学行为规范、监管措施有效、保障机制健全的新格局；高等学历继续教育资源供给更加丰富，办学质量显著提升，服务能力和社会认可度大幅增强，为学习者接受优质高等教育提供更多机会和更好服务。

二、构建与新发展阶段相适应的办学体系

4. 明确办学定位。举办学历继续教育的普通高等学校（以下简称主办高校）应根据社会需要和自身办学定位、办学条件，遵循聚焦特色、控制规模、保证质量的原则，举办相应学历继续教育。主办高校要落实立德树人根本任务，将学历继续教育作为落实人才培养和社会服务职能的重要方面，纳入学校发展规划。要强化学历继续教育的公益属性，不得以营利为目的，不得下达经济考核指标，确保办学质量与学校的品牌声誉相统一。

5. 优化办学形式。自2025年秋季起，高等学历继续教育不再使用"函授""业余"的名称，统一为"非脱产"，主办高校可根据专业特点和学生需求等，灵活采取线上线下相结合形式教学。普通高等学校举办的学历继续教育统一通过成人高考入学，统一专业教学基本要求，统一最低修业年限，统一毕业证书。已注册入学的函授、业余、网络教育学生按原政策执行。

6. 推进分类发展。主办高校要依据自身办学定位、特色优势，科学确立学历继续教育的人才培养目标和规格，大力培养创新型、应用型、技术型人才。支持中央部委所属高校结合高水平学科专业举办"少而优、小而精"的学历继续教育，办出示

范、引领发展。支持地方高校重点举办"服务地方、办学规范、规模适度、特色鲜明"的学历继续教育。支持高等职业学校围绕制造业重点领域、现代服务业和乡村振兴需求，重点面向一线从业人员，举办服务"知识更新、技术提升"的学历继续教育。

三、全面落实教育教学要求

7. 加强思想政治教育。主办高校要把坚持以马克思主义为指导落实到学历继续教育教学各方面，全面落实习近平新时代中国特色社会主义思想进教材、进课堂、进师生头脑，加强爱国主义、集体主义、社会主义教育；要开齐开好思想政治理论课，全面推进体现继续教育特色的课程思政建设，探索线上线下相结合的思政育人新模式，建立完善全员、全程、全方位育人体制机制。

8. 规范教学组织实施。主办高校应重视学历继续教育教学管理制度建设，加强对线上教学和线下面授的全过程管理，确保严格落实课程教学、实验实训、考勤、作业、考核、毕业论文（设计）、毕业答辩及审核等环节要求。探索通过实践作业、情境测试、技能认证等方式科学评价学生能力水平。要加强学生管理和服务，创造条件增加学生入校学习、活动的时间和频次。原则上应集中举办开学典礼、毕业典礼等重要活动。

9. 创新教育教学模式。主办高校要按照成人认知规律、职业发展需要、学科专业特点创新教育教学模式，充分发挥信息技术优势，结合实际开展线上教学与面授教学、自主学习与协作学习等相结合的混合式教学；要根据不同专业要求和学生特点，合理确定线上线下学时比例，线下面授教学（含实践教学环节）原则上不少于人才培养方案规定总学时的20%。鼓励通过参与式、讨论式、案例式、项目式教学等提高学生学习积极性和参与度，注重学习体验。

10. 加强师资队伍建设。主办高校要加强专兼职结合的学历继续教育教师队伍建设，配足配好主讲教师、辅导教师和管理人员，主讲教师数与在籍学生数比例不低于1：200，辅导教师数与在籍学生数比例不低于1：100，管理人员数与在籍学生数比例不低于1：200；要将聘任的兼职教师、辅导教师统一纳入学校师资队伍发展规划和管理，加强师德师风建设。鼓励主办高校返聘本校优秀退休教师参与继续教育教学。主办高校要将在职教师承担本校继续教育工作纳入教学工作量计算和教师教学业绩考核评价体系。

四、规范和加强办学管理

11. 严格办学基本要求。各级教育行政部门应严格落实普通高等学校基本办学条件指标和普通高等学校学历继续教育办学基本要求（见附件1），并将其作为核定高校学历继续教育办学资质、确定招生计划上限、监测办学质量、评价办学水平的重要依据。办学基本要求中的指标将逐步纳入教育统计。教育部将分专业类制订高等学历继续教育专业教学基本要求。各地、各主办高校要根据《普通高等学校学历继续教育人才培养方案编制工作指南》（见附件2），进一步明确目标规格，规范课程设置和教学组织实施。

12. 加强教材建设管理。各地、各主办高校要按照高等学历继续教育教材建设与管理的有关要求，压实管理职责，完善高等学历继续教育教材管理体制，加强教材规划，提升编写质量，严格审核把关、规范教材选用，增强教材育人功能。主办高校党委对本校学历继续教育教材工作负总责，学校教材选用委员会具体负责学历继续教育教材的选用工作。鼓励有关单位开发适应学习者在职学习需要、深度广度与人才培养目标相匹配、满足交互式学习要求的高质量教材。要强化支持保障，加大对优秀学历继续教育教材的支持力度。

13. 规范校外教学点管理。各地、各主办高校要认真落实《关于严格规范校外教学点设置与管理的通知》要求，严格规范校外教学点设置条件和程序，控制布点数量和范围，加强办学监管和质量监测。各地可通过政策引导、项目等形式，鼓励有条件的主办高校通过校本部集中面授与线上教学相结合的方式举办非脱产形式的学历继续教育。

14. 健全监督评估机制。主办高校要健全学历继续教育内部质量保证体系，加强制度建设，每年进行教育质量自我评估总结，发布教育质量报告，接受社会监督。省级教育行政部门综合采取随机抽查、质量监测、实地调研等方式，对本地区高等学历继续教育进行常态监督，及时发现并纠正问题。教育部将本专科学历继续教育分别纳入本科教育教学评估、高等职业院校适应社会需求能力评估、职业教育教学工作诊断与改进等工作范围，并视情况开展专项评估、督导。教育行政部门要探索建立高等学历继续教育办学信用管理记分和处罚机制，开通违规办学举报受理渠道。

五、推进数字化转型发展

15. 提升数字化公共服务水平。深入实施国家教育数字化战略行动，完善全国统一、分级使用、开放共享的高等继续教育信息管理系统，服务教育行政部门、教育机构、学生和社会公众。教育行政部门要加强数据联动，及时主动向社会公开高等学历继续教育的办学主体、专业设置、校外教学点、招生范围、报名渠道、学费标准等信息，实现高等学历继续教育业务一网通办、信息一网公开。

16. 促进优质数字资源共建共享。教育部将广泛汇聚优质数字教育资源，推进在线课程和资源开放共享，建立继续教育"课程超市"和24小时"线上学堂"。鼓励学校自主或与有关机构联合开发优质网络课程。支持探索资源建设使用可持续发展机制，支持资源版权方通过市场化方式自主定价、交易。鼓励探索面向境外在线开展学历继续教育的模式和途径，提升高等学历继续教育国际化水平，促进优质资源开放共享。

17. 推动办学管理智慧化。主办高校要充分运用大数据、人工智能等技术手段，创新高等学历继续教育办学管理方式，加强招生、教学、考试、学籍、证书、收费等各环节的全流程管理，提高办学管理的数字化智能化水平，杜绝人为干预，保证流程规范、监管有效。推进教育行政部门智能化监管，实现体系化、实时化、闭环化的监测预警以及数字化、系统化、自动化的质量评价。

18. 加强教育教学在线常态监测。主办高校要全面加强对学历继续教育教师线上教学、学生线上学习的日常监测，将教学效果、学习状态计入教师考核和学生评价，精准判断学生学习状态与教学质量，实现个性诊断与即时干预。教育部将推动各地各主办高校教学管理系统与全国高等继续教育信息管理系统对接，常态化监测高等学历继续教育教学情况。

六、强化组织实施

19. 加强党的领导。各地、各主办高校要加强党对高等学历继续教育工作的全面领导，以正确政治方向和工作导向贯穿办学全过程，为高等学历继续教育改革发展提供坚强的政治保证和组织保证。要充分发挥学校党委的领导作用，确立高校党政主要领导作为学历继续教育第一责任人、分管校领导为主要责任人的领导体制。学历继续教育的重大决策须经学校党委会或党委常委会集体讨论决策。学校纪委要加强对学历继续教育的全过程监督。

20. 压实各方责任。教育部强化对高等学历继续教育工作的统筹管理，不断完善政策体系和管理机制，组建高等继续教育专家委员会，加强研究、指导和决策咨询。各级教育行政部门要切实落实对本地区高等学历继续教育的指导和监管职责，将学历继续教育工作纳入主办高校领导班子工作考核体系，及时查处违规办学行为。主办高校要严格落实办学主体责任，坚持管办分离，明确所办学历继续教育的归口管理部门，健全招生宣传、学费收缴、校外合作、财务管理、证书发放等方面的程序和要求，完善办学过程中的廉政风险防范管控机制。

21. 加强经费保障。各地、各主办高校应建立高等学历继续教育学费标准动态调整机制，探索学分制收费管理模式，推动健全举办者投入和学习者合理分担培养成本相结合的高等学历继续教育经费筹措机制。主办高校要保障学历继续教育办学经费，建立健全财务管理制度，规范学费收入使用管理，学费收入应全额直接上缴学校财务账户，严禁其他机构和个人代收代缴，严禁上缴前分配。

22. 营造良好环境。各地要加大对高等学历继续教育改革成果、发展成就和先进典型的宣传力度，充分发挥先进典型的示范、带动、引领和辐射作用。加强继续教育相关学科专业建设，鼓励相关高校围绕继续教育热点难点积极开展理论研究与引领性实践。各地要持续完善本地区违法违规广告部门协同治理工作机制，为高等学历继续教育改革发展营造清朗环境。

附件：1. 普通高等学校学历继续教育办学基本要求（试行）

2. 普通高等学校学历继续教育人才培养方案编制工作指南

教育部

2022年7月23日

附件1

普通高等学校学历继续教育办学基本要求（试行）

普通高等学校学历继续教育办学基本要求包括办学方向、办学定位、制度机制等总体要求，师资和管理人员、设施资源、经费投入等条件要求，以及具体工作要求。办学基本要求是有关部门对所属高校学历继续教育核定办学资质、确定招生计划上限、监测办学质量、评价办学水平的重要依据。具体如下。

一、总体要求

（一）坚持党的全面领导

坚持高校党委对学历继续教育的全面领导，全面贯彻党的教育方针，坚持社会主义办学方向，服务国家和区域发展战略，助力学习型社会和服务全民终身学习教育体系建设。

（二）落实立德树人根本任务

把思想政治教育贯穿人才培养全过程，突出党的创新理论最新成果，适应学生在职特点，拓宽育人途径，思政课程与课程思政有效衔接，将思想政治教育融入人才培养各环节。

（三）明确办学定位

明确学校举办学历继续教育的办学定位，制定学历继续教育发展规划，并纳入学校整体发展规划和大学章程。学历继续教育工作纳入学校党委、行政议事议程。

（四）建立完善的制度机制

有完整的学历继续教育制度机制和质量管理体系，有特色突出的分专业人才培养方案。

二、条件要求

（一）师资和管理人员

师资包括主讲教师和辅导教师。主讲教师和辅导教师应具备教师资格。

1. 主讲教师。主讲教师为独立承担学历继续教育课程教学任务的教师，由学校聘用使用，含本校专任教师和本校兼职教师（兼职教师按0.5系数折算）。其中本校专任教师占主讲教师的比例不低于60%，主讲教师数与在籍学生数比例不低于1∶200。专任教师和兼职教师中副高级及以上专业技术职务比例均不低于30%（在籍学生数是指具有学籍并在本校注册的学历继续教育学生数，下同）。

2. 辅导教师。辅导教师为承担学历继续教育课程辅导答疑、批改作业、辅导实验实训、组织课堂讨论等任务的辅助教学人员，包含本校直接聘用的辅导教师数和校外教学点聘用并经高校认定的辅导教师数（校外教学点聘用按0.5系数折算）。辅导教师总数与在籍学生数比例不低于1∶100。

3. 管理人员。管理人员为负责学历继续教育有关管理工作的行政人员、专兼职班主任以及负责网络支持、技术保障等工作的技术人员。管理人员数为本校有关管理人员数和校外教学点管理人员数总和，管理人员数与在籍学生数比例不低于1∶200。每个校外教学点专职管理人员不低于3人。

（二）设施资源

1. 教学平台。有自主开发、购买或租用的教学平台，能够满足在籍生在线学习需要。

2. 数字资源。包括网络课程、在线开放课程和直播教学。网络课程是指提前制作并在教学平台上呈现，供学生学习的课程。在线开放课程是依托网络开展、以互动学习资源为主，具有学习评价、即时反馈和交互参与机制的课程。以上均需按一门完整课程为一个单位计算。学校自主开发的网络课程占网络课程总量的比例不低于30%。

3. 教学设施。校本部和每个校外教学点应具有满足面授教学需要的教学用房、实验实训设备等。教学用房面积为可供学历继续教育持续使用的学校教学用房面积和校外教学点教学用房面积的总和。教学用房包括教室、计算机用房、实验实训室，不含办公室、会议室、教研室、图书馆、室内体育用房。生均教学用房面积应不低于1平方米/生。校外教学点应具有满足学生现场学习和考试所需的计算机数，学生规模为200人以下的，每个校外教学点教学计算机数不低于40台，每增加100人按照1∶10增加。实验实训设备种类、数量满足专业和学习需求。

（三）经费投入

1. 学校应有保证正常教育教学的稳定经费投入。办学经费为年度列支的用于学历继续教育日常办学的经费，学校拨付给设点单位的工作经费纳入

日常办学经费统计。学历继续教育学费总额中用于学历继续教育办学经费的比例应不低于70%。

2. 学校拨付给设点单位的工作经费占学费总额的比例。高校拨付给设点单位用于校外教学点教育教学和管理工作使用的经费（不包括专兼职教师、管理人员的课酬和劳务支出）占学费总额的比例不高于50%。

三、工作要求

（一）数据采集要求

主办高校办学有关数据及情况通过高等继续教育信息管理系统进行采集。

（二）核定办学资质

省级教育行政部门可结合本地实际情况，提出不低于国家办学基本要求的本地办学基本要求。教育行政部门逐步建立通过办学基本要求核定高校学历继续教育办学资质的机制。

（三）确定计划上限

教育部核定部属高校招生计划上限，指导各省级教育行政部门、有关部门（单位）教育司（局）核定所属高校招生计划上限。各省级教育行政部门、高校主管部门应根据基本办学要求，结合社会需要和办学实际，分校提出所属高校学历继续教育年度招生计划上限。

（四）开展质量监测

教育行政部门依据采集的数据及有关信息，对高校举办的学历继续教育开展常态化监测。可根据随机抽查、质量监测、教学评估、专项检查的情况，对办学质量低下或存在违规办学行为的所属高校，视情况采取调减招生计划、限制招生、停止招生和取消办学资质处理。

附件2

普通高等学校学历继续教育人才培养方案编制工作指南

人才培养方案是学校组织实施人才培养的主要依据，是保证人才培养质量的基本文件。为进一步加强普通高校举办的学历继续教育教学管理，规范人才培养方案编制工作，保证人才培养规格和质量，制定本指南。

一、工作原则

坚持立德树人、育人为本，加强和改进思想政治教育，推进思政课和课程思政建设，全面提升学生思想政治理论素养和公民道德素质；坚持遵循规律、服务发展，适应成人在职学习需求和认知规律，突出人才培养的职业性、应用性和发展性，服务经济社会和人的全面发展；坚持科学规范、突出特色，严格执行国家有关教学基本文件，规范编制流程，结合学校专业特色及生源多样化特点等，探索灵活多样的人才培养模式。

二、主要内容及要求

（一）专业基本信息

专业名称、专业代码严格按照现行《普通高等学校本科专业目录》《职业教育专业目录》执行，并标注办学层次。

（二）培养目标与人才规格

结合学校办学定位和专业特色，科学合理确定符合经济社会发展需求的专业培养目标和培养规格，明确学生应达到的知识、能力和素质要求。

（三）修业年限

高起专和专升本最低修业年限2.5年，最高修业年限不超过5年；高起本最低修业年限5年，最高修业年限不超过8年。高校可按上述要求，具体确定本校各专业修业年限。

（四）课程设置

课程设置一般分为公共基础课、专业课、职业能力拓展课，高校也可根据实际情况自行确定课程分类。

1. 公共基础课。按照国家有关规定开足开齐思想政治理论课、心理健康课等。参照现行《普通高等学校本科专业类教学质量国家标准》《高等职业学校专业教学标准》相关规定开设其他公共基础课。要加强公共基础课与专业课的衔接。

2. 专业课。参照现行《普通高等学校本科专业类教学质量国家标准》《高等职业学校专业教学标准》相关规定开设专业课，并根据学校专业特色和生源特点，合理安排课程结构和内容，落实实验实训、毕业论文（设计）以及实验实习等环节要求。

3. 职业能力拓展课。学校可根据实际情况，结合学生的职业发展需求，选择开设部分职业素养或职业能力提升类课程。

专升本专业须结合专科课程体系要求，按照本科课程设置要求合理确定所开设课程和内容，确保相关课程的贯通衔接。

（五）教学形式

要结合学科专业特点和学生实际情况，采取灵活多样的形式实施教学。要合理确定线上（含直播教学）与线下教学形式比例，线下教学原则上不少于人才培养方案规定总学时的20%。

（六）学时、学分

高起专、专升本总学时数原则上不低于1 600学时；高起本总学时数不低于3 000学时。实行学分制的，一般以16~18学时计为1个学分。

鼓励高校以国家和地方"学分银行"制度为基础，制订本校学历继续教育学分认定与转换规则，促进学历继续教育与非学历教育、普通本科教育、高等职业教育之间的学习成果认定、积累与转换。

（七）考核与毕业要求

课程考核要立足课程特点和基本要求，将过程性考核（平时成绩）与终结性考核（期末考试）相结合。公共基础课和专业课的期末考试原则上应为闭卷考试。课程期末考试成绩占总成绩比例原则上不低于40%，不超过80%。应参照本校全日制学生毕业要求，结合成人在职学习特点等合理确定毕业要求。本科专业还应明确该学士学位授予条件。

（八）教学进程安排

以表格形式列出本专业的课程类别、课程编码、课程名称、学时学分、学期课程安排、考核方式以及毕业论文（设计）、毕业答辩及审核等环节（教学进程表可参考附表样式）。

（九）教学实施保障

主要包括教材选用、师资队伍、教学及实验实训条件、数字化资源、质量管理、经费保障等方面。

三、编制程序

专业人才培养方案制（修）订工作应按照以下基本程序进行。

（一）规划与设计

学校根据国家高等学历继续教育专业设置和办学基本要求，结合本校发展规划与特色优势，部署开展各专业人才培养方案制订工作。

（二）调研与分析

学校组织专家深入调研，分析行业企业和学习者对专业人才培养的需求，提出专业人才培养方案的调研分析报告。

（三）起草与审定

学校应分专业组织起草人才培养方案，组织专家进行论证，提交学校学术（教学）委员会审定。

（四）发布与更新

审定通过的人才培养方案在专业备案工作的同时，通过信息平台报主管教育行政部门备案，并按程序发布执行，主动向社会公开。人才培养方案原则上要按人才培养周期进行修订。涉及国家政策文件要求调整的，应及时进行更新完善。

成人高等学校、开放大学举办的高等学历继续教育参照本指南执行。

附表1

高起专（专升本）专业教学进程表参考样式

课程类别	序号	课程代码	课程名称	学分	总学时	各学期学时分配								考核方式		
						线上教学	线下教学	实验实训	一	二	三	四	五	过程性考核	终结性考核	
															闭卷	开卷
公共基础课																
专业课																
职业能力拓展课																
实践教学环节			入学教育													
			毕业教育													
			毕业实习													
			毕业论文（设计）													
			（可根据需要添行）													
合　计																
百分比（%）																

备注：1. 课程类别：高校也可根据实际情况自行确定课程分类。

2. 学分与学时换算，按照1学分16～18学时进行换算。

3. 请在考核方式中选择"√"填写。

附表2

高起本专业教学进程表参考样式

课程类别	序号	课程代码	课程名称	学分	总学时	各学期学时分配												考核方式		
						线上教学	线下教学	实验实训	一	二	三	四	五	六	七	八	九	十	过程性考核	终结性考核	
																				闭卷	开卷
公共基础课																					
专业课																					
职业能力拓展课																					
实践教学环节			入学教育																		
			毕业教育																		
			毕业实习																		
			毕业论文（设计）																		
			（可根据需要添行）																		
合　计																					
百分比（%）																					

备注：1. 课程类别：高校也可根据实际情况自行确定课程分类。
　　　2. 学分与学时换算，按照1学分16～18学时进行换算。
　　　3. 请在考核方式中选择"√"填写。

财政部 教育部关于印发《中小学校财务制度》的通知

(财教〔2022〕159号)

国务院有关部委、有关直属机构，各省、自治区、直辖市、计划单列市财政厅（局）、教育厅（教委、教育局），新疆生产建设兵团财政局、教育局：

为进一步规范中小学校财务行为，加强财务管理和监督，提高资金使用效益，促进中小学校事业健康发展，根据《事业单位财务规则》（财政部令第108号）和国家有关法律法规，财政部会同教育部对《中小学校财务制度》进行了修订。现印发给你们，请遵照执行。

附件：中小学校财务制度

财政部
教育部
2022年7月14日

附件

中小学校财务制度

第一章 总 则

第一条 为了进一步规范中小学校的财务行为，加强财务管理和监督，提高资金使用效益，促进教育事业健康发展，根据《事业单位财务规则》和国家有关法律制度，结合中小学校特点，制定本制度。

第二条 本制度适用于各级人民政府举办的普通中小学校、中等职业学校（含技工学校）、特殊教育学校、专门学校、成人中学和成人初等学校。

第三条 中小学校财务管理的基本原则：贯彻执行国家有关法律、法规和财务规章制度；坚持勤俭办学的方针；正确处理事业发展需要和资金供给的关系，社会效益和经济效益的关系，国家、学校和个人三者利益的关系。

第四条 中小学校财务管理的主要任务：合理编制学校预算，严格预算执行，完整、准确编制学校决算报告和财务报告，真实反映学校预算执行情况、财务状况和运行情况；依法筹集教育经费，努力节约支出；建立健全财务制度，加强经济核算，全面实施绩效管理，提高资金使用效益；加强资产管理，合理配置和有效利用资产，防止资产流失；加强对学校经济活动的财务控制和监督，防范财务风险。

第五条 中小学校的各项经济业务事项按照国家统一的会计制度进行会计核算。

第二章 财务管理体制

第六条 中小学校财务管理实行党组织领导的校长负责制。校长在学校党组织领导下，依法依规管理财务工作，对财务资料的真实性、完整性负责。

第七条 中小学校应当指定专人主管财务工作，配备财务、会计人员，并根据需要合理设置财务部门，对学校的各类经济活动实施管理、核算和监督。

财务主管人员应当依法依规履行职责，参与学校重大建设项目、重要办学资源配置、重要资产处置、大额资金使用等重大事项的决策。

第八条 中小学校财务、会计人员的任职条件、工作职责、任免奖罚、业务培训和专业技术职务岗位设置，应当严格按照国家会计法律制度执行。

财务、会计人员应当熟悉国家财经法律、法规、规章和方针、政策,掌握财会和教育教学业务管理的有关知识。

第九条 中小学校应当以校为单位进行会计核算。实行"集中记账,分校核算"的,不改变学校财务管理权。即在一定区域内,由县级财政和教育部门确定的会计核算机构统一办理区域内中小学校的会计核算。

中小学校应当提升财务信息化管理水平,积极利用现代信息技术,管理学校财务活动。

第十条 中小学校食堂应当坚持公益性和非营利性原则。

学校自主经营食堂为学生提供就餐服务的,财务活动纳入学校财务部门统一管理,可在学校现有账户下分账核算,真实反映收支状况,并定期公开账务。如有结余,应当转入下一会计年度继续使用。

学校采用委托方式经营食堂为学生提供就餐服务的,应当加强监督管理,不得向被委托方转嫁建设、修缮等费用。

学校采用配餐或托餐方式为学生提供就餐服务的,餐费可由学校统一收取并按照代收费管理。

第十一条 非独立核算的勤工俭学、社会服务和经营等项目的财务活动,由学校财务部门统一管理。

义务教育阶段学校按照国家有关规定不得从事经营活动。

第三章 预算管理

第十二条 中小学校预算是指中小学校根据教育事业发展目标和计划编制的年度财务收支计划。

中小学校预算由收入预算和支出预算组成。

第十三条 国家对中小学校实行核定收支、定额或者定项补助、超支不补、结转和结余按规定使用的预算管理办法。定额或者定项补助根据国家有关政策和财力可能,结合教育改革要求、中小学校特点、事业发展目标和计划、学校收支及资产状况等确定。

第十四条 中小学校预算以校为基本编制单位,不具有独立法人资格的学校纳入其所隶属学校统一编制。

预算编制应当坚持量入为出、收支平衡、统筹兼顾、保证重点、勤俭节约和讲求绩效的原则。中小学校不得编制赤字预算。

第十五条 中小学校应当考虑学校维持正常运转和发展的基本需要,参考以前年度的预算执行情况,根据预算年度的收入增减因素和措施,以及以前年度结转和结余情况,积极稳妥地逐项测算编制收入预算草案。

中小学校应当根据学校开展教育教学等活动需要和财力可能,分轻重缓急,编制支出预算草案,按其功能分类编列到项,按其经济性质分类编列到款。

第十六条 中小学校预算由学校根据年度事业发展目标和计划以及预算编制的规定,提出预算建议数,经主管部门审核汇总后报财政部门。学校根据财政部门下达的预算控制数编制预算草案,由主管部门审核汇总报财政部门,经法定程序审核批复后执行。

第十七条 中小学校应当严格执行批准的预算,规范办理收支事项,加强预算执行管理。严禁超预算、无预算安排支出。

第十八条 预算执行中,财政补助收入和财政专户管理资金的预算一般不予调剂。确需调剂的,由中小学校报主管部门审核后报财政部门调剂。其他资金确需调剂的,按照国家有关规定办理。

第十九条 中小学校决算是指中小学校预算收支和结余的年度执行结果。

第二十条 中小学校应当按照规定编制年度决算草案,由主管部门审核汇总后报财政部门审批。

第二十一条 中小学校应当加强决算审核和分析,保证决算数据的真实、准确,规范决算管理工作。

第二十二条 中小学校的预算、决算应当按照财政部门和主管部门统一要求及时向社会公开。

第二十三条 中小学校应当全面加强预算绩效管理,提高资金使用效益。

第四章 收入管理

第二十四条 收入是指中小学校为开展教育教学及其他活动依法取得的非偿还性资金。

第二十五条 中小学校收入包括:

(一)财政补助收入,即中小学校从本级财政部门取得的各类财政拨款。

(二)事业收入,即中小学校开展教育教学及其辅助活动依法取得的收入。其中:按照国家规定应当上缴国库或者财政专户的资金,不计入事业收入;从财政专户核拨给学校的资金和经核准不上缴国库或者财政专户的资金,计入事业收入。

(三)上级补助收入,即中小学校从主管部门和上级单位取得的非财政补助收入。

(四)附属单位上缴收入,即中小学校附属的独立核算单位按照规定上缴学校的收入。

（五）经营收入，即非义务教育阶段学校在教育教学及其辅助活动之外，开展非独立核算经营活动取得的收入。

（六）其他收入，即本条上述规定范围以外的各项收入，包括投资收益、利息收入、捐赠收入、非本级财政补助收入、租金收入等。其中：为在校学生提供课后服务收取的服务性收费收入，计入其他收入。

第二十六条　中小学校应当将各项收入全部纳入学校预算，统一核算，统一管理，未纳入预算的收入不得安排支出。

中小学校严禁设立"小金库"，严禁账外设账，严禁公款私存。

第二十七条　中小学校组织收入应当合法合规，各项收费应当严格执行国家规定的收费范围、收费项目和收费标准，不得擅自扩大收费范围、增加收费项目、提高收费标准。

中小学校对按照规定上缴国库或者财政专户的资金，应当按照国库集中收缴的有关规定及时足额上缴，不得隐瞒、滞留、截留、占用、挪用、拖欠或坐支。

第二十八条　中小学校应当加强票据管理。行政事业性收费和代收费应当按照财务隶属关系使用财政部门监（印）制的财政票据。服务性收费应当使用税务发票。

第五章　支出管理

第二十九条　支出是指中小学校为开展教育教学及其他活动发生的各项资金耗费和损失。

第三十条　中小学校支出包括：

（一）事业支出，即中小学校开展教育教学及其辅助活动发生的基本支出和项目支出。基本支出是指中小学校为保障其正常运转、完成日常工作任务所发生的支出，包括人员经费和公用经费。项目支出是指中小学校为了完成特定工作任务和事业发展目标所发生的支出。

（二）经营支出，即非义务教育阶段学校在教育教学及其辅助活动之外开展非独立核算经营活动发生的支出。

（三）对附属单位补助支出，即中小学校用财政补助收入之外的收入对附属单位补助发生的支出。

（四）上缴上级支出，即中小学校按照财政部门和主管部门的规定上缴上级单位的支出。

（五）其他支出，即本条上述规定范围以外的各项支出，包括利息支出、捐赠支出等。

中小学校可以结合实际，在上述支出分类的基础上，进一步按照教育教学功能细化支出分类。

第三十一条　中小学校应当将各项支出全部纳入学校预算，实行项目库管理，建立健全支出管理制度，未纳入预算项目库的项目一律不得安排预算。

第三十二条　中小学校支出应当坚持厉行节约，严格执行国家有关财务规章制度规定的开支范围及开支标准；国家有关财务规章制度没有统一规定的，由学校结合本校情况规定，报主管部门和财政部门备案。学校规定违反法律制度和国家政策的，主管部门和财政部门应当责令改正。

中小学校应当加强支出管理，基本支出、项目支出不得混用，公用经费、人员经费不得混用。项目支出应当按照规定专款专用，不得挤占和挪用。

第三十三条　非义务教育阶段学校开展非独立核算经营活动，应当以不影响正常教育教学活动为前提。在开展非独立核算经营活动中，应当加强经济核算，正确归集实际发生的各项费用；不能直接归集的，应当按照规定的比例合理分摊。

经营支出应当与经营收入配比。

第三十四条　中小学校从财政部门和主管部门取得的有指定项目和用途的专项资金，应当专款专用、单独核算，并按照规定报送专项资金使用情况报告，接受财政部门或者主管部门的检查、验收。

第三十五条　中小学校应当加强经济核算，可以根据开展业务活动及其他活动的实际需要，实行成本核算。成本核算的具体办法按照国务院财政部门相关规定执行。

第三十六条　中小学校各项支出应当按照实际发生数列支，不得虚列虚报，不得以计划数和预算数代替。

第三十七条　中小学校应当严格执行国库集中支付制度和政府采购制度等有关规定。

第三十八条　中小学校应当依法加强各类票据管理，确保票据来源合法、内容真实、使用正确，不得使用虚假票据。

第六章　结转和结余管理

第三十九条　结转和结余是指中小学校年度收入与支出相抵后的余额。

结转资金是指当年预算已执行但未完成，或者因故未执行，下一年度需要按照原用途继续使用的资金。结余资金是指当年预算工作目标已完成，或者因故终止，当年剩余的资金。

经营收支结转和结余应当单独反映。

第四十条 财政拨款结转和结余的管理，应当按照国家有关规定执行。

第四十一条 非财政拨款结转按照规定结转下一年度继续使用。非财政拨款结余可以按照国家有关规定提取职工福利基金，剩余部分用于弥补以后年度学校收支差额；国家另有规定的，从其规定。

第四十二条 中小学校应当加强非财政拨款结余的管理，盘活存量，统筹安排、合理使用，支出不得超出非财政拨款结余规模。

第七章 专用基金管理

第四十三条 专用基金是指中小学校按照规定提取或者设置的有专门用途的资金。

专用基金管理应当遵循先提后用、专款专用的原则，支出不得超出基金规模。

第四十四条 专用基金包括职工福利基金、奖助学基金和其他专用基金。

（一）职工福利基金，即按照非财政拨款结余的一定比例提取以及按照其他规定提取转入，用于职工集体福利设施、集体福利待遇等的资金。

（二）奖助学基金，即接受社会捐赠和按照规定从事业收入中提取转入，用于奖励、资助学生的资金。

（三）其他专用基金，即按照其他有关规定，根据事业发展需要提取或者设置的专用资金。

第四十五条 中小学校应当将专用基金纳入预算管理，结合实际需要按照规定提取，保持合理规模，提高使用效益。除奖助学基金外，专用基金余额较多的，应当降低提取比例或者暂停提取；确需调整用途的，由主管部门会同本级财政部门确定。

第四十六条 各项基金的提取比例和管理办法，国家有统一规定的，按照统一规定执行；没有统一规定的，由主管部门会同本级财政部门确定。

第八章 资产管理

第四十七条 资产是指中小学校依法直接支配的各类经济资源。包括流动资产、固定资产、在建工程、无形资产、对外投资、文物文化资产等。

第四十八条 中小学校应当建立健全资产管理制度，明确资产使用人和管理人的岗位责任，按照国家规定设置国有资产台账，加强和规范资产配置、使用和处置管理，维护资产安全完整，提高资产使用效率。涉及资产评估的，按照国家有关规定执行。

中小学校应当汇总编制学校行政事业性国有资产管理情况报告。

中小学校应当定期或者不定期对资产进行盘点、对账。出现资产盘盈盘亏的，应当按照财务、会计和资产管理制度有关规定处理，做到账实相符和账账相符。

中小学校对需要办理权属登记的资产应当依法及时办理。

第四十九条 中小学校应当根据依法履行职能和事业发展的需要，结合资产存量、资产配置标准、绩效目标和财政承受能力配置资产。优先通过调剂方式配置资产，不能调剂的，可以采用购置、建设、租用等方式。

第五十条 流动资产是指可以在一年以内变现或者耗用的资产，包括现金、各种存款、应收及预付款项、存货等。

应收及预付款项是指中小学校在开展教育教学和其他活动过程中形成的各项债权，包括应收账款、应收票据、预付账款和其他应收款等。

存货是指中小学校在开展教育教学活动及其他活动中为耗用或出售而储存的资产，包括材料、燃料、包装物和低值易耗品以及未达到固定资产标准的用具、装具、动植物等。

第五十一条 中小学校应当按照国家有关规定开设基本存款账户和零余额账户，建立健全现金及各种存款的内部管理制度，加强资金监督管理；对应收及预付款项应当及时清理结算，不得长期挂账；规范存货领用制度，提高资产使用效益。

中小学校货币性资产损失核销，应当经主管部门审核同意后报本级财政部门审批。

第五十二条 固定资产是指使用期限超过一年，单位价值在1000元以上，并在使用过程中基本保持原有物质形态的资产。单位价值虽未达到规定标准，但是耐用时间在一年以上的大批同类物资，作为固定资产管理。

中小学校固定资产明细目录由教育部制定，报财政部备案。

第五十三条 在建工程是指已经发生必要支出，但尚未达到交付使用状态的建设工程。

在建工程达到交付使用状态时，应当按照规定办理工程竣工财务决算和资产交付使用，期限最长不得超过1年。

第五十四条 无形资产是指不具有实物形态而能为使用者提供某种权利的资产，包括专利权、商标权、著作权、土地使用权、非专利技术以及其他财产权利。

中小学校转让无形资产取得的收入、取得无形资产发生的支出，应当按照国家有关规定处理。

第五十五条 对外投资是指非义务教育阶段学校依法利用货币资金、实物、无形资产等方式向其他单位的投资。

非义务教育阶段学校应当严格控制对外投资。利用国有资产对外投资应当有利于事业发展和实现国有资产保值增值，符合国家有关规定，经可行性研究和集体决策，按照规定的权限和程序进行。不得使用财政拨款及其结余进行对外投资，不得从事股票、期货、基金、企业债券等投资。

非义务教育阶段学校应当明确对外投资形成的股权及其相关权益管理责任，按照国家有关规定将对外投资形成的股权纳入经营性国有资产集中统一监管体系。

义务教育阶段学校不得对外投资。

第五十六条 中小学校文物文化资产等资产管理的具体办法，由国务院财政部门会同有关部门制定。

第五十七条 在满足学校正常教育教学活动的前提下，中小学校可以出租、出借资产。

中小学校出租、出借资产应当进行必要的可行性论证，严格履行相关审批程序。

第五十八条 中小学校资产处置是指学校对其占有、使用的资产，进行产权转让或者注销产权的行为，包括出售、出让、转让、对外捐赠、报废、报损以及货币性资产损失核销等。

中小学校资产处置应当遵循公开、公平、公正和竞争、择优的原则，严格履行相关审批程序。

第五十九条 中小学校资产处置收入应当按照国家有关规定，实行"收支两条线"管理。

第六十条 中小学校长期闲置、低效运转或者超标准配置的国有资产，应当由主管部门进行调剂，并报本级财政部门备案。

第六十一条 中小学校应当在确保安全使用的前提下，推进学校大型设备等国有资产共享共用工作，可收取合理补偿。所取得的共享共用补偿收入应当纳入学校预算，统一管理。

第九章 负债管理

第六十二条 负债是指中小学校所承担的能以货币计量，需要以资产或者劳务偿还的债务。

第六十三条 中小学校的负债包括借入款项、应付款项、应缴款项、代管款项等。

借入款项是指非义务教育阶段学校经批准从银行等金融机构借入的短期或者长期借款。

应付款项包括中小学校应付票据、应付账款、其他应付款和预收账款等。

应缴款项包括中小学校收取的应当上缴国库或者财政专户的资金、应缴税费，以及其他按照国家有关规定应当上缴的款项。

代管款项是指中小学校接受委托代为管理的各类款项。

第六十四条 中小学校应当对不同性质的负债分类管理，及时清理并按照规定办理结算，保证各项负债在规定期限内偿还。

第六十五条 中小学校应当建立健全财务风险预警和控制机制，规范和加强借入款项管理，如实反映依法举借债务情况，严格执行审批程序。

严禁义务教育阶段学校举借债务，非义务教育阶段学校不得违反规定举借债务。

中小学校不得提供担保，不得替地方政府及其部门举债融资。

第十章 财务清算

第六十六条 经国家有关部门批准，中小学校发生划转、撤销、合并、分立时，应当进行清算。

第六十七条 中小学校财务清算，应当在主管部门和财政部门的监督指导下，对学校的财产、债权、债务等进行全面清理，编制财产目录和债权、债务清单以及清算财务报告，全面反映学校的财务状况和清算损益，提出财产作价依据和债权、债务处理办法，做好资产和负债的移交、接收、划转和管理工作，并妥善处理各项遗留问题。

第六十八条 中小学校财务清算结束后，经主管部门审核并报财政部门批准，其资产和负债分别按照下列办法处理：

（一）因隶属关系改变，成建制划转的中小学校，全部资产和负债无偿移交，并相应划转经费指标。

（二）撤销的中小学校，全部资产和负债由主管部门和财政部门核准处理。

（三）合并的中小学校，全部资产和负债移交接收单位或者新组建单位，合并后多余的资产由主管部门和财政部门核准处理。

（四）分立的中小学校，全部资产和负债按照有关规定移交分立后的中小学校，并相应划转经费指标。

第十一章　财务报告和决算报告

第六十九条　中小学校应当按国家有关规定向主管部门和财政部门以及其他有关的报告使用者提供财务报告、决算报告。

中小学校财务会计和预算会计要素的确认、计量、记录、报告应当遵循政府会计准则制度的规定。

第七十条　财务报告主要以权责发生制为基础编制，综合反映学校特定日期财务状况和一定时期运行情况等信息。

第七十一条　财务报告由财务报表和财务分析两部分组成。财务报表主要包括资产负债表、收入费用表等会计报表和报表附注。财务分析的内容主要包括财务状况分析、运行情况分析和财务管理情况等。

第七十二条　决算报告主要以收付实现制为基础编制，综合反映学校年度预算收支执行结果等信息。

第七十三条　决算报告由决算报表和决算分析两部分组成。决算报表主要包括收入支出表、财政拨款收入支出表等。决算分析的内容主要包括收支预算执行分析、资金使用效益分析和机构人员情况等。

第十二章　财务监督

第七十四条　中小学校财务监督的主要内容包括：

（一）预、决算编制的科学性、真实性、完整性和预算执行的时效性、均衡性；

（二）各项收入、支出的合法性、合规性；

（三）结转和结余资金以及专用基金管理的合规性；

（四）资产管理的安全性、完整性、合规性、有效性；

（五）负债的合规性和风险性；

（六）学生人数、教职工人数等基础数据的真实性、准确性和完整性。

第七十五条　中小学校财务监督应当实行事前监督、事中监督、事后监督相结合，日常监督与专项监督相结合。

第七十六条　中小学校应当建立健全内部控制制度、经济责任制度、财务信息披露制度等监督制度，按规定编制和报送内部控制报告，规范学校各项经济活动，依法公开财务信息。

第七十七条　中小学校应当遵守财经纪律和财务制度，依法接受主管部门和财政、审计等部门的监督。

第七十八条　中小学校及其工作人员存在违反本制度规定的行为，以及其他滥用职权、玩忽职守、徇私舞弊等违法违规行为的，依法追究相应责任。

第十三章　附　　则

第七十九条　中小学校基本建设投资的财务管理，应当执行本制度，但国家基本建设投资财务管理制度另有规定的，从其规定。

第八十条　纳入企业财务管理体系的中小学校，以及独立核算的中小学校校办企业，执行企业财务制度，不执行本制度。

第八十一条　政府举办的幼儿园依照本制度执行。

社会力量举办的普通中小学校、中等职业学校（含技工学校）、特殊教育学校、专门学校、成人中学、成人初等学校和幼儿园可以参照本制度执行。

第八十二条　各省、自治区、直辖市人民政府财政部门、教育部门可以根据本制度，结合本地区实际情况，制定具体财务管理办法或者补充规定。

第八十三条　中小学校应当根据本制度结合学校实际情况制定内部财务管理办法，报主管部门备案。

第八十四条　本制度自 2022 年 9 月 1 日起施行。财政部、教育部 2012 年 12 月 21 日颁布的《中小学校财务制度》（财教〔2012〕489 号）同时废止。

科技部 财政部 教育部 中科院 自然科学基金委关于开展减轻青年科研人员负担专项行动的通知

(国科发政〔2022〕214号)

国务院有关部门和单位,各省、自治区、直辖市、计划单列市科技厅(委、局)、财政厅(局)、教育厅(教委),新疆生产建设兵团科技局、财政局、教育局,教育部直属高校、中科院所属院所:

习近平总书记在中央人才工作会议上指出,要给予青年人才更多的信任、更好的帮助、更有力的支持,支持青年人才挑大梁、当主角。2018年以来,科技部、财政部、教育部、中科院先后印发《贯彻落实习近平总书记在两院院士大会上重要讲话精神开展减轻科研人员负担专项行动方案》(减负行动1.0)和《关于持续开展减轻科研人员负担激发创新活力专项行动的通知》(减负行动2.0),在全国范围内广泛展开行动,在减表、解决报销繁、检查瘦身等方面取得显著成效,受到广大科研单位和科研人员欢迎。当前,科技自立自强使命要求更好发挥青年科技生力军作用。为贯彻落实习近平总书记重要指示精神,落实中央人才工作会议精神和科技体制改革三年攻坚方案任务部署,按照科技政策扎实落地的要求,解决青年科研人员面临的崭露头角机会少、成长通道窄、评价考核频繁、事务性负担重等突出问题,保障青年科研人员将主要精力用于科研工作,充分激发青年创新潜能与活力,现开展减轻青年科研人员负担专项行动(减负行动3.0)。有关事项如下。

一、总体要求

以习近平新时代中国特色社会主义思想为指导,巩固党史学习教育"我为群众办实事"实践成果,将减负行动3.0作为推动政策扎实落地的重要抓手,坚持转变职能、优化服务,持续深化拓展科研领域"放管服"工作;坚持聚焦痛点、精准施策,解决广大青年科研人员反映集中的紧迫诉求;坚持上下联动、压实责任,充分发挥各主管部门、各地方和基层科研单位作用,共同推动行动落地、完善制度,充分激发青年科研人员创新活力。减负行动前期已推出并取得良好效果的各项举措,转为常态化机制持续推进,不再纳入此次专项行动范围。

专项行动为期1年,分三个阶段展开。2022年9月底前,广泛部署动员,摸排情况,找准卡点堵点;2022年12月底前,各部门各地方各单位完成各自层面的措施办法制修订工作;2023年6月底前,各项措施办法全面开展实施,减负行动全面落地见效。

二、行动内容

1. 挑大梁。国家重点研发计划40岁以下青年人才担任项目(课题)负责人和骨干的比例提高到20%;扩大国家重点研发计划青年科学家项目规模。中科院战略性先导专项新立项项目明确项目负责人中45岁以下青年科研人员比例不低于50%。在中科院新开工建设的国家重大科技基础设施工程指挥部中新设立副总师岗位,由45岁以下青年科研人员担任。开展基础研究人才专项试点工作,围绕国家重大战略需求和基础科学前沿,长期稳定支持在自然科学领域取得突出成绩且具有明显创新潜力的青年科技人才。(部门分工:科技部、教育部、中科院、自然科学基金委按职责分工负责)

2. 增机会。中央级公益性科研院所和中央部门直属高等学校基本科研业务费用于资助青年科研人员的比例一般不低于50%,加大对青年科研人员科研的支持力度,减轻项目申报负担。稳步加大国家自然科学基金青年科学基金项目资助力度,扩大资助规模,为更多青年科研人员提供及时有力的支持。推动有条件的科研单位设立职业早期青年人才培养专项,对新入科研岗位的博士毕业生、博士后给予不少于5年的非竞争性科研经费支持,支持设立博士后创新研究岗位。鼓励有条件的科研单位通过实行弹性工作制、建设母婴室、提供儿童托管服务等方式,为孕哺期女性科研人员开展科研工作创造条件。有关部门、地方、科研单位为青年科研人员搭建交流平台，组织跨区域、跨学科、跨单位青年科学家论坛、学术沙龙等青年交流活动。（部门分工：科技部、财政部、教育部、中科院、自然科学基金委按职责分工负责）

3. 减考核。完善国家重点研发计划青年科学家项目、自然科学基金优秀青年科学基金项目和国家杰出青年科学基金项目、"科技创新2030—重大项目"青年科学家项目考核评价方式，对探索性强、研发风险高的前沿领域科研项目，建立尽职免予追责机制。推动科研单位对青年科研人员减少考核频次，实行聘期考核、项目周期考核等中长周期考核评价，简化、淡化平时考核。在考核评价、岗位聘用等环节，对孕哺期女性科研人员适当放宽期限要求、延长评聘考核期限。合理评价青年科研人员实际工作贡献，在科研相关绩效考核评价中，根据岗位特点分类设置评价指标，对履行岗位职责、参与的科研工作、发表的高水平论文、成果转化成效等情况均作为贡献予以认可，避免仅以有署名的成果作为考核评价依据，避免简单强调成果转化数量、金额。国家重点研发计划青年科学家项目精简过程检查报告数量和篇幅要求，进一步明确年度报告、总结报告、科技报告等各类报告内容，在保证科技计划项目成果等重要信息完整的前提下，合并重复、交叉内容，中期检查年和结题年不再提交年度进展报告，试点成熟后在重点研发计划各类项目中推广。（部门分工：科技部、教育部、中科院、自然科学基金委按职责分工负责）

4. 保时间。确保青年专职科研人员工作日用于科研的时间不少于4/5。不要求青年科研人员参加应景性、应酬性活动、列席接待性会议。政府部门及所属事业单位非因专业性、政策性业务必需，原则上不借调在一线从事科研工作的青年科研人员，确需借调的不安排青年科研人员从事一般行政事务性工作。加大科研助理岗位开发力度，鼓励科研单位从应届高校毕业生中聘用科研助理，为科研团队提供专业化辅助服务，将青年科研人员从不必要的事务性工作中解放出来。推动科研单位建立"信息只填一次"机制，建立统一的科研管理信息平台，加强信息共享，解决青年科研人员多头、临时、重复提交科研成果信息等问题。（部门分工：科技部、教育部、中科院按职责分工负责）

5. 强身心。有关部门组织开展优秀青年科研人员专训班，并建立常态化机制；推动科研单位面向博士、博士后开展科研职业生涯启蒙培训，配备高水平科研、创业导师，让青年科研人员少走弯路。定期组织青年科研人员开展心理健康咨询和心理疏导，关心、解决广大青年科研人员心理焦虑。推动科研单位组织青年科研人员开展"每天运动1小时"活动，积极配备相应的活动场地和条件。（部门分工：科技部、教育部、中科院按职责分工负责）

三、组织实施

科技部、财政部、教育部、中科院、自然科学基金委加强统筹协调，做好行动部署和各方面组织动员，根据职责分工，落实好牵头任务。加强工作跟踪指导，建立沟通反馈渠道，及时听取各方意见，研究解决相关问题，发现宣传典型案例。行动完成后，组织开展实效评估，推动减负成果制度化、长效化，成效情况及时上报党中央、国务院。

各主管部门、各地方要制定落实行动工作计划，细化行动安排和责任分工，根据时间进度安排，做好情况摸排、制度修订和推动落实等工作，并督促指导本部门、本地方所属单位扎实落实专项行动举措。

各科研单位是减负行动落地见效的关键一环，要切实落实主体责任，对照专项行动要求，根据实际情况制定本单位落实方案，主动听取青年科研人员意见诉求，采取针对性、操作性强的具体措施，把行动要求落到实处。行动过程中，注意总结经验、发现问题，有关情况及时向上级部门报告。

科技部 财政部 教育部
中科院 自然科学基金委
2022年7月28日

科技部等七部门关于做好科研助理岗位开发和落实工作的通知

(国科发区〔2022〕185号)

各省、自治区、直辖市及计划单列市科技厅(委、局)、教育厅(委、局)、财政厅(局)、人力资源社会保障厅(局)、国资委,新疆生产建设兵团科技局、教育局、财政局、人力资源社会保障局、国资委,国务院各有关部门、直属机构,国家科技计划项目承担单位,各国家高新区管委会,各国家农高区:

为深入贯彻习近平总书记关于高校毕业生就业工作的重要指示批示精神,落实党中央、国务院有关任务部署和《国务院办公厅关于进一步做好高校毕业生等青年就业创业工作的通知》(国办发〔2022〕13号)要求,现就做好科研助理岗位开发、吸纳2022届高校毕业生就业工作有关事项通知如下。

一、总体要求

(一)重大意义

科研助理是指从事各类科研项目辅助研究、实验(工程)设施运行维护和实验技术、科技成果转移转化、学术助理、财务助理以及博士后等工作的人员。科研助理岗位是科研队伍的重要组成部分,是完善科研治理体系、提升科技创新治理能力的重要抓手。鼓励各类创新主体开发科研助理岗位吸纳高校毕业生就业,既是促进就业的有力手段,也是深化科技管理改革、构建与科技计划相适应的专业化支撑队伍的重要举措,更是提升高校、科研院所、企业创新能力的有效途径,对推进科技创新支撑引领现代化经济体系建设和高质量发展具有重大意义。

(二)工作思路

以习近平新时代中国特色社会主义思想为指导,进一步提高政治站位,落实"三新一高"要求,切实增强"时时放心不下"的责任感使命感紧迫感,担当作为、攻坚克难,以钉钉子精神贯彻落实好党中央、国务院关于"稳就业""保就业"决策部署,统筹推进科技研发、高新技术企业成长、高新技术产业发展和科研助理岗位开发工作,尤其重点关注脱贫家庭、低保家庭、零就业家庭以及有残疾的、较长时间未就业的高校毕业生,发挥科技计划和创新基地平台依托单位的引领作用,强化央地协同,广泛动员部署,充分挖掘岗位资源,做实做细服务,加大保障力度,大幅增加科研助理岗位数量。

二、主要任务

(一)部属高校、中央院所、中央企业等单位加大科研助理岗位开发力度

各部属高校、中央级科研院所、中央企业等在所承担的各级科技计划项目和建设布局的各类重大创新基地平台中,积极吸纳高校毕业生参与科研工作,合理设置新的科研助理岗位。认真梳理已开发的科研助理岗位,充分利用尚未吸纳毕业生和因人员流动而产生空缺的有关岗位,最大限度吸纳高校毕业生就业。

(二)国家高新区和自创区主动作为开发科研助理岗位

充分发挥国家高新区和自创区集聚带动就业效能,落实《科技部办公厅关于做好国家高新区、自创区稳增长稳市场主体保就业促创业和2022年高校毕业生等青年就业创业工作的通知》要求,将科研助理岗位开发情况作为国家高新区考核的重要依据之一。积极动员国家高新区、自创区、农高区以及区内的高新技术企业、科技型中小企业、科技企业孵化器等设立科研助理岗位,组织引导承担各级科技计划项目的单位合理开发科研助理岗位,鼓励企业等单位自行组织的项目设立科研助理岗位。

(三)各地方积极开发科研助理岗位

各地方科技管理部门会同相关单位,结合实际,依托国家、地方各级科技项目和创新基地平台,面向省属高校、省属院所、新型研发机构、国家高新区外的高新技术企业、省级高新区以及除教育部、中科院、国资委之外其他中央单位在地方的分支机

构等,加大科研助理岗位开发力度。各地方吸纳科研助理岗位任务完成情况将作为国务院对地方落实有关重大政策措施2022年度督查激励、省级高新区升级审核的重要参考。

三、保障措施

(一)加强组织领导

各部门、各地方要切实履行职责,组织本部门、本地区所属相关单位认真做好落实工作。部属高校、中央级科研院所、中央企业、国家高新区、国家自创区等要发挥带头作用,主动作为,积极开发科研助理岗位。各地区要结合本地实际,上下联动,形成合力,落实好开发科研助理岗位相关工作。

(二)发挥国家科技计划项目和创新基地平台依托单位的引领作用

国家科技计划项目包括国家重点研发计划、"科技创新2030—重大项目"、国家自然科学基金等,创新基地和平台包括国家实验室、国家重点实验室、国家技术创新中心、国家工程技术研究中心、国家临床医学研究中心、国家科技资源共享服务平台、大学科技园、科技企业孵化器,以及国家高新区、自创区、农高区、农业科技园、成果转移转化示范区、新一代人工智能创新发展试验区、可持续发展示范区、创新型城市、创新型县(市)等区域创新载体。强化上述项目和基地平台依托单位的主体责任,发挥示范带头作用,积极吸纳应届高校毕业生就业。鼓励各级科技计划项目和基地平台加大科研助理岗位开发力度。

(三)加强科研助理岗位服务保障

设立科研助理岗位的单位,应根据国家有关规定签订服务协议,为科研助理办理参加社会保险及住房公积金等。按照科研经费管理改革有关政策,中央财政科研项目完成任务目标并通过综合绩效评价后,结余资金留归项目承担单位使用,单位应将结余资金统筹安排用于科研活动直接支出,科研助理岗位经费可按规定从科研活动直接支出中列支。对于依托各级科技计划项目设立的科研助理岗位,科研项目经费中"劳务费"科目资金可按照有关规定用于科研助理的劳务性报酬和社会保险补助等支出。对于新立项项目,应结合科研助理的聘用情况认真测算经费需求,据实列支;在研项目如需调剂预算,可由项目承担单位按规定调剂。鼓励设立科研助理岗位的单位统筹相关经费渠道,配套专门资金为科研助理岗位提供长期稳定支持。

(四)加强信息报送和宣传力度

请各地方科技管理部门汇总本地区科研助理岗位开发和落实的工作进展情况,分别于6月30日、7月20日、8月10日、8月30日前报送科技部(报送内容和格式要求另行通知)。加大科研助理岗位宣传力度,动员各类媒体做好宣传工作。

科学技术部 教育部 财政部
人力资源和社会保障部
国务院国有资产监督管理委员会
中国科学院 国家自然科学基金委员会
2022年6月29日

教育部办公厅等十二部门关于进一步加强学科类隐形变异培训防范治理工作的意见

(教监管厅函〔2022〕15号)

各省、自治区、直辖市教育厅（教委）、党委政法委、网信办、发展改革委、科技厅（委）、人力资源社会保障厅（局）、住房和城乡建设厅（委、管委、局）、商务主管部门、文化和旅游厅（局）、市场监管局（厅、委）、体育行政部门、妇联，新疆生产建设兵团教育局、党委政法委、网信办、发展改革委、科技局、人力资源社会保障局、住房和城乡建设局、商务局、市场监管局、文化体育广电和旅游局、妇联：

"双减"工作开展以来，各地认真贯彻落实党中央、国务院决策部署，不断深化校外培训机构治理并取得阶段性成效，但一些地方学科类隐形变异培训不断变种，预防、发现和查处工作机制不健全，协同治理合力不够，治理工作仍存在盲区死角，一定程度上对冲了"双减"改革成效。为进一步加强学科类隐形变异培训防范整治工作，巩固校外培训治理成果，规范校外培训行为，现提出以下意见。

一、总体要求

1. 指导思想。坚持以习近平新时代中国特色社会主义思想为指导，深入学习党的二十大精神，全面贯彻党的教育方针，落实立德树人根本任务，聚焦重点地区、关键时段、突出问题，健全学科类隐形变异培训预防、发现工作机制，依法依规从严查处违法违规培训行为，不断巩固学科类培训治理成果，确保"双减"工作不断取得新的成效。

2. 基本原则。坚持依法治理、疏堵结合，严格执行《中华人民共和国民办教育促进法》《中华人民共和国未成年人保护法》等法律法规，加大违规培训查处力度，有效防范重点机构和个人违规，强化学校教育主阵地作用，疏导减少学生校外培训需求，做到标本兼治、预防为先。坚持问题导向、精准治理，着力破解学科类隐形变异培训存在的预防难、发现难、查处难等问题，消除治理盲区，强化治理弱项，提升治理效能。坚持协同联动、形成合力，健全部门和地区联动工作机制，充分发挥"双减"工作专门协调机制作用，有关部门和地区各司其职、分工合作，齐心协力做好学科类隐形变异培训治理。

3. 主要目标。到2023年6月，各地学科类隐形变异培训问题预防机制、发现机制、查处机制基本建立，部门和地区协同联动的工作格局得以完善，隐形变异违规培训态势得到较好控制。到2024年6月，学科类隐形变异培训防范治理的长效机制得到健全，治理工作态势持续向好，隐形变异培训得以全面清除，有力确保"双减"工作取得显著成效。

二、健全预防体系，切实减少违规行为发生

4. 加强对重点场所和重点网站的防控。充分发挥社区（村）的综合管理功能，将学科类隐形变异培训防范治理纳入社区街道网格化综合治理体系，减少违规培训发生。构建街道（乡镇）、社区（村）动态排查机制，建立包保责任制，防止隐匿在居民楼、酒店、咖啡厅等场所开展违规培训。强化房屋产权人、受委托管理单位的管理责任，明确不得将房屋租借给无资质机构或个人开展校外培训，并依托楼长开展网格巡查，防范在商务楼宇和出租房屋发生违规培训。加强对招聘网站、家教网等的监管，禁止发布"一对一""众筹私教""家庭教师"等校外培训招聘需求信息。严格执行校外培训广告管控有关要求，禁止发布面向中小学生（含幼儿园）的校外培训广告。

5. 强化对重点机构和人员的防范。各地要综合研判分析本地区可能开展违规培训的校外培训机构和个人类型，建立防范违规的重点机构和个人清单。对转型的学科类培训机构加强跟进指导，鼓励给予政策支持，帮助机构实现转型发展。紧盯托管服务、违规组织竞赛、中高考志愿填报咨询等相关机构，加大招生入学等重要节点的提醒提示和检查巡查。

禁止家政服务企业将校外培训纳入家庭服务，严禁任何形式的"住家家教"推介行为。进一步加大专项整治力度，教育引导中小学在职教师遵守《新时代中小学教师职业行为十项准则》，规范从教行为，自觉拒绝有偿补课和参与违规培训。强化对校外培训机构裁减人员的就业帮扶，依托行业组织、人力资源服务机构等加强岗位筹集，多渠道提供就业服务。

6. 深化对学生家长的教育引导。积极引导未成年人的父母或其他监护人自觉遵守《中华人民共和国家庭教育促进法》，树立正确的教育理念，履行好家庭教育责任，合理安排学生的学习、休息、娱乐和体育锻炼时间，不参加违规校外培训。针对隐形变异突出问题，相关部门及时向社会发布公告和预警提示，引导家长防范违规培训，避免群众利益受到损害。各地义务教育阶段学校要严格落实"双减"工作要求，增强作业针对性、有效性，加强校内课后服务资源建设，推进国家中小学智慧教育平台常态化应用，统筹校内外资源，更好满足学生多样化需求。通过家长会、家访、告知书、致家长的信等多种形式，引导和鼓励学生及家长不参与、不组织、不支持违规培训。社区（村）要结合实际，开展多种形式的公益性校外实践活动，引导学生合理利用课余时间，确保身心健康。

三、完善发现机制，确保治理不留死角

7. 强化重点排查检查。完善多部门联合开展的明察暗访工作机制，采取"四不两直"方式，通过"日查+夜查""联检+抽检"等形式，定期开展拉网式巡查检查。抓住国家法定节假日、休息日及寒暑假期等重要时间节点，部署排查检查和专项治理。对违规培训多发的商务楼宇、居民小区等重点场所进行管控排查。聚焦机构和个人以"一对一""住家教师""高端家政""众筹私教"以及各类冬夏令营等名义违规开展培训、面向3～6岁学龄前儿童违规开展学科类培训、违规开展普通高中阶段学科类培训、中小学在职教师有偿补课等重点问题开展排查整治。根据违规培训情况、投诉举报情况建立违规排查重点机构和个人台账，强化摸排跟踪和巡查检查，及时入账出账，做好动态管理。

8. 持续开展线上巡查。对取得线上培训资质的线上机构以及曾出现违规培训问题的主体开展巡查。教育部会同相关部门制定巡查标准，开展全国巡查，指导处置全国性违规问题。各省份按照相应标准开展本地巡查，及时处置违规问题，定期报送全国性

违规线索。动态调整巡查对象，运用智能巡查手段，加大对违规多发对象的巡查力度。严查面向学龄前儿童开展线上培训、线下培训机构违规开展线上培训、境外网络平台针对境内中小学生开展线上学科类培训等行为。

9. 畅通监督举报渠道。各地要健全投诉举报工作制度，充分宣传设立的监督举报电话和信箱等信息，统筹信访、市民热线等群众投诉举报渠道，拓展问题线索来源。鼓励中小学教师利用课余时间自愿参加社会监督，用好校外培训社会监督员等公众监督力量。健全党建引领工作机制，选派党建联络员指导校外培训机构党组织建设，加强对违规培训的监督。利用信息技术优势，探索开发"随手拍"等功能程序，制定奖励办法，对重大问题线索提供者给予奖励，充分调动群众参与监督举报的积极性。

四、加大查处力度，巩固从严治理态势

10. 加强联合取证查处。各地要按照属地管理原则，强化校外培训违规行为的监管执法职责，将隐形变异培训查处摆在校外培训执法工作突出位置。强化调查取证，做好违规培训证据的收集与固定。加强对投诉举报问题线索的核查，确保事实清楚、证据充分。各级教育行政部门或相应执法部门要会同相关部门完善隐形变异执法联动机制，及时会商案件查处工作，形成协同办案、闭环管理机制。

11. 依法严处违规培训。各地教育行政部门要会同有关部门定期梳理群众反映强烈的学科类隐形变异问题清单，适时部署专项整治，及时通报违法违规典型案例。建立健全学科类隐形变异培训问题预警提示、投诉接收、跟踪办理、结果反馈工作机制，强化全流程闭环管理。对违法违规开展学科类培训的机构和个人，按照"发现一起、查处一起"的原则，依法依规给予严肃处罚。

12. 强化违规行为通报曝光。各地要加强学科类隐形变异培训的行政执法案例指导，定期通报发布典型案例。要紧盯隐形变异重点问题，抓住关键节点，对违规培训至少每季度公开曝光一次，不断加强警示震慑。探索推进"互联网+执法"模式，利用全国校外教育培训监管与服务综合平台，提升违规培训查处的执法水平。将违规开展培训的校外培训机构列入黑名单，纳入全国信用信息共享平台，依法依规实施信用惩戒。

五、强化组织保障，务求治理取得实效

13. 加强组织领导。各地要在当地党委和政府

统一领导下，切实提高思想认识，把学科类隐形变异培训治理作为贯彻落实党中央和国务院"双减"决策部署的一项重要政治任务来抓，纳入重要议事日程，研究制定工作方案，压紧压实责任。各地要充分发挥"双减"工作专门协调机制作用，加强统筹部署和分工合作，完善工作机制，及时研究分析出现的新情况新问题，提出务实管用的举措，切实将各项任务落到实处。全国"双减"工作试点城市要先行先试，探索积累有益经验。

14. 明确部门分工。各地教育行政部门要充分发挥"双减"工作协调机制牵头作用，加强统筹协调，会同相关部门对学科类隐形变异培训进行日常监管；党委政法委重点做好将学科类隐形变异培训治理纳入基层矛盾纠纷排查化解工作；网信部门重点压实网站平台信息内容管理主体责任，配合教育等部门做好线上学科类培训的监管工作；发展改革部门重点做好校外培训机构黑名单与失信校外培训机构信息共享与发布工作；市场监管部门依法做好价格监管、广告监管，配合教育部门做好合同格式条款规范工作；商务部门重点做好家政服务行业管理工作；住房和城乡建设部门重点做好涉及校外培训的房屋租赁、物业管理等监管工作；人力资源社会保障部门重点做好行业主管部门反映的受影响培训机构用工指导，规范裁员行为，为转岗人员提供公共就业服务工作；体育、文化和旅游、科技等行业主管部门重点做好非学科类培训机构违规开展学科类培训的业务监管工作；妇联组织重点做好家庭教育的协调指导工作。

15. 推动督导问责。严格执行《教育督导问责办法》，将学科类隐形变异问题治理纳入政府履职督导范围，推动地方政府层层压实责任。对各地学科类隐形变异培训治理情况开展"飞行检查"，对工作中出现的敷衍塞责、有令不行、阳奉阴违等不作为问题，要作为漠视轻视群众利益问题严肃问责。对存在问题较多、政策落实不到位、工作成效不明显的地方，要对相关单位和责任人严肃追究责任。

16. 营造良好氛围。各地要加强正面宣传，及时总结推广各地治理学科类隐形变异培训问题的好经验好做法。要在政府网站、电视媒体平台、微信公众号等设立曝光台，加大对违法违规培训的公开曝光力度，形成强大震慑。各中小学校要全面了解本校师生参加校外培训情况，发现有学生参加违规培训的，要及时进行政策宣讲及引导；发现在职教师举办或参与举办校外培训的，依法依规严肃处理。创新宣传方式和手段，积极引导家长转变教育观念，劝导家长和学生坚决抵制学科类隐形变异培训，推动形成家校社协同育人合力。

教育部办公厅 中央政法委办公厅
中央网信办秘书局 发展改革委办公厅
科技部办公厅 人力资源社会保障部办公厅
住房和城乡建设部办公厅
商务部办公厅 文化和旅游部办公厅
市场监管总局办公厅 体育总局办公厅
全国妇联办公厅
2022 年 11 月 21 日

教育部等十三部门关于规范面向中小学生的非学科类校外培训的意见

（教监管〔2022〕4号）

各省、自治区、直辖市教育厅（教委）、网信办、发展改革委、科技厅（委、局）、通信管理局、民政厅（局）、财政厅（局）、文化和旅游厅（局）、市场监管局（厅、委）、体育局，新疆生产建设兵团教育局、网信办、发展改革委、科技局、民政局、财政局、文化体育广电和旅游局、市场监管局，中国人民银行上海总部、各分行、营业管理部，各省会（首府）城市中心支行，各副省级城市中心支行，各银保监局，中国证监会各派出机构、各交易所：

中共中央办公厅、国务院办公厅印发《关于进一步减轻义务教育阶段学生作业负担和校外培训负担的意见》以来，学科类校外培训治理工作已取得积极成效，但面向中小学生（含3至6岁学龄前儿童）的非学科类校外培训（以下简称非学科类培训）问题凸显，集中反映在资质不全、培训行为不规范、培训质量良莠不齐等方面，人民群众对此反映强烈。为进一步深化校外培训机构治理，全面规范非学科类培训行为，切实维护广大中小学生和学生家长权益，现提出以下意见。

一、总体要求

1. 指导思想。坚持以习近平新时代中国特色社会主义思想为指导，深入贯彻落实党的二十大精神，全面贯彻党的教育方针，落实立德树人根本任务，坚持以人民为中心的发展思想，坚持改革创新，全面规范非学科类培训，使其成为学校教育的有益补充，进一步减轻学生过重校外培训负担，促进学生全面发展和健康成长。

2. 工作原则。坚持服务育人。坚持社会主义办学方向，强化非学科类培训的公益属性，着眼提高培训质量，推动其为学生发展兴趣特长、拓展综合素质发挥积极作用。坚持问题导向。综合运用行政、经济、法律手段，着力破解在标准、价格、安全、质量等方面的突出问题，加强政策宣传解读，提升校外培训治理水平，切实回应人民群众急难愁盼。坚持内外联动。统筹校内与校外，强化学校教育主阵地作用，落实德智体美劳全面发展要求，增加非学科类学习供给，同步深化非学科类培训治理，更广泛地满足学生多样化需求。坚持部门协同。针对非学科类培训行业属性突出、种类繁多等特点，健全在地方党委和政府统一领导下，各部门齐抓共管、高效联动、密切配合的协作机制，形成治理合力，提升治理效能。

3. 工作目标。到2023年6月底，各地非学科类培训政策制度体系基本建立，常态化监管机制基本健全，人民群众反映强烈的突出问题得到基本解决。到2024年，非学科类培训治理成效显著，家庭支出负担有效减轻，非学科类培训成为学校教育的有益补充，人民群众对教育的满意度明显提升。

二、明确设置标准

4. 制定设置标准。各地要区分体育、文化艺术、科技等类别培训机构，明确相应主管部门。省级主管部门要结合本地实际，牵头制定相应类别线上和线下培训机构的基本设置标准。省域内各地市线下培训机构情况差距大的，可由省级主管部门提出底线要求，授权地市级主管部门在此基础上制定细化标准，并向省级主管部门备案。对于开展多种非学科类培训的机构，应同时符合所涉及各类业务的设置标准。

5. 明确底线要求。各地非学科类培训机构标准必须达到以下基本要求。在培训场所条件方面，必须符合国家关于消防、住建、环保、卫生、食品经营等法律法规及政策要求。在师资条件方面，所聘从事培训工作的人员必须具备体育、文化艺术、科技等相应类别的职业（专业）能力（具体由省级以上主管部门明确）或具有相应类别的教师资格证，不得聘用中小学在职在岗教师（含民办中小学在职在岗教师），聘用外籍人员须符合国家有关规定。在运营条件方面，必须有规范的章程和相应的管理制度。线上机构还应符合网络安全有关标准。

6. 全面对标整改。各地要对照非学科类培训机构设置标准，对现有机构进行全面排查，不符合设置标准的要对标整改。对2023年6月底前仍不能完成整改的培训机构依法依规严肃处理。

三、严格准入流程

7. 发布清单目录。各地要细化并公布各行业培训类别的清单目录，并根据新出现的培训类型，及时进行动态调整。对于同时开展多个类别培训等情形，要明确主要监管部门及相关配合部门。教育行政部门要强化统筹协调，避免出现监管盲点。

8. 明确准入程序。各地根据《中华人民共和国民办教育促进法》及有关规定，进一步完善非学科类培训机构管理程序。非学科类线上培训机构须依法取得省级有关主管部门的行政许可后，再依法进行法人登记，并向所在地省级电信主管部门履行互联网信息服务核准手续。非学科类线下培训机构须取得县级有关主管部门的行政许可后，再依法进行法人登记；跨县域开展线下培训的，要依法按要求在每个县域取得有关主管部门的行政许可。对于经营多种非学科类业务的机构，可由主要监管部门牵头，实行部门联合审核。实行相对集中行政许可权改革的地区，要加强部门之间审管衔接，把监管责任落到实处，防止出现监管盲区或监管冲突。

四、规范日常运营

9. 规范培训内容及时间。非学科类培训内容应与培训对象的年龄、身体素质、认知水平相适应，符合身心特点和教育规律，满足学生多层次、多样化学习需求，不得开设学科类培训相关内容。全面落实《中小学生校外培训材料管理办法（试行）》，加强对培训材料的全流程管理，强化对培训材料的审核、备案管理和抽查巡查，确保培训正确方向。培训时间不得和当地中小学校教学时间相冲突，线下培训结束时间不得晚于20:30，线上培训结束时间不得晚于21:00。

10. 加强收费管理。非学科类培训机构要坚持公益属性，遵循公平、合法、诚实信用的原则，根据培训成本、市场供需等因素，合理确定收费项目和标准，控制调价频率和幅度，并报送主管部门。各地可探索通过建立价格调控区间、发布平均培训成本等方式，引导培训机构合理定价。培训机构收费应当实行明码标价，培训内容、培训时长、收费项目、收费标准等信息应当向社会公开，接受社会监督。禁止虚构原价、虚假优惠折价等任何形式的价格欺诈行为。各地要建立健全非学科类培训市场监测体系，重点加强对体育、艺术及中小学生广泛参与的其他非学科类培训收费的监测。

11. 强化预收费监管。非学科类培训机构培训收费实行指定银行、专用账户、专款管理。培训机构收费应全部进入本机构收费专用账户，不得使用本机构其他账户或非本机构账户收取培训费用，收费账户应向社会公开。面向中小学生的非学科类培训不得使用培训贷方式缴纳培训费用。鼓励培训机构采取先提供培训服务后收费方式运营，采取预收费方式的，培训机构预收费应全额纳入监管范围，各地根据工作需要，采取银行托管、风险保证金的方式，对培训机构预收费进行风险管控。培训机构在主管部门遴选指定的银行范围内，选择确定监管银行，签订监管协议并向主管部门备案，开立预收费资金托管专用账户或风险保证金专用账户，将预收费资金与其自有资金分账管理。培训机构不得一次性收取或以充值、次卡等形式变相收取时间跨度超过3个月或60课时的费用，且不得超过5000元。培训机构应按照主管部门的监管要求，主动报送或授权托管银行推送有关资金监管账户、大额资金变动、交易流水等信息。要明确非学科类培训机构境内外上市标准和程序，严格把关，做好监管和引导，防止野蛮生长。培训机构融资及收入应主要用于培训业务经营。全面使用《中小学生校外培训服务合同（示范文本）》（2021年修订版），明确培训项目、培训要求、培训收退费及违约责任、争议处理等内容，保护群众合法权益。

五、加强日常监管

12. 强化安全管理。各地要落实机构法定代表人和实际控制人为安全管理第一责任人，指导其切实履行好安全职责，督促机构全面落实国家规定的人防、物防、技防等安全风险防范要求，建立安全管理制度，定期开展安全自查，及时消除安全隐患。线下培训场所要配备符合相关技术标准的音视频监控设备，确保教室、户外活动场地、活动室、周边等场所无死角，设置明显提示性标识，并应具备与公安、教育等部门实时联网的接口。鼓励培训机构购买场所责任险、人身意外伤害险等。各地要按照当地党委和政府统一部署，切实抓好非学科类培训机构疫情防控工作。

13. 健全执法机制。各地要建立党委和政府领导下各部门分工合作的联合执法机制，推进上下级之间、同级之间、异地之间的协调联动。教育行政部门要加强对非学科类培训综合执法、联合执法、协作执法的组织协调，各有关部门要依法严肃查处资质不全、打擦边球开展学科类培训、不正当价格行为、虚假宣传、存在安全隐患、影响招生入学秩序等违法违规行为。建立健全问题线索移送处理机制，加快实现部门间违法线索互联、监管标准互通、处理结果互认。定期梳理群众反映强烈的突出问题，适时部署集中专项整治，及时通报非学科类培训违法违规典型案例，形成警示震慑。

14. 推进信息化管理。各地要将非学科类培训机构全部纳入全国校外教育培训监管与服务综合平台（以下简称监管平台）统一管理，同步完成注册登记，按时接受年检年审，开展信息伴随式采集，确保机构无遗漏、数据全采集、信息摸准确。充分运用大数据、人工智能等技术，探索远程监管、移动监管等非现场监管，推进"互联网＋监管"模式创新，提升监管精准化、智能化水平。推动数据交流共享，通过监管平台将非学科类培训机构行政许可信息、行政处罚信息、黑白名单信息等归集至全国信用信息共享平台、国家企业信用信息公示系统等，构建信用监管体系，引导培训机构合规经营。

15. 促进行业自律。各地要指导校外培训相关行业协会建立健全行业经营自律规范、职业道德准则和行业性惩戒机制等，推动培训机构诚信经营、公平竞争，着力规范行业秩序。鼓励行业协会制定相关行业服务标准，提升服务质量。支持行业协会发挥在纠纷处理、权益保护、行业信用建设等方面的作用，促进行业规范运行。

六、做好配套改革

16. 强化学校教育主阵地作用。各地各校要加快构建"双减"背景下德智体美劳全面培养的教育体系，坚持减轻负担与提质增效并重，整体提升学校育人水平，促进学生学习更好回归校园。加强音乐、体育、美术等紧缺学科教师配备补充，着力解决教师队伍学科结构性矛盾，开齐开足上好音体美课程。合理控制作业总量和时长，不断提高作业设计水平，增强作业的针对性、有效性。完善并落实课后服务经费保障机制，进一步挖掘校内潜力，统筹利用科普、文化、体育等各方面社会资源，积极聘请退休教师、具备资质的社会专业人员或志愿者等参与支持学校课后服务工作，丰富学校课后服务内容，满足学生多样化学习需求。加强教学规范管理，强化教研工作，深化教学改革创新，切实提升课堂教学质量。充分用好国家中小学智慧教育平台，完善资源建设机制，不断汇聚各类优质资源，服务教师教育教学和学生自主学习。巩固义务教育基本均衡成果，加快推进义务教育优质均衡发展，进一步缩小区域、城乡、校际、群体教育差距。

17. 健全非学科类培训机构进校园监管机制。各地根据需求可以适当引进非学科类培训机构参与学校课后服务。要坚持公益性原则，由教育行政部门会同发展改革等相关部门按照政府采购法律制度规定，在监管平台的白名单中确定允许引进的培训机构，形成培训机构和服务项目名单及引进费用标准，加强日常监管并建立动态调整机制。引进费用标准要通过招标等竞争性方式确定，并要明显低于培训机构在校外提供同质培训服务的收费标准。必要时，发展改革部门可会同教育部门开展成本调查，督促降低偏高的引进费用标准。各地可根据本地区情况，将引进培训机构所需费用按规定纳入当地课后服务经费保障机制；确需另行收取费用的，要纳入代收费管理。学校根据实际需要，选用名单内的服务项目和培训机构，不得对课后服务代收费加价、获取收益。各地要完善机制，倾斜支持薄弱学校、农村学校开展课后服务，并结合实际对家庭经济困难学生减免收费。要建立非学科类培训机构参与课后服务的评估退出机制，对出现服务水平低下、恶意在校招揽生源、不按规定提供服务、扰乱学校教育教学和招生秩序等问题的培训机构，坚决取消培训资质。

18. 深化考试评价改革。各地各校要全面落实学前教育、义务教育和普通高中教育质量评价指南，健全以发展素质教育为导向的质量评价体系。改进体育、艺术中考测试内容、方式和计分办法，扭转片面应试教育倾向，切实加强过程性考核，逐步实现考试成绩等级呈现，弱化选拔功能，注重对学生运动习惯和艺术素养的培养。严格招生工作纪律，不得将非学科类校外培训结果与大中小学招生入学挂钩。规范并减少面向中小学生的体育、文化艺术、科技类考级活动，各类考级和竞赛的等级、名次、证书等，除另有规定外，不得作为体育艺术科技特长测评、招生入学的依据。

七、加强组织领导

19. 全面系统部署。各地要在党委和政府统一领导下，切实提高思想认识，将规范非学科类培训作为重大民生工程，列入重要议事日程，研究制定工作方案，摸清底数，明确时间表、路线图、任务书，倒排工期，挂图作战，压紧压实责任。各级"双减"工作专门协调机制要充分发挥作用，坚持统筹部署、分工协作、联合行动，针对出现的新情况新问题及时分析研判，提出针对性举措，加强信息共享和情况通报，确保各项工作务实有效。全国"双减"工作试点城市要发挥示范引领作用，敢于先行先试，探索有益经验。

20. 明确部门分工。各地教育行政部门要充分发挥"双减"工作专门协调机制作用，加强统筹协调，与相关部门对非学科类培训共同进行日常监管，指导学校做好教育教学工作；体育、文化和旅游、科技等部门重点做好制定行业标准、日常监管等工作；发展改革部门会同教育行政等部门重点做好收费政策制定等工作；民政部门重点做好非营利性非学科类培训机构违反相关登记管理规定的监管工作；市场监管部门做好营利性非学科类培训机构登记、价格行为、广告宣传等方面的监管工作；人民银行、银保监、证监部门指导金融机构配合教育行政部门等主管部门做好预收费管理和上市融资管控等工作；网信、电信主管部门配合做好线上机构监管工作；有关行业协会、群众团体、科研院所等要发挥专业支撑作用，开展监测评估研究，充分利用行业资源助力中小学校开展学生实践和教师培训活动。

21. 强化督导和宣传工作。国务院教育督导委员会办公室将加强对各地政府的督导考核力度，定期对各地规范非学科类培训进展情况进行通报。教育部与相关部门将适时开展明察暗访，加强针对性指导。各地要加强对规范非学科类培训的督导评估，建立问责机制，对责任不落实、措施不到位、人民群众反映强烈的地方及相关责任人进行严肃问责。要通过多种途径加强政策解读，及时总结经验做法，做好宣传推广，营造良好氛围。

教育部 中央网信办 国家发展改革委
科技部 工业和信息化部 民政部
财政部 文化和旅游部 中国人民银行
市场监管总局 国家体育总局 中国银保监会
中国证监会
2022 年 11 月 30 日

教育部等八部门关于印发《新时代基础教育强师计划》的通知

（教师〔2022〕6号）

各省、自治区、直辖市教育厅（教委）、党委宣传部、党委编办、发展改革委、财政厅（局）、人力资源社会保障厅（局）、住房和城乡建设厅（委）、乡村振兴局，新疆生产建设兵团教育局、党委宣传部、党委编办、发展改革委、财政局、人力资源社会保障局、住房和城乡建设局、乡村振兴局，部属师范大学：

为贯彻落实习近平总书记关于教育的重要论述特别是关于教师队伍建设的重要讲话精神，落实《中华人民共和国国民经济和社会发展第十四个五年规划和2035年远景目标纲要》有关要求，全面深化新时代教师队伍建设改革，加强高水平教师教育体系建设，培养造就高素质专业化创新型中小学教师队伍，着力构建优质均衡的基本公共教育服务体系，推动教育高质量发展，现将《新时代基础教育强师计划》印发给你们，请认真落实。

教育部　中央宣传部　中央编办
国家发展改革委　财政部　人力资源社会保障部
住房和城乡建设部　国家乡村振兴局
2022年4月2日

新时代基础教育强师计划

高质量教师是高质量教育发展的中坚力量。为贯彻落实《中共中央 国务院关于全面深化新时代教师队伍建设改革的意见》，按照《中华人民共和国国民经济和社会发展第十四个五年规划和2035年远景目标纲要》要求，着力推动教师教育振兴发展，努力造就新时代高素质专业化创新型中小学（含幼儿园、特殊教育，下同）教师队伍，为加快实现基础教育现代化提供强有力的师资保障，制定本计划。

一、总体要求

（一）指导思想

以习近平新时代中国特色社会主义思想为指导，贯彻党的十九大和十九届历次全会精神，全面贯彻党的教育方针，坚持社会主义办学方向，落实立德树人根本任务，坚持培育和践行社会主义核心价值观，坚持把教师队伍建设作为基础工作来抓，加快构建教师思想政治建设、师德师风建设、业务能力建设相互促进的教师队伍建设新格局。遵循教师成长发展规律，以高素质教师人才培养为引领，以高水平教师教育体系建设为支撑，以提升教师思想政治素质、师德师风水平和教育教学能力为重点，筑基提质、补短扶弱、做优建强、全面提高教师培养培训质量，整体提升中小学教师队伍教书育人能力素质，促进教师数量、素质、结构协调发展，为构建高质量教育体系奠定坚实的师资基础。

（二）基本原则

——坚持师德为先。把教师思想政治和师德师风建设放在首要位置，围绕落实立德树人根本任务，全面加强中小学教师思想政治建设，提高教师的政治意识、政治能力，严格落实师德师风第一标准，突出全方位全过程师德养成，推动教师以德施教、以德立身。

——坚持质量为重。服务教育高质量发展要求，加强高质量教师队伍建设，推动地方政府、学校、社会各方深度参与教师教育，强化师范院校在教师教育体系中的主体地位，推进职前培养和职后培训一体化，创新师范生教育实践和教师专业发展机制模式，提升教师培养培训质量。

——坚持突出重点。按照乡村振兴重大战略部署和振兴教师教育有关要求，立足重点区域和人才紧缺需求，适应区域、学段、学科等发展需要，加强东西部协作、对口支援等，加大中西部欠发达地区师范院校、教师发展机构建设和高素质教师培养培训力度，增加紧缺薄弱领域师资培养供给。

——坚持强化保障。中央带动、分级实施，鼓励支持各地创新教师编制、职称、考核评价、待遇保障等方面举措，深化中小学教师队伍建设综合改革，提高教师教育基础能力建设水平，统筹规划、以点带面、辐射引领、整体发展，形成综合保障体系。

（三）目标任务

到2025年，建成一批国家师范教育基地，形成一批可复制可推广的教师队伍建设改革经验，培养一批硕士层次中小学教师和教育领军人才。完善部属师范大学示范、地方师范院校为主体的农村教师培养支持服务体系，为中西部欠发达地区定向培养一批优秀中小学教师。师范生生源质量稳步提高，欠发达地区中小学教师紧缺情况逐渐缓解，教师培训实现专业化、标准化，教师发展保障有力，教师队伍管理服务水平显著提升。

到2035年，适应教育现代化和建成教育强国要求，构建开放、协同、联动的高水平教师教育体系，建立完善的教师专业发展机制，形成招生、培养、就业、发展一体化的教师人才造就模式，教师数量和质量基本满足基础教育发展需求，教师队伍区域分布、学段分布、学历水平、学缘结构、年龄结构趋于合理，教师思想政治素质、师德修养、教育教学能力和信息技术应用能力建设显著加强，教师队伍整体素质和教育教学水平明显提升，尊师重教蔚然成风。

二、具体措施

（一）提升教师思想政治素质

全面加强中小学教师思想政治建设，落实意识形态工作责任制。坚持教育者先受教育，将习近平新时代中国特色社会主义思想融入教师培养培训课程，将习近平总书记关于教育的重要论述作为首要必修课程，开展常态化的学习教育，引导广大教师深刻领会"两个确立"的决定性意义，增强"四个意识"、坚定"四个自信"、做到"两个维护"，坚持"四个相统一"，争做"四有"好老师，当好"四个引路人"。深入贯彻落实《新时代公民道德建设实施纲要》《新时代爱国主义教育实施纲要》，大力开展"四史"特别是党史学习教育，精选体现正确价值导向的优秀文学艺术、影视作品，组织和引导师范生、教师阅读观看，加强价值引领，加强铸牢中华民族共同体意识教育，引导广大师范生、教师树立和坚持正确的国家观、历史观、民族观、文化观、宗教观。强化师范毕业生思想政治考察，健全标准、程序，把好第一道关口。加强教师教育院校、中小学党组织、团组织建设，做好在优秀师范生、中小学教师中发展党员、团员工作。

（二）加强和改进师德师风建设

常态化推进师德培育涵养，将各类师德规范纳入新教师岗前培训和在职教师全员培训必修内容。创新师德教育方式，通过榜样引领、情景体验、实践教育、师生互动等形式，激发教师涵养师德的内生动力。将师德师风建设贯穿教师管理全过程，在资格认定、教师招聘、职称评审、岗位聘用、年度考核、推优评先、表彰奖励等工作中严格落实师德师风第一标准。完善教师荣誉表彰制度，加大优秀教师典型表彰宣传力度。深入落实新时代幼儿园、中小学教师职业行为十项准则和幼儿园、中小学教师违反职业道德行为处理办法，严肃查处师德失范行为，加大师德失范行为通报警示力度，持续开展违反教师职业行为十项准则典型案例通报。指导各地各校开展师德警示教育，德法并举，提高警示教育实效性。提升全体教师法治素养。推进实施教职员工准入查询制度。推进师德师风基地建设，推动师德师风建设模式探索、方法创新，发挥引领示范作用。

（三）建设国家师范教育基地

重点支持建设一批国家师范教育基地，构建师范院校为主体、高水平综合大学参与、教师发展机构为纽带、优质中小学为实践基地的开放、协同、联动的现代教师教育体系。基地建设重在加强师范生专业能力发展中心建设和师范专业建设，深化教师教育改革，推进教师教育信息化建设与应用。加大在教育硕士、教育博士授予单位及授权点方面对师范院校的引导支持力度，支持高水平综合大学开展教师教育，推动师范人才培养质量提升。

（四）开展国家教师队伍建设改革试点

鼓励支持地方政府统筹，相关部门密切配合，高校、教师发展机构、中小学等协同，开展区域教师队伍建设改革试点，内容包括师范生培养、教师专业发展、教师人事管理制度改革、教育教学研究与改革等。总结推广试点经验，加快构建现代教师队伍治理体系，提升教育教学水平。

（五）建立教师教育协同创新平台

鼓励支持高水平师范院校建立教师教育协同创新平台，推动优质课程资源共享、学科建设经验分享、教育科研课题共同研究，整体提升我国教师教育的办学水平。充分发挥部属师范大学的引领示范作用，建立部属师范大学和地方师范院校师范人才培养协同机制，支持区域内相关院校在教育科学研究、教师教育师资队伍建设、师范人才培养和基础教育服务等领域开展合作。依托部属师范大学等高水平师范院校，为地方师范院校定向培养博士层次教师教育师资。支持部分办学历史悠久、质量优质、效益明显、地方发展急需的师范高等专科学校升格为普通本科高校。

（六）实施高素质教师人才培育计划

持续实施卓越教师培养计划。推动本科和教育硕士研究生阶段整体设计、分段考核、连续培养的一体化卓越中学教师培养模式改革，推进高素质复合型硕士层次高中教师培养试点。推进部属师范大学公费师范生攻读教育硕士工作，加强履约管理。继续实施农村学校教育硕士师资培养计划。扩大教育硕士、教育博士招生计划。适应基础教育改革发展，遵循教师成长规律，改革师范院校课程教学内容，改进教学方法手段，强化教育实践环节，提高师范生培养质量。实施新周期名师名校长领航计划，培养造就一批引领教育改革发展、辐射带动区域教师素质能力提升的教育家。搭建教师培训与学历教育衔接的"立交桥"。支持在职教师学习深造，提升学历。

（七）实施中西部欠发达地区优秀教师定向培养计划

支持部属师范大学和高水平地方师范院校，根据各地需求，每年为中西部欠发达地区定向培养一批高素质教师，发挥示范带动作用，推进各地进一步加大县域普通高中和乡村学校教师补充力度。中西部欠发达地区优秀教师定向培养计划（以下简称优师计划）提前批次录取，学生在校学习期间免除学费，免缴住宿费，并补助生活费，毕业后到定向就业县中小学履约任教不少于6年，由定向就业县人民政府按定向培养计划统筹落实就业工作，确保岗位和待遇保障。鼓励支持履约任教的优师计划师范生职后专业发展，建立跟踪指导机制，持续提升教书育人本领。

（八）深化精准培训改革

聚焦基础教育课程改革的理念、要求和教育教学方法变革，以中西部欠发达地区农村教师校长培训为重点，充分发挥名师名校长辐射带动作用，实施五年一周期的"国培计划"，示范引领各地教师全员培训开展。发挥国家教师发展协同创新实验基地建设的示范作用，通过建立标准、项目拉动、转型改制等举措，推动各地构建完善省域内教师发展机构体系，建强县级教师发展机构及培训者、教研员队伍。优化培训内容、打造高水平课程资源，建立完善自主选学机制和精准帮扶机制，创新线上线下混合式研修模式，提升中小学教师的信息技术应用能力和科学素养。

（九）改进师范院校评价

推进师范类专业认证工作，明确师范院校教育教学评估和相关学科评估基本要求，探索建立符合教师教育规律的师范类"双一流"建设评价机制，切实推动师范院校把办好师范教育作为第一职责，将培养合格教师作为主要考核指标，推动师范专业特色发展、追求卓越。

（十）进一步完善教师资格制度

严把教师入口关，全面推开中小学教师资格考试和定期注册制度改革。教师必须取得相应教师资格，持教师资格证上岗任教。推进师范生免国家中小学教师资格考试认定取得中小学教师资格改革（以下简称免试认定改革），开展教师教育院校师范类专业办学质量审核。继续做好教育类研究生、公费师范生和优师计划师范生免试认定改革工作，教师教育院校对师范生教育教学能力进行考核。严格教师资格申请人普通话水平要求，提高新任教师国家通用语言文字教育教学水平。

（十一）优化义务教育教师资源配置

深入推进县域内义务教育学校教师"县管校聘"管理改革，加大音体美、劳动教育、信息技术、心理健康教育等紧缺学科教师补充力度，重点加强城镇优秀教师、校长向乡村学校、薄弱学校流动，发挥优秀教师、校长的辐射带动作用，扩大优质资源覆盖面，整体提升学校育人能力。完善交流轮岗激励机制，将到农村学校或薄弱学校任教1年以上作为申报高级职称的必要条件，3年以上作为选任中小学校长的优先条件。城镇教师校长在乡村交流轮岗期间，按规定享受乡村教师相关补助政策。实施银龄讲学计划，鼓励支持乐于奉献、身体健康的退休优秀校长教师到乡村和基层学校支教讲学。加强乡村教师周转宿舍建设，支持地方完善住房保障体系，加大保障性住房供应力度，解决教师队伍住房困难问题。

（十二）优化教职工编制配置

切实落实关于进一步挖潜创新加强中小学教职工管理有关政策精神，在总量内盘活用好现有事业编制资源，按照标准及时核定教职工编制，优先满足中小学教育发展需要。各地要坚持创新管理，综合需求变化情况，加强人员和编制的动态调整，不断提高使用效益。结合实际合理核定公办幼儿园教职工编制，配足配齐幼儿园教职工。

（十三）深化教师职称改革，完善岗位管理制度

充分考虑不同地域、不同学段、不同学科的特点和要求，进一步完善教师职称评价标准，实行分类评价。对长期在乡村学校工作的中小学教师，职称评聘可按规定"定向评价、定向使用"，中高级岗位实行总量控制、比例单列，不受各地岗位结构比例限制。出台完善中小学岗位设置管理的指导意见，适当提高中、高级岗位结构比例。进一步落实学校办学自主权，具备条件的学校在岗位结构比例范围内依据标准自主评聘中、初级职称和岗位，按照管理权限推荐或聘用高级职称和岗位，鼓励地方进一步探索具备条件的学校在岗位结构比例范围内自主评聘高级职称和岗位。

（十四）加强教师工资待遇保障

加大经费保障力度，切实解决拖欠义务教育教师工资和欠缴社会保险费、职业年金、住房公积金等问题，全面落实义务教育教师平均工资收入水平不低于当地公务员平均工资收入水平要求，落实好公办幼儿园教师工资待遇政策，确保及时足额发放，民办幼儿园参照公办幼儿园合理确定教师工资收入水平。提高教龄津贴标准。各地绩效工资核定要向乡村小规模学校、艰苦边远地区学校等倾斜，要完善中小学教师绩效考核办法，绩效工资分配向班主任、教育教学效果突出的一线教师、从事特殊教育随班就读工作的教师倾斜。各地要继续落实好乡村教师生活补助政策，着力提高乡村教师地位待遇，形成"学校越边远、条件越艰苦、从教时间越长、教师待遇越高"的格局。

（十五）推进教师队伍建设信息化

建设师范生管理信息系统，加快完善教师管理信息系统和教师资格管理信息系统，提升管理服务支撑功能。完善国家教师管理服务信息化平台，精准到人，为教师队伍建设提供信息化决策和便捷化服务支撑。加强信息系统安全防护，确保教师信息安全。深入实施人工智能助推教师队伍建设试点行动，探索人工智能助推教师管理优化、教师教育改革、教育教学方法创新、教育精准帮扶的新路径和新模式，总结试点经验，提炼创新模式，逐步在全国推广使用，进一步挖掘和发挥教师在人工智能与教育融合中的作用。

三、实施保障

（一）组织保障

建立新时代基础教育强师计划工作协调制度，推动发挥地方党委教育工作领导小组作用，各地及有关高校要建立强师工作专班，制定具体实施方案，切实加强协调。要加强宣传引导，深入细致地做好政策宣传解读工作，及时回应社会关切。各级教育督导部门要将实施情况纳入政府履行教育职责评价内容，加强督导检查并强化督导结果运用。

（二）政策保障

各地要满腔热情关心教师，完善教师评价制度和标准，制订出台当地教师激励支持政策，推进中小学教师减负，在全社会营造尊师重教的良好风尚。要将依法依规落实教师待遇保障作为底线要求，支持服务教师专业发展和终身成长，确保各项政策措施全面落实到位，真正取得实效。

（三）经费保障

中央和地方共同支持新时代基础教育强师计划实施。各地要优化支出结构，将教师队伍建设作为教育投入重点予以优先保障，加大对师范院校支持力度，适时提高师范专业生均拨款标准，重点提升教师专业素质能力、提高教师待遇保障。严格落实经费监管制度，规范经费使用，确保资金使用效益。

广东省人民政府办公厅关于印发广东省进一步支持大学生创新创业若干措施的通知

（粤府办〔2022〕16号）

各地级以上市人民政府，省政府各部门、各直属机构：

《广东省进一步支持大学生创新创业的若干措施》已经省人民政府同意，现印发给你们，请认真贯彻执行。实施过程中遇到的问题，请径向省教育厅反映。

广东省人民政府办公厅
2022年5月14日

广东省进一步支持大学生创新创业的若干措施

为深入贯彻落实党中央、国务院决策部署，为大学生创新创业营造良好环境、创造有利条件，增强创新创业活力，进一步支持大学生创新创业，结合我省实际，制定以下措施。

一、落细落实创新创业资助政策

充分发挥好广东省科技创新战略专项资金（大学生科技创新培育）的引导作用，每年资助不少于1 000个大学生团队开展科技创新项目研究。开展大学生创新创业训练计划，对入选国家级创新训练项目和创业训练项目给予平均不低于2万元/项的经费支持，入选国家级创业实践类项目给予平均不低于10万元/项的经费支持。符合条件的自主创业大学生可申请1万元一次性创业资助，以及每年4 000～6 000元、最长3年租金补贴。省人力资源社会保障部门评定为省级优秀创业项目的，可按规定享受5万～20万元资助。落实大学生创业帮扶政策，毕业后创业的大学生按政策规定缴纳"五险一金"，减少大学生创业的后顾之忧。加大对创业失败的大学生的扶持力度，按规定落实就业服务、就业援助和社会救助。（省教育厅、财政厅、民政厅、人力资源社会保障厅、医保局，团省委等按职责分工负责）

二、落实创新创业税费减免政策

落实国家现行有关减税降费政策，高校毕业生在毕业年度内从事个体经营，符合规定条件的，在3年内按一定限额依次扣减其当年实际应缴纳的增值税、城市维护建设税、教育费附加、地方教育附加和个人所得税；对销售额在免税标准以下的小规模纳税人免征阶段性增值税，对小微企业和个体工商户按规定减免所得税。对创业投资企业、天使投资人投资于未上市的中小高新技术企业以及种子期、初创期科技型企业的投资额，按规定抵扣所得税应纳税所得额。对国家级、省级科技企业孵化器和大学科技园以及国家备案众创空间按规定免征增值税、房产税、城镇土地使用税。（省财政厅，省税务局等按职责分工负责）

三、加大创业担保贷款支持

加大创业担保贷款及贴息支持力度，符合条件的大学生个人可申请最高30万元的创业担保贷款，创业带动5人以上就业的可申请最高50万元的创业担保贷款，对大学生创办的符合条件的小微企业可申请最高500万元的创业担保贷款。引导社会资金进入大学生创业投资领域，为大学生创新创业项目提供资金支持。（省财政厅、人力资源社会保障厅、国资委，省税务局、人民银行广州分行、广东银保监局、广东证监局等按职责分工负责）

四、提升大学生创新创业便利化服务水平

鼓励各类孵化器、众创空间、大学科技园、创业孵化基地等孵化载体开放一定比例的免费孵化空间，降低大学生创新创业团队入驻条件，为入驻大学生团队提供政务服务代理、补贴申请、创业辅导等服务。政府投资开发的孵化器等创业载体应安排30%左右的场地，免费提供给高校毕业生。有条件的地方可对高校毕业生到孵化器创业给予租金补贴。支持完善科技创新资源开放共享平台，鼓励各地、各高校和科研院所为大学生创新创业提供技术创新服务。鼓励国有大中型企业、行业企业面向高校和大学生发布技术创新需求、企业需求清单，采用"揭榜挂帅"或"军令状"等方式，支持大学生精准创新创业。（省发展改革委、教育厅、科技厅、人力资源社会保障厅、国资委，各地级以上市人民政府等按职责分工负责）

五、促进大学生创新创业成果转化

引导大学科技园设立大学生创新创业成果转化服务机构，建立相关成果与行业产业对接长效机制，帮助支持大学生参加各类科技成果对接会等活动，促进大学生创新创业成果在有关行业企业推广应用。做好大学生创新项目成果归属确权、知识产权保护和便利化服务工作，强化激励导向，加快落实以增加知识价值为导向的分配政策，落实成果转化奖励和收益分配办法。鼓励孵化载体与国有大中型企业和产教融合型企业对接合作，支持高校科技成果转化，促进高校科技成果和大学生创新创业项目落地发展。鼓励省属企业积极与重点高校合作成立高校创业基金，为大学生创新创业项目提供资金支持。（省教育厅、科技厅、国资委、知识产权局等按职责分工负责）

六、深化高校创新创业教育改革

将创新创业教育融入高校人才培养全过程，建立以创新创业为导向的新型人才培养模式，完善多方协同育人的创新创业人才培养机制。鼓励有条件的高校申报创业管理专业，支持高校将创新创业教育业绩列入教师专业技术职务评聘、岗位聘用和绩效考核的重要指标，将教师创新创业教育成果纳入职称申报的业绩成果。高校要完善学生创新创业管理办法和创新创业成果的学分认定、置换及成绩评定实施细则，支持在校大学生创新创业。"十四五"期间，持续推进广东省创新创业教育示范学校建设，遴选一批省级创新创业精品教材，建设10个省级双创导师培训基地、100门省级创新创业教育特色示范课程，实施省级优秀双创校外导师千人计划，发挥好带动引领作用。（省教育厅、人力资源社会保障厅等按职责分工负责）

七、推进大学生创新创业实践平台建设

进一步推进高校创新创业实践平台建设，支持校企协同共建创新创业实验室、创新创业园、创新创业基地、大学生创新创业实践教学基地等平台，依托平台广泛开展大学生创新创业活动和创业项目孵化。加快推动全省高水平大学及高水平理工科大学实现省级大学科技园全覆盖，为大学生提供更多创新创业平台。"十四五"期间，建设50个省级大学生创新创业实践教育示范基地，发挥好示范引领作用。（省教育厅、科技厅、人力资源社会保障厅等按职责分工负责）

八、完善中国国际"互联网+"大学生创新创业大赛省赛机制

鼓励各普通高校和有关单位积极承办中国国际"互联网+"大学生创新创业大赛省赛，省级教育行政部门进一步加强组织领导和综合协调，落实配套支持政策和条件保障。坚持政府引导、公益支持，支持行业企业深化赛事合作，拓宽办赛资金筹措渠道。强化大赛创新创业教育实践平台作用，鼓励各学段学生积极参赛。坚持以赛促教、以赛促学、以赛促创，丰富竞赛形式和内容。鼓励大学生积极参与"互联网+""众创杯""挑战杯""创青春"等品牌赛事，激发大学生创新创业热情。定期举办粤港澳大湾区大学生创新创业项目对接洽谈活动、推介会，加强对"互联网+"等大赛中涌现的优秀项目进行后续跟踪，落实相关税收优惠政策，推动一批大赛优秀项目落地。（省教育厅、人力资源社会保障厅，团省委，建设银行广东省分行等金融机构按职责分工负责）

九、加强大学生创新创业工作保障机制建设

充分发挥省就业工作领导小组作用，研究协调大学生创新创业工作，强化部门联动，形成工作合力，切实提升工作实效。各级教育部门要会同各有关单位加强协调指导，督促支持大学生创新创业各项政策的落实。各高校要优化经费支出结构，多渠道统筹安排资金，支持创新创业教育教学，资助学

·重要文件·
MAIN DOCUMENTS

生创新创业项目；要建立健全学生创业指导服务专门机构，做到机构、人员、场地、经费四到位，对自主创业大学生实行持续帮扶、全程指导、一站式服务。（省发展改革委、教育厅、财政厅、人力资源社会保障厅等部门按职责分工负责）

十、加大大学生创新创业宣传引导

加强信息资源整合，依托广东省高校毕业生就业创业智慧服务平台，及时为大学生发布相关政策文件与政策解读。整合各级公共就业人才服务机构和基层人力资源社会保障服务平台资源，及时发布创业扶持政策、办事流程、创业信息等公共信息，为有需要的大学生提供免费的政策咨询、项目推介、开业指导、融资服务、补贴发放等全方位创业服务。充分发挥各级各类新闻媒体作用，广泛宣传大学生创新创业优秀案例，树立大学生创新创业典型。组织好高校创新创业宣讲会和经验交流会，广泛培育高校"双创"文化，引导大学生树立科学的创新观、创业观、成才观。（省委宣传部，省教育厅、人力资源社会保障厅，各地级以上市人民政府按职责分工负责）

广东省人民政府办公厅关于转发省教育厅等部门广东省"十四五"特殊教育发展提升行动计划的通知

(粤府办〔2022〕20号)

各地级以上市人民政府，省政府各部门、各直属机构：

省教育厅、发展改革委、民政厅、财政厅、人力资源社会保障厅、卫生健康委、残联《广东省"十四五"特殊教育发展提升行动计划》已经省人民政府同意，现转发给你们，请认真贯彻执行。执行过程中遇到的问题，请径向省教育厅反映。

广东省人民政府办公厅
2022年6月10日

广东省"十四五"特殊教育发展提升行动计划

为认真贯彻落实《国务院办公厅关于转发教育部等部门"十四五"特殊教育发展提升行动计划的通知》（国办发〔2021〕60号）精神，切实保障残疾人受教育权利，促进特殊教育事业发展，结合我省实际，制定本行动计划。

一、总体目标

以习近平新时代中国特色社会主义思想为指导，深入贯彻落实党的十九大和十九届历次全会精神，全面贯彻党的教育方针，落实立德树人根本任务，遵循特殊教育规律，以适宜融合为目标，加快健全特殊教育体系，完善特殊教育保障机制，提高特殊教育质量，促进残疾儿童青少年实现最大限度的发展，努力使残疾儿童青少年成长为国家有用之才。到2025年，高质量的特殊教育体系初步建立，残疾儿童少年义务教育入学率达到97%，珠三角和粤东西北地区持证残疾幼儿学前三年入园率分别达到90%和85%以上，高中教育阶段残疾学生入学机会明显增加。教育质量全面提升，课程教学改革不断深化，网络资源平台应用全面推进，课程教学资源体系和质量监测评价体系基本建立。融合教育全面推进，普通教育、职业教育和医疗康复、信息技术与特殊教育进一步融合。特殊教育教师队伍建设进一步加强，专业水平进一步提升，办学条件全面改善，积极推动残疾学生15年免费教育，保障机制进一步完善。

二、健全特殊教育体系

（一）持续提升残疾儿童少年义务教育普及水平

坚持"全覆盖、零拒绝"原则，巩固完善以随班就读为主体、以特殊教育学校为骨干、以送教上门为补充的安置模式，确保"应入尽入"，适宜安排每一名残疾儿童。建立健全残疾儿童招生入学联动机制，完善信息上报、入学评估与转介安置工作机制，规范优化残疾儿童少年入学评估与转介安置流程。建立健全学校随班就读工作长效机制，压实普通学校主体责任，确保适龄残疾儿童少年应随尽随、就近就便入学。建立送教上门动态评估机制，切实提高送教上门服务质量，合理控制送教上门安置学生人数和比例，到2025年，将义务教育阶段接受送教服务的残疾儿童比例控制到适龄残疾学生总数的10%以内。严格落实"控辍保学"要求，确保残疾儿童少年完成九年义务教育。

（二）大力发展非义务教育阶段特殊教育

提高学前儿童入学率，鼓励和支持普通幼儿园接收残疾儿童，推动特殊教育学校和有条件的儿童福利机构、残疾儿童康复机构普遍增设学前部或附设幼儿园。开展"随班就读示范园行动"，对招收学前残疾儿童入读的幼儿园给予政策支持和经费补助。加快制定特殊教育幼儿园设置标准、特殊教育学前部（班）设置标准。大力发展以职业教育为主的高中阶段特殊教育，地市特殊教育学校和县（市、区）有条件的特殊教育学校应举办残疾人高中阶段教育，普通高中和中等职业学校（含技工学校）通过随班就读和特教班等形式扩大招收残疾学生规模。重点支持有条件的高职院校招收残疾学生，支持有条件的高中阶段学校与高职院校联合举办残疾人大专班。探索残疾人单考单招工作，增加残疾人进入普通高校就读机会。鼓励普通高校增设适合残疾人学习的专业，杜绝以身体残疾、资源支持不足等理由拒收残疾学生。支持普通高校、开放大学和成人高校面向残疾人开展继续教育，逐步拓宽残疾人终身学习通道。

（三）逐步扩展特殊教育服务对象

各地应将学习障碍、情绪与行为障碍等特殊教育需要儿童纳入特殊教育服务范围，参照随班就读学生标准提供各类支持资源。研究制定特殊教育需要儿童学习发展指南，通过巡回指导等形式提供融合教育支持。合理布局孤独症儿童特殊教育学校，支持各地试点建设孤独症儿童特殊教育学校（部）。加强孤独症儿童教育研究，积极开发孤独症儿童教育教学资源，努力满足其就学需求。逐步建立助教陪读制度，为特殊教育需要儿童接受高质量教育提供专业支持。

三、推进融合教育发展

（四）加强普通教育与特殊教育双向融合

鼓励和支持特殊教育学校与普通学校、幼儿园开展集团化办学，把普特融合办学纳入集团化办学试点与实验，探索适宜有效的融合教育模式。大力推动特殊教育学校向特殊教育资源（指导）中心转型发展，依托随班就读示范学校建设融合教育资源中心。加强普特校际资源共享，深化融合教育师资联合培训、教育教学改革与教研科研协作。建立健全特殊教育需要儿童综合素质评价办法与考试评价体系，尽快出台《随班就读课程教学指南》和《随班就读学生日常教学评价指导意见》。通过政府购买服务，支持普通学校开展融合教育工作，为随班就读的残疾儿童少年提供特殊教育支持服务。持续推进随班就读示范区、示范校（园）项目建设。深化粤港澳大湾区特殊教育交流与协作，推动大湾区特殊教育学校结成"姊妹学校"，继续办好"粤港澳融合教育论坛"。加大力度推广使用国家通用手语和国家通用盲文。

（五）推动职业教育与特殊教育相互融通

支持有条件的特殊教育学校和职业学校合理设置适合残疾学生学习特点和市场需求的专业。依托中等职业学校（含技工学校）和高职院校设置职业教育融合资源中心，加强特殊职业教育课程建设和教学资源开发。推进残疾人职业教育基础建设，招收残疾学生的职业院校应实施无障碍环境改造。利用现有职业教育实训基地资源，建设特殊教育资源教室。鼓励高职院校与特殊教育中等职业学校（或中职部）探索"三二分段"培养模式。加强残疾学生就业指导与援助，探索开展面向残疾学生"学历证书＋若干职业技能等级证书"制度试点，积极帮助毕业生实现充分就业。

（六）促进医疗康复、信息技术与特殊教育融合

建立政府主导下的教育、卫生健康、民政、残联等多部门联动机制，建立跨部门共享的残疾儿童少年信息平台，构建残疾儿童少年协同服务和动态追踪机制。落实"辅助器具进校园工程"，优先为义务教育阶段残疾儿童少年免费提供辅助器具适配与相关服务。开展7～17岁残疾儿童少年"送康服务"，为残疾儿童少年接受教育打好基础。建设广覆盖、多层次的数字化特殊教育课程与教学资源平台，实现课程教学资源共享。充分满足残疾学生的个性化教育需求，为残疾儿童少年建立个人终身电子学习档案。推进特殊教育"智慧校园"和"智慧课堂"建设，把教育信息化应用纳入特殊教育示范区和示范校遴选条件与建设要求。

四、不断完善特殊教育保障机制

（七）加大财政教育投入力度

各地要把特殊教育纳入发展规划，加大特殊教育经费投入力度。市县落实主体责任，统筹使用省级基础教育高质量发展奖补资金、特殊教育补助中央资金等上级转移支付资金和本级资金，支持新建、改建和扩建特殊教育学校，确保全面达到标准化建设要求。进一步提高义务教育阶段特殊教育生均公用经费标准，并向学前和高中阶段两头延伸。到2025年，义务教育阶段特殊教育生均公用经费补助标准提高至每生每年7000元以上，有条件的地区可适当提高补助水平，学前和高中阶段特殊教育生均拨款制度进一步健全。进一步提高特殊教育教师工资待遇，认真落实国家和省关于特殊教育教师工资待遇倾斜政策，结合实际适当核增绩效工资总量，保障特殊教育教师按政策享受相关待遇、津贴补

贴等。

（八）保障特殊教育学位供给

支持有条件的地区建设从幼儿园到高中全学段衔接的15年特殊教育学校。东莞市和中山市至少建成2所以上符合国家标准的义务教育阶段综合性公办特殊教育学校。实现20万人口以上的县（市、区）建有1所以上标准化特殊教育学校，每个地级以上市及有条件的县（市、区）建有1个残疾人中等职业教育部（班）。鼓励20万人口以上的县（市、区）建有1所专门的残疾儿童学前教育机构，推动随班就读和送教上门特殊学生人数较多的乡镇设立特教班，鼓励在九年一贯制学校或寄宿制学校设立特教班。经报当地教育行政部门审批，儿童福利机构可以开展特殊教育办学，并纳入公用经费保障。鼓励社会力量兴办特殊教育学校，强化民办特殊教育规范管理，确保特殊教育公益属性。积极支持鼓励企事业单位、社会组织、公民个人捐资助学。

（九）改善特殊教育办学条件

依托现有特殊教育资源，健全省、市、县、校四级特殊教育资源（指导）中心体系，依托设在乡镇（街道）的小学和初中因地制宜建设特殊教育资源（指导）中心，逐步实现各级特殊教育资源（指导）中心全覆盖。支持特殊教育学校和招收残疾学生5人以上的普通学校全面建成资源教室，足额配备专职资源教师。推动各地特殊教育资源（指导）中心加强人员队伍建设，各级特殊教育资源（指导）中心依托现有资源配备专兼职人员。持续推进特殊教育学校标准化建设，加强普通学校"无障碍校园"建设。开展"组团式帮扶"，通过市县组团、学校结对和教科研拉动等措施，着力提升粤东西北地区特殊教育发展水平。

（十）优化特殊教育师资队伍

继续做好粤东西北地区本科生地方专项招生与培养，调整优化公费定向培养特殊教育专业本科生招生计划，扩大特殊教育专业学位研究生招生规模。严格落实我省特殊教育学校教职员编制标准，为特殊教育学校、特教班配齐配足教职工，加强特殊教育资源（指导）中心巡回指导教师、康复医生、康复治疗师、康复训练人员及其他专业技术人员的配备，为招收残疾学生的普通学校配备专兼职资源教师，建立专职资源教师县域内统筹调配机制。儿童福利机构、残疾儿童康复机构等机构中依法取得相应教师资格的特殊教育教师，纳入特殊教育教师培训、职称评聘、表彰奖励范围。搭建特殊教育教师交流与展示平台，继续办好中小学青年教师教学能力大赛特殊教育组比赛。

（十一）提升特殊教育课程与教学质量

落实三类特殊教育学校义务教育课程设置方案和课程标准要求，推进特殊教育学校国家课程校本化实施。探索开发特色化特殊教育地方课程，鼓励学校开展校本课程与教学资源建设，构建校本特色课程体系，建成50门以上精品课程和100个以上优质教育资源，培育一批课程创新共同体，打造一批优质教学资源库。推动普通教育学校调整课程与教学安排，为随班就读学生提供适宜的学习资源。健全省、市、县、校四级教科研体系，省、地级以上市教研机构配备1名以上专职特殊教育教研员，县级教研机构配备1名以上专职或兼职特殊教育教研员，建立健全特约教研员制度。加强特殊教育教科研队伍专业化建设，提高教研员教育教学研究水平与课程教学领导力。

（十二）开展特殊教育质量监测与评价

坚持立德树人根本任务，探索构建市、县、校三级特殊教育质量监测体系，编制市、县、校三类特殊教育质量监测方案。开展各市县特殊教育质量监测工作试点，在质量监测指标体系中纳入过程性评价和增值性评价内容，把质量监测、教育评价与质量提升相结合，定期反馈质量监测结果，形成特殊教育质量评估意见与改进建议。积极研制特殊教育学校、随班就读和送教上门质量测评办法，进一步保障特殊教育和送教服务质量。

五、组织实施

（十三）加强组织领导

加强党对特殊教育事业的全面领导，落实各级政府责任，高度重视特殊教育提升发展工作。把特殊教育纳入重要议事日程，出台地方"十四五"特殊教育提升行动计划，本着"特教特办、重点扶持"的原则，加大统筹力度，倾斜配置相关资源，确保各项目标任务落到实处。

（十四）健全工作机制

落实研究基础教育必须研究特殊教育工作制度，通过乡镇（街道）、村（居）委会和社区，依托残联等部门开设的托养中心等机构，探索为残疾学生提供集中照护、日间照料、课后托管、社区康复、就学升学和辅助性就业等方面的服务与便利。

（十五）强化督导评估

强化特殊教育常态化督导与评估，把特殊教育发展作为必检内容，纳入县域义务教育优质均衡县督导评估和市县级政府履行教育职责评价中。省适时对各地特殊教育发展提升行动计划实施情况进行检查、监测和评估。

（十六）广泛宣传引导

动员社会各界，加强特殊教育宣传。大力宣传普及特殊教育知识和方法，为普通学校和家长提供科学指导和专业咨询服务。广泛宣传特殊教育改革发展成就和优秀典型事迹，引导学生和家长充分认识特殊教育对促进残疾儿童青少年成长和终身发展的重要作用，在全社会营造关心支持特殊教育改革发展的良好氛围。

广东省人民政府办公厅关于印发广东省全面加强新时代语言文字工作若干措施的通知

（粤府办〔2022〕39号）

各地级以上市人民政府，省政府各部门、各直属机构：

《广东省全面加强新时代语言文字工作的若干措施》已经省人民政府同意，现印发给你们，请认真组织实施。实施过程中遇到的问题，请径向省教育厅反映。

广东省人民政府办公厅
2022年12月13日

广东省全面加强新时代语言文字工作的若干措施

为深入贯彻党中央、国务院关于全面加强新时代语言文字工作的决策部署，推动我省新时代语言文字工作高质量发展，现提出以下措施。

一、深入推广和普及国家通用语言文字

（一）大力提高国家通用语言文字普及程度

按照"聚焦重点、全面普及、巩固提高"的新时代推广普通话工作方针，加大我省民族地区、农村地区国家通用语言文字推广力度，不断提高国家通用语言文字普及程度，助力乡村振兴。大力提升城镇国家语言文字普及质量。创新开展推广普通话宣传周和常态化宣传活动，加强语言国情和语言省情教育，加强对语言文字法律法规和语言文字标准的宣传。大力推进语言文字推广基地建设，"十四五"期间争取建设4~6个国家语言文字推广基地。

（二）发挥学校作为国家通用语言文字教育主阵地作用

全面落实国家通用语言文字作为教育教学基本用语用字的法定要求。大力提高学校语言文字教育教学水平，坚持将语言文字规范化要求纳入学校、教师、学生管理和教育教学、评估评价等各个环节，大力开展学校语言文字规范化达标建设工作。大力提高教师国家通用语言文字核心素养和教学能力，将规范使用语言文字、提升语言文字核心素养和教学能力作为中小学教师培训的核心课程纳入新入职教师岗前培训、教师继续教育等培训工作，将学校语言文字工作纳入教育督导评估。进一步丰富学校语言文字教育的内容和形式，鼓励学校根据自身实际开发语言文字教育校本课程。推进书香校园建设，提高学生国家通用语言文字的听说读写能力和语文素养，幼儿园要将培养幼儿倾听和表达习惯作为学前教育学习普通话的重要环节；中小学校要加强规范汉字书写教育，以阅读整本书为抓手，全面提高学生听说读写能力；中等职业学校和高校要科学设置语言文字相关课程，以语文鉴赏能力、文字书写能力和语言表达能力为重点，全面提升学生的语文素养及语言文字的运用能力。

（三）提升国家通用语言文字应用能力

大力推动学校、机关、新闻出版、广播影视、网络信息、公共服务等系统相关从业人员的国家通用语言文字水平达到国家规定的等级标准。积极实施以职业技能提升为导向，利用现代化信息技术，对社区青少年、农民、外出和外来务工人员等群体进行普通话培训，提升其普通话水平。在广州、深圳等城市试点开展城市语言能力评估，探索建立城市语言能力评估体系。加强语言文字广播电视网站、报纸、期刊和其他出版物等宣传阵地建设，充分利用新闻媒体，创新宣传手段，加强舆论引导，注重对社会关注的语言文字热点问题的宣传解释，营造有利于国家通用语言文字推广和规范使用的社会

环境。

二、加快推进语言文字基础能力建设

（四）加强语言文字使用的社会规范与管理

加大语言文字规范化建设力度，强化学校、机关、新闻出版、广播影视、网络信息、公共服务等领域语言文字监督检查，把正确使用国家通用语言文字的要求融入行业管理、城乡管理和文明城市、文明村镇、文明单位、文明校园创建内容。加强对网络、手机等新媒体语言文字使用的监测和规范，跟踪研究语言生活中出现的新现象和新问题，引导语言生活健康发展。加强广播电视等领域对广告语言文字规范化的引领作用。鼓励有条件的地市开展城市、区域语言文字规范化建设工作。

（五）推动语言文字信息化技术发展

加强相关高校和科研院所的语言信息化技术研究，发挥语言文字信息技术在信息化、智能化建设中的基础支撑作用，提升语言文字信息处理能力，推进语言文字的融媒体应用。大力推动语言文字与人工智能、大数据、云计算等信息技术的深度融合，加强人工智能环境下自然语言处理等关键问题研究和原创技术研发，加强语言技术成果转化及推广应用，支持数字经济发展，服务数字政府、智慧城市建设。加强语言文字信息化平台建设，借助现代信息技术和通信手段，为社会提供语言文字政策法规、规范标准和语言文字使用等咨询服务。

（六）开展语言文字研究

支持有关高校、科研院所和相关企事业单位，围绕国家战略和发展需求，加强语言文字科研中心和平台建设，提高研究水平和决策咨询能力。依托省内高校探索建设一批省级语言文字科研基地，设立省专项语言文字研究课题。开展我省语言文字智库建设，以优秀科研成果提升我省语言文字研究水平和决策咨询能力，促进语言文字事业发展。

三、加强语言文字服务能力建设

（七）加强语言文字社会服务能力建设

围绕国家和我省经济社会发展的需求，探索创新服务国家和我省战略的语言文字政策和举措。加强语言产业规划研究，坚持政府引导与市场运营相结合，发展语言智能、语言教育、语言翻译、语言创意、语言康复、语言文字传播等语言服务产业。建设语言志愿服务队伍，提升城乡社区语言服务能力；加大语言文字助力乡村振兴支持力度。推广国家通用手语和通用盲文，加强手语、盲文人才培养，

强化手语、盲文学科建设，做好公共场合的无障碍语言文字服务。加强应急语言服务建设。

（八）提高语言文字服务区域战略发展水平

深入开展语言省情调查，加强语言规划、语言管理和语言政策的研究。重点开展全省语言状况及规划研究，编制全省语言生活状况报告、语言服务报告，形成一批语言文字治理研究成果，在全国发挥示范引领作用。加大对香港、澳门特别行政区国家语言文字推广支持力度。提升粤港澳大湾区语言服务能力，加强粤港澳大湾区、自由贸易试验区、"一带一路"建设等方面的语言服务。

（九）完善语言文字测评工作

配合国家推进和完善普通话水平测试工作，提高普通话培训测试规范化、科学化、信息化管理水平。加快我省普通话水平测试站、测试点的规范化建设，增强服务意识，提升服务能力，满足社会人员需求，做到应测尽测。加强普通话水平测试质量监管，保证测试的权威性、严肃性、公平性。进一步强化对测试员的培训。鼓励高等和中等职业学校学生参加普通话水平测试。

四、积极传承和弘扬中华优秀文化

（十）传承弘扬以语言文字为载体的中华优秀文化

落实教育部、国家语委《中华经典诵读工程实施方案》，强化学校语言文化传承功能，推进校园中华经典诵写讲行动，积极开展中华经典诵写讲进社区、入乡镇、下基层活动。鼓励各地开展规范汉字书写大赛、汉字听写大会、成语大会、诗词大会等文化教育类实践活动。加强中华优秀文化传统教育和革命传统教育，增强语言文字的吸引力和影响力，打造具有广东特色、侨乡特色、岭南文化特色的语言文字活动品牌。

（十一）深化粤港澳大湾区语言文化交流合作

加强面向港澳的国家语言文字推广，稳步推进对港澳台和外籍人士的普通话水平测试工作、中文教学服务与中文水平测试工作。积极开展粤港澳大湾区中华经典诵读活动和语言文化研修等活动，加大与港澳地区的语言文化交流力度，打造粤港澳大湾区语言文化品牌。

（十二）加强语言资源保护工程建设

加强方言保护与传承，科学保护我省方言和少数民族语言文字。要按照国家语委统筹安排，深入推进中国语言资源保护工程建设，大力推进语言资源的保护、开发和利用，切实巩固"语保工程"的

成果。

五、组织实施

（十三）加强组织领导

省语言文字工作委员会要加强统筹协调，全力推进全省语言文字高质量发展工作。各地应建立健全语言文字工作协调机制，配足配齐工作人员。各级教育（语言文字）部门要切实发挥协调和服务作用，调动各类资源和力量，将语言文字规范要求纳入队伍建设、行业规范、监督检查等范围。建立各地级以上市教育（语言文字）部门定期向省语言文字工作委员会报告语言文字工作的机制。各地要积极探索多元化、多渠道、多层次经费投入机制，鼓励通过社会捐赠方式支持语言文字事业发展。

（十四）强化队伍建设

各地要加强语言文字系统干部队伍培养培训，提高语言文字工作治理能力和水平。加强对普通话水平测试员、相关行业从业人员语言文字培训。加大对高校、中小学、研究机构语言学学科带头人和领军人才的培养和扶持力度，充分发挥语言文字专家在人才培养、智力支持等方面的作用。利用农村中小学教师普通话大赛的成果，遴选一批乡村基层推普人才，助力乡村振兴。健全激励机制，依法依规表彰奖励为语言文字事业发展做出突出贡献的组织和个人。

广东省人民政府侨务办公室 广东省教育厅印发关于华侨学生在我省接受高中阶段教育实施办法的通知

（粤侨办〔2022〕3号）

各地级以上市侨务办公室（侨务局）、教育局：

现将新修订的《广东省人民政府侨务办公室 广东省教育厅关于华侨学生在我省接受高中阶段教育的实施办法》印发给你们，请认真贯彻执行。

广东省人民政府侨务办公室
广东省教育厅
2022年4月25日

广东省人民政府侨务办公室 广东省教育厅关于华侨学生在我省接受高中阶段教育的实施办法

为满足华侨学生在我省接受高中阶段教育的需要，涵养侨务资源，弘扬中华文化，根据《国务院侨务办公室 教育部关于华侨学生在国内接受高中阶段教育有关事项的通知》（国侨发〔2014〕14号），结合我省实际，制定本办法。

一、本办法适用于华侨学生在本省报考高中阶段学校。本办法所称华侨学生，是指定居在国外回国在本省学习的中国公民。

二、本办法中的华侨学生身份由申请人报考所在地的地级以上市侨务主管部门依照有关法律和规定审核确认。具备条件的县（市、区）侨务主管部门可协助地级以上市侨务主管部门接受申请。

三、华侨学生可以在其父母出国前或其祖父母、外祖父母户籍所在地参加高中阶段学校的考试招生，与当地户籍学生享受同等政策。

四、申请认定华侨学生身份时需提交以下材料或相关信息（外文材料须同时附境内有资质的翻译机构出具的中文翻译文本）：

（一）本人外国长期或者永久居留资格证或者合法居留资格证，以及中国驻外使领馆的认证书。

定居在尚未与我国建交国家的华侨应提供驻在国居留证，并先由同我国和华侨定居国均有外交关系的第三国驻该国使领馆办理认证，再到我国驻第三国的使领馆办理认证。

（二）本人持有的中华人民共和国护照，以及公安机关出入境管理部门出具的本人出入境记录。

侨务主管部门可通过部门间内部核查、验证申请人的护照及出入境信息的，申请人可免提交相应的材料。

（三）《报考高中阶段学校的华侨学生身份确认申请表》。

五、华侨学生在我省报考高中阶段学校，须由本人或其监护人向当地教育考试部门提出申请，同时提交以下资料（外文证明材料须同时附境内有资质的翻译机构出具的中文翻译文本）：

（一）当地侨务主管部门出具的《报考高中阶段学校的华侨学生身份确认表》。

（二）华侨学生监护人的《居民户口簿》和与户籍所在地一致的不动产权证（或房产证）或《商品房买卖合同》。无房产需租住房屋的，须提供当地住房城乡建设部门备案且符合有关规定的房屋租赁合同。

（三）华侨学生初中毕业文化程度的学历材料，持国外学历的须同时提供我国驻外使领馆的认证书。

六、具有初中毕业学历（含应、往届初中毕业生、结业生），且符合其他报考条件的华侨，可参加当地教育考试部门统一组织的高中阶段学校招生考试，按当地户籍学生同等条件录取。

七、各地教育部门和高中阶段学校应当根据华侨所持中国护照为录取学生建立学籍，具体参照教育部《中小学生学籍管理办法》执行。

八、被高中阶段学校录取的华侨学生应按规定缴纳学费,收费标准与当地户籍学生一致。

九、各地侨务、教育主管部门要做好当地华侨学生就读情况的登记备案工作,并于每年10月20日前上报省侨办、省教育厅。

十、接受华侨学生就读的学校,要制定具体措施,关心照顾华侨学生的学习和生活,积极做好华侨学生的教育培养工作。

十一、各地侨务、教育主管部门可根据本办法及当地实际情况制定实施细则。

十二、本办法自2022年6月1日起施行,有效期5年。《广东省人民政府侨务办公室 广东省教育厅关于华侨学生在我省接受高中阶段教育的实施办法》(粤侨调〔2015〕92号)同时废止。

十三、本办法执行中如有问题,由省侨办商省教育厅解释。

附件:1. 报考高中阶段学校的华侨学生身份确认申请表

2. 报考高中阶段学校的华侨学生身份确认表

附件1

报考高中阶段学校的华侨学生身份确认申请表

申请人基本情况						
姓　名		曾用名		外文姓名		二寸彩色免冠近照
性　别		民　族		出生年月		
出生地		国　籍		文化程度		
联系电话		电子邮箱				
毕业学校						
出入境证件名称及号码				是否取得他国国籍	是□ 否□	
最近入境口岸与日期	本人于_____年___月___日从_____口岸入境					
在国外居住时间	1. 在住在国连续居留两年,两年内累计居留不少于18个月□ 2. 取得连续5年以上(含5年)合法居留资格,5年内在住在国累计居留不少于30个月□					
居住国居留类别	永久□ 长期□ 合法居留资格□		居住国_____居留证件名称_____ 居留证件号码_____ 有效期从___年___月_日至___年___月___日			
监护人信息	姓名_____公民身份号码_____ 户籍地址____市_____区(县)_____街道(乡镇)					
声明:本人保证本申请表所填内容均属实,所提供的各类证明材料均真实、合法,并愿意接受此申请过程中的任何查询,如有虚假或隐瞒将承担由此带来的一切法律责任。						
申请人(监护人)签名_____ 申请日期_____年___月___日						

附件2

报考高中阶段学校的华侨学生身份确认表

编号：粤 中考〔 〕 号

姓　名		外文姓名		出生日期	
护照号码					
毕业学校					
监护人户籍地址					
审核意见					
通过审核，_____为华侨学生。本确认表仅限于被确认人在我市报考高中阶段学校时使用。					

经办人：　　　　　　　负责人：　　　　　　　单位盖章

年　月　日　　　　　　年　月　日　　　　　　年　月　日

备注：审核单位留存此件复印件备查。

关于印发《2022年广东省高校毕业生就业创业十大行动方案》的通知

(粤就发〔2022〕1号)

各地级以上市人民政府，省有关单位，各普通高校：

《2022年广东省高校毕业生就业创业十大行动方案》已经省领导同意，现印发你们，请认真抓好贯彻落实。执行中遇到的问题，请径向省就业工作领导小组办公室（省人力资源社会保障厅）反映。

广东省就业工作领导小组
2022年3月28日

2022年广东省高校毕业生就业创业十大行动方案

为深入贯彻党中央、国务院关于做好高校毕业生就业工作的决策部署，认真落实省委、省政府有关工作要求，做好我省2022年高校毕业生就业创业工作，制定如下行动方案。

一、目标任务

坚持把高校毕业生就业作为就业工作重中之重，坚持市场主导和政府促进相结合、区域发展和人才成长相协调，精准施策，多方发力，畅通匹配，千方百计加大高校毕业生就业岗位供给，拓展高校毕业生就业渠道，引导高校毕业生更多向基层、向粤东粤西粤北地区流动，力争全省应届高校毕业生毕业去向落实率7月底达70%以上、年底前达90%以上，确保高校毕业生就业总体稳定。

二、主要措施

（一）市场就业拓展行动

1. 促进就业市场供需匹配。开展"百日千万网络招聘""24365校园网络招聘""木棉花暖""一企一岗""急需紧缺人才百校万企公益招聘""大中城市联合招聘高校毕业生专场""筑梦青春·就业启航""展翅计划"促就业等招聘活动，全年全省组织举办高校毕业生招聘活动2000场以上，其中大型招聘会100场以上。推广运用"直播带岗""隔空送岗""视频面试"等有效模式，促进毕业生与招聘岗位便捷、精准对接。（完成时限：持续推进。责任部门：省人力资源社会保障厅、省教育厅、省工业和信息化厅、省商务厅、省工商联、团省委）

2. 发挥民营企业吸纳就业主渠道作用。继续组织实施民企招聘"1+1"行动，鼓励引导每家规上民营企业拿出1个以上岗位吸纳高校毕业生就业。对小微企业吸纳高校毕业生就业的，按规定落实社保补贴政策。（完成时限：持续推进。责任部门：省人力资源社会保障厅、省教育厅、省工业和信息化厅、省商务厅、省工商联）

（二）创业创新扶持行动

1. 举办创业创新大赛。组织举办第八届中国国际"互联网+"大学生创新创业大赛广东省分赛、2022年广东"众创杯"创业创新大赛大学生启航赛、"创青春"粤港澳大湾区青年创新创业大赛暨交流营等面向高校毕业生的创业创新大赛。（完成时限：2022年12月底前。责任部门：省教育厅、省人力资源社会保障厅、团省委）

2. 优化创业服务。将公共创业服务向校园延伸，为大学生提供创业培训、咨询辅导、成果转化、跟踪扶持等"一站式"服务。加大政策落实力度，及时兑现税收优惠、创业资助、创业租金补贴、创业带动就业补贴、创业孵化补贴等各项扶持政策，支持符合条件的高校毕业生申请创业担保贷款。（完成时限：持续推进。责任部门：省人力资源社会保障厅、省财政厅、人民银行广州分行、省税务局）

（三）基层人才支撑行动

1. 实施各类基层服务计划。全省"三支一扶"计划招募高校毕业生3 000人，基层公共就业创业服务岗位招募高校毕业生1 000人，"广东省大学生志愿服务西部（山区）计划"（含西部计划、希望乡村教师计划、志愿服务乡村振兴行动、"一校一社工"专项）项目招募大学生志愿者约5 000人，按规定落实好符合条件服务基层项目人员定向招录公务员和事业单位人员等政策。实施基层社区岗位支持计划，"广东兜底民生服务社会工作双百工程"提供就业岗位不少于10 000个；基层劳动合同制法官助理和书记员、编制外司法行政人员岗位734个；基层劳动合同制检察官助理和书记员、政府雇员岗位300个。（完成时限：2022年12月底前。责任部门：省人力资源社会保障厅、团省委、省民政厅、省法院、省检察院）

2. 补充基层急需紧缺人才。组织开展粤东粤西粤北基层事业单位公共卫生人才专项招聘，补充基层卫生事业单位急需紧缺人才。做好公费师范生就业及高校毕业生到农村从教上岗退费工作，引导更多高校毕业生到农村到基层从教。（完成时限：2022年12月底前。责任部门：省人力资源社会保障厅、省卫生健康委、省教育厅）

3. 开展校企人才对接。组织发动粤东粤西粤北地区一批人才需求多、发展潜力好的先进制造和高新技术企业，通过开展战略合作、定向输送、订单培养、校园招聘等方式，到珠三角地区高校引进急需紧缺的产业和技术人才。每个粤东粤西粤北地市组织5场以上专场对接活动。（完成时限：2022年12月底前。责任部门：省人力资源社会保障厅、省教育厅）

4. 落实区域就业扶持政策。对到中小微企业、个体工商户、社会组织和基层社会管理和公共服务岗位就业的高校毕业生，按规定落实基层就业补贴等支持政策。（完成时限：持续推进。责任部门：省人力资源社会保障厅、省财政厅）

（四）国有企业就业引领行动

1. 稳定招聘规模。全省国有企业（含文化、金融国有企业）力争全年新招用高校毕业生不少于4万人，其中省属国有企业招用不少于1万人，珠三角各市国有企业招收数量须达到职工总数的3%以上。推动国有企业招聘岗位分配向应届高校毕业生特别是困难高校毕业生倾斜。（完成时限：2022年12月底前。责任部门：省国资委、省委宣传部、省财政厅、省人力资源社会保障厅）

2. 推行公开招聘。推进全省国有企业招聘信息统一在省人才市场网招聘专区同步发布，组织发动国有企业举办或参与线上线下各类招聘活动。全年省本级举办国有企业专场招聘活动不少于5场。（完成时限：2022年12月底前。责任部门：省国资委、省人力资源社会保障厅）

（五）机关事业单位招聘行动

1. 扩大公务员招录规模。做好2022年全省考试录用公务员、选调应届优秀大学毕业生工作，提供公务员考试录用岗位不少于1.5万个。（完成时限：2022年7月底前。责任部门：省委组织部、省人力资源社会保障厅）

2. 稳定事业单位招聘规模。组织开展2022年全省事业单位集中公开招聘高校毕业生工作，鼓励各地各单位结合实际开展自主公开招聘，统筹安排考试时间，及早完成招聘工作。全年全省事业单位提供不少于6.8万个事业单位工作岗位面向高校毕业生招聘。（完成时限：2022年12月底前。责任部门：省委组织部、省人力资源社会保障厅）

（六）专项渠道促进就业行动

1. 扩大升学招生规模。积极争取扩大研究生、本科生招生规模，及早组织完成各类升学招生计划。全年全省研究生招生不少于6万人，普通专升本招生不少于6.5万人。（完成时限：2022年6月底前。责任部门：省教育厅）

2. 提升参军入伍比例。加强大学生和大学毕业生征集，确保全年大学生征集比例达到年度征集任务的80%以上，大学毕业生征集比例达到年度征集任务的43%以上。适应部队建设需求，鼓励技工院校毕业生报名应征，进一步提高技工院校毕业生征集数量，技工院校取得高级工以上职业资格（职业技能等级）证书毕业生享受高等院校毕业生同等入伍政策。（完成时限：2022年12月底前。责任部门：省征兵办、省教育厅、省人力资源社会保障厅、省公安厅、省财政厅、省退役军人事务厅）

3. 稳定科研助理招录规模。推动高校、科研院所、省实验室及企业等开发设立更多科研助理岗位聘用应届高校毕业生。督促指导高校和科研院所对招录科研助理给予经费政策支持，落实好社会保险、户口档案等政策，增强科研助理岗位吸引力。全年全省开发科研助理岗位吸纳应届毕业生不少于3 500人。（完成时限：2022年12月底前。责任部门：省教育厅、省科技厅）

（七）公共就业服务进校园行动

1. 开展就业岗位进校园活动。推动各高校校园网与县级以上公共就业人才服务网、中国公共招聘网尽早实现全面链接。公共就业服务机构要广泛收集筛选适合高校毕业生的岗位信息，及时通过中国公共招聘网毕业生就业服务等平台发布。（完成时限：2022年6月底前。责任部门：省人力资源社会保障厅、省教育厅、各高校）

2. 开展就业政策进校园活动。编制就业创业扶持政策清单，组织开展人社厅（局）长进校园、政策辅导进校园等活动，广泛宣传国家就业大政方针和帮扶政策措施，对离校前可享受的求职创业补贴尽早予以落实。全年全省举办就业政策进校园活动不少于100场。（完成时限：2022年6月底前。责任部门：省人力资源社会保障厅、省教育厅、各高校）

3. 开展就业指导进校园活动。组织动员一批职业指导师、人力资源服务专家、知名企业家和高校就业指导老师等，深入校园开展集中就业指导，全年全省组织开展就业指导进校园活动不少于100场，力争每所高校至少组织1场以上。各高校要建立职业指导师联系毕业班制度，每个班指定1名就业指导人员，为毕业生提供求职指导、职业规划等服务。（完成时限：2022年6月底前。责任部门：省人力资源社会保障厅、省教育厅、各高校）

（八）就业能力提升行动

1. 开展就业技能培训。为有培训需求的高校毕业生提供新兴产业、智能制造、智能建造、现代服务业等岗位培训，按规定落实职业培训补贴。引导高校毕业生积极参与"粤菜师傅""广东技工""南粤家政"三项工程。大力推进宏志助航计划。（完成时限：持续推进。责任部门：省人力资源社会保障厅、省教育厅、省财政厅）

2. 推进实习见习。实施"展翅计划"广东大学生就业创业能力提升行动，全年提供10万个实习见习岗位。全年募集见习岗位数不少于3.5万个，侧重开发国有企事业单位、知名民企见习岗位。（完成时限：2022年12月底前。责任部门：团省委、省教育厅、省人力资源社会保障厅）

3. 强化就业育人。加强就业指导队伍建设，学校专职就业指导人员与应届毕业生人数比例应不低于1∶500。组织开展就业育人主题教育，加强职业生涯教育和就业创业指导，引导毕业生树立正确的价值观、就业观和择业观。举办职业生涯规划大赛，帮助大学生提升职业生涯规划能力，提高个人综合素质和就业创业能力。（完成时限：持续推进。责任部门：省教育厅、省人力资源社会保障厅、各高校）

（九）实名制精准就业服务行动

1. 开展实名登记就业服务。做好离校未就业高校毕业生的信息衔接和服务接续工作，7月底前完成离校未就业毕业生信息移交。拓宽实名信息采集渠道，广泛通过线上线下登记平台、求职登记小程序等，引导毕业生主动登记，将在本地求职的未就业毕业生全部纳入实名制就业帮扶。对已登记的未就业毕业生，根据其特点和需求制定个性化求职就业方案，提供职业指导、岗位信息、技能培训、就业见习等服务。（完成时限：持续推进。责任部门：省人力资源社会保障厅、省教育厅）

2. 兜底帮扶困难高校毕业生。对困难毕业生按照"一生一策一导师"制度实施专项帮扶，建立校院领导、专业教师、辅导员等全员参与的"一对一"精准帮扶机制。建立离校困难未就业毕业生台账，实施"一人一策"，增加就业信息供给和服务供给，扩大就业选择机会。对通过市场渠道确实难以实现就业的，统筹利用"双百工程"等基层服务岗位、公益性岗位等进行安置，确保有就业意愿的困难毕业生100%实现就业。（完成时限：2022年12月底前。责任部门：省教育厅、省人力资源社会保障厅）

（十）就业权益保护行动

1. 推动享受政策。加快推进政策申请、审核、发放全程信息化，加强就业失业、社会保险、毕业生信息等数据比对，精准识别符合政策条件的毕业生和用人单位，推动"政策找人"，推进"打包快办"，及早兑现政策。（完成时限：持续推进。责任部门：省人力资源社会保障厅、省教育厅）

2. 树立正确用人导向。落实《深化新时代教育评价改革总体方案》，推动党政机构、事业单位、国有企业带头扭转"唯名校""唯学历"用人导向，在招聘公告和实际操作中不得将毕业院校、国（境）外学习经历、学习方式（全日制和非全日制）作为限制性条件，形成"不拘一格用人才"的氛围。（完成时限：持续推进。责任部门：省教育厅、省人力资源社会保障厅）

3. 规范就业签约。严格执行高校毕业生就业工作"四不准"规定，不准以任何方式强迫毕业生签订就业协议和劳动合同，不准将毕业证书、学位证书发放与毕业生签约挂钩，不准以户档托管为由劝说毕业生签订虚假就业协议，不准将毕业生顶岗实习、见习证明材料作为就业证明材料。加强高校就业统计核查，健全就业状况反馈、评估机制，真实

反映就业情况。（完成时限：持续推进。责任部门：省教育厅、省人力资源社会保障厅）

4. 加强招用工监管。加强对用人单位和人力资源服务机构、互联网招聘平台招聘行为监管，依法打击"黑中介"、虚假招聘、乱收费、就业歧视，以及以求职、就业、创业为名义的信贷陷阱和传销、诈骗等违法犯罪活动。高校要建立用人单位招聘黑名单制度，将经认定存在就业歧视、欺诈等问题的用人单位纳入黑名单，定期向毕业生发布警示提醒信息，增强毕业生风险防范意识。（完成时限：持续推进。责任部门：省教育厅、省公安厅、省人力资源社会保障厅）

三、组织保障

（一）强化主体责任

各高校要认真落实"一把手"工程，成立就业工作领导小组，严格落实就业机构、人员、场地、经费"四到位"要求，加强毕业生就业管理、服务和指导。把毕业生就业工作纳入省委、省政府重大教育决策部署督察、各地履行教育职责评价、学科专业评估、高校领导班子年度考核等重要内容。建立健全全省高校毕业生就业工作情况周报、专班通报制度，加强工作督导，确保顺利完成工作目标。

（二）强化部门协同

省各有关单位要按照任务分工要求，安排专人跟进，细化工作举措，建立工作台账，明确工作时限。省就业工作领导小组办公室要发挥统筹协调作用，加强进展调度和督促提醒，确保行动方案提出的各项举措落实到位。

（三）强化宣传引导

各地各部门各高校要主动做好政策宣传解读，大力宣传到部队、艰苦地区和行业、基层一线工作的典型，在全社会形成示范引领效应。加强高校毕业生就业涉法教育引导、宣传提醒。加强舆情监测和舆论引导，及时主动回应社会关切，稳定就业预期，营造全社会支持高校毕业生就业创业的良好氛围。

广东省教育厅 中共广东省委机构编制委员会办公室 广东省民政厅 广东省市场监督管理局关于印发《广东省面向中小学生的全省性竞赛活动管理实施细则》的通知

（粤教监管〔2022〕2号）

各地级以上市教育局、市委编办、民政局、市场监管局：

自2019年5月《广东省教育厅关于面向中小学生的全省性竞赛活动的管理办法（试行）》（粤教基〔2019〕16号）印发以来，我省已连续三年公布竞赛"白名单"，为面向中小学生的竞赛活动管理探索了有益有效的经验。为贯彻落实中共中央办公厅、国务院办公厅印发的《关于进一步减轻义务教育阶段学生作业负担和校外培训负担的意见》，进一步健全面向中小学生的竞赛活动管理制度，根据《教育部办公厅等四部门关于印发〈面向中小学生的全国性竞赛活动管理办法〉的通知》（教监管厅函〔2022〕4号）要求，省教育厅联合省委编办、省民政厅、省市场监管局对《广东省教育厅关于面向中小学生的全省性竞赛活动的管理办法（试行）》（粤教基〔2019〕16号）进行了修订，形成《广东省面向中小学生的全省性竞赛活动管理实施细则》（以下简称《实施细则》），现予印发。

请各地认真贯彻落实《实施细则》要求，加强属地管理，形成部门合力，广泛接受社会监督，依法查处违法违规竞赛行为，构建教育良好生态，为中小学生全面发展和健康成长营造良好环境。

广东省教育厅
中共广东省委机构编制委员会办公室
广东省民政厅
广东省市场监督管理局
2022年6月13日

广东省面向中小学生的全省性竞赛活动管理实施细则

为规范管理面向中小学生（包含在园幼儿，下同）的全省性竞赛活动，防止活动项目过多过滥，切实减轻中小学校（包含幼儿园，下同）、中小学生和家长负担，维护正常教育教学秩序，根据《教育部办公厅等四部门关于印发〈面向中小学生的全国性竞赛活动管理办法〉的通知》（教监管厅函〔2022〕4号）以及《广东省教育厅关于规范管理面向全省基础教育领域开展的竞赛挂牌命名表彰等活动的公告》等文件精神，制定本实施细则。

第一章 总 则

第一条 本实施细则适用于有关部门、单位、社会组织举办面向中小学生的全省性竞赛活动管理工作。

第二条 面向中小学生的各类竞赛活动作为教育教学活动的组成部分，必须遵守宪法和法律规定，贯彻党的教育方针，遵循教育教学规律和青少年成长规律，体现发展素质教育要求，促进中小学生健康成长、全面发展。

第三条 从严控制、严格管理面向中小学生的全省性竞赛活动，原则上不举办面向义务教育阶段的学科类竞赛活动。

第四条 省教育厅负责面向中小学生的全省性竞赛活动的牵头管理工作，根据工作需要，委托第三方专业机构（以下简称受托专业机构）承担具体受理、初核工作，并对受托专业机构进行指导和监督。省委编办、省民政厅、省市场监管局在各自职责范围内配合省教育厅做好相关工作。

第五条 面向中小学生的全省性竞赛活动须按照管理权限，由省教育厅核准后，在省教育厅官网公布活动组织时间、内容、范围、组织方式、监督方式等。未经核准，任何单位、组织或个人不得组织开展竞赛活动。

第二章　申报条件

第六条　面向中小学生的全省性竞赛活动的组织主体（主办方）应为在省委编办或省民政厅登记注册的正式机构，必须具有法人资格。主办方必须信誉良好，无不良记录，具备较强的专业影响力和相应的学术团队。经查实在举办竞赛过程中有违法违规行为，致竞赛活动被省教育厅终止的，其主办方不得再次申请举办竞赛。

第七条　举办面向中小学生的全省性竞赛活动，依据文件的效力等级不得低于省人大法规、省政府规章、省政府规范性文件、省教育厅规范性文件。经教育部认定开展的全国性竞赛活动，委托广东省单位具体承办和组织实施的，活动主办单位的授权文书可作为全省性竞赛活动的举办依据。

第八条　申请举办面向中小学生的全省性竞赛活动，应当如实提供以下材料：

1. 组织主体（主办方）的正式申请函件，以及法人登记证书（或统一社会信用代码证书）等复印件；如由两个或以上单位联合主办的，应提交全部主办方的上述材料；

2. 活动依据的法律法规、规章、规范性文件；经教育部认定开展的全国性竞赛活动，委托广东省单位具体承办和组织实施的，应提供主办单位的授权文书（主办单位有明确指定省赛组织单位的可直接提供有关文件）等材料；

3. 活动的具体实施办法，包括名称、目的、时间、对象、程序、管理团队、专家团队、承办单位、资金来源、实施预算、比赛用具、保障条件、回避方式、安全应急处理机制、异议处理机制等内容，如涉及命题试卷、专家盲评等事项，还需包括保密措施等；

4. 举办方的有关承诺书，包括本实施细则第十五至第二十条所列举的事项；

5. 省教育厅或受托专业机构认为应该作出补充说明的其他材料；

6. 上一次申报周期经省教育厅批准并举办了竞赛的主办单位，还应提供上一轮赛事总结和财务决算。

第三章　认定流程

第九条　自2022年起，原则上每三年组织一次申报受理和审核。每次申报受理时间一般为当年的4月至8月。需要贯彻落实国家、省委省政府重要决策部署的，可单独组织申报受理和审核。受托专业机构届时将集中受理有关部门、单位、社会组织关于举办面向中小学生的全省性竞赛活动的申请，申请单位应按本实施细则要求如实提交相关材料。

第十条　每次初核时间一般为申报受理当年的9月。省委编办负责对主办单位为事业单位的登记注册情况予以确认。受托专业机构负责对主办单位为社会组织的登记注册情况进行查询确认。受托专业机构集中对申请举办的全省性竞赛活动的合法性、必要性、可行性、科学性、严谨性进行充分论证，或开展实地调查，提出初核意见。

第十一条　申报受理当年的9月30日前，受托专业机构将初核意见报省教育厅。省教育厅按规定程序对初核意见进行研究，对同意举办的，将竞赛活动信息在省教育厅官网公布。

第十二条　受理和研究过程不收取任何费用。

第十三条　经省教育厅核准举办的面向中小学生的全省性竞赛活动，自广东省教育厅正式公布之日起计算，有效期限不超过3年。在此期间每年举办不得超过1次（举办市、县两级选拔赛或分站赛、分区赛的，和全省性竞赛视为同1次）。

第四章　组织要求

第十四条　申请举办竞赛的部门、单位、社会组织对竞赛活动的全过程承担主体责任。

第十五条　竞赛应坚持公益性，不得以营利为目的。竞赛各项工作由组织主体（主办方）及承办单位直接负责实施，不得进行委托、授权。组织主体（主办方）应周密制定竞赛活动实施办法，确保任何单位、组织及个人不得向学生、学校收取成本费、工本费、活动费、报名费、会员费、食宿费、参赛材料费、器材费和其他各种名目的费用，做到"零收费"；不得指定参与竞赛活动时的交通、酒店、餐厅等配套服务；不得通过面向参赛学生组织与竞赛关联的培训、游学、研学、冬令营、夏令营等方式，变相收取费用；不得推销或变相推销资料、书籍、辅助工具、器材、材料等商品；不得面向参赛的学生、家长或老师开展培训；不得借竞赛之名开展等级考试违规收取费用。赞助单位不得借赞助竞赛活动进行相关营销、促销活动。不得以任何方式向学生或组织学生参赛的学校转嫁竞赛活动成本。

第十六条　举办竞赛活动过程中，活动主办方应坚持自愿原则，不得强迫、诱导任何学校、学生或家长参加竞赛活动。

第十七条 竞赛应对符合条件的中小学生平等开放，不得设置任何歧视性条件。

第十八条 主办单位应严格专家选聘，选择熟悉中小学教育教学情况和了解青少年成长规律，在相关领域有专业影响力的专家。科学管理专家团队，遵守利益回避性原则，命题和评奖等重要环节应建立随机抽选专家机制。

第十九条 竞赛过程要遵循科学规范的程序、加强学术诚信的要求，明确竞赛内容范围要求，严格命题阅卷（评审认定），竞赛结果须经过专家团队严肃评审，公开结果及申诉渠道，杜绝弄虚作假、学术不端、有失公允的情况发生。

第二十条 根据国家及我省中小学招生管理相关政策要求，竞赛以及竞赛产生的结果不作为中小学招生入学的依据。在竞赛产生的文件、证书、奖章显著位置标注省教育厅批准文号以及"不作为中小学招生入学依据"等字样。

第五章 日常监管

第二十一条 面向中小学生的全省性竞赛活动实行清单管理制度，清单动态调整，在省教育厅官网公布并正式印发各级教育行政部门。各级教育行政部门、各中小学校、各类教育机构，以及教育行业之外的其他机构、公司、社会组织和个人，不得组织承办或组织中小学生参加清单之外的各类面向中小学生的全省性竞赛活动，不得为违规竞赛提供场地、经费等条件。对于违反本实施细则开展竞赛活动的，将按照违规开展教育教学活动的有关规定，依法予以严肃处理。对于各中小学校组织参加未经教育部门批准的竞赛活动的，将追究学校相关领导责任。各级教育行政部门加强属地管理，会同有关部门对违规竞赛严肃查处。

第二十二条 省教育厅设立专门的举报电话，并通过调研、督导、巡查等方式，密切与举办方、各级教育行政部门、中小学校以及家长、学生的联系，广泛接受社会投诉举报。

第二十三条 举办方在组织实施竞赛活动中出现违反有关法律法规、规范性文件以及违反作出的有关承诺等情况的，省教育厅将要求举办方及时进行整改，并书面上报整改情况。

第二十四条 对拒不整改或整改不到位的，将由省教育厅正式发函主办方，要求主办方立即停办或撤销其竞赛活动，并切实做好善后工作。停办或撤销的决定及有关文件将及时通过省教育厅官方渠道向社会公告。

第二十五条 教育行政部门依法依规对违法违规开展竞赛的行为进行监管查处。事业单位登记管理部门对竞赛活动主办方违反事业单位登记管理法律法规的行为依法进行查处。民政部门对竞赛活动主办方违反社会组织登记管理法律法规的行为依法进行查处。市场监管部门依法查处违反市场监管法律法规行为。

第六章 附则

第二十六条 因教育教学工作需要，省教育厅及其直属事业单位举办的面向中小学生的全省性竞赛活动按照教育部和省教育厅有关规定执行。

第二十七条 省内各级教育行政部门可参照本实施细则，制定区域内竞赛活动管理细则，负责区域内面向中小学生竞赛活动的管理工作。

第二十八条 在本省内由中方机构作为主办方举办的国际性竞赛，按照本实施细则执行。境外国际性竞赛在本省内举办时，应由符合本实施细则第六条规定的中方机构合办或承办，并参照本实施细则执行。举办国际性比赛的中方承办机构在本省内开展的各项活动，应当遵照法律法规和本实施细则的有关规定，接受本省政府职能部门的监管。

第二十九条 本实施细则解释权归广东省教育厅。

第三十条 本实施细则自印发之日起施行。2019年5月21日印发的《广东省教育厅关于面向中小学生的全省性竞赛活动的管理办法（试行）》即行废止。

广东省教育厅等六部门关于印发非学科类校外培训机构办学许可证审批流程指引（试行）的通知

（粤教监管函〔2022〕12号）

各地级以上市教育局、科技局（委）、文化和旅游局、体育行政部门，民政局、市场监管局：

近日，我省印发了《广东省体育类校外培训机构设置标准（试行）》《广东省文化艺术类校外培训机构设置标准（试行）》《广东省科技类校外培训机构设置标准（试行）》。为进一步贯彻落实《中共中央办公厅 国务院办公厅印发〈关于进一步减轻义务教育阶段学生作业负担和校外培训负担的意见〉的通知》《国务院办公厅关于规范校外培训机构发展的意见》等文件精神，推动各地加快落实关于非学科类校外培训机构从严审批、确保证照齐全的要求，省教育厅、省科技厅、省文化和旅游厅、省体育局、省民政厅和省市场监管局联合制定了《广东省非学科类校外培训机构办学许可证审批流程指引（试行）》，供各地结合实际参考使用。执行中如遇到问题，请及时反映。

广东省教育厅 广东省科学技术厅
广东省文化和旅游厅 广东省体育局
广东省民政厅 广东省市场监督管理局
2022年12月9日

广东省非学科类校外培训机构办学许可证审批流程指引（试行）

为贯彻落实《中共中央办公厅 国务院办公厅印发〈关于进一步减轻义务教育阶段学生作业负担和校外培训负担的意见〉的通知》《国务院办公厅关于规范校外培训机构发展的意见》等文件精神，规范非学科类校外培训机构设立审批流程，根据《中华人民共和国行政许可法》《中华人民共和国民办教育促进法》《中华人民共和国公司法》《民办非企业单位登记管理暂行条例》《中华人民共和国民办教育促进法实施条例》《广东省实施〈中华人民共和国民办教育促进法〉办法》等法律法规的规定，结合我省实际，制定本指引。

一、适用范围

在本省行政区域内，利用非国家财政性经费，通过线上或线下方式面向中小学在校学生，实施体育、文化艺术、科技等非学科类培训的校外培训机构（以下简称培训机构）设立审批，适用本指引。

二、审批标准

在广东省辖区范围内，面向中小学生开展各类非学科类培训的校外培训机构，符合《中华人民共和国民办教育促进法》及其实施条例要求、达到相应设置标准的，可提出设立申请，由行政部门依法审批。广东省非学科类校外培训机构的设立审批，按照《广东省体育类校外培训机构设置标准（试行）》《广东省文化艺术类校外培训机构设置标准（试行）》《广东省科技类校外培训机构设置标准（试行）》规定的标准执行。

三、申请方式

实施非学科类培训活动的校外培训机构，由属地县（市、区）行政审批局或者教育行政部门会同科技、文化旅游、体育行政部门受理申请及审批。对于审批通过的，颁发《中华人民共和国民办学校办学许可证》。具体审批实施细则由属地教育行政部门会同相关部门制定。

仅利用互联网技术实施线上非学科类培训活动的培训机构，由省教育厅会同相关部门受理设立申请及审核，实施审批。具体由省教育厅会同省直有关部门组织实施。

为稳步推进我省非学科校外培训机构类设立审批工作，自广东省非学科类校外培训机构设置标准生效之日（2022年12月1日）起，设置一年过渡期。过渡期限内，对于已经取得市场监管部门颁发的营业执照（或者在机构编制、民政部门登记注册）的非学科类校外培训机构，其举办者应当认真学习政策法规、研判分析，审慎决定是继续办学还是转型退出。其举办者决定继续办学的，应当在过渡期限内全部完成从业人员、培训材料、场地、消防、党建、财务资金、收费监管等方面的所有材料和现场的合规整改，申请办学许可并取得相应的办学许可证。

四、设立流程

培训机构举办者应当按照教育法律法规和相应设置标准等规定进行筹备，符合相应条件的可以依法办理设立手续。

（一）名称申报或名称审核

培训机构举办者在提交申请材料之前，应当根据所设立的培训机构的机构属性，至相应的属地市场监管部门依法办理名称自主申报，或者至相应的属地民政部门依法办理名称审核。其中，营利性培训机构的登记机关为市场监管部门，非营利性培训机构的登记机关为民政部门。

已经登记设立，持有营业执照或民办非企业单位登记证书的培训机构，名称符合设置标准相关规定的，可沿用现有名称。

（二）设立申请

已办理名称自主申报或名称审核的举办者，申请设立培训机构的，应当向行政审批部门提交下列材料（材料范本见附件1）：

序号	材料名称	要求	范本
1	广东省非学科类校外培训机构设立申请表	按表格要求如实填写并签章。	范本1
2	开立临时存款账户通知书或企业名称自主申报告知书	至相应登记管理机关办理，应当符合相关规定。	
3	申办报告	内容主要包括：举办者、培养目标、培训规模、培训层次、培训形式、培训条件、《设置标准》规定的各项管理制度、经费筹措与管理、管理人员与师资队伍等。	范本2
4	机构章程	符合相关法律法规、《设置标准》规定。	范本3
5	举办者的资质文件	举办者是社会组织的，应提供营业执照或民办非企业单位登记证书复印件、信用状况良好承诺书，其法定代表人的有效身份证件复印件、法定代表人信用状况良好和无犯罪记录承诺书。	范本4
		举办者为个人的，应提供有效身份证件复印件、信用状况良好承诺书、无犯罪记录承诺书。	范本5
6	开办资金、注册资本有效证明文件	包括但不限于银行存款证明、举办者（社会组织）的财务审计报告、设备设施购买合同及发票等。非营利性培训机构应提交开办资金已全部缴足的验资报告。	
7	办学场所房产权属材料	以自有场所举办的，须提供不动产权证、房地产权证或房屋所有权证等，并提供查询内容为房产登记、抵押、查封信息的不动产登记查册表；未办理房屋产权证的须提供土地使用权或所有权文件及建设工程报建、验收文件；或镇政府、街道办事处、土地房屋管理部门出具的产权文件等。以租赁场地举办的，还应提交经备案的租赁合同（协议）以及出租人产权文件，租赁期应符合《设置标准》的规定。	
8	培训场所内部结构平面图	应标明实际用于教学的区域、面积。	
9	消防安全证明材料	应提交建设工程消防审核验收文件或备案文件（在室外开展体育类培训的除外）。	

续上表

序号	材料名称	要求	范本
10	设施设备情况表	按表格要求如实填写并签章。培训机构应具有与培训层次、培训类别、培训项目和培训规模相适应的设施设备和图书资料等。	范本6
11	拟任首届董（理）事会或者其他决策机构组成人员、监事会明细表	按表格要求如实填写并签章。同时还应提供表中人员有效身份证件、学历证、相关从业资质材料等复印件及无犯罪记录承诺书。	范本7
12	（拟任）校长（行政负责人）履历表	按表格要求如实填写并签章。	范本8
13	（拟聘用）从业人员明细表	按表格要求如实填写并签章。还应提供表中人员有效身份证件、学历证、相关从业资质材料、劳动合同等复印件及无犯罪记录承诺书。	范本9
14	培训机构党员名单	按表格要求如实填写并签章。党员3名以上，应提交按照相关规定成立党组织并开展活动承诺书；党员人数不足3名，应提交联合组建、挂靠组建的工作思路、方案和开展活动的计划。	范本10
15	拟用培训材料备案表	按表格要求如实填写并签章。同时提供培训计划、课程设置和教学大纲。	范本11
16	网站（或教育App）测试账号以及电信与信息服务业务经营（ICP）备案证明等材料	已经设立的有在线培训业务的培训机构需提供；其他类型（尚未正式开展在线培训业务的）暂时不需要提供；网络安全等级保护测评与备案材料应当是二级或二级以上。	
17	联合办学协议	两个以上举办者联合举办培训机构的需提交。协议内容需明确各自计入注册资本或开办资金的出资数额（非营利性）/各方出资的数额（营利性）、方式以及比例，各自权利义务和争议解决办法等内容；单独举办则无须提供。	
18	捐赠协议（非营利性培训机构，如有）	资产来源属捐赠性质的需提供。内容应载明捐赠人的姓名、所捐财产的数额、用途和管理方法及相关有效文件。	

备注：

一、所有提交材料一式三份，所有内容须真实无误。

二、填写内容字迹要清晰、工整，若手写，请用黑色签字笔填写。

三、材料中的时间、电话号码一律用阿拉伯数字填写。

四、申请人提交材料为复印件的，复印件必须清晰、印鉴齐全、内容齐全、字迹清晰，需申请人在所有复印件上签章，并在提交材料时带上原件进行核对。

五、如培训人员的资格证明文件是在国外获得的，该资格证明文件需经我驻外使领馆认证，或获得资格证明所在国驻华使领馆认证或公证机构公证；在港澳特别行政区和中国台湾地区获得的，需经所在地区公证机构公证。其中，在国外、港澳特别行政区和中国台湾地区获得的学历证书，还可到我国学历认证机构认证。关于文书领事认证规定可查询中国领事服务网（网址 http://cs.mfa.gov.cn/），或具体联系相应的中国驻外使领馆。

六、聘用外籍人员任教或任职的，需提交外籍人员的外国人工作许可证、护照（或国际旅行证件）信息页、签证页、入境签章页或居留许可信息页，并依照《中华人民共和国出境入境管理法》及外国人在华工作有关规定办理登记及备案手续。

七、如代理人代办，则需提供代理人有效身份证件复印件以及授权委托书（举办者盖章、法定代表人签名）。

八、具体提交材料的办事窗口和材料清单由属地行政审批部门发布。

（三）受理

举办者按照属地要求提交申请材料。申请材料齐全、符合法定形式的，行政审批部门应依法在收到申请材料之日起的5个工作日内做出受理决定，并出具书面回执。

经审查，材料不全或不符合法定形式的，行政审批部门在5个工作日内一次性告知申请人需补正的全部内容。举办者按照行政审批部门的要求提交全部补正申请材料的，行政审批部门应依法做出受理决定，并出具相关回执（受理通知书范本见附件2）。

（四）审批

行政审批部门组织力量对申请材料和办学现场进行审核。行政审批部门应当依法在受理申请之后的法定期限内做出行政审批的书面决定。

科技、文化旅游、体育部门应当进行专业审核并将专业审核意见书面报教育行政部门。未通过科技、文化旅游、体育部门专业审核的，不予发放许可证。对于符合法定条件、标准的，行政审批部门应当依法做出准予设立的书面决定，由审批机关颁发《中华人民共和国民办学校办学许可证》（办学许可证管理要求和填写规范见附件3）；对于不符合法定条件、标准的，行政审批部门应当依法做出不予设立的书面决定，并说明理由。

（五）公告

对于通过审批、准予设立的培训机构，行政审批部门应当予以公告，公告内容包括培训机构的属性、名称、地址、培训类别、培训形式、培训内容等信息。

（六）法人登记

经批准设立的培训机构，在取得办学许可证后应依法进行法人登记。其中，营利性培训机构至市场监管部门办理营业执照，非营利性培训机构至民政部门办理民办非企业单位登记证书。

申请办学许可证前已经登记设立，持有营业执照或民办非企业单位登记证书的培训机构，应当依法向审批机关申请办学许可。涉及登记事项变更的，依法依规办理相关手续。继续在原办学场所办学，但要改变登记属性的（营利性转非营利性或非营利性转营利性），应将原法人注销登记。新法人成立登记和原法人注销登记可同时进行。

五、申请人权利和义务

申请人依法享有以下权利：符合法定条件且申请材料齐全，申请人有权取得本行政许可；行政机关依法做出不予行政许可的书面决定的，应当说明理由，并告知申请人享有依法申请行政复议或者提起行政诉讼的权利；向审批机关申请一次性告知的权利。

申请人依法履行以下义务：向审批机关提供真实、合法、有效的申报资料的义务；配合审批机关审查和现场评估的义务。

六、证照管理

培训机构应当在培训场所显著位置，公示办学许可证、营业执照或登记证书等信息，实行"亮证办学"。遗失证照的应当立即公告，并且及时至证照颁发机关补办。

七、资金监管

培训机构取得办学许可证和营业执照（或登记证书）后，应在机构所在地的地市辖区范围内自主选择一家具备第三方资金托管要求的银行签订托管协议，开立预收费资金托管专用账户（培训收费专用账户），用于存放学员预付费；校外培训预收费须全部进入资金托管专用账户，不得使用本机构其他账户或非本机构账户收取培训费用。

八、分支机构

营利性培训机构跨县（市、区）设立分支机构的，须经过分支机构所在地审批机关审批批准，执行所在地培训机构设置标准，如无地方标准则按广东省非学科类设置标准执行。

非营利性培训机构不得设立分支机构。非学科类培训机构在同一县（市、区）范围内的其他分教点的设立登记，各县（市、区）可参照本地"双减"之前有关学科类培训机构的分教点的规定执行。

九、分立与合并

培训机构分立、合并的，应当符合相应的设置标准，进行财务清算，在决策机构做出决议后，向审批机关提出申请。审批机关应当自受理之日起3个月内以书面形式答复。审批许可涉及多个部门的，由本级人民政府确定一个部门受理行政许可申请并转告有关部门分别提出意见后统一办理。

十、变更与延续

培训机构法定代表人、行政负责人、地址、培训内容、培训对象等事项变更，应当向原行政审批部门提出申请，符合法定条件、标准的，行政审批部门应当依法办理变更手续。

培训机构如需延续办学许可证有效期的,应当在有效期届满之前向原行政审批部门提出申请。培训机构在许可期限内无违法违规行为的,办学许可证有效期届满可以自动延续、换领新证。

附件:1. 广东省非学科类校外培训机构设立材料范本(略)

2. 受理通知书(范本)(略)

3. 广东省校外培训机构办学许可证管理要求和填写规范(略)

广东省教育厅 广东省发展和改革委员会 广东省财政厅 广东省自然资源厅 广东省住房和城乡建设厅 广东省卫生健康委员会关于印发《广东省加强住宅小区配套幼儿园建设和管理工作的指导意见》的通知

(粤教基〔2022〕33号)

各地级以上市人民政府，各县（市、区）人民政府，省政府各部门、各直属机构：

经省人民政府同意，现将《广东省加强住宅小区配套幼儿园建设和管理工作的指导意见》印发给你们，请结合本地实际认真贯彻落实。实施过程中遇到的问题，请径向我们反映。

附件：广东省加强住宅小区配套幼儿园建设和管理工作的指导意见

广东省教育厅 广东省发展和改革委员会
广东省财政厅 广东省自然资源厅
广东省住房和城乡建设厅
广东省卫生健康委员会
2022年10月4日

附件

广东省加强住宅小区配套幼儿园建设和管理工作的指导意见

为贯彻落实《中共中央 国务院关于学前教育深化改革规范发展的若干意见》（中发〔2018〕39号）、《广东省推动基础教育高质量发展行动方案》（粤府〔2021〕55号）和《广东省促进学前教育普惠健康发展行动方案》（粤府办〔2018〕28号），进一步规范我省住宅小区配套幼儿园建设、管理和使用，根据《中华人民共和国城乡规划法》《中华人民共和国土地管理法》《城市房地产开发经营管理条例》等有关法律、法规，结合我省实际情况，制定本指导意见。

一、指导思想

全面贯彻国家和省的学前教育工作部署，坚持公益性和普惠性，科学规划和合理布局城镇住宅小区配套幼儿园，建立住宅小区配套幼儿园建设、管理和使用的长效机制，满足适龄儿童入园需求，促进学前教育事业科学发展。

二、基本原则

（一）科学规划。强化学前教育规划建设，努力构建覆盖城乡、布局合理的学前教育公共服务体系，保障适龄儿童就近接受公益性和普惠性学前教育。同时统筹考虑托育服务需求，积极探索幼儿园、托育机构一体化规划建设。

（二）注重实效。通过旧城区改造、新建城镇住宅小区配套建设幼儿园等方式，规划建设住宅小区配套幼儿园，解决好城镇住宅小区配套幼儿园和城乡结合部幼儿园数量不足的问题。

（三）同步推进。坚持同步规划、同步设计、同步建设、同步竣工、同步交付使用的原则，在城镇新建居住区和旧城区改造工程中按规划配套建设幼儿园。

（四）部门协作。各地级以上市和县（市、区）人民政府及发展改革、教育、财政、自然资源、住房城乡建设、卫生健康等主管部门应根据本规定和职能分工做好住宅小区配套幼儿园的立项、规划、用地、建设和竣工验收备案、移交和使用等工作。

三、规划和建设标准

（一）住宅小区配套幼儿园的建设规模应根据服务人口数量，按照千人学位数不低于40座的标准，统筹考虑区域适龄幼儿数量、教育资源状况、幼儿园服务半径、经济发展水平等因素确定。

（二）每4500人或以上人口区域内（每户按不低于3.2人计），预留1所6个班或以上（每班按30座计）规模的幼儿园建设用地，超出1.2万人的住宅小区应分设2所以上的幼儿园。住宅小区开发总量不达4500人（每户按不低于3.2人计）的零星开发的商品房项目、保障性住宅项目和旧城区改造项目，根据规划标准和区域居住人口测算生源数量，应按照住户千人学位数不低于40座以及幼儿园服务半径等要求，结合实际另行规划预留住宅小区配套幼儿园建设用地。

（三）新规划建设的住宅小区配套幼儿园要按照《幼儿园建设标准》（建发〔2016〕246号）、《托儿所、幼儿园建筑设计规范》（JGJ 39—2016）（2019年版）和绿色建筑标准等标准规范进行建设，符合工程建设强制性标准。位于高烈度设防地区、地震重点监视防御区的新规划建设住宅小区配套幼儿园，应当按照国家有关要求采用隔震减震等技术要求进行建设。本意见修订实施前已批准建设的配套幼儿园，可按原标准建设。幼儿园应有独立的建设用地和出入口，具体设置应达到以下标准（见下表）。

幼儿园班数	建筑面积（平方米）	用地面积（平方米）
6班	2 192.4～2 664	3 654～4 440
9班	3 145.5～3 839.4	5 242.5～6 399
12班	4 003.2～4 906.8	6 672～8 178

（四）达不到配建标准要求的住宅小区，须承担与其居住区人口规模（户数）相适应的配套幼儿园建设与用地成本，可以联合多个达不到配建标准要求的住宅小区规划共建1所配套幼儿园，原则上布局在其中较大区块内；可以按照当地学位成本（含建设与用地费用）和须配建学位数出资，由属地人民政府统筹解决学位问题。具体落实措施由各地结合实际制定。

（五）各地在保障适龄儿童幼儿园学位供给基础上，可适当增加用地面积建设幼儿园托班，用于招收2至3岁的幼儿。

四、工作要求

（一）各县（市、区）教育主管部门要会同发展改革、财政、自然资源、住房城乡建设等部门，依据国土空间总体规划和学前教育发展实际，编制幼儿园建设专项规划，报本级人民政府审批后实施。自然资源主管部门应将幼儿园建设专项规划的有关内容纳入详细规划，保证幼儿园的规模、数量与城市发展和人口增长相适应。

（二）各县（市、区）自然资源主管部门要根据幼儿园建设专项规划和详细规划需配套建设幼儿园的地块，在国有建设用地使用权出让公告和建设用地规划条件中列明，并在国有建设用地使用权出让合同中约定应履行住宅小区配套幼儿园建设以及无偿移交给当地政府部门的责任和义务，同时明确幼儿园建设、装修及移交标准。

（三）各县（市、区）自然资源主管部门在审查住宅小区建设工程设计方案时，应根据规划条件和有关标准，审查配套幼儿园的用地、位置、建设规模等，并征求当地教育主管部门意见，不符合要求的不予审查通过。

（四）商住用地开发、城市更新项目，应按标准足额预留城镇新建住宅小区配套幼儿园建设用地。没有按照规划要求预留幼儿园用地的居住建设项目原则上不予核发建设工程规划许可证。对调高容积率的商品住宅项目应按人口增加比例调增配建学位数。住宅小区配套幼儿园建设用地应在居住小区红线范围外划定，单独成宗，单独供地，住宅小区配套幼儿园的建筑面积不纳入拟供应地块的容积率核算。

（五）住宅小区配套幼儿园属于公共教育资源，任何单位和个人不得擅自拆除、改建住宅小区配套幼儿园或改变其用途。确需占用已建成幼儿园用地的，应当依法或者依照国家规定报有批准权的人民政府批准，并就近按不少于原有用地和建筑面积的原则同步重新选址建设，同步移交使用。

（六）新建住宅小区配套幼儿园须举办为公办幼儿园（含政府和教育主管部门举办，国有企事业单位、街道和村集体、普通高等学校等集体经济组织举办的公办幼儿园）。属地人民政府接收住宅小区配套幼儿园后，应归口教育主管部门统一管理。小区配套幼儿园按照就近原则招生，具体招生规则及范围由县（市、区）教育主管部门制定。属地人民政府及有关部门要做好机构编制、教师配备等工作。登记管理部门应依法核准登记。收费标准按照当地公办幼儿园收费标准执行。

（七）住宅小区配套幼儿园由居住区开发建设单位配套建设，并保证配套幼儿园建设与所在住宅小区开发建设同步规划、同步设计、同步建设、同步竣工、同步交付使用。

（八）分期开发的项目，配建的幼儿园应与住宅开发项目首期同步验收，幼儿园竣工验收不合格的，不得办理开发项目竣工验收。对有幼儿园完整配建规划但未按要求开工建设或未列入首期建设的，由各县（市、区）人民政府责令限期开工。

（九）配套建设的幼儿园实行"交钥匙"工程，由项目建设单位完成全部建设内容。配套建设的幼儿园建筑面积和用地面积要达到国家标准，设计方案要达到国家规范，装修标准要符合保育教育使用要求，大门、道路、运动场地、园所绿化、办公及教学设施设备、水、电、网络等按照幼儿园建设标准配套完善，移交的幼儿园应具备入园条件。

（十）对于在建幼儿园，各县（市、区）人民政府要责成建设单位倒排工期，明确竣工验收、移交接收时点，督促其按标准完成建设任务。对缩建少建的，要通过改扩建、补建等方式予以解决。对违反土地使用要求和规划，在幼儿园建设用地上进行其他项目建设的，要依法依规予以处置。对违反规划要求和建设条件、且不按时落实整改要求的建设单位，属地住房城乡建设、自然资源等有关部门要依权限将其记入不良信用记录，依法依规实施联合惩戒。

（十一）建设单位应自住宅小区配套幼儿园竣工验收合格之日起30日内将完整的工程档案资料（设计、施工等图纸和房屋保修书、使用说明书、规划验收资料等材料）移交给属地人民政府。对约定无偿移交给当地人民政府的配套幼儿园，在幼儿园各项验收办理完成、符合办理产权登记条件后，由建设单位协助属地教育主管部门或其他指定政府部门在30日内向属地不动产登记机构申请办理登记手续。

（十二）对小区开发总量不达4 500人（每户按不低于3.2人计）的零星开发的商品房项目、保障性住宅项目和旧城区改造项目，应纳入幼儿园建设专项规划，由各县（市、区）人民政府统筹解决幼儿园用地和建设问题。

五、保障机制

（一）各县（市、区）人民政府要高度重视新建居住区和旧城区改造中住宅小区配套幼儿园的建设和管理，加强沟通协调，落实住宅小区配套幼儿园的规划、建设、移交、办证、管理、使用、收费等规定，理顺管理机制、严格管理。

（二）各县（市、区）人民政府要会同相关部门建立幼儿园规划、建设、使用的督促检查、考核奖惩和问责机制，确保住宅小区配套幼儿园建设使用的各项政策得到落实。要落实监管主体责任，建立工作台账，定期开展摸排，及时更新台账，逐项逐园销账。要适时组织小区配套幼儿园治理工作"回头看"，确保学前教育资源得到巩固。

（三）各县（市、区）发展改革、自然资源、住房城乡建设等主管部门，在建设项目审批、土地出让、规划、建设和竣工验收备案等程序时，应严格审查住宅小区配套规划建设幼儿园情况，发现问题，应及时纠正和处理。

（四）各地级以上市人民政府要加强住宅小区配套幼儿园建设和管理的统筹协调和督促检查，各地级以上市教育、发展改革、自然资源、住房城乡建设等主管部门要跟进指导各县（市、区）行政部门做好住宅小区配套幼儿园建设和管理的各项工作。

（五）各地级以上市和县（市、区）人民政府要根据本工作意见，于2023年6月1日前制定本地住宅小区配套幼儿园建设管理具体实施办法，对规划、设计、建设、移交、举办以及回收、补建等作出具体规定。本意见未详细说明的具体内容和细化要求，由各地结合实际细化补充。

六、附则

本意见自2022年12月1日起施行，有效期5年。本意见由省教育厅会同省发展改革委、省财政厅、省自然资源厅、省住房城乡建设厅、省卫生健康委解释。

广东省教育厅等九部门关于印发《广东省"十四五"学前教育发展提升行动计划》《广东省"十四五"县域普通高中发展提升行动计划》的通知

(粤教基〔2022〕36号)

各地级以上市教育局、发展改革局(委)、公安局、财政局、人力资源社会保障局、自然资源局、住房城乡建设局、医疗保障局，国家税务总局广州、各地级市、横琴粤澳深度合作区税务局：

经省人民政府同意，现将《广东省"十四五"学前教育发展提升行动计划》和《广东省"十四五"县域普通高中发展提升行动计划》印发给你们，请认真贯彻执行。实施过程中遇到的问题，请径向我们反映。

广东省教育厅 广东省发展和改革委员会
广东省公安厅 广东省财政厅
广东省人力资源和社会保障厅
广东省自然资源厅
广东省住房和城乡建设厅
国家税务总局广东省税务局
广东省医疗保障局
2022年12月29日

广东省"十四五"学前教育发展提升行动计划

为积极服务国家人口发展战略，进一步推动学前教育普及普惠安全优质发展，全面落实《中共中央 国务院关于学前教育深化改革规范发展的若干意见》、教育部等九部门印发的《"十四五"学前教育发展提升行动计划》和《广东省人民政府关于印发广东省推动基础教育高质量发展行动方案的通知》工作部署，结合我省实际，制定本行动计划。

一、总体要求

办好学前教育、实现幼有所育，完善学前教育体制机制，健全学前教育政策保障体系，推进学前教育普及普惠安全优质发展。到2025年，全省学前教育毛入园率保持100%以上，公办幼儿园在园幼儿占比达到50%以上，公办幼儿园和普惠性民办幼儿园在园幼儿占比达到85%以上。普惠性学前教育保障机制进一步完善，省市统筹、以县为主的学前教育管理体制得到落实，运行保障能力显著增强。优化和完善幼儿园成本分担机制，合理确定政府、家庭、举办者分担比例。师资队伍整体水平不断提升，教师配备、工资待遇保障机制和教师培养培训体系更加完善。幼儿园保教质量全面提升，学前教育教研指导网络健全，教研指导责任区制度落实到位。健全幼儿园保教质量评估体系，幼儿园与小学科学衔接机制基本形成。

二、推进普惠性资源扩容增效

(一)科学规划布局幼儿园建设

各地市根据省下达的学位建设任务，综合城镇化进程、常住人口规模、学龄人口变化趋势、巩固"5080"(公办幼儿园在园幼儿比例达到50%，公办幼儿园和普惠性民办幼儿园在园幼儿占比达到8%)成果等因素，参照城镇幼儿园千人学位数不低于40座的标准科学测算学位需求，延续编制本地"十四五"期间幼儿园建设专项规划和分年度实施计划，各县级政府编制分年度专项规划。各地应将农村学前教育纳入乡村振兴战略规划体系，常住人口规模4000人以上的行政村举办规范化普惠性幼儿园，常住人口规模不足4000人的行政村设分园或联合办园。落实专项规划与国土空间规划的衔接，保障普惠性幼儿园建设用地空间，确保优先建设。城市居住区、异地搬迁安置区应建设与人口规模相适应的配套幼儿园,产权及时移交当地政府。到2025年,全省规范化幼儿园比例达95%以上,每个乡镇建有1所以上规范化公办中心幼儿园,每个街道设置1所规范化公办幼儿园,规范化村级幼儿园实现全覆盖。加强幼儿园随班就读资源教室建设,鼓励开办专门招收残疾儿童的具有独立建制的特殊幼儿园,支持特殊教育学校学前部或附设幼儿园。鼓励新建幼儿园设置适当比例的幼儿托班,支持有条件的幼儿园利用现有资源开设托班,招收2至3岁的幼儿。

（二）增加公办优质学位供给

加大扶持力度,通过新建、改扩建、回收、转制等方式,每年新建、新增一批公办幼儿园。"十四五"期间新增33万个以上公办幼儿园学位,新建、改扩建2 500所公办幼儿园,力争超过30%的县（市、区）通过县域学前教育普及普惠国家督导评估。落实《广东省加强住宅小区配套幼儿园建设和管理工作的指导意见》,新建住宅小区按标准配建为公办幼儿园,扎实推进城镇小区配套幼儿园治理。落实财政补助、划拨方式供地、减免税费和租金等政策,鼓励和支持政府机关、国有企事业单位、军队、街道、村集体举办公办幼儿园,所举办的公办幼儿园,经教育部门审批设立且符合条件的,可依法申办事业单位法人登记。

（三）积极鼓励社会力量办园

着力破解瓶颈难题,调动社会力量兴办幼儿园的积极性,激发市场活力。落实《广东省普惠性民办幼儿园认定、扶持和管理办法》,建立以提升办园质量为导向的激励机制,通过购买服务、综合奖补、减免租金、派驻公办教师、培训教师、教研指导等方式,加大民办幼儿园扶持力度,引导更多民办幼儿园提供普惠性服务。鼓励企事业单位、社会团体及其他社会组织等向学前教育捐资助学。

三、健全经费保障长效机制

（四）健全财政经费投入机制

各地市、县（市、区）政府统筹财力和资源办好学前教育,确保学前教育生均一般公共预算教育支出逐年只增不减。推动县级财政性学前教育经费占同级财政性教育经费比例不低于5%。各地在省定标准基础上,可视本地财力情况适当提高普惠性幼儿园生均拨款标准,鼓励有条件的地区根据办园质量建立分类、有差异的普惠性民办幼儿园奖补制度。鼓励有条件的地区实施残疾儿童1~3年免费学前教育。健全学前教育资助制度,切实保障家庭经济困难儿童接受普惠性学前教育。

（五）健全收费标准动态调整机制

各地以提供普惠性服务为衡量标准,科学核定政府部门办园、国有企事业单位办园、集体办园、普惠性民办幼儿园的成本,明确各方分担比例,建立与拨款、资助水平相适应的收费标准动态调整机制,合理确定收费标准,坚决遏制过高收费和过度逐利行为。各地依法加强对营利性民办幼儿园收费行为的规范监管。

四、加强幼儿园教职工队伍建设

（六）完善教师培养体系

鼓励和支持有条件的高等院校开设学前教育专业,扩大培养规模。按照"自愿报名、择优录取、公费培养、定向从教、限期服务"原则,每年为粤东粤西粤北地区农村幼儿园公费定向培养一批幼儿园教师。到2025年,幼儿园专任教师大专以上学历比例达93%以上,其中珠三角地区和粤东粤西粤北地区分别达到98%和83%。深化学前教育专业改革,加强师德师风教育,强化学前儿童发展和教育专业基础与实践能力培养；增设特殊教育专业课程,提高师范生的融合教育能力。

（七）健全教师培训制度

各地制定幼儿园教师和教研员培训规划,支持和鼓励教师提升学历层次。加大幼儿园园长、乡村幼儿园教师、普惠性民办幼儿园教师、随班就读资源教师的培训力度。加强骨干教师、园长队伍建设,培养一批名园长和名教师,带动幼儿园教师队伍提升素质。充分运用全口径全方位融入式结对帮扶机制,整合优化各级各类帮扶力量,提高幼儿园园长、教师和教研员的能力素质。充分发挥"双区"优势,探索开放型交流合作平台,开展粤港澳幼儿园教师培训与交流项目。

（八）加强编制和教师待遇保障

加大事业编制挖潜创新力度并向学前教育领域适当倾斜,严禁挤占、挪用、截留教职工编制和"有编不补"。民办幼儿园应按照配备标准配足配齐教职工。落实公办幼儿园教师工资待遇保障政策,确保教师工资及时足额发放。民办幼儿园要合理确定教职工工资收入。鼓励和支持有条件的地区发放普惠性民办幼儿园教师长期从教津贴。鼓励普惠性民办幼儿园建立教职工年金制度,对建立年金制度的幼儿园可在综合奖补中给予专项支持。各类幼儿园依法依规足额足项为教职工缴纳社会保险和住房公积金。

（九）完善教师管理制度

加强幼儿园党建和师德师风建设，严把教师选拔聘用入口关。建立健全幼儿园教师信息管理制度，严格落实全员持证上岗要求。制订出台教师激励支持政策，推进幼儿园教师减负。深化幼儿园教师职称制度改革，优化岗位结构比例。分区域分类别开展幼儿园游戏、幼小衔接等优秀活动案例遴选，在课题立项、成果评比、职称评审中向学前教育适当倾斜。依法保障和落实民办幼儿园教师在业务培训、职务聘任、教龄和工龄计算、表彰奖励等方面享有与公办幼儿园教师同等权利。

五、完善幼儿园监管体系

（十）落实监管责任

强化各级党委和政府及各有关部门的监管责任，提升跨部门协同治理能力，健全各级教育部门学前教育管理机构并充实工作力量，建立教育部门主管、各有关部门分工负责的年检制度和动态监管机制。化解和消除学前教育"大班额"现象，强化对幼儿园办园条件、教师资格与配备、安全防护、收费行为、卫生保健、保育教育、财务管理等方面的动态监管。鼓励各地按照立法权限出台发展学前教育地方法规。

（十一）加强全程监管

完善幼儿园信息备案及公示制度，纳入县（市、区）政务信息系统管理，定期向社会公布各类幼儿园教职工配备、收费标准、质量评估等信息。幼儿园园长和专任教师变更要主动向教育部门备案，一个月内完成信息更新。加强民办幼儿园财务监管，非营利性民办幼儿园收取费用、开展活动的资金往来，要使用在教育部门备案的账户，确保收费主要用于保障教职工待遇、改善办园条件、提高保教质量。严禁非营利性民办幼儿园举办者通过任何方式取得办学收益、分配或转移办学结余。鼓励各地探索实施学前教育服务区制度，以"相对就近"为原则合理确定普惠性幼儿园招生服务区域。

（十二）强化安全保障

严格落实幼儿园安全主体责任和有关部门安全监管责任，建立全覆盖的安全风险防控体系。幼儿园要健全房屋设备、消防、门卫、食品药品、幼儿接送交接、幼儿就寝值守和活动组织等安全防护和检查制度，及时排查安全隐患，严防各类事故发生。加强人防、物防、技防建设，幼儿园门口设置隔离栏、隔离墩或升降柱等硬质防冲撞设施，专职保安配备、封闭化管理、一键式紧急报警和视频监控装置配备与公安机关联网全面达标。各地教育部门要会同有关部门建立健全幼儿园安全日常监管、重大隐患督办、约谈通报等工作机制，及时通报幼儿园安全风险，定期组织开展联合检查和集中整治，落实监督检查常态化措施，确保幼儿园安全运转。

（十三）加大治理力度

加强办园行为督导，重点对存在危房、"三防"不达标等安全隐患及园长和教师不具备规定资格等不规范办园行为进行动态督查，限期整改，整改不到位的应依法进行处罚。对出现虐童、体罚及变相体罚等严重师德失范行为的幼儿园，年检实行一票否决，对涉事教职工、管理者和举办者依法追究法律责任。对有性侵害、虐待、拐卖、暴力伤害等违法犯罪记录或行为的教职工，不得录用，在职的应当及时解聘。各地要按要求开展幼儿园名称规范清理行动，对冠以"中国""中华""全国""国际""世界""全球"等字样，包含外语词、外国国名、地名，使用"双语""艺术""国学""私塾"等片面强调课程特色或带有宗教色彩的名称，以及民办幼儿园使用公办学校名称或简称等进行清理整治。继续开展无证幼儿园清理整治，彻底根治无证幼儿园乱象。加大校外培训机构执法检查力度，对以学前班、幼小衔接班、思维训练班、托管班等名义及其他违反儿童身心发展规律的培训，一经发现，严肃查处，并追究相关人员的责任。

六、提高幼儿园保教质量

（十四）开展乡村幼儿园质量提升行动

实施乡村教育振兴计划，改善乡村幼儿园办园条件，消除园舍安全隐患，推动各类幼儿园规范达标。省编制幼儿园玩教具和游戏材料配备指南；委托师范院校开展乡村幼儿园质量提升实践研究，编制乡村幼儿园环境创设指导手册以及乡村幼儿园游戏和教育活动指导手册；依托师范院校设立粤东粤西粤北乡村学前教育发展研究中心，建立校地协同的工作机制；依托乡镇中心幼儿园，探索建设学前教育一体化管理资源中心试点。各地要充分发挥城市优质幼儿园的带动作用，以乡镇中心幼儿园为支点，推进镇、村幼儿园一体化管理，辐射引领镇域内其他各类幼儿园，提升保教质量。

（十五）深化幼儿园教育改革

省实施学前教育科学保教示范工程，编制《广东省幼儿园课程建设指南》，培育一批科学保教示范项目和学前教育高质量发展实验区，加强优质科研实践成果推广和运用。深入推进幼儿园与小学科学衔接，落实《广东省推进幼儿园与小学科学衔接攻坚行动方案》，积极开展试点工作，总结推广实验区、实验园经验，全面构建衔接机制，强化幼儿园和小学深度合作，切实提高入学准备和入学适应教育的科学性和有效性。加强幼儿园家长委员会建设，发挥家长委员会在幼儿园管理、保育教育、家园沟通等方面的积极作用。

（十六）健全质量评估监测体系

落实教育部《幼儿园办园行为督导评估办法》《幼儿园保育教育质量评估指南》，省研究制订《广东省幼儿园保教质量评估实施办法》，健全幼儿园保教质量评估体系，充分发挥质量评估对保教实践的科学导向作用，提高教师专业素质和实践能力，全面提高幼儿园保教质量。各地要建立学前教育专兼职督学队伍，完善幼儿园督导评估监测制度并抓好落实。

（十七）推动学前教育教研改革

加强学前教育教研工作，严格专业标准，建立健全教研员准入和退出机制，遴选优秀园长和教师充实教研岗位。借力高等院校组建兼职教研员队伍，按照全口径全方位融入式结对帮扶机制中高等院校与市县结对关系，充实市县学前教育教研力量。各地市、县（市、区）配备1名以上专职教研员，每个乡镇（街道）配备1~2名专兼职教研员，形成一支专兼结合的高素质专业化学前教育教研员队伍。教研员要深入幼儿园保教实践，了解教师专业成长需求，及时研究解决教师保教实践中的困惑和问题。完善教研指导责任区、区域教研和园本教研制度，实现各类幼儿园教研指导全覆盖。全面开展智慧教研，加强教研活动与信息技术深度融合。实施"粤港澳姊妹园缔结计划"，推动大湾区学前教育教研交流与合作。推进城市公办幼儿园、乡镇中心幼儿园等优质园与其他幼儿园开展结对帮扶，推动区域保教质量整体提升。

七、组织与实施

（十八）加强组织领导

加强党对学前教育的全面领导，落实省市统筹、以县为主、乡镇（街道）参与的学前教育管理体制。县（市、区）政府对本辖区学前教育发展负主体责任，负责学前教育发展规划制定、幼儿园建设管理及指导监督等工作，确保县域内学前教育规范有序健康发展。各级政府要完善学前教育工作机制，协调各部门力量共同解决学前教育工作中的重大事项。发挥市级区域中心作用，以县为基础逐级科学编制学前教育发展提升行动计划，并列入党委、政府工作的重要议事日程，明确有关部门责任分工，采取有力措施，确保各项目标任务落到实处。

（十九）完善部门协调机制

教育部门要加强学前教育的科学指导和监督管理。编制部门要结合实际合理核定公办幼儿园教职工编制。发展改革部门要把学前教育纳入当地经济社会发展规划，支持幼儿园建设发展。公安部门要依法严厉打击侵害幼儿人身安全的违法犯罪行为，推动幼儿园及周边社会治安综合治理，会同教育部门加强幼儿园校车安全监管。财政部门要完善财政支持政策，支持扩大普惠性学前教育资源。人力资源社会保障部门要推进完善并实施幼儿园教职工人事（劳动）、工资待遇、社会保障和职称评聘政策。自然资源部门要结合教育部门用地需求及相关专项规划合理确定学前教育规划布局。住房城乡建设部门会同教育部门加强对配套幼儿园的建设、验收、移交等环节的监管落实。卫生健康部门要监督指导幼儿园卫生保健、疾病防治等工作。发展改革、教育、财政、市场监管部门要根据职责分工，加强幼儿园收费管理。民政、市场监管部门要分别对取得办学许可证的非营利性幼儿园和营利性幼儿园依法办理法人登记手续。医疗保障部门要负责做好幼儿园教职工的医疗保障工作。

（二十）强化激励保障和督导问责

市县政府要落实举办学前教育的主体责任，统筹用好上级转移支付资金和本级财力发展学前教育，资金安排向困难地区、薄弱环节倾斜。各地要健全激励机制，对完成普及普惠目标、完善普惠性学前教育保障机制、提升保教质量等方面工作成效突出的地方，按国家有关规定予以表彰奖励。扎实推进县域学前教育普及普惠督导评估工作，定期进行督导检查，并将督查结果在全省通报。发生较大安全责任事故的县（市、区）2年内不得申报县域学前教育普及普惠督导评估认定。各地应将行动计划目标任务和政策措施落实情况纳入市县政府工作的绩效考核，促进学前教育普及普惠安全优质发展。

广东省"十四五"县域普通高中发展提升行动计划

县域普通高中（县、县级市举办的普通高中，以下简称县中）在推进广东基础教育高质量发展和乡村振兴战略中承担着重要使命，寄托着广大农村学生接受更好教育的美好期盼。为整体提升我省县中办学水平，更好地适应新高考改革和普通高中育人方式改革，推进以县城为重要载体的城镇化建设，根据教育部等九部门印发《"十四五"县域普通高中发展提升行动计划》精神，结合我省实际，制定本行动计划。

一、指导思想

以习近平新时代中国特色社会主义思想为指导，全面贯彻党的教育方针，积极服务国家乡村振兴和人才发展战略，围绕建设高质量普通高中发展体系，遵循坚持源头治理、强化政府责任、促进协调发展、深化教学改革的基本原则，健全县中发展提升保障机制，全面提高县中教育质量，促进县中与城区普通高中协调发展，推进县中优质特色多样化发展，培养能够担当民族复兴大任的时代新人。

二、工作目标

到2025年，全省县中整体办学水平进一步提高，市域内县中和城区普通高中协调发展机制健全，全省高中阶段教育毛入学率保持在96%以上，普通高中标准化建设全部达标，全面消除县中大班额问题。普通高中招生全面规范，县中生源和教师流失现象得到根本扭转；教师补充激励机制基本健全，县中校长和教师队伍建设明显加强；教育经费投入机制进一步完善，县中办学经费得到切实保障；薄弱县中办学条件基本改善，学校建设基本实现标准化；教育教学改革进一步深化，县中教育质量显著提高。

三、任务举措

（一）规范高中招生管理

强化招生入学属地管理责任，全面落实国家和省有关公民办普通高中同步招生和属地招生政策要求，完善优质普通高中指标到校招生办法，规范特殊类型招生。地级以上市城区的普通高中学校应在所在区或若干城区内招生，不得违规招录县中生源。完善普通高中考试招生政策，全面清理挖抢县中优质生源的政策，采取有效措施稳定县中优质生源。加强省市级高中阶段学校统一招生录取服务平台建设，进一步规范普通高中招生录取工作，强化招生录取各环节全流程监管，深入开展违规跨区域招生、掐尖招生等行为专项整治，加大对违规招生行为的查处力度。省根据国家统一部署实施重点高校招生专项计划。

（二）加强教师队伍建设

严格落实中央关于中小学教职编制标准和统筹管理相关规定，优化教师配备，依照条件标准及时补充县中教师，拓展教师补充渠道，选优配强校长教师，大力引进优秀高中校长和骨干教师到县中从教。深入实施公费定向培养政策，为符合条件的学校精准培养学科教师，积极解决县中教师总量不足和结构性缺员问题。县中公开招聘高层次、急需紧缺教师，可采取面试或直接业务考察等方式组织考试。各地要完成党政机关等其他非教学单位与县中混编混岗及长期借调借用县中教职工、公办学校在编教师长期到民办学校任教等问题的清理和整改。严格按照国家有关规定和程序办理教师流动手续，严禁发达地区、城区学校到薄弱地区、县中抢挖优秀校长和教师，对未经组织人事部门和教育行政部门同意，恶意从县中学校抢挖人才的，停止学校各类评优评先资格。

（三）完善教师激励机制

完善教师待遇保障制度，合理核定县中绩效工资总量，绩效工资内部分配向教育教学实绩突出的一线教师、班主任等岗位倾斜。深化教师职称和考核评价制度改革，中高级教师岗位比例适当向县中倾斜。在评优评先、绩效工资等方面向县中优秀教师倾斜。鼓励有条件地方建设教师安居房，保障县中教师安心从教。全面提高县中教师能力素养，完善省、市、县分级培训制度，在省级培训名额分配中向县中教师倾斜，深入实施中小学"百千万人才培养工程"，大力培养一批县中名教师、名校长、名班主任。实施粤东粤西粤北地区教师全员轮训计划，加强对县中校长和教师培训，增强培训的针对性和实效性。

（四）完善经费投入机制

建立以财政拨款为主、其他多种渠道筹措为辅的体制，逐步加大县中的经费投入。县级政府要统筹用好上级转移支付资金和本级财力，支持县中发展。强化地级以上市财政对县中发展支持和保障力度。科学核定公办普通高中培养成本，完善生均公用经费标准和学费标准动态调整机制，适时提高公办普通高中生均公用经费水平，确保县中生均公用经费足额拨付到校。鼓励和支持通过各级各类教育基金会、慈善组织、社会团体、企业和个人等多渠道筹措办学经费。市县采取有效措施化解县中历史债务。继续实施好国家助学金和免学杂费政策，确保家庭经济困难学生顺利完成学业。

（五）改善县中办学条件

对未达到国家普通高中基本办学条件标准要求的县中，按"一校一案"原则制订标准化建设实施方案，明确时间表和路线图，确保到2023年底前全面完成县中标准化建设任务，满足高考综合改革和普通高中育人方式改革需要。大力改善县中食宿、卫生等生活条件，加强特色实验教学空间建设，包括学科功能教室、综合实验室、创新实验室、教育创客空间、信息技术实验室、劳动技术实践教室等，努力提升县中教育信息化水平，积极推进智慧校园建设，推进教育宽带网络提速扩容和教学多媒体设备升级换代，系统化建设课程学习资源，实现优质教育资源共建共享。

（六）合理控制校额班额

各地市要采取有效措施，积极稳妥化解现有大规模学校，2023年2月前要制定出台大规模学校压减实施方案，报省教育厅备案。合理控制新建普通高中学校办学规模，学校办学规模不得超过3 000人。严禁超标准建设豪华学校。继续实施消除大班额专项计划，严格控制招生规模和招生计划，严格控制起始年级班额，在"零增量"的基础上逐步消除现有大班额。2025年底前，普通高中56人以上大班额要全面"清零"。已消除大班额的地方要持续巩固现有成果，防止产生新的大班额。要建立完善学生选课走班制度，防止因学生选课走班而实际出现大班额现象。

（七）推动县中特色发展

各地市要综合考虑区域内经济、社会及人才培养需求，以课程建设为核心和载体，研究制定推进当地普通高中特色发展的实施方案，创建一批人文、数理、科技、艺术、体育、综合高中等多种类型特色高中。鼓励和支持各地和高校建立"高中—高校"贯通式人才培养机制，采取委托管理、合作办学等形式建立办学共同体，在课程教材、教学改革、师资建设等方面开展深度合作，在招生、培养等环节紧密衔接。充分利用农业农村资源，形成有地域特色的县中劳动教育和综合实践活动课程教学模式。

（八）提升教育教学质量

面向县中遴选建设一批普通高中新课程新教材实施省级示范校，立足学校办学定位和人才培养目标，积极构建五育并举的学校课程体系，为不同发展方向的学生开发提供多样化有选择的课程。鼓励与中等职业学校课程互选、学分互认、资源互通，积极进行普职融通的探索。创新课程组织管理方式，根据国家课程方案建立健全选课走班制度、学分认定和管理制度以及学生发展指导制度，形成规范有序、科学高效的选课走班运行机制。统筹推进县中教育教学改革，积极开展基于普通高中课程标准的教学实践研究，打造高效课堂。全面推广应用国家智慧教育公共服务平台，推动教师和学生常态化使用平台资源，推进"名师课堂""名校网络课堂"的常态化应用，实现优质教育资源共建共享。

（九）加强教科研引领

各级教研部门按标准配齐普通高中各学科专职教研员，建立教研员定点联系县中制度，组织教研员深入县中持续开展教学指导，推动教研员和县中教师形成教研共同体，充分发挥教研对县中教育发展的专业支撑作用。科学规划省级基础教育教研基地项目建设，布点建设一批普通高中省级校本教研基地项目，辐射带动区域内县中教育教学质量整体提升。支持县中积极申报并参与省基础教育教研基地项目。在"南方教研大讲堂"设计普通高中教育发展系列主题，在"走进粤东西北教研帮扶"中设计县中专场。各级教研部门要大力推动优秀教学成果推广应用，通过组织培训活动、搭建推广平台等方式，探索形成有效的成果推广应用工作机制，根据县中特点积极创设推广方案，扩大示范效应和受益范围，促进优秀成果在县中的本土化落地应用及创新发展，发挥示范引领作用。

（十）实施县中托管帮扶

各地要依托省全口径、全方位、融入式结对帮扶机制，主动加强与高校对接，充分调动高校特别是师范院校力量，以提升县中管理水平、加强教研指导和教师培训、提高县中育人质量为重点任务，通过派驻校长教师团队、定期到校指导、组织跟岗挂职锻炼、线上优质资源共享等形式实施托管帮扶，提升县中办学水平。各地要以需求为导向，充分发挥托管高校在县中校长选配、教师招聘、师资培训和教学管理等方面的重要作用,并给予相应经费支持和实施条件保障。各地市自行建立市域内结对帮扶关系,每所优质普通高中至少托管帮扶1所薄弱县中。充分发挥省级优质基础教育集团的辐射带动作用,每个以优质普通高中为核心校的省级优质基础教育集团至少帮扶1所薄弱县中。

四、组织保障

(一)坚持党的全面领导

各地市要高度重视县中发展提升工作,全面加强党的领导,将县中发展纳入基础教育高质量发展工作统筹谋划,认真研究制定县中发展提升实施方案。要强化属地管理责任,完善普通高中办学管理体制,建立工作机制,出台具体配套政策,制定时间表和路线图。逐步建立以市为主的普通高中统筹管理体制,建立完善普通高中教育资源配置向县中倾斜机制,逐步缩小县中和城区普通高中教育差距。全面加强县中党建工作,选优配强党组织书记和校长,充分调动和发挥教师的积极性创造性,为加快县中发展提升提供坚强的政治保证和人才保障。

(二)明确部门职责分工

各地市教育部门要加强沟通协调,会同有关部门推动落实好各项任务举措,加强对县中教育教学改革的指导。发展改革、教育部门要把县中发展纳入县级经济社会发展相关规划,支持开展教育基础薄弱县中建设。财政部门要健全普通高中教育经费投入机制,支持改善办学条件。人力资源社会保障部门要支持县中及时补充教师,完善县中教师待遇保障和激励机制。自然资源部门要坚持节约集约原则,合理保障县中建设用地需求。

(三)强化督导考核评价

教育督导部门要将县中发展提升情况作为市县人民政府履行教育职责的重要考核内容,并开展常态化跟踪督导,重点检查普通高中招生管理、县中教师配备、生均公用经费保障、学校标准化建设、化解大班额和大规模学校、办学质量提高等方面情况。对督导评估监测检查发现的问题要限期整改,对工作推进不力或进展缓慢的要进行问责。

(四)大力营造良好环境

各地要坚持正确舆论导向,制订宣传工作方案,利用主流媒体和新媒体平台,深入解读县中发展提升的重要意义、目标任务和工作措施,推动树立素质教育观念,严禁炒作高考升学率和高考状元,取得社会理解支持,努力营造县中持续健康协调发展的良好氛围。

广东省教育厅 广东省发展和改革委员会 广东省民政厅 广东省财政厅 广东省人力资源和社会保障厅 广东省市场监督管理局关于印发《广东省普惠性民办幼儿园认定、扶持和管理办法》的通知

(粤教基〔2022〕21号)

各地级以上市教育局、发展改革局（委）、民政局、财政局、人力资源社会保障局、市场监管局：

为深入贯彻落实《中华人民共和国民办教育促进法》（中华人民共和国主席令〔2018〕第24号）、《中华人民共和国民办教育促进法实施条例》（中华人民共和国国务院令〔2021〕第741号）、《中共中央 国务院关于学前教育深化改革规范发展的若干意见》（中发〔2018〕39号）、《"十四五"学前教育发展提升行动计划》（教基〔2021〕8号）、《幼儿园保育教育质量评估指南》（教基〔2022〕1号）、《广东省推动基础教育高质量发展行动方案》（粤府〔2021〕55号）和《广东省促进学前教育普惠健康发展行动方案》（粤府办〔2018〕28号）等文件精神，引导和扶持民办幼儿园面向社会开展公益性、普惠性的学前教育，建立覆盖城乡、布局合理的公益普惠性学前教育公共服务体系，保障适龄儿童接受基本的、有质量的学前教育，省教育厅、省发展改革委、省民政厅、省财政厅、省人力资源社会保障厅和省市场监管局制定了《广东省普惠性民办幼儿园认定、扶持和管理办法》。现印发给你们，请结合实际贯彻落实。

广东省教育厅 广东省发展和改革委员会
广东省民政厅 广东省财政厅
广东省人力资源和社会保障厅
广东省市场监督管理局
2022年7月18日

广东省普惠性民办幼儿园认定、扶持和管理办法

为贯彻落实《中华人民共和国民办教育促进法》（中华人民共和国主席令〔2018〕第24号）、《中华人民共和国民办教育促进法实施条例》（中华人民共和国国务院令〔2021〕第741号）、《中共中央 国务院关于学前教育深化改革规范发展的若干意见》（中发〔2018〕39号）、《"十四五"学前教育发展提升行动计划》（教基〔2021〕8号）、《幼儿园保育教育质量评估指南》（教基〔2022〕1号），依据《广东省推动基础教育高质量发展行动方案》（粤府〔2021〕55号）和《广东省促进学前教育普惠健康发展行动方案》（粤府办〔2018〕28号）的要求，引导和扶持民办幼儿园面向社会开展公益性、普惠性的学前教育，建立覆盖城乡、布局合理的公益普惠性学前教育公共服务体系，结合我省学前教育发展实际，制定本办法。

一、普惠性民办幼儿园的认定

（一）认定标准

普惠性民办幼儿园是指通过教育部门认定、面向大众、收费合理、质量合格、接受财政经费补助或政府其他方式扶持的非营利性民办幼儿园。普惠性民办幼儿园的认定应符合下列条件：

1. 依法规范办学。幼儿园办学证照齐全、有效，办学行为规范。除新办园外上一年度年检合格，在申报日前1年内无行政处罚记录。使用校车的幼儿园，按照《广东省实施〈校车安全管理条例〉办法》（广东省人民政府令第208号）等相关管理规定落实校车管理。

2. 收费合理合规。保教费符合当地普惠性民办幼儿园保教费收费标准要求，并在一定时期内保持稳定。收费行为规范，按规定进行收费公示，无乱收费现象。

3. 财务管理规范。财务独立核算、制度健全、运转良好，无克扣或变相侵占幼儿伙食费的行为。按要求设立专用账户，对财政补助经费实行独立核算、专款专用，无虚报、冒领、挤占、挪用专项资金行为。依法开展年度财务审计，定期公开收支情况，开支合理，账目清楚。

4. 办学条件达标。幼儿园的园舍和设施须符合国家和省、市规定的卫生标准、安全标准等要求，并达到县（市、区）级以上教育部门等规定的办园标准。

5. 实施科学保教。按照教育部《幼儿园教育指导纲要（试行）》《3—6岁儿童学习与发展指南》《幼儿园保育教育质量评估指南》和省教育厅《广东省幼儿园一日活动指引（试行）》等要求，根据幼儿身心发展特点创设丰富、适宜的教育环境，合理安排幼儿一日生活，以游戏为基本活动，科学开展保育教育活动，无"小学化"倾向。

6. 教职工配备和工资福利待遇合理。按照国家和省的要求配备教职工，从业人员符合岗位任职要求。依法与教职工签订劳动合同，全园教职工工资总额原则上不低于当年保教费收入的60%，教师工资水平达到县（市、区）以上教育等部门规定的普惠性民办幼儿园教师工资指导标准。依法保障教职工待遇，按时足额支付工资，缴纳社会保险费和住房公积金。

上述条件可由各县（市、区）教育等部门进一步细化或补充其他条件。

（二）认定程序

普惠性民办幼儿园每年认定一次，认定后有效期为3年。已认定的普惠性民办幼儿园在有效期满后，经教育部门复核后可转入下一周期。具体认定程序如下：

1. 按照自愿原则，符合认定标准的幼儿园向所在县（市、区）教育部门提出申请。申请材料应包括申请表、上一年度幼儿园财务审计报告、幼儿园相关办学证件复印件、申报普惠性民办幼儿园后拟实施的收费标准材料和本学年教育教学工作计划等，具体申请材料明细由各县（市、区）教育等部门制定，并可结合本地情况适当调整。

2. 各县（市、区）教育部门会同发展改革、财政、人力资源社会保障等部门依据本办法制定《普惠性民办幼儿园认定、扶持和管理工作细则》（以下简称《细则》），明确普惠性民办幼儿园认定、扶持和管理具体工作的细则和每学年接受申报的时间段。由教育部门根据《细则》对申报幼儿园进行评审。评审工作应于接受申报有效时间截止后60日内完成。通过评审的幼儿园名单通过官方网站等媒体向社会公示，公示期为5个工作日。

3. 幼儿园法定代表人签署办学承诺书，由幼儿园和县（市、区）教育部门分别保存。

4. 通过评审和公示并签署承诺书的幼儿园，由各县（市、区）教育部门发文认定，通过当地政府门户网站向社会公布名单和收费标准等，同时报当地发展改革、民政、财政、人力资源社会保障等部门和市级教育部门备案，并在全国学校（机构）代码管理信息系统中登记。

（三）退出机制

1. 按照自愿的原则，经认定的普惠性民办幼儿园可申请退出普惠性民办幼儿园，但认定为普惠性民办幼儿园的新建城镇小区配套幼儿园除外。

2. 普惠性民办幼儿园在有效期内申请退出的，应当以书面形式向所在县（市、区）教育部门提出申请，并退回有效期内获得的财政补助。补助退回细则由各地制定。

3. 普惠性民办幼儿园在认定后有效期间，出现安全责任事故、保教质量严重下滑和严重违规等办园行为的，取消其普惠性民办幼儿园资格，追回财政补助，并视情节严重程度，由所在县（市、区）教育部门依法依规进行处罚。

二、普惠性民办幼儿园的扶持

（一）落实优惠政策

新建、改扩建普惠性民办幼儿园，应按照与公办幼儿园同等原则，以划拨等方式给予用地优惠。应通过采取政府购买服务、减免租金、以奖代补、派驻公办教师等方式，扶持普惠性民办幼儿园发展。保障普惠性民办幼儿园在分类定级、评估指导、项目申报、教师培训和职称评审等方面与公办幼儿园具有同等地位。保障普惠性民办幼儿园教职工在业务培训、教龄和工龄计算、表彰奖励、社会活动等方面依法享有与公办幼儿园教职工同等权利。各地级以上市和县（市、区）要根据国家和省有关规定，制定支持普惠性民办幼儿园发展的具体政策。

（二）加大财政扶持

省财政统筹中央和省级学前教育相关奖补资金，结合各地普惠性民办幼儿园的学位数量、办园质量和扶持、管理工作情况进行分配。各地市要加大投入和统筹力度，各县（市、区）要落实学前教育主体责任，统筹安排本级资金和上级转移支付资金等，保障普惠性民办幼儿园有质量、可持续发展。按照广东省基本公共服务标准，落实普惠性民办幼儿园的经费补助政策，资助3～6岁常住人口家庭经济困难儿童、孤儿和残疾儿童接受学前教育，改善普惠性民办幼儿园办园条件。各地级以上市和县（市、区）要采取切实有效的措施扶持普惠性民办幼儿园发展，对普惠性民办幼儿园参照全省公办幼儿园生均公用经费财政拨款标准给予经费补助，鼓励有条件的地区适当提高补助标准，对考核优秀的普惠性民办幼儿园发放综合奖补。

（三）保障教师待遇

各县（市、区）教育部门应会同有关部门，结合财政投入、办园成本、经济发展实际和本地区公办幼儿园教师平均工资水平，制定普惠性民办幼儿园教师工资指导标准。普惠性民办幼儿园应当从保教费收入中提取一定比例建立专项资金，用于教职工职业激励或增加待遇保障。鼓励普惠性民办幼儿园按照有关规定为教职工建立企业年金等补充养老保险，鼓励支持有条件的地区设立和发放幼儿教师从教津贴，鼓励对长期从事幼儿园保育教育工作的人员发放从教补助。

（四）加强保教帮扶

各级政府部门要加强对普惠性民办幼儿园保教质量的帮扶力度，建立公办幼儿园、乡镇中心幼儿园等优质园对口帮扶机制。帮扶方一年至少两次指导普惠性民办幼儿园提升办园质量和管理水平，定期结对开展教研和教职工跟岗活动，加强普惠性民办幼儿园师资培训和保教工作的过程性指导。加大对农村和边远地区教师培训的支持力度，提高幼儿园教职工的专业素养和学历水平。鼓励和支持普惠性民办幼儿园开展常态化教科研和园本培训，科学合理安排幼儿一日生活，避免"小学化"倾向。

（五）建立以提升办园质量为导向的激励机制

各县（市、区）教育部门要根据国家和省要求，结合年检、幼儿园办园行为督导评估和科学保教质量评价等工作，逐步开展体系化的普惠性民办幼儿园办园质量评价，建立以过程性评价为基础、办园质量提升为导向的激励机制。各地各部门要加强教育督导评估，科学运用办园质量评价结果，加大对评估排名前列、办园质量高、特色明显、社会效益显著的普惠性民办幼儿园的激励支持力度。可通过向社会公布考核优秀普惠性民办幼儿园名单、发放综合奖补、园所和教职工团队评奖评先倾斜等多种方式，激励支持普惠性民办幼儿园树立品牌意识，提升科学保教质量，提供普惠、安全、优质的学位资源。

三、普惠性民办幼儿园的管理

（一）加强质量管理

各县（市、区）教育部门要建立和完善普惠性民办幼儿园督导评估体系和年检制度，加强对办学方向、办学行为、办学条件、保教质量和管理水平的有效监管，要加强对普惠性民办幼儿园保教活动的过程性指导和监测，督促普惠性民办幼儿园改善办园条件，提高办园质量。

（二）加强教师管理

各县（市、区）教育部门和幼儿园要建立和完善普惠性民办幼儿园教师管理制度，全面落实幼儿园教师持证上岗，规范教师从教行为。把师德考评摆在教师考核的首位，将教师思想政治素质和师德师风建设放在更加突出的位置，健全幼儿园教师违反师德行为的惩处机制。健全教师培训制度，为教师接受相应的思想政治培训和业务培训提供条件，提高教师职业素养，培养热爱幼教、热爱幼儿的职业情怀。各幼儿园应引导教师遵守《新时代幼儿园教师职业行为十项准则》，不得出现虐待、歧视、恐吓、猥亵、体罚和变相体罚、侮辱幼儿人格等损害幼儿身心健康的行为，对教师违反职业道德行为零容忍。各幼儿园要加强教师队伍待遇保障，提升教师队伍整体素质和稳定性。

（三）加强收费管理

各县（市、区）应由教育部门牵头，会同财政、发展改革部门，统筹考虑公办幼儿园和普惠性民办幼儿园收费水平，结合幼儿园办园成本、办园质量、政府投入、当地经济发展水平、群众承受能力等，分层分类制定普惠性民办幼儿园保教费最高标准，作为普惠性民办幼儿园的认定条件。普惠性民办幼儿园保教费收费最高标准原则上按照类别设置2～3档，相邻档次间的较高收费标准可在较低收费标准的基础上上浮15%～20%（具体保教费收费最高标准、类别设置和区间由各地结合实际确定）。在达到认定标准基础上，办园质量较优、群众满意度高、教师流动率低，且全园教师平均工资达到本地区政府部门举办的公办幼儿园教师平均工资水平的普惠性民办幼儿园，保教费收费最高标准方可设置为最高档次。普惠性民办幼儿园应在承诺书中，按照不超过同层同类保教费收费最高标准的要求明确具体收费标准。建立普惠性民办幼儿园收费标准动态调整机制，面向社会公开，接受社会监督。各县（市、区）教育部门、市场监管、发展改革部门要加强普惠性民办幼儿园收费监管，确保各项收费规范、公开、有据、合理。

（四）加强财务管理

普惠性民办幼儿园收取费用、开展活动的资金往来，应当使用在有关主管部门备案的账户。普惠性民办幼儿园应当建立健全财务会计、资产管理和预决算制度，公开经费收支情况。在每个会计年度结束时，普惠性民办幼儿园应当委托会计师事务所对年度财务报告进行审计。各县（市、区）教育和财政部门要健全资产财务监管机制，加强对奖补资金管理和使用的监督，提高资金使用效益，对虚报、冒领、挤占、挪用专项资金等行为，按照有关规定严肃处理。对存在财务管理混乱、挪用财政补助或抽逃资金问题的普惠性民办幼儿园，一经查实，停止享受政府的扶持政策，并在3年内不得再申报普惠性民办幼儿园；对挪用财政补助或抽逃资金的幼儿园举办者，取消其在本地区举办普惠性民办幼儿园的资格，并纳入个人诚信记录。

（五）加强社会监督

各地级以上市和县（市、区）教育部门要建立健全普惠性民办幼儿园监管机制，创新监管方式，运用学前教育管理信息系统做好普惠性民办幼儿园的数据统计和信息监督管理工作。各县（市、区）教育部门通过政府网站或其他宣传平台每年向社会公布普惠性民办幼儿园名单、收费标准和财政补助补贴情况等，开通举报电话接受家长和社会监督，并适时通过暗访、随机检查、调研、举报核查等措施对普惠性民办幼儿园进行监查。

四、工作要求

（一）各地教育、发展改革、民政、财政、人力资源社会保障、市场监管等部门要充分认识扶持和发展普惠性民办幼儿园，构建广覆盖、保基本、高质量的学前教育公共服务体系的重要性，结合各部门职能强化统筹、密切配合，落实普惠性民办幼儿园政策支持和保教帮扶。

（二）各地级以上市教育、发展改革、财政和人力资源社会保障等部门要加强本市普惠性民办幼儿园认定、扶持和管理工作的监督和指导，落实中央、省和市扶持普惠性民办幼儿园有关经费，依法保障普惠性民办幼儿园教职工工资、福利待遇，做好普惠性民办幼儿园的统计和备案工作。

（三）各县（市、区）教育部门要会同发展改革、民政、财政、人力资源社会保障、市场监管部门健全普惠性民办幼儿园工作机制，于本办法公布之日起90日内出台本辖区普惠性民办幼儿园管理工作细则。要结合本地实际，研究确定普惠性民办幼儿园经费投入和扶持方式，采取有效的管理措施和工作方法落实国家、省和市发展普惠性民办幼儿园的工作要求，切实做好普惠性民办幼儿园的认定、扶持和管理工作，推动本地区普惠性民办幼儿园健康有序发展。

五、附则

本办法自2022年9月1日起施行，有效期为5年。本办法由省教育厅会同省发展改革委、省民政厅、省财政厅、省人力资源社会保障厅、省市场监管局解释。

广东省教育厅关于印发《广东省教育系统内部审计工作规定》的通知

(粤教审〔2022〕2号)

各地级以上市教育局，各普通高校：

《广东省教育系统内部审计工作规定》已于2022年9月28日经广东省教育厅厅长办公会议（2022年第12次）审议通过，自印发之日起施行，请认真贯彻落实。原《广东省教育系统内部审计工作规定》（粤教审〔2016〕1号）同时废止。

广东省教育厅
2022年10月10日

广东省教育系统内部审计工作规定

第一章 总 则

第一条 为加强广东省教育系统内部审计工作，建立健全内部审计制度，提升内部审计工作质量，充分发挥内部审计作用，推动教育事业高质量发展，根据《中华人民共和国教育法》、《中华人民共和国审计法》、《中华人民共和国审计法实施条例》、《审计署关于内部审计工作的规定》（审计署令第11号）、《教育系统内部审计工作规定》（教育部令第47号）、《广东省内部审计工作规定》（粤府令第259号）等法律法规，结合本省教育系统实际情况，制定本规定。

第二条 依法属于审计机关审计监督对象的广东省各级教育行政部门、学校和其他教育事业单位、企业等（以下简称单位）的内部审计工作适用本规定。

第三条 本规定所称内部审计，是指单位负责内部审计的机构（以下简称内部审计机构）和人员对本单位及所属单位财政财务收支、经济活动、内部控制、风险管理以及内部管理领导人员履行经济责任情况等，实施独立、客观监督并作出评价和建议，促进本单位完善治理、实现目标的活动。

第四条 单位应当依照有关法律法规、国家和本省有关规定、内部审计职业规范，结合本单位实际情况，建立健全内部审计制度，明确内部审计工作的领导体制、机构设置、人员配备、职责权限、经费保障、审计程序、审计结果运用和责任追究等。

单位应当加强本单位党委（党组）对内部审计工作的领导，健全党领导相关工作的体制机制。

第五条 全省教育系统内部审计工作应当接受国家审计机关和上一级单位内部审计机构的业务指导和监督。

第二章 内部审计机构和人员

第六条 单位应当按照机构编制管理相关规定和管理需要，结合本单位实际，明确或者指定履行内部审计职责的内设机构，或者设置独立的机构或明确相关内设机构作为内部审计机构，履行内部审计职责。

单位负责财务工作的机构不得同时履行内部审计职责。

第七条 内部审计机构应当在本单位主要负责人的直接领导下开展内部审计工作，向其负责并报告工作。

涉及审计计划确定、审计情况报告、违规事项处理、违法问题移送等重大事项，应当向本单位党委（党组）报告。

第八条 单位可以根据工作需要成立审计委员会，加强党对审计工作的领导，负责部署内部审计工作，审议年度审计工作报告，研究制定内部审计改革方案、重大政策和发展战略，审议决策内部审计重大事项等。

第九条　单位主要负责人应当定期听取内部审计工作汇报，加强对内部审计发展战略、年度审计计划、审计质量控制、审计发现问题整改和内部审计队伍建设等重要事项的管理。内部审计机构负责人应当及时向本单位主要负责人报告内部审计结果和重大事项。

第十条　单位应当根据内部审计工作需要，合理配备内部审计人员，保证内部审计工作所需人员编制。严格内部审计人员录用标准，合理配备具有审计、财务、经济、法律、管理、工程、信息技术等专业知识的内部审计人员。单位根据工作需要，可以聘请具有与审计事项相关专业知识的人员参加审计工作。

内部审计机构负责人应当具备审计、财务、经济、法律、管理等专业背景或工作经历。

第十一条　单位应当根据内部审计工作特点，完善内部审计人员考核评价制度和专业技术岗位评聘制度，保障内部审计人员享有相应的晋升、交流、任职、薪酬及相关待遇。

第十二条　内部审计人员应具备从事审计工作所需要的专业能力和职业道德。单位应当支持和保障内部审计人员通过参加业务培训、考取职业资格、以审代训等多种途径接受继续教育，提高专业胜任能力。内部审计人员应当恪守客观公正、实事求是、廉洁奉公、保守秘密的审计职业道德。

第十三条　内部审计机构和内部审计人员依法独立履行职责，不受本单位其他内设机构、分支机构或者个人的干涉。单位应当保障内部审计机构和内部审计人员独立履行职责，任何组织和个人不得打击报复。

第十四条　内部审计机构的变动和内部审计机构负责人的任免或调动，应当向上一级内部审计机构备案。

第十五条　内部审计机构履行内部审计职责所需经费，应当列入本单位预算予以保证。

第十六条　内部审计人员应当严格遵守有关法律法规和内部审计职业规范，独立、客观、公正地履行职责，对在执行职务中知悉的国家秘密、工作秘密、商业秘密、个人隐私和个人信息，负有保密义务。

第十七条　单位应当建设信念坚定、为民服务、业务精通、作风务实、敢于担当、清正廉洁的高素质专业化审计队伍。单位应当加强对审计人员遵守法律和执行职务情况的监督，督促审计人员依法履职尽责。单位和审计人员应当依法接受监督。

第十八条　内部审计机构和内部审计人员不得从事或参与下列可能影响独立、客观履行审计职责的工作：

（一）会计、出纳等财务管理业务；

（二）资金、资产、资源等分配、处置、管理；

（三）投资、基建管理；

（四）采购、招投标、合同管理和内部控制建设工作；

（五）被审计单位业务活动的决策和执行；

（六）其他可能影响独立、客观履行审计职责的活动。

内部审计人员办理审计事项，与相关负责人、主管人员或者审计事项存在利害关系的，应当回避。

第十九条　除涉密事项外，内部审计机构可以根据工作需要向社会中介机构购买审计服务。内部审计机构对社会中介机构独立开展的受托业务应当审定审计实施方案，加强指导、监督、检查和评价，并对采用的审计结果负责。

第二十条　对忠于职守、坚持原则、认真履职、成绩显著的内部审计人员，单位按照国家和省的有关规定予以表彰奖励。

第三章　内部审计职责和权限

第二十一条　内部审计机构应当按照国家有关规定和本单位的要求，对本单位及所属单位以下事项进行审计：

（一）贯彻落实国家及本地区重大政策措施情况；

（二）发展规划、重大决策和年度业务计划执行情况；

（三）财政财务收支和预算管理情况；

（四）固定资产投资项目和大宗采购项目情况；

（五）内部控制及风险管理情况；

（六）资金、资产、资源的管理和效益情况；

（七）办学、科研、后勤保障等主要业务活动的管理和效益情况；

（八）本单位内部管理的领导人员履行经济责任情况；

（九）自然资源资产管理和生态环境保护责任的履行情况；

（十）境外机构、境外资产和境外经济活动情况；

（十一）国家有关规定、上级主管部门交办和本单位要求办理的其他审计事项。

第二十二条　内部审计机构应当协助本单位主要负责人督促落实国家审计和内部审计发现问题的整改工作，对被审计单位整改工作进行指导、检查，并向单位主要负责人汇报审计整改情况。

第二十三条　广东省教育厅负责指导和监督全省教育系统内部审计工作。各级教育行政部门负责指导和监督本行政区域内教育系统内部审计工作。

教育行政部门指导和监督内部审计工作的主要职责：

（一）制定内部审计规章制度；

（二）督促建立健全内部审计制度；

（三）指导开展内部审计工作，突出审计重点；

（四）监督内部审计职责履行情况，检查内部审计业务质量；

（五）开展业务培训、组织内部审计工作交流研讨；

（六）指导教育系统内部审计自律组织开展工作；

（七）维护内部审计机构和内部审计人员的合法权益；

（八）法律、法规规定的其他职责。

第二十四条　内部审计机构应当根据单位发展目标、治理结构、管理体制、风险状况，科学合理地编制内部审计工作规划和各年度审计项目计划，向本单位党委（党组、审计委员会）报告并报请单位主要负责人批准后实施。按照内部审计全覆盖的要求，内部审计机构每5年至少对本单位及所属单位审计1次。

第二十五条　内部审计机构应当将内部审计工作总结、审计报告、审计整改情况、审计中发现的重大违纪违法问题线索以及审计项目计划等，报本单位主要负责人审批，并报送同级审计机关备案。

第二十六条　内部审计机构及其人员依法开展审计工作，可以根据工作实际和需要，提出以下要求或建议：

（一）要求本单位内设机构和所属单位按时报送发展规划、战略决策、重大措施、内部控制、风险管理、财政财务收支等审计所需的有关资料（含相关电子数据，下同），以及必要的计算机技术文档；

（二）参加或列席有关会议，召开与审计事项有关的会议；

（三）参与研究有关规章制度，提出制定内部审计规章制度的建议；

（四）检查有关财政财务收支、经济活动、内部控制、风险管理的资料、文件和现场勘察实物；

（五）检查有关计算机系统及其电子数据和资料；

（六）就审计事项中的有关问题，向有关单位和个人开展调查和询问，取得相关证明材料；

（七）要求本单位的纪检监察、组织人事以及相关业务部门予以协助；

（八）对正在进行的严重违法违规、严重损失浪费行为及时向单位主要负责人报告，经同意作出临时制止决定；

（九）对可能被转移、隐匿、篡改、毁弃的会计凭证、会计账簿、会计报表以及与经济活动有关的资料，经单位主要负责人批准，有权予以暂时封存；

（十）提出纠正、处理违法违规行为的意见和改进管理、提高绩效的建议；

（十一）对违法违规和造成损失浪费的行为，提出通报批评或者追究责任的建议；

（十二）经单位主要负责人批准，在一定范围内通报内部审计结果及整改情况；

（十三）对严格遵守财经法规、管理规范有效、贡献突出的被审计单位和个人，可以向单位党委（党组）、主要负责人提出表彰建议。

第二十七条　被审计单位和被审计人员应当积极配合内部审计机构的工作，及时、真实、全面提供相关资料。被审计单位主要负责人对本单位提供资料的真实性和完整性负责。

第四章　内部审计项目实施程序

第二十八条　内部审计机构应当根据年度审计计划以及国家有关规定和本单位要求，在审计工作开展前组成审计组。审计组实行组长负责制。

第二十九条　内部审计机构应当在实施审计3日前，向被审计单位或者被审计人员送达审计通知书。

审计通知书应当包含下列内容：

（一）审计项目名称；

（二）被审计单位名称或者被审计人员姓名；

（三）审计依据、审计范围和审计起止时间；

（四）需要被审计单位或者被审计人员提供的资料以及其他必要的协助要求；

（五）审计组组长及其他成员名单。

有下列情形之一的，内部审计机构经单位主要负责人批准，可以直接持审计通知书实施审计：

（一）协助有关部门查证，以及办理信访、举报等事项；

（二）有证据或者迹象表明被审计单位和有关人员存在转移、隐匿、篡改、毁弃财政财务收支资料，转移、隐匿资产或者串通提供伪证等行为；

（三）被审计单位涉嫌严重违法违规；

（四）其他特殊情况。

第三十条 审计组应当调查、了解被审计单位或者被审计人员的相关情况，评估其存在重大问题的可能性，确定审计的应对措施，编制审计实施方案。审计实施方案及其调整须经内部审计机构负责人批准后实施。

审计实施方案应当包含下列内容：

（一）被审计单位名称或者被审计人员姓名；

（二）项目名称；

（三）审计目标和范围；

（四）审计内容和重点；

（五）审计程序和方法；

（六）审计组成员的组成以及分工；

（七）审计时间进度计划；

（八）审计工作要求。

第三十一条 内部审计人员可以采取下列方法实施审计：

（一）通过检查、查询、监督盘点、发函询证等方法实施审计；

（二）通过收集原件、原物或者复制、拍照等方法取得证明材料；

（三）对与审计事项有关的会议和会谈内容作出记录，或者要求被审计单位提供会议记录材料；

（四）记录审计实施过程和查证结果。

第三十二条 内部审计人员应当按照规定的权限和程序获取审计证据，准确、完整记录审计证据的名称、来源、内容、获取时间等信息；采集被审计单位电子数据作为审计证据的，还应当记录电子数据的采集和处理过程。内部审计人员向有关单位和个人调查取得的证明材料，应当取得提供者的签名或者盖章确认；确实无法取得的，内部审计人员应当注明原因并签名确认。

第三十三条 内部审计人员应当对审计实施方案确定的审计事项，逐一编制审计工作底稿。

审计工作底稿应当包含下列内容：

（一）被审计单位名称；

（二）审计事项；

（三）会计期间或者截止日期；

（四）审计程序的执行过程以及结果记录；

（五）审计结论或发现问题及其依据、意见以及建议；

（六）审计人员姓名和审计日期；

（七）复核人员姓名、复核日期和复核意见。

第三十四条 审计组完成审计项目后，应当以经过核实的审计证据为依据，形成审计结论、意见和建议，向内部审计机构提交审计报告。

审计报告应当包含下列内容：

（一）审计概况，包括审计目标、审计依据、审计范围、审计内容及重点、审计方法、审计程序和审计时间等；

（二）审计发现的主要问题、定性依据以及处理意见；

（三）审计建议。

第三十五条 内部审计机构应当将审计组提交的审计报告书面征求被审计单位或者被审计人员的意见。被审计单位或者被审计人员自收到审计报告之日起10日内，可以向审计组提出书面反馈意见；逾期未提出书面反馈意见的，视为无异议。

被审计单位或者被审计人员提出书面反馈意见的，审计组应当进行集中研究提出修改或者补充建议，经审计组组长核实后对审计报告进行必要的修改或者补充，审计组将核实采纳反馈意见的情况记录（修改或者补充的内容、审理会议纪要）连同该书面反馈意见一并提交内部审计机构。

第三十六条 内部审计机构应当对审计组提交的审计报告和相关审计事项等召开审计审理工作会议，也可以指定专人进行复核审理。对涉及重大事项、重大问题、与被审计单位或者被审计人员存在较大分歧的，内部审计机构可以提请单位召开专项会议进行审议。

第三十七条 内部审计机构应当将经过复核审理或者审议的审计报告报请单位主要负责人审批签发。

第三十八条 被审计单位应当在审计报告送达之日起30日内向内部审计机构报送整改方案；在审计报告送达之日起90日内完成整改，并将书面整改报告报送内部审计机构。

第三十九条 单位应当按照有关规定，建立健全内部审计档案管理制度。内部审计档案应当包含年度审计计划、审计通知书、审计实施方案、审计工作底稿及证据证明材料、审计组集中研究被审计单位反馈意见的情况（会议记录、会议纪要、修改或者补充内容）、审计报告、被审计单位或者被审计人员书面反馈意见以及整改报告等资料。

第五章　内部审计结果运用

第四十条　单位应当建立健全审计发现问题整改机制，明确被审计单位主要负责人为整改第一责任人；完善审计整改结果报告制度、审计整改情况跟踪检查制度、审计整改约谈制度，推动审计发现问题的整改落实。

第四十一条　单位应当对内部审计发现的典型性、普遍性问题，及时分析研究，制定和完善相关管理制度，建立健全内部控制制度；内部审计机构可以对审计发现的倾向性问题开展审计调查，出具审计调查报告或管理建议书，为科学决策提供建议。

第四十二条　单位应当加强内部审计机构、纪检监察、巡视巡察、组织人事等内部监督力量的协作配合，建立信息共享、结果共用、重要事项共同实施、整改问责共同落实等工作机制。

第四十三条　单位应当将内部审计结果及整改情况作为相关决策、预算安排、干部考核、人事任免和奖惩的重要依据。内部管理领导人员经济责任审计结果应当归入其本人档案。

第四十四条　单位在对所属单位开展审计时，应当有效利用所属单位内部审计力量和成果。对所属单位内部审计发现且已经纠正的问题不再在审计报告中反映；对纠正不及时或者不到位的问题应当依法在审计报告中提出处理意见并督促整改。

第四十五条　内部审计机构应当将内部审计结果和发现的重大违纪违法问题线索，及时报告本单位党委（党组、审计委员会）、主要负责人和上一级单位的内部审计机构；对内部审计发现的重大违纪违法问题线索，应当按照管辖权限依法依规及时移送纪检监察等有关国家机关依法处理。

第六章　内部审计管理

第四十六条　内部审计机构应当依照审计法律法规、行业准则和实务指南等建立健全内部审计工作规范，并按规范实施审计。内部审计项目实施程序按本规定第四章执行，其他审计工作程序依照审计法等有关规定执行。

第四十七条　内部审计机构应当运用现代审计理念和方法，坚持风险和问题导向，优化审计业务组织方式，加强审计信息化建设，全面提高审计效率。

第四十八条　内部审计机构应当着眼于促进问题解决，立足于促进机制建设，对审计发现问题做到事实清楚、定性准确，并在分析根本原因的基础上提出审计建议，促进单位事业发展。

第四十九条　内部审计机构应当加强自身内部控制建设，合理设置审计岗位和职责分工、优化审计业务流程，完善审计全面质量控制。

第五十条　内部审计机构应当建立健全本单位及所属单位内部审计工作评价制度，促进提升审计业务与审计管理的专业化水平。

第五十一条　内部审计机构实施领导人员经济责任审计时，应当参照执行国家有关经济责任审计的规定。

第七章　责任追究

第五十二条　被审计单位有下列情形之一的，由单位责令改正，并对直接负责的主管人员和其他直接责任人员进行处理：

（一）拒绝接受或者不配合内部审计工作的；

（二）拒绝、拖延提供与内部审计事项有关的资料，或者提供资料不真实、不完整的；

（三）拒不纠正审计发现问题的；

（四）整改不力、屡审屡犯的；

（五）违反国家规定或者本单位内部规定的其他情形。

第五十三条　内部审计机构和内部审计人员有下列情形之一的，由单位对直接负责的主管人员和其他直接责任人员进行处理；涉嫌犯罪的，依法追究刑事责任：

（一）未按照有关法律法规、本规定和内部审计职业规范实施审计导致应当发现的问题未被发现并造成严重后果的；

（二）隐瞒审计查出的问题或者提供虚假审计报告的；

（三）未将审计结果或者发现的重大违法违纪问题线索及时报告的；

（四）违反回避规定的；

（五）泄露国家秘密或者商业秘密的；

（六）利用职权干扰有关审计项目、泄露有关审计信息和工作秘密谋取私利的；

（七）违反国家规定或者本单位内部规定的其他情形。

第五十四条　内部审计人员因履行职责受到威胁、恐吓、打击、报复、陷害的，单位应当及时采取保护措施，并对相关责任人员进行处理；涉嫌违法犯罪的，移送有关国家机关依法处理。

第八章 附 则

第五十五条 单位可以根据本规定，结合实际情况，制定本地区、本单位内部审计管理规定。民办学校和教育部门主管的社会组织可以根据实际情况参照本规定执行。

第五十六条 本规定所称企业是指教育行政部门、学校及其他教育事业单位管理的国有和国有资本占控股地位或主导地位的企业。

第五十七条 本规定由广东省教育厅负责解释。

第五十八条 本规定自印发之日起施行。广东省教育厅于 2016 年 1 月 14 日印发的《广东省教育系统内部审计工作规定》同时废止。

广东省科学技术厅 广东省教育厅关于印发《广东省科技类校外培训机构设置标准（试行）》的通知

（粤科规范字〔2022〕9号）

各地级以上市科技、教育行政部门：

现将《广东省科技类校外培训机构设置标准（试行）》印发给你们，请结合实际认真执行。

广东省科学技术厅 广东省教育厅
2022年9月13日

广东省科技类校外培训机构设置标准（试行）

第一条【目的依据】

为贯彻落实《中共中央办公厅 国务院办公厅关于进一步减轻义务教育阶段学生作业负担和校外培训负担的意见》《国务院办公厅关于规范校外培训机构发展的意见》等文件要求，明确我省科技类校外培训机构的设置条件及办学要求，根据《中华人民共和国民办教育促进法》《中华人民共和国民办教育促进法实施条例》《中华人民共和国未成年人保护法》《中华人民共和国公司法》《民办非企业单位登记管理暂行条例》等法律法规和规定，制定本标准。

第二条【适用范围】

在本省行政区域内，由国家机构以外的社会组织或者个人（包括营利性校外培训机构的股东、非营利性校外培训机构的举办者，以下统称举办者），利用非国家财政性经费，通过线上或线下方式面向本省义务教育阶段在校学生，围绕科学普及，开展以提升动手能力、创新能力及培养科学家精神等为目标的科技创新活动与科学体验活动的相关校外培训机构，适用本标准（相关机构统称科技类校外培训机构）。

第三条【设立总要求】

申请设立科技类校外培训机构的，应当具备以下条件：

（一）有符合相关法律法规规定的举办者；

（二）有党团组织设立及开展活动的工作方案；

（三）有依法制定的章程和健全的管理制度；

（四）有符合条件的拟任董事会（理事会）或其他形式的决策机构（以下统称董事会）及监事会成员名单；

（五）有必备的开办资金和稳定的经费来源；

（六）有与办学规模相适应的培训场所；

（七）有必要的设施设备、生活与安全保障设施；

（八）有符合条件的拟任专职负责人（以下统称行政负责人）；

（九）有符合条件的拟任专职管理人员和培训人员；

（十）法律法规及规章规定的其他事项。

两个以上举办者联合举办科技类校外培训机构的，还应提交联合办学协议，明确各自计入注册资本或开办资金的出资数额、方式以及相应比例，各自权利义务和争议解决办法等内容。

第四条【举办者条件】

举办科技类校外培训机构的社会组织，应当具有法人资格。举办科技类校外培训机构的个人，应当具有政治权利和完全民事行为能力。举办科技类校外培训机构的社会组织或者个人应当有良好的信用状况。

同时举办或者实际控制多所科技类校外培训机构的，举办者或者实际控制人应当具备与其所开展办学活动相适应的资金、人员、组织机构等条件与能力，并对所举办的科技类校外培训机构承担管理和监督职责。

中小学校不得举办或参与举办科技类校外培训机构。

第五条【举办者投入】

科技类校外培训机构应具有与其培训项目和规模相匹配的资金投入，稳定的经费来源。开办资金、注册资本一般不少于10万元，以到账实有货币资金为准。科技类校外培训机构正式设立时，开办资金、注册资本应当缴足，并出具有效证明。科技类校外培训机构存续期间，不得抽资出逃，不得挪用办学经费。涉及联合办学的，举办者之间对办学投入承担相应的法律责任。

第六条【党建工作要求】

设立科技类校外培训机构，必须坚持和加强党的全面领导，做到党的建设同步谋划、党的组织同步设置、党的工作同步开展，确保正确的办学方向。科技类校外培训机构凡是有正式党员3人以上的，应当成立党的基层组织，并依照法律、行政法规和国家有关规定开展党的活动。

第七条【机构名称】

科技类校外培训机构只能使用一个名称，名称中不得含有歧义或误导性词汇，不得有违公序良俗。名称应当符合《企业名称登记管理规定》《民办非企业单位名称管理暂行规定》等规定。同时使用外文名称的，其外文名称应当与中文名称语义一致。

第八条【章程】

科技类校外培训机构应依法制定章程，内容应符合《中华人民共和国民办教育促进法》《中华人民共和国公司法》《中华人民共和国民办教育促进法实施条例》《民办非企业单位登记管理暂行条例》中关于章程的规定。

科技类校外培训机构应当将章程向社会公示，修订章程应当事先公告，征求利益相关方意见。完成修订后，报审批机关备案或者核准。

第九条【管理制度】

科技类校外培训机构应依法制定各项规章制度，包括但不限于：行政管理制度、教学管理制度、安全管理制度、培训材料编写审核管理制度、从业人员管理制度、学员管理制度、档案管理制度、招生和收退费管理制度、场地和设施设备管理制度、课程备案和信息公开制度、财务会计制度和资产管理制度等。

科技类校外培训机构开展线上培训活动的，还应当制定下列管理制度：用户信息保护制度、网络安全管理制度（含网络安全等级保护、信息审核、信息安全管理、值班巡查、应急处置、技术保障等内容）、网络安全事件应急预案等。

第十条【培训场地】

设立科技类校外培训机构应具备与培训项目和规模相匹配的、符合安全条件的、专用的固定场所（含办公用房、教学培训用房和其他必备场地）。培训场所总建筑面积不少于200平方米，同一培训时段内生均面积不低于3平方米；培训场所必须符合国家和省关于消防、环保、卫生等管理规定要求；不得选用居民住宅、地下室、架空层、工业厂房、违章建筑、临时建筑等不适宜于科技培训或其他存在安全隐患的场所，应当避开影响学生身心健康和可能危及学生人身安全的场所，远离危险化学品仓库等建筑。

以自有场所举办的，应提供办学场所的产权证明材料；租用场地的，应提供场地的产权证明材料以及具有法律效力的《租赁合同（协议）》，租赁期一般不少于2年。

第十一条【设施设备】

科技类校外培训机构应具有与培训层次、培训类别、培训项目和培训规模相匹配的设施设备和器材资料等。设施设备按照培训内容设计要求和相关规范建设，对于存在安全风险的设施设备，科技类校外培训机构必须做好防护措施，设立警示标牌，并制定应急预案、配备基本防护用品。设施设备存在噪音危害的，科技类校外培训机构应采取有效的措施隔音降噪。科学实验应安排在专用教室进行，其场地、设备、安全等要求需与中小学校实验室要求一致。

第十二条【安全标准】

科技类校外培训机构应当建立"人防、物防、技防"三位一体的安全防范体系，实现视频监控全覆盖，并配备数据存储设施，视频信息保存时间不少于30天。

培训场所应当符合国家和省关于消防、环保、卫生等管理规定要求，严禁使用彩钢板建筑；严禁在外窗、阳台、安全出口等部位设置影响逃生、灭火救援的铁栅栏、广告牌或门禁等障碍物；严禁擅自停用、关闭、遮挡消防设施设备，破坏防火分隔，锁闭、堵塞、占用安全出口和消防通道；严禁私拉乱接电线、超负荷用电或者改变保险装置；严禁在培训场所内及公共门厅、疏散走道、楼梯间、安全出口处违规停放电动自行车或充电；严禁在培训场所内吸烟，使用明火取暖、照明、驱蚊，违规存放、使用易燃易爆危险品。在室内开展培训的科技类校外培训机构应取得相应的消防安全证明等材料。提供餐饮服务的科技类校外培训机构须取得相应的食品经营许可证照。

科技类校外培训机构属人员密集场所，应在公共区域明显位置张贴《消防安全承诺书》，向社会公开承诺；应在疏散走道、楼梯间设置应急照明灯具，以保证疏散时必要的照度；安全疏散门应当向疏散方向开启，不得使用转门、卷帘门、推拉门、折叠门和设置金属栅栏；应沿疏散走道和在安全出口、疏散门的正上方设置灯光疏散指示标志，以保证安全地定向疏散。

科技类校外培训机构应当建立健全安全防护措施和检查制度，配备必要的防护用品和管理人员，制定相关应急预案并定期开展应急处置演练。科学实验活动应事先进行安全风险评估，必须安排在符合安全标准的专用教室进行。鼓励通过为参训对象购买人身安全保险等必要方式，防范和化解安全事故风险。

第十三条【行政负责人标准】

科技类校外培训机构应当建立执行（行政）机构，行政主要负责人行使教学和行政管理权。行政负责人应具备下列基本条件：

（一）具有较高的政治素质和教育管理能力，一般应具有3年以上教育从业经历；

（二）一般应具有大学专科以上学历；

（三）年龄一般应在70周岁以下；

（四）符合《中华人民共和国未成年人保护法》《校外培训机构从业人员管理办法（试行）》等相关规定。

第十四条【管理团队要求】

科技类校外培训机构应根据培训安排，充分配备教学、安全管理等专职管理人员，负责日常管理工作。教学管理人员应具有大学专科及以上学历。

第十五条【培训人员队伍标准】

科技类校外培训机构应根据所开设培训项目及规模，配备结构合理、数量充足、相对稳定的师资队伍，专职教学、教研人员原则上不低于从业人员总数的50%，不得聘请在职中小学教师（含教研人员）。其中，教学教研人员应具备大学专科及以上学历（原则上应持有理工类毕业证书或从事科技类相关工作满2年及以上），并具有相应的资质证明。聘请在境内的外籍人员要符合国家有关规定，严禁聘请在境外的外籍人员开展培训活动。培训人员基本信息（姓名、照片等）、教学资质、从教经历、任教项目等信息应在培训场所及平台、网站显著位置公示，并及时在监管平台备案。

科技类校外培训机构从业人员必须遵守宪法和法律，热爱教育事业，具有良好的思想品德和相应的培训能力，并符合教育部办公厅印发的《校外培训机构从业人员管理办法（试行）》有关要求。

第十六条【培训内容与培训时间】

科技类校外培训机构应具有明确的办学宗旨和培养目标，制订相应的培训计划、教学大纲和配备相应培训材料，合理安排培训课程内容。培训内容应当符合国家有关规定，坚持社会主义核心价值观，开展以培养学生的科学兴趣爱好、科学家创新精神和动手实践能力，提升科学素养、拓展思维能力，促进学生个性化发展和全面发展为目标的科技创新教育和科学体验活动，遵循教育教学规律和学生身心发展规律，课程难度及进度适宜，不得包含淫秽、暴力、恐怖、赌博以及与学习无关的广告、游戏等内容及链接等。

科技类校外培训机构应选用正式出版物或通过审核的自编培训材料，所有培训材料应符合教育部办公厅印发的《中小学生校外培训材料管理办法（试行）》有关要求。采用自编培训材料的科技类校外培训机构，应当建立培训材料编写研发、审核、选用使用及人员资质审查等内部管理制度，明确责任部门、责任人、工作职责、标准、流程以及责任追究办法。科技类校外培训机构对所有培训材料存档保管、备查，保管期限不少于相应培训材料使用完毕后3年。

科技类校外培训机构培训时间不得和当地中小学校教学时间相冲突，线下培训结束时间不得晚于20：30，线上培训不得晚于21：00。线上培训每课时不超过30分钟，课程间隔不少于10分钟。

不得以任何形式借科技类培训名义开展学科类课程内容。

第十七条【线上培训】

科技类校外培训机构开展线上培训业务的，应当严格落实《中华人民共和国网络安全法》《中华人民共和国数据安全法》等法律法规要求，具备自有或者租用的性能可靠的服务器，且服务器必须设置在中国内地；依法取得ICP（互联网信息服务）备案证明或者电信业务经营许可证（涉及经营电信业务的）、网络安全等级保护定级备案证明和等级测评报告。

科技类校外培训机构开展线上业务使用的线上培训平台应当具备信息储存功能、护眼功能和家长监管功能。

线上科技类校外培训机构的教育移动互联网应

用程序（教育 App）提供者应当建立覆盖个人信息收集、储存、传输、使用等环节的数据保障机制，储存 100 万人以上个人信息的线上校外培训 App，应通过个人信息保护影响评估、认证或合规审计。

第十八条【财务与收费】

科技类校外培训机构应当按照国家有关规定设置会计账簿、进行会计核算，编制财务会计报告。在每个会计年度结束时委托会计师事务所依法对其财务会计报告进行审计。

科技类校外培训机构的收费项目和标准根据办学成本、市场需求等因素确定，同时应符合《教育部等六部门关于加强校外培训机构预收费监管工作的通知》（教监管函〔2021〕2 号）及我省的相关规定，并向社会公示，接受有关主管部门的监督。

培训不得使用培训贷方式缴纳培训费用。培训收费时段与教学安排应协调一致，不得一次性收取或以充值、次卡等形式变相收取时间跨度超过 3 个月或 60 课时的费用。科技类校外培训机构收取的费用应当主要用于教育教学活动、改善办学条件和保障教职工待遇。营利性科技类校外培训机构的办学结余分配应当在年度财务结算后进行。

科技类校外培训机构应在机构所在地的地市辖区范围内自主选择一家具备第三方资金托管要求的银行，签订托管协议，开立预收费资金托管专用账户（培训收费专用账户），用于存放学员预付费；校外培训预收费须全部进入资金托管专用账户，不得使用本机构其他账户或非本机构账户收取培训费用。以现金等形式收取的，应全部归集至资金托管专用账户，做到全部预收费"应托管、尽托管"。该账户需与机构自有资金银行结算账户严格区分，不得用该账户内的预收费用进行融资担保。

科技类校外培训机构应当使用教育部和国家市场监管总局联合印发的《中小学生校外培训服务合同（示范文本）》，并应当遵循公平原则确定合同主体之间的权利和义务，并切实履行相关提醒和说明义务，不得包含排除或限制消费者权利、减轻或免除经营者责任、加重消费者责任等不公平、不合理的条款。机构收取培训费用后应当及时向学生（家长）提供以科技类校外培训机构名义开具的正规发票等消费凭证。

第十九条【附则】

本设置标准为基本标准，各地级以上市可参照本标准制定本地的具体设置标准。

本标准由发文机关进行解释。培训对象为普通高中在校学生的科技类校外培训机构设置应参照本标准执行。

本标准自 2022 年 12 月 1 日起实施，有效期 3 年。广东省教育厅、广东省人力资源和社会保障厅、广东省民政厅、广东省工商行政管理局四部门制定的《民办培训机构的设置标准》（粤教策〔2018〕6 号）内容与本设置标准不同的，以本件为准。执行期间，国家关于科技类校外培训机构设置标准另有规定的，从其规定。

广东省体育局 广东省教育厅关于印发深化体教融合促进青少年健康发展实施意见的通知

(粤体〔2022〕6号)

各地级以上市人民政府，省政府有关部门、有关直属机构，各高等院校：

《关于深化体教融合 促进青少年健康发展的实施意见》已经省人民政府同意，现印发给你们，请结合实际认真贯彻执行。

广东省体育局 广东省教育厅
2022年3月3日

关于深化体教融合 促进青少年健康发展的实施意见

为贯彻落实习近平总书记关于体育强国建设的重要指示和全国教育大会精神，落实国家体育总局、教育部《关于深化体教融合 促进青少年健康发展的意见》，充分发挥党委领导和政府主导作用，推动青少年体育锻炼与文化学习协调发展，促进青少年健康成长、健全人格、锤炼意志，培养德智体美劳全面发展的社会主义建设者和接班人，根据"一体化设计、一体化推进"原则，结合我省实际，制定如下实施意见。

一、加强学校体育工作

（一）树立和落实健康第一的教育理念

各级各类学校配齐配强体育教师，开齐开足上好体育课，积极开展丰富多彩的课余训练、竞赛活动。教育部门要会同体育、卫生健康部门加强对学校体育教学、课余训练、竞赛、学生体质健康监测的评估、指导和监督，全面促进青少年健康发展。

（二）加强学校体育教师和教练员队伍建设

建立优秀退役运动员、教练员进入学校担任体育教师制度，探索先入职后培训。在大中小学校增设教练员岗位，制定我省大中小学校体育教练员专业技术岗位设置管理的实施意见，将学校教练员职称评定纳入体育教练员职称体系，建立学校教练员与教师职称贯通机制。畅通优秀退役运动员、教练员进入学校担任专兼职学校教练员的渠道。

（三）开展丰富多彩的课外体育活动

中小学每天上午安排不少于30分钟的大课间体育活动。鼓励中小学每天开设一节体育课，当天没有体育课的，下午安排不少于40分钟的课外体育锻炼，并适量布置体育课外作业。支持学校体育俱乐部建设，高校成立不少于20个体育社团俱乐部。采取政府购买服务的方式，支持各类高等学校、体育机构、社会体育组织进入校园从事学生体育技能培训或组织开展面向青少年的体育赛事活动。体育教师、教练员组织课余体育活动和指导课余训练等纳入课时和工作量计算，给予相应补贴。

（四）健全教学质量评价体系

开展大中小学校学生体育"素质评价"，包括《国家学生体质健康标准》测试、参加体育课、体育活动及竞赛情况等内容。改进中考体育测试内容、方式和计分方法，自2022年秋季入学新生开始，采用"素质评价＋统一考试"模式，并逐步提高体育中考分值。高中实施体育学业水平考试，采用"素质评价＋终结性考试"测评模式，原则上，成绩不合格者不能毕业。高等教育阶段学校要将体育纳入人才培养方案，原则上，学生体质健康达标、修满体育学分方可毕业。鼓励高校和科研院所将体育课程纳入研究生教育公共课程体系。

（五）加快体育高等院校建设和体育职业教育发展

鼓励和支持体育高等院校或普通高等学校建设足球、篮球、排球学院，坚持办学与办队相结合、学习与训练相协调原则，以青少年健康成长、成才与运动项目发展、水平提高为目标。推动体育职业教育发展，科学规划学校布局和专业设置，强化专业能力和职业技能双修双强。在国民教育领域开辟一条竞技人才、服务人才、保障人才的培养通道。

（六）加强场地设施共享利用

公共体育场馆应当向青少年免费或低收费开放，为周边学校体育课、课外体育活动、各类体育赛事提供体育场地设施和公共体育服务。学校应当在课余时间和节假日向学生开放体育场地设施。支持学校和社会体育场馆合作开展体育课程（活动），鼓励利用公共体育场地和学校体育场地创建或引入社会体育组织，为青少年提供公益性体育服务。鼓励利用存量土地和房屋、绿化用地、地下空间、建筑屋顶等建设场地设施。

二、完善青少年体育赛事体系

（七）建立青少年体育赛事统筹管理机制

制定我省青少年体育赛事管理办法，加强青少年体育赛事统一管理、统筹调配。体育、教育部门共同规划、发布、组织、管理年度青少年锦标赛、冠军赛、年度学生锦标赛、学生冠军赛、U系列赛等计划内青少年体育赛事。

（八）建立青少年体育赛事一体化运行机制

体育、教育部门逐步统一青少年体育赛事的参赛资格、年龄组别和竞赛办法，建立统一规范的注册平台和注册办法，共同组织青少年运动员注册和资格审查；按照国家认证标准，共同评定在校学生运动水平等级。我省青少年运动员参加各级各类体育竞赛的成绩纳入体育、教育部门奖励和评估评价机制。

（九）完善青少年体育竞赛体系

完善省运会竞赛制度，建立各项目积分选拔办法，逐步将青少年年度竞赛纳入省运会竞赛体系。建立以青少年锦标赛为年度最高水平比赛，冠军赛、学生锦标赛、U系列赛、体育传统特色学校比赛、俱乐部竞赛等组成的竞赛体系，完善省、市、县、校四级联赛和逐级选拔竞赛制度，贯通省、市、县、校四级竞赛通道。加快推动体育行业协会与行政机关脱钩，鼓励、支持体育行业协会组织承办青少年体育赛事。

（十）建立全国各类青少年体育竞赛备战参赛机制

体育、教育部门共同建立优秀体育后备人才联合培养机制，统筹推进省优秀运动队、青少年竞技体育学校、重点体育后备人才培养单位与普通学校的合作共建，共同培养品学兼优的青少年体育后备人才。体育、教育部门统筹组织备战全国各类青少年体育竞赛，合理安排项目布局和人员调配，建立联合选拔组队、共同强化训练管理、统筹配置备战资源的集成化备战模式。

三、加强学校青少年体育训练

（十一）创建体育传统特色学校

教育、体育部门建立体育传统特色学校评定标准和建设规范，每两年联合开展一次评估认定，制订相应工作计划。各级教育、体育部门统筹规划体育传统特色学校的项目布局，重点发展足球、篮球、排球、田径、游泳以及国家和省优势项目、民族传统特色项目等，按照每个项目6：3：1的比例对小学、初中、高中体育传统特色学校项目的创建数量进行布局，组成对口升学单位，开展相同项目体育训练。到2025年，全省各级各类体育传统特色学校达到2000所，每个地市创建体育传统特色学校的项目不少于8个，每个县（市、区）不少于3个，按照属地管理、分级负责原则，各级教育、体育部门给予相应政策支持和资金资助。

（十二）推进体育传统特色学校高水平运动队建设

支持各级体育传统特色学校建立相应项目的高水平运动队，设置教练员岗位，开展课余体育训练。各级教育部门要制定有体育特长学生的评价、升学保障等政策，实施灵活学籍等制度，打通升学通道。各级体育部门要把学校高水平运动队建设纳入当地体育后备人才培养体系，在体育场馆设施、教练队伍、科研医务等方面给予相应扶持。

（十三）加强高校高水平运动队建设

贯彻落实教育部《关于进一步加强普通高校高水平运动队建设的实施意见》，由教育部门进一步完善我省高校高水平运动队招生办法，完善加强高校高水平运动员文化教育相关政策，通过学分制、延长学制、个性化授课、补课等方式，在不降低学业标准要求、确保教育教学质量的前提下，为优秀运动员完成学业创造条件。教育、体育部门共同推进省优秀运动队与高校高水平运动队的合作共建，共同规划项目设置、制订培养计划、加强训练管理、提供科研医务等，逐步形成小学、初中、高中、大学"一条龙"的体育后备人才培养体系。

四、加强各级各类体育运动学校建设

（十四）抓好少年儿童体育学校建设

各县（市、区）按照《少年儿童体育学校管理

办法》，加强少年儿童体育学校建设，开展业余训练项目不少于5个，训练竞赛经费列入同级财政预算，不得挤占、挪用。教育部门应当按照就近原则统筹安排在训学生的入学、升学，并在保障文化学习任务的前提下灵活安排课程，保障学生相对充足的训练时间。

（十五）加强各级各类体育运动学校的文化教育

各地级以上市按照《中等体育运动学校管理办法》和《中等体育运动学校配置标准》，高标准办好1所以上集训练、学习、生活、科研于一体的综合性体育运动学校。各级各类体育运动学校（以下简称体校）义务教育阶段青少年运动员的文化教育纳入国民教育体系，由体育部门负责日常管理和体育训练，提高科学训练水平，提升训练效益；由教育部门负责文化教育，包括教学、教师配备与评定、教学质量监控等，确保运动员的文化水平达到国家规定的基本质量要求。

（十六）改善各级各类体校办学条件

各地要将公办体校建设纳入本地区教育发展规划，文化教育经费按隶属关系纳入同级财政预算。体育、教育部门共同制定各级各类体校的建设标准和办学办训标准，每两年开展一次办学办训评估。赋予公办体校相应学段的教育配套政策，文化课教师的职称评定、继续教育纳入教育部门统筹，确保与当地普通中小学校或中等职业学校教师同等待遇，有条件的地方实行同等工资薪酬。

（十七）拓展体校的青少年综合服务功能

进一步改善体校办训条件，配备复合型训练团队，为青少年学生提供体育场地设施、技术支持和培训等。支持各级各类体校教练员兼职参与学校体育工作，将其承担的学校体育教学、课余训练、课外活动、指导参赛等计入工作量，纳入绩效工资。

五、规范发展社会体育组织

（十八）规范青少年体育俱乐部发展

建立我省青少年体育俱乐部星级评定体系和黑白名单制度，引导青少年体育俱乐部健康有序发展。按照社会体育俱乐部进入校园的准入标准，由学校自主选择合作俱乐部。建立各级青少年体育俱乐部联赛制度，鼓励青少年体育俱乐部参与青少年体育竞赛。

（十九）培育社会体育组织

采取政府购买服务方式，鼓励社会体育组织参与学校体育工作。体育、教育部门共同实施体育冬夏令营活动进校园工程，积极引导社会体育组织承办全国和省级青少年体育冬夏令营等活动，充分发挥其在校园体育文化建设中的积极作用。

（二十）加强对社会体育组织的指导和服务

鼓励社会体育组织从事青少年体育训练，并纳入各级各类体育后备人才重点基地评估体系。建立社会体育组织培养运动员激励机制，社会体育组织培养的运动员代表体育部门参加比赛的成绩享受其他运动员同等奖励待遇。按照"谁培养谁受益"原则，社会体育组织培养的运动员招调入省、市运动队的，给予培训补偿。完善社会体育组织教练员职称评定标准，纳入体育教练员职称评定体系。

六、推动粤港澳大湾区青少年体育发展

（二十一）构建粤港澳大湾区体教融合发展机制

协同港澳建立粤港澳大湾区青少年比赛联合办赛机制，支持粤港澳大湾区体育教育与发展联盟建设，扩大港澳学生参赛范围。进一步办好粤港澳大湾区学生体育节，支持开展体育师资交流与培训，协同港澳定期举办粤港澳大湾区学校体育学术论坛。

七、加强组织实施

（二十二）加强统筹领导

把推进体教融合工作纳入省体育工作联席会议制度，及时研究解决存在的问题。各地级以上市要成立由市政府办公厅（室）和体育、教育部门牵头，宣传、发展改革、民政、财政、人力资源社会保障、自然资源、住房城乡建设、卫生健康、税务、市场监管、银保监、共青团等部门参与的青少年体育工作联席会议制度，加强统筹协调和指导，推进青少年体育工作各项任务落实。

（二十三）完善保障机制

将青少年体育工作纳入各级政府重要议事日程，完善学校体育制度体系，健全学生体育运动伤害风险防范、应急处理机制，强化大型体育活动安全管理。

（二十四）强化督导评估

将青少年体育工作纳入地区发展规划，加强对政策措施落实、学生体质健康、后备人才培养、青少年体育公共服务等情况的督导评估，对执行不力的要严肃追责。

广东省体育局 广东省教育厅关于印发《广东省体育类校外培训机构设置标准（试行）》的通知

（粤体规〔2022〕3号）

各地级以上市体育、教育行政部门：

现将《广东省体育类校外培训机构设置标准（试行）》印发给你们，请结合实际认真执行。

广东省体育局 广东省教育厅
2022年9月13日

广东省体育类校外培训机构设置标准（试行）

第一条【目的依据】

为贯彻落实《中共中央办公厅 国务院办公厅印发〈关于进一步减轻义务教育阶段学生作业负担和校外培训负担的意见〉的通知》《国务院办公厅关于规范校外培训机构发展的意见》等文件要求，明确我省体育类校外培训机构设置条件及办学要求，根据《中华人民共和国民办教育促进法》《中华人民共和国民办教育促进法实施条例》《中华人民共和国未成年人保护法》《中华人民共和国公司法》《民办非企业单位登记管理暂行条例》等法律法规和规定，制定本标准。

第二条【适用范围】

本标准所称体育类校外培训机构（以下简称培训机构），是指在本省行政区域内，由国家机构以外的社会组织或者个人（以下统称举办者），利用非国家财政性经费，以传授和提升体育技能为目的，通过线上或线下方式面向中小学在校学生，开展体育指导、培训和训练的专门机构。

各级体育行政部门下属运动项目管理中心、体育运动学校、体育场馆等事业单位实施面向中小学生的体育类培训活动的，不适用本标准。

第三条【基本原则】

培训机构应当遵守法律、法规，贯彻国家的教育方针，保证教育质量，对受教育者加强社会主义核心价值观教育，落实立德树人根本任务。

第四条【设立总要求】

举办培训机构应当具备下列基本条件：

（一）有符合相关法律法规规定的举办者；

（二）有党团组织设立及开展活动的工作方案；

（三）有依法制定的章程；

（四）有符合条件的拟任董事会（理事会）或其他形式的决策机构（以下统称董事会）及监事会成员名单；

（五）有必备的开办资金和稳定的经费来源；

（六）有满足需求的规范安全的培训场所及设施设备；

（七）有符合条件的拟任专职负责人（以下统称行政负责人）；

（八）有符合条件的拟任专职管理人员和培训人员；

（九）有符合规定的培训计划和培训教材；

（十）有健全的管理制度；

（十一）法律法规及规章规定的其他事项。

联合举办培训机构的，应当签订联合举办协议，明确计入各自注册资本或开办资金的出资数额、方式以及比例，各方权利义务和争议解决方式等。

第五条【举办者】

举办校外培训机构的社会组织，应当具有法人资格。举办校外培训机构的个人，应当具有政治权利和完全民事行为能力。举办校外培训机构的社会组织或者个人应当有良好的信用状况。

同时举办或者实际控制多所校外培训机构的，举办者或者实际控制人应当具备与其所开展办学活动相适应的资金、人员、组织机构等条件与能力，并对所举办的校外培训机构承担管理和监督职责。

中小学校不得举办或参与举办校外培训机构。

第六条【举办者投入】

举办者应具有与其培训项目和规模相匹配的资金投入和稳定的经费来源，确保培训机构正常运行。开办资金、注册资本一般不少于10万元，以到账实有货币资金为准。培训机构正式设立时，开办资金、注册资本应当缴足，并出具有效证明。校外培训机构存续期间，不得抽资出逃，不得挪用办学经费。涉及联合办学的，举办者之间对办学投入承担相应的法律责任。

第七条【党建工作】

设立培训机构，必须坚持和加强党的全面领导，做到党的建设同步谋划、党的组织同步设置、党的工作同步开展，确保正确的办学方向。培训机构凡是有正式党员3人以上的，应当成立党的基层组织，并依照法律、行政法规和国家有关规定开展党的活动。党员人数不足3名的，应当明确联合组建、挂靠组建的工作思路、方案和开展活动的计划。

第八条【机构属性】

培训机构的举办者可以自主选择设立非营利性或者营利性培训机构。

非营利性培训机构的举办者不得取得办学收益，机构的办学结余全部用于办学。

营利性培训机构的举办者可以取得办学收益，机构的办学结余依照公司法等有关法律、行政法规的规定处理。办学结余分配应当在年度财务结算后进行。

第九条【机构名称】

培训机构名称由举办者依法自主申报，只能登记使用一个名称。名称应当符合《企业名称登记管理规定》《民办非企业单位名称管理暂行规定》《工商总局教育部关于营利性民办学校名称登记管理有关工作的通知》等规定，不得损害社会公共利益，不得含有歧义或误导性词汇，不得违背公序良俗，同时使用外文名称的，其外文名称应当与中文名称语义一致。

第十条【章程】

培训机构应当依法制定章程。章程应符合《中华人民共和国民办教育促进法》《中华人民共和国公司法》《中华人民共和国民办教育促进法实施条例》《民办非企业单位登记管理暂行条例》中关于章程的有关规定以及国家其他相关规定。

培训机构应当将章程向社会公示，修订章程应当事先公告，征求利益相关方意见。完成修订后，报审批机关备案或者核准。

第十一条【管理制度】

培训机构应依据法律法规和实际情况制定各项管理制度，包括但不限于：

（一）行政管理制度；

（二）教学训练制度；

（三）安全管理制度；

（四）培训材料编写审核管理制度；

（五）从业人员管理制度；

（六）学员管理制度；

（七）财务、会计和资产管理制度；

（八）招生和收退费管理制度；

（九）其他管理制度，设施设备管理制度、后勤管理制度及档案管理制度等。

培训机构开展线上培训活动的，还应当制定下列管理制度：用户信息保护制度；网络安全管理制度（含网络安全等级保护、信息审核、信息安全管理、值班巡查、应急处置、技术保障等内容）；网络安全事件应急预案。

第十二条【组织机构】

（一）董事会、监事会

校外培训机构应当设立理事会、董事会等决策机构，决策机构成员由举办者或其代表、行政主要负责人、党组织负责人和员工代表等组成。首届决策机构的组成人员由举办者负责推选，决策机构负责人应当具有中华人民共和国国籍，在中国境内定居，品行良好，无故意犯罪记录，具有政治权利和完全民事行为能力。

培训机构应当依法设立监事（会），董事会或理事会成员及行政负责人不得兼任监事或监事会成员。

法定代表人应由理事长、董事长或者行政主要负责人担任，并在章程中予以明确。

（二）行政负责人

培训机构应当建立执行（行政）机构，行政主要负责人行使教学和行政管理权。行政主要负责人应当在中国境内定居，符合《未成年人保护法》《校外培训机构从业人员管理办法（试行）》的其他相关规定，有大学专科及以上学历。

第十三条【培训场地】

培训机构应具备与培训项目和规模相适应的、符合安全条件的、专用的固定场所（包含办公、培训和其他必备场地）。培训场地间应保持一定的间隔，确保不拥挤、易疏散。棋牌类培训项目每班次人均场地面积不少于3平方米，其他培训项目每班次人均场地面积不少于5平方米（人均场地面积 = 培训场所总面积/同一时间场上学员人数，其中培训场所总面积指用于培训的场地面积，不包括配套服务场所面积）。

培训场所不得使用居民住宅、危房、医疗卫生用房、车库等不适宜于体育培训或有安全隐患的场所；应当避开影响学生身心健康和可能危及学生人身安全的场所。应远离危险化学品仓库等建筑。

以自有场所举办的，应提供办学场所的产权证明材料；以租用场所举办的须提供具有法律效力的租赁合同，租赁期限自申请举办之日起不少于1年。

培训机构租赁或者使用体育场馆、文化场馆、其他活动场馆，以及商场、公园等场所开展体育培训业务的，应当选取符合本标准要求的安全场所、保障师生安全，通过签订协议等方式与业主或者其委托管理方明确场所安全防范责任、设施设备安全维护责任、人身意外伤害处理机制等事宜。

第十四条【设施设备】

培训场地应根据实际需要配置相关配套设施、设置功能区，包括但不限于：服务台或服务中心、家长休息区、公告栏、器材室、更衣间、卫生间、饮水机、物品存放柜、医疗药品等。游泳等水上项目应配备淋浴间。

培训场地应达到国家规定的相应项目的开放条件与技术标准，符合全国性单项体育协会的相关规定。体育设施设备等应达到国家相关产品标准。

第十五条【安全要求】

培训机构举办者是机构安全管理第一责任人。培训机构应当建立安全教育培训制度，制订事故应急处置预案，定期开展安全演练，不断提高从业人员、学员的安全意识和逃生自救能力。

培训场所应当符合国家和省关于消防、环保、卫生等管理规定要求，严禁使用彩钢板建筑；严禁在外窗、阳台、安全出口等部位设置影响逃生、灭火救援的铁栅栏、广告牌或门禁等障碍物；严禁擅自停用、关闭、遮挡消防设施设备，破坏防火分隔，锁闭、堵塞、占用安全出口和消防通道；严禁私拉乱接电线，超负荷用电或者改变保险装置；严禁在培训场所内及公共门厅、疏散走道、楼梯间、安全出口处违规停放电动自行车或充电；严禁在培训场所内吸烟，使用明火取暖、照明、驱蚊，违规存放、使用易燃易爆危险品。在室内开展培训的培训机构应取得相应的消防安全证明等材料。提供餐饮服务的培训机构须取得相应的食品经营许可证照。

培训机构属人员密集场所，应在公共区域明显位置应张贴《消防安全承诺书》，向社会公开承诺；在疏散走道、楼梯间设置应急照明灯具，以保证疏散时必要的照度；安全疏散门应当向疏散方向开启，不得使用转门、卷帘门、推拉门、折叠门和设置金属栅栏；应沿疏散走道和在安全出口、疏散门的正上方设置灯光疏散指示标志，以保证安全地定向疏散。

培训机构应配备掌握治安、消防、急救等知识技能的专（兼）职安保人员。场地内外应安装消防、警护、视频监控设施，视频监控全覆盖，视频监控终端存储时间不低于30天。培训场所应配备自动体外除颤仪（AED）。使用器械培训项目的应当建立器械操作和安全管理制度。安全保障设备设施摆放位置合理、能够正常运转。

积极防范和化解安全事故风险。鼓励高危险性体育项目经营者依法投保有关责任保险，鼓励消费者依法投保意外伤害保险。配备常规医疗急救药物，制定体育类意外伤害医疗预案，并与就近医院建立应急救援联系方式。

体育类校外培训机构应加强反兴奋剂知识的宣传和教育，让教练员和学员充分了解兴奋剂的社会危害，增强反兴奋剂的自觉性。

第十六条【从业人员】

培训机构从业人员必须遵守宪法和法律，热爱教育事业，具有良好的思想品德和相应的培训能力，并符合教育部办公厅印发的《校外培训机构从业人员管理办法（试行）》有关要求。

教练员应熟悉运动项目教学训练规律和青少年身心发展特点，至少持有以下一种证书：

（一）体育教练员职称证书；

（二）社会体育指导员职业资格证书；

（三）全国性单项体育协会颁发的体育技能等级证书；

（四）体育教师资格证书；

（五）经人力资源和社会保障部确定的人才评价机构颁发的体育职业技能等级证书；

（六）省级以上体育行政部门认可的相关证书。

培训机构可聘请持技术等级证书的公益性社会体育指导员开展体育志愿服务。

高危险性体育项目从业人员必须具备国家规定的职业资格。不得聘用在境外的外籍人员。

第十七条【人员配备与管理】

培训机构应配备与培训规模和运营需求相适应的从业人员，线下培训机构专职教员原则上不低于从业人员总数的50%。培训机构应配备1名以上具有大学专科以上学历及有相关工作经历的专职教学管理人员，1名以上专兼职安保人员，财务会计人员配备应符合财务管理相关规定，会计和出纳不得兼任。

培训机构应按照《中华人民共和国劳动合同法》有关规定与聘用人员订立、履行、变更、解除或者终止劳动合同，切实保障所聘人员的合法权益。教学人员基本信息（姓名、照片等）、教学资质、从教经历、任教项目等信息应在培训场所及平台、网站显著位置公示，并及时在监管平台备案。其他从业人员信息应在培训机构内部进行公示。对初次招用人员，应当开展岗位培训。培训机构应对拟招用人员和劳务派遣单位拟派遣至机构场所工作的人员进行性侵害、虐待、拐卖、暴力伤害等违法犯罪信息查询，发现其具有前述行为记录的，不得录用。

第十八条【培训内容】

培训机构应树立"健康第一"的教育理念，坚持正确的价值取向，根据项目规律、学员情况、培训条件制订培训计划、培训大纲，配备相应教材，培训内容应遵循教育教学规律和学生身心发展规律，课程难度及进度适宜，要传播正确价值观，应当在思想性、科学性和适宜性等方面符合党的教育方针和立德树人要求，体现素质教育导向，不得包含淫秽、暴力、恐怖、赌博以及与学习无关的广告、游戏等内容及链接等。

鼓励培训机构采用国家体育总局或全国性体育单项协会制订的青少年体育教学训练大纲，或采用各级各类体育运动学校的教学训练大纲，或在地方体育单项协会指导下制定项目培训大纲。

培训机构不得以任何形式擅自开展学科类培训。

教员应按培训计划和训练大纲撰写教案（训练计划），电子教案（训练计划）与书面教案（训练计划）并用。

第十九条【培训材料】

培训机构应选用正式出版物或通过审核的自编培训材料，自编培训材料应符合教育部办公厅印发的《中小学生校外培训材料管理办法（试行）》要求，并在培训机构招生简介、网站平台上予以公示。

校外培训机构对所有培训材料存档保管、备查，保管期限不少于相应培训材料使用完毕后3年。

第二十条【培训时间】

培训机构培训时间不得和当地中小学校教学时间相冲突，线下培训结束时间不得晚于20:30，线上培训结束时间不得晚于21:00。线上培训每课时不超过30分钟，课程间隔不少于10分钟。

第二十一条【线上培训】

培训机构开展线上培训业务的，应当严格落实《中华人民共和国网络安全法》和《中华人民共和国数据安全法》等法律法规要求，具备自有或者租用的性能可靠的服务器，且服务器必须设置在中国内地；依法取得ICP（互联网信息服务）备案证明或者电信业务经营许可证（涉及经营电信业务的）、网络安全等级保护定级备案证明和等级测评报告。

培训机构开展线上业务使用的线上培训平台应当具备信息储存功能、护眼功能和家长监管功能。

培训机构通过教育移动互联网应用程序（教育App）开展培训业务的，教育移动应用提供者应当建立覆盖个人信息收集、储存、传输、使用等环节的数据保障机制，储存100万人以上个人信息的线上校外培训App，应通过个人信息保护影响评估、认证或合规审计。

第二十二条【财务与收费】

培训机构应当按照国家有关规定设置会计账簿、进行会计核算，编制财务会计报告。在每个会计年度结束时委托会计师事务所依法对其财务会计报告进行审计。

培训机构的收费项目和标准根据办学成本、市场需求等因素确定，同时应符合《教育部等六部门关于加强校外培训机构预收费监管工作的通知》（教监管函〔2021〕2号）及我省的相关规定。培训机构应当在培训场所醒目位置设立收费公示牌，公布收费项目、收费文件、收费标准以及退费程序等相关内容，并接受有关主管部门的监督。

培训不得使用培训贷方式缴纳培训费用。培训收费时段与教学安排应协调一致，单次向学员收取课程费用（含充值、次卡等形式收费）的时间跨度不超过3个月或60学时。培训机构收取的费用应当主要用于教育教学活动、改善办学条件和保障教职工待遇。

培训机构应当统一使用教育部和国家市场监管总局联合印发的《中小学生校外培训服务合同（示范文本）》。机构收取培训费用后应当及时向学生（家长）提供以培训机构名义开具的正规发票等消费凭证。

第二十三条【预收费资金监管】

培训机构应在机构所在地的地市辖区范围内自主选择一家具备第三方资金托管要求的银行，签订托管协议，以机构名义单独开立唯一预收费资金托管专用账户（培训收费专用账户），用于存放学员预付费。校外培训预收费须全部进入资金托管专用账户，不得使用本机构其他账户或非本机构账户收取培训费用。以现金等形式收取的，应全部归集至资金托管专用账户，做到全部预收费"应托管、尽托管"。该账户需与机构自有资金银行结算账户严格区分，不得用该账户内的预收费用进行融资担保。

第二十四条【审批登记】

培训机构按属地原则进行审批。线下培训机构的具体审批实施细则由属地县（市、区）级以上体育、教育行政部门共同制定和实施，线上培训机构按照国家关于线上培训机构审批层级的规定，由省级行政部门实施审批。审批通过后，由教育行政部门颁发《中华人民共和国民办学校办学许可证》。

在取得办学许可证后，应当根据机构属性到注册地市场监管或民政部门办理登记注册。培训机构必须经准入登记后才能开展培训业务。

举办游泳、滑雪（高山滑雪、自由式滑雪、单板滑雪）、潜水、攀岩等高危险性体育项目的培训机构，须同时取得《经营高危险性体育项目许可证》。

第二十五条【分支机构】

跨县（市、区）设立分支机构的，须经过分支机构所在地审批机关审批批准，执行所在地培训机构设置标准，如无地方标准则按本标准执行。

非营利性培训机构不得设立分支机构。

第二十六条【附则】

本设置标准为基本标准，各地级以上市可参照本标准制定本地的具体设置标准。

本标准由广东省教育厅、广东省体育局等部门共同解释。

本标准自2022年12月1日起实施，有效期3年。广东省教育厅、广东省人力资源和社会保障厅、广东省民政厅、广东省工商行政管理局四部门制定的《民办培训机构的设置标准》（粤教策〔2018〕6号）内容与本设置标准不同的，以本件为准。执行期间，国家关于校外培训机构设置标准另有规定的，从其规定。

广东省财政厅 广东省教育厅关于印发《广东省高等教育"冲一流、补短板、强特色"提升计划（2021—2025年）资金管理办法》的通知

（粤财科教〔2022〕181号）

有关地级以上市财政局、教育局，各普通本科高校、广东开放大学：

为规范和加强高等教育"冲一流、补短板、强特色"资金管理，提高资金使用效益，促进高校内涵式发展，根据《中华人民共和国预算法》及其实施条例等法律法规和《广东省省级财政专项资金管理办法》等有关规定，省财政厅、省教育厅制定了《广东省高等教育"冲一流、补短板、强特色"提升计划（2021—2025年）资金管理办法》。现印发给你们，请遵照执行。执行中如有问题，请及时向有关单位反映。

广东省财政厅 广东省教育厅
2022年11月3日

广东省高等教育"冲一流、补短板、强特色"提升计划（2021—2025年）资金管理办法

第一章 总　则

第一条 为规范和加强省级教育发展专项资金中安排的高等教育"冲一流、补短板、强特色"提升计划资金（以下简称"冲补强"资金）管理和使用，提高资金使用效益，促进高等教育高质量发展，根据《中华人民共和国预算法》及其实施条例等法律法规和《广东省省级财政专项资金管理办法》等规定，以及《广东省人民政府办公厅关于印发高等教育"冲一流、补短板、强特色"提升计划实施方案（2021—2025年）的通知》（粤府办〔2021〕24号）、《广东省人民政府关于印发广东省进一步提高高等教育毛入学率实施方案（2019—2021年）的通知》（粤府〔2019〕7号）、《广东省教育厅 广东省发展和改革委员会 广东省财政厅关于印发〈加快推进粤东粤西粤北地区新建迁建高校建设行动计划〉的通知》等文件，结合我省高校发展实际，制定本办法。

第二条 本办法所称"冲补强"资金，是指省财政通过一般公共预算，用于支持高等教育"冲一流、补短板、强特色"提升计划的资金，引导高校在不同层次争创一流、补齐短板和特色发展。

第三条 "冲补强"资金应严格按照"先有项目后有预算、先有预算再有执行、没有预算不得支出"管理，具体遵循以下原则：

（一）保障重点，质量导向。结合大事要事保障清单，优先保障中央和省的重大战略任务、发展规划，不留"硬缺口"。坚持学科的基础地位，引导和支持高校重点打造一流学科和优势特色学科，提高办学质量和创新能力，显著增强高校为我省经济社会发展特别是"双十"产业集群发展提供人才保障和科技支撑服务的能力。

（二）总体规划，分年实施。根据广东省高等教育改革发展的总体规划和目标任务，对资金进行整体谋划，分年度分配安排。资金年度预算根据教育领域规划、年度工作计划及省级财力情况确定。资金安排向拥有高水平学科的高校、向办学特色优势鲜明的高校倾斜。

（三）放管结合，规范管理。按照深化"放管服"改革的要求，进一步简政放权，扩大高校经费使用自主权。按照"谁使用、谁负责"的原则，明确管理责任，完善管理机制，规范管理行为，健全

监管机制，依法依规、合理有效使用经费。

（四）注重绩效，动态调整。全面实施预算绩效管理，加强资金事前绩效评估、强化绩效目标申报、事中"双监控"和事后绩效评价，将绩效管理结果与预算安排挂钩，动态调整支持力度，强化激励约束。

第四条 "冲补强"资金绩效目标是，到2025年，全省高等教育分层分类特色发展的格局进一步完善，内涵发展水平显著提升，培育一批大平台、大项目、大成果，全省高校的综合实力、核心竞争力和国际影响力持续提高，更多高校进入国家"双一流"建设行列，培养更多一流专业人才，高等教育支撑高质量发展的能力显著提升。各类建设高校根据建设任务，设定合理、具体的分阶段建设目标和可量化的预期成效。

第二章 管理权限与职责分工

第五条 省教育厅、财政厅、发展改革委、科技厅、工业和信息化厅按职责分工负责"冲补强"资金使用管理。

（一）省财政厅负责汇总编制资金预算，审核资金目录清单、绩效目标等，办理资金下达和拨付，对预算执行和绩效运行开展监控通报，组织开展重点绩效评价，不直接参与具体项目审批。

（二）省教育厅全面负责"冲补强"资金预算编制和执行，指导高校编制"冲补强"资金滚动规划，制定资金分配使用方案，加强项目和资金过程管理，对资金信息公开、支出进度、绩效、安全性和规范性等进行监管，设定专项资金整体绩效目标，明确分区域绩效目标，对专项资金的分配、执行和结果等信息进行公开公示。

（三）省发展改革委、省科技厅、省工业和信息化厅根据职能职责，参与"冲补强"相关高校、学科建设等项目遴选、建设方案审核以及绩效评价工作。

第六条 有关地市政府是粤东西北高校振兴计划（新校区建设）的责任主体，应当统筹财力，积极筹措项目资金，强化部门协调，推进项目按时完成。有关地市财政部门将省下达的资金纳入预算全流程规范管理，做好资金转下达和拨付等工作。有关地市教育主管部门承担省级下达资金的预算执行、绩效目标监控、任务清单实施的主体责任，确保完成省教育厅下达的任务清单和绩效目标；负责地市项目库管理，组织项目实施和监管，加强资金管理，做好信息公开、绩效自评、项目验收考评和配合开展审计、监督检查等工作。

第七条 各建设高校是"冲补强"资金使用管理的责任主体，应当切实履行法人责任，健全内部管理机制，科学合理编制资金滚动规划、储备项目和年度预算，对实施项目的合法性、真实性以及可行性负责。各建设高校要成立由校领导任组长的领导小组，严格按照财政预算资金管理规定核算，专项专用，及时向省教育厅汇报项目实施以及资金使用情况，按照有关规定开展绩效自评，并配合开展审计、监督检查等工作；要严格按照经批准的项目实施计划组织实施，确保如期完成，并达到预定目标和预算绩效；要加强信息公开管理，公开项目校内申报、论证、遴选和结果，公开项目验收、绩效评价和审计结果，自觉接受监督。

第三章 预算编制

第八条 "冲补强"资金专项用于支持高水平大学建设计划、粤东西北高校振兴计划、特色高校提升计划、提高高等教育毛入学率省属高校新增学位综合奖补（以下简称"提毛"综合奖补）、李嘉诚教育基金会和省属公办高校捐赠收入奖励、省属高校基本建设及其他高等教育高质量发展重点项目等七类项目。其中，高水平大学建设计划、粤东西北高校振兴计划（内涵部分）、特色高校提升计划属于内涵建设资金，粤东西北高校振兴计划（新校区建设）、省属高校基本建设属于基建补助资金。

第九条 "冲补强"资金实行项目管理，由学校统筹安排使用，按照人才培养、学科建设、师资队伍建设、提升自主创新和社会服务能力、文化传承创新、国际合作交流等类别设置项目。

（一）各建设高校根据建设方案编制资金滚动规划，明确建设目标和任务，通过组织论证将待实施项目纳入学校省级财政资金项目进行动态管理，并以规划实施项目为基础进行年度预算申报。高校要准确把握国家和省支持高校改革发展的总体要求，对照学校事业发展规划，按照轻重缓急进行排序，加大对教育教学、基础研究支持力度，建立本校"冲补强"资金滚动项目库。项目库实行常态化、动态化管理，具体项目由各高校组织校内论证、遴选。

（二）"冲补强"资金原则上提前一年组织项目论证研究和入库储备，高校要以本校建设规划为依据，按照"急需、成熟、统筹、集中"的原则，做实做细建设项目，按照有关要求编入相应的项目库储备，保留省级审批项目权限的专项资金原则上应在6月底前完成下一年度的项目储备，未入库项目一律不得安排预算。入库项目应按程序审批，具备安排预算的条件，保留省级审批项目权限的专项资金应当带具体可实施项目申请预算，因特殊原因暂无法带可执行项目申请预算的，应明确资金支出结构和使用方向，制订项目细化工作计划，在预算编制阶段细化至具体可实施的项目。对不能在一个年度完成，需要跨年实施的项目，原则上应根据年度资金使用计划滚动安排，并明确分年度资金安排计划和阶段性绩效目标，未具备当年支出条件的，不得纳入当年预算安排。涉及政府投资基本建设项目的，入库前应完成项目立项审批程序。

第十条 "冲补强"资金主要采用因素法、定额补助方式分配，分配因素主要包括基础因素、质量因素和其他因素。基础因素指高校在人才培养、师资队伍、科学研究等方面具备的基本条件等；质量因素指高校在学科建设、人才培养、科学研究、社会服务等方面取得的成效；其他因素包括高校办学特色、资金使用管理情况、绩效评价结果等。

"提毛"综合奖补资金采用综合补助资金置换学费等合规方式，由高校统筹用于改善办学，不直接与基建项目挂钩，结合高校新增学位成本和财力情况分类分档安排，对建设条件成熟、建设进度快的高校优先安排。"提毛"基建项目中按审批制立项的项目支出可直接使用"提毛"综合奖补资金。

在资金分配和使用过程中，要落实立德树人根本任务，高度重视人才培养工作，坚决克服唯分数、唯升学、唯文凭、唯论文、唯帽子的顽瘴痼疾。

第十一条 "冲补强"资金主要用于学校与项目建设计划相关的人员经费、设备购置费、维修费、业务费等，支出标准国家有明确规定的，按照规定执行；没有明确规定的，由学校结合实际情况，按照勤俭节约、实事求是的原则确定。

（一）人员经费。主要用于培养、引进、聘任学术领军人才和建设优秀创新团队等，其使用管理应当符合以下要求：

1. 认真落实党中央和广东关于深化人才发展体制机制改革的有关决策部署，有利于促进学校人事管理制度改革创新，有利于形成具有国际竞争力的人才制度优势。

2. 严格执行国家和我省关于事业单位绩效工资制度的有关规定，有利于建立健全规范有序的内部收入分配制度，人员经费支出应当聚焦学科建设，支持一线教学，加大对高层次人才的激励，不得用于在全校范围内普遍提高人员薪酬待遇。

3. 坚持正确导向，促进高层次人才合理有序流动。人员经费支出用于人才引进的，应当突出"高精尖缺"导向，严格执行国家和省关于事业单位人才引进工作的相关规定，坚持人才合理有序流动；重点加大海外高层次人才引进力度，不鼓励、不支持珠三角地区高校到粤东西北高校抢挖人才；不鼓励从国家中西部、东北地区高校挖抢人才。对明显有逐利趋向且频繁调动工作的高层次人才要慎重引进。确定人才薪酬应符合我省实施事业单位绩效工资制度的相关规定，不得片面依赖高薪酬高待遇竞价抢挖人才，不得简单以"学术头衔""人才头衔"确定薪酬待遇。

（二）设备购置费。指为完成"冲补强"计划建设任务而购置必要的教学、科研仪器设备等支出。

（三）维修费。指用于与"冲补强"计划相关的教学、科研仪器和实验设备、教学科研用房和附属设施的必要升级改造、修理、维护所发生的支出。

（四）业务费。指为完成"冲补强"计划建设任务而必须开支的实验材料费、科研业务费、国际交流合作费等支出。

第十二条 "冲补强"资金除本办法第八条明确的基建补助和"提毛"综合奖补资金外，不得用于偿还贷款、支付罚款、捐赠、赞助、对外投资、基础建设等支出，不得作为其他项目（纳入教育部相关共建项目除外）的配套资金。

第十三条 "冲补强"资金中可按规定计提一定额度的工作经费，属于基建类项目的按规定据实列支；其他资金计提总量不得超过"冲补强"资金总额的2%。"提毛"综合奖补资金不得计提工作经费。工作经费由省教育厅一并纳入预算细化编制、明确下达。

第十四条 工作经费主要用于为"冲补强"计划实施而开展的组织专家指导服务、委托第三方咨询分析、开展评估评审考核、交流会议、调研培训等工作。除中央和省委、省政府文件规定外，各单位一律不得将工作经费用于行政事业单位编制内人员工资、津贴补贴、奖金和其他福利支出，楼堂馆所建设、修缮和其他无关支出。

第四章 预算执行

第十五条 省教育厅按规定将资金分配方案、任务清单及绩效目标公示无异议后，应在预算法规定下达时限7日前报送省财政厅，并同步在预算管理系统中提交资金分配二级项目、绩效目标及经济分类等数据信息。省财政厅在收到分配方案7日内发文下达指标，同步下达分地区（单位）绩效目标。省本级支出全部列入年初部门预算管理，保留省级项目审批权限的转移支付带项目提前下达地市。省本级支出、保留省级审批项目的资金分配方案（含提前下达部分）及调整方案应按照"三重一大"要求，经省教育厅党组会议或办公会议集体审议后，在公示前报分管省领导审批，资金分配下达、公示、呈报省领导等工作应当在预算编制阶段完成。

建设高校应在资金下达 30 日内将具体项目安排计划通过本单位门户网站或相关信息系统等载体公开，并报省教育厅备案后执行，省教育厅汇总后提供省财政厅备案。

地市收到省级资金后，应在预算法规定时限内将资金拨付到项目承担单位。属于地市确定具体项目的，应在项目审批确定 30 日内报省教育厅备案，省教育厅汇总后提供省财政部门备案。

省教育厅未按规定办理专项资金分配下达，经省财政厅提醒督促仍未有效整改导致资金沉淀的，由省财政按规定将专项资金收回统筹或转为财力性补助资金分配下达市县。

第十六条 "冲补强"资金的支付按照国库集中支付有关规定实行分类管理，符合《关于印发〈广东省财政厅 广东省审计厅关于省级财政科研项目资金的管理监督办法〉的通知》（粤财规〔2019〕5号）要求的科研项目资金，学校可申请通过直接支付方式拨付至基本户按规定管理；其余资金通过授权支付方式拨付。"冲补强"资金属于政府采购范围或基建支出的，按照有关规定执行。

第十七条 年度项目一经确定，应当严格执行，一般不予调剂。在完成约束性任务的前提下，对执行中因特殊情况确需调剂的内容，在项目内调剂的，应当严格按照校内预算管理程序进行调剂；跨项目调剂的，按照校内预算管理程序进行调剂后，应当报省教育厅备案，省教育厅按季度汇总提供省财政厅备案。未完成约束性任务的情况下，用款单位需要调剂使用专项资金的，由省教育厅审批并抄送省财政厅。确因政策调整等原因当年度无法支出的，省教育厅可在 6 月底前调剂用于教育领域已储备的可执行项目。

第十八条 "冲补强"资金预算批准后，由省教育厅在自然年度终止前，制定下一年度专项资金预算支出计划，作为预算执行监督的依据。省教育厅要加强对专项资金执行进度和绩效目标实现情况的跟踪监控，编制资金的动态监控分析报告报省财政厅。对执行进度慢、绩效目标偏离的，及时责成项目承担单位采取有效措施予以纠正；情况严重的，应按规定予以调整、暂缓或停止项目执行。省财政厅对预算执行进度情况和重点项目绩效目标实现情况进行通报。

第十九条 项目单位应加快预算执行进度，对项目执行进度严重滞后，且经督促仍未整改到位的，由省教育厅提出资金处理意见，省财政厅办理资金的调整、收回统筹等事宜。

第二十条 各建设高校应当将"冲补强"资金收支情况分项目管理，纳入单位年度决算，统一编报。科研项目资金、年度结转结余资金按照国家和省有关规定管理。

第二十一条 各建设高校应当加强资产配置管理，提高资产配置的科学性，优化存量、控制增量，避免重复配置。使用"冲补强"资金形成的资产均属国有资产，应当按照国家国有资产管理的有关规定加强管理，提高资产使用效率。

第五章 监督检查与绩效评价

第二十二条 年度预算执行结束后，各级教育部门要布置资金使用单位对照设定的绩效目标对上一年度资金使用情况开展单位自评，省教育厅要对单位自评情况进行汇总并核查，并按要求将汇总核查情况报送省财政厅。实施周期内，省教育厅、省财政厅分别适时组织开展部门评价和财政评价。项目实施期满，省教育厅、省财政厅将会同有关省直单位开展事后绩效评价。

第二十三条 建设高校应当严格遵守国家和省财政财务制度和财经纪律，建立健全内部管理机制，加强内部控制，加快预算执行，确保资金使用安全、规范、有效，并自觉接受审计、监察和监督检查。

第二十四条 省教育厅、省财政厅对项目实施以及资金使用管理情况进行监督检查和绩效评价，绩效评价可以根据需要委托第三方开展，检查和评价结果将作为以后年度预算申请、安排、分配的重要依据。对项目预算执行缓慢或与绩效目标存在较大偏差的建设高校，相应采取减少或暂停安排资金等措施。对在学科建设、人才培养、贡献奖励、服务需求等方面有突出表现或取得突出成果的建设高校，给予专项奖励。

第二十五条 实行资金管理责任追究机制。

（一）资金必须专款专用，对违反规定使用、骗取、挪用、挤占、截留资金的行为，以及因管理不善导致资金浪费、资产毁损、效益低下的，将视情节追回、暂停或核减其以后年度预算，并按照

《中华人民共和国预算法》《财政违法行为处罚处分条例》等有关规定处理。

（二）在资金分配、审批等过程中，存在违反规定分配资金以及滥用职权、玩忽职守、徇私舞弊等行为的，按照《中华人民共和国预算法》《中华人民共和国监察法》等国家有关规定追究相应责任；涉嫌犯罪的，移送司法机关处理。

第六章　附　　则

第二十六条　本办法由省财政厅、省教育厅负责解释。

第二十七条　各建设高校可以依据本办法，制定学校的资金管理和使用实施方案，抄送省财政厅、省教育厅。

第二十八条　本办法自印发之日起施行，有效期5年，《广东省财政厅 广东省教育厅关于印发〈广东省高等教育"冲一流、补短板、强特色"提升计划资金管理办法〉的通知》（粤财教〔2018〕238号）已到期自动废止，2018—2020年期间安排的"冲补强"结转使用资金，自本办法印发之日起遵照本办法执行。

广东省文化和旅游厅 广东省教育厅关于印发《广东省文化艺术类校外培训机构设置标准（试行）》的通知

（粤文旅人〔2022〕129号）

各地级以上市文化广电旅游体育局、教育局：

现将《广东省文化艺术类校外培训机构设置标准（试行）》印发给你们，请认真遵照执行。

广东省文化和旅游厅 广东省教育厅
2022年10月28日

广东省文化艺术类校外培训机构设置标准（试行）

第一章 总 则

第一条 为贯彻落实《中共中央办公厅 国务院办公厅印发〈关于进一步减轻义务教育阶段学生作业负担和校外培训负担的意见〉的通知》《中共广东省委办公厅 广东省人民政府办公厅印发〈关于进一步减轻义务教育阶段学生作业负担和校外培训负担的若干措施〉的通知》《国务院办公厅关于规范校外培训机构发展的意见》等文件精神，明确我省文化艺术类校外培训机构设置条件及办学要求，根据《中华人民共和国民办教育促进法》《中华人民共和国民办教育促进法实施条例》《中华人民共和国未成年人保护法》《中华人民共和国公司法》《民办非企业单位登记管理暂行条例》等法律法规和规定，制定本标准。

第二条 本标准所称的文化艺术类校外培训机构，是指在广东省行政区域内，利用非国家财政经费举办，经县（市、区）级以上教育部门审核通过并受教育部门牵头监管，面向义务教育阶段和高中阶段学生实施的，从事器乐、声乐、舞蹈、戏曲戏剧、美术（含绘画、书法、篆刻、雕塑、设计等）类课程培训服务的非学科类培训机构。

国家关于涉外教育培训，以及消防、保安、安全生产等特定行业培训有特殊规定的，从其规定。

第三条 文化艺术类校外培训机构应当遵守法律、法规，贯彻国家的教育方针，保证教育质量，对受教育者加强社会主义核心价值观教育，落实立德树人根本任务。

培训机构应当贯彻教育与宗教相分离的原则。任何组织和个人不得利用宗教进行妨碍国家教育制度的活动。

第二章 基本条件

第四条 申请设立文化艺术类校外培训机构，应当具有符合相关法律法规规定的举办者。

举办校外培训机构的社会组织，应当具有法人资格。举办校外培训机构的个人，应当具有政治权利和完全民事行为能力。举办校外培训机构的社会组织或者个人应当有良好的信用状况。

同时举办或者实际控制多所校外培训机构的，举办者或者实际控制人应当具备与其所开展办学活动相适应的资金、人员、组织机构等条件与能力，并对所举办的校外培训机构承担管理和监督职责。

中小学校不得举办或参与举办校外培训机构。

第五条 申请设立文化艺术类校外培训机构，应当具有完善的组织机构。具体包括但不限于：党团组织设立及开展活动的工作方案、符合条件的拟任董事会（理事会）或其他形式的决策机构及监事会、依法制定的章程、健全的管理制度。

第六条 培训机构名称由举办者依法自主申报，只能登记使用一个名称。名称应当符合《企业名称登记管理规定》《民办非企业单位名称管理暂行规定》《工商总局教育部关于营利性民办学校名称登记管理有关工作的通知》等规定，不得损害社会公共利益，不得含有歧义或误导性词汇，不得违背公序良俗，同时使用外文名称的，其外文名称应当与中文名称语义一致。

第七条　申请设立文化艺术类校外培训机构，应当具有必备的开办资金和稳定的经费来源。培训活动正常运行开办资金数额应与办学规模相适应，开办资金、注册资本一般不少于10万元，以到账实有货币资金为准。培训机构正式设立时，开办资金、注册资本应当缴足，并出具有效证明。校外培训机构存续期间，不得抽资出逃，不得挪用办学经费。涉及联合办学的，举办者之间对办学投入承担相应的法律责任。

第八条　申请设立文化艺术类校外培训机构，应当具有与办学规模相适应的培训场所和必要的设施设备、生活与安全保障设施，场所应当符合国家关于消防、环保、卫生、食品经营等管理规定，并取得相应的消防安全证明材料。自有场所举办的，应提供办学场所的产权证明材料；租用场地的，应提供场地的产权证明材料，以及与产权人或由产权人授权人签订的具有法律效力的《租赁合同（协议）》，租赁期一般不少于3年。培训场地间应保持一定的间隔，确保不拥挤、易疏散，培训机构的场地建筑面积不小于200平方米，同一培训时段内生均面积不少于3平方米。

第九条　申请设立文化艺术类校外培训机构，还应当具有法律法规及规章规定的其他事项。

第三章　专业条件

第十条　根据专业类别，文化艺术类校外培训机构开设课程分为器乐类、声乐类、舞蹈类、戏曲戏剧类、美术（含绘画、书法、篆刻、雕塑、设计等）类，申请开办包含上述类别课程的培训机构，应分别具备相应的专业条件。

第十一条　器乐类培训机构设立专业条件。

（一）每个课室不小于5平方米；

（二）配备与教学相适应的相关设施设备；

（三）培训人员应具备器乐相关专业的以下条件之一：大学专科及以上学历、器乐类教师资格证、中级及以上专业职称、教学能力相关证书；

（四）培训课程设置包括器乐类一对一培训、集体班培训等，应开设视唱练耳与乐理等基础课程。

第十二条　声乐类培训机构设立专业条件。

（一）每个课室不小于5平方米；

（二）配备与教学相适应的相关设施设备；

（三）培训人员应具备声乐相关专业的以下条件之一：大学专科及以上学历、声乐类教师资格证、中级及以上专业职称、教学能力相关证书；

（四）培训课程设置包括声乐类一对一课程、音乐启蒙班、合唱班、美声演唱、民族歌曲演唱等基础课程；

朗诵、播音主持、编导等专业培训机构设立专业条件参照声乐类培训机构设立专业条件执行。

第十三条　舞蹈类培训机构设立专业条件。

（一）不少于1间课室达到80平方米以上；

（二）配备与教学相适应的相关设施设备；

（三）培训人员应具备舞蹈相关专业的以下条件之一：大学专科及以上学历、舞蹈类教师资格证、中级及以上专业职称、教学能力相关证书；

（四）培训课程设置包括基本形体训练、古典舞、芭蕾舞、民族舞、现代舞、爵士舞、街舞等基础课程。

第十四条　戏曲戏剧类（含戏曲曲艺、戏剧等）培训机构设立专业条件。

（一）不少于1间课室达到80平方米以上；

（二）配备与教学相适应的相关设施设备；

（三）培训人员应具备戏曲戏剧相关专业的以下条件之一：大学专科及以上学历、戏曲戏剧类教师资格证、中级及以上专业职称、教学能力相关证书，地方剧种及非遗文化方向特殊人才可适当放宽限制；

（四）戏曲戏剧类培训课程设置包括唱念功及表演基本功、基功及做打功、群体表演等基础课程；

（五）安全教学管理方面，除培训场地基本设施外，教授基功及做打功课程，需配备相应安全护垫，教授高难度动作还应配备相应安全协助人员协助教学工作开展。

第十五条　美术（含绘画、书法、篆刻、雕塑、设计等）类培训机构设立专业条件。

（一）不少于1间课室达到30平方米以上；

（二）配备与教学相适应的相关设施设备；

（三）培训人员应具备美术相关专业的以下条件之一：大学专科及以上学历、美术类教师资格证、中级及以上专业职称、教学能力相关证书；

（四）培训课程设置包括素描、写生、书法等基础课程。

第四章　日常管理

第十六条　申请设立文化艺术类校外培训机构，必须坚持和加强党的全面领导，做到党的建设同步谋划、党的组织同步设置、党的工作同步开展，确保正确的办学方向。培训机构凡是有正式党员3人以上的，应当成立党的基层组织，并依照法律、行政法规和国家有关规定参与本培训机构的重大决策并实施监督。党员人数不足3名的，应当明确联合组建、挂靠组建的工作思路、方案和开展活动的计划。

第十七条 申请设立文化艺术类校外培训机构，应当建立健全防护措施和检查制度，配备必要的防护用品和管理人员，实现视频监控全覆盖，并配备数据存储设施，视频信息保存时间不少于30天。

校外培训机构属人员密集场所，应在公共区域明显位置张贴《消防安全承诺书》，向社会公开承诺；应在疏散走道、楼梯间设置应急照明灯具，以保证疏散时必要的照度；安全疏散门应当向疏散方向开启，不得使用转门、卷帘门、推拉门、折叠门和设置金属栅栏；应沿疏散走道和在安全出口、疏散门的正上方设置灯光疏散指示标志，以保证安全地定向疏散。

培训场所严禁使用彩钢板建筑；严禁在外窗、阳台、安全出口等部位设置影响逃生、灭火救援的铁栅栏、广告牌或门禁等障碍物；严禁擅自停用、关闭、遮挡消防设施设备，破坏防火分隔，锁闭、堵塞、占用安全出口和消防通道；严禁私拉乱接电线，超负荷用电或者改变保险装置；严禁在培训场所内及公共门厅、疏散走道、楼梯间、安全出口处违规停放电动自行车或充电；严禁在培训场所内吸烟，使用明火取暖、照明、驱蚊，违规存放、使用易燃易爆危险品。

第十八条 申请设立文化艺术类校外培训机构，应配备与培训规模和运营需求相适应的从业人员培训人员基本信息（姓名、照片等）、教学资质、从教经历、任教项目等信息应在培训场所及平台、网站显著位置公示，并及时在监管平台备案。其他从业人员信息应在培训机构内部进行公示。对初次招用人员，应当开展岗位培训。培训机构应对拟招用人员和劳务派遣单位拟派遣至机构场所工作的人员进行性侵害、虐待、拐卖、暴力伤害等违法犯罪信息查询，发现其具有前述行为记录的，不得录用。

培训机构应与聘用的全部人员依法签订劳动合同、缴纳社会保险，保障其工资福利待遇和其他合法权益。不得聘请在职中小学教师（含教研人员）。聘用在境内的外籍人员应当符合国家和省有关规定，不得聘用在境外的外籍人员。

第十九条 文化艺术类校外培训机构应具有明确的办学宗旨和培养目标，制定相应的培训计划、教学大纲和配备相应教材（或讲义），合理安排培训课程内容。培训内容应当符合国家有关规定，坚持社会主义核心价值观，遵循教育教学规律和学生身心发展规律，不得包含淫秽、暴力、恐怖、赌博以及与学习无关的广告、游戏等内容及链接等。

第二十条 培训机构应选用正式出版发行的教材或自编教材，所有培训教材应符合教育部办公厅印发的《中小学生校外培训材料管理办法（试行）》有关要求。采用自编教材的培训机构，应当建立培训材料编写研发、审核、选用使用及人员资质审查等内部管理制度，明确责任部门、责任人、工作职责、标准、流程以及责任追究办法。

第二十一条 校外培训机构培训时间不得和当地中小学校教学时间相冲突，培训结束时间不得晚于20:30。线上培训不得晚于21:00，每课时不超过30分钟，课程间隔不少于10分钟。

不得以任何形式借文化艺术类培训名义开展学科类课程内容。

第二十二条 培训机构开展线上培训业务的，应当严格落实《中华人民共和国网络安全法》和《中华人民共和国数据安全法》等法律法规要求，具备自有或者租用的性能可靠的服务器，且服务器必须设置在中国内地；依法取得ICP（互联网信息服务）备案证明或者电信业务经营许可证（涉及经营电信业务的）、网络安全等级保护定级备案证明和等级测评报告。

培训机构开展线上业务使用的线上培训平台应当具备信息储存功能、护眼功能和家长监管功能。

培训机构通过教育移动互联网应用程序（教育App）开展培训业务的，教育移动应用提供者应当建立覆盖个人信息收集、储存、传输、使用等环节的数据保障机制，储存100万人以上个人信息的线上校外培训App，应通过个人信息保护影响评估、认证或合规审计。

第二十三条 培训机构应当按照国家有关规定设置会计账簿、进行会计核算，编制财务会计报告。在每个会计年度结束时委托会计师事务所依法对其财务会计报告进行审计。

培训机构的收费项目和标准根据办学成本、市场需求等因素确定，同时应符合《教育部等六部门关于加强校外培训机构预收费监管工作的通知》（教监管函〔2021〕2号）及我省的相关规定。培训机构应当在培训场所醒目位置设立收费公示牌，公布收费项目、收费文件、收费标准以及退费程序等相关内容，并接受有关主管部门的监督。

培训不得使用培训贷方式缴纳培训费用。培训收费时段与教学安排应协调一致，单次向学员收取课程费用（含充值、次卡等形式收费）的时间跨度不超过3个月或60学时。培训机构收取的费用应当主要用于教育教学活动、改善办学条件和保障教职工待遇。

培训机构应当统一使用教育部和国家市场监管总局联合印发的《中小学生校外培训服务合同（示范文本）》。机构收取培训费用后应当及时向学生（家长）提供以培训机构名义开具的正规发票等消费凭证。

第二十四条　培训机构应在机构所在地的地市辖区范围内自主选择一家具备第三方资金托管要求的银行，签订专用监管账户管理协议，以机构名义单独开立唯一预收费资金专用存款账户，用于存放学员预付费。校外培训预收费须全部进入资金托管专用账户，不得使用本机构其他账户或非本机构账户收取培训费用。以现金等形式收取的，应全部归集至资金托管专用账户，做到全部预收费"应托管、尽托管"。该账户需与机构自有资金银行结算账户严格区分，不得对该账户内的预收费用进行融资担保。

第五章　附　则

第二十五条　本标准自2022年12月1日起实施，有效期3年。

第二十六条　本设置标准为基本标准，各地级以上市可参照本标准制定本地的具体设置标准。文化艺术类校外培训机构在地级以上市范围内申请设立的分支机构（教学点）的，由各地级以上市制定其设置标准。

第二十七条　广东省教育厅、广东省人力资源和社会保障厅、广东省民政厅、广东省工商行政管理局四部门制定的《民办培训机构的设置标准》（粤教策〔2018〕6号）内容与本设置标准不同的，以本件为准。执行期间，国家关于校外培训机构设置标准另有规定的，从其规定。

第二十八条　本标准由广东省教育厅、广东省文化和旅游厅共同负责解释。

广东省教育厅关于印发《广东省教育系统开展法治宣传教育的第八个五年规划（2021—2025年）》的通知

（粤教策〔2022〕7号）

各地级以上市教育局，各普通高校、省属中职学校，广东实验中学、华南师范大学附属中学、华南师范大学附属小学：

现将《广东省教育系统开展法治宣传教育的第八个五年规划（2021—2025年）》印发给你们，请结合实际，认真学习贯彻落实。

广东省教育厅
2022年9月9日

广东省教育系统开展法治宣传教育的第八个五年规划
（2021—2025年）

为深入学习贯彻习近平法治思想，做好广东省教育系统第八个五年法治宣传教育工作，根据《中央宣传部、司法部关于开展法治宣传教育的第八个五年规划（2021—2025年）》《全国教育系统开展法治宣传教育的第八个五年规划（2021—2025年）》《中共广东省委 广东省人民政府转发〈省委宣传部、省司法厅关于开展法治宣传教育的第八个五年规划（2021—2025年）〉的通知》等，结合本省教育系统实际，制定本规划。

一、总体要求

（一）指导思想

坚持以习近平新时代中国特色社会主义思想为指导，认真落实习近平法治思想、习近平总书记关于教育的重要论述，深入贯彻习近平总书记对广东系列重要讲话和重要指示精神，深刻领会"两个确立"的决定性意义，增强"四个意识"，坚定"四个自信"，做到"两个维护"。全面贯彻党的教育方针，落实立德树人根本任务，坚持以培育和践行社会主义核心价值观为主线，以宪法教育为核心，以民法典教育为重点，结合党史、新中国史、改革开放史和社会主义发展史教育，结合加强爱国主义、集体主义、社会主义教育，深入落实"1+1+9"工作部署，紧紧围绕服务广东省教育发展"十四五"规划，准确把握新发展阶段普法工作内涵和要求，深入开展教育系统法治宣传教育，为奋力开创新时代广东教育强省建设新局面，培养德智体美劳全面发展的社会主义建设者和接班人做出新贡献。

（二）工作原则

坚持党的全面领导，认真落实中央关于加强法治宣传教育的决策部署和本省有关工作安排，始终保持正确的政治方向和舆论导向。坚持以人为本，根据学生、教师、学校教职员工、教育行政部门工作人员等普法对象的不同特点和实际需求，精准设定法治宣传教育的目标、内容和形式，以服务为导向，分类实施、统筹推进，不断提升教育普法的服务能力和水平。坚持普治结合，深入开展参与式、实践式法治宣传教育，推动普法与依法治理有机融合，深度融入法治实践，引导广大干部师生养成自觉守法、遇事找法、解决问题靠法的思维习惯和行为方式。坚持智慧普法，统筹运用数字化技术、数字化思维、数字化认知，创新法治宣传教育载体和方式方法，以科技赋能精准普法，提升普法感染力和有效性。坚持协同育人，推动形成在党委政府领导下，以学校为主体，家庭参与、社会支持的法治宣传教育工作格局。

（三）主要目标

到2025年，全省教育系统法治素养和依法治理水平显著提升，教育系统普法工作完备的制度体系、精准的实施体系、科学的评价体系和健全的责任体系基本形成；广大干部师生尊法学法守法用法的自觉性和主动性不断提高；法治课教师教学能力明显提升；法治实践教育成效显著；"互联网+"法治教育深入推进，政府、司法机关、学校、社会、家庭共同参与的法治教育体系基本形成；形成一批具有广东辨识度的法治教育成果，教育系统法治宣传教育的质量和水平迈上新台阶。

二、主要任务

（一）坚持以习近平法治思想为引领，持续提升教育系统法治观念和素养

深入学习贯彻习近平法治思想，学习宣传习近平法治思想的重大意义、丰富内涵、精神实质和实践要求，将习近平法治思想贯彻落实到教育系统普法的全过程和各方面，引导广大干部师生坚定不移走中国特色社会主义法治道路。深入学习宣传宪法，重点宣传社会主义制度是中华人民共和国的根本制度，中国共产党领导是中国特色社会主义最本质的特征、是中国特色社会主义制度的最大优势；加强国旗法、国歌法等宪法相关法的学习宣传，深入开展教育系统宪法学习宣传教育活动。深入学习宣传民法典，重点宣传民法典中国特色社会主义的特质、基本原则、基本要求和新规定新概念新精神，加强青少年民法典教育，推动教育系统干部师生学好用好民法典。深入学习宣传教育及相关法律法规，宣传教育法、教师法、义务教育法、职业教育法、高等教育法、民办教育促进法、学位条例、国家通用语言文字法、未成年人保护法、预防未成年人犯罪法、家庭教育促进法、广东省学校安全条例等法律法规。深入学习宣传其他法律法规，宣传中国特色社会主义法律体系，宣传刑法、刑事诉讼法、行政处罚法等国家基本法律，宣传总体国家安全观和国家安全相关法律法规，宣传保密、公共卫生安全、科学技术普及、优化营商环境、生态文明建设、知识产权保护、税务、防治家庭暴力等方面法律法规和涉外法律法规。深入学习宣传党内法规，重点学习宣传党章、准则和条例等，注重党内法规宣传同国家法律宣传衔接协调。积极开展中国共产党普通高等学校基层组织工作条例、关于加强中小学校党的建设工作的意见等有关教育领域的党内法规和制度性文件学习。将学习掌握党内法规作为合格党员的基本要求，列入党组织"三会一课"内容，更好地引导教育系统党员牢记初心使命，坚定理想信念，不断提高政治判断力、政治领悟力和政治执行力，做到知敬畏、存戒惧、守底线。

（二）切实增强普法的针对性和实效性，着力推动教育系统法治宣传教育高质量发展

推进教育系统精准普法，分类设计普法的目标、内容和方法途径，建立教育系统应知应会法律清单制度；分析不同年龄阶段的学生群体、不同岗位的行政管理人员和教职员工的法治需求，积极探索形成大中小幼一体化法治宣传工作格局，提高普法内容的适用性和实效性；细化完善普法的工作标准和操作规范；加强案例普法，推进教育系统行政执法人员、公职律师等以案释法活动。推进青少年法治教育规范化和常态化，结合安全、禁毒、国防、防灾减灾救灾以及防范学生欺凌、网络诈骗、人身侵害和人口拐卖等内容开展日常宣传教育，将法治教育纳入中小学课后服务范围；深入开展法治实践教育，将青少年法治教育实践基地（法治资源教室）纳入社会综合实践活动场所范围；加强在粤的港澳青少年宪法、基本法教育。推进教师依法治教，全面提高教师依法治教的意识与能力，充分发挥其依法治教主力军作用；提升法治课教师专业教学能力，推动大中小学法治课程开齐开足开好；鼓励教师在日常教学活动中有机融入法治教育相关内容，创新法治教学方式和手段。推进特殊地区和特殊群体普法，关注留守儿童、随迁子女、残疾少年儿童等学生的法治需求，重点进行安全防范教育，促进养成守法意识，提升依法维权能力，提供相关法治服务支持；加强民族地区普法，推动铸牢中华民族共同体意识；加大对农村、边远地区等学校的普法支持力度。

（三）深度融入教育系统依法治理，为加快教育现代化和教育强省建设营造良好法治环境

推动普法与依法治教紧密结合，进一步提升运用法治思维和法治方式推动教育改革发展的能力。将普法融入教育立法过程，通过征求意见、调研座谈等方式，引导公众主动参与立法、了解立法。认真落实"谁执法谁普法""谁管理谁普法"，健全责任机制，明确普法内容，把法治教育纳入依法行政、依法治校考核。推动各级各类学校健全依法治理制度体系，将普法融入学校教育教学与日常管理，体现在学生守则、教学规则、行为规范和其他管理制度中，不断提升依法治校和依法执教能力。根据学校章程、校规校纪等，建立健全对学生日常行为的考察评价与奖惩机制，在学生综合素质评价中加强对学生遵纪守法意识和行为的考查。加强学校未成

年人保护、教师职业道德、教育惩戒实施、安全管理、依法治理"校闹"、推进依法治校等相关规章文件的学习宣传，规范和保障学校、教师依法履行职责，更好地维护校园教育教学秩序。

三、重点举措

（一）大力加强习近平法治思想学习宣传

将学习宣传贯彻习近平法治思想作为重要政治任务，制定习近平法治思想学习宣传工作方案，把习近平法治思想作为教育部门党委（党组）理论学习中心组学习、领导班子集体学习的重要内容，作为教育系统干部、教职员工等教育学习培训的重点课程。推动习近平法治思想融入学校教育，纳入高校法治理论学科体系、教材体系、教学体系，做好进教材、进课堂、进头脑工作。组织高校相关专业教师开展习近平法治思想、中国特色社会主义法律制度的系统理论研究，推出一批有分量、有深度的研究成果，支持各高校面向全体学生开设习近平法治思想公共选修课。充分利用网站、电视台、报刊、"两微一端"等多种渠道，加大习近平法治思想宣传解读力度，着力营造学习宣传贯彻习近平法治思想的良好氛围。

（二）深入推进教育系统领导干部学法用法

充分发挥领导干部的"关键少数"示范带头作用，坚持党委（党组）理论学习中心组集体学法制度，将宪法、民法典、保密法等法治内容纳入教育部门领导班子的年度学习规划，把法治素养和依法履职情况作为干部考核评价的重要内容。建立健全领导干部应知应会法律清单制度，强化法治理念和法治思维。加大教育系统领导干部法治培训力度，推动各级教育部门参加年度学法用法考试，组织现场或网络旁听法庭庭审，深度普法。加强学校领导干部依法治校能力培训，重点培养一批具有法治思维和善于运用法治方式办学治校的管理者，带动提升学校管理队伍的法律素质。

（三）深入推进青少年宪法宣传教育

推动"12·4"国家宪法日和"宪法宣传周"集中宣传活动制度化，实现宪法宣传教育常态化。继续开展全省学生"学宪法 讲宪法"活动，作为法治教育"第二课堂"的重要内容，鼓励地方和学校通过演讲比赛、知识竞赛、实践活动等形式，努力营造"比、学、赶、帮、超"的良好学习氛围。在全省大中小学继续组织实施"宪法教育大课堂"法治进校园活动，培养一批"普法小使者"。鼓励学校利用晨读、班队会、课外活动等时段开展宪法教育，在青少年学生成人仪式、毕业仪式等活动中设置礼敬宪法环节，弘扬宪法精神。引导学生在假期、社会实践等活动中学习宪法，参与法治实践。

（四）充分发挥课堂教学主渠道和学校教育主阵地作用

全面落实青少年法治教育大纲，充分发挥法治教育在立德树人过程中的重要作用，引导青少年从小养成尊法守法习惯。推广启发式、互动式、探究式教学方式，加大情景模拟、案例教学等方法应用，加强教学行为指导和规范。落实国家相关课程方案和学科课程标准，加大学科融入法治教育力度，深入挖掘各类课程和教学方式中蕴含的法治教育资源，结合学生年龄特点和日常实际将规则、纪律、秩序、诚信、团结合作、冲突解决等法治内容融入教育教学。根据国家部署，适当增加法治知识在中考占比。加强高校法律基础课程建设，加大教学资源建设力度，鼓励开设法治教育在线课程，丰富宣传教育形式和路径。

（五）大力推进青少年法治实践教育

将法治实践教育作为中小学综合实践活动的重要内容，将青少年法治教育实践基地（法治资源教室）纳入社会实践大课堂活动场所。努力推动学生每年接受法治实践教育不少于2课时，在小学、初中、高中阶段分别到青少年法治教育实践基地（法治资源教室）接受1次以上的法治教育。各市、县（市、区）要完善青少年法治教育实践基地（法治资源教室）建设保障机制，实现功能完备、运作规范，根据青少年特点、社会关注内容，不断创新服务方式，提升普法效果。鼓励有条件的地方探索建设青少年法治教育实践基地（法治资源教室）。积极创建全国青少年法治教育实践基地。推进教育公益普法，将普法作为法学专业大学生社会实践、志愿者服务等重要内容，组织学生进入社区、中小学校开展公益普法，在实践中学法用法。加强高校法学专业学生和非法学专业学生交流，充分利用学校第二课堂阵地增强学生学法用法能力。鼓励学生参与学校管理服务活动和社会公共事务，提高学生的公民意识和法律运用能力。

（六）持续强化法治课师资建设

配齐配强法治课师资，按要求配备专兼任法治课教师。3年内对全省所有中小学道德与法治课教师轮训一次。逐步提高法治课专业教师在思想政治课教师中的比例。推动在各类研究项目中设立法治教育研究专项，发挥各地市教研机构作用，建立健全普法讲师团、法治课教学观摩、集体备课等教师研修机制，打造一批省级法治课精品在线课程，推动课程资源共享。支持优秀法治课教师申报各类高层次人才项目。鼓励教育部门和学校引进法律专业人才，录用法学专业本科及以上毕业生担任法治教育专任教师。鼓励支持师范院校法学院（系）培养更多法治教育师范生，推动高校在师范、法学专业培养方案中增加法学、教育学原理等相关内容，探索设立"法学＋教育学"双学士学位人才培养等项目。加强涉外法治领域师资、人才培养。

（七）持续提升学校依法治理能力和水平

加强对依法治校工作领导，配足配优有法学专业背景或法律实务工作经验的专职工作人员。形成以章程为核心的完备系统的制度体系，健全学校内部权益保护和救济机制。鼓励引进专业法律人才，通过定期培训、挂职锻炼、委托培养等多种方式，提升管理人员法治素养。健全学校法律顾问制度，推动法律顾问参与依法治校过程和学校重大决策，探索建立高校总法律顾问制度。完善法律风险防控机制，建立法律风险清单，明确防控处置主体、责任、措施。制定教职工年度应知应会法律法规清单，有针对性地开展学习，不断提高教职工依法参与学校管理、依法维护自身和学生合法权益的能力。推进教师线上线下相结合的法治教育培训，每位中小学教师每年接受不少于5学时的法治教育培训。健全各级各类学校普法联络员制度。加强校园法治文化建设，普及法治知识，弘扬法治精神。结合全国依法治校示范校创建工作，开展新一轮全省中小学依法治校示范校创建。开展高等学校法治工作测评工作。

（八）完善法治教育协同工作机制

健全协同工作机制，为干部师生提供更多优质法治教育资源和法治实践机会。加强法学教育、法学研究工作者和法治实践工作者的交流。加强与人大、人民法院、人民检察院、公安机关、司法行政机关等单位协作，推进法治进校园活动。均衡区域法治教育资源分配，结合乡村教育振兴、控辍保学、预防未成年人犯罪等工作，着力提升农村边远贫困地区中小学生法治教育质量和水平。配合推进社区和家庭青少年法治教育，加强对社会力量参与教育系统法治宣传教育的指导和管理，完善政府购买、社会投入、公益赞助等相结合的普法机制。组织引导法学专家、法律工作者参与教育系统法治宣传教育。推进法律援助进校园活动，为广大师生提供法律援助和咨询服务。宣传贯彻家庭教育促进法，强化家校共育，鼓励学生与家庭成员交流分享法治学习成果。

（九）科学规范开展中小学法治副校长工作

提升中小学法治副校长工作的科学化、制度化水平。建立由教育部门、法院、检察院、公安机关、司法行政部门等参加的法治副校长工作联席会议制度，建立健全法治副校长遴选聘任、日常工作评价、培训管理、表彰激励和退出机制。研究制定法治副校长普法工作手册，将法治副校长培训纳入教师、校长培训规划，进一步提升法治副校长工作水平与能力。借助法治副校长工作优势，积极推进解决中小学学校安全难题，推动学校提高治理能力与治理水平，保护未成年人合法权益，促进未成年人健康成长。

（十）加强粤港澳大湾区法治教育交流合作

开展面向在粤港澳台侨学生的宪法教育，鼓励积极参与法律实践活动。支持各级各类学校开展港澳台侨学生宪法法律知识学习系列活动，邀请港澳青少年学生参加全省学生"学宪法 讲宪法"活动，增强港澳台侨学生对宪法、基本法和总体国家安全观等的正确认识和全面理解，培养港澳台侨学生的家国情怀。鼓励各地各校开展粤港澳大湾区教育法治交流合作，为粤港澳大湾区教育事业发展提供法治支撑。

（十一）融入新理念、新技术拓展普法教育

推动构建立体化、数字化法治宣传教育体系，加强法治教育平台建设，为广大干部师生学习法治知识提供便利条件。运用大数据、云计算、人工智能、VR等新技术，创新普法内容和形式。开发青少年喜闻乐见的法治App、短视频等，吸引学生积极参与。依托高校创新法治宣传教育服务方式，充分发挥广东省教育法治研究基地等智库作用，加强法治宣传教育理论研究。

四、组织保障

（一）加强组织领导

充分发挥广东省教育法治领导小组的作用，统筹协调、指导督促全省教育系统普法宣传教育工作。县级以上教育部门要完善教育法治工作机制，学校应当确定专门机构或者人员负责教育普法工作。县级以上教育部门和学校要从党和国家事业发展全局出发，将普法工作摆到重要位置，科学研究制定本地区本单位普法工作方案，明确责任分工，认真组织实施。各地各校主要负责同志要按照推进法治建设第一责任人的职责要求，认真履行普法领导责任，加强日常指导和督促，推动普法工作扎实有效开展。

加强法治教育工作督导。各级教育部门要把法治教育督导列入年度日常工作计划，定期和不定期对法治教育活动开展情况、活动计划落实情况进行督导。

（二）健全保障机制

教育部门和学校要将法治宣传教育工作经费纳入年度预算，充分保障普法工作开展。统筹安排经费，积极支持青少年法治教育中心、法治教育实践示范基地、教育法治研究基地等平台建设。推动法治宣传教育纳入政府购买服务指导性目录，鼓励引导社会力量支持青少年法治教育。

（三）优化考核评价

县级以上教育部门和学校应当健全评测机制，将法治宣传教育纳入政府履行教育职责评价、教育督导评估和综合绩效考核等重要范围，把依法履职能力作为干部考核考评的重要内容。鼓励引导社会力量参与法治教育的第三方评价，为改进教育普法工作提供决策依据。健全激励机制，及时宣传推广教育系统法治宣传教育的先进经验和典型案例。

广东省人力资源和社会保障厅 广东省教育厅关于印发《广东省中小学教师职称评审办法》和《广东省中小学教师职称评价标准条件》的通知

(粤人社规〔2022〕30号)

各地级以上市人力资源和社会保障局、教育局,省直有关单位：

按照国家部署,2016年我省出台中小学教师职称制度改革实施方案,在全省范围内全面推开改革,当前中小学教师职称评审工作已进入规范化、常态化开展阶段。为适应新时代教育事业高质量发展以及教育评价改革新要求,根据国家和省职称评审工作有关规定,我们组织修订了《广东省中小学教师职称评审办法》和《广东省中小学教师职称评价标准条件》,现印发你们,自2023年1月15日起实施,有效期为5年。

实施中如有问题及意见,请径向省人力资源社会保障厅专业技术人员管理处和省教育厅师资管理处反映。

广东省人力资源和社会保障厅 广东省教育厅
2022年12月29日

广东省中小学教师职称评审办法

第一章 总 则

第一条 为深化中小学教师职称制度改革,加强教师队伍建设,科学评价中小学教师专业技术水平,根据国家和省深化职称制度改革指导意见精神及《关于印发广东省职称评审管理服务实施办法及配套规定的通知》(粤人社规〔2020〕33号)等有关规定,结合我省实际,制定本办法。

第二条 本办法适用于我省普通中小学、幼儿园、特殊教育学校、专门学校、市县级中小学教师发展中心、基础教育教学研究机构、电化教育机构和其他校外教育机构[以下简称为学校(单位)]中实行中小学教师职称(职务)制度的在编在岗教师的职称评审。

民办中小学、幼儿园教师和其他在岗中小学、幼儿园教师可参照本办法参加职称评审。

第三条 中小学教师(含幼儿园教师,下同)职称评审,必须在核定的岗位结构比例内进行,不再进行岗位结构比例之外、与岗位聘用相脱离的评审。评审结果是中小学教师岗位聘用的重要依据。

民办中小学、幼儿园可参照公办中小学教师岗位结构比例设置,不低于或高于公办中小学的岗位结构比例。

第四条 中小学教师职称评审工作,坚持德才兼备、以德为先,本着客观、公正、公开、竞争、择优的原则,科学评价教师的职业道德、创新能力、业绩水平和实际贡献。实行同行专家评价,注重业内和社会认可。

第五条 中小学教师职称评审实行分级管理。正高级教师职称评审由省人力资源社会保障、教育行政部门组织实施,具备条件的地市经批准可由所在地市人力资源社会保障、教育行政部门组织实施。高级及以下等级教师职称评审由地级以上市人力资源社会保障、教育行政部门组织实施。一级、二级、三级教师职称评审由县(县级市、区,下同)人力资源社会保障、教育行政部门组织实施。具备条件的学校经批准可依据标准自主开展教师职称评审。

第六条 拓宽基层中小学教师的专业发展通道。对长期在革命老区、中央苏区、民族地区等艰苦边远地区和农村工作的基层中小学教师,高级教师职称可实行"定向评价、定向使用"。评审办法由各地市根据实际情况制定，评审标准按照《广东省中小学教师职称评价标准条件》的相关规定执行。"定向评价、定向使用"的高级专业技术岗位实行总量控制、比例单列，不占各地专业技术高级结构比例，可单独分组、单独评审。取得"定向评价、定向使用"职称的教师，限定在特定实施范围内聘任和流动，向其他地区或非基层单位流动的，应按程序进行重新评审。

第二章 职称评审委员会

第七条 中小学教师职称实行评审委员会评审制度。根据评审需要分级组建正高级、高级、中级、初级教师职称评审委员会和评委库，评审同级及以下层级职称。中小学正高级教师、高级教师职称评审委员会评审专家不少于25人。具体人数经省人力资源社会保障行政部门或具有核准备案权限的地级以上市人力资源社会保障行政部门同意，可适当调整。各地组建的中小学中级、初级教师职称评审委员会评审专家不少于11人。各等级中小学教师职称评审委员会按照分级管理要求由教育部门负责组建，由相应人力资源社会保障部门核准备案，并设立评委会办公室，一般设在职称评审工作组织实施单位的内设机构或所属单位。

第八条 评审委员会按照我省有关规定产生，中小学领域的专家不少于3/4。评审委员会实行核准备案管理制度，备案材料包括评审系列或专业、层级、评审人员范围、评审专家库组建方案等。备案有效期3年，期满重新核准备案。

评委库入库委员须由同行专家和现聘为相应及以上职务等级的人员组成。正高级教师职称评审委员会评委库入库委员由在高等院校、中小学、教师专业发展机构、教学研究机构正高级岗位上任职、相同或相近专业的专家组成。高级教师职称评审委员会评委库入库委员参照以上相应条件。新入库的评审专家需经评委会组建单位组织培训后，方可从事职称评审工作。

第三章 申 报

第九条 各地、各单位在发布职称评审申报通知时，应同时发布本年度的评聘计划。

第十条 申报评审中小学教师职称，须符合《广东省中小学教师职称评价标准条件》有关规定要求。各地可结合实际，制定不低于《广东省中小学教师职称评价标准条件》的申报条件和评审标准，各地制定的制度规定要充分征求意见，按照规定程序审定印发实施。

第十一条 中小学教师申报评审职称，由个人向学校（单位）提出申请，按要求如实填报《广东省中小学教师职称评审表》，并一次性提交全部材料。申报人学历（学位）证书、教师资格证、现聘任职称、年度考核等次、支教经历和继续教育等材料可实行告知承诺制。

第十二条 中小学教师可申请跨校竞聘、申报。

第四章 考核推荐

第十三条 学校（单位）根据教师岗位空缺数量和工作需要组织竞争推荐。

第十四条 学校（单位）成立以同行专家和一线教师为主的推荐委员会（一般不少于7人，其中一线教师占比不少于50%），参加竞聘教师在学校（单位）内部公开述职后，对其进行综合评价，提出推荐意见。

推荐委员会组成人员实行回避制度。推荐委员会成员与本人或本人近亲属有利害关系的，与参加竞聘教师是夫妻关系，或直系血亲关系，或三代以内旁系血亲，或近姻亲，以及其他可能影响客观公正评审情形的实行回避。

第十五条 学校（单位）根据推荐委员会的推荐意见，结合参加竞争推荐人员任现职以来各学年度的履职表现、考核情况，集体研究确定推荐人选，并将推荐人选的申报材料在学校（单位）内进行公示（时间不少于5个工作日）。

第十六条 公示无异议的申报人，其申报材料按现行职称管理权限逐级审核报送至相应评委会办公室。

第五章 评 审

第十七条 教育行政部门按管理权限对学校（单位）推荐人选组织说课讲课考核，并将考核结果记入《广东省中小学教师职称评审表》。

规模较大、教育教学教研力量较强、管理规范的学校（单位）的申报人，申报一级教师及以下层级的，可由教育行政部门委托学校（单位）组织说课讲课考核。

第十八条 评委会办公室要制定评审工作方案，经评审委员会组建部门审核同意后组织实施评审工作。

第十九条 评委会办公室根据有关要求受理申报材料，按规定对申报材料进行审核。符合要求的，提交评审委员会评审。申报材料不符合规定的,评委会办公室一次性告知申报人需要补正的全部内容。逾期未补正的,视为放弃申报。

第二十条 评审委员会根据中小学教师职称评价标准条件,对申报人员进行综合评价。

第二十一条 评审委员会评审的基本程序。

(一)评委会办公室通报评审准备工作情况;

(二)评审委员会下设专业(学科)评审组,进行分组审议。对申报中小学正高级、高级教师的人员,组织面试答辩,答辩结果作为评审的重要依据,学科组在对评审对象的材料全面审阅的基础上进行充分讨论和评议,提出评议意见,作为评委会评议表决的重要参考;

(三)评审委员会委员听取专业(学科)评审组评议情况汇报,审阅评审材料,在充分讨论和评议的基础上,最后采取无记名方式表决,同意票数达到出席会议的评审委员人数的 2/3 以上为通过。

第二十二条 评审结束后,评委会办公室将评审通过人员名单进行公示,同时反馈到申报人员所在单位进行公示,公示期不少于 5 个工作日。

第二十三条 对公示无异议的,评委会办公室在公示期结束后 10 个工作日内将评审结果按职称管理权限报相应人力资源社会保障部门审核确认。经公示有异议的,评委会办公室应在收到异议之日起 30 个工作日内组织开展核查,并报送相应人力资源社会保障部门审核确认或备案。因情况复杂,确需延长核查期限的,可延长 30 个工作日。

第二十四条 经审核确认获得教师职称的人员,由相应人力资源社会保障部门,核发电子职称证书,可通过登录广东省专业技术人才职称管理系统自行下载打印本人证书。《广东省中小学教师职称评审表》存入本人档案。

第二十五条 中小学思政课教师可实行单列评审,向一线教师倾斜。中小学思政课教师按照教学计划开展时事教育和组织社会实践活动的时间,计入课时量。

第六章 纪 律

第二十六条 申报人员须客观、如实填报并提交申报材料。完善教师失信惩戒机制,对通过提供虚假材料、剽窃他人作品和学术成果,或通过其他不正当手段取得职称的,一律撤销其通过评审的职称,并记入职称评审诚信档案库,纳入全国信用信息共享平台,作为今后申报、评审的重要参考依据。

第二十七条 评审委员会委员、评审组成员、评委会日常工作部门工作人员应严格遵守评审纪律,坚持客观、公正、准确的评审原则,认真履行职责,不得泄露评委会委员、评审组成员和评审过程中的讨论、表决情况;不得徇私、放宽标准条件及其他有碍公正评审的行为。对违反相关纪律及规定者,按照有关规定处理。

第七章 附 则

第二十八条 各地可结合实际,进一步创新评价机制,对本办法的有关内容进行细化,提高职称评审的科学性。

第二十九条 其他未尽事项,按《广东省人力资源和社会保障厅关于印发广东省职称评审管理服务实施办法及配套规定的通知》(粤人社规〔2020〕33 号)等规定执行。

本办法由省人力资源社会保障厅、省教育厅负责解释。

广东省中小学教师职称评价标准条件

第一章 总 则

第一条 为适应新时代教育事业高质量发展以及教师队伍建设改革新要求,根据国家和省深化职称制度改革指导意见及《人力资源和社会保障部 教育部关于印发〈关于深化中小学教师职称制度改革的指导意见〉的通知》(人社部发〔2015〕79 号)等文件精神,结合我省实际,制定本评价标准条件。

第二条 本评价标准条件适用于广东省普通中小学、幼儿园、特殊教育学校、专门学校、市县级中小学教师发展中心、基础教育教学研究机构、电化教育机构和其他校外教育机构中从事基础教育教学及教研、教师专业发展、电化教育工作的在职在岗并获得相应中小学教师资格的人员申报职称评价。

第三条 中小学教师职称评价设初级、中级、高级三个层级,其中初级分设员级和助理级,高级分设副高级和正高级。员级、助理级、中级、副高级、正高级职称名称依次为三级教师、二级教师、一级教师、高级教师、正高级教师。

第四条 中小学教师参加职称评审，须同时满足以下基本条件及各级职称对应的评价标准条件。

第二章 基本条件

第五条 思想政治素质、职业道德条件。

（一）拥护党的领导，胸怀祖国，热爱人民，遵守宪法和法律，贯彻党和国家的教育方针，忠诚人民教育事业。遵守《中华人民共和国教师法》《中小学教师职业道德规范》《新时代中小学教师职业行为十项准则》《新时代幼儿园教师职业行为十项准则》，具有良好的思想政治素质和职业道德，自觉践行社会主义核心价值观，爱岗敬业，关爱学生，为人师表，教书育人。

（二）具备相应的教师资格及专业知识和教育教学能力，在教育教学一线任教，切实履行教师岗位职责和义务。

（三）任现职以来，符合下列条件。

1. 年度考核合格次数不少于学历、资历条件规定的任教年数，且近2年年度考核为合格以上。

2. 2年内没有出现以下情形：因工作失职而引发事故造成损失；体罚学生、变相体罚学生，参加有偿补课，或其他侵害学生或家长利益的行为；伪造学历、资历、业绩材料和剽窃、抄袭他人成果等弄虚作假或违反学术规范等情况。

3. 未受到影响参加职称评定的处理或处分，或受到的处理或处分影响期满、不影响参加职称评定的。

第六条 计算机应用能力条件。

对计算机应用能力不做统一要求，成绩仅作为参考。确需评价计算机能力水平的，由用人单位在职称申报推荐环节增加相关要求。

第七条 继续教育条件。

积极参加继续教育，按照《广东省专业技术人员继续教育条例》和《广东省中小学教师继续教育规定》等要求完成继续教育学习任务。

第八条 身心健康条件。

身体健康，心理素质良好，具备从事教育教学工作的身心健康条件。

第三章 正高级教师评价标准条件

第一节 高中正高级教师评价条件

第九条 学历资历条件。

一般应具备大学本科及以上学历，在高级教师岗位从事教育教学工作满5年。

城镇教师要有1年以上在薄弱学校或农村学校任教经历，从事特殊教育、民办学校教育、少数民族班教学的工作年限及由教育行政部门选派教师的支教工作年限可视为有薄弱学校或农村学校任教经历年限。任现职期间在乡镇以下学校任教的教师，在同等条件下，可优先评审。

第十条 育人工作条件。

（一）长期工作在教育教学一线，具有崇高的职业理想和教育信念，为促进学生健康成长发挥了指导者和引路人的作用，学科课程育人成效明显，能准确把握学生成长规律，及时了解学生思想状态，在引导学生健康成长方面有成功案例。

（二）从教以来担任班主任工作10年以上（或担任德育专职教师、心理健康教育专职教师12年以上），出色地完成班主任工作任务，教书育人成果突出，班级管理经验丰富，形成可供推广和借鉴的德育经验或模式，得到同行的高度认可。定期与家长保持良好联系，开展家访，家校共育成效显著。

（三）任现职以来，所带班级获得校级以上表彰奖励3次以上，或个人获得与德育（班主任）工作相关的市级以上称号。

第十一条 课程教学条件。

（一）具有深厚的教育理论基础，精深的专业知识，全面而深入地掌握所教学科课程体系，对所在学校（单位）学科课程体系建设有贡献。具有课程与教学领导力，对所教学科的课程标准及教材教法有系统认识和通透把握。具有先进的教学理念，形成独特的教学风格和精湛的教学艺术。学科教学能力强，有较强的信息技术与学科教学融合能力，创造性地对本学科课程的教育教学方法进行改革，教学经验在本区域内得到推广并有较大影响，教学业绩卓著。能够全面地对学生的学业情况进行述评分析，提交近3年来个人教学特色经验总结材料及学生学情分析报告各1份。

（二）任现职以来达到如下要求：周课时量符合广东省有关文件规定；胜任并至少进行过高中循环教学1次以上或担任高中毕业班把关教师3年以上；在市级以上开设过1次以上教学示范课、观摩研讨课、专题讲座并获好评，或获得市级优质课、教学技能竞赛一等奖或省级二等奖以上。

（三）能独立开设活动课程、选修课程或指导学生开展社团活动，促进学生各方面得到良好发展。

（四）学生对教学的满意度高（特殊教育以家长意见为主）。

（五）具备下列条件之一的同等条件下优先

申报：

1. 被评为省特级教师，或省百千万人才培养工程培养对象，或省级名教师、名校长、名班主任工作室主持人，或市级以上名教师、名校长、名班主任。

2. 被聘为高校或教育学院兼职教授、研究生校外（兼职）导师，并承担过培养硕士研究生工作。

3. 参加经省级以上教育行政部门审定通过的教材编写工作。

4. 获得省级以上综合性荣誉称号。

第十二条 教研科研条件。

（一）具有主持、指导和引领本学科领域教育教学研究的能力。在教育思想、课程改革、教学方法等方面取得高水平成果，并广泛运用于教学实践，在实施素质教育中，发挥了示范和引领作用。

（二）除具备上述条件外，还需具备以下七项条件中的两项：

1. 任现职以来，主持1项市级以上本专业教育科学规划课题，通过结题验收或成果鉴定，取得创新性的教育教学研究成果，并较好地把成果转化为教育教学实践。

2. 任现职以来主持或作为主要成员参与（除主持人外排名前3）的教学、教研科研成果获省教学成果二等奖以上。

3. 任现职以来出版发行本专业教育教学类学术著作（本人撰写部分不少于10万字）。

4. 任现职以来独立或作为第一作者在公开发行的专业学术刊物上发表本专业教育教学研究的高水平论文3篇，至少1篇为近3年发表。

5. 任现职以来主编或参编（除主编外排名前3）正式出版的本专业学科教材、通过国家级或省级审定的教师教学用书1部。

6. 任现职以来主持或参与完成省级教研基地项目建设，项目建设取得明显成效，在项目建设中做出了突出贡献；或设计的教育教学资源被省级以上教育行政部门或教研部门采用。

7. 任现职以来主笔或参与（除主笔外排名前3）完成的教育政策研究成果转化为省级以上教育行政部门的政策文件或决策参考。

第十三条 示范引领条件。

（一）在本区域学科教学领域享有很高的知名度，是市级以上本专业学术团体主要成员，经常参与组织学术活动。

（二）是同行公认的教育教学专家，在市级以上骨干教师队伍建设上发挥了重要作用。

（三）任现职以来在指导和培养本专业青年教师方面取得成效，其中至少2人成为市级以上骨干教师，或参加市级以上的教学比赛或班主任技能大赛取得突出成绩。

（四）在本区域发挥学科带头人作用，对推动区域学科课程建设、教学工作或学校改革与发展产生重要影响。

第二节　初中正高级教师评价条件

第十四条 学历资历条件。

具备下列条件之一：

（一）具备大学本科及以上学历，在高级教师岗位从事教育教学工作满5年。

（二）不具备大学本科及以上学历，在高级教师岗位任教10年以上，并获得国家级教育教学类奖励或荣誉称号。

城镇教师要有1年以上在薄弱学校或农村学校任教经历，从事特殊教育、民办学校教育、少数民族班教学的工作年限及由教育行政部门选派教师的支教工作年限可视为有薄弱学校或农村学校任教经历年限。任现职期间在乡镇以下学校任教的教师，在同等条件下，可优先评审。

第十五条 育人工作条件。

（一）长期工作在教育教学一线，具有崇高的职业理想和教育信念，为促进学生健康成长发挥了指导者和引路人的作用，学科课程育人成效明显，能准确把握学生成长规律，及时了解学生思想状态，在引导学生健康成长方面有成功案例。

（二）从教以来担任班主任工作10年以上（或担任德育专职教师、心理健康教育专职教师12年以上），出色地完成班主任工作任务，教书育人成果突出，班级管理经验丰富，形成可供推广和借鉴的德育经验或模式，得到同行的高度认可。定期与家长保持良好联系，开展家访，家校共育成效显著。

（三）任现职以来，所带班级获得校级以上表彰奖励3次以上，或个人获得与德育（班主任）工作相关市级以上荣誉称号。

第十六条 课程教学条件。

（一）具有深厚的教育理论基础，精深的专业知识，全面而深入地掌握所教学科课程体系，对所在学校（单位）学科课程体系建设有贡献。具有课程与教学领导力，对所教学科的课程标准及教材教法有系统认识和通透把握。具有先进的教学理念，形成独特的教学风格和精湛的教学艺术。学科教学能力强，有较强的信息技术与学科教学融合能力，创造性地对本学科课程的教育教学方法进行改革，教学经验在本区域内得到推广并有较大影响，教学业绩卓著；能够全面地对学生的学业情况进行述评分析，提交近 3 年来个人教学特色经验总结材料及学生学情分析报告各 1 份。

（二）任现职以来达到如下要求：周课时量符合广东省有关文件规定；胜任并至少进行过循环教学 1 次以上或担任初中毕业班把关教师 3 年以上；在市级以上开设过 1 次教学示范课、观摩研讨课、专题讲座并获好评，或获得市级优质课、教学技能竞赛一等奖或省级二等奖以上。

（三）能独立开设活动课程、选修课程或指导学生开展社团活动，促进学生各方面得到良好发展。

（四）学生对教学的满意度高（特殊教育以家长意见为主）。

（五）具备下列之一的同等条件下优先申报：

1. 被评为省特级教师，或省百千万人才培养工程培养对象，或省级名教师、名校长、名班主任工作室主持人，或市级以上名教师、名校长、名班主任。

2. 被聘为高校或教育学院兼职教授、研究生校外（兼职）导师，并承担过培养硕士研究生工作。

3. 参加经省级以上教育行政部门审定通过的教材编写工作。

4. 获省级以上综合性荣誉称号。

第十七条 教研科研条件。

（一）具有主持、指导和引领本学科领域教育教学研究的能力。在教育思想、课程改革、教学方法等方面取得高水平成果，并广泛运用于教学实践，在实施素质教育中，发挥了示范和引领作用。

（二）除具备上述条件外，还需具备以下条件中的两项：

1. 任现职以来主持一项市级以上本专业教育教学科研课题，通过结题验收或成果鉴定，取得创新性的教育教学研究成果，并较好地把成果转化为教育教学实践。

2. 任现职以来主持或作为主要成员参与（除主持人外排名前 3）的教学、教研成果获省教学成果二等奖以上。

3. 任现职以来出版发行本专业教育教学类学术著作（本人撰写部分不少于 8 万字）。

4. 任现职以来独立或作为第一作者在公开发行的学术刊物上发表本专业教育教学研究的高水平论文 3 篇，至少 1 篇为近 3 年发表。

5. 任现职以来主编或参编（除主编外排名前 3）正式出版的本专业学科教材、通过国家级或省级审定的教师教学用书 1 部。

6. 任现职以来主持或参与完成省级教研基地项目建设，项目建设取得明显成效，在项目建设中做出了突出贡献；或设计的教育教学资源被省级以上教育行政部门或教研部门采用。

7. 任现职以来主笔或参与主笔（除主笔外排名前 3）完成的教育政策研究成果转化为省级以上教育行政部门的政策文件或决策参考。

第十八条 示范引领条件。

（一）在本区域学科教学领域享有很高的知名度，是市级以上本专业学术团体主要成员，经常参与组织学术活动。

（二）是同行公认的教育教学专家，在市级以上骨干教师队伍建设上发挥了重要作用。

（三）任现职以来在指导和培养本专业青年教师方面取得成效，其中至少 2 人成为市级以上骨干教师，或参加市级以上的教学比赛或班主任技能大赛取得突出成绩。

（四）在本区域发挥学科带头人作用，对推动区域学科课程建设、教学工作或学校改革与发展产生重要影响。

第三节 小学正高级教师评价条件

第十九条 学历资历条件。

具备下列条件之一：

（一）具备大学本科及以上学历，在高级教师岗位从事教育教学工作满 5 年。

（二）不具备大学本科及以上学历，在高级教师岗位任教 10 年以上，并获得国家级教育教学类奖励或荣誉称号。

城镇教师要有 1 年以上在薄弱学校或农村学校任教经历，从事特殊教育、民办学校教育、少数民族班教学的工作年限及由教育行政部门选派教师的支教工作年限可视为有薄弱学校或农村学校任教经历年限。任现职期间在乡镇以下学校任教的教师，在同等条件下，可优先评审。

第二十条 育人工作条件。

（一）长期工作在教育教学一线，具有崇高的职业理想和教育信念，为促进学生健康成长发挥了指导者和引路人的作用，学科课程育人成效明显，能准确把握学生成长规律，及时了解学生思想状态，在引导学生健康成长方面有成功案例。

（二）从教以来担任班主任工作 10 年以上（或担任德育专职教师、心理健康教育专职教师 12 年以上），出色地完成班主任工作任务，教书育人成果突出，班级管理经验丰富，形成可供推广和借鉴的德育经验或模式，得到同行的高度认可。定期与家长保持良好联系，开展家访，家校共育成效显著。

（三）任现职以来，所带班级获得校级以上表彰奖励3次以上，或个人获得与德育（班主任）工作相关市级以上荣誉称号。

第二十一条 课程教学条件。

（一）具有深厚的教育理论基础，精深的专业知识，全面而深入地把握所教学科课程体系，对所在学校（单位）学科课程体系建设有贡献。具有课程与教学领导力，对所教学科的课程标准及教材教法有系统认识和通透把握。具有先进的教学理念，形成独特的教学风格和精湛的教学艺术。学科教学能力强，有较强的信息技术与学科教学融合能力，创造性地对本学科课程的教育教学方法进行改革，教学经验在本区域内得到推广并有较大影响，教学业绩卓著。能够全面地对学生的学业情况进行述评分析，提交近3年来个人教学特色经验总结材料及学生学情分析报告各1份。

（二）任现职以来，达到如下要求：周课时量符合广东省有关文件规定；从教以来，进行过循环教学1次以上。任现职以来，进行过小循环教学1次以上；在市级以上开设过1次以上教学示范课、观摩研讨课、专题讲座并获好评，或获得市级优质课、教学技能竞赛一等奖或省级二等奖以上。

（三）能独立开设活动课程、选修课程或指导学生开展社团活动，促进学生各方面得到良好发展。

（四）学生或家长对教学的满意度高（特殊教育以家长意见为主）。

（五）具备下列条件之一的同等条件下优先申报：

1. 被评为省特级教师，或省百千万人才培养工程培养对象，或省级名教师、名校长、名班主任工作室主持人，或市级以上名教师、名校长、名班主任。

2. 被聘为高校或教育学院兼职教授、研究生校外（兼职）导师，并承担过培养硕士研究生工作。

3. 参加经省级以上教育行政部门审定通过的教材编写工作。

4. 获得省级以上综合性荣誉称号。

第二十二条 教研科研条件。

（一）具有主持、指导和引领本学科领域教育教学研究的能力。在教育思想、课程改革、教学方法等方面取得高水平成果，并广泛运用于教学实践，在实施素质教育中，发挥了示范和引领作用。

（二）除具备上述条件外，还需具备以下条件中两项：

1. 任现职以来主持一项市级以上的本专业教育教学科研课题，通过结题验收或成果鉴定，取得创新性的教育教学研究成果，并较好地把成果转化为教育教学实践。

2. 任现职以来主持或作为主要成员参与（除主持人外排名前3）的教学、教研成果获省教学成果二等奖以上。

3. 任现职以来出版发行本专业教育教学类学术著作（本人撰写部分不少于6万字）。

4. 任现职以来独立或作为第一作者在公开发行的学术刊物上发表本专业教育教学研究的高水平论文3篇，至少1篇为近3年内发表。

5. 任现职以来主编或参编（除主编外排名前3）正式出版的本专业学科教材、通过国家级或省级审定的教师教学用书1部。

6. 任现职以来主持或参与完成省级教研基地项目建设，项目建设取得明显成效，在项目建设中做出了突出贡献；或设计的教育教学资源被省级以上教育行政部门或教研部门采用。

7. 任现职以来主笔或参与主笔（除主笔外排名前3）完成的教育政策研究成果转化为省级以上教育行政部门的政策文件或决策参考。

第二十三条 示范引领条件。

（一）在本区域学科教学领域享有很高的知名度，是市级以上本专业学术团体主要成员，经常参与组织学术活动。

（二）是同行公认的教育教学专家，在市级以上骨干教师队伍建设上发挥了重要作用。

（三）任现职以来在指导和培养本专业青年教师方面取得成效，其中至少2人成为市级以上骨干教师，或参加市级以上的教学比赛或班主任技能大赛取得突出成绩。

（四）在本区域发挥学科带头人作用，对推动区域学科课程建设、教学工作或学校改革与发展产生重要影响。

第四节 幼儿园正高级教师评价条件

第二十四条 学历资历条件。

具备下列条件之一：

（一）具备大学本科及以上学历，在高级教师岗位从事教育教学工作满5年。

（二）不具备大学本科及以上学历，在高级教师岗位任教10年以上，并获得国家级教育教学类奖励或荣誉称号。

城镇教师要有1年以上在薄弱学校或农村学校

任教经历，从事特殊教育、民办学校教育、少数民族班教学的工作年限及由教育行政部门选派教师的支教工作年限可视为有薄弱学校或农村学校任教经历年限。任现职期间在乡镇以下学校任教的教师，在同等条件下，可优先评审。

第二十五条 育人工作条件。

（一）长期工作在日常保教一线，具有崇高的职业理想和教育信念，为促进幼儿身心健康成长发挥了指导者和引路人的作用，能准确把握幼儿身心发展规律，科学、及时地诊断幼儿的发展状况，提出有效、适宜的方法，促进幼儿身心健康和谐发展有成功案例。

（二）从教以来担任班主任（主班老师）工作10年以上，出色地完成班主任等工作任务，班级管理经验丰富，形成可供推广和借鉴的德育经验或模式，教书育人成果突出，得到同行的高度认可。定期与家长保持良好联系，家园共育成效显著。

第二十六条 课程教学条件。

（一）具有深厚的儿童发展心理学和儿童教育理论基础，精深的幼儿保育和教育知识，以及丰富的通识性知识。具有课程与教学领导力，能够较好地利用信息技术对幼儿保育和教育教学进行改革，并取得良好效果。具有先进的教学理念，形成独特的教学风格和精湛的保教艺术。保教能力强，科学安排和组织幼儿一日生活各环节，将教育科学有效地渗透在一日生活中。教学经验值得借鉴和推广，保教工作实绩卓著。提交2年来个人教学特色的证明材料及环境创设、游戏指导、家长工作等方面的经验材料2篇。提交教学笔记及幼儿发展个案各1个。

（二）任现职以来，达到如下要求：周课时量符合广东省有关文件规定；胜任并进行过幼儿园各年龄班循环教学1次以上，在市级以上开设过1次以上教学示范课、半日生活观摩、专题讲座并获好评，或获得市级优质课、教学技能竞赛一等奖或省级二等奖以上。

（三）幼儿家长对教学的满意度高。

（四）具备下列条件之一的同等条件下优先申报：

1. 被评为省特级教师，或省百千万人才培养工程培养对象，或省级名教师、名校长、名班主任工作室主持人，或市级以上名教师、名校长、名班主任。

2. 被聘为高校或教育学院兼职教授、研究生校外（兼职）导师，并承担过培养硕士研究生工作。

3. 参加经省级以上教育行政部门审定通过的教材编写工作。

4. 获得省级以上综合性荣誉称号。

第二十七条 教研科研条件。

（一）在一定区域内具有指导和引领学前教育教学研究的能力。在教育思想、课程改革、教学方法等方面取得高水平成果，并广泛运用于教学实践，在实施素质教育中，发挥了示范和引领作用。

（二）除具备上述条件外，还需具备以下条件中的两项：

1. 任现职以来主持一项市级以上本专业教育教学科研课题，通过结题验收或成果鉴定，取得创新性的教育教学研究成果，并较好地把成果转化为教育教学实践。

2. 任现职以来主持或作为主要成员参与（除主持人外排名前3）的教学、教研科研成果获省教学成果二等奖以上。

3. 任现职以来出版发行本专业教育教学类学术著作（本人撰写部分不少于5万字）。

4. 任现职以来独立或作为第一作者在公开发行的学术刊物上发表本专业教育教学研究的高水平论文3篇，至少1篇为近3年内发表。

5. 任现职以来主编或参编（除主编外排名前3）正式出版的本专业学科教材、通过国家级或省级审定的教师教学用书1部。

6. 任现职以来主持或参与完成省级教研基地项目建设，项目建设取得明显成效，在项目建设中做出了突出贡献；或设计的教育教学资源被省级以上教育行政部门或教研部门采用。

7. 任现职以来主笔或参与主笔（除主笔外排名前3）完成的教育政策研究成果转化为省级以上教育行政部门的政策文件或决策参考。

第二十八条 示范引领条件。

（一）在本区域学科教学领域享有很高的知名度，是市级以上本专业学术团体主要成员，经常参与组织学术活动。

（二）是同行公认的教育教学专家，在市级以上骨干教师队伍建设上发挥了重要作用。

（三）任现职以来在指导和培养本专业青年教师方面取得成效，其中至少2人成为市级以上骨干教师，或参加市级以上的教学比赛或班主任技能大赛取得突出成绩。

（四）在本区域发挥学科带头人作用，对推动区域保育教育工作或幼儿园改革与发展产生重要影响。

第五节　其他教育机构正高级教师评价条件

第二十九条　本节正高级教师评价条件仅适用于市县级中小学教师发展中心、基础教育教学研究机构、电化教育机构和其他校外教育机构教师。

第三十条　学历资历条件。

（一）一般应具备大学本科及以上学历，在高级教师岗位从事本专业教育教学工作满5年。

（二）不具备大学本科及以上学历，在高级教师岗位任教10年以上，并获得国家级教育教学类奖励或荣誉称号。

第三十一条　育人工作条件。

具有崇高的职业理想和教育信念，高标准践行立德树人的根本任务。坚持五育并举，全面推进素质教育，为促进学生健康成长和教师专业发展发挥了指导者和引路人的作用，出色地完成了教学教研、教师培训、电化教育或评估监测工作。具有先进的教育理念，形成可供推广和借鉴的教研、培训、电教或评价经验及模式。工作成效卓著，得到同行的高度认可。

第三十二条　课程建设与教学指导条件。

（一）具有深厚的教育理论基础，精深的专业知识，对教研体系或教师培训体系有全面而深入的把握。有优势研究领域，对所研究的学科教学研究领域、教师培训或教育评估监测要求有系统认识和通透把握。具有课程与教学领导力，按照课程改革要求，推动和指导学科课程的开发和应用或开展教育质量评估监测。具有先进的教学理念，形成独特的研训风格和精湛的研训艺术。研训或评估监测能力强，有较强的信息技术与研训及评估监测融合能力，创造性地对研训活动或评估监测进行改革，研训或评估监测经验在本学科领域得到推广并有较大影响，工作业绩卓著。得到同行的高度认可。

（二）在教育教学方式改革、研究和推进素质教育等方面成绩显著，积极有效规划、组织和指导区域学科教学实施、教学研究、培训工作，组织区域性的教师培训、经验交流、教学研讨、课堂示范、学术年会等活动，有效促进教师专业水平提高，成效显著，有优秀的经验总结材料或案例。

（三）任现职以来一线教学指导工作量符合广东省有关文件的规定，胜任中学、小学或幼儿园不同年级相关专业的教研、教学、培训和指导等工作。有计划地深入学校调查研究和指导教学、每年听课评课和组织区域性教师培训、教学研讨、评估监测等活动符合有关规定（须提供基层和所在单位证明材料）。提供1份课例研究报告或教师培训项目实施情况报告或评估监测报告。教学指导、培训方式方法或评估监测方式方法符合实际，效果显著，体现研究深度和个人业务特色，在省内外具有一定的学术影响力。任现职以来，开设县级以上公开课、研究课、培训课、示范课、专题讲座年均不少于5次，其中至少2次在市级以上范围内开设。

（四）任现职以来，每年参与本区域本专业教育教学指导工作（包括专业教学标准研制、教师培训、评估监测、课程开发、学科教研活动、课题研究指导等）3次以上，成效卓著，有优秀的经验总结。

（五）一线教师对教学指导及培训工作满意度高。

（六）除具备上述条件外，具备下列条件中的一项可优先申报：

1. 被评为省特级教师，或省百千万人才培养工程培养对象，或省级名教师、名校长、名班主任工作室主持人，或市级以上名教师、名校长、名班主任。

2. 被聘为高校或教育学院兼职教授、研究生校外（兼职）导师，并承担过培养硕士研究生工作。

3. 参加经省级以上教育行政部门审定通过的教材编写工作。

4. 获得省级以上综合性荣誉称号。

第三十二条　教研科研条件。

（一）具有策划、主持、指导和引领本区域学科领域教育教学研究和教师专业发展的能力。在教育思想、课程改革、教学方法、教师发展等方面取得创造性成果，并广泛运用于实践，发挥了示范和引领作用。

（二）除具备上述条件外，还需具备以下条件中的两项：

1. 有优势研究领域，任现职以来主持省级以上教育教学科研课题1项，或参与国家级本专业教育教学科研、改革课题1项（除主持人外排名前3），通过结题验收或成果鉴定，取得创新性的教育教学研究成果，并较好地把成果转化为教育教学实践或教师专业发展指导。

2. 任现职以来主持或作为主要成员参与（除主持人外排名前3）的教学、教研科研成果获省教学成果二等奖以上。

3. 任现职以来出版发行教育教学类、教师专业发展类学术著作（本人撰写部分不少于12万字）。

4. 任现职以来独立或作为第一作者在公开发行的专业学术刊物上发表本专业教育教学研究的高水

平论文4篇，至少2篇为近3年内发表。

5. 任现职以来主编或参编（除主编外排名前3）正式出版的本专业学科教材、通过国家级或省级审定的教师教学用书1部。

6. 任现职以来，主持或参与完成省级教研基地项目建设，项目建设取得明显成效，在项目建设中做出了突出贡献；或设计的教育教学资源被省级以上教育行政部门或教研部门采用。

7. 任现职以来主笔或参与主笔（除主笔外排名前3）完成的教育政策研究成果转化为省级以上教育行政部门的政策文件或决策参考。

第三十四条 示范引领条件。

（一）在本区域学科教学领域享有很高的知名度，是市级以上本专业学术团体的核心成员和领军人物，区域学科带头人和引领者。

（二）是同行公认的教育教学专家，在市级以上骨干教师队伍建设上发挥了重要作用。

（三）任现职以来在指导和培养本专业青年教师方面取得成效，省级教研员至少培养2人参加国家级以上教育教学类比赛并取得国家级表彰奖励；市级教研员至少培养2人参加省级以上教育教学类比赛并取得省级表彰奖励；县（市、区）教研员至少培养2人参加市级以上教育教学类比赛并取得市级表彰奖励。

（四）在本区域发挥学科带头人作用，对推动区域学科课程建设、教学工作或学校改革与发展产生重要影响。

第四章 高级教师评价标准条件

第一节 高中高级教师评价条件

第三十五条 学历资历条件。

具备下列条件之一：

（一）具备博士学位，并在一级教师岗位任教2年以上。

（二）具备大学本科学历或学士学位、硕士学位，并在一级教师岗位任教5年以上。

城镇教师要有1年以上在薄弱学校或农村学校任教经历，从事特殊教育、民办学校教育、少数民族班教学的工作年限及由教育行政部门选派教师的支教工作年限可视为有薄弱学校或农村学校任教经历年限。任现职期间在乡镇以下学校任教的教师，在同等条件下，可优先评审。

第三十六条 育人工作条件。

（一）长期工作在教育教学第一线，具有较高的职业理想和教育信念，能根据高中学生的年龄特征和思想实际，有效进行思想道德教育，培养学生的自主管理和自主学习能力。积极引导学生健康成长，在引导学生健康成长方面成绩比较突出，有优秀的育人经验总结材料或案例。

（二）从教以来担任班主任工作8年以上，其中任现职以来担任班主任工作3年以上。所带班级形成良好的班风、学风，比较出色地完成班主任工作任务，教书育人成果比较突出。教师同行评价高。经常与家长保持联系，开展家访，家校共育成效好。

（三）任现职以来，所带班级获得校级以上表彰奖励2次以上，或个人获得与德育（班主任）工作相关的县级以上荣誉称号。

第三十七条 课程教学条件。

（一）具有坚实的学科理论基础，对所教学科的知识体系有全面的把握。有较高的课程与教学领导力，对所教学科的课程标准及教材教法有比较完整的认识和把握。具有先进的教学理念，形成一定的教学风格。学科教学能力较强，能够将信息技术与学科教学有效融合，激发学生学习兴趣，有丰富的教学经验，教学业绩显著。能够较好地对学生的学业情况进行述评分析，提交近1年来对学生的学情分析报告1份。

（二）任现职以来，达到如下要求：周课时量符合广东省有关文件规定；胜任并进行高中循环教学1次以上或担任高中毕业班把关教师3年以上；每年承担校级以上公开课1次以上，或任现职以来在县级以上开设过教学示范或观摩课1次，或获得县级以上教学比赛奖。

（三）能独立开设活动课程、选修课程或指导学生开展社团活动，促进学生各方面得到良好发展。

（四）学生对教学的满意度高（特殊教育以家长意见为主）。

第三十八条 教研科研条件。

（一）具有指导与开展教育教学研究的能力，在课程改革、教学方法改进等方面取得高水平成果，并在教学实践中得到推广运用，在素质教育创新实践中取得比较突出的成绩。

（二）除具备上述条件外，还需具备以下条件中的两项：

1. 任现职以来，主持或参与（除主持人外排名前6）本学科的县级以上课题，通过结题验收或成果鉴定，取得水平较高的研究成果，并能够把成果转化为教育教学实践。

2. 正式出版本学科教育教学类学术著作1部（本人撰写部分不少于5万字）。

3. 任现职以来，主持或作为主要成员（除主持人外排名前6）的教学、教研成果获市教学成果二等奖、省级三等奖以上。

4. 独立完成本学科相关教育教学论文2篇，其中1篇专业论文在正式刊物上发表或在县级以上学术会议上宣读。（附主办单位的证明材料）

5. 任现职以来，参与完成省级教研基地项目建设，项目建设取得明显成效，在项目建设中做出了较大贡献；或设计的教育教学资源被市级以上教育行政部门或教研部门采用。

6. 任现职以来，主编或参编（除主编外排名前6）正式出版的本专业学科教材、通过国家级或省级审定的教师教学用书教学参考书1部。

7. 任现职以来，主笔或参与（除主笔外排名前6）完成的教育研究成果转化为市级以上教育行政部门政策文件或决策参考。

第三十九条 示范引领条件。

（一）积极承担县级以上教研活动任务，为同行作出示范，获得好评。

（二）任现职以来能发挥教育教学带头人的作用，在县（区）级以上教师队伍建设中发挥了重要作用，正确指导青年教师开展教育教学教研活动，取得了明显成效。

（三）任现职以来，曾获得县（区）级以上人民政府、教育行政部门或教研部门的表彰奖励者同等条件下优先申报。

第二节 初中高级教师评价条件

第四十条 学历资历条件。

具备下列条件之一：

（一）具备博士学位，并在一级教师岗位任教2年以上。

（二）具备大学本科学历或学士学位、硕士学位，并在一级教师岗位任教5年以上。

（三）具备大学专科学历，累计从事教师专业技术工作15年以上，并在一级教师岗位任教5年以上。

城镇教师要有1年以上在薄弱学校或农村学校任教经历，从事特殊教育、民办学校教育、少数民族班教学的工作年限及由教育行政部门选派教师的支教工作年限可视为有薄弱学校或农村学校任教经历年限。任现职期间在乡镇以下学校任教的教师，在同等条件下，可优先评审。

第四十一条 育人工作条件。

（一）长期工作在教育教学第一线，具有较高的职业理想和教育信念，能根据初中学生的身心发展水平开展育人工作，培养学生的社会责任感。在引导学生健康成长方面成绩比较突出，有优秀的育人经验总结材料或案例。积极引导学生健康成长，

（二）从教以来担任班主任工作8年以上，其中任现职以来担任班主任工作3年以上。所带班级形成良好的班风、学风，比较出色地完成班主任工作任务，教书育人成果比较突出。教师同行评价高。经常与家长保持联系，开展家访，家校共育效果好。

（三）任现职以来，所带班级获得校级以上表彰奖励2次以上，或个人获得与德育（班主任）工作相关的县级以上荣誉称号。

第四十二条 课程教学条件。

（一）具有坚实的学科理论基础，对所教学科的知识体系有全面的把握。有较高的课程与教学领导力，对所教学科的课程标准及教材教法有比较完整的认识和把握。具有先进的教学理念，形成一定的教学风格。学科教学能力较强，能够将信息技术与学科教学有效融合，激发学生学习兴趣，有丰富的教学经验，教学业绩显著。能够较好地对学生的学业情况进行述评分析，提交近1年来个人对学生学情分析报告1份。

（二）任现职以来，达到如下要求：周课时量符合广东省有关文件的规定；胜任并进行初中循环教学1次以上或担任初中毕业班把关教师3年以上；每年承担校级以上的公开课1次以上，或任现职以来在县级以上开设过教学示范或观摩课1次，或获得县级以上教学比赛奖。

（三）能独立开设活动课程、选修课程或指导学生开展社团活动，促进学生各方面得到良好发展。

（四）学生对教学的满意度高（特殊教育以家长意见为主）。

第四十三条 教研科研条件。

（一）具有指导与开展教育教学研究的能力，在课程改革、教学方法改进等方面取得高水平成果，并在教学实践中得到推广运用，在素质教育创新实践中取得比较突出的成绩。

（二）除具备上述条件外，还需具备以下条件中的两项：

1. 任现职以来，主持或参与（除主持人外排名前6名）本学科的县级以上课题，通过结题验收或成果鉴定，取得水平较高的研究成果，并能够把成果转化为教育教学实践。

2. 正式出版本学科教育教学著作1部（本人撰写部分不少于4万字）。

3. 任现职以来，主持或作为主要成员（除主持

人外排名前6)的教学、教研成果获市教学成果二等奖、省级三等奖以上。

4. 独立完成本学科相关教育教学论文2篇，其中1篇育人方面的论文，至少1篇专业论文须在正式刊物上发表，或在县级以上学术会议上宣读（附主办单位的证明材料）。

5. 任现职以来主编或参编（除主编外排名前6)正式出版的本专业学科教材、通过国家级或省级审定的教师教学用书1部。

6. 任现职以来，参与完成省级教研基地项目建设，项目建设取得明显成效，在项目建设中做出了较大贡献；或设计的教育教学资源被市级以上教育行政部门或教研部门采用。

7. 任现职以来，主笔或参与（除主笔外排名前6)完成的教育研究成果转化为市级以上教育行政部门政策文件或决策参考。

第四十四条 示范引领条件。

（一）积极承担县级以上教研活动任务，为同行作出示范，获得好评。

（二）任现职以来能发挥教育教学带头人的作用，在县（区）级以上教师队伍建设中发挥了重要作用，正确指导青年教师开展教育教学教研活动，取得了明显成效。

（三）任现职以来，曾获得县（区）级以上人民政府、教育行政部门或教研部门的表彰奖励者同等条件下优先申报。

第三节 小学高级教师评价条件

第四十五条 学历资历条件。

具备下列条件之一：

（一）具备博士学位，并在一级教师岗位任教2年以上。

（二）具备大学本科学历或学士学位、硕士学位，并在一级教师岗位任教5年以上。

（三）具备大学专科学历，累计从事教师专业技术工作15年以上，并在一级教师岗位任教5年以上。

（四）中等师范学校毕业，累计从事教师专业技术工作20年以上，并在一级教师岗位任教5年以上。

城镇教师要有1年以上在薄弱学校或农村学校任教经历，从事特殊教育、民办学校教育、少数民族班教学的工作年限及由教育行政部门选派教师的支教工作年限可视为有薄弱学校或农村学校任教经历年限。任现职期间在乡镇以下学校任教的教师，在同等条件下，可优先评审。

第四十六条 育人工作条件。

（一）长期工作在教育教学一线，具有较高的职业理想和教育信念，能根据小学生的身心发展水平开展育人工作。积极引导学生健康成长，在教育、引导学生成长中形成自己的工作特色，有优秀的育人经验总结材料或案例。

（二）从教以来担任班主任工作8年以上，其中任现职以来担任班主任工作3年以上。所带班级形成良好的班风、学风，出色地完成班主任工作任务，教书育人成果突出。教师同行评价高。经常与家长保持联系，开展家访，家校共育效果好。

（三）任现职以来，所带班级获得校级以上表彰奖励2次以上，或个人获得与德育（班主任）工作相关的县级以上荣誉称号。

第四十七条 课程教学条件。

（一）具有坚实的学科理论基础，对所教学科的知识体系有全面的把握。有较高的课程与教学领导力，对所教学科的课程标准及教材教法有比较完整的认识和把握。具有先进的教学理念，形成一定的教学风格。学科教学能力较强，能够将信息技术与学科教学有效融合，激发学生学习兴趣，有丰富的教学经验，教学业绩显著。能够较好地对学生的学业情况进行述评分析，提交近1年来个人对学生的学情分析报告1份。

（二）任现职以来，达到如下要求：周课时量符合广东省有关文件的规定；胜任并进行各年级教学，熟练担任1门以上课程的教学工作并进行过所申报学科小循环或学段循环教学。每年承担校级公开课1次以上，并组织开展主题教育活动2次以上，或任现职以来在县级以上开设过教学示范或观摩课1次，或获得县级以上教学比赛奖。

（三）能独立开设活动课程、选修课程或指导学生开展社团活动，促进学生各方面得到良好发展。

（四）学生或家长对教学的满意度高（特殊教育以家长意见为主）。

第四十八条 教研科研条件。

（一）具有指导与开展教育教学研究的能力，在课程改革、教学方法改进等方面取得高水平成果，并在教学实践中得到推广运用，在素质教育创新实践中取得比较突出的成绩。

（二）除具备上述条件外，还需具备以下条件中的两项：

1. 任现职以来，主持或参与（除主持人外排名前6)县级以上教育教学课题研究，取得水平较高的成果，并能够把成果转化为教育教学实践。

2. 正式出版本学科教育教学著作1部（本人撰写部分不少于3万字）。

3. 任现职以来，主持或作为主要成员（除主持人外排名前6）的教学、教研成果获市教学成果二等奖、省级三等奖以上。

4. 独立完成本学科相关教育教学论文2篇，其中1篇育人方面的论文，至少1篇须在正式刊物上发表或在县级以上学术会议上宣读（附主办单位的证明材料）。

5. 任现职以来主编或参编（除主编外排名前6）正式出版的本专业学科教材、通过国家级或省级审定的教师教学用书1部。

6. 任现职以来参与完成省级教研基地项目建设，项目建设取得明显成效，在项目建设中做出了较大贡献；或设计的教育教学资源被市级以上教育行政部门或教研部门采用。

7. 任现职以来主笔或参与（除主笔外排名前6）完成的教育研究成果转化为市级以上教育行政部门政策文件或决策参考。

第四十九条 示范引领条件。

（一）积极承担县级以上教研活动任务，为同行作出示范，获得好评。

（二）任现职以来能发挥教育教学带头人的作用，在县（区）级以上教师队伍建设中发挥了重要作用，正确指导青年教师开展教育教学教研活动，取得了明显成效。

（三）任现职以来，曾获得县（区）级以上人民政府、教育行政部门或教研部门的表彰奖励者同等条件下优先申报。

第四节 幼儿园高级教师评价条件

第五十条 学历资历条件。

具备下列条件之一：

（一）具备博士学位，并在一级教师岗位任教2年以上。

（二）具备大学本科学历或学士学位、硕士学位，并在一级教师岗位任教5年以上。

（三）具备大学专科学历，累计从事教师专业技术工作15年以上，并在一级教师岗位任教5年以上。

（四）中等师范学校毕业，累计从事教师专业技术工作20年以上，并在一级教师岗位任教5年以上。

城镇教师要有1年以上在薄弱学校或农村学校任教经历，从事特殊教育、民办学校教育、少数民族班教学的工作年限及由教育行政部门选派教师的支教工作年限可视为有薄弱学校或农村学校任教经历年限。任现职期间在乡镇以下学校任教的教师，在同等条件下，可优先评审。

第五十一条 育人工作条件。

（一）长期工作在日常保教一线，具有较高的职业理想和教育信念。能与家长进行有效沟通，协助幼儿园与社区建立良好的合作关系。积极引导幼儿健康成长，培养幼儿健康活泼的个性、良好的生活卫生习惯与行为习惯，每年幼儿发展水平测评各项指标达标率高。

（二）从教以来担任班主任（主班老师）工作8年以上，其中任现职以来担任班主任（主班老师）工作3年以上，比较出色地完成班主任工作任务，教书育人成果比较突出。教师同行评价高。经常与家长保持联系，家园共育效果好。

第五十二条 课程教学条件。

（一）具有坚实的幼儿保教理论基础，对幼儿保育知识有系统认识和通透把握。具有先进的保教观念，形成一定的教学风格。保教能力较强，能够合理安排和组织幼儿一日生活各环节，将教育科学有效地渗透在一日生活中，积累丰富的教学经验，教学成绩显著。提交2年来个人教学特色的证明材料及环境创设、游戏指导、家长工作等方面的经验材料2篇。提交教学笔记及幼儿发展个案各1个。

（二）任现职以来，每周课时量符合广东省有关文件的规定。胜任并进行过幼儿园各年龄班循环教学1次以上。每年承担校级示范教学或幼儿一日生活观摩活动1次，或任现职以来承担县级（区、县级市）以上教学公开示范活动或观摩课1次以上，或获得县级以上教学比赛奖。

（三）注重保教结合，坚持以游戏为基本活动，能根据幼儿兴趣需要、年龄特点和发展目标，充分利用与合理设计空间，合理利用资源，为幼儿提供和制作适合的玩教具和学习材料，提供丰富、适宜的游戏材料，支持、引发和促进幼儿游戏。

（四）幼儿家长对教学的满意度高。

第五十三条 教研科研条件。

（一）具有按照科学研究规范独立设计教科研课题研究方案的能力，能结合教育教学实际，有针对性地运用规范的科学研究方法进行课题研究，取得对实践有指导意义的成果，并将成果有效应用于幼儿教育教学实践。

（二）除具备上述条件外，还需具备以下条件中的两项：

1. 任现职以来，主持或参与（除主持人外排名前6）县级以上教育教学课题研究，取得水平较高的成果，并能够把成果转化为教育教学实践。

2. 正式出版本学科教育教学著作1部（本人撰写部分不少于2万字）。

3. 任现职以来，主持或作为主要成员（除主持人外排名前6）的教学、教研成果获市教学成果二等奖、省级三等奖以上。

4. 独立完成本学科相关教育教学论文2篇，其中1篇育人方面的论文，至少1篇须在正式刊物上发表或在县级以上学术会议上宣读（附主办单位的证明材料）。

5. 任现职以来主编或参编（除主编外排名前6）正式出版的本专业学科教材、通过国家级或省级审定的教师教学用书1部。

6. 任现职以来参与完成省级教研基地项目建设，项目建设取得明显成效，在项目建设中做出了较大贡献；或设计的教育教学资源被市级以上教育行政部门或教研部门采用。

7. 任现职以来主笔或参与（除主笔外排名前6）完成的教育研究成果转化为市级以上教育行政部门政策文件或决策参考。

第五十四条 示范引领条件。

（一）积极承担县级以上教研活动任务，为同行作出示范，获得好评。

（二）任现职以来能发挥教育教学带头人的作用，在县（区）级以上教师队伍建设中发挥了重要作用，正确指导青年教师开展幼儿教育教学教研活动，取得了明显成效。

（三）任现职以来，曾获得县（区）级以上人民政府、教育行政部门或教研部门的表彰奖励者同等条件下优先申报。

第五节 其他教育机构高级教师评价条件

第五十五条 本节高级教师评价条件仅适用于市县级中小学教师发展中心、基础教育教学研究机构、电化教育机构和其他校外教育机构教师。

第五十六条 学历资历条件。

具备下列条件之一：

（一）具备博士学位，并在一级教师岗位任教2年以上。

（二）具备大学本科学历或学士学位、硕士学位，并在一级教师岗位任教5年以上。

（三）具备大学专科学历，累计从事教师专业技术工作15年以上，并在一级教师岗位任教5年以上。

（四）中等师范学校毕业，累计从事教师专业技术工作20年以上，并在一级教师岗位任教5年以上。

第五十七条 育人工作条件。

具有较高的职业理想和教育信念，践行立德树人的根本任务。坚持五育并举，全面推进素质教育，为促进学生健康成长和教师专业发展，较好地完成了教学教研、教师培训、电化教育或评估监测工作，积累有优秀的教研、培训、电教或评价经验及模式。工作成效显著，得到同行的认可。

第五十八条 课程建设与教学指导条件。

（一）对教研体系或教师培训体系有全面而深入的把握。研究方向明确，对所研究的学科教学研究领域、教师培训或教育评估监测要求有系统认识和通透把握。具有课程与教学领导力，按照课程改革要求，推动和指导各类课程的开发和应用或开展教育质量评估监测。具有先进的教学思想，形成一定的研训风格。研训或评估监测能力较强，有较强的信息技术与研训及评估监测融合能力，创造性地对研训活动或评估监测进行改革。积累了丰富的研训或评估监测经验，工作业绩显著。得到同行的认可。

（二）在教育教学方式研究、改革和推进素质教育等方面成绩显著，积极有效规划、组织和指导区域学科教学实施、教学研究、教师培训、电化教育、教育评估监测工作，组织区域性的教师培训、经验交流、教学研讨、课堂示范、学术年会等活动，有效促进教师专业水平提高，成效显著，有优秀的经验总结材料或案例。

（三）任现职以来一线教学指导工作量符合广东省有关文件的规定，胜任中学、小学或幼儿园不同年级相关专业的教学、教研、培训和指导、教育评估监测等工作。提供1份课例研究报告或教师培训项目实施情况报告或评估监测报告。教学指导、培训方式方法或评估监测方式方法符合实际，效果显著。任职以来，开设县级以上公开课、研究课、培训课、示范课、专题讲座年均不少于3次，其中至少1次在市级以上范围内开设。

（四）任现职以来每年参与本区域本专业教育教学指导工作（包括专业教学标准研制、教师培训、评估监测、课程开发、学科教研活动、课题研究指导等）2次以上，成效显著，有经验总结。

（五）一线教师对教学指导及培训工作满意度高。

第五十九条 教研科研条件。

（一）具有策划、主持、指导和引领本区域学科领域教育教学研究和教师专业发展的能力。在教育思想、课程改革、教学方法、教师发展等方面取得创造性成果，并广泛运用于实践。

（二）除具备上述条件外，还需具备以下条件中的两项：

1. 任现职以来，主持一项县级或参与（除主持人外排名前6，其中专职教研人员除主持人外排名前3）两项市级以上教育教学科研课题，取得创新性的教育教学研究成果，并有效地把成果转化为教育教学实践。

2. 任现职以来，主持或作为主要成员（除主持人外排名前6，其中专职教研人员排名前3）的教学、教研成果获市教学成果二等奖、省级三等奖以上。

3. 任现职以来出版本专业教育教学类、教师专业发展类等学术著作（本人撰写部分不少于6万字）。

4. 任现职以来独立或作为第一作者在公开发行的学术刊物上发表本专业教育教学研究的高水平论文3篇，其中至少1篇为近3年内发表。

5. 任现职以来主编或参编（除主编外排名前6）正式出版的本专业学科教材、通过国家级或省级审定的教师教学用书1部。

6. 任现职以来参与完成省级教研基地项目建设，项目建设取得明显成效，在项目建设中做出了较大贡献；或设计的教育教学资源被市级以上教育行政部门或教研部门采用。

7. 任现职以来主笔或参与（除主笔外排名前6，其中专职教研人员除主笔外排名前3）完成的教育研究成果转化为市级以上教育行政部门政策文件或决策参考。

第六十条 示范引领条件。

（一）在本区域学科教学领域享有较高的知名度，是县级以上教育教学研究团队的重要成员。

（二）任现职以来能发挥教育教学带头人的作用，在县（区）级教师队伍建设中发挥了重要作用，正确指导青年教师开展教育教学教研活动，取得了明显成效。

（三）任现职以来，曾获得县（区）级以上人民政府、教育行政部门或教研部门的表彰奖励者同等条件下优先申报。

第五章 一级教师评价标准条件

第一节 高中一级教师评价条件

第六十一条 学历资历条件。

具备下列条件之一：

（一）具备博士学位。

（二）具备硕士学位，并在二级教师岗位任教2年以上。

（三）具备大学本科学历或学士学位，并在二级教师岗位任教4年以上。

第六十二条 育人工作条件。

（一）具有明确的职业理想和教育信念，教育教学工作认真负责。能根据学生的身心发展特点有效实施道德教育，积极引导学生健康成长，能准确把握学生成长规律，及时了解学生思想状态，培养学生的自主管理和自主学习能力。在引导学生健康成长方面成绩比较明显，有质量较高的育人经验总结材料或案例。

（二）任现职以来担任班主任工作3年以上，有比较丰富的班主任工作经验，较好地完成教书育人任务。教师同行评价较高。经常与家长保持联系，开展家访，家校共育效果较好。

（三）任现职以来，所带班级获得校级集体荣誉，或个人获得与德育（班主任）工作相关的校级荣誉称号。

第六十三条 课程教学条件。

（一）具有比较扎实的学科基本理论和专业知识，对所教学科的知识体系有整体认识。对所教学科的课程标准、教材教法和教育教学基本功有比较完整的认识和把握。学科教学能力较强，教学有一定特色，教学经验较丰富，教学效果好。能够对学生的学业情况进行述评分析，提交近1年来个人对学生的学情分析报告1份。

（二）任现职以来，周课时量符合广东省有关文件的规定。进行过高中循环教学或担任毕业班把关教师1年以上。任现职期间曾承担校级公开课，获得好评。

（三）按照课程改革要求，独立开设综合实践活动课程、选修课程或知识讲座，或开展科技、体育、艺术等课外活动，促进学生的多方面发展效果明显。

（四）学生对教学的满意度高（特殊教育以家长意见为主）。

第六十四条 教研科研条件。

（一）积极参与并完成本学科的常规教研任务，参与各级课程资源开发整合、教学方法改进等方面的研讨，具有一定的组织和开展教育教学探索的能力，能独立承担一定的教学研究任务，取得一定的成果。

（二）任现职以来主持或参与（除主持人外排名前3）并完成1项本学科的校本教研项目，并能够把成果转化为教育教学实践。

（三）任现职以来独立撰写本学科教学研究论文1篇，具有较高的学术水平和应用价值。

第六十五条　示范引领条件。

（一）积极承担校级以上教研活动任务，为同行作出示范，获得好评。

（二）能发挥教育教学骨干作用，在学校培养新教师提高业务水平和教育教学能力方面做出一定成绩。

第二节　初中一级教师评价条件

第六十六条　学历资历条件。

具备下列条件之一：

（一）具备博士学位。

（二）具备硕士学位，并在二级教师岗位任教2年以上。

（三）具备大学本科学历或学士学位，并在二级教师岗位任教4年以上。

（四）具备大学专科学历，并在二级教师岗位任教4年以上。

第六十七条　育人工作条件。

（一）具有明确的职业理想和教育信念，教育教学工作认真负责。能根据学生的身心发展特点有效实施道德教育，积极引导学生健康成长，能准确把握学生成长规律，及时了解学生思想状态，培养学生的自主管理和自主学习能力。在引导学生健康成长方面成绩比较明显，有质量较高的育人经验总结材料或案例。

（二）任现职以来担任班主任工作3年以上，有比较丰富的班主任工作经验，较好地完成教书育人任务。教师同行评价较高。经常与家长保持联系，开展家访，家校共育效果较好。

（三）任现职以来，所带班级获得校级集体荣誉，或个人获得与德育（班主任）工作相关的校级荣誉称号。

第六十八条　课程教学条件。

（一）具有比较扎实的所教学科基本理论和专业知识，对所教学科的知识体系有整体认识。对所教学科的课程标准、教材教法和教育教学的基本功有比较完整的认识和把握。学科教学能力较强，教学有一定特色，教学经验较丰富，教学效果好。能够对学生的学业情况进行述评分析，提交近1年来个人对学生的学情分析报告1份。

（二）任现职以来，周课时量符合广东省有关文件的规定。进行过初中循环教学或担任毕业班把关教师1年以上。任现职期间曾承担校级公开课，获得好评。

（三）按照课程改革要求，独立指导学生开展综合实践活动，或开设知识讲座，组织指导科技、体艺等课外活动，促进学生的健康发展效果明显。

（四）学生对教学的满意度高（特殊教育以家长意见为主）。

第六十九条　教研科研条件。

（一）积极参与并完成本专业的常规教研任务，参与各级课程资源开发整合、教学方法改进等方面的研讨，具有一定的组织和开展教育教学探索的能力，能独立承担一定的教学研究任务，取得一定的成果。

（二）任现职以来主持或参与（除主持人外排名前3）并完成1项本学科的校本教研项目，能够把成果转化为教育教学实践。

（三）任现职以来独立撰写本学科教学研究论文1篇，具有较高的学术水平和应用价值。

第七十条　示范引领条件。

（一）积极承担校级以上教研活动任务，为同行作出示范，获得好评。

（二）能发挥教育教学骨干作用，在学校培养新教师提高业务水平和教育教学能力方面做出一定成绩。

第三节　小学一级教师评价条件

第七十一条　学历资历条件。

具备下列条件之一：

（一）具备博士学位。

（二）具备硕士学位，并在二级教师岗位任教2年以上。

（三）具备大学本科学历或学士学位，并在二级教师岗位任教4年以上。

（四）具备大学专科学历，并在二级教师岗位任教4年以上。

（五）具备中等师范学校毕业学历，并在二级教师岗位任教5年以上。

第七十二条　育人工作条件。

（一）具有明确的职业理想和教育信念，教育教学工作认真负责。能根据学生的身心发展特点有效实施道德教育，积极引导学生健康成长，能准确把握学生成长规律，及时了解学生思想状态，培养学生的自主管理和自主学习能力。在引导学生健康成长方面成绩比较明显，有质量较高的育人经验总结材料或案例。

（二）任现职以来担任班主任工作3年以上，有比较丰富的班主任工作经验，较好地完成教书育人任务。教师同行评价较高。经常与家长保持联系，开展家访，家校共育效果较好。

（三）任现职以来，所带班级获得校级集体荣誉，或个人获得与德育（班主任）工作相关的校级荣誉称号。

第七十三条 课程教学条件。

（一）具有比较扎实的所教学科基本理论和专业知识，对所教学科的知识体系有整体认识。对所教学科的课程标准、教材教法和教育教学的基本功有比较完整的认识和把握。学科教学能力较强，教学有一定特色，教学经验较丰富，教学效果好。能够对学生的学业情况进行述评分析，提交近1年来个人对学生的学情分析报告1份。

（二）任现职以来，周课时量符合广东省有关文件的规定。进行过小循环或学段循环教学。任现职期间曾承担校级公开课，获得好评。

（三）能结合教学开展课外实践活动，教学效果好。

（四）学生或家长对教学的满意度高的（特殊教育以家长意见为主）。

第七十四条 教研科研条件。

（一）积极参与并完成本专业的常规教研任务，参与各级课程资源开发整合、教学方法改进等方面的研讨，具有一定的组织和开展教育教学探索的能力，能独立承担一定的教学研究任务，取得一定的成果。

（二）任现职以来主持或参与（除主持人外排名前3名）并完成一项本学科的校本教研项目，并能够把成果转化为教育教学实践。

（三）任现职以来独立撰写本学科教学研究论文1篇，具有较高的学术水平和应用价值。

第七十五条 示范引领条件。

（一）积极承担校级以上教研活动任务，为同行作出示范，获得好评。

（二）能发挥教育教学骨干作用，在学校培养新教师提高业务水平和教育教学能力方面做出一定成绩。

第四节 幼儿园一级教师评价条件

第七十六条 学历资历条件。

具备下列条件之一：

（一）具备博士学位。

（二）具备硕士学位，并在二级教师岗位任教2年以上。

（三）具备大学本科学历或学士学位，并在二级教师岗位任教4年以上。

（四）具备大学专科学历，并在二级教师岗位任教4年以上。

（五）具备中等师范学校毕业学历，并在二级教师岗位任教5年以上。

第七十七条 育人工作条件。

（一）具有明确的职业理想和教育信念，教育教学工作认真负责。能根据幼儿的身心发展特点有效实施道德教育，积极引导幼儿健康成长，所教幼儿情绪愉快、健康活泼，有良好的卫生生活习惯与行为习惯，自理能力较强，每年幼儿发展水平测评各项指标均达标率高。

（二）任现职以来担任班主任（主班老师）工作3年以上，有比较丰富的班主任工作经验，较好地完成保教任务。教师同行的评价较高。经常与家长保持联系，家园共育效果较好。

第七十八条 课程教学条件。

（一）具有比较扎实的学前教育基本理论和专业知识，对幼儿保育知识有整体认识。学科教学能力较强，教学有一定特色，教学经验较丰富，教学效果好。熟悉各领域教学的特点及知识，能进行各年龄班的课程规划，合理安排和组织幼儿一日生活各环节。教学经验丰富，教学成绩突出。提交2年来个人教学特色的证明材料及环境创设、游戏指导、家长工作等方面的经验材料1份。提交教学笔记及幼儿发展个案各1个。

（二）任现职以来每周课时量符合广东省有关文件的规定。能胜任并进行幼儿园各年龄班循环教学。每年承担校级示范教学或幼儿一日生活观摩活动1次，或承担校级展示与研讨活动一次。

（三）注重保教结合，坚持以游戏为基本活动，游戏时间、空间充足，与一日生活各环节有机结合。能为幼儿提供和制作适合的玩教具和学习材料，体现丰富性与多样性。

（四）幼儿家长对教学的满意度高。

第七十九条 教研科研条件。

（一）积极参与并完成本专业区域性的常规教研任务，参与各级课程改革、资源开发整合、教学方法改进等方面的研讨，具有一定的组织和开展教育教学探索的能力，能独立承担一定的教学研究任务，取得一定的成果。

（二）任现职以来主持并完成1项园本教研项目，并善于把成果转化为教育教学实践。

（三）任现职以来独立撰写本学科教学研究论

文1篇，具有较高的学术水平和应用价值。

第八十条 示范引领条件。

（一）任职期间有1次以上在园级以上学术研讨、教学交流中进行论文宣读或者经验介绍。

（二）具备指导青年教师开展教育教学教研活动的能力，在园内指导青年教师获得认可。

第五节 其他教育机构一级教师评价条件

第八十一条 本节一级教师评价条件仅适用于市县级中小学教师发展中心、基础教育教学研究机构、电化教育机构和其他校外教育机构教师。

第八十二条 学历资历条件。

具备下列条件之一：

（一）具备博士学位。

（二）具备硕士学位，并在二级教师岗位任教2年以上。

（三）具备大学本科学历或学士学位，并在二级教师岗位任教4年以上。

（四）具备大学专科学历，并在二级教师岗位任教4年以上。

（五）具备中等师范学校毕业学历，并在二级教师岗位任教5年以上。

第八十三条 育人工作条件。

具有明确的职业理想和教育信念，践行立德树人的根本任务。坚持五育并举，全面推进素质教育，为促进学生健康成长和教师专业发展，顺利完成了教学教研、教师培训、电化教育或评估监测工作，积累有一定的教研、培训、电教或评价经验及模式。工作成效好，得到同行的认可。

第八十四条 课程建设与教学指导条件。

（一）对教研体系或教师培训体系有全面而深入的把握。研究方向明确，对所研究的学科教学研究领域、教师培训或教育评估监测要求有整体认识和把握。具有课程与教学领导力，按照课程改革要求，参与推动和指导各类课程的开发和应用或开展教育质量评估监测。研训或评估监测能力强，能够充分地运用信息技术与研训及评估监测融合能力，创造性地对研训活动或评估监测进行改革。积累一定的研训或评估监测经验，工作业绩好。得到同行的认可。

（二）有计划地深入学校调查研究、指导教学，积极参与组织区域性的教师培训、评估监测、经验交流、教学研讨、课堂示范、学术年会等活动，有效促进教师专业水平提高，成效比较突出，有质量较高的经验总结材料或案例。

（三）任现职以来一线教学指导工作量符合广东省有关文件的规定，胜任中学、小学或幼儿园不同年级相关专业的教研、教学、培训和指导等工作。深入基层，指导和培训方式方法符合实际，效果显著。提供1份课例研究报告或教师培训项目实施情况报告或评估监测报告。教学指导、培训方式方法或评估监测方式方法符合实际，效果好。开设县级以上公开课、研究课、培训课、示范课或专题讲座年均不少于2次。

（四）任现职以来每年参与本区域本专业教育教学指导工作（包括专业教学标准研制、教师培训、课程开发、学科教研活动、课题研究指导等）1次以上，成效好，有经验总结。

（五）一线教师对教学指导及培训工作满意度高。

第八十五条 教研科研条件。

（一）具有策划、主持、指导和引领本区域学科领域教育教学研究或教师专业发展的能力，能独立承担一定的教学或教师发展研究任务，取得一定的成果。

（二）除具备上述条件外，还需具备以下条件中的一项：

1. 任现职以来主持一项或参与（除主持人外排名前3）两项县级以上教育教学科研课题，并善于把成果转化为教育教学实践。

2. 任现职以来主持或作为主要成员参与（除主持人外排名前3）的教学、教研成果获县教学成果三等奖以上。

3. 任现职以来出版本专业教育教学类学术著作（本人撰写部分不少于3万字）。

4. 任现职以来独立或作为第一作者在公开发行的学术刊物上发表本专业教育教学研究论文1篇。

5. 任现职以来主编或参编（除主编外排名前6）正式出版的本专业学科教材、通过国家级或省级审定的教师教学用书1部。

6. 任现职以来参与完成省级教研基地项目建设，项目建设取得明显成效，在项目建设中做出了贡献；或设计的教育教学资源被县（区）级以上教育行政部门或教研部门采用。

7. 任现职以来主笔或参与主笔（除主笔外排名前3）完成的教育政策研究成果转化为县（区）级以上教育行政部门的政策文件或决策参考。

第八十六条 示范引领条件。

（一）在本区域学科教学领域享有较高的知名度，是县级以上本专业学术团体成员。

（二）能发挥教育教学带头人的作用，在培养青年教师方面发挥了作用，取得了成效。

第六章　二级教师评价标准条件

第一节　高中二级教师评价条件

第八十七条　学历资历条件。

具备下列条件之一：

（一）具备硕士学位。

（二）具备学士或大学本科学历，在教育教学岗位见习1年期满并考核合格。

第八十八条　育人工作条件。

（一）具有积极向上职业追求，比较熟练地掌握教育学生的原则和方法，引导学生健康成长工作取得一定成绩，能独立撰写经验总结材料或德育案例。

（二）胜任班主任工作，任现职以来担任班主任工作1年以上。具有一定的班级管理能力和工作经验，能较好地完成班级管理任务。经常与家长保持联系，开展家访，家校共育有成效。

（三）所带班级形成良好的班风、学风，得到同行的认同。

第八十九条　课程教学条件。

（一）对所教学科的基本理论和专业知识有较好的理解，能独立掌握所教学科的课程标准、教材、教学原则和教学方法，有一定的教学经验和专业知识技能，教学方法较灵活，教学效果较好。能够对学生的学业情况进行述评分析，提交近1年的学生学情分析报告。

（二）任现职以来，周课时量符合广东省有关文件的规定。在教学改革和提高教育教学质量等方面取得一定的成绩。能较好地指导学生的综合实践活动或社团活动。

（三）任现职期间，积极参与集体备课等教研工作，每年能在学科内承担教学研讨观摩课1次，获得好评。

（四）学生对教学的满意度高（特殊教育以家长意见为主）。

第九十条　教研科研条件。

（一）具有一定的教育教学研究能力，在同行指导下完成1项本学科的校本教研项目，并把成果转化为教育教学实践。

（二）能结合教学实际经常进行教学反思与总结。任现职期间，独立撰写本学科教育教学经验总结2篇或专业论文1篇。

第二节　初中二级教师评价条件

第九十一条　学历资历条件。

具备下列条件之一：

（一）具备硕士学位。

（二）具备学士或大学本科学历，在教育教学岗位见习1年期满并考核合格。

（三）具备大学专科学历，并在三级教师岗位任教2年以上并考核合格。

第九十二条　育人工作条件。

（一）具有积极向上职业追求，比较熟练地掌握教育学生的原则和方法，引导学生健康成长工作取得一定成绩，能独立撰写经验总结材料或德育案例。

（二）胜任班主任工作，任现职以来担任班主任工作1年以上。具有一定的班级管理能力和工作经验，能较好地完成班级管理任务。经常与家长保持联系，开展家访，家校共育有成效。

（三）所带班级形成良好的班风、学风，得到同行的认同。

第九十三条　课程教学条件。

（一）对所教学科的基本理论和专业知识有较好的理解，能独立掌握所教学科的课程标准、教材、教学原则和教学方法，有一定的教学经验和专业知识技能，教学方法较灵活，教学效果较好。能够对学生的学业情况进行述评分析，提交近1年的学生学情分析报告。

（二）任现职以来，周课时量符合广东省有关文件的规定。在教学改革和提高教育教学质量等方面取得一定的成绩。能较好地指导学生的综合实践活动或社团活动。

（三）任现职期间，积极参与集体备课等教研工作，每年能在学科内承担教学研讨观摩课1次，获得好评。

（四）学生对教学的满意度高（特殊教育以家长意见为主）。

第九十四条　教研科研条件。

（一）具有一定的教育教学研究能力，在同行指导下完成1项本学科的校本教研项目，并把成果转化为教育教学实践。

（二）能结合教学实际经常进行教学反思与总结。任现职期间，独立撰写本学科教育教学经验总结2篇或专业论文1篇。

第三节　小学二级教师评价条件

第九十五条　学历资历条件。

具备下列条件之一：

（一）具备硕士学位。

（二）具备学士或大学本科学历，在教育教学岗位见习1年期满并考核合格。

（三）具备大学专科学历，并在三级教师岗位任教2年以上并考核合格。

（四）具备中等师范学校毕业学历，并在三级教师岗位任教3年以上并考核合格。

第九十六条 育人工作条件。

（一）具有积极向上职业追求，比较熟练地掌握教育学生的原则和方法，引导学生健康成长工作取得一定成绩，能独立撰写经验总结材料或德育案例。

（二）胜任班主任工作，任现职以来担任班主任工作1年以上。具有一定的班级管理能力和工作经验，能较好地完成班级管理任务。经常与家长保持联系，开展家访，家校共育有成效。

（三）所带班级形成良好的班风、学风，得到同行的认同。

第九十七条 课程教学条件。

（一）对所教学科的基本理论和专业知识有较好的理解，能独立掌握所教学科的课程标准（教学大纲）、教材、教学原则和教学方法，有一定的教学经验和专业知识技能，能正确地传授知识和技能，教学效果较好。能够对学生的学业情况进行述评分析，提交近1年的学生学情分析报告。

（二）任现职以来，周课时量符合广东省有关文件规定。在教学改革和提高教育教学质量等方面取得一定的成绩。能较好地指导学生的综合实践活动或社团活动。

（三）任现职以来，每年承担1次科组或级组研讨观摩课。

（四）学生或家长对教学的满意度高（特殊教育以家长意见为主）。

第九十八条 教研科研条件。

（一）具有一定的教育教学研究能力，在同行指导下完成1项本学科的校本教研项目，并把成果转化为教育教学实践。

（二）能结合教学实际经常进行教学反思与总结。任现职期间，独立撰写本学科教育教学经验总结1篇或专业论文1篇。

第四节 幼儿园二级教师评价条件

第九十九条 学历资历条件。

具备下列条件之一：

（一）具备硕士学位。

（二）具备学士或大学本科学历，在教育教学岗位见习1年期满并考核合格。

（三）具备大学专科学历，并在三级教师岗位任教2年以上并考核合格。

（四）具备中等师范学校毕业学历，并在三级教师岗位任教3年以上并考核合格。

第一百条 育人工作条件。

（一）具有积极向上职业追求，比较熟练地掌握教育幼儿的原则和方法，所教幼儿健康活泼、习惯良好，每年幼儿发展水平测评各项指标基本达标。

（二）任现职以来担任班主任（主班老师）工作1年以上。胜任班主任工作，能与班级保教人员团结合作，得到同行的认同。经常与家长保持联系，家园共育有成效。

第一百零一条 课程教学条件。

（一）能根据各领域教学的特点及幼儿发展需要，运用各种教学组织形式和适宜的教育方式，合理安排和组织幼儿一日生活。能根据保教结合的要求照顾幼儿的日常生活，保证幼儿身心健康和生命安全。在教育引导儿童成长过程中有措施，开始形成自己的教育特色，提交1年来个人教学特色的证明材料及环境创设、游戏指导、家长工作等方面的经验材料1篇。提交教学笔记及幼儿发展个案各1个。

（二）任现职以来每周课时量达标。任现职以来每年承担1次科组或级组公开课或幼儿半日生活观摩活动，效果较好。

（三）能根据幼儿兴趣需要、年龄特点和发展目标，合理利用资源，为幼儿提供和制作适合的玩教具和学习材料，创设有助于幼儿成长、游戏和学习的环境，帮助幼儿在游戏中获得身体、认知、语言和社会性等各方面的发展。

（四）教学效果得到幼儿家长的肯定。

第一百零二条 教研科研条件。

（一）具有一定的教育教学研究能力，在同行指导下完成1项园本教研项目，并把成果转化为教育教学实践。

（二）任现职期间，能结合教学实际经常进行教学反思与总结，独立撰写本专业教育教学经验总结或专业论文。

第五节 其他教育机构二级教师评价条件

第一百零三条 本节二级教师评价条件仅适用于市县级中小学教师发展中心、基础教育教学研究机构、电化教育机构和其他校外教育机构教师。

第一百零四条 学历资历条件。

具备下列条件之一：

（一）具备硕士学位。

（二）具备学士或大学本科学历，在教育教学岗位见习1年期满并考核合格。

（三）具备大学专科学历，并在三级教师岗位任教2年以上并考核合格。

（四）具备中等师范学校毕业学历，并在三级教师岗位任教3年以上并考核合格。

第一百零五条 育人工作条件。

具有积极的职业追求，践行立德树人的根本任务。坚持五育并举，全面推进素质教育，为促进学生健康成长和教师专业发展，顺利完成了教学教研、教师培训、电化教育或评估监测工作，工作有一定的成效，得到同行的认可。

第一百零六条 课程建设与教学指导条件。

（一）比较熟练地掌握教学研究与指导、教师培训等的原则和方法，有计划地深入学校调查研究、指导教学，积极参与组织区域性的教师培训、经验交流、教学研讨、课堂示范、学术年会等活动，有效促进教师专业水平提高。能进行经验总结材料或撰写案例。

（二）任现职以来一线教学指导工作量符合广东省有关文件的规定，能承担一定的教研、教学、培训和指导任务。能够独立完成课例研究报告或教师培训项目实施情况报告或评估监测报告。每年承担1次县级以上示范研讨课和教学交流专题发言。

（三）任现职以来参与本区域本专业教育教学指导工作（包括专业教学标准研制、教师培训、评估监测、课程开发、学科教研活动、课题研究指导等）1次以上，成效好，有经验总结。

（四）教学指导及培训工作得到一线教师的肯定。

第一百零七条 教研科研条件。

具有一定的教育教学研究或教师专业发展指导能力，能够在同行指导下开展教研或教师培训项目，在教学方法研究、改革和推进素质教育，或教师发展等方面取得一定的成绩。

（一）主持校级以上或参与（除主持人外排名前3）县级以上的教育教学科研课题1项，能够与教育教学实践紧密结合。

（二）任现职期间，能结合教学实际经常进行教研反思与培训总结，独立撰写本专业教育教学经验总结或专业论文1篇。

第七章 三级教师评价标准条件

第一节 初中三级教师评价条件

第一百零八条 学历资历条件。

具备大学专科学历，在教育教学岗位见习1年期满并考核合格。

第一百零九条 育人工作条件。

（一）教学做到面向全体学生，促进学生全面健康发展，注意引导学生健康成长，能撰写德育案例。

（二）任职以来担任过班主任工作，能够较好地完成班级管理任务。得到同行的认同。经常与家长保持联系，开展家访，家校共育有成效。

（三）所教班级形成较好的班风、学风。

第一百一十条 课程教学条件。

（一）基本掌握所教学科的基本理论和专业知识，基本掌握所教学科的课程标准、教材教法，能够完成教学任务。能选择合适的教学方法进行教学并取得一定的成绩。能够在同行指导下对学生的学业情况进行述评分析，撰写学情分析报告。

（二）任现职以来，周课时量符合广东省有关文件的规定。能指导学生的综合实践活动或社团活动。

（三）任现职期间积极参与集体备课等教研工作，能在同行指导下承担科组或级组公开课，获得好评。

（四）学生对教学的满意度高的（特殊教育以家长意见为主）。

第一百一十一条 教研科研条件。

（一）具有一定的教育教学研究能力，在同行指导下完成1项本学科的校本教研项目，并把成果转化为教育教学实践。

（二）能结合教学实际进行反思，并在同行指导下撰写教育教学经验总结或教学案例。

第二节 小学三级教师评价条件

第一百一十二条 学历资历条件。

具备下列条件之一：

（一）具备大学专科学历，在教育教学岗位见习1年期满并考核合格。

（二）具备中等师范学校毕业学历，在教育教学岗位见习1年期满后，从事本专业技术工作1年，并考核合格。

第一百一十三条 育人工作条件。

（一）做到面向全体学生，促进学生全面健康发展，注意引导学生健康成长，能撰写德育案例。

（二）任职以来担任过班主任工作，能够较好地完成班级管理任务。得到同行的认同。经常与家长保持联系，开展家访，家校共育有成效。

（三）所带班级形成较好的班风、学风。

第一百一十四条 课程教学条件。

（一）基本掌握所教学科的基本理论和专业知识，基本掌握所教学科的课程标准、教材教法，能够完成教学任务。能选择合适的教学方法进行教学并取得一定的成绩。能够在同行指导下对学生的学业情况进行述评分析，撰写学情分析报告。

（二）任现职以来，周课时量符合广东省有关文件规定，能指导学生的综合实践活动或社团活动。

（三）任现职期间积极参与集体备课等教研工作，能在同行指导下承担科组或级组公开课，获得好评。

（四）学生或家长对教学的满意度高（特殊教育以家长意见为主）。

第一百一十五条 教研科研条件。

任现职期间，能结合教学实际进行反思，在同行的指导下撰写教育教学经验总结。

第三节　幼儿园三级教师评价条件

第一百一十六条 学历资历条件。

具备下列条件之一：

（一）具备大学专科学历，在教育教学岗位见习1年期满并考核合格。

（二）具备中等师范学校毕业学历，在教育教学岗位见习1年期满后，从事本专业技术工作1年，并考核合格。

第一百一十七条 育人工作条件。

（一）按保教结合的要求照料幼儿的日常生活，所教幼儿情绪稳定、心情愉快，有良好的卫生生活习惯与行为习惯，每年幼儿发展水平测评各项指标均基本达标。

（二）任职以来担任过班主任（主班老师）工作，能较好地完成班级管理任务。得到同行的认同。积极与家长进行有效沟通，共同促进幼儿发展。经常与家长联系，家园共育有成效。

第一百一十八条 课程教学条件。

（一）能根据幼儿兴趣需要、年龄特点组织各领域教学，按幼儿一日生活和游戏的规范组织活动。创设有助于幼儿成长、游戏和学习的环境，帮助幼儿在游戏和学习中获得各方面发展。

（二）在指导教师的辅导下能承担园内公开课、主题教育活动或幼儿一日生活观摩活动。

（三）积极参与教学实践和探索，提交1年来个人教学探索的证明材料及环境创设、游戏指导、家长工作等方面的经验材料。提交教学笔记及幼儿发展个案各1个。

（四）幼儿家长对教学的满意度高。

第一百一十九条 教研科研条件。

任现职期间，能结合教学实际进行反思，在同行的指导下撰写教育教学经验总结。

第四节　其他教育机构三级教师评价条件

第一百二十条 本节三级教师评价条件仅适用于市县级中小学教师发展中心、基础教育教学研究机构、电化教育机构和其他校外教育机构教师。

第一百二十一条 学历资历条件。

具备下列条件之一：

（一）具备大学专科学历，在教育教学岗位见习1年期满并考核合格。

（二）具备中等师范学校毕业学历，在教育教学岗位见习1年期满后，从事本专业技术工作1年，并考核合格。

第一百二十二条 育人工作条件。

具有积极的职业追求，践行立德树人的根本任务。坚持五育并举，全面推进素质教育，为促进学生健康成长，顺利完成了教学教研、教师培训、电化教育或评估监测工作，工作有一定的成效，得到同行的认可。

第一百二十三条 课程建设与教学指导条件。

（一）掌握教学研究与指导、教师培训等的原则和方法，能够深入学校调查研究、指导教学，积极参与组织区域性的教师培训、经验交流、教学研讨、课堂示范、学术年会等活动，有效促进教师专业水平提高。能撰写经验总结材料或案例。

（二）任现职以来一线教学指导工作量符合广东省有关文件的规定，能承担一定的教研、教学、培训和指导任务。能够在同行指导下完成课例研究报告或教师培训项目实施情况报告或评估监测报告。任现职以来承担1次县级以上示范研讨课和教学交流专题发言。治学态度严谨，深入基层，指导和培训方式方法符合实际，取得一定的效果。

（三）任现职以来参与本区域本专业教育教学指导工作（包括专业教学标准研制、教师培训、评估监测、课程开发、学科教研活动、课题研究指导等）1次以上，有经验总结。

（四）教学指导或培训工作得到一线教师的肯定。

第一百二十四条 教研科研条件。

具有一定的教育教学研究或教师专业发展指导能力，能够在同行指导下开展教研或教师培训项目，在教学方法研究、教师培训、评估评价和推进素质教育等方面取得一定的成绩。

（一）参与（除主持人外排名前6）县级以上的教育教学科研课题1项，能够与教育教学实践紧密结合。

（二）任现职期间，能结合教学实际经常进行教研反思与培训总结，独立撰写本专业教育教学经验总结或专业论文。

第八章 附 则

第一百二十五条 技工院校中级工班、高级工班、预备技师（技师）班毕业，分别按相当于中专、大专、本科学历申报相应职称。

第一百二十六条 本标准条件自2023年1月15日起实施，有效期5年，原《广东省中小学教师水平评价标准（试行）》同时废止。

第一百二十七条 本标准条件由省人力资源社会保障厅、省教育厅负责解释。

第一百二十八条 本标准条件相关的词语或概念的特定解释见附录。

附录

相关词语或概念的特定解释

1. 本专业：指中小学和幼儿园教师专业。具体专业（学科）名称以教育部印发的现行义务教育、普通高中课程设置方案为准。各级评委会可根据本区域实际，开设"德育""教育管理"专业职称评审。

申报"德育"专业职称，要更加突出育人方面实绩。申报"教育管理"专业职称，应为学校校级领导或市县级中小学教师发展中心等其他教育机构在职在岗从事基础教育教学管理工作，并获得相应中小学教师资格的人员，其在教育科研方面组织的课题、发表的论文、出版的著作必须是教育教学管理类的。

2. 任现职：指被聘的职务与职称。上述标准中，除有明确规定外，均指任现职以来取得的业绩成果，含聘评分开高职低聘期间取得的业绩成果。

3. 凡冠有"以上"的均含本级或本数量。如"3年以上"含3年。

4. 市级：指行政区划的地级及以上市。

5. 县级：指行政区划的县、县级市、县级区及不设县区的东莞和中山市的镇区。

6. 在职在岗：指在中小学等单位教育教学教研专业技术岗位上从事相关工作。

7. 学历：指国家教育行政主管部门认可的国内或国外学历。各种培训班颁发的结业证书或专业证书，未经国家教育行政主管部门批准招生的学校颁布的学历证书，不能作为评审的学历依据。

8. 资历：涉及专业技术工作年限要求的指自职称评审委员会评审通过之日起从事本专业技术工作的年限，在此期间有全脱产学习、一学期以上长期病假的情形，应扣除其相应时间（产假除外）；不涉及专业技术工作年限要求的指取得本专业中专以上学历后从事本专业工作的年限，取得本专业或相近专业后续学历的，其资历可从取得本专业中专以上学历后累计计算。

对在革命老区、中央苏区和民族地区连续工作4年以上且考核合格的中小学教师，申报中级、高级职称时，任职年限可放宽1年；对符合条件的援派教师，援派期为3年的，援派期满后可提前一年申报高一级别职称。

9. 担任班主任工作年限：担任共青团专职书记、中小学大队辅导员、德育专职教师、心理健康教育专职教师、年级组长、学校正职校长、正职党委（党支部）书记、分管德育工作的校级领导、政教主任工作年限可按班主任工作年限计算；担任共青团副书记、中小学副大队辅导员、副政教主任和小学、幼儿园、特殊教育学校副班主任年限2年折算为班主任年限1年；担任学校中层以上干部3年以上的教师申报高一级职称，任现职以来的班主任工作年限可减半，并相应减少从教以来担任班主任工作年限；信息技术（通用技术）、音乐、体育、美术、科学、综合实践活动、劳动等学科教师，特殊教育专职资源教师、康复训练、巡回指导教师，由任教学校提供没有拒绝担任班主任工作的书面证明，不作班主任工作年限要求；市县级中小学教师发展中心、基础教育教学研究机构、电化教育机构和其他校外教育机构的教师，不作班主任工作年限要求。特殊教育教师的班主任工作年限为从教以来4年以上，申报高级教师为任现职以来担任班主任工作2年以上。专门学校教师参与管教执勤工作累计120天经历视为班主任工作1年。

具有博士学位教师，申报一级教师不作班主任年限规定；申报高级教师评审，为任现职以来担任班主任工作1年以上；申报正高级教师评审，为从教以来担任班主任工作5年以上。

具有硕士学位教师，申报高级教师评审，为从教以来担任班主任工作6年以上，其中任现职以来担任班主任工作2年以上；申报一级教师评审，为任现职以来担任班主任工作2年以上。

10. 每周课时：（1）课时数以教育部制订的课程计划为准。（2）列入教学计划的活动课应计算为课时。每一次（40分钟以上）活动课折算1个课时。活动课的内容、时间和参与学生名单应在学校相关部门备案。（3）学校开设校内课后服务活动，可按照上述活动课规定列入课时量计算。（4）每周课时指每周平均课时。校级领导或教师开设的公开课，符合上述规定的列入课时数计算。

高、初中教师每周课时量：专任教师10节以上，班主任5节以上，学校中层干部4节以上，校级领导至少2节以上且每年听课不少于40节；心理健康教育专职教师每年接受学生咨询时间不少于180小时或180人次，团体活动周课时量6节以上；教研员、电教教师有计划地深入学校调查研究、指导教学每年不少于：县级80天、市级60天、省级40天，每年听课、评课不少于：县级80节、市级60节、省级40节，组织区域性的教师培训、经验交流、教学研讨、课堂示范、学术年会等活动每年2次以上。市县级教师发展中心教职员每年策划并组织、实施教师培训项目学时不少于：县级80学时、市级60学时。市县级中小学教师发展中心、基础教育教学研究机构、电化教育机构等正副职领导每年有计划地深入区域、学校调查研究、指导教育教学或教师专业发展每年不少于20次。

小学教师每周课时量：专任教师14节以上，班主任10节以上，少先队大队辅导员和学校中层干部6节以上，校级领导4节以上且每年听课不少于40节；心理健康教育专职教师8节以上，并接受学生咨询时间每年不少于180小时或180人次；教研员有计划地深入学校调查研究、指导教学每年不少于：县级100天、市级70天、省级40天，每年听课、评课不少于：县级100节、市级70节、省级40节，组织区域性的教师培训、经验交流、教学研讨、课堂示范、学术年会等活动每年1次以上。

幼儿园教师每周课时量：幼儿园课时量按半日活动计算。专任教师每周承担幼儿半日生活组织与领导不少于5个半天，中层干部每周不少于2个半天，园领导指导班级教育教学或跟班指导每周不少于1个半天。专科教师每周课时量不少于18节。学前教育教研员有计划地深入学校调查研究、指导教学每年不少于：县级100天、市级70天、省级40天，每年听课、评课不少于：县级100节、市级70节、省级40节，组织区域性的教师培训、经验交流、教学研讨、课堂示范、学术年会等活动每年1次以上。

专门学校教师每周课时量：参照全国专门学校标准，月平均管教执勤工作不低于6次，周平均管教执勤工作累计周课时量4节以上。

11. 循环教学：指高中一至三年级、初中一至三年级、小学一至六年级、幼儿园小班至大班教学。"小循环"指小学阶段1～3年级、4～6年级或连续的3个年级。乡村小规模学校根据实际情况来定。学段循环按义务教育阶段课程标准规定（视同循环教学）。特殊教育教师满足以下三条中的两条视为符合循环教学要求：一是进行过不同残障类型学生的教育康复工作3年；二是进行过不同残障程度学生的教育康复工作3年；三是进行过不同年级学生的教育康复工作3年。专门学校从事过初二、初三的值班管理和教学工作等同于循环教学。教研员和电教教师不作循环教学要求。

12. 各级公开课：

市级公开课：指由市级教研部门组织的全市范围教师参加观摩的公开课。县级公开课：指由县级教研部门组织的全县范围教师参加观摩的公开课。校级公开课：指由学校行政部门组织，本学科组全体教师以及教导处、教研室、校级领导等行政干部参与观摩的公开课。

德育教师举行各级主题班会公开课等同各级公开课，特殊教育教师参加各级学术团体组织的公开课等同各级公开课。

13. 教学满意度测评：学生及其家长满意度测评由所在学校组织，存入学校教学管理档案。一线教师对教学指导的满意度的测评工作由派出机构组织，存入派出机构工作管理档案。

14. 校级领导：指学校的正、副校长，正、副书记。

15. 学校中层干部：指由县级以上主管部门备案在册的学校内设管理机构正副职（即正、副主任）。

16. 特殊教育教师：指在特殊教育学校、普通中小学幼儿园及其他机构中专门对残疾学生履行教育教学职责的专业人员。

17. 德育教师：指学校专职从事学生德育管理工作或担任班主任工作的教师，包括主管德育工作的校级领导，学校内设德育管理机构负责人、班主任、中小学共青团干部、少先队辅导员等。

18. 教研员：指在各级基础教育教学研究机构从事教育教学研究工作的人员。

19. 电教教师：指在各级电化教育机构从事教育教学工作的教师。

20. 教师发展中心教师：指在各级教师发展中心从事基础教育领域教师专业发展、教师培训工作的教师。

21. 农村学校：指乡镇（不含县城所在镇）及乡镇以下的学校。

22. 学情分析报告：指教师每学期根据任教班级学生的学习过程与结果，分层分类对班级学生的学习态度、学习方式方法、学习成效等学业发展情况进行诊断性评价，并有针对性地提出下阶段教学安排的意见建议，总结形成以班为单位的学生学习情况分析报告。

23. 教育教学类学术著作或教材：指在取得ISBN（国内、国际标准书号）并公开出版发行的学术专著或教材。应具有特定的研究对象，概念准确，反映研究对象规律，并构成一定体系，属作者创造性思维的学术著作或教材。其学术水平（价值）由评委会专家公正、公平、全面地评定。所有著作或教材的清样稿或出版证明等不能作为已公开出版发行的依据。

凡文章汇编、资料手册、一般编译著作、作品集、普通教材、普通工具书不能视为学术著作或教材。

24. 论文：指通过逻辑论述，阐明作者的学术观点，回答学科发展及实际工作问题的文章，应包括论题（研究对象）、论点（观点）、论据（根据）、结论、参考文献等内容。其学术水平（价值）由评委会专家公正、公平、全面地评定。

凡对事业或业务工作现象进行一般描述、介绍、报道的文章，不能视为论文。所有学术论文的清样稿或录用通知（证明）不能作为已发表的依据。

25. 教育教学科研课题：指教育行政部门或教研部门组织立项的科研课题。

26. 农村学校教师要求：在职在岗的农村学校教师申报高一级职称不作课题、论文、专著、表彰等具体要求，突出实际教育教学贡献。

27. 从事少先队工作的教师，可按所教学科申报职称或申报"德育""思政课"职称，兼做少先队工作方面所获奖励与其他学科同类奖励同等对待。从事少先队工作的教师在校内开展少先队活动的时间记入课时量。在公开出版发行的教育教学类或少先队活动类刊物独立或作为第一作者发表的有关少先队工作方面的论文可视作专业论文。

28. 校本教研是为改进学校的教育教学，提高学校的教育教学质量，从学校的实际出发，依托学校自身的资源优势和特色进行的专题讲座、案例分析、专家指导、学术沙龙、主题研修等教育教学研究。

29. 称号：指各级政府和教育行政部门、教研部门授予的教育教学类表彰荣誉称号和各类人才培养项目。

30. 各级各类学校：指适用范围的广东省普通中小学、幼儿园、特殊教育学校、专门学校等。

31. 其他教育机构：指适用范围的广东省基础教育教学研究机构、电化教育机构、市县级中小学教师发展中心和其他校外教育机构等。

身份证、学历（学位）证书、教师资格证、现聘任职称、年度考核等次、支教经历和继续教育等材料可实行告知承诺制，其余各项指标要求均须提交相关部门的有效佐证材料。

概況

GENERAL SITUATION

2022年广东省教育事业发展概况

2022年,在广东省委、省政府的坚强领导下,省教育厅党组坚持以习近平新时代中国特色社会主义思想为指导,全面贯彻党的教育方针和党的十九届历次全会、二十大精神,牢记嘱托、砥砺奋进,深刻领悟"两个确立"的决定性意义,增强"四个意识"、坚定"四个自信"、做到"两个维护",统筹抓好疫情防控和教育改革发展,全力确保校园安全稳定,加快高质量教育体系建设,教育公平日益彰显,教育质量不断提升。

(一)坚持和加强党对教育工作的全面领导,着力培养德智体美劳全面发展的社会主义建设者和接班人

一是持续加强党的领导和党的建设。深入学习宣传贯彻党的二十大精神,组织高校万名基层党支部书记开展党的二十大精神学习网络培训,实现教育系统宣讲党的二十大精神"三个全覆盖"。厅党组落实常态化"第一议题"和理论学习中心组学习制度,扎实开展"奋进新征程,建功新时代"模范机关创建主题活动,打造对党绝对忠诚的政治机关。印发《贯彻落实〈关于建立中小学校党组织领导的校长负责制的意见(试行)〉工作方案》,开展体制机制改革;在全国率先出台《加强和改进民办高校党组织领导班子建设暂行规定》,持续加强民办高校党的建设。推进习近平新时代中国特色社会主义思想进教材、进课堂、进头脑,深入开展传承伟大建党精神的教育实践。一体推进不敢腐、不能腐、不想腐,出台厅机关纪委工作制度和议事规则,全力支持驻厅纪检监察组开展工作;高质量完成巡察19所省管高职院校任务,实现巡察全覆盖。二是着力构建德智体美劳全面培养的教育体系。深化思政课改革创新,指导高校从2022年秋季学期起全面开设"习近平新时代中国特色社会主义思想概论"课,抓好专职思政课教师配齐工作,全省高校专职思政课教师配比1∶330,按时保质完成中央配备要求(1∶350)。大力发展素质教育,推动印发《广东省全面加强和改进新时代学校体育美育工作行动方案》,开齐开足体育、美育和劳动课程;高质量完成河源、云浮部分农村小学运动场地改善任务,深受广大师生和家长好评;中小学生体质健康优良率连续第二年排名全国第二,大学生征兵工作稳步推进,超额完成省政府、省军区下达的大学毕业生征集任务;推进近视防控工作,超过半数的中小学校普通教室完成照明改造工作。加强学生心理健康教育。三是坚决维护教育系统安全稳定。确保"疫情要防住",每天排查近3 000万名师生健康状况,每天编发简报督促工作落实,健全委厅领导挂点包片工作机制;全年开展28次视频调度,赴涉疫学校现场应急处理34次,做好驻广州市海珠区学校学生离校返乡工作;落实"双报到"制度,组织高校1.4万名党员干部投身属地社区疫情防控。坚持正面引领和负面防范一起抓,压实各级党组织意识形态工作责任制,构建横向到边、纵向到底的意识形态工作责任体系,坚决守好意识形态安全"南大门"。全力做好维稳安保工作,制定系列工作指引,坚持每月召开视频调度会,累计启动一级响应5次、二级响应11次、三级响应23次,创新建立高校"一个应急指挥部、五支应急小分队"应急响应机制,实现党的二十大期间"五个不发生"工作目标;成立由省委常委任组长、14个成员单位组成的省防范学生溺水工作领导小组,提级开展学生溺水问题专项治理,2022年全省中小学生溺亡人数较2021年下降22.9%;全省中小学幼儿园专职保安配备、校园封闭式管理、"护学岗"设置、一键式紧急报警装置和视频监控安装及联网实现4个100%;常态化抓好校园食品安全、实验室安全管理,教育系统全年网络安全零事故。全力以赴打赢考试防疫攻坚战,全年组织普通高考、研究生考试等50场考试,实现"不因疫情影响考试,不因考试传播疫情"目标。

(二)深入推动各类教育高质量发展,为经济社会发展提供坚强的人才保障和智力支持

一是扎实推进基础教育高质量发展。与21个地级市政府签订高质量发展任务书,组织10个督导组开展专项督导,对学位建设、"双减"、大班额化解

等工作实地核查，全年完成公办学位建设约56.8万个，顺利完成民生实事和年度学位建设任务。巩固提升学前教育"5080"成果，规范化幼儿园占比达87.14%，公办幼儿园和普惠性民办幼儿园在园幼儿占比达85%以上。支持7个县（市、区）创建全国义务教育优质均衡发展县；推进规范民办义务教育工作，"公参民"学校体制机制理顺完成率达96.7%，随迁子女入读公办学位比例提升至95%左右；民办义务教育学校在校生规模占比较2020学年下降约13.3个百分点，全面达到中央要求（5%以下），先后在全国推进会和全国教育工作会议上做典型经验发言。推动普通高中优质特色多样化发展，持续培育创建普通高中新课程新教材省级示范区和省级示范校。推进特殊教育普惠融合发展，坚持"全覆盖，零拒绝"原则，"一人一案"落实30 178名残疾学生就学。扎实推进"双减"工作，所有学校落实作业管理"压总量、控时间"要求，所有学校全面提供课后服务，所有县（市、区）均建立课后服务经费保障机制；21个地级市均已成立"双减"工作专门机构，全省义务教育阶段学科类线下、线上培训机构数量压减比例分别达96%、86%，义务教育阶段学科类培训"营利性改非营利性"、线上培训机构"备案改审批"、纳入资金监管机构的比例均达100%；制定艺术类、体育类、科技类校外培训机构设置标准和审批指引，开展艺考类培训机构专项治理，全面规范非学科类校外培训机构。加强专门学校建设，2022年5个地市各新建1所专门学校，全省共建有11所专门学校、2个临时校区。加快健全省—市—县—校四级教研体系，着力打造"走进粤东西北教研帮扶活动""南方教研大讲堂"等教研品牌；推动配齐配强各学科专职教研员，全省在编在岗教研员达到4 885人，比2020年增加1倍以上。提升教育数字化水平，推进国家课程数字化教材规模化应用，推进17个互联网环境下基础教育教学改革实验区建设，启动编制广东省"互联网+教育"指导意见。推进教育装备标准体系建设。二是加快完善现代职业教育体系。召开全省职业教育大会，出台推动职业教育高质量发展若干措施，推动部省共建大湾区职业教育综合改革合作示范区。实施职业院校办学条件达标工程。立项建设45所省域高水平高职院校和88所省高水平中职学校。畅通技术技能人才成长通道，持续扩大中高本协同育人试点规模。会同清远市加强省职教城管理，制定"三方"职责清单，落实高校党政领导值班值守制度，完善长效管理机制。深入开展1+X证书制度试点，累计完成考核47.5万人次、获证18.7万人，均居全国首位，超过1万名中职学生通过X证书获升学机会。组队参加2022年全国职业院校教师教学能力大赛和学生专业技能大赛分别获奖39项、223项，分别位列全国第一、第二位。三是全力提升高等教育质量。推动高起点筹建深圳理工大学、大湾区大学等高校，有序推动独立学院转设。深入推进新一轮高等教育"冲补强"提升计划，新增3所高校入选新一轮"双一流"建设名单，新增高校数位居全国第一，"双一流"建设高校数由全国第七位提升至第四位；佛山、东莞两市获批建立2个国家卓越工程师创新研究院（全国首批共4个）。实施高等教育智慧教育改革，启动第二轮"新师范"建设，立项建设一批优势突出、特色鲜明的高水平临床医学院、公共卫生学院和中医药学院，出台《关于加强基础学科人才培养的实施意见》，实施集成电路人才培养扩容提质工程，遴选建设6个省级集成电路人才培养基地；160个学科入围ESI排名前1%，新增174个国家级一流本科专业建设点。启动实施基础研究卓越中心建设计划，完成首批3家卓越中心论证立项。广州医科大学钟南山院士团队成果"新型冠状病毒感染的防控、临床诊治及机制研究"入选"中国高等学校十大科技进展"，广东高校获第二十三届中国专利银奖4项、优秀奖5项，银奖以上获奖数位居全国第一。着力做好就业创业工作，在高校毕业生人数再创新高的情况下，截至8月31日，毕业生就业去向落实率为89.73%（全国排名第五）；12所高校获评国家级创新创业学院和国家级创新创业教育实践基地建设单位，位居全国第二；参加中国国际"互联网+"大学生创新创业大赛全国总决赛，共获34枚金牌、53枚银牌，获金奖数连续三年稳居全国前三。完善高校跨市办学管理制度，全面规范党建、思政、安全、教学、科研等工作。四是规范民办教育发展。持续推动《广东省民办学校规范达标计划和品牌提升计划（2019—2022年）》落地实施；推进"广东省民办高校财务监督与分析系统"建设，组织全省非营利性民办学校完成12 821个收费账户备案和集中公示；组织开展民办高校年检工作，针对发现的问题约谈相关民办高校举办者和党政负责人，强化规范办学监管。

（三）全面深化改革、扩大开放，持续为教育发展注入新动力

一是深化教育评价改革。统筹推进育人方式、办学模式等改革，省、市、县、校立体攻坚，教育

评价改革试点省建设取得阶段性成效；严格落实"十不得一严禁"，建立工作长效机制，坚决扭转不科学的教育评价导向。深化教师评价改革，建立科学评价体系，突出考核评价教师教书育人能力和教学实绩。推动教育督导"长牙齿"，开展对市县级人民政府履行教育职责评价并"点对点"反馈政府履行教育职责评价结果，出台《广东省教育督导问责实施细则（试行）》，全省各级教育督导机构开展教育督导问责337次。建设广东特色的基础教育质量监测体系，加强监测结果应用，向21个地级市"一对一"反馈国家义务教育质量监测（德育和科学）发现的主要问题，督促抓好整改落实。二是深化招生考试改革。强化招生计划引导，支持关键领域急需人才培养，2022年教育部下达广东省博士研究生计划（不含部委属，下同）、硕士研究生执行计划、本科普通专升本执行计划、普通本科计划同比增幅分别为10.9%、10.1%、32.8%、2%。深入推进高考综合改革，实施播音主持艺术术科统考，优化招生院校专业组设置，教育公平得到有力彰显。稳步推进中考改革。三是加强和扩大教育高水平对外开放。部省联合印发实施粤港澳大湾区高等教育合作发展2022年工作要点，加快推进华南理工大学广州国际校区等项目建设，新设广州南沙民心港澳子弟学校、东莞暨大港澳子弟学校，全省各级各类学校港澳台在校生超15万人，规模全国最大。大力引进世界知名高校来粤合作办学，已获批设立6所具有法人资格的合作办学机构（含1所筹设），占全国同类办学机构总量的一半；香港科技大学（广州）获批设立并如期开学，香港城市大学（东莞）获批筹设。四是语言文字工作出新出彩。推动印发《广东省全面加强新时代语言文字工作若干措施》，指导全省21个地级市、99所高校成立语委机构。广东省语言文字工作委员会办公室被教育部、国家语委授予"国家通用语言文字推广普及先进集体"称号。

（四）大力提升教育保障能力和水平，夯实教育高质量发展基础

一是加强教育人才队伍建设。深入学习贯彻习近平总书记给北京师范大学"优师计划"师范生重要回信精神，扎实做好公费定向培养粤东粤西粤北地区中小学教师工作，安排2023年公费定向培养招生计划2 378个，同比增幅11.64%；全面加强教师思想政治建设和师德师风建设，开展主题教育月活动，对师德失范行为"零容忍"，全年查处师德违规行为187起；组织开展粤东粤西粤北地区教师全员轮训，培训教师28.96万人。深入推动中小学教师"县管校聘"管理改革，落实中小学教师平均工资收入"两个不低于或高于"，加强和规范临聘教师管理，令广大教师安心从教、舒心从教。精心组织"长江学者奖励计划"讲席学者项目申报工作，2022年广东省高校入选30人，入选人数连续两年位居全国首位。二是加强教育经费保障和绩效管理。省教育厅党组坚持每月至少召开1次会议研究预算工作，2023年度预算"二上"方案已安排列入年初部门预算或提前下达市县资金占比超过95%，超额完成预算到位率不低于90%的改革任务。落实重大项目日报周调月研究机制，23个在建项目完成投资131.7亿元，超额完成年度投资计划；组织高等学校、职业院校申报贴息贷款项目，已签约项目61个，贷款总额96.62亿元，已放款19.52亿元。健全覆盖学前教育至研究生教育阶段学生资助体系和中央、省、市、县、校五级学生资助管理体系，落实"奖、贷、助、勤、补、免"全方位资助政策，确保"不让一名学生因家庭经济困难而失学"；全省各级财政投入学生资助资金70.57亿元，资助学生366.14万人次。强化教育乱收费治理，联合市场监管、发改部门开展教育收费专项整治，全年为群众挽回经济损失1 341.15万元。三是全面推进依法治教、依法治校。持续开展全省教育系统行政执法案卷评查，按季度开展法情通报，全年办理行政应诉15件、行政复议3件，行政诉讼按期答辩率、审结案件胜诉率均为100%。深入贯彻习近平法治思想，全面推动习近平法治思想融入学校教育；持续7年开展全省学生"学宪法讲宪法"系列活动，在第七届全国学生"学宪法讲宪法"活动全国总决赛中获得知识竞赛团体冠军；推动将党的创新理论和党的建设相关内容写入学校章程，全省中小学完成章程修改备案工作，93所公办高校完成章程修改，39所公办高校、30所民办高校完成章程核准工作；科学规范开展中小学法治副校长聘任与管理工作。四是推进教育对口帮扶工作。全面落实乡村振兴驻镇帮镇扶村任务。全面推动教育援疆工作，组织16所高校与新疆对口支援地区开展"校地共建"，选派400多名大学生到西藏、新疆支教，广东省教育对口帮扶工作经验和先进人物事迹得到广东电视台、南方日报等多家媒体报道。五是提升学校后勤管理水平。深入推动中小学"厕所革命"工作，制定新一轮提升整改计划，补齐影响师生生活质量的短板。开展绿色学校建设工作，全省80.88%的学校被认定为"广东省绿色学校"，超额完成既定的目标任务。

（撰稿、审稿　广东省教育厅办公室）

2022年广东省教育要事录

1月15日 省委教育工委召开扩大会议，听取全省159所高校党委书记2021年抓基层党建工作述职并进行评议考核，省委教育工委委员，省教育厅党组书记、副厅长朱孔军出席会议并讲话。

1月18日 省委教育工委、省教育厅召开全省教育系统党史学习教育总结会议，省委第十四巡回指导组组长吴焕泉等到会指导，省委教育工委委员、省教育厅党组书记、副厅长朱孔军出席会议并讲话，省委教育工委副书记、省教育厅党组副书记李大胜传达中央和全省党史学习教育总结会议精神。

1月19日 制定2022年度推动基础教育高质量发展任务书，省教育厅代表省政府与21个地级以上市政府签订。做好督导考核，保障基础教育高质量发展顺利推进。

1月—8月 面向2022届高校毕业生开展"广东省2022届普通高校毕业生系列供需见面活动""2022届高校毕业生就业促进周""2022届高校毕业生就业'百日冲刺'系列活动"等各类供需见面活动989场，累计参加用人单位20.84万家，共提供就业岗位信息1048万条。

2月9日 国家公布新一轮"双一流"建设高校名单。广东省新增华南农业大学、广州医科大学、南方科技大学3所高校入选，新增高校数位居全国第一。全省8所高校21个学科入选新一轮"双一流"学科建设。

2月14日 2022年"广东开学第一课"（春季）在广州市黄埔区玉泉学校开课，并向全省中小学校同步开展网络直播。

2月21—25日 第三届广东省中小学教师教学能力大赛总决赛举行。通过多个网络平台对小学教育、初中教育、普通高中教育、中等职业教育和特殊教育五组比赛实况和颁奖大会进行全程直播，点播量累计445.86万次。省委教育工委委员、省教育厅党组成员、副厅长李璧亮致辞。

2月23日 广东作为唯一省份代表在教育部2022年新春发布会职教专场介绍高职扩招经验做法。省委教育工委副书记、省教育厅党组副书记李大胜在会上发言。

省教育厅印发《关于进一步扩大本科高校集成电路相关人才培养规模的通知》（粤教高函〔2022〕3号），健全与集成电路产业发展相适应的本科、研究生教育培养体系，进一步扩大人才培养规模。

2月28日 2022年全省教育督导工作视频会议在广州召开，省教育厅总督学徐仕敏出席会议并讲话。

3月10日 省委教育工委召开2022年全省教育系统全面从严治党工作视频会议，省委教育工委委员、省教育厅党组书记、副厅长朱孔军出席会议并讲话，省委教育工委委员、省教育厅党组成员、省纪委监委驻省教育厅纪检监察组组长黄建固总结部署纪检监察专项工作。

3月17日 省教育厅召开2022年度全省中小学德育工作视频会议，省委教育工委副书记、省教育厅党组副书记李大胜出席会议并讲话。

3月18日 省人民政府教育督导室与省委教育工作领导小组办公室联合通报违规下达升学率任务的情况，充分利用履职满意度调查结果，推动各地深化教育评价改革。

3月23日 省委教育工委召开2022年全省高校思想政治工作视频会议，省委教育工委副书记、省教育厅党组副书记李大胜出席会议并讲话。

3月28日 省就业工作领导小组印发《2022年广东省高校毕业生就业创业十大行动方案》，精准发力，统筹发挥各方力量促进高校毕业生就业创业。

3月31日 2022年广东省政府教育督导委员会第一次会议召开，贯彻落实2022年全国教育督导工作会议精神，审议2021年对市县级政府履行教育职责评价结果，研究发挥督导作用推动基础教育高质量发展。省政府教育督导委员会主任、副省长王曦出席会议并讲话。

3月—8月 开展高校书记校长"访企拓岗"促就业专项行动。全省高校共走访1.43万家用人单位，促成新增就业岗位18.36万个、实习岗位9.04万个，达成就业实习实践基地合作意向9924项。

4月16—17日 2022年4月高等教育自学考试举行，实考人数17.22万人，广州等10个地市考试推迟。

4月19日 全省基础教育高质量教研体系建设工作推进会以线上线下结合的方式举行。全省共设134个分会场，市县教研机构负责人、省教研基地项目负责人、普通高中"双新"示范区示范校负责人超1 000人参加会议。

4月25日 省教育厅印发《广东省教育厅关于开展首批广东省高水平临床医学院、公共卫生学院和中医药学院建设的通知》，发布广东省高水平临床医学院、公共卫生学院和中医药学院建设方案，立项高水平临床医学院、公共卫生学院和中医药学院重点建设学院15个，培育建设学院6个。

4月27—28日 广东省2022年普通专升本考试举行，考试人数15.57万人。

4月28日 2022年"全省粤港澳大学生国家安全宣讲比赛"决赛在广东广播电视台完成录制。省委教育工委副书记、省教育厅党组副书记李大胜出席并颁奖。

4月29日 省教育厅印发《广东"新师范"建设实施方案（2022—2025年）》，启动第二轮"新师范"建设，深化落实十大举措，助力基础教育高质量发展。

4月—5月 省教育厅举办第九届广东高校辅导员素质能力大赛。经各高校遴选推荐，共计143名高校辅导员参加比赛。经组织专家评审，确定大赛一等奖10名、二等奖20名、三等奖30名，并遴选部分优秀选手参加第九届全国高校辅导员素质能力大赛。

4月—7月 省教育厅开展2022年"5·25"大学生心理健康月系列活动。全省各高校积极响应，广大师生踊跃参与，涌现出一大批优秀活动成果。经组织专家评审，共评出一等奖20项、二等奖30项、三等奖50项。

5月4日 省政府副省长王曦赴广东省教育考试命题基地调研，并就命题安全保密工作提出指导意见。

5月11日 向21个地级以上市政府"一对一"反馈2020年国家义务教育质量监测（德育和科学）发现的主要问题，督促市级政府制订整改方案，抓好整改落实。

5月13日 省教育厅印发2022年专项教育督导计划和方案，推动教育重点领域、重点工作的落地落实。

全省高校外事暨港澳台工作会议召开，省委教育工委委员，省教育厅党组成员、副厅长朱超华出席。

5月13—21日 举办2022年广东省暨广州市职业教育活动周，主题为"技能：让生活更美好"。

5月14日 省政府办公厅印发《广东省进一步支持大学生创新创业的若干措施》，聚焦大学生创新创业需求，提出推进大学生创新创业实践平台建设等10条具体举措，明确省有关单位职责分工，为大学生投身创新创业提供有力保障。

5月20日 省教育厅在华南师范大学附属中学举办"双减"背景下学校家庭教育高端论坛，学习贯彻家庭教育促进法，围绕家庭教育的理念、课程及实践路径进行交流。省委教育工委副书记、省教育厅党组副书记李大胜出席会议并讲话。

5月21—22日 举行高职院校自主招生考试，考试人数2.79万人。

5月24日 在教育部"教育这十年"系列发布会职教专场，广东作为唯一分会场和实地采访地，全方位介绍广东职业教育十年发展成就。

5月31日 省委书记李希，省委副书记、省长王伟中，省委常委、广州市委书记林克庆，省委常委、组织部部长张福海，省委常委、宣传部部长陈建文，省委常委、副省长王曦，省政府副省长、省公安厅厅长王志忠等省领导到广州市高考考点，就深入学习贯彻习近平总书记重要指示精神，严格落实疫情防控措施、扎实做好高考各项准备工作进行调研检查。省委教育工委委员，省教育厅党组书记、副厅长朱孔军陪同。

省委教育工委召开全省教育系统传达学习贯彻省第十三次党代会精神会议暨第39期广东高校学习论坛，省委教育工委委员，省教育厅党组成员、副厅长朱超华主持会议并传达学习省第十三次党代会和省委十三届一次全会精神，省委教育工委委员，省教育厅党组书记、副厅长朱孔军部署全省学习宣传贯彻工作。

6月3日 省委教育工作领导小组召开2022年普通高考工作视频调度会，省委常委、宣传部部长陈建文出席会议并讲话，省委常委、副省长王曦主持会议。

6月7—9日 普通高考（含普通高中学考选择考）举行，实考人数70.23万人。

6月10日 省教育厅印发《广东省教育厅关于公布2021年度省级一流本科课程认定结果的通知》（粤教高函〔2022〕10号），认定2021年度省一流本科课程834门。

6月16日 省政府常务会议审定2021年对市县政府履行教育职责评价结果，并要求向21个地级以上市、122个县（市、区）政府"点对点"反馈评价报告。印发《广东省教育督导问责实施细则》，加强教育督导结果运用，有效开展教育督导问责，推动教育督导"长牙齿"。

6月19日 香港科技大学（广州）获教育部批准正式设立。香港城市大学（东莞）获教育部批准筹备设立。

6月24日 省教育厅印发《关于扎实推进本科高校集成电路人才培养扩容提质工作的通知》（粤教高函〔2022〕12号），扎实推进集成电路人才培养扩容提质工作。

6月27日 联合省互联网信息办公室、省公安厅、省市场监督管理局印发《关于进一步加强广东省普通高等学校在线开放课程教学管理的意见》（粤教高〔2022〕4号），进一步规范广东普通高等学校在线开放课程教学管理，维护在线开放课程教学秩序，提高在线开放课程建设和应用水平。

6月30日 省委教育工作领导小组召开专题会议，研究部署全省高校毕业生就业工作，审议通过《关于确保2022届广东省高校毕业生就业局势稳定的工作方案》，压实省直各部门工作责任，形成工作合力。

6月 全省高校新增174个专业入选国家级一流本科专业建设点，新增324个专业入选省级一流本科专业建设点。

6月 结合全省民族团结进步宣传月，举办2022年"爱在广东"学校民族团结进步教育活动，共评选表彰一等奖60项、二等奖120项、三等奖220项，推动民族团结进步示范创建进学校，加强铸牢中华民族共同体意识教育，促进各族学生广泛交往、全面交流、深度交融。

6月—8月 省教育厅面向全省高校开展2022年"立志·修身·博学·报国"主题教育系列活动，各活动项目分别评出一等奖20项、二等奖30项、三等奖50项。

7月14日 省委教育工委、省委组织部印发《实施〈中国共产党普通高等学校基层组织工作条例〉重点任务清单的通知》，推动全省高校党组织严格执行《中国共产党普通高等学校基层组织工作条例》各项规定，全面提升高等学校党的建设质量。

7月14—15日 第八届中国国际"互联网+"大学生创新创业大赛广东省分赛决赛在东莞理工学院松山湖校区举行，大赛共决出金奖135个。大赛同期举办第五届粤港澳大湾区大学生创新创业项目对接洽谈活动，为全省大学生创新创业项目与社会投融资机构对接提供良好的平台。省教育厅二级巡视员邱克楠出席活动。

7月19日 省政府办公厅成立由省教育厅牵头14个省直有关部门组成的广东省防范学生溺水工作领导小组。

8月10日 广东省2022年普通高校招生录取工作顺利结束，夏季高考和春季高考共录取77.78万名考生。

8月14—16日 省教育厅举办2022年广东省中等职业学校班主任能力大赛，来自全省各地的114名优秀班主任同台竞技。

8月20—21日 省委组织部、省委教育工委举办第26期全省高校领导干部暑期读书班，全省高校领导班子成员及学校党委组织部部长、宣传部部长、统战部部长，各地级以上市政府分管教育负责人和市教育局局长等1300多人参加学习，省委常委、组织部部长张福海，省委常委、宣传部部长陈建文，省委常委、副省长王曦出席并做专题辅导报告。

8月22日 2022年《广东省学校安全条例》知识竞赛决赛在广州市黄埔区玉泉学校举行。省委教育工委副书记、省教育厅党组副书记李大胜，省教育厅相关处室负责人、各地级以上市教育局相关负责人及安全工作部门负责人、省属中小学校长及各地市校长代表等近300人现场观看比赛。

8月28—29日 广东省第六届高校（本科）青年教师教学大赛总决赛在广州举行。省总工会党组成员、副主席杜玲，省委教育工委委员，省教育厅党组成员、副厅长李璧亮到赛场指导并出席颁奖仪式。

8月31日 教育部公布国家级创新创业学院、国家级创新创业教育实践基地建设名单。广东省华南农业大学、深圳职业技术学院等6所高校被认定为国家级创新创业学院建设单位，华南理工大学、广东工业大学等6所高校被认定为国家级创新创业教育实践基地建设单位，总数位居全国第二。

8月 组织10个督导组赴21个地市开展基础教育高质量发展专项督导，检查走访36个县区、136所学校（幼儿园）、44家校外培训机构，对各地基础教育学位建设、"双减"、大班额化解、配套园"回头看"等实地核查。印发《基础教育高质量发展有关工作专项教育督导情况的通报》，点对点反馈督导意见。

9月1日 教育部部长怀进鹏到广东调研期间，与省长王伟中，省委常委、副省长王曦进行职业教育专题研商，高度肯定广东职业教育改革发展成效。

2022年"广东开学第一课"（秋季）在广州市铁一中学、广东实验中学荔湾学校开课，并向全省中小学校同步开展网络直播。

· 概 况 ·
GENERAL SITUATION

香港科技大学（广州）举办开学典礼，广东省委书记李希出席活动，全国政协副主席梁振英、香港特别行政区行政长官李家超发表视频致辞。教育部部长怀进鹏、广东省省长王伟中出席活动并致辞。省委教育工委委员，省教育厅党组书记、副厅长朱孔军，省教育厅一级巡视员朱超华陪同参加有关活动。

9月5日 公布省域高水平高等职业院校建设计划立项名单，立项30所建设单位、15所培育单位，推动高职院校错位发展、特色发展。

9月8日 省教育厅召开高校思政课专项工作视频会，对广东省高校全面开设"习近平新时代中国特色社会主义思想概论"课工作进行再动员、再部署。省委教育工委副书记、省教育厅党组副书记李大胜出席会议并讲话。

9月15日 粤澳合作联席会议在珠海横琴召开，会议就加强粤澳教育交流与合作框架协议签署进行讨论，省委教育工委委员，省教育厅党组书记、副厅长朱孔军参加。

教育部召开"教育这十年"新闻发布会，省教育厅党组成员，省教育考试院党委书记、院长欧阳谦在广东分会场介绍广东省高考综合改革经验及成效。

9月16日 省政府办公厅印发《2022年对市县级人民政府履行教育职责评价实施细则》，开展对21个地级市、122个县（市、区）政府第四轮全覆盖评价。

9月20日—12月16日 开展2022年广东省中小学实验教学精品课遴选活动。各级教育部门和学校共推荐1000节课参加2022年广东省中小学实验精品课遴选，共评出一等奖182节、二等奖293节、三等奖431节，其中107节精品课推荐参加教育部教育技术与资源发展中心（中央电化教育馆）举办的全国中小学实验精品课遴选活动。

9月21日 全省职业教育大会在广州召开。会议深入学习贯彻习近平总书记对职业教育工作的重要指示精神，贯彻落实全国职业教育大会精神，部署当前和今后一个时期广东省职业教育工作。教育部党组成员、副部长孙尧以视频形式出席会议并致辞，省委常委、宣传部部长陈建文出席会议并讲话，省委常委、副省长王曦主持会议。

9月29日 省教育厅印发《广东省教育厅关于遴选省级示范性教师教育实践基地（第三批）的通知》，组织第三批省级示范性教师教育实践基地申报工作，华南师范大学-广州市番禺区象贤中学教师教育实践基地等265个基地被认定为第三批省级示范性教师教育实践基地，有效期6年。

9月 省委办公厅、省政府办公厅出台《关于推动现代职业教育高质量发展的若干措施》。

省教育厅印发《广东教育系统开展法治宣传教育的第八个五年规划（2022—2025年）》。

两所分别落户广东佛山、东莞，即由佛山科学技术学院申报的粤港澳大湾区（佛山）先进制造业国家卓越工程师创新研究院，以及由东莞市名校研究生培养（实践）基地申报的粤港澳大湾区（东莞）新一代信息技术国家卓越工程师创新研究院正式获批首批国家卓越工程师创新研究院，占全国首批4个卓越工程师创新研究院的一半。

10月10日 省教育厅印发《广东省教育系统内部审计工作规定》（粤教审〔2022〕2号）。

10月10日—12月30日 开展2022年广东省幼儿园自制玩教具评选活动。各级教育部门和幼儿园共推荐388个自制玩教具作品参加评选，共评出一等奖作品90个，二等奖作品120个，三等奖作品157个。

10月20日—12月30日 开展2022年广东省中学化学和生物学实验教师（实验管理员）实验操作与创新技能竞赛。各级教育部门和学校共推荐266名教师参加竞赛，共评出一等奖53名，二等奖82名，三等奖114名，创新奖56名。

10月27日 省委组织部、省委教育工委、省委编办、省教育厅、省人力资源社会保障厅印发《贯彻落实〈关于建立中小学校党组织领导的校长负责制的意见（试行）〉工作方案》，推进中小学校建立党组织领导的校长负责制。

10月31日 全省教育系统学习贯彻党的二十大精神动员部署会召开，省委教育工委委员，省教育厅党组书记、副厅长朱孔军出席会议并讲话，对全省教育系统做好学习宣传贯彻工作和进一步谋划推动广东教育高质量发展进行动员部署。

10月 省教育厅印发《广东省中小学阅读空间建设与管理指南》。

10月—12月 省教育厅先后成立第三轮高校大学生心理健康教育与咨询区域中心和第四届广东高校心理健康教育与咨询专家指导委员会，发挥心理健康教育专家智库的作用，强化对广东省高校学生心理健康教育工作的宏观指导与引领。

11月3日 联合省财政厅印发《广东省高等教育"冲一流、补短板、强特色"提升计划（2021—2025年）资金管理办法》，进一步完善"冲补强"

专项资金管理机制。

11月5—6日 广东省2022年成人高校招生全国统一考试举行，实考人数56.9万人。

11月9日 "同心创未来——优质教育的建设"首届广东-新加坡中小学校长交流活动在广州举办，省教育厅一级巡视员朱超华出席，广东及新加坡中小学校长代表在线上线下参加。

11月10—13日 参加第八届中国国际"互联网+"大学生创新创业大赛全国总决赛，广东参赛团队共获得34枚金牌（含萌芽赛道创新潜力奖）、53枚银牌，金奖数位居全国前三，广东省获优秀组织奖，实现了走在全国前列的参赛目标。

11月25日 公布2022年广东省高校创新创业教育精品教材名单。经高校推荐、专家评审、公示等程序，确定了《创新创业学》《国家金融科技创新》《IT创新创业六讲》等29本教材为2022年广东省高校创新创业教育精品教材。

11月26日 省教育厅印发《关于公布省集成电路人才培养基地2022年度立项项目的通知》（粤教高函〔2022〕24号），决定立项中山大学集成电路人才培养基地等6个基地为省集成电路人才培养基地建设点。

11月27—30日 组织学生代表广东省在线参加第七届全国学生"学宪法 讲宪法"活动全国总决赛。广东省代表队获得知识竞赛团体冠军，演讲比赛初中组亚军、高中组一等奖、小学组二等奖、高校组三等奖，广东省教育厅获最佳组织奖。

11月30日 省教育厅出台《2022—2023年广东省教育部门进口产品清单》，共201个品目，从严管理单一来源采购方式、进口产品采购。

11月 完成2022年广东省学前教育、普通高中教育质量监测试点组织实施，实现省级基础教育质量监测各学段全覆盖。

11月—12月 组织开展以"就业向未来 建功新时代"为主题的2023届高校毕业生校园招聘月系列活动，活动期间，累计开展各类招聘活动202场，3.6万家企业参加，提供181.7万条就业信息，学生投递简历累计31.2万份。

11月—12月 广东省开展"最美阅读空间"评选活动，共评选出85个省级中小学"最美阅读空间"。

12月2日 2022粤港澳大湾区中小学校长论坛在广州、中山、香港、澳门设分会场，以线上线下相结合方式举行，吸引了44.5万人次参加。

12月4日 根据《广东省人民政府关于废止和修改部分省政府规章的决定》（粤府令第298号），《广东省社会力量举办非学历高等教育管理办法》（2000年9月18日粤府令第60号公布，2019年12月5日粤府令第269号修改）被废止。

12月9日 粤港教育合作专责小组会议以线上形式举办，省教育厅一级巡视员朱超华参加。

第十七届海峡两岸（粤台）高等教育论坛在广东、台湾两个会场以线上线下相结合形式举办，省教育厅一级巡视员朱超华出席，粤台两地相关高校、企业代表共200余人参加论坛。

省委教育工委印发《加强和改进广东省民办高校党组织领导班子建设暂行规定》，切实加强党对民办高校的全面领导，进一步提升民办高校党组织领导班子建设水平。

12月16日 省教育厅、省人力资源和社会保障厅共同召开广东省2023届普通高校毕业生就业创业工作视频会议，省教育厅二级巡视员邱克楠出席会议并讲话。

12月17日 由省教育厅指导、省教育研究院主办的第十届中国南方教育高峰年会召开。峰会主题为"新时代教育评价理论研究与实践探索"。省委教育工委委员，省教育厅党组成员、副厅长李璧亮出席峰会并做了题为《深化教育评价理论创新和实践探索 加快推进教育高质量发展》的主旨演讲。教育部综合改革司体制改革处处长李轶群做了题为《把握好教育评价改革的"度" 为教育高质量发展保驾护航》的主旨演讲。

12月19日 全省2023年硕士研究生招生考试视频调度会召开，省委常委、副省长王曦部署研究生考试工作，省委教育工委委员，省教育厅党组书记、副厅长朱孔军主持会议。

12月24—25日 2023年全国硕士研究生招生考试初试举行，实考人数22万人。

12月29日 省教育厅办公室印发《广东省教育厅公平竞争审查举报处理工作办法（暂行）》的通知，进一步推进公平竞争审查制度有效实施。

12月 完成广东省民办高校2021年度检查，50所民办高校参加年检，其中珠海科技学院、广州理工学院年检结果为"优秀"，广东培正学院等40所民办高校年检结果为"合格"，广州珠江职业技术学院等8所民办高校年检结果为"基本合格"。

2022年 推动93所公办高校完成章程修改，完成36所公办高校、30所民办高校的章程核准工作。推动完成全省民办中小学章程修改备案工作。

启动实施高等学校基础研究卓越中心建设计划，

制定《高等学校基础研究卓越中心建设实施方案》和《高等学校基础研究卓越中心建设工作指引》，着力打造一批能汇聚大团队、承接大任务、产出大成果的高校基础研究卓越中心。

广东省基础教育教研基地项目立项启动建设第二批64项，第三批60项获批立项，第一至三批共269项。

"走进粤东西北教研帮扶活动"先后组织走进7个地市开展教研帮扶，组织46个不同学段学科教研员、教育教学专家和名教师团队共220多人次，举行多种形式教研活动，线上惠及教研员、一线教师近11万人次。

（撰稿、审稿　广东省教育厅办公室）

教育视点

广东交出"双减"成绩单

1月14日上午,广东省教育厅召开"双减"工作新闻通气会,省教育厅副厅长朱超华向媒体介绍了当前全省"双减"工作取得的成效和下一阶段的工作重点。

据介绍,"双减"政策发布以来,省委、省政府高度重视,精心谋划部署,高位一体化推进。省教育厅严格落实教育部党组和教育督导"双一号工程"要求,扎实开展"双减"工作并初见成效。一是作业管理达到"压总量、控时间"要求,当前全省义务教育学校14 885所,100%的学校建立了校内作业公示制度,100%的学校学生能在规定时间内完成书面作业。二是课后服务已基本达到"两个全覆盖",全省义务教育学校除寄宿制学校、村小(教学点)外,需开展课后服务的9 009所学校已100%提供课后服务,学生参与率达71.22%。三是校外培训机构数量大幅压减,现有义务教育学科类线下、线上培训机构压减率分别达到96%、86%。四是人民满意度较高,根据教育部"双减"调查问卷统计数据,全省共有801万名家长及学生参与了问卷填写,其中94.93%的家长、94.72%的学生对学校减负提质工作表示满意。

朱超华介绍,广东坚持系统性思维,紧紧围绕校内、校外两条主线,精准施策,有力有效推进"双减"工作走深走实。

一方面,校内着力打牢提质增效基础。一是全面提高作业管理水平,健全作业管理机制,完善作业管理细则,调整作业结构,加强作业设计指导,提高作业质量和针对性。二是着力提高课后服务水平,在确保开展基本托管服务为主的基础上,支持鼓励有条件地区积极探索与素质拓展服务相结合,并结合学校办学特色臻选活动课程,拓展托管内容,提高课后服务吸引力,全省有44.14%的学校提供课外阅读课程,40.67%的学校提供户外体育类课程,35.89%的学校提供艺术类课程。三是大力推进教育教学改革,深化课堂教学改革,强化学习方式变革,推进建立以学生发展为本的新型教学关系;推进信息技术与教育教学融合应用,推进建设欠发达地区17个互联网环境下基础教育教学改革实验区,落实好全省516个信息化中心学校和241个融合创新示范培育推广项目建设工作;着力构建教育大资源服务体系,实现国家、省、市教育资源平台互联互通、资源共享。

另一方面,校外加强培训机构规范治理,出台了义务教育阶段学科类校外培训政府指导价政策,有效降低了学科类培训价格。开展了多轮校外培训专项治理行动及专项督导检查,整顿和查处了一批违法违规的校外培训机构。经过半年多的努力,全省校外培训机构尤其是学科类校外培训机构的培训行为得到全面规范,学生校外培训负担和家长经济负担有效减轻。

"双减"政策能否真正落地见效,科学的教育评价导向至关重要。广东紧紧抓住教育评价改革这个"源头",全面贯彻落实中央《深化新时代教育评价改革总体方案》,制定了任务分工方案和负面清单、工作任务清单,全面摸清底数,统筹从政府、学校、教师、学生端发力,坚持破立并举,全力推进构建基础教育领域以发展素质教育为导向的科学评价体系。当前,广东"3+1+2"新高考平稳落地,政策平稳过渡,考试内容改革不断深化,满足学生专业取向和兴趣爱好;中考改革稳步推进,广州、深圳等6市已经开展了中考改革试点,其他地市也已制订中考改革实施方案。广东正在逐步打破单纯以考试分数作为唯一标准评价学生的方式,构建更加公平公正、科学合理的考试招生制度,切实为"双减"工作保驾护航。

"双减"是一个系统性、长期性工程,接下来,省教育厅将围绕"巩固成果防反弹、消除盲点找问题、提高水平抓突破",重点做好以下工作:一是推进完善地方法规制度,加快制定出台有关校外培训机构监督管理条例,研究制定校内课后服务有关收费办法等,从政策制度层面切实保障群众合法权益。二是全面深化基础教育综合改革,从教育体制机制、人才培养模式、基础教育关键领域、教育治理体系等方面综合实施改革举措,着力构建广东基础教育新生态。三是持续推进义务教育均衡优质发展，以义务教育优质均衡先行创建县培育为抓手，努力补齐义务教育发展短板，推进义务教育高质量发展。四是着力为推动教育观念转变营造良好氛围，进一步加强"双减"政策的社会面宣传，推进《家庭教育促进法》宣传教育活动，形成家长、社会各领域共同支持"双减"政策的良好舆论氛围和社会环境。

省教育厅副厅长李璧亮主持通气会，广州市教育局副局长陈学明介绍了广州市"双减"工作相关情况；华南师范大学原副校长吴颖民就学校、家庭、社会应该如何落实"双减"工作谈了看法；华南师范大学教育科学学院副院长方征介绍了全省"双减"问卷调查结果情况。

本文来源：《广东教育》（综合）2022年第2期；记者　王思静　通讯员　粤教宣

精准培养，携手共进
——记广东省中小学"百千万人才培养工程"

策划语

教师是教育发展的第一资源。有高质量的教师，才会有高质量的教育。

省政府印发的《广东省推动基础教育高质量发展行动方案》提出，要加强骨干教师培养，充分发挥各级骨干教师在教师专业发展中的示范带动和辐射作用。实施中小学"百千万人才培养工程"，培养一批业内认可、具有影响力的名教师、名校长、名班主任。

作为全省基础教育领域高层次人才培养的品牌项目，新一轮"百千万人才培养工程"前两批省级培养项目共培养了483名学员，其中有许多学员已逐步成长为省内名校长、名教师和名班主任，有部分已成为全国知名校长和教师。目前，全省基础教育领域有专任教师超135万人。2021年"百千万人才培养工程"省级培养项目遴选出来的培养学员仅499名，加上前两批培养学员483名，合计982名，占专任教师总数的比例还不足千分之一（0.73‰）。可以说"百千万人才培养工程"的省级培养学员是通过层层遴选、千里挑一、好中选优选拔出来的。

如何为这些学员成才成长创造条件、搭建平台？又将怎样发挥他们的示范带动和辐射作用？本期策划中，记者采访了"百千万人才培养工程"项目执行办公室、多所培养机构的相关负责人和多名新一批省级培养学员，还兵分多路随队采访了2021年"百千万人才培养工程"省级培养学员走进乡村教育活动。

优化升级：实施个性化培养

文/记者 黄博彦 王思静

广东省中小学"百千万人才培养工程"通过选拔出一批乐于奉献、勇于创新、专长突出、年富力强的佼佼者进行重点培养，促使他们全面提升自身的教育理论素养和创新实践能力，凝练更具特色的教育风格、更加鲜明的教育理念、更高水平的教育教学能力，成长为全社会普遍认可的名教师、名校长、名班主任。新一批省级培养项目有哪些新变化和新举措？学员们又有哪些收获？

拓展培养规模，适应高质量发展

为了解决基础教育发展不平衡不充分的问题，补齐配强基础教育领域的师资力量，全面提升教师队伍的整体素质和教书育人能力水平，2020年，省教育厅和省财政厅联合出台《广东省中小学"百千万人才培养工程"培养项目实施办法》，对"百千万人才培养工程"的培养类型、培养周期和规模、培养方式方法以及培养内容等进行了丰富、扩充、创新。

2021年7月启动的新一批省级培养项目设置，从原来9个扩充到17个，涵盖幼儿园、小学、初高中学段，以及中小学特殊教育、中小学智能教育，培养规模从原来的250人增加到499人，培养机构从3所增加到7所。新增的4所机构分别为北京师范大学（珠海校区）、韩山师范学院、岭南师范学院、肇庆学院。

北京师范大学（珠海校区）主要承担高中文科名教师的培养任务，共有35名学员，覆盖语文、英语、地理、政治、历史、心理6大学科。为此，北京师范大学（珠海校区）组建了11名理论导师和22名实践导师的专业团队，致力于造就一批师德师风高尚、教育理念先进、理论知识扎实、教育教学能力强、管理水平高，具有国际视野、创新精神的教育家型高中文科名教师。

北京师范大学（珠海校区）省级中小学教师发展中心项目负责人薛凯方介绍："11名理论导师均为北京师范大学教授，在教师培训方面具有丰富的经验。我们还邀请了北京、上海、浙江及广东的一线教师、教研员担任实践导师。1名理论导师搭配2名实践导师，组成导师小组，为培养教育家型名教师提供系统性规划和全方位指导。"

"理论导师的研究方向就是中学阶段教育教学，十分符合我们的教育教学实际，指导的针对性很强，能很好地切中我们的认识盲区和误区。"鹤山市第一中学教师、高中文科名教师培养对象陈敬远说。

韩山师范学院主要承担小学理科名教师的培养任务，岭南师范学院负责中小学特殊教育名教师、初中文科名教师的培养任务，肇庆学院则负责小学名校长的培养任务。初次承担该培养项目，各校积极整合校内优质的教育资源，调动各学院各专业的专家队伍，实施多元、开放、互动的培养模式，充分保证学员培训的质量。

韩山师范学院提出了"四域一体"的培养思路，即"高校——提升理论素养，学校——开展教改实践，政府——开展教学帮扶，区域——打造名师品牌"，让培养对象在交流中沟通情感、聚合智慧、互助协作，并通过在帮扶学校支教、开讲座、上示范课、合作课题研究等，促使培养对象在帮扶活动中成长。

岭南师范学院通过开展专题培训活动，提升培训者的管理和业务水平；开展定期专项会议，对项目实施问题和困难进行研讨；开展绩效评估指导会，对项目工作人员进行规范化、标准化培训。此外，作为广东省特殊儿童发展与教育重点实验室设立点，岭南师范学院还将充分发挥特殊教育领域的优势，拓宽学员的学术视野。

肇庆学院主要通过专家引领、同伴互助、国内外名校现场学习、结对帮扶、学术沙龙、读书分享、论文撰写、课题研究等活动，为学员打造研修平台，帮助他们提升实践创新能力，形成系统的办学思想体系与实践体系。

落实"一人一案"，满足个性化需求

2021年新一批培养项目更加注重个性化培养，明确要求培养机构建立导师制度，为每名培养学员配备不少于3人的导师团队，由培养学员提出个人发展需求，与导师一起制订个性化培养方案，落实"一人一案"，有针对性地促进培养学员提升专业能力。

自2012年启动新一轮"百千万人才培养工程"以来，华南师范大学连续承担了两批次教育家项目、中学名校长项目、高中文科类和理科类名教师项目，共培养了229名培养对象。2021年新一批次项目的启动，华南师范大学采取"目标倒推，以终为始；课程支撑、评价保障"的设计总思路，助力新一批学员的成长与发展。高中理科类名教师项目依据工作室建设原则，为6个学科35名培养对象设置8个工作室，不因学员学科人数少等合并设置，确保每个学科都设置工作室，并为每个工作室优选3名导师进行专业指导。

在前两批的培养工作中，广东第二师范学院形成了以"成为有独特教学风格的粤派专家型教师"为主题的个性化培养方案，构建了广东基础教育高端人才"三高一低"培养模式，即高端的培养目标、高瞻的培养课程、高效的培训过程、低重心的培养方式。

茂名信宜市教育城小学教师、小学名班主任培养对象张树驹，在21年的班主任工作中形成了一定的经验，但也遇到了如何从"经验型"班主任向"教育家型"班主任转型的问题。为此，广东第二师范学院的导师通过到校听评课、听汇报、调研等岗位研修实地指导后，为张树驹确定了"打造润心德育"的研究主题和专业发展方向，制订了涵盖"指向共赢的小学心理辅导""小学生媒介素养教育探讨""团队文化建设策略与技巧"等内容的个性化培养课程。

广东省外语艺术职业学院依据个人成长史、个人教育理念反思、教情陈述等，为学员进行"画像"，并结合个人能力、发展方向、兴趣爱好、性格特点、专业基础等数据，针对性地制订个人职业发展规划，指导他们进一步丰富和完善个人教学风格及教育理念。培养过程中，要求学员在实践研修基础上，结合理论学习、专家指导、国内外考察、任务驱动、展示交流等方式，挖掘教育教学特色，凝练个人教育理念，进而打造特色鲜明的幼儿园名教师、名园长以及小学文科名教师品牌。

"我在园所特色品牌打造方面的经验较为欠缺，结合办园过程中园所特色发展的问题，广东省外语艺术职业学院的导师帮我确定了深化'阳光教育'内涵，凸显'阳光运动·幸福成长'办园特色的专业发展方向。让我学会'跳出幼教看幼教'，能够从哲学、教育学、心理学等视角思考、研究、解决幼儿园保教工作的实践问题。"梅州市大埔县第二实验幼儿园园长、幼儿园名园长培养对象杨梅亮说。

针对实践问题，提炼可推广经验

2014年，为进一步拓宽广东省中小学"百千万人才培养工程"省级培养学员申报课题的渠道，调动他们从事课题研究的积极性，深化研究成果，打造高水平、研究型师资队伍，提升学校发展内涵和广东教育科研水平，省教育厅面向学员设立"百千万人才培养工程"专项科研项目课题。课题选题要求贯彻落实《国家中长期教育改革和发展规划纲要（2010—2020年）》《广东省中长期教育改革和发展规划纲要（2010—2020年）》等文件精神，围绕广东基础教育各学科教学热点难点问题，体现学术价值和应用意义，突出基础教育研究的前瞻性、针对性和实效性。

从 2014 年立项 81 项，到 2016 年立项 116 项，再到 2021 年的 463 项，"百千万人才培养工程"专项科研项目课题立项数量增长显著。据最新消息，19 名学员作为主持人获得 2021 年广东省教育教学成果奖（基础教育类）。

针对新一批学员申报的专项科研项目课题，要求以《广东省推动基础教育高质量发展行动方案》为指导，注重基础理论与实践的创新性研究，为广东基础教育科研事业的发展、教学改革和发展实践服务，为全面实施素质教育和提高教育质量做贡献。

"百千万人才培养工程"项目执行办公室相关负责人介绍："2021 年首次明确在培养经费中列支课题研究经费，平均每人每年不少于 1 万元，选题增加班级管理、德育等教育教学实践问题。"

辐射带动：名师引领共成长

文/记者 王思静 韦英哲

为贯彻落实《广东省推动基础教育高质量发展行动方案》《广东省"新强师工程"实施办法》《广东省全口径全方位融入式帮扶粤东粤西粤北地区基础教育高质量发展实施办法》等文件精神，充分发挥"百千万人才培养工程"省级培养学员的示范引领和辐射带动作用，加快推动粤东粤西粤北地区基础教育高质量发展，省教育厅组织开展了 2021 年"百千万人才培养工程"省级培养学员走进乡村教育活动（第二批），由 7 所培养机构组织学员进行混合编队，于 11 月 14 日至 27 日分赴韶关、河源、惠州、阳江、湛江、肇庆、潮州、揭阳开展活动。

分享"双减"好经验

走进乡村教育活动，既发挥了省级培养学员的示范引领作用，也为城乡教师提供了分享交流的机会。许多受援地针对热点问题提出送教需求，比如怎样推动"双减"政策落实，切实有效减轻学生学业负担？对此，专家和学员们积极分享经验，为粤东粤西粤北地区落实"双减"政策提供参考。

在河源，华南师范大学教师教育学部副部长罗一帆围绕"'双减'政策与基础教育高质量发展的思考"这一主题开讲。他表示，基础教育高质量发展要重点解决的问题，一是深化教育改革攻坚，包括增加公办学位供给、优化教育结构、扩增优质教育资源、加强教师队伍建设、完善教育治理体系；二是打造良师，破解高层次人才不足、教师成长梯队问题、教师队伍活力不足等；三是提升教育治理现代化水平，强化协同联动、治理创新、技术支撑、统筹协调；四是加强党对教育工作的全面领导，突出明晰党委、政府履行教育职责；五是解决群众"急难愁盼"问题，减轻校外培训负担、解决随迁子女入学问题、解决家长接送看护孩子问题，促进学生身心健康。

"双减"是为了促进基础教育高质量、持续长久发展，罗一帆认为，在"双减"政策的引领下，要深刻领会"减负不减责任""减负不减质量""减负不减希望"的丰富内涵，坚持以适度的训练、适标的教育，不断提高服务水平，提升育人质量。真正践行"让每个孩子享有公平而有质量的教育"理念，不断优化公共教育服务，不断提供优质教育资源，不断推进教育优质均衡，推动教育高质量发展。他勉励教师要做有责任的教师，办有情怀的教育，为基础教育高质量发展贡献智慧。

珠海市第七中学校长、初中名校长培养对象温晓航从人才培养观念变革、教师专业能力提升和五育并举课程建设等方面，分享了"双减"后一所活力学校的打开方式。她介绍，首先，为了加强政策给学校带来的变化，可以采用体验式培训的方式，让教师参与体育锻炼，感受体育、艺术魅力，让他们更深刻体验到"双减"是为了培养全面发展的人的理念和价值观，引导他们更积极主动地落实政策。其次，通过创设情景，营造良好的美育艺术氛围，如改造校园环境，建设国画室、版画基地、文创产品展示基地等。

在河源市源城区新江路中学，汕尾市海丰县海城镇第三中学校长、初中名校长培养对象林腾高，围绕"'双减'后'提质'，学校管理者怎样发力？"这一主题，与源城区源西、东埔片区初中正、副校长开展座谈。林腾高说，在双减政策背景下，提质增效的压力必须摆上日程，作为学校管理者，要有独立的思考、判断和理解。"双减"的背后是"双增"，要增加教师上课、备课的能力，还要增加课堂的效率。他建议，学校可以通过集体备课、同课异构、教学案例分享等形式，切实提高课堂教学质量。

聚焦课堂主阵地

乡村教师最缺乏的可能是教学经验，而提高课堂教学质量是提高教育质量的关键。正如广东省外语艺术职业学院项目办相关负责人所说："牵制乡村教育发展的根本原因与教师的教学水平不高有很大关系，这不单纯是教师自身的学历不高和素质不好，而是教学经验的匮乏。他们也在钻研教材，但最后不得要领；他们也在探索教法，但最终不够科学；

他们甚至付出了比城镇学校教师更多的劳动，但效果却不尽如人意。"

因此，省级培养项目学员走进乡村教育活动，聚焦课堂主阵地，通过示范课、公开课、听课评课、同课异构等方式，让学员分享教学经验，带领乡村教师向课堂要质量。

在惠东县平山黄排小学，来自中山市实验小学的学员梁艺娟为小学六年级的学生上了一节英语绘本故事课。"绘本很长，大容量的语言输入，的确不容易。第一部分，我带着学生做的；第二、三部分让学生带着问题做的；最后让学生自己梳理梗概。学生的学习是有层次性的，一节好的课堂不一定是很热闹的课堂，而是让学生思考、参与的课堂。"课后，梁艺娟为当地教师介绍示范课的设计理念，希望他们积极尝试，唤醒学生的想象力、创造力。一名教师反馈道："整节课从讲、练、思三个维度调动学生的积极性，设计合理，趣味性强，贴近生活，我们很受启发。"

来自鹤山市第一中学的学员陈敬远为了上一节学生真正需要的课，提前两天联系送教学校惠东平山中学。他先给学生们发了导学案，上课当天又提前到校检查学生的完成情况，了解他们对即将要学的知识的掌握程度，因材施教，确定讲课重点。此外，陈敬远还给学校历史学科教师开展了"回归高考真题，做好一轮复习"的主题讲座。"务实、高效，贴合我们一线教师的需求，为我们一轮备考指明了方向。"平山中学历史教研组认为讲座十分有针对性，决定调整学校历史学科的一轮备考方向。

收获当地教师的认可，让乡村课堂开始有所改变……这一切离不开学员们的精心准备。在培养机构的协调安排下，学员们提前与授课学校对课程安排进行详细、充分的沟通，了解学校教学进度、班级学生学情，每一位参与活动的学员根据自己的教学风格及学校的突出需求，设计了不同主题、形式和内容的送教内容。不少学员刚到达酒店，就迫不及待到学校深入了解，根据班级的学情和最新的思考，针对性地再次调整优化教学内容与教学环节设计。

拓宽教师成长路

"我们希望能拓宽乡村教师的成长路径，打开专业交往的视野，探索专业成长的最大可能性。"广东省中小学"百千万人才培养工程"项目执行办公室副主任姚轶懿在惠州市惠东县启动会上表示。在项目办的指导下，送教活动充分发挥学员示范引

领作用，助力乡村教师专业成长。

梁艺娟为当地教师开展了"教师论文写作的技巧"专题讲座，从论文的常见问题、写作类型、谋篇布局及投稿注意事项四个方面展开深入浅出的阐述，她希望教师们坚持阅读、写作、研究，让论文写作助力个人专业成长。

深圳实验学校教师黄怡婧为河源市源城区埔前中学政治科组带来了"唤思教育视角下的思政课教学"专题讲座。她围绕当前思政课的现状及问题反思、思政课的教学依据及现实意义、唤思教育在思政课上的有效运用，列举自己多年来的教育教研实例，详细分析、讲解了思政教师如何在备课中收集素材、设计活动及课堂上如何有效引导学生、激活学生思维等重要问题。

来自中山纪念中学的学员赵桂枝，在廉江市车板镇第一中学为教师们带来励志讲座"用整个的心，做整个的教师"，讲座内容丰富，回应了"我是谁""我为什么做教师""我如何做教师"灵魂三问。

与以往走进乡村教育活动不同的是，名班主任学员也参与了这次活动，为当地班主任们的专业成长带来了有借鉴价值的经验分享。

其中，来自江门鹤山市沙坪街道第三小学的学员胡瑞芬，为阳西县溪头镇中心小学带来了一场班主任经验专题讲座。讲座中，她分享了自己多年班主任工作中的鲜活案例和经验，如以法律知识引导规范学生日常行为、学期初给学生发特色红包、毕业典礼开展德育银行活动等。

在被学习中成长

"开展走进乡村教育活动的目标，一是发挥培养学员的示范引领作用，充分展示培养学员的专业特长，让培养学员在'被学习中成长'，进一步提升其教育思想和教育教学能力，增强学员的社会责任感和教育使命感；二是提升乡村地区教师和校长的教育教学能力和教育管理水平；三是增加各地各类教师交流机会，探索城乡教育互相联动和促进的新机制。"在河源市的启动会上，广东省中小学"百千万人才培养工程"项目执行办公室副主任黄道鸣对本次走进乡村教育活动提出了三个目标。

以目标为导向，检验活动开展成效。活动结束后，培养机构对参加活动的当地教师进行了问卷调查。其中，华南师范大学对当地816名教师开展了调查，结果显示：学员的授课得到广泛认可。98%以上的调查对象认为，在授课内容上，专家的授课内容有深度（98.28%），内容切合学员要求

（98.4%）；在授课态度上，专家授课态度认真，准备充分（99.63%）；在学习效果上，专家能够调动学习积极性，启发思维，激发思考（99.14%），学到的内容对自己学习与工作有指导借鉴意义（98.66%）。

同时，培养单位也十分注重了解学员们送教后的真实感受。有学员直言，参加这个活动，可以走出自己固有的教学圈，到省内不同地方，了解不同地区、不同学校师生的教学情况，有利于帮助自己调整教学思路，更好地成长。也有学员认为，通过与学校或各地区教育系统的联系，活动后的沟通交流机制便初步构建，有助于开展跨区域的教学交流和教研活动。

记者观察：打造高层次人才队伍，助推基础教育高质量发展

文/记者 韦英哲

早在1997年，广东就启动基础教育"百千万人才培养工程"，是国内最早启动基础教育高端人才培养工程的省份之一。历经20多年的改革发展，"百千万人才培养工程"进行了多次升级改造，探索形成了一系列有利于高层次人才创新发展的培养工作机制，并取得了可喜的培养成效，在全省乃至全国产生了较大影响。

一是提高思想认识，准确把握定位。目前，广东基础教育的主要短板、弱项是校长、教师队伍的整体素质和水平不高，这已成为制约全省基础教育高质量发展的重要因素。省委、省政府高度重视，明确提出要用15年时间，解决基础教育发展不平衡不充分的问题，补齐配强基础教育领域的师资力量，全面提升教师队伍的整体素质和教书育人能力水平。推进中小学"百千万人才培养工程"就是其中一项重要的工作举措，旨在打造全省基础教育高层次人才队伍，带动和辐射中小学教师队伍整体素质提升，为推动教育高质量发展提供坚实的师资保障和人才支持。

二是立足本地实际，响应时代需求。为贯彻落实中央和省委关于全面深化新时代教师队伍建设的决策部署，适应新时代基础教育高质量发展的新需求，2020年，省教育厅和省财政厅联合出台《广东省中小学"百千万人才培养工程"培养项目实施办法》，对"百千万人才培养工程"进行丰富、扩充、创新，明确要求建立省、市、县三级层次分明、相互衔接、逐级递进的高层次人才培养体系。省级培养项目设置从原来的9个扩至17个，培养规模从原来的250人增至499人，而且粤东粤西粤北学员和珠三角地区学员相对均衡，不仅体现了项目的择优选拔，同时也落实了向粤东粤西粤北倾斜的政策。各市、县也立足本地教师队伍的实际情况，对表、对标省的要求，组织开展本级名教师、名校长、名班主任的培养工作。

三是创新培养机制，促进城乡联动。各培养机构和学员聚焦基础教育改革发展的重点难点问题，充分发挥各类资源优势和自身聪明才智，为推动全省基础教育高质量发展做出积极的贡献。比如制订个性化、精准化的培养方案，有针对性地促进培养学员提升专业能力；开展省级培养学员走进乡村教育活动，带动和引领乡村教师专业发展，让更多的乡村师生受益，为实现城乡教育资源互补，缩小城乡教育发展差距，探索城乡教育互联发展的新机制。

本文来源：《广东教育》（综合）2022年第2期

扩容提质：广东奋力推进学前教育高质量发展

习近平总书记在党的十九大报告中强调要"办好学前教育"，把实现"幼有所育"作为"七有"民生问题之首。党的十九届五中全会提出"建设高质量教育体系"和"完善普惠性学前教育保障机制"的要求。广东认真贯彻中央决策部署，以"5080"攻坚工程和科学保教示范工程为抓手，扩容提质并进，奋力推进学前教育高质量发展，打造让人民满意的学前教育。

办好民生实事，夯实普及普惠基础

近年来，广东持续实施了三期发展学前教育行动计划和促进学前教育普惠健康发展行动方案，统筹各部门、各地市加大力度增加学前教育普惠性学位供给，初步建立起公益普惠的学前教育公共服务体系。

2017年至2020年，全省学前教育财政性经费分别为85.2亿元、101亿元、125.06亿元、231.41亿元，年均增长39.53%，在各级各类教育投入中增幅最大。2021年，学前教育生均公用经费补助最低标准达到500元/人，比2020年提高100元/人，全省下达学前教育生均拨款补助资金达5.55亿元。

2020年和2021年，省政府将"增加学前教育公办学位供给""促进普惠性学前教育扩学位、提质量"列入省十件民生实事。出台《中共广东省委广东省人民政府关于推动基础教育深化改革高质量发展的意见》《广东省人民政府关于印发广东省推动基础教育高质量发展行动方案的通知》《广东省人民政府办公厅关于增加幼儿园中小学学位和优质教育资源供给的意见》等一系列文件，把学前教育扩容提质放在重要位置，不断推进学前教育普及普惠安全优质发展。

2021年，全省新增学前教育公办学位28.84万个，公办和普惠性民办学位42.51万个，公办园在园幼儿占51.97%（含购买学位），公办园和普惠性民办园在园幼儿占86.63%，基本实现"5080"目标，积极破解群众关切、社会关注的"入普惠园难、入优质园贵"的难题。

扩容提质并进，提升科学保教水平

在扩容的同时，广东不断提升学前教育质量，实施学前教育科学保教示范工程，全面提升科学保教水平。一是培育"新课程"科学保教示范项目，建立省级幼儿园课程资源体系，打造面向全体幼儿园的优质课程；二是实施幼儿园游戏活动质量提升项目，依托安吉游戏推广国家级实验区和广东省学前教育高质量发展实验区（岭南自主游戏项目），探索安吉游戏本土化路径，构建适合岭南地区幼儿园的游戏实践模式；三是实施科学幼小衔接项目，广东省学前教育高质量发展实验区（幼小衔接项目）试点逐步推广，搭建幼小衔接桥梁。

打造优质课程资源

"新课程"科学保教示范项目旨在促进教育部门、教科研机构和高校、幼儿园合作开展课程资源项目研发共建，建构广东省学前教育"新课程"资源体系。

省教育厅基信处相关负责人介绍，"新课程"资源体系以"生活·生长、自主·自由、发现·探索、自然·生态、幸福·共生"为导向，坚持健康、语言、社会、科学、艺术五大领域整合渗透和课程方案的系统建构。

为充实专业力量，2019年5月，省教育厅成立首届广东省学前教育专家指导委员会，建立专家智库，跟进指导学前教育质量提升和"新课程"科学保教示范项目培育工作。

2020年，立项135个"新课程"科学保教示范项目。全省各市县和各幼儿园以极大的热情投入项目的建设中，开展了多种形式的开题和教研活动。

其中，区县项目共7项，分别为佛山市禅城区教育局的区域学前教育德育课程资源建设项目，广州市番禺区教育局、天河区教育局、深圳市罗湖区教育科学研究院的区域幼儿园课程质量系统提升项目，深圳市龙岗区教师进修学校和珠海市斗门区教育局的区域教育部门支持幼儿园游戏活动科学开展项目，清远市教育教学研究院的农村与少数民族地区幼儿园课程建构项目。通过区域教育部门带动各幼儿园开展体制机制、实践研究、课程资源研发、评价优化等多方面实践，形成区域教育行政部门的管理政策和资源体系。

清远市教育教学研究院以农村乡镇中心幼儿园

为抓手，着力构建贴近幼儿生活和体现区县资源优势的农村和少数民族幼儿园体系，将农村乡土资源和区域文化融入幼儿园课程建设，尤其在自然教育、田园课程、劳动教育等课程中的操作材料来自于自然及教师、幼儿、家长的制作，凸显生态教育与幼儿动手和创作能力的培养。

广东省育才幼儿院一院领衔"基于关键发展性指标的幼儿园区域游戏实践与探索"，从支持幼儿游戏发展角度，形成了11个特色游戏区域的关键发展指标，并提炼了教师前（区域游戏创设）、中（游戏过程的观察预接入）、后（回顾评价与过渡辅助活动）支持策略，解决了在幼儿区域游戏中教师做什么、怎么做、为什么要做的问题。

广州市第一幼儿园领衔"基于深度学习的幼儿园生态课程建构与实践"项目，建构了绿色低碳、自然生态、生命世界等多个生态场景，支持幼儿通过"问题—体验—探究—获得经验—迁移到生活中"的深度学习模式，让幼儿在直接感知、实际操作、深度探究中习得保护生态环境的好方法、好习惯，同时还将其应用到生活中。

华南农业大学幼儿园领衔的"幼儿园劳动实践课程"，把劳动教育纳入育人全过程，以生活为主要场景、以自然为主要场域、以资源为主要载体，实施"走进生活、走进自然、走进社会"的劳动教育，为幼儿开拓在劳动中自我创造的时空。

深圳市第十一幼儿园领衔的"幼儿园问题式学习课程"，坚持"探索是幼儿学习的根本方式"理念，将学习置于复杂的、有意义的、真实的问题情境中，以游戏为基本方式，引导幼儿通过解决真实的问题来学习，促进了幼儿在创造力、想象力、团队合作等方面获得优质发展。

深圳市南山区蓓蕾幼儿园领衔的"无边界学习——支持幼儿主动学习的游戏课程"，打破时间、空间、学习内容、课程资源的限制，以大时间观为指导，以家园社联动为场域，以分时共享自主游戏为主要载体，教师通过观察与倾听、还原与回应支持幼儿在自主游戏中实现深度学习。

提升游戏活动质量

安吉游戏2002年发源于浙江省安吉县，它坚持以游戏为基本活动，探索以儿童发展为本的保育实践。2021年1月，广州市白云区和清远市连州市立项为安吉游戏推广国家级实验区。

白云区教育研究院学前教研室负责人刘洪玉介绍，白云区充分调动园长、教师、家长三方力量：首先，通过会议发动、颁牌仪式、理论考查、培训学习等唤醒园长；其次，在主题沙龙、输出式培训、观摩研讨、专家面对面等活动中，激发教师的专业情感和教学改革的自觉性；第三，做好家园共育形成教育合力，举办沙龙研讨，分享园所经验，开展安吉游戏安全事故研究，同时组织家长体验、观摩感受儿童游戏的乐趣，发现孩子的学习与成长，从而充分肯定游戏的价值。

为支持儿童游戏，白云区将试点园游戏环境打造与"百园环境提升工程"结合，加大投入，全力打造自然野趣、材料丰富、探索空间无限的游戏环境。

以广州市培英中学附属幼儿园游戏环境改造为例，在环境改造前，该园地形特征单一，主要是塑胶场和水泥地；沙池太小，没有水源，无法将沙水结合；山坡地势太低，没有山洞，无法给予幼儿挑战性的环境。针对上述问题，该园增加具有自然元素的草地、石地、沙地和鹅卵石地等，在后操场铺上悬浮地板，同时，改造沙水池，提供数量充足的水龙头，并加高山坡和增加山洞。环境改造后，幼儿在室外游戏时具有更广阔的游戏空间。

安吉游戏倡导以游戏为抓手，引导教师观察了解幼儿的行为，正确解读幼儿游戏行为所反映的经验与水平，并抓住教育契机给予幼儿适时、适宜的回应与支持，推动幼儿高质量的学习与探究。

"安吉游戏中，教师要清晰认识自身所扮演的角色，随时观察，大胆下放游戏权利，成为幼儿游戏的忠实伙伴。"广东第二师范学院实验幼儿园健康城园区教师黄佩贤分享道，"大一班的菲菲是一个可爱、聪明、活泼的女孩，平时她总是默默无闻、乖巧听话。一开始，我对她的了解比较粗浅。在户外冒险区，有很多大型、丰富多样的游戏材料，孩子们都很喜欢，特别是新加入的安吉大木箱，他们纷纷争抢着玩。但是，玩滚筒的却寥寥无几，其中就有菲菲。只要我们在这个区域游戏，她就会玩滚筒，一玩就是整个户外自主游戏的时间。在玩滚筒和跳大绳游戏过程中，菲菲从一开始在滚筒上摔落而嚎啕大哭，到现在无论是摔倒，还是被绳子绊倒，都勇敢站起来继续游戏，我发现菲菲具有不畏困难、坚持学习的毅力，看到了一个不断成长的菲菲。"

为了让教师深入学习和理解安吉游戏课程的理念和经验，连州市出台《连州市安吉幼儿园推广试点园教师培训计划》，以"放手游戏 发现儿童"为主题每月组织开展教研培训活动，推动实验区试点园教师开展持续的研修，如分析环境创设案例，解读环境的教育价值，依托游戏案例研修，提升教师的游戏观察解读能力。

连州市星子镇中心幼儿园是新改建的一所乡镇中心幼儿园。安吉游戏的到来，让幼儿园的教育方式和学习方式发生本质转变。园长黄翰兰直言，作为推广安吉游戏试点园园长，这无疑是一场挑战。"首先我担心安全，老师放手了游戏安全有保障吗？其次我疑惑，习惯了什么都管的幼儿园教师可以做到不打扰孩子游戏吗？第三我很纠结，幼儿园现有的游戏材料能保障孩子的游戏正常开展吗？"

在一次次观察孩子以及和教师交谈后，黄翰兰选择相信孩子。"原来孩子不是我们想象的什么都不会，我为自己以往剥夺了孩子的自主和创新机会感到愧疚，放手后孩子每天都带给我们不一样的惊喜。"她说，"在一年的实践中我深深体会到，推广安吉游戏不是盲目的模仿，而是借鉴安吉的经验和理念。乡镇幼儿园有沙、水、石、泥、树等得天独厚的资源，这些是儿童最喜欢、最具探索性、成本相对较低的游戏材料。践行安吉游戏的过程更是全园教师蜕变的过程，我们将继续深入探究游戏，开展课程改革。"

除了白云区和连州市正在大力推广安吉游戏，各地也在积极探索，聚焦解决实践问题，转变观察儿童视角，提高教师游戏观察水平。广州市南沙区教育发展中心组织核心教研组成员，以游戏观摩、案例分析、专家讲座、交流研讨等形式，开展为期4天的"看见儿童""看见教师"的系列研训活动；深圳市宝安区实施"岭南幼儿园自主游戏模式构建、教师专业发展机制研究、区域教研工作方式创新"三大任务；东莞市长安镇以片区为基本单位，协同联动，构建区域框架范式、打造区域学习共同体、搭建区域课程游戏资源生态链、形成多维立体的评价机制。

为不断丰富幼儿园游戏环境与提升儿童自主游戏水平，广东省学前教育高质量发展实验区立项25个岭南幼儿园自主游戏项目，推动试点园探索岭南幼儿园玩教具资源开发利用与幼儿自主游戏活动实践模式。

佛山市高明区项目试点园围绕岭南游戏课程构建、环境创设、教师培训等方面积极推进立项工作，促使项目有效实施。其中，高明区机关幼儿园努力挖掘岭南幼儿园自主游戏的教育价值，开展幼儿园特色户外混龄游戏活动，并将本土文化和粤语元素融入幼儿的一日生活中，日常开展粤语早操和"粤语日"活动；三洲机关幼儿园实施"1+N"岭南游戏大本营，通过每周1天玩转混龄游戏+N个岭南融合大本营，让岭南文化渗透在游戏活动中，目前形成了包括岭南饮食营、佛山民俗游戏营等12个岭南游戏营地；经委幼儿园、英豪幼儿园、信鸿实验幼儿园围绕岭南文化规划空间，以创建室内外岭南游戏和民俗活动方式，创设氛围推进项目开展，探索民间游戏新玩法。

清远市清新区的试点园因地制宜，完成了幼儿园的环境规划，为幼儿打造具有岭南特色、自然、挑战的游戏场所。其中，清新区第二幼儿园开展了"鸟笼世界"的主题活动，并让幼儿通过自主游戏活动感受清新本土文化和特色手工艺制品的魅力。

潮州市湘桥区中心幼儿园在潮州工夫茶活动中以"引进来"和"走出去"的形式，围绕茶文化开展特色区域活动，将茶文化融入幼儿角色游戏中，根据幼儿兴趣点，有针对性地投放活动材料，促进幼儿认知能力、动手能力的发展。

搭建幼小衔接桥梁

帮助幼儿从幼儿园平稳过渡到小学，顺利适应小学生活和学习是幼儿园、小学和家庭需要共同担负的重要责任，这要求改变过去幼儿园向小学单向衔接的状况，逐渐走向双向衔接、多方协同。加强幼小衔接的教育与研究，直接关系到儿童身心健康的可持续发展。

2021年4月，广东省教育厅印发《广东省推进幼儿园与小学科学衔接攻坚行动方案》，全面部署推进幼儿园和小学实施入学准备和入学适应教育。最终公布21个省级幼小衔接实验区、104所试点园和104所试点校名单，并组建省级幼小衔接专家组，开启试点实践工作。

广州市天河区围绕"幼小协同，科学衔接"开展了系列促进幼儿园、小学科学双向衔接的工作，依托区内9所优质幼儿园组建"天河区幼小衔接研究联盟"，承担起幼小衔接的系统研究与实践任务。

深圳市突破区域限制，实现区域之间的教研联动，南山区和盐田区通过联合教研形式共谋幼小科学衔接路径。

汕头市龙湖区6所试点园与6所试点校结对，分别以"幼儿园入学准备教育"和"小学入学适应教育"为研究重点，制订《大班下学期入学准备活动方案》《小学一年级上学期入学适应活动方案》，共促幼小衔接工作。

韶关市浈江区成立家庭教育工作坊，计划分别以"四个准备"和"四个适应"为主题举办6期专题家长会、1次入校体验活动，将家庭作为推动幼小衔接的有力主体，极力扭转家庭教育与学校教育缺乏沟通的不利局面。

小学和幼儿园作息时间明显不同，为让幼儿顺利适应小学生活，幼儿园大班下学期会有意调整作息，逐步拉长集体学习时间，江门市江海区教育第一幼儿园通过家园协同，培养幼儿养成"早睡早起"的好习惯；佛山市顺德区、云浮市新兴县以游戏的方式让幼儿体验时间和行动之间的关系，树立初步的时间观念。

在学习准备方面，中山市机关第一幼儿园从小班起提供各种操作材料，锻炼幼儿的手部稳定性及精细动作发展，鼓励幼儿用各种方式进行表征，为幼儿小学书写做好准备。

佛山市顺德区乐从小学调整小学一年级上学期课堂时间，从20分钟+20分钟，分阶段调整到35分钟+5分钟的时间区划，帮助新生逐渐适应小学作息。

优化平台建设，构建资源共享体系

质量是学前教育发展持之以恒的追求。"新课程"科学保教示范项目启动以来，有7个区县、127所领衔幼儿园、849所参与幼儿园、325名教研专家参与项目研究实践，通过"合作研发、实践探索、凝练收获、引领发展"，提升各类幼儿园办学内涵。通过推进国家级安吉游戏实验区和广东省学前教育高质量发展实验区建设，建立教育部门、教科研机构和高校、幼儿园联合开展课程资源共建共享有效机制。

目前，"广东省学前教育科学保教资源共享平台"已开展科学保教示范性项目成果梳理的范例展示，该平台将持续开发、扩展应用功能，将其建成全省各幼儿园、各幼儿教师的学习空间，通过在线教研、在线记录与分享的方式，使各类幼儿园优秀的课程资源共建共享，实现优质学前教育资源的共享共建。

各地市和县区健全学前教育教研员队伍和教研责任区制度，切实指导幼儿园落实《3—6岁儿童学习与发展指南》《广东省幼儿园一日活动指引（试行）》，建立常态化教科研工作机制。推进乡镇中心幼儿园、优质幼儿园与其他幼儿园结对帮扶工作，总结实验区、实验园经验，推广有价值的实验研究成果。

经过努力，全省幼儿园不仅在办园条件、管理水平、师资配备等方面实现较快发展，还不断创新机制，大力提升科学保教水平，回应了人民群众对优质学前教育的美好期盼。

"十四五"是基础教育进入高质量发展阶段的新时期，学前教育发展迈向"扩普惠、强安全、提质量"的新阶段。站在下一个十年的新征程上，广东将加快推进"幼有优育"步伐，采取措施持续推进学前教育高质量发展。

一是建立管理新机制。以建立"城乡教育共同体"为抓手，发挥城市优质园辐射带动作用，以乡镇中心幼儿园为支点，强化镇村园一体化管理，振兴农村学前教育，促进区域学前教育质量均衡协调提升。二是强化区域发展新动力。继续推动学前教育高质量发展实验区建设，逐步扩大试点范围，推进幼小衔接和自主游戏学前教育改革探索实践，建立可推广借鉴的实践经验体系。三是搭建教师发展新支撑。健全教研网络和教研机制，依托"研训一体"和优质课程资源供给，打造教师专业成长通道，建立保教实践案例遴选机制，建立面向每一位教师的教师成长支持体系。四是培育保教新课程。继续推进培育科学保教示范项目，构建优质体系化的课程资源。五是构建政策新体系。实施"十四五"学前教育提升行动计划，开展广东省幼儿园课程建设指引、幼儿园保教质量评估指南研究工作等项目，健全学前教育发展政策体系。

本文来源：《广东教育》（综合）2022年第6期；记者 韦英哲 通讯员 延 星 方立鹏

·概 况·
GENERAL SITUATION

从"大有可为"到"大有作为"
——广东职业教育十年发展纪实

习近平总书记强调,"在全面建设社会主义现代化国家新征程中,职业教育前途广阔、大有可为"。

广东省委、省政府高度重视职业教育。党的十八大以来,广东认真贯彻落实习近平新时代中国特色社会主义思想,以"扩容、提质、强服务"为主线,提质培优、增值赋能,增强职业教育适应性,推动职业教育高质量发展,形成职业教育与区域产业相融共生、同频共振的生动局面,使职业教育"大有可为"的美好愿景转为"大有作为"的广东实践。

作为职教大省,广东职业教育高质量发展交出了一份令人瞩目的成绩单——全省目前共有625所职业院校、在校生280.5万人,实现21个地市高职院校全覆盖,十年来累计投入4 486.63亿元、输送约769万名技能精英、支持近11万名产业工人提升学历,全国职业教育大会对粤港澳大湾区职业院校对接产业设置专业给予高度肯定,2019年、2021年两次获国务院办公厅督查激励表扬,获2021年全国职业院校技能大赛"突出贡献奖"、教师教学能力比赛"最佳组织奖"……

为深入宣传党的十八大以来教育改革发展取得的重大成绩,为党的二十大胜利召开营造良好舆论氛围,5月24日,教育部召开"教育这十年"系列新闻发布会。此次发布会主会场设在教育部,分会场设在广东。发布会上,广东省委教育工委副书记、省教育厅党组副书记李大胜介绍了广东推动职业教育高质量发展的显著成效。发布会后,本刊记者实地走访广州、深圳、佛山、东莞、清远等地,深入了解广东职业教育发展的经验做法。

高位谋划,打造职业教育新体系

十年来,广东坚持高位谋划,实现了职普同等重要地位。广东统筹推进职业教育与普通教育协调发展,建成契合广东经济社会发展需要的职业教育体系。目前全省共有625所职业院校,在校生280.5万人。高等职业教育发展迅速,现有93所专科层次职业学校,在校生125.4万人,分别比2011年增长19.2%、83.1%;本科层次职业学校从无到有,2所学校在校生1.9万人。高等职业教育占高等教育半壁江山,在校生占比50.1%。

强化组织领导

省委常委会会议、省政府常务会议、省委教育工作领导小组会议多次研究谋划职业教育工作。省委改革办将职业教育"扩容、提质、强服务"行动计划纳入年度重点任务,省委党史学习教育领导小组将"全力推动职业教育提质培优"纳入省委、省政府重点民生项目,定期督办。围绕落实提质培优行动计划、高职扩招、战略性"双十"产业集群发展、服务重大战略等重点工作,建立省职业教育跨部门协商工作机制,协同支持职业教育发展。

强化政策支持

加强立法保障,出台《广东省职业教育条例》,填补了广东职业教育法律空白,对依法推动职业教育发展具有里程碑意义。坚持政策先导,出台《广东省人民政府关于创建现代职业教育综合改革试点省的意见》《广东省现代职业教育体系建设规划(2015—2020年)》《广东省职业教育"扩容、提质、强服务"三年行动计划(2019—2021年)》等一系列文件,健全职业教育发展政策体系,全方位为职业教育发展保驾护航。优化管理体制,地级以上市人民政府统筹中等职业教育发展,省人民政府统筹高等职业教育发展,逐步将粤东粤西粤北地区16所市属公办高职院校办学体制调整为省属。深化"放管服"改革,下放高职院校专业设置、岗位管理、职称评审等一批事权,落实办学自主权。

强化经费保障

持续加大对职业教育的投入力度,十年来职业教育累计投入4 486.63亿元。2021年,高职教育总投入328.07亿元,生均一般公共预算教育经费20 173.91元,分别比2011年增长208%、82%;省属公办高职院校生均综合定额拨款标准比2011年增长203%。中职教育总投入324.29亿元,生均一般公共预算教育经费20 668.13元,分别比2011年增长95%、280%;省属公办中职学校生均综合定额

拨款标准比2011年增长186%。职业院校受资助学生人数和资助金额分别比2011年增长31%、149%。

扩大供给，筑牢人才培养主阵地

十年来，广东坚持扩大供给，满足了人民对美好职业教育的向往。广东通过整合资源、优化布局等方式，加大学位供给，坚决筑牢职业教育技术技能人才培养主阵地。近三年，全省新增12.6万个高职学位，新建8所高职院校，历史性实现21个地市高职院校全覆盖。

增加教育资源供给

2011年6月，广东省职教城落户清远，至今已投入94亿元，完成二期工程建设，入驻10所学校、在校生约11万人。2019年至2021年，省职教城新增高等职业教育学位超6万个。

清远市副市长杨焕介绍，到2025年，将基本建成以省职教城产教融合园区为核心的"一核四区"产教融合发展区域格局，在现代农业、先进制造业、现代服务业领域，培育约5个具有一定示范带动作用、特色鲜明的产教融合型行业，重点打造50个以上产教融合创新平台和实训基地，培育100家以上的产教融合型企业。

广东科贸职业学院党委书记杜方敏说："有了省职教城，南方职教高地就变得名副其实。"

"省职教城建设规模大、学校类别丰富、学科专业门类齐全，具有可持续发展后劲。"广东省职教城（清远）事务中心副主任温秀娟介绍，目前，省职教城正在筹建产教融合研究院，推动高校主动开展产学研合作，服务地方经济社会的发展。

广东还实施省属公办高校提高高等教育毛入学率工程，通过学位综合补助、高校统筹使用的财政补助模式加大投入、加快建设，增加高职学位供给。

完成高职扩招任务

广东响应国家号召，2019年至2021年高职扩招42万人，帮助26万名退役军人、下岗失业人员、进城务工人员和新型职业农民实现了大学梦。

广东高职扩招工作受到高度肯定，在教育部2022年新春发布会职教专场介绍经验做法。

汕尾市海丰县附城镇新山村党总支部书记吕湖泳是高职扩招的受益者之一。在广东科贸职业学院2019年工商管理专业村官班，他系统学习了乡村振兴国家相关政策、农村党建、农村土地政策及利用、农村会计、农民纠纷处理及法务、农村社会治理、乡村文化、农村产业法治等知识，"专业学习不仅打开了我的视野，还能马上用于实际工作中"。毕业后，他带领新山村获得"全国先进基层党组织""全国民主法治示范村"等荣誉。

健全人才培养体系

广东持续扩大中高职贯通培养、专本协同育人试点规模，畅通发展通道。2021年，58所高职院校与29所本科高校在217个专业点开展三二分段专升本协同育人试点，招生计划1.2万人，同比增加29.6%。80所高职院校与275所中职学校在1 612个专业点开展三二分段试点，招生计划8.6万人，同比增加33.1%。

清远积极构建纵向贯通、中高衔接的职业教育人才培养体系，拓宽中职学生升学通道，三二分段优质学位已扩充至3 615人，约占招生计划的1/4。

佛山畅通中职升学通道，实现中职毕业生就业、升学等多元选择。全市3万余名中职学校学生通过"3+证书"、中高职贯通、高职自主招生等途径进入高等院校。近三年中职升学率逐年提升，分别为58.55%、63.98%、71.36%。

东莞开发建设"莞易学"平台，引导全市中职学校面向企业在职员工，通过"面授+网络学习""公共学科+技能证转学分"等方式，开展非全日制中等职业教育。目前，该平台共开设了32个专业、452门课程。截至2021年底，报名学习人数达35万多人，毕业学员5 439人。

提质培优，提升院校核心竞争力

十年来，广东坚持内涵发展，建设了大湾区技能人才培育高地。广东坚定不移走内涵式发展道路，厚植内涵底蕴，全面提升育人质量，十年间为社会输送了约769万名技能精英，毕业生就业率连续多年保持在95%以上。

建设高水平职业院校

在广东，一批引领改革、支撑发展、中国特色、世界水平的高职院校和专业正在逐步成长起来。目前，全省建设了14所国家"双高计划"学校，29所省级以上示范性高职院校、62所国家示范中职学校、10所高水平技师学院。

为充分发挥高水平职业院校示范带动、典型引领作用，广东实施省域高水平高职院校建设计划，打造45所高职教育高质量发展标杆校；实施省级高水平中职学校建设计划，建设88所具有广东特色、全国水平、引领改革的高水平中职学校。

近年来，深圳职业技术学院积极建设高层次技术技能人才培养高地，围绕深圳战略新兴产业、支柱产业的关键技术领域，优化专业布局，以"岗课赛证"融合模式，推动教学资源与教材开发、教学手段与方法改革。2018年，学校获国家教学成果特等奖、一等奖各1项；2021年，学校获国家教材奖特等奖、一等奖各1项。

深圳市教育局主任督学蔡茂洲介绍，深圳正在加快组建中高职教育集团，支持由深圳职业技术学院和深圳信息职业技术学院牵头市属和区属中职学校组建东、西部教育集团，全面推进中高本一体化协同发展，实现深圳职业教育整体提质培优、增值赋能。

深化教育教学改革

广东开展职业教育、继续教育质量工程，以工程项目引领教育教学改革。不断加强课程思政建设工作，教育部认定课程思政示范课程8门、教学名师和团队8个、课程思政教学研究示范中心1个。同时，加强教材使用管理，32种教材获首届全国教材建设奖。

广东轻工职业技术学院坚持把立德树人作为中心环节，健全党、政、工、团、学全员协同思政工作体系，完善课堂、社区、云端立体化教学体系，打造学习、实践、生活多元育人平台体系，建设大数据赋能学生成长评价体系，把思想政治工作贯穿教育教学全过程。学校2021年获得教育部高校思政工作创新发展中心立项，牵头全国百所职业院校落实立德树人根本任务联合行动。

王静霞自1994年到深圳职业技术学院任教以来，积极探索适合高职学生的教学方法，把提升学生的学习兴趣放在教学设计的第一位，让课程"粘"住学生。她把单片机的内部结构比作"一大家人"，用俄罗斯套娃展示内嵌外套原理，将"从知识点到应用"转变为"从任务到知识点"，不仅激发学生的学习动力，也更适合技术型人才的培养目标。

提高教师队伍素质

有高质量的职教教师，才会有高质量的职业教育。目前，全省专任职教教师数量从2011年的9.3万人增加至2021年的11.9万人，增长27%；建设23个国家级职业教育教师教学创新团队；研究生学历以上专任教师占比32%，比2011年增长82%；

校企共建27个"双师型"教师培养培训基地，"双师型"教师占比60%以上；教师教学能力比赛连续四年全国第一。

通过知事识人、序事辨材、良方聚才、大胆用才，深圳职业技术学院在重点学科领域培育了一批优秀创新团队。目前，学校有"万人计划"教学名师、国家级教学名师、国务院特殊津贴专家等国家级高层次人才12人，广东省特支计划教学名师、珠江学者特聘教授等省级高层次人才179人，鹏城学者、深圳市国家级领军人才等市级高层次人才223人。

国家"双高"计划高水平职业学校建设以来，广州番禺职业技术学院坚持"双线并轨"推进以省级以上名师为代表的名师队伍建设，以及以省级以上技术能手为代表的名匠队伍建设，形成了多层次、多维度、多领域、完备化的"名师+名匠"人才矩阵。学校现有国家教学名师7人、国务院政府特殊津贴专家7人、国家级教学团队5个、全国技术能手5人，省级以上教学名师29人、广东特支计划教学名师5人、省级以上教学团队13个。

互融互通，构建产教融合新生态

十年来，广东坚持互融互通，构建了产教融合新生态。广东主动适应产业转型升级，增强职业教育适应性，促进教育链、人才链与产业链、创新链有机衔接，奏响产教同频共振的最强音。

优化职业教育专业群

面向市场、服务产业是职业教育的基本功能，也是推动职业教育发展的基本策略。广东健全产业需求导向的专业设置动态调整机制，建设298个省级中职教育"双精准"示范专业和311个省高水平高职专业群，专业设置覆盖全省现代产业体系。2021年，高职院校为战略性"双十"产业集群培养13.1万名技术技能人才，占毕业生人数的45%。

佛山是一个以制造业为主、三大产业协调发展、产业集群发达的城市。为支撑产业转型升级，佛山围绕"2+2+4"现代产业体系建设，着力打造服务重点产业的专业群，在佛山职业技术学院设置机械制造类、电子信息类、汽车制造类等34个专业，在顺德职业技术学院设置家居设计与制造、制冷与空调技术、烹调工艺与营养等11个专业群55个专业，在中职学校开设13个专业大类共53个专业，专业布点面向第二产业约占总数的54%，第三产业45%，与佛山市三大产业结构比例基本相当。

"我们实现专业设置跟随产业结构调整升级脚步走、围绕企业人才需求转，形成专业设置与产业需求同频共振的动态调整机制。"佛山市教育局二级调研员李忠说。

东莞市教育局副局长邓柏松介绍，全市公办中职学校按照"一校一特色"原则，提升职业院校开设专业与产业的匹配度，进一步服务支撑"一镇一品一专业群"产业发展，目前已确立8个特色专业群，并有23个省级"双精准"示范专业。

构建产教融合新格局

产教融合、校企合作是职业教育的基本办学模式，也是职业教育最突出的办学优势。广东出台《广东省产教融合建设试点实施方案》，建设10个产教融合试点市，牵头成立了粤港澳大湾区职业教育产教联盟、广东省产教融合促进会、华南"一带一路"轨道交通产教融合联盟等合作平台，产学合作企业8万家，培育1223家产教融合型企业，构建起以城市为节点、行业为支点、企业为重点、学校为基点的产教融合发展格局。

走进深圳职业技术学院的比亚迪应用技术学院，学生们正在一排排崭新的新能源汽车上实操演练。左边课室，右边实车，学生在课堂上学到专业课程和知识，很快能在实际中上手操作，熟悉掌握最新技术知识。

"我们以特色产业学院为载体，每个专业群联合一家世界500强企业或行业领军企业，共建一所特色产业学院。"深圳职业技术学院党委书记杨欣斌说，目前学校与企业共建华为、比亚迪等14所特色产业学院，通过校企共同开展创新创业教育、共同开发专业与课程标准等方式，将企业的最新技术标准和工艺在第一时间转化为教学内容，提升人才培养的适用性。同时，校企双方共同将企业的新技术、新工艺开发成为行业标准，提升服务产业能力。

打造校企命运共同体

如今，"引企入校""车间进校"已成为产教融合、校企合作的普遍做法。广东成立80个职教集团，建设19个国家示范职教集团，在全国首创技工院校"校企双制"办学模式，2012年率先通过自主招生开展现代学徒制试点，目前已覆盖67%的高职院校。截至2021年底，高职校企共建580个省级校外实践教学基地，共同开发课程5665门、教材2581种；横向技术服务到款额4.5亿元，是2011年的10.2倍；技术交易到款额1.8亿元，非学历培训到款额6.4亿元。

引什么样的企业进校，才能充分发挥学校有限的空间资源？"对职业学校而言，引入研发型企业是解决该问题的有效途径。"东莞理工学校校长巫云认为，引入研发型企业，可以让师生参与企业接单、研究解决方案、试制试产、调式优化、产品交付甚至产品产业化等一系列研发过程，提升职业教育对接企业产业的时效度和实效性。

"我们与东莞理工学校长期开展现代学徒制人才培养，校企共同成立'AGV智能机器人联合实训室'，并培养了一批'双师型'教师。"广东宏友智能科技有限公司董事长李宝琴说，目前校企合作研发的自主消杀机器人等设备已经投向市场并引起广泛关注，成为"产教融合型企业"的践行者。

2017年，深圳市前海梧桐文旅控股有限公司董事长、米墅创始人苏海通回到家乡清远，采用米墅自主研发生产的乡村民宿装备——米墅装配式移动建筑，发展乡村民宿产业。2021年1月，米墅与清远市农业农村局、广东科贸职业学院联合成立米墅乡村民宿产业学院，旨在打造产学研一体化的乡村民宿产业孵化基地和人才输出基地，探索1+X证书融通运行管理体系，搭建学生实习就业平台，对接乡村民宿行业资源，培养一批热爱乡村、扎根乡村、经营乡村的专业人才。据介绍，目前米墅乡村民宿产业学院拥有教师19名，在校学生总计200余人，已举办4期乡村民宿经营管理人才培训班，培训人数多达200余人。

"精准获取人才资源，是企业提高核心竞争力的关键。"白天鹅宾馆副总经理、工会主席刘斌介绍，白天鹅宾馆一直与职业院校联合培养人才，通过"订单班""定制班"等模式，实行专业与行业对接、教学与服务对接、职业教育与终身学习对接，实现中高职一体化的人才培养道路。目前，白天鹅宾馆职业院校毕业员工近500人，占员工总数的68%。

增值赋能，激发经济发展新动能

十年来，广东坚持服务发展，展现了助力国家重大战略的职教担当。广东坚持服务国家重大战略，以职业教育赋能经济社会高质量发展，形成了有效的实践模式。

服务乡村振兴

以小切口推动大变化，广东实施"粤菜师傅""广东技工""南粤家政"三项工程，累计培训797

万人次，带动就业创业247万人次。实施区域联动帮扶机制，十年组织珠三角中职学校面向粤东粤西粤北地区"转移招生"80万人，实现"上学一人、就业一人、脱贫一家"。大力推进东西协作和对口帮扶，协作帮扶8省区超百所职业院校；联合四川省甘孜藏族自治州职业技术学校开展中高职贯通培养，创建了对口帮扶"甘孜模式"。

2018年6月，顺德职业技术学院成立顺德厨师学院，落实"粤菜师傅"工程，助力乡村振兴和精准扶贫。通过"走出去，送教上门"和"请进来，集中培训"两种方式，至今免费培训"粤菜师傅"9 156人，社会人员全部就业，建档立卡贫困户1 229人全部脱贫。"厨师学院既担负了传承、弘扬顺德美食的重任，打造培养千千万万顺德厨师的重地，又实现'一人学厨，全家脱贫；一人学厨，全家幸福'，赋能精准扶贫和乡村振兴。"顺德职业技术学院党委副书记刘毓说。

将鱼肉片下来，切成条状，做成珊瑚模样，摆放在洁白的方形盘子中，使其如树枝林立。这是广州市旅游商务职业学校"粤菜师傅班"学生黄镇燊的拿手菜"珊瑚鱼"。

"我家经济状况比较差，因为我对做菜比较感兴趣，所以初中毕业之后，不顾父母的反对，报读了这所学校。"通过三年时间的沉淀学习和技能比赛的历练，黄镇燊不仅获得了省级技能竞赛的金牌，还跻身全国职业技能大赛。他计划毕业后到行业深造一段时间，再回到家乡云浮，把粤菜文化发扬光大。

早在2017年，顺德职业技术学院能源与汽车工程学院教师徐言生就借助名师工作室平台开展东西部职教协作帮扶工作，支持甘肃山丹培黎职业学校新能源专业筹建和师资队伍建设。

2020年，山丹培黎职业学校升格为甘肃培黎职业学院。2021年初，在教育部职成司组织下，由顺德职业技术学院、广东轻工职业技术学院、广州番禺职业技术学院、深圳职业技术学院和深圳信息职业技术学院等广东5所国家"双高"职业院校和培黎职业学院组成协作工作组，从党的建设、人才培养、师资培育、教学改革、科技研究、实训基地、合作办学、国际交流8个方面及学校层面、专业层面、未来发展3个层次，助力培黎职业学院打造"丝绸之路职教名校"。

广东轻工职业技术学院与甘孜藏族自治州职业技术学校签订两地五年制中高职贯通教育培养合作办学协议，联合举办旅游服务与管理专业教育，每年招收40名藏族学生，实行"2+1+2"人才培养模式。学生前两年在甘孜藏族自治州职业技术学校学习，第三年在广东省旅游职业技术学校就读，中职毕业后进入广东轻工职业技术学院学习。

广东轻工职业技术学院校长卢坤建认为，要充分发挥"双高"院校"牵引力"，打造职教帮扶"生态圈"，通过"驻校干部+专家团队""教育帮扶+产业帮扶"等多种举措，将原来单纯的输血式帮扶转变为造血式帮扶。

助力"双区"建设

建设粤港澳大湾区、支持深圳建设中国特色社会主义先行示范区，是一项重大国家战略。深圳经济特区建立以来，职业教育与区域产业共生共长，为改革开放和地方经济社会发展提供了强有力的人才支撑。

部省出台《推进粤港澳大湾区高等教育合作发展规划》《关于推进深圳职业教育高端发展、争创世界一流的实施意见》，打造粤港澳大湾区教育和人才高地，支持深圳对接国家所向、湾区所需、深圳所能，先行先试、改革创新，打造世界一流职业教育。深化粤港澳职业教育招生就业、培养培训、师生交流、技能竞赛等方面合作，推进建立粤港澳大湾区特色职教园区，深圳职业技术学院获批建设联合国教科文组织职业教育创新中心。

近年来，深圳职业教育充分发挥"双区"经济发展活力优势，瞄准"专精特新"产业升级需求，坚持把国家和广东省的要求与"双区"建设，特别是深圳实践紧密结合起来，打造部省共建深圳职业教育创新发展高地。

"学校结合落实《粤港澳大湾区发展规划纲要》《粤港合作框架协议》，与香港职训局共建特色职教园区，预计今年9月可正式落成。"深圳职业技术学院校长许建领介绍，特色职教园区将开启深港澳青年学子的校企合作新模式，共同助力三地青年深度交流和成长成才，为粤港澳大湾区强化人才支撑，推动优势产业发展。

深圳职业技术学院还建立了粤港澳大湾区人工智能应用技术研究院。研究院联合湾区内优质的人工智能人力与技术资源，开展技术攻关，承担省部级以上项目15项，已帮助企业解决技术难题8个，有效赋能湾区中小微企业的AI转型，为湾区经济可持续发展提供了新动能。

服务"一带一路"

办好新时代职业教育,既要坚定不移走中国特色职业教育发展道路,还要博采众长、融通中外。广东加强"一带一路"职教联盟等平台建设,支持学校主动跟随优质产业或重点企业"走出去",参加"鲁班工坊"建设联盟,实施"中文+职业技能"项目,建设国际合作科研平台48个,推动职教广东标准、广东模式"走出去"。加强与国(境)外职业院校合作,支持职业院校开展境外办学,广东建设职业技术学院建立了中国-赞比亚职业技术学院建筑工程学院,广东工贸职业技术学院建立了中国-赞比亚职业技术学院广东工贸分院,广东农工商职业技术学院在马来西亚成立热带农业现代产业学院。

"深圳职业院校'跟船出海',企业开办到哪里,职业教育就跟到哪里。"蔡茂洲介绍,近年来,深圳聚焦开放发展,向世界贡献职教"深圳方案",积极推动世界职业学院与技术大学联盟深圳总部秘书处、职业教育计划亚非研究与培训中心、职业教育创新中心等平台建设,举办"一带一路"职业教育国际研讨会,在"一带一路"沿线国家开展职业技能培训。

作为全球唯一获得联合国教科文组织"职业技术教育数字化"教席的高职院校,深圳职业技术学院累计与39个国家和地区建立了友好合作关系,建立海外职教中心6个、职教国际交流平台6个,并携手华为等一流企业,把技术标准转换为课程标准,推动深圳标准"走出去",助力深圳成为全球职业教育枢纽城市。

广东建设职业技术学院立足粤港澳大湾区建设发展,服务"一带一路"建设需求,依托岭南建筑技术产教创新基地,助力建筑行业国际化发展,通过走出去交流、走出去办学、走出去服务和引进海外优质教育资源的"三走一引"思路,培养国际化技术技能人才。

2016年,首期职业培训在赞比亚启动;2019年,中赞职业技术学院正式揭牌成立,首批专科层次学历生入驻;目前在校学历学生已连续招收三年。办学以来,学校累计派出10余批次、30余人次教师赴赞比亚开展教学与调研。广东建设职业技术学院校长赵鹏飞曾经两年三赴非洲,"通过走出去办学,把中国标准带出去了,不仅为当地培养了高素质技能型人才,解决了就业问题,还实现中华文化与非洲文化交流,促进了民心相通"。

李大胜表示,广东将以贯彻落实新修订的《中华人民共和国职业教育法》为契机,以完善职业教育体系、提升人才培养质量、增强职业教育适应性、构建良好职业教育生态为重点,踔厉奋发,笃行不怠,奋力推动全省职业教育高质量发展,为广东在全面建设社会主义现代化国家新征程中走在全国前列、创造新的辉煌提供强有力人才支撑,以实际行动迎接党的二十大胜利召开。

本文来源:《广东教育》(综合)2022年第7期;记者 韦英哲 王思静

广东十年强师之路

优质教师队伍是教育高质量发展的根本。党的十八大以来，广东以习近平新时代中国特色社会主义思想为指导，深入贯彻落实习近平总书记关于教育的重要论述精神，始终坚持教育优先发展战略，全面深化教师教育改革，实施"强师工程"。十年来，随着教师队伍不断壮大，广东将教师队伍建设作为教育投入重点予以优先保障，"强师工程"累计安排省级财政专项资金超50亿元。

回顾十年来"强师工程"的建设历程，广东在加强师德师风建设、构建职前职后一体化发展的教师教育体系、提升教师队伍整体素质、补齐乡村教师短板和深化教师管理改革等方面下功夫，推动全省教师队伍建设发展取得了新成效、实现了新跨越，教师队伍数量、结构、素质进一步协调发展，走出一条独具广东特色的强师之路。

注重引导，加强师德师风建设

兴教必先强师，强师重在师德。广东不断加强党对教师队伍建设的全面领导，坚持师德师风第一标准，注重教师教育引导，不断健全师德教育宣传、考核监督、奖励惩处工作长效机制。

一是教师队伍思想政治建设实现新提升。加强教师党支部建设，坚持以习近平新时代中国特色社会主义思想培根铸魂，全面落实从严治党的要求。印发了一系列关于加强思想政治理论课教师队伍建设的指导性文件，有效促进思政课教师队伍发展。

二是规范教师职业行为取得新进展。制定出台中小学幼儿园和高校教师违反职业道德行为处理工作指引，健全了多元监督体系。坚持依法依规严肃查处违反教师职业道德行为，正风肃纪，坚决将严重违规违纪的人员清除出教师队伍。

三是师德师风建设展现新作为。坚持开展师德建设主题教育月活动，注重精神感召，强化警示教育，坚持用身边事教育身边人，不断提升教师职业道德素养。

十年来，全省共有53个集体、294人获评全国教育系统先进集体和先进个人；省委、省政府累计表彰4634名南粤优秀教师、500名南粤优秀教育工作者、1243名特级教师。

在8月2日公示的2022年度全国教书育人楷模候选人名单中，有2人来自广东，分别是华南师范大学教授莫雷和潮州市湘桥区城南小学校长苏东青。

在心理学领域深耕41年以来，莫雷始终不忘初心，坚持为本科生上课。他提出并实行"倒立金字塔式"专业课程方案，为不同阶段的学生教育提出"领悟性教学、研究性教学与创新性教学"并进的教学法，并带领华师心理学院着力构建"两系列三水平"实验教学体系，试行"研究者+实践者"的本科生培养模式。

散步教学法是莫雷独创的一种教学方法，每天五点半在微信群里说一声"散步去了"，他的学生们自然心领神会跟随前往。"无周末，无节假日，无寒暑假，才会有所作为。"莫雷始终如一地践行"三无一有"，激励师生在科研道路上奋勇向前。

"不知疲倦"，是华师应用心理学研究生高媛对莫雷的评价。"一个课件，他会逐字逐页修改；一个知识点没有理清，他会两遍、三遍变着法讲，直到讲懂为止。"莫雷的拼搏精神让她叹服。

"我从来没有职业倦怠。"莫雷笑着说。教学多年，没有哪几次的课件是完全相同的。明天要讲的课件，即使之前已经用来讲过，他也要在前一天更新版面与内容，因为"讲课就是研究和思考问题的过程"，即使是同样的研究方向，也许过一段时间就会有新进展。科研与教学相长，使莫雷永远保持对教学的新鲜感。

2018年，莫雷带领心理学院一众名师组成的心理学科教师团队获"全国首批黄大年式教师团队"称号，这也是全国心理学界第一个黄大年式教师团队。

出身于教育世家的苏东青，自1991年师范毕业以来，深耕基础教育31年。"把立德树人作为第一追求，把党员作为第一身份。"作为全国优秀共产党员、两届广东省党代表，她始终把对党忠诚、讲政治、作表率放在首位，做师生理想信念的引路人。

她不仅坚持为师生上好生动活泼的思政开学第一课，还善于把党建与立德树人紧密结合，推动支部建设。通过"输送培养+高校引领+校际联动"的方式，利用广东省苏东青名校长工作室的平台，探索广东省校本研修示范学校"一科一策""一师一题"智慧学习型组织的培育新模式。

至今，苏东青开展宣讲、上专题党课40多场次，主讲的党课视频《重温百年党史 赓续红色精神》被评为2021年度潮州市"十佳精品党课"，撰写的党建案例代表学校参加潮州市城市基层党组织现场比拼，获评"十佳创新案例"。

他们用实际行动树立了良好的师德师风，书写了教育系统一个又一个先进事迹，也反映了广东师德师风建设的水平和成效。

构建体系，职前职后一体发展

回顾这十年，广东教师队伍建设之所以能够不断固根基、补短板、强弱项、开新局，其中一个重要原因是构建了职前培养和职后培训一体化发展的教师教育体系。

一方面，积极推进广东"新师范"建设。比如，加大对师范院校和师范专业的支持力度，调整优化专科、本科、硕士师范生培养层次结构；改革师范生招生制度，提高生源质量，吸引和选拔优秀青年进入师范专业学习；加快推进师范类专业认证，强化师范生技能培养，提高师范人才培养质量和匹配度；打造教师教育发展共同体，11个师范院校与21个地市"组队"，共创"国家教师教育创新实验区"；累计立项建设287个省级示范性教师教育实践基地。同时，提高省属高校师范专业生均拨款标准，2020年普通本科师范生生均拨款标准达到15 000元。

另一方面，健全教师专业发展体系。目前，全省建成11个省级中小学（中职）教师发展中心，计划建设150个市县教师发展中心（已挂牌成立147个，已完成基本建设任务112个），建设209个省级教研基地，280所校本研修学校，基本形成了以省、市、县教师发展中心为主体，教研基地，校本研修示范校，名教师、名校长、名班主任工作室协同发展、互为补充的教师专业发展支持体系。此外，依托职业院校、应用型本科高校和大中型企业共建27个"双师型"教师培训基地，3个国家级教师企业实践基地，30个省级名师、名校长、培训专家工作室，初步形成省、市、区（县）、校分级协作的职业教育教师培养培训体系。

深圳作为我国实施改革开放最早、影响最大、建设最好的经济特区，基础教育正从改革试点迈向先行示范。为了更好地服务教师专业发展，深圳不断健全教研机构。

2021年5月，深圳市教科院确定为公益一类事业单位，加挂深圳市基础教育质量监测中心、深圳市教师发展中心牌子。同年8月，深圳市人民政府印发《深圳市"教育部基础教育综合改革实验区"行动方案（2021—2025年）》，要求健全市、区、校三级教研组织，推动市、区教科院（教师发展中心）建设。目前，深圳共有8个区级教科院（加挂区级教师发展中心牌子），1个区设立区级教师发展中心（加挂区级教科院牌子），1个新区设立教科研中心。全市中小学全部设立了中层教研机构、各学科组、年级备课组，大部分中学设立了内设机构教科室，还有部分学校设立了教师发展中心。大部分小学设立了教学处负责分管教研、科研、培训工作。

广东在教师教育工作上进行的大胆尝试和有益探索，促使教师队伍人才培养模式、协同育人机制不断创新，为推动教师专业发展提供了强有力的保障。

强化培训，提升队伍整体实力

教师培训是促进教师队伍内涵式发展的关键抓手之一。十年来，广东高度重视教师培训，多措并举，不断增加教师培训的机会、提高教师培训的质量，进而有效提升教师队伍整体水平。

广东大力推进中小学教师素质能力提升，构建多层次、全学段、全覆盖的教师培训体系，省级按2%的比例开展教师示范培训，市级按10%的比例开展骨干教师培训，县级落实教师全员培训。每年省级财政在"强师工程"经费中安排约2亿元，用于组织开展中小学幼儿园教师省级培训项目，并深入实施广东省职业院校教师素质提高计划和广东省中等职业学校教师能力提升工程，持续提升教师素质。

据统计，2021年全省有139万名中小学教师参加培训，其中省级以上培训为36.9%，较2012年增长15.65%，教师参加培养培训机会大幅增加。

以东莞为例，自2012年以来，东莞市中小学教师发展中心培训量一直处于逐年递增趋势，其中，2021年培训与服务近20万人次。2021年，启动实施"莞邑良师"行动计划，建设高素质专业化创新型教师队伍。2022年，评选出首批基础教育领军人才培养对象10名，教育家型校长和教师培养对象50名，新一轮名师、名班主任和名校（园）长工作室主持人250名，名师、名班主任和名校（园）长工作室主持人培养对象163名。

通过教育领军人才培育，造就一批政治过硬、师德高尚、教育理念先进、专业素养厚实的教育人才，正是当下东莞教师队伍建设的破题关键。首批

·概 况·
GENERAL SITUATION

10名培养对象涵盖小、初、高不同学段,涉及普通教育和职业教育,有一线教师、学校校长,也有来自教研管理岗的教育工作者。通过"一人一案"个性化发展方案,对他们进行为期三年的定制式培养。

放眼全省,广东通过实施中小学"百千万人才培养工程",累计遴选982名学员参加省级培养项目,一大批学员成长为名教师、名校长、名班主任,获得多项荣誉和称号。

国家教学名师刘志伟是广东省中小学"百千万人才培养工程"首批教育家学员,他扎根乡村教育41年,利用乡村本土资源,激发学生创造活力,培养了数以百计的"小科学家""小创客",申请国家专利超过100项,获批国家专利75项,更在世界三大发明展中获金奖15项。他出版科技教育专著6部,其中《中小学知识产权教学指引》成为我国首本中小学知识产权教师用书。

2022年2月,教育部公布第二批全国高校黄大年式教师团队名单,广东有8个教师团队入选。

华南理工大学建筑理论与创作实践教师团队便是其中之一,团队负责人何镜堂虽年过八旬,仍奋战教学科研一线。他强调"学建筑先学做人",以己为范,先后获全国模范教师、全国"五一"劳动奖章、全国劳动模范、国际设计艺术终身成就奖等荣誉。他主持、筹备的华南理工大学亚热带建筑科学国家重点实验室,成为国内建筑学界第一个国家级重点实验室,构筑了产学研一体、系统完备、国内一流的学科发展平台,从理论、技术创新角度为建筑学科全面发展以及当代中国城市建设做出积极探索,为中国建筑学科发展做出了开创性贡献。

"黄大年有家国情怀、报国之志,也有奉献精神。"暨南大学党委书记林如鹏认为,黄大年式教师团队"有爱国心、报国志,心往一处使"。他领衔的新闻与传播学院融合新闻教师团队,创建了"一三五"党建体系,形成"一元主导、三位一体、五维互动"党建模式,实现思政工作、专业教学、社会实践有机融合,逐步构建了一支致力于探索媒体融合时代全媒体教学与研究的高水平教师队伍。团队共15人,其中1人获全国"五一"劳动奖章,5人入选国家级人才工程,5人担任国家级课程负责人,9人主持国家社科基金重大项目。

通过一系列精准的"组合拳",广东教师队伍实力逐渐增强。近三年,全省共有18个团队入选全国高校黄大年式教师团队,23个团队入选教育部国家级职业教育教师教学创新团队。十年来,累计获得国家级教学成果奖223项,其中特等奖1项、一等奖15项、二等奖207项。

补齐短板,夯实乡村教师队伍

要解决教育发展不均衡不充分的问题,必须下大力气为乡村教师素质提升创造条件、搭建平台。广东持续夯实乡村教师支持计划,优化城乡教育办学模式,调整优化城乡教师配置,提高乡村教师待遇。2013年起,省财政累计安排乡村教师生活补助资金超208亿元,每年惠及约32万名乡村教师。

广东通过"高校毕业生到农村从教上岗退费"政策、"粤东粤西粤北地区中小学教师公费定向培养"、"银龄讲学计划"等多种渠道,有效补充了一定数量的乡村优秀教师。截至2021年底,"上岗退费"政策已吸引近5.6万名青年教师到乡村任教,95%期满后继续在当地任教;招录超万名公费定向师范生在校培养,有100多名公费定向培养教育硕士到粤东粤西粤北地区中小学任教;招募613名退休教师到乡村学校讲学支教,农村教师队伍结构进一步优化。

广东还深入开展"三区"(原中央苏区、革命老区、民族地区)教师专项支持计划,每年选派支教教师400名,2021年起实行"双向选派",支援地同步接收受援地教师跟岗学习。按照"一县一案、精准施训"原则实施"三区"教师全员轮训,分层次、分类别、分学科组织专业培训。

2021年,广东省教育研究院启动"走进粤东西北教研帮扶活动",有计划地组织各学科教研员、教育教学专家、教学骨干深入粤东粤西粤北地区中小学校、幼儿园,覆盖学前教育、特殊教育、小学、初中、高中全学段各学科,贯穿教育教学全过程,指导受帮扶地教研员、教师,从理解课程标准开始,研究掌握教材、创新教学方式、优化课堂组织、更新教育理念,辐射带动全省教研员、教师队伍教研能力和专业水平提升,培育跨区域教研共同体,从"输血式"帮扶走向"造血式"帮扶,支撑粤东粤西粤北地区基础教育高质量发展。目前,该活动已组织了8次,每次直接参与活动的一线教师超过4 000人次,活动满意度达95%以上。

此外,在职称评聘、职务晋升、荣誉表彰等方面,广东给予乡村教师更多政策倾斜。乡镇、农村小学专任教师中具有高级职称的比例由0.49%提高到5.33%,粤东粤西粤北地区小学专任教师具有中级以上职称的比例高于珠三角地区;农村初中专任教师高级职称占比15.56%,较2015年增长8.51%,与城市占比基本持平;高中专任教师高级

职称比例为21.55%,增长速度优于城市。

激发活力,深化教师管理改革

十年来,广东省始终坚持不懈推动教师管理制度改革,落实教师资格制度改革、持续完善教职工编制管理制度、持续深化职称制度改革、深入实施督导检查、稳步推进中小学教师减负工作,着力破解制约教师队伍科学发展的体制机制障碍,推动教师队伍高质量发展。

2016年,全面实施职称制度改革以来,新增中小学高级教师约6万人,基本解决了长期存在的"评而未聘"问题,建立健全了分级管理服务机制,优化中小学教师职称制度和评价标准,努力破除教师评价"唯文凭、唯论文、唯帽子"等顽瘴痼疾。

值得一提的是,在对市、县级政府履行教育职责评价中,将教师队伍建设作为最重要评价内容,占比最高。2021年,市级评价珠三角地区达到26.5%,粤东粤西粤北地区达到30.5%,县级评价珠三角地区达到29%,粤东粤西粤北地区达到33%。

与此同时,全省深入推进中小学教师"县管校聘"改革,各地级以上市及县(市、区)均出台了"县管校聘"实施方案。实施改革以来,全省约60.8万名教师参加竞聘。2021年,全省有4.82万名校长教师参与交流轮岗,占总数的6.94%,其中县级以上骨干教师占38.43%,县域内公办义务教育学校校长教师定期交流轮岗制度进一步完善。

2018年,南雄市作为中小学教师县管校聘管理改革试点,稳妥顺利完成了教师"县管校聘"管理改革第一轮聘任工作,推动了教师队伍科学合理流动,教师交流比例达到了37%。2020年,南雄积极推进校长职级制改革,全面启动中小学校长教师轮岗交流工作,重点推动优秀校长到农村学校、薄弱学校任职并发挥示范带动作用,校长交流比例达40%。

南雄市教育局相关负责人表示,教师"县管校聘"管理改革和校长职级制改革的实施,科学有效地解决了教师流动和管理的问题,优化了教育教学资源的配置,激发了教师队伍活力,教师职业倦怠现象有了质的改善,教师队伍精神面貌焕然一新,教师在工作中有了更多的成就感、获得感和幸福感。

进入新时代,踏上新征程,强师之路从未止步。广东将进一步充实数量、优化结构、提高素质、规范管理、加强保障,全面推进教师队伍建设实现高质量发展,助推全省教育高质量发展,以优异成绩迎接党的二十大胜利召开。

数读

十年来,教师队伍数量实现跨越式增长。全省各级各类学校专任教师由115.55万人增长至159.23万人,增长37.8%。学前教育和特殊教育专任教师数量实现翻一番,幼儿园专任教师累计增加17.62万人,增长104.44%;特殊教育学校专任教师累计增加4000余人,增长164%,越来越多优秀人才加入教师队伍。

十年来,教师队伍结构不断优化。全省各类专任教师达标率逐步提升。全省幼儿园、中小教师学历达标率超过99.9%,中职学校专任教师学历达标率较2012年增幅最大,增长6.74%。小学紧缺学科教师队伍进一步充实,体育、音乐、美术教师配备数从2015年的30 072人、19 257人、17 363人增加至2021年的47 471人、32 016人、30 168人,基本满足教学要求。

十年来,教师队伍整体素质明显提升。全省幼儿园具有大专以上学历专任教师比例由51.95%提高到87.19%;小学具有本科以上学历专任教师比例由29.69%提高到78.1%;初中具有本科以上学历专任教师比例由67.26%提高到93.74%;高中具有研究生学历专任教师比例由6.3%提高到16.33%。全省本科和高职院校专任教师中,具有博士学位教师占比增长约13.65%,达43.57%,具有硕士以上研究生学位教师占比增长约14%,达87.38%。

本文来源:《广东教育》(综合)2022年第9期;记者 韦英哲 王思静

概 况
GENERAL SITUATION

广东10年投入超50亿元，只为打造这一"强劲引擎"

百年大计，教育为本；教育大计，教师为本。习近平总书记强调，国家繁荣、民族振兴、教育发展，需要我们大力培养造就一支师德高尚、业务精湛、结构合理、充满活力的高素质专业化教师队伍，需要涌现一大批好老师。

党的十八大以来，广东省委、省政府始终坚持教育优先发展战略，坚持以习近平新时代中国特色社会主义思想统领教师队伍建设，深入实施"强师工程"，大手笔投入、大力气改革，努力建设一支高素质专业化创新型的教师队伍。

今年9月10日是我国第38个教师节，也是广东实施"强师工程"十周年。今起，南方日报、南方+客户端联合广东省教育厅推出系列报道，聚焦"强师工程"建设成效，展示新时代教师风采。敬请垂注。

不久前，广东省第六届高校（本科）大赛总决赛举行，25名青年教师"打擂台"比拼教学能力，最终5个学科的获胜选手按程序向省总工会申报授予省五一劳动奖章。

教育是国之大计、党之大计。教师是立教之本，更是兴教之源。

10年前，广东全面贯彻党的教育方针，落实立德树人根本任务，把新时代教师队伍建设作为教育改革发展的重要突破口，启动实施"强师工程"，促进教师队伍规模、质量、结构协调发展，建设一支高素质专业化创新型教师队伍。

10年来，"强师工程"投入超50亿元，全面深化教师队伍改革建设，释放出巨大改革红利，不断推动教师队伍实现数量跨越式增长、结构优化和素质提升，为高质量教育体系建设装上"强劲引擎"。

"高水平师资队伍为广东加快教育强省建设、推进教育现代化和办好人民满意的教育注入强劲动力。"省教育厅党组书记朱孔军说。

扭住教师改革发展"牛鼻子"

"新一代的青年一定要能发现问题、敢于问问题，还要努力寻找问题的答案，永远不要满足书本给予的知识。"今年6月底，"共和国勋章"获得者、中国工程院院士钟南山在毕业典礼上的一番叮嘱，引发广州医科大学本科毕业生的强烈共鸣。

从教62年来，钟南山一直坚持传道授业、培育新人。他在广州医科大学创办了南山班和南山学院，即便再忙也坚持为南山班授课。为呼吸疾病领域培养了大量人才，钟南山于2020年9月被评为全国教书育人楷模。

以钟南山为代表的"大国良师"在广东大地不断涌现。

广东是我国改革开放的排头兵、先行地、实验区，经济发达，教育兴盛。但在对标国内教育先进省市时可以发现，广东教育还有一定差距，存在教育发展不平衡不充分的问题。

教师是立教之本、兴教之源

很多人清晰记得：2012年8月省政府正式印发《关于全面实施"强师工程"建设高素质专业化教师队伍的意见》，每年在省级教育发展专项中安排"强师工程"方向资金5.04亿元予以保障，切实加强教师队伍建设管理改革。

就此，广东拉开了深化新时代教师队伍建设改革的序幕。随着新时代教育改革向纵深推进，党中央、国务院坚持把教师队伍建设作为基础工作，广东对标对表新要求新目标，不断深化教师队伍建设改革：

2018年8月，省委、省政府出台《关于全面深化新时代教师队伍建设改革的实施意见》，提出到2035年左右培养造就数以十万计的骨干教师、数以万计的卓越教师、数以千计的教育家型教师，全省教师综合素质、专业化水平和创新能力大幅提升，稳居国内先进地区行列。

2021年8月，省政府出台《广东省推动基础教育高质量发展行动方案》，将重点实施"新强师工程"，以解决教师队伍建设改革的短板弱项，全面提升校长、教师和教研员素质能力，切实增强基础教育高质量发展的核心竞争力。

注入源头活水，激活一池春水。教育投入更多向一线教师倾斜，让更多教师安心从教、热心从教。

"广东教师队伍的整体素质提升，让教育水平得到质的飞跃。"中国教育学会副会长、广州中学名誉校长吴颖民说。

教师队伍改革不断迈向深水区

一场双向的奔赴正在上演。

不久前，深圳市盐田区田心小学和河源市东源县第一小学"牵手"，分别选派3名教师前往支教和跟岗学习。"支教老师要扎根新的教育一线，助力粤北基础教育高质量发展。"田心小学校长刘汉文说。

同期，广州铁路职业技术学院联手华南师范大学开设遂溪县教育局中小学校长高级研修及能力提升班，进一步提升中小学校长们的教育教学能力、科研反思能力和行政管理能力。

广东如火如荼开展全口径全方位融入式帮扶。去年以来，广东全面整合珠三角地区市、县和教研机构（教师发展机构）、高等学校的优质资源，以粤东粤西粤北地区的乡镇中小学校、幼儿园为重点帮扶对象，推动粤东粤西粤北地区基础教育加快发展，实现全省基础教育高质量发展。今年以来，珠三角和粤东粤西粤北地区已互派3 048名教师、校长和教研员支教跟岗。

教师队伍的大力度改革不断迈向深水区。

在全国启动高水平大学和高水平理工科大学建设以来，广东先后出台《高水平大学建设人事制度改革试点方案》《关于我省深化人才发展体制机制改革的实施意见》，提出具有竞争力的人才改革措施。

入职高水平大学重点建设高校广东工业大学后，安太成组建环境健康与污染控制研究院，研究院下属11个实验室的仪器设备和科研经费均不分家。"通过机制革新，能够让每位团队成员都有生存和发展的空间。"安太成说，6年来团队引进澳大利亚、韩国、日本和中国香港等地的多名教授和博士，聚集了一支创新能力突出的优秀科研队伍。

广东发布两次"新师范"建设实施方案，明确办好一批高水平、有特色的师范院校和一流师范专业，力争形成在全国具有影响力的教师教育改革广东新模式。

肇庆学院副校长肖起清介绍，全省加大师范院校的支持力度，推出一系列政策举措，如提高师范专业生均拨款标准，2019年拨款系数提高到2018年的1.25倍，支持师范院校与地方政府、中小学协同创建教师教育改革试验区。

广东实施中小学"百千万人才培养工程"，为名师、名校长成立工作室，累计遴选982名学员参加名教师、名校长、名班主任省级培养项目。全省已成立107个名校（园）长工作室，316个名教师工作室，23个名班主任工作室，锻造培养出一大批教研能手。

今年8月，省教育厅公示2021年度广东省中小学正高级教师职称评审通过人员名单，全省除广州市、深圳市外共有192名准教授级中小学教师上榜。自2016年中小学教师职称改革启动以来，一批批中小学"教授"上岗潜心育人。此前担任吴川市塘尾中学校长的李炳得知评上首批正高级教师时表示，感觉拥有了一个更大的平台，可以做更多实实在在的事。

教师是最宝贵的教育资源，广东正在教师队伍改革建设上下更大力气和苦功夫。

50亿元省级专项经费产生示范效应

今年初，华南师范大学、广东第二师范学院等30所院校被确定为2022年"新强师工程"中小学幼儿园（含中职、特教）教师、校（园）长省级示范项目承担院校。省级财政投入"真金白银"，为学前教育、中小学的名校长和骨干教师提供学习本领的培训机会。

推动教师队伍建设改革，让政策落地发挥实效，关键在于经费保障。

"强师工程"实施以来，省级财政开列超50亿元专项预算，进行持续投入。一系列利好政策与稳定持续的财政投入形成一套强有力的"组合拳"，逐渐在全省教师群体中释放出巨大"政策红利"，取得显著成效：

数量实现跨越式增长，各级各类学校（不含技工学校）专任教师由115.55万人增长至159.23万人，增长37.8%；结构不断优化，整体素质明显提升，全省幼儿园具有大专以上学历专任教师比例达到87.19%，小学、初中具有本科以上学历专任教师比例分别达到78.1%和93.74%，高中具有研究生学历专任教师比例达到16.33%；高校具有博士学位教师比例达到43.57%。

省级财政"强师工程"专项经费，发挥省级专项经费的示范带动效应，激发各级政府落实资金用于保障教师工资福利、教师培训以及高层次人才引进培养。

其中，广州市多次向全国名校长、名教师发出"英雄帖"，大力引进基础教育高端人才，并提供专项科研津贴，打造名校长、名教师工作室，让基础教育人才在广州有施展的舞台。

东莞市推出"莞邑良师"行动计划，未来5年培养30名基础教育领军人才、150名教育家型校长和教师、2 500名卓越教师和300名未来名校长，评选550名"三名"工作室主持人。

佛山市禅城区提出"通济优师"培育计划，遴选5～10名卓越教师、教育家培养对象，30～50名教育领军人才培养对象，400名左右"三名人才"，100名"青蓝"副校长实施培养。

万紫千红才是春。广东全面深化教师队伍改革建设，扎实推进，步伐铿锵。

数读

十年来，广东学前教育和特殊教育专任教师数量实现翻一番，幼儿园专任教师累计增加17.62万人，增长104.44%；特殊教育学校专任教师累计增加4 000余人，增长164%，越来越多优秀人才加入教师队伍。

小学体育、音乐、美术等紧缺学科教师队伍进一步充实，小学体育、音乐、美术教师配备数较2015年增幅均超50%，分别增长17 399人、12 759人、12 805人，基本满足教学要求。中职学校"双师型"教师占专业课教师比例达到62.67%。

幼儿园具有大专以上学历专任教师比例由51.95%提高到87.19%；小学具有本科以上学历专任教师比例由29.69%提高到78.1%；初中具有本科以上学历专任教师比例由67.26%提高到93.74%；高中具有研究生学历专任教师比例由6.3%提高到16.33%；高校具有博士学位教师比例由29.92%提高到43.57%，具有硕士以上研究生学位教师占比增长约14%，达87.38%。

本文来源：《南方日报》2022年9月8日；记者　吴少敏　见习记者　陈嵘伟

心怀"国之大者"培育时代新人

今年以来,广东教育改革发展成效接连引起全国关注。教育部召开"教育这十年"系列新闻发布会,先后三次聚焦党的十八大以来广东推动职业教育高质量发展、考试招生制度改革和粤港澳教育交流合作的经验做法。

教育是国之大计、党之大计。

十年来,广东把教育事业放在优先发展的战略位置,加快教育强省建设,努力办好人民满意的教育。

十年来,广东教育发生格局性变化:教育总量和教育总投入位居全国前列,教育公平和质量持续提升,不断满足人民群众从"有学上"到"上好学"的美好生活期盼,探索一条建设广东特色高质量教育体系的创新之路。

"我们心怀'国之大者',忠诚拥护'两个确立',坚决做到'两个维护',系统谋划建设高质量教育体系,努力培养德智体美劳全面发展的社会主义建设者和接班人,切实为广东打造新发展格局战略支点和粤港澳大湾区建设提供全方位人才支撑和智力支持。"省教育厅党组书记朱孔军说。

奋斗岁月
加强党对广东教育的全面领导

每年岁末年初,广东省委教育工委都会准时召开全省高校党委书记抓基层党建述职评议考核工作会议,160所高校的党委书记逐一展示党建经验,以高质量党建推动高等教育高质量发展。

广东地处两个"前沿",思想活跃,文化多元。加强党对教育工作的全面领导,是办好教育的根本保证。

2019年4月召开的全省教育大会强调,加强党对教育工作的全面领导,全面加强教育系统党的建设,确保广东教育改革发展沿着正确方向行稳致远。

十年来,广东教育系统全面贯彻党的教育方针,坚定不移加强党对教育工作的全面领导,构建职责清晰、规范有序、运行高效的党建工作格局——

"第一议题"制度成为首要政治任务。持续抓好省教育厅党组理论学习中心组和"第一议题"学习制度落实,抓好高校党委理论学习中心组学习,严格落实"第一议题"学习制度,推动高校建立健全学习制度,把党的领导贯穿办学治校全过程。

不断提升教育系统党建工作水平。实施加强党的基层组织建设三年行动计划,构建"党委—党总支—党支部—党员"全链条党建工作体系,至2021年底,全省普通高校党员32.74万名、基层党组织1.51万个。

推动基层党组织全面过硬。民办高校和中小学校实现党的工作全覆盖,民办高校、合作办学高校全部落实选派党委书记兼督导专员制度,夯实筑牢教书育人主阵地的"战斗堡垒"。

党建引领,铸魂育人。思想政治理论课是落实立德树人根本任务的关键课程。

"一代代满怀理想、追求进步的中大师生,在马克思主义旗帜引领下,积极投身伟大革命事业,主动肩负起国家和民族的希望的故事。"中山大学党委书记陈春声为新生带来一堂别开生面的"大学第一课"。

当前,循序渐进、螺旋上升的广东大中小学思政工作格局逐渐彰显,构建起"三全育人"新格局:省领导带头到高校调研思政课、讲思政课;广东在全国首创"思政第一课",高校党委书记、校长每学期上第一堂思政课;成立陈金龙"长江学者"工作室和12个思政课名师工作室,设立11个思政课区域协同创新中心,强化示范引领,推动互学互鉴……

浇花浇根,育人育心。办好思政课关键是要创新思政课。

不断满足"上好学"的美好期盼

广东是经济大省、人口大省,办好教育是广东在新征程中走在全国前列、创造新的辉煌的题中应有之义。但是,随着新型城镇化加快推进,二孩和三孩生育政策出台,人民群众期盼更加优质的公办学位。

十年来,广东纵深推进"创建教育强省,争当教育现代化先进区,打造南方教育高地"战略。

优先发展教育,要优先保障投入。广东连续27年地方教育经费总投入位居全国首位,其中2017年至2020年全省实现教育经费"两个只增不减",是全国唯一连续四年实现"两个只增不减"的省份。

2021年全省地方教育总投入达6 018亿元，其中一般公共预算教育经费3 793亿元，分别是2012年的2.6倍和2.7倍。

持续增长的教育投入，推动广东基础教育改革发展不断取得突破：2016年全部县（市、区）全部通过国家义务教育发展基本均衡县督导评估认定，实现义务教育发展基本均衡县全覆盖；2018年实现教育强镇、强县（市、区）、强市全覆盖，教育"创强"完美收官；2019年推进教育现代化先进县（市、区）覆盖率达100%，国家反馈首次对省政府履行教育职责评价结果，广东获得"优秀"等次……

基础教育发展要一手抓巩固基本均衡发展成果，一手抓大力推进优质均衡发展。

近三年来的广东省十大民生实事中，首件实事便是增加幼儿园、中小学优质学位。其中，2021年新增公办幼儿园学位28.84万个，2022年增加公办学位约50万个。

"我们不断满足人民群众'上好学'的美好期盼。"省教育厅有关负责人说，十年来全省增加学前教育公办学位97.71万个；"十三五"期间新增义务教育公办学位223.4万个，新增公办中小学校623所；全面消除66人以上超大班额，基本消除56人以上大班额。

教育公平是社会公平的基石。广东教育改革成果正在惠及更多人，让更多孩子拥有人生出彩的机会。

如今，全省随迁子女公办学校（含政府购买民办学校学位）就读比例达87.27%，较2016年提高32.4%；残疾儿童少年义务教育入学率达98.66%，确保一个都不能少。

"有学上"又"上好学"，让每一个孩子享有公平而有质量的教育，梦想正在照进现实。

高校综合实力实现大跨越

一年前，汕尾、阳江、清远、揭阳4个地市拥有当地首所本科高校，梅州、潮州则新增当地首所公办高职院校，广东历史性实现本科高校、高职院校21地市全覆盖。

十年来，广东按照"一盘棋"思路，统筹资源，推动高校找准定位、发挥优势、特色发展、争创一流——

2015年在全国较早启动高水平大学建设，并推动高水平理工科大学建设、省市共建本科高校、特色重点学科建设。2018年整合"双高"建设、"省市共建"等多个项目，推出高等教育"冲一流、补短板、强特色"提升计划，推动高校在不同层次争创一流、特色发展。

历经多年的大改革大发展，广东高校综合办学实力实现大跨越——

ESI最新排名中，23所高校153个学科入选前1%，较2017年增长173%，增幅居全国第一；新增普通本科专业1278个，609个专业入选国家级一流本科专业，258门课程入选国家一流本科课程，数量均位居全国前列；8所高校入选"双一流"建设，其中2022年新增3所，占全国新增高校近一半。

实力大增的广东高校，不断加强科技攻关，攻克更多"从0到1"原创性成果，助力广东建设高水平科技创新强省。

2021年度广东省科学技术奖获奖名单揭晓，在自然科学奖、技术发明奖、科技进步奖3个奖种中，广东高校表现突出，获奖项目占总数超八成；19所高校以第一完成单位获奖86项，占获奖项目总数近五成，充分展现了推动科技创新的高校作为。

职业教育同样前途广阔、大有所为。

如今，广东建成全国最大规模职业教育体系，拥有职业院校625所、在校生280.5万人，2021年全省职业教育经费总投入652.36亿元，每年为社会输送70万名以上高素质技术技能人才，营造了人人皆可成才、人人尽展其才的良好氛围。

广东聚焦战略性"双十"产业集群，实施"广东技工"工程，建设298个省级中职教育"双精准"示范专业和311个省高职高水平专业群，形成紧密对接产业链、创新链的专业体系。

"职业教育成为更多人选择的新赛道，更多青年凭借一技之长实现人生价值。"省教育厅有关负责人说。

新征程呼唤新作为。站在新起点上的广东教育，昂首迈进，步伐铿锵，必将实现更高质量的发展！

赓续奋斗
全方位支撑广东打造新发展格局战略支点

百年大计，教育为本。"在新征程上，教育具有基础性、先导性、全局性意义。"省教育厅党组书记朱孔军表示，将构建高质量教育体系，办好人民满意的教育，为广东打造新发展格局战略支点贡献教育力量。

一年前，广东省人民政府下发《关于印发广东省推动基础教育高质量发展行动方案的通知》，明确调整优化省市县政府对基础教育、职业教育和高等教育的责任分工，明确不同层级政府责任。广东进一步优化完善高等教育省市两级办学、以省为主的办学体制，办好基础教育的主体责任在市县。

基础教育是教育的基石。广东力争用15年时间，解决全省基础教育发展不平衡不充分的问题，建成高质量基础教育体系，全省基础教育办学质量和综合实力跨入国内先进地区行列。

增加优质公办学位是高质量基础教育体系的发力点。到2025年将新增基础教育公办学位438万个，其中幼儿园33万个、义务教育375万个、普通高中30万个。到2035年，公办优质学位大幅增加，学校布局科学合理，有效解决"城镇挤"问题，中小学幼儿园办学水平明显提升，满足人民群众"上好学"需求。

大学是人才和科技的重要结合点。未来5年，广东将继续深入实施"冲一流、补短板、强特色"提升计划，加快推进高水平大学建设、建设世界一流大学和一流学科，对进入国家"双一流"计划的高校予以持续支持。

到2025年力争12～15所高水平大学稳居全国前列，若干学科居于国内领先或达到世界一流水平。同时深入实施粤东粤西粤北地区高校振兴计划和特色高校提升计划，着力改善办学条件，全面提升师资水平和教育质量，服务当地经济社会发展的能力进一步增强。

到2025年建设一批高水平职业院校和专业群，构建产教融合新格局，实现产业链、供应链与人才链、教育链有效对接，提升职业学校办学能级，重构职业教育高质量发展新生态。

"广东将从政治上看教育、从民生上抓教育、从规律上办教育，建成广东特色高质量教育体系，教育综合实力、整体竞争力、国际影响力达到国内先进水平，教育强省建设迈上新台阶，成为教育高质量发展示范区。"朱孔军说。

一线案例
三所内地与港澳合作大学均落子广东
加快打造国际教育示范区

今年9月1日，香港科技大学（广州）举办开学典礼，545名新生、456名教职员工一起入驻崭新校园。这所大学将采用"枢纽"和"学域"的学术架构，取代传统学科学术架构的"学院"和"学系"，探索世界上第一所融合学科大学。

香港科技大学（广州）是全国第三所经教育部批准设立的具有独立法人资格的内地与港澳合作办学机构，其余两所是北京师范大学－香港浸会大学联合国际学院、香港中文大学（深圳），均落子广东。

《粤港澳大湾区发展规划纲要》明确提出，支持粤港澳高校合作办学，鼓励联合共建优势学科、实验室和研究中心。支持大湾区建设国际教育示范区，引进世界知名大学和特色学院，推进世界一流大学和一流学科建设。

伴随着粤港澳大湾区的建设，三地教育交流合作越来越深入，优质资源汇聚，迸发强大合力。

香港中文大学（深圳）建校8年来，设立本科专业25个、研究生专业32个，拥有在校生1万名，引进了500名国际一流专家学者，致力于培养学生兼具中国文化传统知识与国际视野、拥有独立思辨能力与创新能力。"我们的目标是创建一所国际一流的研究型大学，为国家和粤港澳大湾区培养国际化创新型高层次人才。"香港中文大学（深圳）校长徐扬生说。

粤港澳的教育合作基础深厚扎实。广东现有中外、内地与港澳合作办学机构17个，本科层次以上中外合作办学项目42个，支持粤港澳高校联盟等40余个教育交流合作平台建设发展，支持粤港澳学校缔结为姊妹学校，开展中华经典美文诵读比赛、学生体育节、音乐节、艺术节等系列活动。全省中小学在读港澳学生近11万人，高校在读港澳学生1.3万人，规模全国最大。

6年前，中山大学与香港中文大学、澳门大学牵头组建粤港澳高校联盟，该联盟被写入《粤港澳大湾区发展规划纲要》，开启新的引领之路。

"我们汇聚粤港澳三地41所高校，每年召开理事会和校长论坛，组织上千场粤港澳高端学术论坛。"中山大学校长、中国科学院院士高松介绍，粤港澳高校联盟在海洋科技、超算、研究生教育等领域组建37个专业联盟，合力打造青年学者论坛，共建联合实验室，并积极探索开放共享线上课程。

根据规划，广东到2025年将新建3～5所粤港澳合作办学机构，新设3～5所不具法人性质的合作办学机构和联合研究院。加快推进香港大学、澳门科技大学、澳门城市大学等一批港澳优质高校来粤办学。

粤港澳大湾区建设国际教育示范区，合作更深入，越来越精彩。

数读

加强高校党建示范创建和质量创优工作。2018

年以来，广东高校有全国示范创建党组织 175 个，"双带头人"教师党支部书记工作室 14 个；全省示范创建党组织 471 个，"双带头人"教师党支部书记工作室 62 个，打造一批特色基层党建品牌。

学前教育和特殊教育专任教师数量实现翻一番，幼儿园专任教师累计增加 17.62 万人，增长 104.44%；特殊教育学校专任教师累计增加 4 000 余人，增长 164%，越来越多优秀人才加入到教师队伍中。

累计在粤高校工作两院院士（含外籍院士）约 110 人。实现县域内义务教育教师平均工资收入水平不低于或高于当地公务员平均工资收入水平，91 个县（市、区）实施农村中小学教师生活补助政策，31 万名农村教师受益。

高校由 2012 年的 138 所增至 2021 年的 160 所，实现 21 个地级以上市本科、高职院校全覆盖。全省新增博士学位授权高校 6 所，硕士学位授权高校 5 所。其中 2021 年新增博士、硕士学位授权高校各 3 所，取得 1984 年以来历次学位授权审核工作中的最好成绩。

加强高水平职业院校和专业（群）建设，建设 45 所省域高水平高职院校（含 14 所国家"双高计划"高职院校）和 88 所省高水平中职学校，办好一批家长放心、学生认可、社会满意的高水平职业院校。建设 298 个省级中职教育"双精准"示范专业和 311 个省高水平高职专业群，推动专业设置与产业需求"无缝对接"。

本文来源：《南方日报》2022 年 10 月 8 日；
记者　吴少敏　通讯员　粤教宣

各级各类教育

VARIOUS LEVELS AND SORTS OF EDUCATION

基础教育

发展综述

2022年，广东省基础教育系统坚持以习近平新时代中国特色社会主义思想为指导，全力推进基础教育高质量发展。持续巩固"双减"成效，推动教育部"一号工程"在广东走深走实。召开新闻通气会，及时总结经验在全省范围内推广。聚焦校内主阵地，印发《关于加强义务教育阶段作业管理的指导意见》《关于做好义务教育阶段课后服务收费及经费保障工作的通知》，学校100%落实作业管理"压总量、控时间"要求，开展课后服务信息化管理试点。

推进"三段二类"教育协调发展，补短板、提质量、促公平。全面落实"十四五"国家基础教育重大项目，准确把握"三段两类"教育（三段：学前教育、义务教育、普通高中教育；两类：特殊教育、专门教育）未来五年发展需求精准施策。实施广东省"十四五"学前教育发展提升行动计划，印发《广东省加强住宅小区配套幼儿园建设和管理工作的指导意见》《广东省普惠性民办幼儿园认定、扶持和管理办法》。构建优质学前教育课程资源群。修订《广东省军人子女教育优待实施细则》，妥善解决各类优抚优待对象的就学问题。印发《关于进一步健全控辍保学长效机制的通知》，九年义务教育巩固率保持在96%以上，高于国家平均水平。多渠道提高义务教育阶段进城务工人员随迁子女入读公办学校比例。实施义务教育薄弱环节与能力提升项目。深入推进义务教育优质均衡发展，对国家确定的7个先行创建县重点培育指导。落实义务教育国家课程，规范省级地方课程设置，研制义务教育阶段课程三个指导纲要。实施广东省"十四五"县域普通高中发展提升行动计划，印发《广东省普通高中学校办学质量评价实施方案（试行）》《新课程新教材实施（简称"双新"）省级示范区示范校建设指南》，完成第二批"双新"省级示范区示范校遴选，充分发挥优质教学资源引领作用。实施广东省"十四五"特殊教育发展提升行动计划，坚持"全覆盖，零拒绝"原则，做好残疾儿童少年招生入学安置工作。召开第一次联席会议，启动第二批、第三批特殊教育内涵示范项目和精品课程建设，组建项目管理专家组，组织现场交流研讨活动及项目负责人培训，开展特殊教育教研帮扶。加强专门学校建设，惠州、湛江、韶关、清远、河源市分别新建1所专门学校，全省共有11所专门学校、2个临时校区，21个地市均成立市级专门教育指导委员会。

用好改革一招，全面激发基础教育高质量发展新动力。印发《广东省基础教育高质量发展试点实施方案》，在珠三角地区设立15个基础教育高质量发展示范区，在欠发达地区设立13个基础教育高质量发展实验区，以基础教育高质量发展示范区和实验区为杠杆，培育一批学前教育普及普惠县和义务教育优质均衡发展县，创建一批特色普通高中学校（含县中）。深入推进集团化办学，开展第二批省级优质基础教育集团培育对象遴选，召开全省集团化办学经验交流活动。

实施乡村教育振兴行动计划，统筹城乡教育一体化发展。全面摸清乡村学校底数，打破镇域办学管理体制，推进县域内大学区化管理，推动创建城乡教育共同体，以城带乡，办好县域内乡镇中心园、中心小学和寄宿制学校，推动县域教育整体发展。实施乡村幼儿园质量提升行动，试点建设3个学前教育发展研究中心、21个"城乡学前教育一体化管理资源中心"和2个乡村幼儿园质量提升项目，建立以优质课程资源为辐射、城市优质幼儿园为引领、乡镇中心园为支点带动乡村幼儿园发展的体系。

规范学校办学行为，营造基础教育高质量发展良好生态。组织全省普通中小学招生工作暨控辍保学工作视频会，建立健全普通中小学规范办学工作制度，规范中小学电脑派位流程，查处肇庆博纳实验学校等11所学校违规招生问题。3月、9月开展违规招生专项整治，全年共处理群众反映问题线索452条。组织开展幼儿园名称规范清理行动，制定整改清单，督促指导完成幼儿园名称变更。

坚持要素供给，筑牢基础教育高质量发展支撑保障。加强学位供给，优化布局和建设中小学幼儿园，完成民生实事和年度学位建设任务。加强经费保障及管理，制定《广东省基础教育高质量发展专项资金管理办法》。下达2022年中央和省级财政专项资金，提前下达2023年中央和省级财政专项资金。开展专项资金支出进度现场督导，督促各地加快专项资金使用进度。按程序遴选专业的第三方机构，加强中央和省级财政专项资金绩效管理。加强信息化建设，推进国家课程数字化教材规模化应用，加强数字教材应用研究和改革实验。推进粤东西北地区17个互联网环境下基础教育教学改革实验区建设。加强教育数字化转型的统筹规划，组建专家团队，启动编制省"互联网+教育"指导意见、省教育数字化行动计划和数字化支撑系统整合行动方案。

学前教育

【基本情况】2022年，广东省有幼儿园21 566所，在园幼儿498.05万人，学前教育毛入园率104.14%，专任教师35.1万人。其中公办幼儿园8464所，在园幼儿229.49万人（不含购买学位33.37万人），占比52.78%。民办幼儿园13 102所，在园幼儿268.56万人（其中普惠民办幼儿园9 927所，在园幼儿201.12万人），普惠性幼儿园在园幼儿占比86.46%。

【实施"5080"攻坚工程】压实市县责任，分解市县任务，跟踪学位建设进展。逐年新建、改扩建一批公办幼儿园，落实小区配套幼儿园建设"五同步"，通过购买服务、综合奖补等方式，扶持普惠性民办幼儿园发展。2022年，全省完成新增公办学位11.55万个，完成民生实事年度任务；公办幼儿园在园幼儿占比52.78%（含购买学位），比2021年提高1.2%。公办园和普惠性民办园在园幼儿占比86.46%。

【完善学前教育体制机制】印发《广东省"十四五"学前教育发展提升行动计划》，提出到2025年公办幼儿园在园幼儿占比50%以上，公办和普惠性民办幼儿园在园幼儿占比85%以上，提出要推进普惠性资源扩容增效、健全经费保障长效机制、加强教职工队伍建设、完善幼儿园监管体系、提高幼儿园保教质量5项任务。深化幼儿园教师职称制度改革，通过生均经费补助、从教津贴等推进提高公办幼儿园非在编教师待遇问题。省教育厅联合有关部门印发《广东省加强住宅小区配套幼儿园建设和管理工作的指导意见》《广东省普惠性民办幼儿园认定、扶持和管理办法》，完善普惠性幼儿园政策支持体系。明确新建住宅小区配套幼儿园需举办为公办幼儿园，进一步规范住宅小区配套幼儿园建设和管理。引导和扶持民办幼儿园向社会开展公益性普惠性的学前教育，明确普惠性民办幼儿园认定和退出机制。

【实施学前教育科学保教示范工程】一是推进广东省学前教育"新课程"科学保教示范项目，开展中期检查，推选出26项"新课程"科学保教示范项目中期检查资源优秀项目。二是推进安吉游戏推广计划。全省81所试点园带动300所以上实验区幼儿园深入推动安吉游戏本土化。定期对项目进展进行跟进、指导和检查。建立年度幼儿园游戏案例遴选机制，征集、评选和分享全省幼儿园教师的优秀安吉游戏案例成果，推动安吉游戏落实在全省幼儿园教师的保教实践中。三是推动实施幼小衔接工作。实施《广东省推进幼儿园与小学科学衔接攻坚行动方案》，推进幼儿园和小学实施入学准备和入学适应教育。全省设立21个省级幼小衔接实验区、104个试点园、104个试点校名单，组建省级幼小衔接专家组，开启试点实践工作。推进幼儿园做好入学准备教育，小学实施入学适应教育，建立联合教研制度，完善家园校共育机制。

【开展乡村幼儿园质量提升项目】聚焦乡村学前教育，依托师范院校试点建设粤东粤西粤北3个学前教育发展研究中心，培育2个乡村幼儿园质量提升研究项目，在乡镇中心幼儿园试点建设21个"城乡学前教育一体化管理资源中心"，建立以优质课程资源为辐射、城市优质幼儿园为引领、乡镇中心园为支点带动乡村幼儿园发展的体系。

（撰稿　王　莹；审稿　冯婉燕）

义 务 教 育

【基本情况】2022年,广东省有义务教育阶段学校14517所,在校学生1537.66万人。义务教育阶段小学10614所,在校生1084.05万人(其中民办小学602所,在校生211.5万人),小学净入学率99.93%,专任教师60.2万人。初中3903所,在校生453.6万人(其中民办初中1061所,在校生92.75万人),初中毛入学率108.63%,专任教师32.79万人。全省义务教育随迁子女在校生422.57万人(其中外省户籍随迁子女223.54万人),占在校学生总数的27.48%。

【全力抓好"双减"工作】省教育厅印发实施《关于加强义务教育阶段作业管理的指导意见》,优化作业设计与实施,遵循教育教学规律和学生身心发展规律,学校普遍做到作业管理"压总量、控时间"要求,大部分学生能在规定时间内完成作业。印发《关于做好义务教育阶段课后服务收费及经费保障工作的通知》,建立并完善课后服务经费保障机制,全面加强课后服务保障,全省各县(市、区)已全部建立课后服务经费保障机制。推进课后服务信息化管理试点工作,课后服务已基本实现两个"全覆盖"(义务教育阶段学校全覆盖、有需求的学生全覆盖)和"5+2"(即义务教育学校每周5天都要开展课后服务,下午课后服务每天至少开展2学时)要求。全面排查已经压减和转为非营利性的面向义务教育阶段学生的所有学科类校外培训机构,加大隐形变异培训查处力度,开展线上巡查,从严审查教育移动互联网应用程序,加强培训材料和从业人员排查,组织艺考类培训机构专项治理。印发科技类、体育类、艺术类校外培训机构设置标准和审批指引。加强校外培训领域综合行政执法,会同省委编办、省司法厅联合制定《广东省加强校外培训监管行政执法的实施方案》。规范社会竞赛活动,印发《广东省面向中小学生的全省性竞赛活动管理办法》,严肃查处利用竞赛活动加重学生和家长负担、选拔义务教育生源的各类违法行为。加强校外培训督导检查和社会监督,建立校外培训社会监督员队伍,有省级社会监督员57人。

【补齐农村教育发展"短板"】推进义务教育薄弱环节改善与能力提升工程,建立广东省"改薄提升"工程进展月报制度,向地市人民政府通报工作进展情况,对学校项目建设工作进展缓慢的地市负责人进行约谈,推进项目实施。全面加强乡村小规模和乡镇寄宿制学校建设,2022年全省下达市、县的中央及省级资金19.5亿元,购置新图书2510.1万册,购置课桌椅125万张。建设79所农村学校体育场地和63所旱厕改建项目,新增及改造5648个厕所蹲位、体育场地建设面积49.29万平方米,使822所农村学校(含教学点)教学仪器设施设备办学条件标准达标,信息化教学设备设施满足教学需求,班级教学平台全面覆盖。消除56人以上大班额,巩固消除66人以上超大班额的成果。农村学校建设完善心理辅导室、图书室等功能场室,建设乡村温馨校园。

【保障适龄儿童少年平等就学权利】用好政府购买学位政策,提高随迁子女入读公办学校比例。鼓励有条件地区探索实施政府购买服务政策,重点参考县域内随迁子女占比较高的民办义务教育学校办学成本及收费,合理划定购买标准并优先向该类型学校购买学位,增加公办学位供给。全省义务教育阶段进城务工人员随迁子女入读公办学校(含政府购买学位)比例在95%以上,全省122个县(市、区)进城务工人员随迁子女入读公办学校(含政府购买)比例均达到85%以上。

【推进集团化办学工作】印发《广东省教育厅关于开展第二批广东省优质基础教育集团遴选培育工作的通知》,评选出57个优质基础教育集团培育对象,进一步扩大优质教育资源覆盖面和受益面,促进基础教育优质均衡发展。

(撰稿 项学武 迪丽努尔;审稿 杨宇泽 陈炎耀)

普通高中教育

【基本情况】2022年，广东省有普通高中学校1 121所，在校生211.78万人（其中民办高中283所，在校生35.91万人），招生74.91万人，专任教师16.47万人，高中阶段教育毛入学率97.58%。

【加强学位建设】加大学位资源投入力度，提高学位建设水平，公办学位数比2021年增加7.36万个。持续实施消除大班额专项规划，全省普通高中学校存在56人以上大班额总数为23个，占比0.05%，较2021年减少286个，下降0.7个百分点。

【推进新课程新教材实施】11月15日，组织召开国家级示范区示范校建设中期汇报会，邀请课程改革专家在线对各示范区示范校建设工作进行诊断指导。12月，组织专家遴选出省级示范校61所。

【加强普通高中招生管理】核定2022年全省高中阶段学校招生任务为131.8万人，其中普通高中71.8万人。深化普通高中违规招生行为治理，招生秩序得到进一步规范。

【推进县域普通高中发展提升】组织开展县域普通高中办学情况调研，印发《广东省"十四五"县域普通高中发展提升行动计划》。安排中央财政资金3 000万元用于改善县域普通高中学校办学条件。

【深化教育评价改革】组织做好普通高中学生综合素质评价数据填报、档案公示等工作，组织2019级应届毕业学生毕业总档案公示，服务高校招生录取工作。印发《广东省普通高中学校办学质量评价实施方案（试行）》，加快建立以发展素质教育为导向的普通高中学校办学质量评价体系，强化评价结果运用。

（撰稿　段中岳；审稿　莫　凡）

特殊教育

【基本情况】2022年，广东省有特殊教育学校152所，特殊教育学生数7.45万人，残疾儿童少年义务教育入学率达98%以上。特殊教育学校教职工9 142人，其中专任教师7 369人。

【强化特殊教育顶层设计】召开特殊教育第一次部门联席会议，印发《广东省人民政府办公厅关于转发省教育厅等部门广东省"十四五"特殊教育发展提升行动计划的通知》。围绕"国家课程综合化实施、地方课程专题化建设、校本课程特色化开发"的建设内容与任务要求，整合特殊教育国家、地方、校本三级课程资源，研制"广东省特殊教育课程建设规划"。

【改善特殊教育办学条件】新增特殊教育学校2所，推动省、市、县、校四级特殊教育资源中心建设，建成特殊教育资源中心118个，新增普通学校资源教室1 000间。

【做好招生入学工作】下发未入学残疾儿童少年名单，指导各地做好评估认定和初步安置工作，坚持"全覆盖，零拒绝"原则，"一人一案"跟踪30 178名学生入学。

【推动融合教育发展】开展2022年融合教育优质资源征集，评出优秀区域融合教育实施方案33个、融合教育主题活动案例66个、融合教育研究论文88篇、优秀融合教育课例46节；举办"2022年广东省融合教育交流研讨活动"，组织"资源教师能力提升"线上专题讲座4场。开展特殊教育教师教学基本功展示和融合教育优秀教育教学案例遴选活动，向教育部推荐教学基本功展示教师6人、融合教育优秀案例10份，其中4名教师、8个案例获得表彰。向教育部推荐10名专家参加全国特殊教育专家遴选。

【提升特殊教育质量】组建特殊教育精品课程和内涵示范建设项目管理专家组，加强各立项项目过程管理和跟踪指导；开展特殊教育内涵建设示范项目工作交流研讨活动，第一批60多个项目进行中期汇报，200余人参加现场活动、1.3万人线上参与活动。组织第三届广东省中小学青年教师教学能力大赛特殊教育组总决赛，67.79万人次通过互联网在线观看。启动第二批、第三批特殊教育内涵示范项目和精品课程建设,评出81个内涵建设示范项目、45门精品课程、6项特殊教育政策性研究课题。在线开展"特殊教育精品课程建设指导"专题讲座4场。举办"个别化教育"成果展示交流。

【保障特殊教育经费】下达2022年特殊教育公用经费4987.91万元、中央补助资金533万元,2023年特殊教育中央补助资金2610万,2023年特殊教育公用经费和课本费44352.26万元。特殊教育公平融合资金1000万元。

（撰稿　王　莹；审稿　冯婉燕）

民族教育

【基本情况】2022年,广东省少数民族地区在读学生93258人,内地民族班学生6891人,其中西藏班学生1601人,新疆班学生5290人。

【做好省内少数民族工作】广东省倾斜下达民族地区教育补助资金,指导乳源瑶族自治县、连山壮族瑶族自治县、连南瑶族自治县开展49所中小学、幼儿园的维修改造和设施设备采购,加强县教师发展中心建设,开展教师培训,提升教学水平。妥善处理散居少数民族学生中考加分问题。

【西藏新疆学生分期分批来粤】印发《广东省教育厅关于做好2022年内地新疆班西藏班师生暑期返疆返藏运输及防疫有关工作的通知》,做好学生返乡返校新冠疫情防控和交通运输工作。分批次安排西藏、新疆返校学生6000多人,要求学校每日报送疫情防控情况。

【指导各学校开展爱国主义教育】指导各学校开展党史教育、核心价值观教育、民族团结教育、"我在广东有个家活动"等爱国主义教育,18所学校组织本地学生家长将1800多名内地民族班新生"一对一"带回家。1386名学习、生活困难学生与学校领导、中层干部、党员"一对一"结对。

【强化内地民族班日常管理】全面推行内地民族班"三混合"（混班、混宿、混餐）,在日常教学活动和教育管理中加强交往交流交融,促进学生全面发展、健康成长,推动民族团结。

【开展铸牢中华民族共同体意识调研】赴佛山、惠州、中山三地开展铸牢中华民族共同体意识调研。佛山市第一中学获评西藏自治区民族团结进步集体。

【举办广东省内地民族班内派教师专项培训】委托北京师范大学珠海校区举办广东省内地民族班内派教师专项培训。

（撰稿　王　莹；审稿　赵　琦）

教育信息化

【基本情况】2022年,全省各级各类学校（含教学点）网络宽带接入率达100%,学校宽带接入速率超过100 M达100%。全省学校（含教学点）最少拥有1间多媒体课室达100%,多媒体课室占普通课室比例超过98.3%。

【加强平台建设】构建"粤教翔云"教育资源公共服务体系,全省20个地市实现与省教育资源公共服务平台的对接,基本形成上接国家,下连各地市（区）的教育资源公共服务体系,推动国家智慧教育平台高等教育试点在广东省的应用。教育管理公共服务平台功能不断完善,逐步实现全省教育行业统一实名制身份的全覆盖,完成可信教育数字身份与省统一身份平台的对接。编制发布教育管理公共服务平台集成、接口、安全、数据规范,构建一站式服务门户,逐步消除信息孤岛和数据壁垒。

【推进信息技术与教育教学融合创新】推进义务教育阶段国家课程全版本、全学科、全学段数字教材的多模态资源及应用服务,面向全省各地电教、教研、骨干教师普及应用推广培训并基本完成教师信息化课堂教学应用全覆盖,全省学校使用率超过90%,全省教师使用率达70%。省资源公共服务平台开通446个网络工作室,新增4000多名工作室成员、13000多条资源,基于网络工作室开展200多次线上研修活动。完成"粤教翔云""网络学习空间应用普及活动优秀区域学校"展示项目,面向全省分享交流省内网络学习空间普及活动优秀区、优秀学校在空间建设与应用的经验，发挥示范引领作用。印发《关于全面开展高等教育智慧教育试点工作的通知》，在数字环境建设、平台资源交互对接、粤港澳课程共享方面持续发力。继续完善粤港澳大湾区高校在线开放课程联盟平台，构建平台课程知识点、章节片段及跨课程的灵活引用模式，促进多维度教学创新。促进数字技术深度融入职业教育教学，建设国家级职业教育数字化校园15个，新认定高职在线精品课程250门，中职在线精品课程96门。

【推进教育大数据应用】建设覆盖全省的教育数据交换融通平台。通过交换平台采集汇聚相关教育数据，建设省教育数据共享仓库，实现部、省之间，教育数据中心内部各业务系统之间，省与地市区县学校之间，省教育厅与其他省直单位之间的实时双向数据交换共享。建设"广东省教育数据资源中心"，整合内外各类教育信息资源，按照统一标准，建立不同粒度、不同主题、不同维度的教育信息资源库，真正实现数据横向集成、纵向贯通、全局共享的信息资源及服务模式，为数据的开放共享和应用分析提供支撑环境。持续推动教育数据开放共享。迭代规划构建省教育治理与服务支撑体系，完成全省教育统一实名制身份体系的建设，向14个地市和公安、审计、监委等部门共享近3亿条数据，为全省提供数据支撑服务。

【提升教育系统网络与信息安全保障能力】对珠三角地区的50个单位（包括地市教育局、高校）开展网络安全现场检查，以查促改、以查促建。组织开展教育系统虚拟货币"挖矿"清零活动专项治理工作，封堵全省教育系统"矿池"358个，清理病毒电脑993台。落实网络安全"零报告"制度，预警处置率超过99%。推进广东省教育系统正版软件使用管理工作，通过联盟机制，凝聚各高校的共识与合力，对各高校提出软件正版化的工作指导。在重点保障时间内，各单位实行值班值守，实行每日指定时间段内"零报告"，汇报单位网络及信息系统的运行情况。组织参加教育部科学技术与信息化司主办的2022年教育系统网络安全攻防演习、省政府组织的"粤盾-2022"广东省数字政府网络安全攻防演练、省委网络安全和信息化委员会办公室会同省公安厅组织的2022年"粤网安"网络安全攻防演练，提升教育行业的网络安全防护水平。

（撰稿　叶振华；审稿　赵　琦）

华南师范大学附属幼儿园

办园宗旨：人本·童真
传播口号：真知真行·自在童年
园　　风：自然活力·童真合一
园　　训：求真知·行真事
培养目标：培养"质朴善良、快乐健康、身心自由、知行有爱"的真孩童。
园　　歌：《绘真梦想》

园内自然环境

华南师范大学附属幼儿园（以下简称华师附幼）创办于1952年，坐落于国家"双一流"建设、"211工程"重点建设大学华南师范大学内，是一所具有示范性、保教科研并重的广东省一级幼儿园，是教育部幼儿园园长培训中心及广东省7所院校学前教育专业的实践基地。幼儿园占地面积11193平方米，建筑面积10220平方米。2022年，华师附幼有班级23个，在园幼儿652人，教职工113人。

至真教育体系先进　华师附幼在传承与创新中，构建了涵盖"至真课程、致真团队、挚真家园"的至真教育体系。至真课程实现了教育与生活的和谐共融，强调无论是季节更替、万物生长，或是成长节点、风俗习惯，都是幼儿发展的重要内容。致真团队的建设旨在唤醒教师成长的内驱力，搭建教师专业发展的平台。挚真家园是落实家、园、社区协同共育的重要抓手，通过盘活教育资源、凝聚教育力量、激发教育智慧，提升家庭和社区科学育儿的能力，实现幼儿的全面发展。

成果专著

教育教学成果丰硕　华师附幼团队获得丰硕的教育成果。"基于教育生态学的幼儿园社区协同共育的探索与实践"和"幼儿园整合性积木游戏课程的建构与实践"均获广东省教育教学成果奖（基础教育）一等奖，"流动幼儿情绪能力提升的家—园—社协同共育的机制研究"获广东省教育教学成果奖（基础教育）二等奖，"基于家—园—社区资源开发与利用视角的幼儿园爱国主义教育的实践研究"获广州教育学会教育教学研究优秀成果二等奖。出版成果专著《幼儿园、家庭、社区协同共育》和《课程·教师·共育：幼儿园至真教育》。

社区图书馆研学活动

师资队伍实力雄厚　华师附幼拥有正高级教师1人，副高级教师5人，国家"高层次人才特殊支持计划"教学名师1人，教育部新时代"双名计划"名校长培养对象1人，广东省特支计划教学名师1人，广东省特级教师2人，广东省五一劳动奖章获得者1人，南粤优秀教育工作者2人，广东省中小学"百千万人才培养工程"培养对象1人，广东省名园长、名教师工作室主持人3人。2名教师获得广东省中小学青年教师教学能力大赛（学前教育组）一等奖。

广东省渔业研究所智慧养殖社区研学活动

七十载峥嵘岁月，风雨与硕果同行。华师附幼立足教育新时代，致力求真，为构建促进幼儿全面发展的教育生态做出不懈努力。

社区美术版画工作室水印画体验活动

东莞市莞城第一幼儿园

幼儿自主游戏活动

幼儿园举办老莞城集市义卖活动

幼儿园里的"莞城人家"

幼儿园里"菜园的秘密"

幼儿园里的"千角灯创意坊"

东莞市莞城第一幼儿园位于东莞市莞城街道北隅社区兴隆街152号，是东莞市莞城街道办事处举办的一所全日制公办幼儿园。幼儿园于2014年9月开园，办园规模为15个教学班。幼儿园先后获评东莞市一级幼儿园、全国足球特色示范园、广东省绿色学校、广东省巾帼文明岗、广东省学前教育"新课程"科学保教项目领衔园、广东省幼小衔接项目实验园、广东省学前教育教研基地项目园、东莞市优秀家长学校、东莞市语言文字规范化示范园、东莞市首批课程游戏化试点园、东莞市首批"品质课堂"实验教研组和实验校、东莞市2.0信息技术示范园、东莞市"戏曲进校园"示范单位、非遗在校园传习基地。

幼儿园实施"四大工程，五大平台"师资培养策略，铸就教师"一师一品"的教学风格。全园有市名园长、名师工作室主持人、学科带头人、教学能手、最美教师、五一劳动奖章获得者等优秀教师23人，获各类教育教学奖400多项。

幼儿园秉承"携手育美、幸福成长"的办园理念，营造"和美"校园文化，打造"家园、乐园、花园"特色环境，创设一步一景的环保生态实践环境，自然、简约、雅致的室外大环境，色调与格调统一的室内主题环境，谦和自信、仁爱尚美的师生人文环境，让幼儿园每一个角落都彰显莞文化教育特色与品质课堂育人价值。

幼儿园坚守"办最美幼儿园，育最美孩子"的目标，提出与实施"育美教育"课程理念，落实立德树人根本任务与"培养德智体美劳全面发展的社会主义建设者和接班人"的教育目标，提炼养正教育课程、莞文化园本课程、阳光体育课程、多元艺术课程和生态劳动课程等五育并举的育美特色课程，形成以优秀本土文化为主的园本课程体系及"混、趣、乐、活"的课程模式，打造"知行合一"的育美节文化、老莞城集市游戏、家园互动主题晨会三大品牌活动。

新时代新发展，东莞市莞城第一幼儿园继续秉承"谦和自信、仁爱尚美"的园风，以"承传统文化，蕴育美课程"的实践，促进幼儿园内涵品质发展，为莞邑幼教高质量发展助力。

清远市实验幼儿园

2022年，清远市实验幼儿园以习近平新时代中国特色社会主义思想为指导，落实立德树人根本任务，秉承"环境育人，育自然人"的办园理念，营造"清韵自然，润泽身心"的校园文化，以《3—6岁儿童学习与发展指南》为指引，立足师德师风建设，健全管理机制，推进文化建设，深化课程改革，促进集团共享，不断推动幼儿园高质量发展，努力办好人民满意的教育。

坚持党的领导，明确办园方向。 以政治建设为抓手，组织党员积极参加理论宣讲学习，坚持不懈用党的创新理论最新成果武装头脑，采取贯彻传达、专题宣讲、个人自学、集体研讨、实地观摩等多种学习形式提高思想觉悟。在日常教育活动内容中渗透爱国主义教育和品德教育，组织幼儿参加国旗下讲话和表演、"我是小小兵"、讲革命故事、每周红歌等党史学习教育和爱国主义主题活动，努力培养德智体美劳全面发展的社会主义建设者和接班人。

完善绿色课程建设，提高育人质量。 一是聘请专家教授进园把脉诊断，从课程建设的"四要素"进行梳理指导，进一步为课程建设厘清方向，较好完善课程方案，帮助教师深入理解课程理念在课程建设各要素中的体现。二是拓展课程资源的开发，挖掘园内的自然资源、社区的人文资源、生活中的生命教育资源，根据幼儿的兴趣与需要开展34个教学主题，让课程更具完整性和丰富性。三是改革课程评价方式，从原来的观察记录、主题分享到活动视频评价和课程故事，不断改进完善。四是在主题探究和区域游戏中，让幼儿更多地以体验式、探究式获取经验和提升能力，鼓励教师关注、引导、回应幼儿的需求，设计适合幼儿发展的课程活动。

完善教科研制度，增强教研力度。 围绕幼儿园课程建设深入开展多项教科研实践，其中2项市级课题顺利结题，2项市级课题、1项园级课题在研。

搭建专业展示平台，注重教师成长培养。 通过开展观察记录、生成课程案例、教案撰写等专业能力比赛，锤炼教师教学基本功，促进教师专业发展，3名优秀教师获清远市教育局表扬，2名教师成为广东省"百千万人才培养工程"培养对象，1名教师获得清城区教师基本功比赛一等奖，2名体育教师的教学案例获评广东省专业优秀课例。

发挥引领带动作用，推动教育均衡发展。 一是以"新课程"科学保教示范项目带动参与园课程建设，定期到8所参与园指导课程构建与实施、课程案例撰写等，较好完成项目中期检查。二是创立清远市实验幼儿园教育集团，以"1+5"的发展模式进行，推进支教、交流、跟岗、团建、共同教研等活动，充分发挥优质教育资源的辐射带动作用。

2022年1月20日，清远市实验幼儿园教育集团正式揭牌

2022年10月19日，清远市刘婉芬名园长工作室、清远市邓素珍名园长工作室、清远市白茹名教师工作室、清远市实验幼儿园教育集团黄嘉雯名教师工作室揭牌仪式在清远市实验幼儿园举行

2022年10月28日，清远市刘婉芬名园长工作室申报的清远市第二十批教育科研重点课题"基于促进教师专业发展幼儿园生成课程的实践研究"结题报告会在清远市实验幼儿园举行

2022年11月4日，幼儿园开展第四届爱国主义教育活动结营仪式

2022年12月1日，幼儿在户外测量叶子的形状

华南师范大学附属广州大学城小学

教育理想： 美好教育，教育美好
办学思路： 一个中心、三个典礼、六个走进、十二个学会
办学理念： 让学生享受一流的基础教育，使学生奠定终生发展的基础
校　　训： 博学于文，约之以礼
校　　风： 尊师爱生，教学相长
教　　风： 学而不厌，诲人不倦
学　　风： 明德、博学、行健、日新

语文科组教师团队

师生在学校"美好农田"合影

"科普进校园"活动

一年级开笔礼活动

合唱表演

华南师范大学附属广州大学城小学创办于2018年6月6日，是位于广州市番禺区内的一所全日制公办小学。学校由广州市番禺区教育局、华南师范大学、广州市番禺区人民政府小谷围街道办事处三方合作创办，由华南师范大学附属小学（以下简称华师附小）全面负责管理。为实现与华师附小"同质"的目标，学校实施"垂直管理"，引进华师附小先进的办学理念、丰富的办学经验、科学的管理方法和优质的教育资源。

学校占地面积19292平方米，校舍总建筑面积20998平方米，体育运动场地面积4205.6平方米，建有1个200米环形跑道田径场、2个室外篮球场、2个羽毛球场、1个室内多功能体育馆、1个单双杠训练场。学校有普通教室28间，包括一年级5个班、二年级5个班、三年级5个班、四年级5个班、五年级4个班、六年级4个班；此外，还拥有阶梯教室、合唱室、舞蹈室、美术室、AI实验室、心理咨询中心等功能课室。

学校师资力量雄厚。华师附小直接选派7名教学名师组成管理团队，对学校的教学工作进行管理。学校的专任教师均经过严格的招聘程序择优录用，专任教师87人，其中本科学历教师58人，研究生学历教师29人；正高级职称教师1人，副高级职称教师1人，中级职称教师10人。教师中有19人次获得地市级以上荣誉，其中全国优秀校长1人，广东省名校长工作室主持人1人，广东省十佳少先队辅导员1人，广东省优秀少先队辅导员1人，广东省骨干教师6人，省市基础教育系统骨干教师3人；教师教学业务水平精湛，有3人次获得全国、全省教学大赛一等奖；教师出版教育教学专著6本，在各级报刊杂志发表教育教学论文100余篇。

学校以"培养具有高尚品格、渊博学识、强健体魄，拥有家国情怀、国际视野的全面发展新时代人才"为育人目标，朝着"成为华南师范大学培养优秀中小学师资的重要实践基地、基础教育改革的'试验田'和实验基地、高水平小学教育的重要窗口"的发展方向不断迈进，着力打造一所"省内有影响力、独树一帜、特色鲜明、创新改革的学校"，努力实现"让学校成为温馨的家园和智慧的乐园，让教师获得事业的成功和职业的幸福，让学生收获健康的身心和成长的快乐"的办学愿景，为广州市番禺区教育事业的发展做出贡献。

广州市越秀区东风西路小学

广州市越秀区东风西路小学创建于1942年，风雨兼程八十载，辛勤耕耘积淀深厚。2008年，学校与原广州市越秀区盘福路小学、广州市越秀区双井街小学合并办学，以"一门四校区"的格局迈向新里程。

学校秉承"尚德多元"的办学理念，践行"活泼、友爱、奋发、向上"的校训，推进素质教育，促进学生自主、全面、创新发展，着力创办一所"学得活、负担轻、素质高"的特色学校。

2022年，学校有教学班67个，学生2942人，教职工160人。学校师资队伍优良，其中硕士研究生8人，高级教师17人，广州市名教师、名班主任工作室主持人12人，省、市、区各级各类骨干教师108人；教师团队获得广州市、越秀区教师幸福（示范）团队等称号，语文、数学、英语、体育、品德等学科组均被评为广州市优秀科组。

在"尚德多元"办学理念的引领下，学校打造了"三高一多"（课题含金量高、教师专业水平高、学生学业质量高，省、市、区级政府立项课题数量多）教育科研品牌，"三环互动式"全员大德育品牌，"以学促研、以研兴教、以教成师"学习型教师队伍建设品牌，"五个一文化育人工程"学生素质培养品牌，以及以积极心理教育为主体的"尚德心育"品牌。办学特色多元绽放，篮球、游泳、无线电测向、合唱、舞蹈、科技创新等项目成绩斐然。

学校先后获得全国科研兴教示范基地、全国优秀家长学校、全国中小学优秀少先队集体、全国中小学德育示范校、全国青少年校园篮球特色学校、广东省首批全国优秀家长学校示范基地、首批广东省中小学教师培训实践基地、广东省现代教育技术实验学校、广东省中小学艺术教育特色学校、广东省绿色学校等称号。学校践行优质教育品牌，推进五育并举，为学生的成功人生奠定基础；学生在这片教育沃土上乐于探究、勤于实践，成为"尚德多元、自我发展"的新时代人才。

学校创编的舞蹈《太空，您好！》在广东省艺术展演中荣获一等奖

学校合唱团在多届省、市级合唱比赛中获得一等奖

信息技术赋能项目式学习

丰富多彩的综合素养课程

一年一度的心理节活动

阳光大课间活动：千人篮球操

灵活有趣的"积极心理教育"活动

广州市花都区秀全街乐泉小学

学校党支部书记张志坚执教"思政第一课"

广州市花都区秀全街乐泉小学教育集团揭牌仪式

学校全体教师合照

学校特色课程——心理思维融合课堂展示

校内研学活动

广州市花都区秀全街乐泉小学（原广州市花都区秀全街雅居乐小学）创办于2015年2月，位于秀全街雅居乐锦城花园小区内，校园占地面积20000平方米，校舍建筑面积14895平方米，是广州市花都区秀全街乐泉小学教育集团核心校。

2022年，学校有教学班46个、学生1850人，拥有图书室、录播室、电脑室等26个设施完善的专用场室，建有室内篮球馆1座、200米标准环形跑道运动场1个（内含标准7人足球场）。

学校以"优雅生活，从此开始"为发展理念，实施"雅乐教育"；坚持以人为本，以"培养全面发展的具有新时代社会主义核心价值观、创新思维的雅乐少年"为育人目标，落实立德树人根本任务。

学校师资力量雄厚，教师学历达标率100%，专任教师102人，其中小学高级教师15人。拥有广州市骨干教师1人，广州市小学语文中心组成员1人，花都区名校长1人，花都区名教师2人，花都区骨干教师29人，花都区优秀青年教师2人，花都区学科带头人1人，花都区小学学科特约教研员1人，花都区小学学科中心组成员7人。

学校聚焦学生核心素养，着力于"和谐生态、雅行健体、笃学博趣、创新思维"四方面的研究，以"雅乐文化"为核心，构建"雅趣课程"和思维发展型课堂，着力打造"雅致、跆道、雅集、剧社、思维、雅行"等特色文化，创设师生发展平台，促进学校的可持续发展和教育高质量发展。

学校以党建为引领，实施党组织领导的校长负责制，打造"智慧课堂"，锤炼"智慧之师"，不断开拓进取，锐意创新，取得累累硕果：先后被授予全国青少年校园足球特色学校、全国校园冰雪运动特色学校、全国棒垒球实验学校、全国啦啦操实验学校、广东省义务教育标准化学校、广东省信息化中心学校、广州市中小学深度教学课堂改革实验校、广州市少先队红旗大队、广州市安全文明校园、广州市文明校园、广州市优秀足球特色学校、花都区先进党组织、花都区文明学校、花都区智慧课堂实验学校、花都区少先队先进学校、花都区青少年书画教育实践基地等荣誉称号。

广州南方学院番禺附属小学

雅言雅行，以美润心——这里是传承文明的学园。
翰墨飘香，博学致远——这里是明理启智的舞台。
同心筑梦，共向未来——这里是放飞梦想的天地。

广州南方学院番禺附属小学（原华师附中番禺小学）创办于2003年8月，是一所由房地产企业合生创展（集团）有限公司投资创建的民办小学。学校围绕"五育并举，精品示范"的办学目标，不断提高教育教学质量，努力办好人民满意的教育。校园占地面积33010.8平方米，建筑面积14214.6平方米。2022年，学校有教学班34个，在校学生1483人，教职工116人，其中专任教师98人，教师学历本科达标率98%。

美丽校园，环境育人　　花香、绿树，窗明几净，优雅迷人；欢声、笑语，悉心育人，桃李芬芳。学校美育工作室、书法室、舞蹈室、音乐室、多功能电教室、体育馆等功能场室齐全，并按国家标准配备图书和教学仪器，让学生在优美的环境中体验愉悦的学习生活，全面提升综合素养。

深耕课堂，化茧成蝶　　多彩课程勤探索，深耕细研踏歌行。2022年1月，学校正式更名为"广州南方学院番禺附属小学"，同时对环境进行全面升级，并引进"广东省孔珍名教师工作室"。全体教职工扎实工作，锐意进取，在开足开齐国家课程的基础上，开设"1+N"多学科融合课程以及主题鲜明的学科拓展课程，为学生创设自主发展、多元成长的平台，并通过自主、合作、探究的课堂学习，提升学生的核心素养。此外，学校还开设30多个课外个性化课程，以满足学生的多样化需求，促进学生全面发展。

多元发展，百花齐放　　缤纷文化梦起航，乐趣横生伴成长。学校精心构思，建设多元的校园文化氛围，形成"乐群好学"的校风；举行典礼仪式和传统节日活动，多维、立体地营造学校的教育生态。学校基于立德树人的根本任务，依据市、区"十四五"教育规划要求，沿着教育国际化的发展方向，以学生为中心，以能力为导向，开辟学工、学农、学军、学商、大自然工作坊等阵地，引导学生养成良好习惯，形成健全性格和高尚人格，为学生的全面发展奠定坚实的基础。

辛勤耕耘，硕果累累　　清风吹来硕果香，金黄一片乐丰收。经过近20年的文化积淀和辛勤耕耘，依靠精良的师资队伍和科学有效的教育教学管理，学校的办学质量不断提高，办学影响力不断扩大，成为师生喜爱、家长放心、社会称赞的品牌学校。

名教师工作室揭牌仪式

科技馆研学活动

种植观摩活动

花样篮球表演

舞蹈表演

国旗护卫队

深圳市福田区荔园外国语小学

校名石碑

教学大楼

福田区首届国际理解教育课堂教学观摩研讨会在学校举行

升旗仪式

深圳市福田区荔园外国语小学坐落在深圳市福田区香蜜湖畔，创建于2004年，是一所全日制公办小学，校园占地面积约10000平方米。2022年，学校有教学班28个，在校学生1180人。

学校是深圳市福田区荔园外国语教育集团（以下简称集团）的本部，被评选为广东省基础教育教研基地项目小学校本教研基地，是广东省中小学教师校本研修示范学校、广东省优质教育集团培育对象。2022年，学校被评为广东省健康促进示范学校、深圳市健康促进学校、深圳市先进单位、深圳市中华优秀文化传承学校、福田区中小学心理健康教育特色学校、福田区首批中小学劳动教育特色学校，原创校歌视频获得福田区学校校歌MV"最美校歌"奖。

学校师资力量雄厚，成立柳中平广东省名校长工作室、"粤派名师"数学学科工作坊、王俊丽语文主题阅读工作坊、彭小山道德与法治工作坊、程冰音乐"未来教育"名师工作室、柯新梅美术"未来教育"名师工作室等6个省、市、区级名师工作室。

学校秉承"做一棵挺拔的树"的校训，形成"健康、正直、向上、有力量"的校风、"把教育做到孩子心里去"的教风、"自由健康地呼吸，快乐创意地思考"的学风。学校以"自然生长"为核心教育理念，以"学科渗透"为策略，以"校本课程"为载体，以"项目思维"为方式，以"综合素养"为目标，构建以"自然生长的教育"为内核的"语文素养""数学思维""英语特色""综合创意""家国情怀""思辨能力"六大特色校本课程，并进行"项目式思维"研究，融入分析类比、假设关联、归纳总结、创意辨析等思维训练方法。学校教师在多角度、跨学科的教学方式中有效推进校本课程实施，培养学生语言表达与交流、文化感知与理解、问题思考与解决、综合创意与表现、分析思辨与批判等面向未来的综合素养，致力于实现"把教育做到孩子心里去"的教育追求。

"语文素养"课程以聆听、朗读、写作、沟通、交流为实践基础，搭建展示平台，提升学生交流沟通能力。学校每年10月份举办"语文素养月"活动，组织一、二年级讲绘本故事，三、四年级朗诵诗词和散文，五、六年级进行话题交流和辩论，鼓励学生走出校门、走出家门、走向社区、走向社会，勇于在公众场合展示自我。

"数学思维"校本课程主要分成"数独活动""智力七巧板活动""图形分析""统计活动""其他思考"五大板块，以校本教材为起点，通过游戏创意、大开眼界、数学生活、争锋竞技等活动，在特定活动背景下让学生提出问题和解决问题；在一个个简单有趣的活动中，培养学生观察、分析、比较、联想、创意等能力，发展学生良好思维品质。

学生在劳动基地种植蔬菜

学生阅读时光

"音乐素养月"活动

"英语特色"课程内容多元、配音地道、任务分级。学校以"大大眼睛看世界·小小童心秀中国"为主题，在"英语特色活动月"设置英语才艺展示活动，将英语真正融入学生的生活当中，帮助学生开阔国际视野、增强国际意识、提高国际交往能力；此外，还搭建校园"小小配音师"比赛、趣味英文跳蚤市场等丰富多彩的展示平台，提升学生内在学习动力和英语素养。

"综合创意"课程的核心是奇思妙想、创意分享。该课程主要表现在"纸的艺术"和"添画创作"，让学生利用纸盘、纸杯、纸碗进行自由创作，提倡"创意不仅与众不同，更要与己不同"。"综合创意"课程引导学生走向生活、走向自然，沉浸在奇思妙想的世界里，鼓励学生勇敢尝试、大胆创意，并乐在其中。

音乐主题活动

"家国情怀"课程包括"中国的年·温暖的家""中国的年·故乡的情""中国的年·富强的国"等系列课程。学校基于"立德树人，以家国情怀为本"的教育方向开发该课程，以增强学生建设祖国的责任感，成长为爱党、爱国、爱家的时代新人。此外，还构建"情意教育"特色课程，践行"最好的教养在路上"的教育理念，鼓励学生用脚步丈量祖国大地，用眼睛观赏山川秀丽，用心灵感受民俗雅趣，在行走中培养得体的言行和善良的心灵。

"思辨能力"课程体系分年级、分主题推进学生"分析思辨"与"批判能力"的训练。一年级，学会辨别事实和观点；二年级，理解看问题是有角度的；三年级，使用规范句式阐述观点；四年级，区分事物的优缺点；五年级，运用"5W+H"分析法深入思考事物；六年级，学会用事实支撑观点，培养学生质疑批判、分析论证、综合生成、反思评估等思辨能力。学校创立"9·9思辨日"，每年9月9日在全校范围内开展思辨活动，培养孩子在"观点、论述、事实、批判、思辨"等方面的初步感知，以思启智，思辨未来。

趣味运动会

在原有校本课程系列的基础上，学校还开展"小厨房，大思考""逐月盈心"等一系列项目式综合学习研究，"一击即中""'蒜'成这样""盘菜"等PBL（问题驱动教学）项目巧妙融合各个学科特点，深受教师和学生欢迎。课程荣获深圳市福田区项目式学习学生赛事特等奖、一等奖。

学校坚持把学生健康放在首位，扎实开展体育活动，着力打造阳光、健康、充满活力的校园，让学生在体育运动中强健体魄、茁壮成长。学校合唱、舞蹈、刺绣、绘画、篮球、足球、科技等社团活动丰富多样，创设贴近儿童生命自然的教育情境，引导学生找到属于个体的生长点，从而激发其内在生长力。

绘画社团

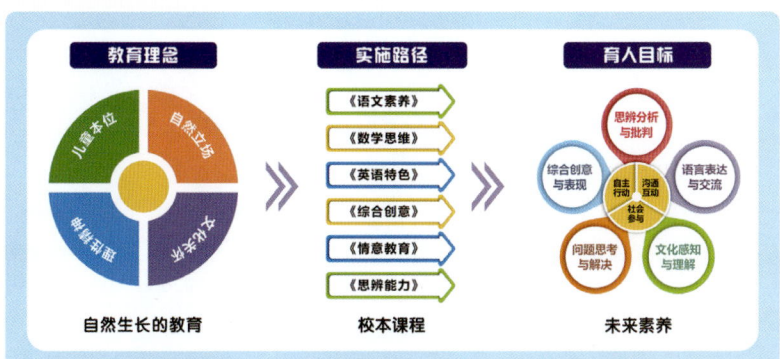
学校以"自然生长的教育"为理念，构建校本课程体系，培养学生面向未来的综合素养

篮球社团

深圳市福田区红岭实验小学

校长臧秀霞与孩子们一起探究观察

开学典礼

少先队员入队仪式

深圳市福田区红岭实验小学（以下简称红岭实小）是深圳市福田区政府举办的一所公立学校，为深圳市福田区红岭中学（红岭教育集团）下属小学部。

学校有安托山校区、侨安校区两个校区，均位于福田区中心，坐落在安托山脚下，毗邻香蜜公园，校园总占地面积18816.31平方米，总建筑面积54865.44平方米，办学总规模60个班，可提供2700个优质学位。

红岭实小是一所建于城市高密度空间的新型学校，校园建筑体现"绿色、探索、启发、开放与包容"的设计风格，建有活动山谷、下沉院落、空中操场、多变教室等，处处彰显"建筑为课程服务"的办学理念。

学校秉承"珍视每一个学生"的教育思想，致力于培养富有爱心、承担责任、乐于创造的终身学习者；引导学生通过与自然、社会、自我的真实互动，对真、善、美、自由、平等、正义等内涵深入探索，形成对生活、对世界的深刻理解。

红岭实小立足于国内现状，并与国际接轨，在课程设置上进行深度改革。学校课程基于"跨界融合、理解本位、问题导向、真实表现、深度探究"展开，让学生在真实的表现性任务中对问题展开深度探究，提高学科理解或跨学科理解能力，进而提升学科素养或跨学科素养。学校采取"项目化学习"，让学生在一系列学科项目和跨学科项目中进行自主探究；在实施国家课程、地方课程、校本课程过程中，以"探究"为主要学习方式，全面激发学生的自主学习能动性，确保学生实现概念性理解、必备品格形成、关键能力获得等学习目标。

学校实施教师"包办制"教学，由主、副班两名教师在教室办公，采用分学段、班组群的教学管理方式，实行主班老师负责制、全员参与制的班级管理；采用主、副班教师与学科教师协同备课、协同上课的教学组织方式，使"探究"与真实的情境和目的紧密相连，为学生

合唱比赛　　　　　　　　　班级特色展示活动　　　　　　　节日嘉年华活动

教师大合照　　　　　　　　阳光体育活动　　　　　　　　　学校运动会

创造灵活、多样的学习环境。

红岭实小推进公办学校体制改革创新，在福田区政府与万科集团合作成立的红岭教育基金会的专项支持下，不断优化学校的人、财、物管理制度，创新国家课程校本化实施，建构高效、务实的现代学校制度。

红岭实小作为福田区人事制度改革试点单位，采取了全新的人事管理体制和薪酬制度。学校实行"因需设岗、全员签约、分类聘任"，以短聘考察人才、固聘培养人才、长聘留住人才、特聘招揽高才；各岗位实行年度工作报告制度，按年度及聘期进行合约考核；工资按岗考核，绩效优先，浮动发放，最大限度激发教师队伍活力。

红岭实小从建筑到课程、从体制到管理全面创新改革，发展成为一所"学生向往、教师幸福、社会满意"的现代化、国际化未来学校，先后获得深圳市在线教育工作先进学校、深圳市健康示范校、深圳市教育工作先进单位、深圳市未来教育首批基地学校、年度十大最受关注新锐学校、深圳市儿童友好学校、福田区第二批课改基地学校、福田区劳动教育示范校等多项荣誉称号。

元宵节猜灯谜活动

深圳市福田区荔园小学(荔园教育集团)

百花校区举办庆祝中国少年先锋队建队73周年活动

学校大队部开展特色劳动课程,在百花校区"竹趣园"栽种植物

通新岭校区教研交流活动

深圳市福田区荔园小学(荔园教育集团)的前身是创建于1981年的荔园小学,2019年2月正式成立荔园教育集团(以下简称集团),被评为全国文明学校、全国示范学校,是一所管理规范、特色鲜明、市民满意、具有示范辐射作用的高质量集团化名校,是深圳基础教育的一张闪亮名片。

集团构建"名校+新建校"和"名校+薄弱校"两种办学模式,以原荔园小学为龙头,形成"一校三部九校区"的办学格局,覆盖初中、小学、幼儿园3个学段:初中部建有笔架山学校,小学部建有通新岭校区、百花校区、玮鹏校区、众孚校区、园岭校区、八卦岭校区,幼教部建有百花校区附属幼儿园、众孚校区附属幼儿园。2022年,集团初中部有教学班10个,在校学生424人,教职员工36人;小学部有教学班187个,在校学生10079人,教职员工726人;幼教部有教学班22个,在校幼儿718人,教职员工123人。集团教师队伍中,有国家级、省级、市级教学骨干、名师及学科带头人共137人。

集团以"求真务实,追求卓越"的学校精神为指引,以建设"八大校园"(文明校园、智慧校园、活力校园、艺术校园、书香校园、质量校园、开放校园、平安校园)为办学愿景,本着"共享、融合、流动、多元、共赢"的原则,着力构建"三力教育"课程体系,关注学生的差异和个性化发展,精心培育"五好学生"。

集团以实现学生的全面发展和个性发展为教育目标,夯实基础、打造特色、铸就品牌,以特色办学打造品牌学校,用品牌学校建筑"全国文明校园"的教育高地;以培养学生形成"好品行、好身心、好品味、好思维、好习惯"为育人目标,并在此基础上展开以德育为首的"多元教育"特色建设;以"多元智能理论"为依据,从培养学生的核心素养出发,按照学生成长所需的各个不同侧面来建构学校的"多元教育"体系,推进"八大校园"建设。随着"多元教育"目标的提出与落实,集团呈现出多元发展的态势,初步实现了"课堂多元、课程多元、主体多元、评价多元",形成生动活泼、丰富多彩的教育生态。

通新岭校区学生参加红树林研学活动

玮鹏校区开展庆祝中国少年先锋队建队73周年活动

玮鹏校区数学周游园活动

在课程建设方面,集团以开放、多元的现代课程理念,构建"三力教育"课程体系,开发并实施的校本课程有78项,其中包括"三周三节"(语文周、数学周、英语周、艺术节、体育节、科技节)等特色活动课程。"多元教育"催生出的多种特色课程,满足了学生的个性发展需求,促进学生综合素养的提升,使学校教育朝着"内涵、优质、特色、均衡、多元、综合"的方向发展,实现了新的突破。

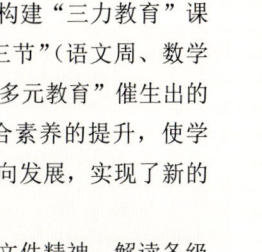

玮鹏校区艺术节美术作品展示活动

自"双减"政策出台以来,集团组织教师认真学习上级文件精神,解读各级教育主管部门减负工作文件与规定,制订学校减负工作实施方案,帮助教师从根本上转变教育观念、端正教育思想,充分认识到"减负"工作的必要性和紧迫感。同时,根据学校实际分别组织各校区召开教师、家长、学生代表座谈会,并根据会议反馈情况,分析现状、研究策略、制订方案,帮助教师更新教育教学理念,鼓励教师在实践中勇于创新,将成功经验在集团内共享推广。2022年,集团以"立德树人"和"减轻义务教育阶段学生学习负担"为目标,以建设高质量教育体系、构建良好教育生态、促进学生全面发展为方向,充分发挥集团各校区优势并形成教育合力,开展一系列切实有效的教学改革活动,帮助学生健康快乐成长。

集团组建了一个团结奋进的教师集体,有全国名师、特级教师、深圳市名师、深圳市骨干教师、福田区领航名师、福田区教坛新秀200多人。每年都有毕业于清华大学、北京大学、剑桥大学、哥伦比亚大学等国内外重点高校以及全国知名师范类院校的优秀学子竞聘入职,加入荔园教师队伍。集团教师年轻有为,全体教职工平均年龄为35岁。学生和家长对集团教师认可度高,教师们都有着共同的职业幸福感和学校荣誉感。

园岭校区一年级新生入学仪式

园岭校区开展国家宪法日宣传活动

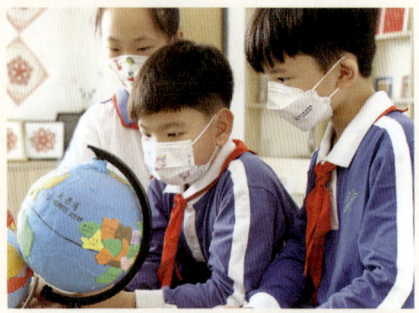
园岭校区举办科技节活动

八卦岭校区开学迎新活动

八卦岭校区数学周活动

笔架山学校晨会

笔架山学校篮球赛

　　集团化的荔园教育不仅实现了"存量提质"，也实现了"增量优质"。"荔园人"以追求卓越的精神、求真务实的作风，助力集团各校区迅速发展，取得了令人瞩目的办学成果。集团下属学校先后被评为首届全国文明校园、全国优秀少先队集体、全国体育工作示范校、全国国际象棋特色学校、全国中小学舞蹈教育传统校、广东省一级学校、广东省绿色学校、广东省首批红领巾示范校、广东省中小学艺术教育特色学校、广东省书香岭南全民阅读示范单位、广东省依法治校示范学校、深圳市教育先进单位、深圳市集团化办学典范学校、深圳市教育创新示范学校等，此外，还获得全国小学体育活力校园创新奖、福田区首届"红树林奖"等多项荣誉。

众孚校区开展"我向队旗敬个礼"庆祝中国少年先锋队建队 73 周年活动

深圳市光明区公明第一小学

学校概况 深圳市光明区公明第一小学（以下简称公明一小）创建于1945年，校园占地面积为25712平方米。2022年，学校有教学班39个，在校学生1816人，教职工113人；拥有专任教师101人，其中高级教师8人，一级教师64人，研究生学历教师8人，本科学历教师100人，专科学历教师5人。教师学历达标率为100%。

办学理念 公明一小重视师生成长，制定并实施学校中长期发展规划，以"一切为了师生阳光成长"的理念为统领，传承"爱、勤、严、美"的校训精神，锤炼"阳光教师"，实施"阳光课程"，融汇"幸福教育、绿色教育、全人教育"正能量，着力培养德智体美劳全面发展的"阳光学子"，形成具有影响力的区域教育品牌。

创新机制 学校成立了三大中心：教科培中心，主管学校教学、教研、培训等工作；学生发展中心，主管学校德育、少先队、党团、师德师风等工作；后勤保障中心，主管学校工会、办公室、安全、后勤等工作。三大中心协同互助，推进日常工作，助力学校全方位实施"行政跟级跟科"制度，实现上下畅通、团结协作。

特色建设 学校精心构建独具特色的课程体系，开设英语特色课程、体育特色课程、水墨画校本课程、科技特色课程、阳光社团课程等"阳光课程"，形成英语、体育、艺术、科技四大特色品牌。

教师成长 学校通过实施"课例引领，展示教师风采""竖梯提升，给力教师发展""研训一体，驱动教师成长""强化保障，呵护教师安康"四大行动，促进全校青年教师与名师快速成长，先后涌现出南粤优秀教育工作者、深圳市青年骨干教师、光明区英语名师、光明区英语名师工作室主持人张碧英，深圳市教坛新秀、光明区优秀教师、光明区英语名师、光明区英语名师微团队主持人张文静，深圳市优秀教师、光明区数学名师、光明区数学名师微团队主持人赵晚娥，深圳市优秀教师、光明区优秀教师、光明区先进个人、光明区数学名师王冬梅，全国跳绳导师级教练、国家级裁判、全国跳绳推广委员会委员、特聘讲师、广东省脱贫攻坚突出贡献个人、光明区优秀教育工作者、光明区教育系统优秀共产党员、光明区优秀教师温淞胜等名师、骨干教师、教坛新秀等。

教育成果 学校先后获得全国引探教学实验基地、全国青少年科普教育基地、全国足球特色学校、广东省一级学校、广东省绿色学校、广东省巾帼文明示范岗、广东省语言文字规范化学校、广东省体育特色学校、广东省艺术特色学校、广东省象棋特色学校、深圳市教育工作先进单位、深圳市阳光体育先进学校、深圳市办学效益优质学校、深圳市书香校园、深圳市百所禁毒示范校、光明区2022年"双减"工作示范校、光明区项目式学习示范校等荣誉称号。

学生参观光明区生活垃圾分类教育体验馆

"亲子彩绘，快乐起飞"飞盘DIY亲子活动

爱心义卖跳蚤市场活动

校园心理剧表演

学校"幸福墙"

学校操场

学校"国学廊"

深圳市罗湖小学

深圳市罗湖小学创办于1937年，是一所全日制小学，占地面积5949平方米，建筑面积11306平方米。2022年，学校有教学班29个，学生1331人，教职工82人。

学校功能场室齐全，建有报告厅、羽毛球馆、图书室、智慧教室、美术室、音乐室、计算机室、科学实验室、创客实验室、心理咨询室等；成立区、校两级名班主任工作室7个，儿童阅读研究工作室1个，音乐特色工作室1个。

学校秉承"让爱充满校园，用心成就未来"的办学理念，践行"与人为善、仁爱豁达"的校训，形成"向上向善、共享共创"的校风、"循循善诱、教而不倦"的教风、"彬彬有礼、学而不厌"的学风，确立"用关爱的力量，培养温暖的孩子，打造滋养型学校"的育人目标，并在实践中形成办学特色，铸就学校教育品牌。

学校坚持"尊重每一个生命"的教育理念，将"儿童友好"概念贯穿到校园空间资源配置、育人文化体系、课程发展、教师队伍培养等各领域，并尤为重视心理健康教育、融合教育。2022年，学校被深圳市妇女儿童工作委员会、深圳市妇女联合会授予"儿童友好学校"称号。学校在合作共育理念的指引下，形成"儿童友好"校内外生态圈，通过平等、公平、民主的教

学校组织师生到罗湖出入境边防检查站开展爱国主义主题教育活动

"学习雷锋六十载 唱响湾区最强音"全国"雷锋学校"授牌仪式暨深圳市罗湖小学学雷锋成果主题展示活动在学校举行

罗湖小学联合罗湖桥社区在社区工作站举行罗湖桥社区少工委成立授牌仪式暨"少先队员心向党，党史宣讲进社区"主题队会活动

粤港澳姊妹学校到校交流活动

罗湖小学与粤港澳姊妹学校联合开展线上迎国庆活动

基于"小组合作学习"的平板电脑教学展示活动

科学教师带领学生参加创客节活动

"五星好少年"评比活动

庆"六一"主题活动

育，为每个孩子提供更多发展可能。

学校教育科研氛围浓厚，为教师专业成长、学校高质量发展打下坚实的基础。教师先后开展国家、省、市、区级课题以及粤港澳大湾区课题研究近百项，同时以探究性课题、项目式学习激发学生探究热情。学校积极推进"校家社"合作共建，联动周边单位，组建学雷锋亲子义工队，建设校外德育实践基地，构建完善的一体化大德育体系。

学校不断创新"学雷锋"的内容和形式，将"雷锋精神"融入学校德育体系和文化发展中，最终内化为学校的精神内核。"雷锋精神"贯穿于理念体系、校园文化、教师团队建设、学生成长、"校家社"共建等方方面面，并逐步形成学校的课程体系。学校从雷锋精神中提炼出"钉子精神""诚信精神"和"百宝箱精神"，构建出与之对应的"钉子课程""力行课程"和"百宝箱课程"。以上课程将雷锋热情助人、刻苦钻研的精神融入学生的生活实践中，激发学生发现问题、解决问题、体验"雷锋精神"的内涵和意义，培养实践能力、社会责任感和创新精神。学校引导学生以"正确信念与顽强意志、自主发展与上进成长、乐于助人且坚持行善、伙伴互助及团队成长、勤俭节约并感恩回馈"为品质养成目标，在"力行课程""钉子课程""百宝箱课程"等跨学科"雷锋课程"中践行"向党、向上、向美、向阳、向行"的育人理念。此外，学校开展"五星好少年"（明德星、启智星、健体星、博雅星、劳动星）评比活动，鼓励学生争章、争星。

罗湖小学被中共中央宣传部、国务院办公厅、中国人民解放军总政治部、共青团中央联合授予"全国学雷锋先进集体"称号，先后获得国家级实验基地校、广东省少先队先进学校、深圳市学雷锋先进集体、深圳市少先队红旗大队、罗湖区教育系统先进单位等荣誉称号。

学校"雷锋园"

学校荣誉室

珠海市香洲区第一小学

珠海市香洲一小教育集团总校长张怀志讲述"学习金字塔"理论，引领学校打造高效课堂

学校教师梁玥代表珠海市参加广东省班主任技能大赛

学生罗蕙淳荣获2022年度珠海"新时代好少年"称号

珠海市香洲区第一小学坐落在珠海市美丽的凤凰山下、香炉湾畔。学校始建于1950年，原名为珠海市香洲小学，1980年定名为珠海市香洲区第一小学，1982年被评为珠海市重点学校，1997年被评为广东省一级学校，是珠海市内的一所办学效益显著、教育教学质量过硬、学生全面发展的窗口式示范学校。

学校拥有凤凰路低年级部和乐园路高年级部两个校区，校园总占地面积22188平方米，总建筑面积17938平方米；教育教学功能场室齐全，设施设备先进。

2022年，学校有教学班50个，学生2600余人，专任教师130余人，其中正高级教师（特级教师）1人，广东省名校长工作室主持人、珠海市名校长1人，珠海市名教师3人，市、区名班主任4人，市、区名教师工作室主持人2人，香洲区学科带头人6人。教师们代代传承的"五特精神"（特别认真、特别负责、特别团结、特别进取、特别专业）成为学校发展最强大持久的动力。

学校全面贯彻落实党的教育方针，在各级党委、政府的关怀和历任校长的带领下不断发展壮大。学校秉承"让每一位学生健康快乐成长"的办学理念，以"做最好的自己"为校训，发扬"德育为先，五育和谐发展"的办学传统，形成"尊师守纪，勤奋活泼"的校风、"敬业爱生，严谨求实"的教风和"勤奋好学，善思善问"的学风。学校以扎实的品德教育和优质的课堂教学为主干，以增强身体素质和推进艺术教育为两翼，着力培养品学兼优、身心俱健、具有创造潜能的现代少年；以学校教育为基础，加强与家庭、社区的共建共育，构筑功能强大的育人平台，营造生动和谐的育人环境；形成德育品牌突出、教学质量优异、学生全面发展的办学特色。

为进一步促进珠海市香洲区教育优质均衡发展，深化学校管理体制机制改革，充分发挥集团化办学聚能提质、辐射带动作用，2022年5月31日，珠海市香洲区教育局举办了香洲区小学教育集团成立大会，正式成立珠海市香洲一小教育集团，并将容国团小学、南屏实验小学纳入珠海市香洲一小教育集团；8月26日，集团内举行揭牌仪式，开启集团办学新篇章。

"祖国颂"班级合唱比赛

"金话筒"语言才艺展示大赛

学生参加"少年讲党史，童声诵百年"党史宣讲活动

东莞市东城虎英小学

东莞市东城虎英小学创办于2016年9月，是东城街道高标准建设高起点办学的公办学校。作为东莞市首个"两自主"（学校自主聘用教师、学校自主管理教师）办学模式改革试点单位，面向全国自主聘用优质教师，稳步推进创新型高品质办学、高质量教育教学改革和品牌学校建设。

学校有专任教师95人，全部为大学本科及以上学历，其中研究生学历6人，教育硕士1人；中小学高级教师3人，其中正高级教师2人，副高级教师5人；省特级教师、教育家培养对象1人，省骨干教师培养对象1人，市名师工作室主持人1人，市学科带头人2人，市教学能手5人，东城名师2人，东城学科带头人8人，东城教学能手2人。学校形成专家管理、名师领航、同侪共进的办学特色。

学校以"校长治校、育人为本、质量为先、特色发展"为导向，以"办成一所高质量、有特色、具有实验性和示范性的学校，成为东城领先、市内一流、省内知名的品牌学校"为总体目标，凝练"同行教育"办学品牌，提炼"明仁爱大德，育弘毅新人"的办学理念、"与人同心，与物同理"的校训，形成"以文会友，以友辅仁"的校风，"仁为己任，教为事业"的教风、"乐群进学，切磋进思"的学风，以"立德树人"为根本任务，构建起党支部领导下的"协同型学校组织"，推进民主决策、学术服务型现代学校管理和全面质量监督体系建设。学校在"同行·致远"文化的引领下，建成"同行学园""同行课程""同行课堂""同行科研"。学校"同行仁师"与"同行家长"同心同德，同行共育能与他人同行，能与万物同行，能与家国同行，能与天下同行的具有"与人同心，与物同理"集体理想人格的"弘毅新人"。

学校坚持立德树人，五育融合，先后被评为东莞市平安校园、东莞市文明校园（首批）、广东省书香校园、全国青少年科学调查体验活动推广示范学校、广东省足球推广学校、广东省信息化中心学校、广东省科创和STEM教育第一批实验学校、东莞市信息技术应用能力提升工程2.0试点校、中国财经素养教育协同创新中心实验基地、全国足球特色学校、东莞市品牌学校、东莞市创客教育培育学校。学校"同行教育"品牌文化鲜明，作为优质办学典型在《人民教育》《中小学德育》《东莞教育》《南粤名师》《广东教学报》等报刊均有报道。

非遗活动进校园

虎英小学智慧课堂

虎英小学三人足球赛

校运会开幕式

学校游泳馆

学校图书馆

学校艺术文化展厅

学校全景

东莞市松山湖第一小学

东莞市松山湖第一小学创办于2018年9月,是一所位于大湾区综合性国家科学中心先行启动区(松山湖科学城)的全日制公办学校,校园占地面积达37866.67平方米。学校环境生态优美、人文资源丰富、科技氛围浓厚,为孩子们提供优越的读书和学习环境,为教师们实现教育梦想提供理想的沃土。

学校以"生态化教育"为特色,倡导"给儿童一个世界,还世界一个未来"的办学思想和"与生态同行,为成长奠基"的办学理念,着力培养"富有科学素养、人文精神、健全体魄、艺术品质,具备民族根基与国际视野的未来创新型人才"。学校秉承"尊重,无处不在"的校训,尊重儿童的天性,遵循教育的规律,始终将人文关怀贯穿于教育的核心,让儿童回归教育的本质,让教育充满无限可能。

学校树立整体的育人观念,以"人与自然、人与社会、人与己"三大主题为基础,构建"基础性、拓展性、融通性、综合性"四位一体的生态化教育课程体系:"基础性"课程注重学生的全面发展,并按照国家要求开设;"拓展性"课程关注学生的个性和共性发展,通过社团课程和校本课程助力学生成长;"融通性"课程注重学生的社会性发展,将传统节日、非传统节日等文化传承与学科课程相融合;"综合性"课程旨在打破学科壁垒,摒弃传统课程中的学科单一性,实现主题单元下的跨学科整合,培养学生的综合素养。学校通过改革学习方式,推进基于学科的课程综合化教学,推动学生的全面发展。

学校积极探索未来教育之路,变革教学组织形式,实行扁平化管理,实施"低年级包班制"和"高年级走班制",推动学校课程改革,促进师生的共同成长,深化学校的品牌创建。学校高起点创建、高质量办学,被评为"东莞市第三批品牌学校",其成功办学经验被《当代教育家》《广东教育》《品牌学校管理》等多家媒体报道推介。

学校将继续立足于师生成长需要,优化教育管理,深化教学变革,为教育的高质量发展减负、提质、增效。

充满活力的教师队伍

戏剧节表演

朗诵比赛

"每周一歌"年度汇展

生态化教育课程体系

东莞市南城阳光中心小学

东莞市南城阳光中心小学创办于1997年9月，位于东莞市城市中心区，占地面积35185平方米，建筑面积40401平方米，是一所现代化新型学校，校园环境优美，文化氛围浓郁。学校所有功能场室和教育教学设施均按照广东省一级学校标准进行配置，2022年有教学班69个，学生3394人，任课教师176人，教师学历达标率为100%。

校长曹阳明与学生分享阅读心得

阳光课堂教学展示活动

阳光教育 学校秉承"七彩阳光，多彩生命"的"阳光教育"理念，践行"心拥阳光，手筑梦想"的校训，形成"博雅暖心，阳光育人"的教风、"学启多元，阳光出彩"的学风和"爱润无声，阳光和美"的校风。

阳光之师 学校在全国"推动阅读十大人物"、广东省"阅读点灯人"、东莞市教育家培养对象、东莞市名校长工作室主持人曹阳明校长的带领下，打造了一支"博雅暖心、阳光育人"的教师队伍。学校有南粤优秀教师1人，东莞市教育家培养对象1人，东莞市名校长工作室主持人1人，东莞市名师工作室主持人1人，东莞市学科带头人6人，东莞市教学能手30人。近五年来，学校教师的优课、微课、课件、论文、科研成果等先后获得国家级奖项83项、省级奖项200多项、市级奖项500多项。

管弦乐团演出

阳光课程 学校以"阳光教育"理念为引领，立足立德树人根本任务，进行课程重构，倡导"阳光暖心德育"，构建"阳光七彩课程"，推行"阳光四季工程"；注重发展学生个性，发掘学生潜能，创设"阳光梦工厂"和梦想小舞台，举办多场次学生演唱会、独奏音乐会、绘画展、乐高作品搭建成果展、梦想纸飞机折叠展等，培养了一大批"自信乐观，个性出彩"的阳光少年。近五年来，学校学生在作文、书法、舞蹈、管乐、科技、体育等项目比赛中摘金夺银，获得国家级奖励195人次，省级奖励260人次，市级奖励990人次。

低年级劳动课

阳光课堂 学校精心建构"生活的课堂、快乐的课堂、智慧的课堂、生命的课堂"，建立"激趣导入—自主学习—合作探究—点拨思辨—巩固延伸"五步基本教学模式，使阳光课堂成为"对话的课堂、人文的课堂、成长的课堂、幸福的课堂"。

学校办学成果丰硕，先后获得全国青少年校园足球特色学校、全国中小学舞蹈教育传统学校、全国绿色学校、广东省书香校园、广东省艺术特色学校、广东省体育传统项目学校、广东省青少年科学教育特色学校、广东省现代教育技术实验学校、东莞市品牌学校、东莞市品质课堂实验学校等20多项荣誉称号。

乒乓球训练

东莞市莞城中心小学

学校行政领导班子

学校举办"镜堂科技节"

课后击剑课程

课后足球课程

学校概况 东莞市莞城中心小学建校于1906年，先后经历十四次易名、七迁校址、五改学制、六扩分校，是东莞市内一所办学历史悠久、具有高知名度的百年老校。学校建有万寿路校区、富贵巷校区、市桥路校区，形成"一校三区"的整体布局，校园总占地面积40000多平方米。2022年，学校有教学班87个，教师249人，学生3906人。

办学理念 学校以"悦纳至正"为办学理念，积极实施"悦纳教育"，着力培养学生的"四大品格"和"五大关键能力"，建构"至正少年'1+8'"素养培育目标模型，全面提升学生的综合素养，绘就"悦纳教育"的远景蓝图，在全市、全省乃至全国产生深远的影响。

特色品牌 学校精心打造"榕树课程""六节文化""教师品牌""悦纳德育""至正评价"等特色品牌，构建起"一校多品"的发展格局，为学生的"至正人生"奠基。

名师队伍 学校通过实施"教师品牌工程"，培养了一支业务精湛、素质过硬的名师队伍，其中获得国家级、省级奖励的名校长3人；拥有正高级教师3人，特级教师6人，市级学科带头人24人，市级教学能手41人，东莞市基础教育领军人才培养对象1人，东莞市教育家培养对象4人，省、市名师（名班主任）工作室主持人16人。

开学典礼

校园里的"大洪钟"

校园里的"云石塔"

集团办学 经东莞市教育局批准，学校在2019年组建了莞城中心小学教育集团，先后与莞城运河小学、莞城和阳小学、揭阳市揭东区新亨镇硕联小学实施复合型集团化办学模式，探索区域教育优质均衡发展的新样态，于2022年被评为"广东省优质基础教育集团培育对象"。在东莞市集团化办学评估中，莞城中心小学教育集团连续3年被评为"优秀"等次。

学校荣誉 学校先后获得广东省依法治校示范校、广东省文明校园、全国少儿歌曲创作基地、全国家庭教育实验基地、全国校园足球特色学校、广东省融合创新推广学校、广东省基础教育校本教研基地、广东省校本研修示范学校、中华经典诗文诵读实验学校、广东省校长培训基地、广东省名师培养基地、广东省课改先进单位、广东省优秀现代教育实验学校、广东省综合实践活动课程实验样本学校、广东省红领巾示范学校、广东省书香校园、广东省艺术特色学校、广东省心理健康特色学校、东莞市首批品牌学校等20多项国家、省、市级荣誉，已发展成为一所理念先进、特色鲜明、成果显著、知名度高的现代化教育品牌标杆式学校。

校园里的百年大榕树

中山市石岐体育路学校

文明是一所学校的文化根基、气质内核和幸福底色。作为"中山市窗口式学校",中山市石岐体育路学校一直朝着成为"全国文明校园"的目标不断奔跑。学校占地面积17333.33平方米,建筑面积15917.71平方米。2022年,学校有教学班42个,在校学生2067人,教职工112人,其中专任教师110人,教师学历达标率100%。

办学多年来,学校一直坚持"立德树人"的办学宗旨,以"奏响童年最美乐章,绘就未来最美蓝图"为办学理念,以"教育让生命更美好"为教育追求,践行"未来就在今天"的校训;以"文明校园创建"为核心,通过"党建+特色项目打造",让校园成为滋养文明风尚的沃土,提升师生的文明素养,促进学校的特色化内涵式发展。

学校坚持以党建为引领,以"对党忠诚"为核心,把领导班子建设好;以"大思政课"为载体,把思想道德建设好;以"内生外化"为目的,把活动阵地建设好;以"四有教师"为标准,把教师队伍建设好;以"修正育人"为引领,把学校文化建设好;以"协同共建"为基础,把学校环境建设好,使文明校园"六好"建设落实到位。此外,学校还通过"三心"教育、好家风建设、义工服务等特色打造,让文明行动形成亮丽品牌。

学校志愿服务队自组织成立以来,共有教师、学生及家长志愿者2505人,开展志愿服务活动6409次,志愿服务总时数达184580.43小时。学校亲子义工队与社区44户困难家庭结对,每周进行慰问帮扶;利用周末开展"学雷锋便民集市"活动,为社区居民提供爱心义剪、健康义诊、法律咨询等服务,积极参与"跳蚤书市""爱心义卖";每月开展"好人进校园"活动,学习好人事迹,弘扬"好人精神"。

学校在办学以及文明校园创建等方面的经验和做法,先后被"学习强国"平台、广东电视台、"南方+"客户端、《中山日报》等中央、省、市主流媒体宣传报道,其经验材料还被《人民周刊》《党的思想政治工作成果汇编》《全国党政干部创新论坛》等国家级报刊、书籍收录。

学校通过党建引领、思政课建设带动全校师生"听党话,跟党走"

"少年交警队"参加集训,争当文明交通宣传者

学校红领巾亲子义工服务队参加"学雷锋便民集市"活动

学生正在整理"雷锋小屋"的物品

学生为"爱心花圃"的植物浇水

学校"四史书屋"

鹤山市沙坪街道第一小学

学校党支部召开2022上半年组织生活会议

学校课题开题报告会

2022年7月24日，学生参加第五届江门市青少年机器人竞赛

2022年11月，学校召开第二次少先队代表大会

2022年12月18日，"岭南画派丽常玫瑰进校园"暨建校117周年校庆活动在沙坪一小举行

2022年，鹤山市沙坪街道第一小学（以下简称沙坪一小）以党建为引领，以安全为守护，以德育为先行，以学科为载体，用奋斗绘就"至慧教育"之花，谱写"五育融合"的教育新篇。

聚力党建，擦亮品牌，助推发展

学校党支部以促进师生和学校的共同发展为出发点和落脚点，创新基层党建工作，为创建"人民满意的学校"提供强大的精神动力和坚实的组织保障。

全力守护，筑牢防线，校园平安

学校把安全工作放在首位，秉承"安全无小事，职责重于泰山"的宗旨，践行"预防为主、防治结合、加强教育、群防群治"的理念，为师生筑牢校园安全屏障。

活力德育，斑斓童年，花开有期

沙坪一小依托"学科+"教育理念，由课程育人、活动育人、实践育人、特色育人、管理育人、协同育人六个方面构成一体化德育养成教育体系；以点、线、面三结合的方式落实劳动教育，有效提升学生的综合实践能力。

魅力学科，"双减"赋能，千卉芬芳

学校牢固树立质量立校的意识，将"立德树人"融入思想道德教育、文化知识教育、社会实践教育各个环节，贯穿于学校教育教学的各个领域。

目标定向，提升核心素养。学校通过丰富多彩的学科活动，激发学生的主体自觉性，于2022年4—5月举办首届"双减"背景下跨学科融合校园文化节活动，提升学生的活动实践和创造能力。项目引领，促进专业成长。作为广东省校本研修示范校，学校坚持"研、培、改"一体化的教育科研思路，有效推进教师队伍建设。集团推进，共建共研共享。学校按照"引领带动、理念共识、资源共享、优势互补、品牌共建"的集团办学工作思路，实现龙头校与成员校的双向高质量提升。

春风有信，始得玉成，桃李成蹊

在党建领航下，沙坪一小获各级集体荣誉共计22项，教师获奖89项，学生获奖113项。学校被评为广东省校本研修示范学校，英语教研组被评为江门市十佳教研组，语文科组、英语科组均被评为江门市示范教研组，数学科组被评为江门市学习型教研组。

五邑大学第一附属小学
（江门市江海区朗晴小学）

办学理念：朗润生命，成就朗晴人生
学校愿景：让校园成为师生幸福生长的朗朗晴空
办学目标：办一所书香气韵、温润有爱的品牌学校
育人目标：培养心向阳光、努力生长的朗晴少年
校　　训：礼乐为品，江海为学
校　　风：大气明朗，晴心健行
教　　风：朗言朗心，润己泽人
学　　风：书声朗朗，悦己纳人

学校教师队伍建设提升活动

江门市江海区朗晴小学是江门市"三二一"工程学校，于2018年9月1日顺利开学，2019年6月10日正式挂牌成为"五邑大学第一附属小学"。

2022年，学校占地面积15030平方米，教学班24个，学生1074人；专职教师58人，其中研究生学历教师13人，第一学历为本科学士的教师25人，高级教师6人，骨干教师10人。

学校紧紧围绕立德树人宗旨，坚持走"内涵发展、品质办学"之路，努力建设一所"理念鲜明、环境优美、特色突出、品质卓越"的示范学校。

文化理念是一所学校的办学之基，是师生共同的精神价值追求。在对学校文化建设进行深度思考的基础上，朗晴小学以其校名中的"朗"为契合点，结合小学阶段教育"润泽"的方式，提出"朗润教育"的文化定位，确立"朗润生命·成就朗晴人生"的办学理念，形成一套办学理念体系，学校发展思路更加清晰。

为推进"朗润教育"理念落地、文化生根，并融合在教育教学各项工作中，学校通过实施"六轮驱动"工程，倾力打造"朗润教育"品牌：创建"朗润"团队模式、德育模式、课程模式、课堂模式、环创模式和家校模式，精心培育"心向阳光、努力生长的朗晴少年"。

在创建"朗润教育"品牌过程中，学校通过名校长工作室主持人领航行政领导、教师群体，开展亮点纷呈的德育活动、教学活动、少先队活动、安全教育活动等，让教育无处不在、无缝对接、特色展现，取得累累硕果：先后被评为全国校园足球特色学校、广东省绿色学校、广东省交通安全教育示范校、广东省校园篮球推广学校、广东省足球试点学校、广东省大中小学思政一体化共同体项目成员校、江门市家庭教育示范学校、江门市劳动教育特色学校等，参加广东省第七届青少年科技七巧板创意制作竞赛活动获优秀组织奖等多个奖项。

"冬至齐齐搓汤圆"家校联欢活动

"我与国旗合个影"活动

学校教学楼

校园全景

艺术展演活动

江门市蓬江区丰泰小学

学校教师朱玲在蓬江区小学语文课堂教学比赛中获得一等奖

丰泰小学"绘本小屋"揭幕暨第三届校园雅文节启动仪式

2022届一年级新生开笔礼

一年一度的书法比赛

学校家委与孩子们一起做义工

学校开展"铭记先烈遗志,赓续红色血脉"清明祭英烈主题教育活动

学校工会活动

江门市蓬江区丰泰小学(以下简称丰泰小学)创建于2018年9月,是繁华市区中新姿勃发的一所学校。学校以"党建+"开展各类教育教学活动,推动党建与教育教学同频共振,让优质资源最大化覆盖,走上教育高品质发展道路。

以党建带团建,推进创新模式 在积极展示"规范动作"的同时,学校党支部创新开展形式多样、富有成效的"自选动作",找准党建工作与学校常规工作的切入点和载体,开展"'红旗映书香,党建引领课程建设'红色教育的实践探索"课题研究,构建以红色基因"进校园、建课程、融活动、润心灵"为框架的教育范式。

构建生本课程,丰盈学生内涵 丰泰小学致力于打造"和雅教育"品牌,秉承"和而不同,雅而有致"的文化理念,开设10分钟国学经典晨读课程、课前三分钟表演课程、七彩阳光体育课程、阅读经典课程、职业多元课程、思辨表达课程等,构建立体的生本课程体系,促进学生综合素养持续提升。

创建绘本特色,丰富校园文化 丰泰小学坚持开展符合学生年龄特点的绘本阅读活动,丰富校园文化,营造良好的校园阅读氛围,培养学生的创新思维。学校创建的"绘本小屋"是学生进行绘本阅读的重要阵地之一,为展示学生绘本作品搭建新的平台,让书香浸润孩子的人生,让童心插上翅膀,创造更美好的童年。

推进"PBL"课程,落实素质教育 丰泰小学深入推进学科"PBL"项目式学习,同时加上学校特有的"品、和、乐、雅、技"五大特色课程,进一步打破学科之间的壁垒,使学习更加"看得见",学习效果更加"摸得着",学科融合"花开满园"。

打造校园文化节,点亮烂漫童年 理想做帆,活动为舟。"和雅"特色文化节已成为丰泰小学传统的校园节日,成为学校特色文化建设中的一道亮丽风景。三月"雅文节"、四月"雅心节"、五月"雅趣节"、十月"雅行节"、十一月"雅慧节"、十二月"雅言节",丰富多彩的校园节日为全校师生提供了一个主动参与、锻炼自我、放飞个性的空间,让自信与阳光、艺术与创造、文明与礼仪陪伴每一个孩子健康成长。

江门市新会圭峰小学

江门市新会圭峰小学（原新会师范附属小学）复办于1994年，2003年独立办学，2005年被评为广东省一级学校。2019年2月，以江门市新会圭峰小学为领衔校，"圭峰小学教育集团"挂牌成立，形成"1+8"的集团办学格局，成为首批广东省优质基础教育集团培育对象；同年9月，转制为公办小学，是江门地区示范性窗口学校。2022年，学校有教学班69个，在校学生3592人，教师189人。

学校围绕"新时代教育高质量发展"的主题，紧跟大数据和人工智能的时代步伐，以"数智赋能，幸福五育"为办学理念，通过幸福文化"育人"、幸福课程"树人"、多元评价"立人"，积极探索"五育"新模式，构建"三研一体"的校本研修体系，打造"开放·活力·高效"的幸福课堂，坚定走在"立足新会—辐射五邑—知名广东—走向全国"的名校办学发展道路上。

学校师资力量雄厚，有广东省特级教师1人，正高级教师1人，广东省南粤优秀教师1人；广东省"百千万人才培养工程"培养对象2人，广东省骨干教师培养对象12人；广东省中小学名教师工作室主持人1人，市级教育专家、名校长、名师工作主持人、学科带头人、兼职教研员等16人，区级名教师工作室主持人、名教师、名班主任、学科带头人、兼职教研员等42人，镇街工作室主持人9人。学校有70多名教师在区级以上教学赛课活动中获得一等奖，20名教师获得省级以上教学比赛特等奖和一、二等奖。

学校的教育教学质量一直在新会区名列前茅，先后被授予全国艺术教育特色单位、全国"真语文·真教育"培训基地、全国少年军校示范校、全国青少年校园足球特色学校、广东省德育示范校、广东省安全文明校园、广东省绿色学校、广东省心理健康教育示范校、广东省红领巾示范校、广东省依法治校示范校、广东省现代教育技术实验学校、广东省书香校园、广东省语言文字规范化示范学校、广东省规范汉字书写特色教育示范校、广东省中小学教师信息技术应用能力提升工程示范校、广东省中小学"最美阅读空间"、广东省科普E站、广东省中小学教师校本研修示范校、首批广东省校（园）本教研基地等60多项省级以上荣誉称号。

校本研修搭台，赋能教师成长

粤港心连心，结对姊妹校

快乐读书节，书香满校园

美丽校园，学习乐园

爱国壁画，亮丽风景

阳光健体节，活力大展现

阳江市江城第十一小学

经典诵读活动

学校仪仗队

元旦文艺汇演

教学楼

校园一角

阳江市江城第十一小学坐落在阳江市正坑路18号，于1991年9月建成并招生办学，是一所环境优雅、校风优良、设备齐全、特色凸显的公立完全小学。学校占地面积7160平方米，建筑面积6885平方米，建有智睿楼、德馨楼、韵美楼3幢教学楼，校园处处洋溢着浓厚的育人氛围。2022年，学校有教学班36个，学生1719人，教师93人。

学校以科学发展观规划办学蓝图，紧紧围绕着"美的教育"办学理念，注重内涵发展，将美育贯穿于学校教育教学的全过程；积极推进美育改革，探讨新形势下实施"教育立美"的新途径、新方法；开设"美乐课堂"，践行"美境冶德，和美益智，健体美格，以美育才，以劳创美"；构建"努力做更美的自己"的美育文化，促进学生德智体美劳全面发展；坚持走"凸显美的教育理念，构建和谐美丽校园"特色办学之路，实现"校有特色、教有特点、学有特长"，促进学生全面和谐发展。

学校办学质量不断提高，影响力和知名度不断扩大，在社会上享有较高的声誉，先后被授予广东省义务教育标准化学校、广东省毒品预防教育示范校、广东省规范汉字书写教育特色学校、广东省非物质文化遗产阳江风筝制作技艺教学点、广东省绿色学校、广东省围棋特色学校、阳江市依法治校示范校、阳江市德育示范学校、阳江市书香校园等荣誉称号。

学校承载着教育现代化的春风，高起点优化办学条件，高规格整合育人环境，高要求建设教师队伍，高效能规范管理手段，高标准提高教学质量，努力打造美育特色教育品牌，坚持走高质量发展道路。

阳春市新和小学

学校概况 阳春市新和小学创办于2021年9月,坐落在阳春市阳春大道北268号,是一所全日制公办小学。学校占地面积34931平方米,总建筑面积约13000平方米,环境优美,设备先进,现代化的体育馆、报告厅、录播室、书法室、音乐舞蹈室、图书馆、200米标准跑道塑胶运动场等功能场室一应俱全。2022年,学校有教学班28个,学生1278人,教师66人。

学校领导班子

办学理念 学校坚持社会主义办学方向,把立德树人作为教育的根本任务,确立"基于儿童、发展儿童、为儿童美好人生导航"的办学理念,以"笃行日新、和美致远"为校训,着力营造"创新•和谐""求新•和爱""知新•和善"的校园氛围,创建一所"人人日新、事事和美"的新时代一流学校。学校致力于打造一支以仁爱为底色、以勤奋为名片、以质量为追求的高素质教师队伍,旨在把学生培养成为会学习、懂感恩、有追求的新时代小公民,成为德智体美劳全面发展的社会主义建设者和接班人。

特色课程 学校利用校内课后延时服务,开设书法、中国画、楹联鉴赏、葫芦丝、中国舞、啦啦操、象棋、围棋、篮球、足球等30多项的特色课程,定期举办才艺大赛、文艺汇演、校运会、体艺节等活动,充分培养和发挥学生的个人特长,为学生展示艺术风采、凸显个性魅力提供广阔的舞台,点燃学生的艺术梦想,充分体现学校实施素质教育、为儿童美好人生导航的教育理念,被评为阳江市校内课后服务特色学校。

特色文化 学校办学特色鲜明,成果突出,借助阳春市创建"中国楹联文化城市"的契机,着力打造学校楹联文化特色,成为全市小学校园中唯一一所楹联文化教育基地学校。学校扎实推进各项楹联活动开展,优秀的传统文化时刻与孩子们相伴,逐步形成良好的人文风气,铸就别具一格的学校楹联文化特色,被授予"广东省楹联文化教育基地"和"中国楹联教育基地"称号。

特色课程之乐高编程班

特色课程之书法班

特色课程之象棋班

楹联社团学习活动

学校体艺节开幕式之葫芦丝表演

足球训练

吴川市塘尾街道高屋小学

吴川市塘尾街道高屋小学始建于1953年，紧靠325国道，交通方便，环境优雅，是一所功能齐全、设备先进的现代化小学。学校先后被授予湛江市义务教育规范化学校、吴川市德育示范学校、湛江市特色文化校园、湛江市文明校园、湛江市规范化家长学校、湛江市毒品预防教育示范学校等荣誉称号。2022年，学校有教学班24个，在校学生925人，教师42人，教师学历合格率达100%。

学校占地面积26500平方米，建筑面积7630平方米。建有教学楼、科学楼、教师宿舍楼、学生宿舍楼、学生食堂，配备计算机室、图书室、阅览室、科技活动室、少先队部室、科学实验室、音乐室、美术室、心理咨询室、体育器材室、卫生保健室、广播室等功能教室，建有篮球场、排球场、羽毛球场、300米标准环形跑道运动场和游戏活动场地，拥有教学平台24个，图书馆藏书40000册。

学校遵循"育人为本、尊重个性、和谐发展"的办学理念，秉承"勤、诚、恒、美"的校训，形成"文明友爱、活泼进取"的校风、"爱岗、奉献、开拓、创新"的教风及"勤奋、多思、自强、自立"的学风。学校大力推进素质教育，实行新课程改革，加强教师队伍建设，努力改善办学条件，并取得显著的成绩。教师有30多人次获得各级荣誉称号或奖励，其中2名教师获省级表彰奖励，4名教师获湛江市表彰奖励，10名教师获吴川市表彰奖励。学生有200多人次获得各级荣誉称号或奖励。

学校是首批"全国青少年校园足球特色学校"，多年来一直坚持开展校园足球，既培养学生们的足球运动兴趣，又增强其身体素质。为了支持校园足球活动的开展，学校成立高屋小学校园足球领导小组。学校以"校园足球，人人参与，提高球技，健康快乐"为指导思想，让越来越多的孩子参与进来，从中享受到足球带来的乐趣，让足球成为校园生活的一部分。同时，学校足球队积极参加各项比赛，取得较好的成绩。其中2015年、2016年获得湛江市冠军，2016年、2018年获得吴川市冠军。学校多年来向广东省体育学校、湛江市体校输送了一大批优秀的足球队员。

学校坚定地沿着科学管理之路，以办成人民满意的学校为目标，不断加强队伍建设，深入实施素质教育，在求实中发展，在发展中创新，推动学校义务教育均衡发展再上新台阶。

学校升旗仪式

少先队新队员入队仪式

一年级新生入学仪式

学校足球队

学生演讲比赛

学校少先队部室

茂名市福华小学

茂名市福华小学坚持以习近平总书记关于教育的重要论述为指导，在茂名市委、市政府和市委教育工委的正确领导下，围绕立德树人根本任务，将"正本育人"办学理念融入教育教学工作中，大力促进学生德智体美劳全面发展，取得显著的办学成绩。学校先后获得全国巾帼文明岗、全国规范化家长学校实践活动成效突出实践学校、全国优秀少先队集体、广东省基础教育小学语文学科教研基地、广东省基础教育小学信息技术学科教研基地、茂名市教育系统先进基层党组织等荣誉称号。

文化育人，品正为本　学校全面贯彻落实党的教育方针，坚持社会主义办学方向，把立德树人作为教育的根本任务，把"党建工作"与"正本育人"办学理念深度融合，全面实施素质教育，致力于培养德智体美劳全面发展的社会主义建设者和接班人。学校以"四养"（养思想之正、养品德之正、养习惯之正、养健康之正）和"五爱"（爱党、爱祖国、爱家乡、爱学校、爱自己）等校园文化为育人体系，并将之融入日常教育教学和各项活动之中，育人成效良好。

党建育人，提质为本　学校把党员教师的党性修养摆在首位，把党的二十大精神与学校的教育教学工作深度融合，以"基层党建三年行动计划"为行动纲领，进一步规范和优化学校党组织建设；抓好班子建设，根据领导班子成员的个性特长，合理调整岗位，人尽其才，打造"忠诚、担当、自律、和谐"的班子，发挥基层党组织的战斗堡垒作用；强化党员教育管理，发挥党员先锋模范作用；用好红色文化资源，建好党性教育基地；开展"党课开讲啦""学习身边的榜样""党员先锋讲党史"等活动，大力宣传优秀党员先进事迹，营造"崇尚先进、争做先进"的浓厚氛围；落实"双培养"制度以及党员骨干教师与青年教师"师徒结对"模式，促进学校教师队伍整体素质提升。

特色育人，发展为本　学校始终坚持把学生的健康成长摆在重要位置，把"正本育人"与"双减"政策深度融合，把"特色办学"与"学生发展"深度融合，全面落实五育并举；以德育、体育、美育、科学教育、劳动教育为抓手，践行"正本育人，体育健身；正本育人，美育润心；正本育人，科学启智"的发展思路，形成体育、美育、科学教育三大特色品牌。学校学生参加《国家学生体质健康标准》测试，成绩大幅度提升；男子、女子足球队参加"省长杯"足球比赛，分别获得第五名、第七名；羽毛球队参加广东省中小学生羽毛球锦标赛，获得团体总分第四名。学校被评为全国青少年足球教育特色学校、广东省艺术教育特色学校、广东省科学教育特色学校等。

少先队员代表大会

学生在"好心书吧"阅读

校园科技节活动

学校运动会

"正本育人"办学理念文化石

"四养"文化墙

潮州市绵德小学

1945年，旅港爱国侨领庄静菴先生在潮州市开元路"绵德善堂"开办绵德义学；1956年起独资创办绵德小学；1994年实行体制改革，学校归属地方政府办学，是潮州市教育局直属的"窗口式"品牌学校。2021年9月，学校整体搬迁至新校区，开启新校区办学的新征程。新校区总投资约1.35亿元，占地面积22860平方米，按48个教学班办学规模设计，配套了教育教学中心、教师发展中心、艺术中心、科创中心、体育训练中心、综合活动中心、后勤服务中心及人防、消防系统等设施。

学校一直秉承庄静菴先生"德泽桑梓"的办学初衷，不断传承"绵德"精神，不断让扶贫济困、乐善好施的"大爱"思想发扬光大。坚持"绵恩培慧、崇文厚德"的办学理念，以德立校、依法治校，以人为本、因材施教，深入探索绿色教育，积极倡导校园"三声"文化（即营造校园充满读书声、唱歌声、跑步声），让读书、歌唱、运动成为师生的良好习惯。狠抓教师队伍建设，践行绿色德育，构建绿色课程，开展丰富多彩的教育教学活动，已形成中华优秀传统文化教育、艺术教育、国防教育、科创教育等品牌办学特色。

在办学几十年的过程中，一代代绵德人用高尚的人格魅力和精湛的教育教学技艺，坚守"为党育人、为国育才"的初心使命，精心培养了一批又一批优秀人才，取得丰硕的办学业绩。学校先后获得中华优秀艺术传承示范学校、全国国防教育特色学校、全国校园冰雪运动特色校、广东省中小学中华优秀传统文化传承学校、广东省红领巾示范校、广东省书香校园、广东省艺术教育特色学校、粤东青少年创客教育联盟基地学校、潮州市文明校园、潮州市美丽校园等多项荣誉称号。

绵德小学正从高站位办学、现代化办学、品牌化办学三点发力，努力打造具有"绵德"特色、具有地方特色、具有时代特色的高质量学校，为办好人民满意的教育，办好向人民负责的教育而不懈奋斗。

学校开展"发扬革命传统，传承红色基因"教研实践活动。图为师生参观"潮州七日红"革命纪念馆

学校组织学生到驻潮部队开展国防教育

学校校内课后素质拓展"创客小组"开展科创活动

学生参与校内课后服务素质拓展游泳项目训练

学校艺术节目——潮州传统歌谣《拍啊拍剪刀》

学校大锣鼓队参加潮州市中小学大锣鼓比赛

云浮市新兴县惠能小学

云浮市新兴县惠能小学是由云浮市新兴县教育局直属管理的一所公办学校，是云浮县委、县政府为完善县城东区公共服务设施配套，扩大优质教育供给，解决县城东区适龄儿童就近入学问题而实施的一项民心工程、德政工程。

2022年9月29日，新兴县教师发展中心省级教研基地项目实验学校课堂教学改革研讨课在学校举行

家庭文明建设系列活动

学校分两期工程建设而成：首期工程投入资金约9000万元，由广东筠诚投资控股股份有限公司、广东凌丰集团股份有限公司两家企业各捐赠2500万元；二期工程投资约5300万元，由云浮县给予财政资金支持。

学校于2018年8月24日竣工验收并正式招生办学。2022年，学校有一至六年级教学班54个，学生2466人，教师139人。学校位于新城镇惠能北路东侧，校园占地面积98000平方米，总建筑面积38000平方米。校园建筑风格为"统一之中富有变化，厚重而不失灵动"，生活区设施一流，运动区建有300米塑胶跑道运动场和造型独特的风雨操场。

学生在"快乐阅读书厅"认真阅读

学校以习近平新时代中国特色社会主义思想为指导，全面贯彻党的教育方针，坚持立德树人。一是构建正确的育人模式，让孩子从小树立正确的世界观、人生观、价值观，培育浓浓的家国情怀；二是创建学校特色课程，落实五育并举；三是在"双减"政策背景下，坚持以质量为中心，确保减负提质；四是通过省、市、县级课题的带动，提高创新能力；五是做优课后服务，以细心的服务让学生体会到被关心和被呵护的温暖，减轻家长焦虑，为孩子的幸福童年护航。

运动场

学校始终坚持以"让每个孩子都能绽放精彩"为宗旨，提出了"适性教育"主张，秉承"惠人惠事惠天下"的校训，坚持德育为先、质量为本、服务为上；营建"求真、至美、向善"的校风、"修己、担当、求实"的教风和"乐学、善思、致远"的学风，着力打造平安、和谐校园，办好人民满意的教育。

学校办学特色鲜明，发展优势明显，取得了显著的阶段性办学成果，先后被评为广东省义务教育标准化学校、广东省绿色学校、广东省教育厅"美育浸润行动计划"教学实践基地等。

校园一角

罗定泷州小学

校长与孩子们一起读书

学校教师参加罗定市第八区小学语文教师专业素养选拔赛

"喜迎二十大，我向党旗敬个礼"主题教育实践活动

文化核心：润德教育
办学理念：德润泷州，精彩童年
学校精神：只争朝夕，勇立潮头
办学目标：办有梦、有爱、有趣，面向世界的未来学校
育人目标：育有志、有智、有为，走向世界的阳光少年
校　　训：求知、立志、尚德、强体
校　　风：淳（淳朴）、礼（明礼）、融（融和）
教　　风：爱（博爱）、细（细致）、润（润泽）
学　　风：勤（勤勉）、实（务实）、活（灵活）
管理理念：人本、规范、优效
工作理念：爱心、专业、品质
形象理念：典雅、儒雅、文雅

罗定泷州小学坐落在罗定市双东街道白荷村委的增城自然村，位于罗定市龙华东路，由罗定市政府投资以及乡贤梁忠文先生捐资兴建，教育教学管理由政府教育主管部门负责，是罗定市教育局直属管理的一所公益一类事业单位。学校占地面积46255平方米，建有教学楼4栋，教学班72个，学生3500多人。

学校师资力量强大，教职工198人，其中特级教师1人，高级教师9人，一级教师54人，本科学历教师132人；拥有广东省中小学"百千万人才培养工程"培养对象1人，广东省南粤优秀教师2人，云浮市名校长1人，云浮市名教师3人，罗定市名班主任、名教师5人，罗定市课堂教学改革标兵7人。

学校创建"润德教育"，是扎根于当地的历史文化土壤，顺应学校新时代发展要求，是以文化为引领、以发展为宗旨、以质量为根本的重要举措。学校以"润德教育"理念为引领，着眼于学生的全面发展和自主发展，凝聚师生力量，挖掘办学优势，提升办学质量，建设特色品牌，不断向更高水平迈进。

"润德教育"是学校的文化核心、思想核心和教育核心。"润德"是面向全体的素质教育，它让所有的师生都能够在快乐、活泼的学习氛围中茁壮成长；"润德"是有效激发个性的个性化教育，它让每一个师生的潜能和优势得到充分发挥，让每一个师生拥有展示自己的舞台；润德教育是以润泽生命为核心的生命教育，引导师生

"争做好队员"少先队员入队仪式

校刊首发仪式暨读书节闭幕式

庆"六一"活动

校园文化体育艺术节

活力无限的大课间活动

六年级学子毕业典礼

认识生命、尊重生命、爱护生命、热爱生命、激扬生命，唤醒生命意识，捍卫生命尊严，激发生命潜能，提升生命品质，实现生命价值；"润德"是全面促进学校内涵发展的品质教育，引领学校实现高位、健康、持续发展。

为了进一步落实高效课堂建设、打造精品课堂、提升课堂成效，学校多次组织开展优课评比活动，不断提高教师的教学水平，更好地促进教师的专业发展。

学校办学特色鲜明，铸就了"文化育人"和"活动育人"特色品牌。学校教导处注重开发校本课程，凸显学科特色，让"润德教育"思想与内涵融入国家课程、校本课程中，实现"国家课程校本化，校本课程多元化、立体化"的课程理念。学校开设了"小小科学家""小小歌唱家""小小舞蹈家""小小配音员"等40多个校内外相结合的特色社团活动，彰显学生的个性特长；语文科组注重打造特色课程，以营造"书香校园"为主体，定期开展"课前三分钟古诗吟唱""我手写我心作文周报""书法立人"等特色活动，提升学生的语文素养；此外，学校通过弘扬"红色文化""孝雅文化""励志文化"，将德育融于学校活动中，引导学生在各项特色课程、特色活动中发展多彩个性，展现多彩人生。

学校办学质量逐年提升，取得了一系列教育教学成果，先后获得广东省中小学教师校本研修示范培育学校、广东省信息化中心学校、广东省义务教育标准化学校、第四批广东省中小学艺术教育特色学校、云浮市文明校园先进学校、云浮市禁毒示范学校、罗定市示范性小学等荣誉称号。在新的起点上，学校将以"润德教育"思想为核心，凝心聚力、奋勇争先，朝着"办润德学校，育润德人才，创润德品牌"的目标迈进。

做花灯，猜灯谜

浸润书香，阅见美好

满园春色，繁樱似锦

浪漫风铃，美好校园

罗定市实验小学

学校"小精灵"合唱团参加2022年广东省中小学校艺术团队交流展示活动

版画课程

象棋社团

校园"读书节"活动

体育大课间活动：特色旗操

校园雕塑《希望之星》

美丽的校园

罗定市实验小学创办于1995年，原名为"罗定师范附属实验学校"，是一所规模较大的半封闭式市属小学，2001年10月正式更名为"罗定市实验小学"。2015年秋季，学校分设校本部、教师进修学校实验小学分校两个校区，实行两个校区统一教学管理、师资调配、课程实施、质量要求和资源共享。

学校总占地面积38730平方米，建筑面积28265平方米，建有教学楼、宿舍楼、综合楼，配备多媒体室、仪器标本室、微机室、舞蹈室、图书室、队部室、体育器材室等各种场室。2022年，学校有教学班42个，学生2079人，专任教师104人，其中全国优秀教师1人、特级教师1人。

自办学以来，学校始终秉承"不求人人成名，但求人人成才"的办学理念，营造"锐意进取、砺志勤学"的校风，践行"团结、勤奋、求活、创新"的校训，凭借一支严谨、高效、创优的教师队伍，引领一群活泼、主动、进取的学生，形成了"书为伴、人为本、质立校"的办学特色，培养了一批又一批身心健康、全面发展的社会主义建设者和接班人。

学校以"为党育人、为国育才"为目标，全面实施素质教育，定期举办合唱、舞蹈、书法、绘画、象棋、篮球、足球等多种多样的课外活动，满足学生的个性化需求，为学生展示自我、放飞梦想提供广阔的舞台。

自2020年以来，学校师生在各级各类比赛中取得了斐然的成绩：共有47人次获得国家级奖项，155人次获得省级奖项，283人次获得地级市奖项，628人次获得县市级奖项。学校获得2021—2022年度"广东省少先队先进学校"称号，被广东省少工委授予"红领巾奖章"集体四星章。2022年，学校参加全省中小学校优秀艺术团队交流展示活动，获得声乐小学组三等奖；合唱团参加广东省教育厅举办的粤东西北中小学合唱交流展示活动，荣获粤西片区小学组一等奖；学校两名教师辅导六年级学生获得国家知识产权局授予的外观设计专利2项。

广东实验中学

广东实验中学（以下简称省实）是直属广东省教育厅领导的省级重点中学，广东省首批国家级示范性高中。

学校秉承"爱国、团结、求实、创新"的校训，坚持"以人为本，以德树人，以质立校"的办学理念，形成"实验性、创新性、示范性"的办学特色，培养了包括邓锡铭、黄耀祥、范海福、蔡睿贤、姜伯驹、岑可法、钟南山等院士在内的万千优秀学子。由于办学成绩显著，学校先后获得全国文明单位、全国文明校园、全国师德建设先进集体、广东省先进集体、广东省文明单位等荣誉。

学校秉承"为党育人、为国育才"的初心使命，在全体员工的努力下，坚持素质教育，五育并举，砥砺前行，取得了令人瞩目的办学成绩，充分凸显了省实教育的深度、广度、厚度与温度。

奋进新征程，喜迎二十大。学校党委继续高举习近平新时代中国特色社会主义思想伟大旗帜，认真学习贯彻党的二十大精神。以党的政治建设为统领，以党史学习教育为主线，开展系列活动，引导全体师生"学党史、悟思想、办实事、开新局"。同时，学校党委不断加强思想建设、组织建设、纪律作风建设，落实全面从严治党主体责任，加强师德师风建设，凝聚全体教职工干事创业的精气神，以高质量党建引领学校教育教学事业高质量发展。

立德树人，五育并举。学校多名学生获评广东省优秀共青团员、广东省优秀学生骨干、广东省优秀学生、广东省优秀少先队员。学校少先队获评广东省红旗大队。在2022年广州市中小学"学宪法 讲宪法"演讲比赛中，学校学生荣获一等奖。在全国中小学班主任基本功和全国思政课教师基本功展示交流活动中，学校教师李文的德育案例和李家琦的思政课案例成功入选。

中考高考，再创新高。2022年高考，学校历史类考生陈若桐、物理类考生杨博文的成绩被屏蔽。历史类总分全省前5名（屏蔽）1人，前20名2人，前50名3人。物理类总分全省前11名（屏蔽）1人，前30名2人。历史类和物理类被清华大学、北京大学录取的考生共13人，58.18%的学生高考成绩超过中山大学投档分数线，61.76%的学生高考成绩超过华南理工大学投档分数线，特控线上线率为97%。

2022年5月20日，广东实验中学高中校区新建综合教学大楼正式启用

2022年7月1日，广东实验中学举行高中校区扩建工程奠基仪式

2022年8月31日，广东实验中学举行云城校区启用仪式

2022年8月31日，广东实验中学举行云城校区启用仪式暨2022学年小学部开学典礼

2022年9月28日，广东实验中学体育艺术特色教育高质量发展研讨会在高中部举行

2022年10月16日，广东实验中学校领导、党委委员、各支部委员、行政干部及学生代表积极关注党的二十大召开盛况

参加全国高中数学联赛学生合影

广东实验中学入选广州市首批中小学（中职）思政课新结构教学评范式研究项目试点实验学校

百花齐放，群星闪耀。 2022年中考，学校780分以上的考生共5人，其中最高分787分。前264名学生的成绩达到优秀等级，占比43%。

科创体艺齐绽放，特色品牌放光芒。 在第二十一届中国女子数学奥林匹克竞赛中，谢雨舟获全国决赛金牌。在第三十八届全国高中数学联赛中，3名学生进入省队。在第三十九届全国中学生物理竞赛复赛中，3名学生进入省队。在第十八届泛珠三角物理竞赛中，梁清尧通过北大卓越计划考入北京大学。在第三十九届全国中学生物理竞赛全国决赛中，刘华君荣获金牌并入选国家集训队保送北京大学，李冰宰、谢云天2名学生获全国决赛银牌。在第三十一届全国生物学奥林匹克竞赛中，许珏凝获全国决赛铜牌。在2022年全国青少年信息学奥林匹克联赛中，9人获得省一等奖。在2022年全国信息学CSP-J/S第二轮认证中，24人获得提高级一等，其中谢志得获提高级广州唯一400分满分的好成绩。在第三十九届全国青少年信息学奥林匹克冬令营中，2名学生荣获银牌，5名学生获铜牌。在第十六届亚洲和太平洋地区信息学奥林匹克中，学校获中国赛区铜牌。在全国中学生天文知识竞赛决赛中，潘铭健进入国家队。

学校获评"小平科技创新实验室""2022—2024年英才计划中学培养基地"，学生赵韫为获"中国青少年科技创新奖"。学校作为广东省唯一中学参加了教育部"加强和改进科学教育、工程教育"调研工作会议，校长全汉炎做专题报告。

学校学生研发的"喂药宝——一种融合脑机接口技术的失能人员智能喂药系统"科研项目荣获第八届大学生创新创业大赛广东省赛区最高奖项。

参加全国中学生物理竞赛复赛学生合影

教师为高考考生送祝福

民乐团在广东省中国民族器乐大赛中荣获 1 枚金牌、1 枚银牌；在广州市中小学生器乐比赛中民乐团、交响乐团均获一等奖第一名。舞蹈团参加"2022维也纳之夏艺术节"比赛，获金奖第一名。

在广东省第十三届中学生运动会中，学校 8 支高水平运动队为广州市代表团夺得 25 枚金牌。在首届少年 CBA 全国总决赛中，学校篮球队获冠军。在 2022 全国 U15 篮球比赛中，学校篮球队获第一名。足球队参加第一届中国青少年足球联赛全国总决赛获第二名。在 2022 年中国中学生田径冠军赛中，田径队获 4 个冠军。在广东省青少年游泳锦标赛中，游泳队获团体总分第一名。在第十五届中国中学生羽毛球锦标赛中，羽毛球队获初中女子单打第二名。在广州市传统项目学校乒乓球比赛中，乒乓球队获 3 个冠军。网球队参加广东省青少年网球排名赛总决赛，获 6 枚金牌。在广东省健美操锦标赛中，健美操队获女子单人操第一名。在广东省中小学生春季跆拳道锦标赛中，武术队获团体总分第二名。

勇担时代使命，助力教育均衡。广东实验中学不忘初心，贯彻基础教育均衡发展的重要战略方针。2022 年 8 月 31 日，广东实验中学举行云城校区启用仪式暨 2022 学年小学部开学典礼。该校区的建设和启用是学校探索基础教育十二年制贯通式发展的新阶段，更是学校推动广东基础教育优质均衡发展的新举措。云城校区位于广州市白云区云城街道白云新城核心区，用地面积约 45000 平方米，班级规模为 48 个班。2022 年，云城校区小学部一年级招生 270 人。

高三年级学生赵锦为获得"中国青少年科技创新奖"表彰（广东省仅 3 名高中生获得）

在第二届丘成桐女子中学生数学竞赛中，高一年级南山班学生罗悠然获得诺特优胜奖

学校舞蹈团参加"2022 维也纳之夏艺术节"比赛获金奖第一名

广东华侨中学

广东华侨中学初中校区

广东华侨中学高中校区

学校举办空天工程科技特色夏令营活动

学校举办第五届诗会

美丽校园

广东华侨中学创建于1930年，是直属于广州市教育局领导的广东省国家级示范性普通高中。2019年，学校获批广州市局属首个招收港澳子弟班资格，开启了普通高中、港澳子弟班、国际课程班"三驾马车"齐头并驱的办学格局。

师资力量雄厚，教育条件优越。2022年，学校有教职工236人，专任教师207人。其中省特级教师4人，正高级教师4人，广东省名师工作室顾问1人，高级和中级教师143人；博士后1人，研究生学历教师86人，硕士以上学位专任教师119人（占全体专任教师的55.9%）；"十四五"中小学教师国培计划专家1人，广东省名教师工作室顾问1人，广东省、广州市名校长名教师工作室主持人8人；40多人获全国优秀教师、南粤优秀教育工作者、南粤优秀教师、广州市优秀教育工作者、广州市优秀教师及省、市名班主任等称号。

课程体系完善，助推人才培养。学校构建"必修课程＋选修课程＋特色课程＋社团活动＋研学拓展"五位一体的课程体系，致力于培养基础厚实、勤于实践、勇于创新的高素质拔尖创新人才。同时，学校成立"广东华侨中学学生发展指导委员会"，从学业、心理和生涯规划等方面对学生进行全面指导，助推创新人才培养。

坚持五育并举，打造特色品牌。学校秉承"以学生健康发展、全面发展、终身发展为本"的教育理念，着力打造"三礼"（开学礼、成人礼、毕业礼）"六节"（科技节、体育节、艺术节、读书节、班主任节、社团节）为主要内容的综合性活动主阵地，为学生搭建了有"侨"字特色的多元发展平台。

深化交流合作，发挥示范引领。学校作为广州市三个"基础教育国际交流与合作基地"之一、首批中美"千校携手"项目之一、广州市教育国际化窗口学校培育创建单位，开设有港澳子弟班和国际课程班，积极开展全方位、多层次、宽领域的对外交流活动，积极创建"中""侨""外"文化汇集的对外教育基地。

办学成绩显著，学校屡获殊荣。学校作为粤港澳大湾区中小学校长联合会主席团成员，先后获评全国航空特色学校、全国青少年校园网球特色学校、全国青少年科学调查体验活动优秀活动示范学校、全国创新教育研究中心教学创新优秀学校、广东省中华文化传承基地、广东省绿色学校、广东省普通高中新课程新教材实施省级示范校、宋庆龄少年儿童科技发明示范基地、广东省航空航天特色学校、广州市基础教育国际交流与合作基地、广州市首批红色教育示范校、广州市星级家长学校、广州市首批艺术重点基地学校、广州市中小学德育示范学校。

广州外国语学校

学校简介

广州外国语学校（以下简称广州外校）是教育部1962年批准开办的全国首批七所外国语学校之一，位于广州市南沙区凤凰大道102号，占地面积17.93万平方米，是广州市首批示范性高中，广州市教育局直属、公办、全日制、寄宿制完全中学。

办学特色

外语教学特色——作为全国外国语学校工作研究会会员学校，开齐开足英语课程，实行小班分层教学。开设法语、德语、日语、俄语、西班牙语课程，可选择多语种作为第一外语参加高考。

国际教育特色——作为广州市首批教育国际化窗口学校培育创建单位、基础教育国际交流与合作试验基地，开设AP、A-Level、IB三位一体的国际课程，成为广州市基础教育国际化办学示范基地、国际课程班升学标杆、外语特色龙头学校。

科技教育特色——作为省、市青少年科技教育基地，重视拔尖创新人才培养，以博雅少年科学院为载体，与高校、企业共建实验室和课程，赋予学生无穷的创新能力。

博雅课程高品位构建

博雅自主选修课程对应六大核心素养，开发了包含品德养成、文化传承、科学探究、尚美健体、学品培养、生活技能等六大板块的108门博雅选修课程，最大限度地实现课程与学生个性的契合。如帆船、高尔夫球、皮划艇等课程深受学生欢迎。

拔尖人才高水平培养

学校成立"博雅少年科学院"，通过与高校、企业共建实验室和课程，致力于选拔和培养早期有志于以科学和技术改变世界的复合型拔尖创新人才。

学校始终坚持素质教育导向，充分发挥竞赛育人功能，已组建由国际金牌教练领衔的竞赛教练团队，一批批学生参加各科竞赛以优异的成绩诠释广州外校文理兼优的办学特色，每年均有多名学生入选广东省"英才计划"。

"无感多功能智能校服""专注宝青少年专注力训练智能桌"分别获得第七、八届中国国际"互联网+"大学生创新创业大赛全国总决赛萌芽赛道全国最高奖项——"创新潜力奖"。

中国脊梁高素质担当

学校尊重学生特点，遵循教育规律，以雅育培育中国脊梁。兼收并蓄，推进文化交流，助力世界担当。"中学为本、西学为用、国语大承、外语大通"是广州外校全体教师共同的教育理念，拥有"中国灵魂、世界眼光"是每一个广州外校学子的追求。博雅学子身体力行传播中华文化，用中文、西班牙语、俄语、德语、法语、日语等多国语言录制《千年中医药少年说》《中法青年故事会》《西语话羊城》《法语话粤剧》《德语话早茶》《英语话端午》等视频，展现中国文化的魅力。

中法青年见面会

帆船博雅课程

学生高尔夫训练

运动会开幕式

艺术节活动

智能无感多功能校服

广州市南武实验学校

广州市南武实验学校（以下简称南实）于2000年9月1日诞生在珠江之滨，她依托百年名校南武中学的教育资源，传承南武文化的精髓，自强不息，志存高远，在不断践行"为学生提供优质教育"办学宗旨的过程中，逐步凝练成"高标准、严要求、重落实"的南实精神和"旭日教育"特色，努力打造优质教育的品牌。2022年，学校有教学班18个，学生800多人，教职工70人。

潜心钻研，追求卓越

在20多年的办学实践过程中，学校追求"优质教育"的内涵发展，逐步形成与完善"旭日教育"特色。南实人潜心课堂，不懈钻研，形成了具有南实特色的"自主学习五步法"——先学、听课、追记、改错、教会别人。学校着力推进"思维教学聚核心，智慧课堂增效能"，提升教育教学水平。教学上以科组建设为抓手，以学科宣言为引领，以"双减"为重点，以优化课堂和优化作业为落脚点，建设特色科组，打造学科品牌。围绕学科核心素养设计教学活动，提高学生综合竞争力。培养、认定"教坛新秀""骨干教师""名优教师"，举办"南实大讲坛"、说课比赛、"锤炼教师语言"等教学沙龙活动。学校9名教师参加了广州市电视课堂的录制，教师优秀的课堂设计、精炼的课堂语言、高素质的仪表仪态受到了各界高度肯定和赞扬。肯吃苦、爱研究、敢创新是南实教师的写照。

不忘初心，五育并举

德育工作也是南实教育的一大亮点。学校落实"行为规范教育""意志品质教育""精神情操教育""健康心育教育"四项教育，根据学生身心发展特点，构建"养成教育目标体系"。开展"每月一事"德育主题活动，从一件件小事做起，从行为训练入手，从习惯培养着手，综合多种教育方法，全面提高学生的综合素质，为学生的终身发展奠基。校园活动多姿多彩，诵读经典美文，演绎经典剧目，高唱爱国歌曲，在广阔的舞台上，学生充分展示才华，不断激发灵感，成就个性，发展特长。南实人重视学校、家庭、社会协同育人，助力学生全面发展。学校班主任队伍培训形式多样，如经验分享、专家讲座、班课研

传承传统文化，树立文化自信

还课堂给学生，引领学生成长

高唱爱国歌曲，激发爱国情感

师生互动，气氛活跃

南实学子，青春昂扬

赛场奔跑，活力无限

讨、实战演练等，打造出了一支有教育情怀、有教育智慧的高素质德育队伍，孕育出广东省名班主任工作室席俊梅工作坊、海珠区名班主任梁春梅工作室。

厚德载物，承梦远航

学校的日益壮大，不断进步，雄厚的师资力量起着关键的作用。学校有20多名教师获评广州市优秀教师、广州市骨干教师、广州市名班主任，近30名教师获得海珠区骨干教师、海珠区教学比赛一等奖等区级荣誉称号和奖项，20名教师担任海珠区各学科中心组组长或成员。

暖阳沁人心，辛勤结硕果，南武实验学校不忘初心，深耕教育，先后获得广东省书香校园、广东省义务教育标准化学校、广东省依法治校示范学校、广东省绿色学校、广东省优秀学校推选活动示范名校、广州市义务教育阶段特色学校、广州市安全文明校园、广州市民办教育先进集体、广州市优秀党组织、海珠区先进基层党组织、海珠区教育工作先进集体、海珠区师德先进集体、海珠区中学第五届"明珠杯"青年教师课堂教学评比初中组优秀组织奖等荣誉。

南实人艰苦创业，勤勤恳恳，凭着扎实细致、力求完美的工作作风，不断创新，在每一个新的起点和舞台中不断攀升，追求卓越。南实人专心教育一件事，凝聚力量一群人，坚持办优质的教育，助力学生成人成才。

优美舞姿，梦想飞扬

爱心捐献，传递温暖

广州协和学校

学校校训： 尔识真理，真理释尔。
办学理念： 协力和衷，作育英才。
办学目标： 把学校建设成为文化厚重、特色鲜明、优质卓越的粤港澳大湾区基础教育示范学校。
育人目标： 培养身心健康、品行优良、底蕴深厚、思维深刻、视野宽广、抱负远大的可持续发展的人才。

广州协和学校地处广州市荔湾区西湾路93号，占地面积约7.18万平方米，是广州市教育局局属学校、广东省国家级示范性普通高中。学段包括小学、初中和高中。2022年，学校有教学班94个，在校学生3911人。

传统优良。广州协和学校前身为1911年创立的慈爱保姆传习所和1921年设立的广州市立师范学校。中国"两院"院士林秉南、黄翠芬、李绍珍，著名文学家、艺术家欧阳山、关山月、廖冰兄、潘鹤等皆为协和校友。学校被誉为广州基础教育的"黄埔军校"。学校2001年由师范转办高中，2008年被评为广东省国家级示范性普通高中，2016年复办初中，2022年广州市协和小学整体并入市协和中学，成立广州协和学校。学校实施党组织领导的校长负责制。

师资优秀。学校师资力量强大，专任教师300人中，正高级教师、特级教师8人，全国优秀教师、南粤优秀教师、省名班主任12人，市级优秀教育工作者、优秀教师36人，省、市百千万教育专家培养对象、名教师工作室主持人、名教师培养对象、骨干教师60人，市级优秀班主任、骨干班主任48人，博士、硕士研究生107人，中学高级职称以上教师105人。

课程优质。为落实党和国家教育方针，实现学生德智体美劳全面发展的育人总目标，学校立足协和深厚底蕴，开发实施"六和"课程，进行十二年一贯制的设计，促进学生全面而有个性的发展。

和乐：积极乐观，强健体魄，乐学善学，快乐赋能。
和正：品行端正，遵道秉义，意志坚定，和而不同。
和雅：温和文雅，审美情趣，文化自信，国际理解。
和致：追求卓越，批判质疑，勇于探究，激发潜能。
和合：和谐共生，实践创新，生态文明，持续发展。
和心：协力和衷，社会责任，民族认同，家国情怀。

学校正门

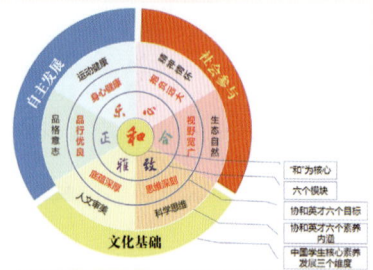
六和课程模块、协和的育人目标及学生核心素养逻辑关系图

广东省青少年科技教育创新团队

在"和雅"课程中开展"诗语人生"学习活动

街舞社表演

成人礼

广州市番禺区实验中学

广州市番禺区实验中学成立于2010年9月，是广州市示范性高中、区属完全中学。学校办学规模为54个班，其中高中部36个班，初中部18个班，在校学生2500人左右。学校拥有一支师德高尚、教风严谨、业务精湛的教师队伍，专任教师174人。建校10年来，全体番实人"怀赤子之心，持精进之志"，勤学钻研，自有风范。学校被评2022年中小学深度教学课堂改革实验学校、广州市第六批中小学心理健康教育特色学校。

代表学校精神底蕴的"担当石"

创客实践教学活动

阳光德育：固本培元育英才，铺路搭桥向未来

思政教育，出新出彩。根据"三全育人"理念，结合学校"桥文化"特色课程，全面统筹育人资源和育人力量。开展"思政+生活""思政+文化""思政+时政学堂"等教学创新活动。

文化德育，沐光而行。学校积极推进文化德育，各项德育活动丰富多彩。

劳动教育，成就美好。学校组建劳动教育中心组，负责各项与劳动教育相关的组织管理工作。学校有1个校内劳动基地及2个校外劳动共建基地，劳动课程已明确编入课表，每周安排专门劳动课教师上课。

特色课程：心理教育高质量，五育并举谱新篇

桥品濡心，幸福花开。学校心理课程结合"润心臻品"幸福教育特色和"桥品育人"特色文化，提出了"桥品濡心，幸福花开"的心理健康教育理念，通过"桥品课程和桥品活动"培育学生致远、担当、真诚、渡人品质，为全校师生搭建通往幸福的桥梁。

生涯规划之创业大赛

学校合唱团

生涯指导，革故鼎新。学校从2013年开始启动"梦想之桥"生涯规划课程建设，探索课程实施策略。生涯规划课程实施的是"3+1"全栖模式。"3+1"是指校内实施"导师指导""活动体验""专家讲座"，校外开展"社会实践"。职业体验等活动深受学生和家长青睐，学校获评为广东省生涯教育示范基地。

社团缤纷，百花齐放。学校建设有天文社、摄影社、文学社、心理社、经济社、番实大讲坛等30个社团。社团定期开展活动，引导学生培养兴趣，增长智慧。

智慧校园，启智提质。作为广州市智慧校园实验学校，学校智慧校园建设项目发展迅速。人工智能STEM课程研发团队，已经在高中部开发并开展了人工智能的实践课程，并申报为广州市青少年科技教育自主立项项目。

学校图书馆

广州市黄埔区华外同文外国语学校

开学典礼

与香港友好学校交流

国际文化探究学习

广州市黄埔区华外同文外国语学校（原开发区华南师范大学附属外国语学校，以下简称华外）由同文教育集团与华南师范大学合作创办于2015年，是一所优质、独具特色的九年一贯寄宿制民办学校。学校位于广州市科学城科学大道2号，校园环境中西合璧、优美独特，教学设施完善、设备先进。

学校坚持"启发潜能 培育全人"的办学宗旨，彰显"更中国 更世界"的办学特色，铭记"融汇中外 卓尔不群"的校训，构建"尊重、信任、乐观、关怀"的校园文化，旨在培养全面发展、特长突出的时代新人和世界公民；建设温馨友善、令人向往的优质学校，为党育人、为国育才。

2022年，学校在校学生2200余人，班额24～30人；教职工433人，其中专任教师286人。学校开设九年一贯中小学国家课程、IB中小学国际化融合课程（PYP项目和MYP项目均通过IBO的认证），构建了融合国家课程、中外融合课程和特色校本课程为一体的多样化课程系统。教师队伍整体素质较好，具有硕士以上学位的专任教师和来自"985""211""双一流"高校的教师占比均近45%。

学校先后获得启发潜能全球联盟优质学校成就奖、全国青少年冰雪运动特色学校、中外人文交流特色学校创建单位、广东省艺术教育特色学校、广东省素质教育特色学校、广东省马术特色学校、广东省青少年校园足球推广学校、广东省融创教育特色学校、广东省基础教育英语学科教研基地学校、广东省绿色学校、广东省青少年校园冰雪体育传统特色学校、广东省无烟单位、华南师范大学联合研究生实习基地、中小学心理健康教育医校社协同育人实践基地、广州市民办教育党建工作示范点、广州市首批教育国际化窗口学校、广州市国际理解教育试点学校、广州市帆船运动特色学校、广州市安全文明校园、广州市A级学校食堂等荣誉和称号。

一、坚持德智体美劳"五育"融合，促进学生全面而有特长发展

学校坚持开齐、开足、开好国家课程，落实课程方案和课程标准，全面推进教学方式变革，大力倡导"自主、合作、探究"的教学模式，注重培养学生的综合素养和创新能力，落实培根铸魂、培养社会主义合格建设者和可靠接班人的内在要求。

学校根据地方特色，围绕学校的办学目标开设丰富、系统、进阶的校本选修课程。其中，小学阶段开设32类193门选修课程，初中阶段开设13类53门选修课

管弦乐团展演

探究成果展

运动会

程，为满足学生特长发展提供课程载体。同时，学校组建多元的学生校队、学生社团与学生俱乐部共55个，内容涵盖体育、美育、语言、领导力、综合实践等多个门类。

二、严格落实"双减"政策，高度重视学生身心健康

学校制定并落实电子产品、课外读物遴选、学生体质健康、睡眠管理、作业管理"五项管理"制度，向家长和学生提供"5+3（每周5天、每天3小时）课后服务"，减轻学生的课业负担。

学校成立心理健康教育中心，聘请4名专职心理健康教师、3名兼职心理健康教师，配备4间心理咨询与会谈室。学校践行"积极心理学"研究理论，以发展的眼光建设心理健康教育体系。除落实常规"心育"工作外，还成立"中小学心理健康教育医校社协同育人实践基地"、开设"SEL社会情感学习"课程、举办"5·25"爱我节心育系列活动、提供"华外七点半"线上家长课堂、组建学生心育委员队伍、开展学生心理健康社团活动，依托发展性的"心育"课程、活动、档案，深入关注个体需求，提供预防和干预层面的专业支持，注重工作的实效性。同时，学校定期组织中小学心理健康教育A证、B证、C证培训，教师A证持有率约10%，B证持有率约60%，C证培训覆盖达100%。

三、开展形式多样、主题鲜明的教育活动，实现活动育人的目标

根据学校的办学目标和培养目标，按照"每月一主题"组织一系列形式多样、主题鲜明的教育教学活动（1月，教学质量监测月；2月至3月，教育教学研讨月；4月，科技与双语阅读月；5月，国际文化月；6月，研学探究月；7月，社会实践月；8月，社区服务月；9月，博雅教育月；10月，家国情怀月；11月，体艺活动月；12月，公益慈善月），还形成了"华鲤节"（弘扬中华优秀传统文化）、"温暖计划"（公益慈善项目）、"国际文化节"、"书香节"、"科技节"等深受师生喜爱的传统与特色活动。

古诗词交流活动

慈善公益晚会

实验课堂

亲子运动会

六一晚会

图书馆

家长开放周

家长、学生、老师三方会议

外教足球课

同文书院

学校教学楼——华鲤堂

教室

电脑室

美术室

四、坚持开放办学，彰显"更中国 更世界"的办学特色

学校积极响应广州市教育局贯彻落实《教育部等八部门关于加快和扩大新时代教育对外开放的意见》的工作，依据教育国际化窗口学校创建指标体系，经过2年的积极创建，成为首批广州市教育国际化窗口学校之一，提升了学校教育国际化发展水平和质量，为培养更多德智体美劳全面发展且具有国际视野的新时代青少年奠定坚实基础。

同时，学校贯彻落实党的二十大和全国教育大会精神，落实《中共中央办公厅、国务院办公厅关于加强和改进中外人文交流工作的若干意见》《教育部等八部门关于加快和扩大新时代教育对外开放的意见》等文件要求，助力推进中外人文交流广州（黄埔）教育创新区建设，申报成为中外人文交流特色学校创建单位和国际理解教育试点学校，更加系统、科学地开展教育国际化工作。

五、注重校家协同育人，努力发挥校家共育力量

学校高度重视校家协同育人工作，积极落实健全学校、家庭、社会协同育人机制的工作任务，通过全面建立家长委员会，开设家长课堂、家长讲座、家长工作坊、家长义工团，设置校长接待日，举行家长会、"家长—学生—老师三方会谈"、"幸福分享会"，组织家校亲子运动会、家校团体趣味运动会、亲子公益迷你马拉松、"警家校"护安护畅协作小组等方式，发挥学校、家庭、社会教育的各自优势，促进学生的全面发展、健康成长。

华南师范大学附属新塘学校

华南师范大学附属新塘学校是由广州市增城区教育局、华南师范大学和广州市品秀房地产开发有限公司三方合作创办,华南师范大学负责全面管理的一所九年一贯制公办学校。2022年1月16日,华南师范大学"华附联盟"教育集团(以下简称"华附联盟")成立大会在华南师范大学广州校区石牌校园举行。

校本课题开题报告会

学校联合广东科学中心开展"科普进校园"活动

作为一所高起点、高平台、高品质的"华附联盟"成员学校,学校积极传承"华附联盟"优良的办学传统,致力于践行"美好教育、幸福人生"的办学宗旨。

学校地处粤港澳大湾区广州东TOD新城中心地段,校园占地面积38500平方米,建筑面积21330平方米;办学规模为63个教学班。2022年,学校有教学班14个,在校学生594人,在职教职工43人。

全科育人,构建德育课程。学校以"弘扬传统文化,树立文化自信"为宗旨,通过"全科育人"的项目化学习方式,植根于古代农耕文明,形成以"二十四节气"为主题的活动课程体系,让学生在学习与活动中,领略古人的智慧,感受人与自然的和谐统一,自觉担当起弘扬中华优秀传统文化的使命。

学科活动月之"美好课堂"活动

深耕课堂,争创优质课堂。学校立足于常规教学,深耕课堂教学主阵地。小学部以"作业设计"为突破口,构建"五育贯通、学科融合、学段整合"的"美好教育"课程体系,同时实践"大单元"教学设计,做好教育高质量发展的"加减法";初中部大胆探索分层教学,在首届学生中实施"分层指导",同时积极开展深度教学与教学改进工作,提升课堂教学效率,不断发展学生的核心素养。

馆校结合,推进科普教育。学校与广东科学中心签订合作协议,成为广东科学中心"馆校结合、科普育人"的战略合作单位,先后开展"师资培养""航天展""科技研学""科学进校园"等形式多样的科技普及教育系列活动,在学生的心田种下科技强国的种子,培养学生的科学思维和动手实践能力。

"二十四节气"德育主题活动课程

自办学以来,学校师生积极参加教育行政部门组织的各级各类竞赛,累计有207人次获得各种荣誉,其中获得省级奖项45人次,市级奖项12人次,区级奖项82人次,镇级奖项68人次。

阳光体育"月月赛"之跑操活动

广州市白云区云雅实验学校

童心筑梦，爱在雅园

乐韵悠扬，笛颂我心

欢乐儿童节：沿着童年的方向，让梦想和美好继续成长

梦云天，以丹心为志；和凯歌，以奋斗筑基——七年级新生入学礼

云雅实验"扬帆"舞蹈团作品《启航》剧照

云雅实验艺术体操队在2022年广东省大众艺术体操联赛（佛山顺德站）中获"普及推广组四级自编徒手"第一名、"普及推广组四级器械球"第一名

广州市白云区云雅实验学校创办于2008年，是一所九年一贯制优质民办学校，坐落于美丽的石井河畔、张九龄公园旁。学校作为中国数学教育创新实验基地、广东省基础教育劳动教育学科教研基地实验学校、广州市中小学人工智能教学平台应用实验校、广州市中小学综合实践活动学科研究基地，先后获得广东省书香校园、广东省绿色学校、广东省民办教育四十周年突出贡献机构、广东省更高水平安全文明校园（平安校园）、广州市文明校园、广州市义务教育阶段特色学校、广州市民办教育党建工作示范点等荣誉。

"云雅教育集团"于2021年正式成立，同年9月，云雅小学部正式起航，云雅实验学校"九年一贯，初小衔接"教育格局正式形成、优化、升级，"云雅"教育发展空间进一步拓宽。学校秉持"翱翔云端 大雅树人"的办学理念，开展了一系列教育改革的实验，在"和谐·创新"的素质教育之路上高歌猛进，形成了"温润德育、博雅课程、文化赋能"的特色名片。

温润德育 学校在全面贯彻党的教育方针的基础上，坚守做"有温度的教育"，让学生丰富"有故事的生活"。构建"三回归、三标志、五维度"德育模式。通过教师传热、课程导热、学生受热、家长加热、机制蓄热，构建"文化养人、课程育人、活动育人、协同育人、心育助人、实践育人"德育工作特色项目，为学生成长与发展提供多样化的选择与指导。

博雅课程 学校博雅课程秉承"和谐"教育理念，以强化必修课程的主导性、突出校本课程的特色性、增加选修课程的自主性、拓展活动课程的多样性为总体思路。在国家课程标准基础上，发挥九年一贯制学校优势，中学部开设博雅冠冕课程、博雅精英课程、博雅素养课程、博雅个性课程、博雅拓展课程、研学旅行课程等，小学部开设学科拓展课程、学科融合课程、学段衔接课程、主题文化课程、个性化选修课程、开放性实践课程等，为孩子们全面发展和个性化、差异化发展提供积极的支持。

文化赋能 学校既有"雅"的基因，也有"云"的自主创新的精神内涵。在"广博雅正、务本求实"之校训、"和谐创新、含英昭明"之校风、"厚德温润、慎思笃行"之教风、"立德明智、弘毅致美"之学风的濡染下，学校以广博而益智，以厚德而雅正，以弘毅而致远，以和谐而至强。

教育至境，追求无止境。云雅人将坚守初心与使命，努力培养学生成为堪当民族复兴重任的时代新人，让教育更和谐，让成长更完美，让生命更精彩。

深圳市海湾中学

深圳市海湾中学创建于1995年，占地面积28554平方米，坐落于宝安中心碧海片区，地处中国改革的最前沿——前海中心。学校以"红帆党建"为引领，以"一切为了学生的发展"为办学宗旨，坚持科研立教、特色强校，坚持用"三守"精神立人、思政铸魂，坚持体艺并举、家校共育，形成了"文化之海、和谐之湾"的校园文化。

学校师资队伍力量雄厚，拥有省、市级骨干教师37人，区级优秀教师、优秀班主任百余人。教职工主要毕业于北京师范大学、华中师范大学、华南师范大学、香港理工大学、哈尔滨工业大学、中山大学、伦敦大学、英国曼切斯特大学等国内外名校。

学校教育教学质量突出。学校积极组织参加各项活动，取得显著的办学业绩，并高分通过深圳市义务教育阶段办学水平评估。教师冉克宁获评全国十佳优秀科技辅导员，其作品获全国科技辅导员科技教育创新作品一等奖；宝安区名师工作室主持人蔡苏瑜校长是深圳市骨干教师，同时也是"广东省教师基本功大赛一等奖""广东省教师教学展示一等奖"获得者；教师莘骆鹏获评深圳市优秀班主任。

学校拥有丰富多彩的学生社团活动。海湾中学是全国青少年校园足球特色学校、广东省中小学管乐特色学校、广东省校园篮球认定推广学校、宝安区青少年羽毛球后备人才训练基地。在全国青少年科技创新大赛选拔赛以及全国总决赛中，学校师生共获奖200项次，其中国家级奖2项，省级奖5项，市一等奖17项。

学校办学业绩不断提升，特色教育硕果累累。学校先后获得广东省一级学校、广东省绿色学校、广东省依法治校示范校、广东省中小学艺术教育特色学校、深圳市教育先进学校、深圳市科学教育特色学校、深圳市第三批教育科研基地、宝安区首批优质学校、宝安区初中教学工作先进单位等荣誉称号。

海湾中学将继续以党的二十大精神为指引，确立稳中求进的总基调，以"立德树人"为根本任务，坚持"文化之海、和谐之湾"的办学理念，和衷共济、守正出新、笃行精进，助推学校高起点、高质量发展。

大榕树与"三守"石

绿草如茵的足球场

"三守"体艺馆

海湾中学"行走的思政课"走进宝安区城市规划展览馆

海湾中学足迹课堂走进欢乐港湾党群服务中心

蔡苏瑜党员名师工作室集体研修活动

广东实验中学深圳学校

"南山英才计划"启动仪式

教师代表赴校本部交流学习

开展"广深联动同课异构"教研活动

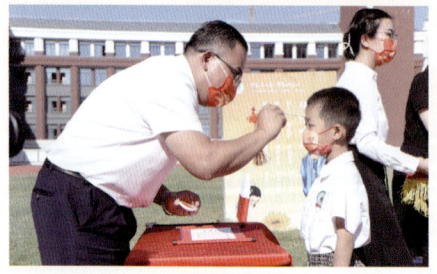
小学开笔礼上为学生点朱砂启智

百年省实　源远流长

广东实验中学深圳学校是由深圳市教育局与广东实验中学合作创办的十二年一贯制公办学校,直属于深圳市教育局,由省级重点中学、广东省首批国家级示范性高中——广东实验中学(以下简称省实)负责实施全面管理,探索形成优质基础教育与优质科技特色优势互补的育人格局,办成理工见长、科技特色、人文奠基、全面发展、拔尖创新预备人才贯通培养的现代化智慧学校。2021年9月,学校高中学部首届学生顺利入学。2022年9月,小初学部起始年级招生开学,开启学校十二年一贯制人才培养的长程建构序幕。

广深联动　名师为范

建校以来,学校凝聚了一批勇于担当、善于作为的专业人才。教师精英才华横溢、德才兼备;行政教辅乐于奉献、甘为后盾。省实本部派驻资深管理团队,精准传承本部办学理念,实现管理互通、师资共建、研训互动、资源共享、无缝对接。专职教师都是来自全国的优秀名教师,正高级、特级、省骨干、地级市以上名师、学科带头人和从北京大学、清华大学、中国人民大学、复旦大学、北京师范大学、香港大学等名校招聘的博士、硕士优秀毕业生。

学校搭建"双系统五阶梯"的教师成长发展路径,通过"青蓝工程""青年教师发展营""未来精英教师发展计划""广深联动名师孵化工程"等夯实教师成长根基。坚持"走出去"与"引进来"相结合,学校积极组织教研组长、备课组长、教师代表、班主任代表等赴广州、珠海等地与省实本部及集团校联动教研,同时邀请省实本部学科带头人、骨干教师等到校指导"双新"建设,助力教师快速成长。

拔尖创新　特色引领

学校在先行示范区创造性地构建起"格新课程"体系,小学实施"知新"课程体系,初中实施"求新"课程体系,高中实施"创新"课程体系。结合学生的个性化发展需求,学校开设南山书院、创新书院、博雅书院、格致书院,对原有的课程结构迭代升级。开展特色发展"小学程",使学生有机会深入大学院校和各场馆开展体验式交流和实践。成立"南山英才计划"培养基地,确立"一生一项目、一班一科技、一级一品牌"科技特色养成战略,小学一年级以芯片为科技特色,初中一年级以航空航天为科技特色,高中年级以人工智能为科技特色,逐渐形成了富有科技特色的系列课程。

青年教师发展营开营

赴清华大学深圳国际研究生院开展科创研学活动

科技节水上航模赛

"院士杯"篮球赛

"省实之光·艺彩飞扬"校园文化艺术节新年晚会

科创实验室

学校采用"2n"型复合人才培养模式，联接广州、深圳两地的教育资源，邀请高校专家教授、优秀家长和学长为校外指导老师，省实本部教学名师、高级教师、名校毕业的硕博研究生为校内指导老师，为学生高质量成长赋能。发挥"广东实验中学博士工作站"融合汇聚功能，通过院士大讲堂、博士大讲堂、双师课堂等实现学习共享，增强拔尖创新人才培养能力。每学年举办科技节、体育节、艺术节、社团节等十大校园主题活动，促进学生全面而有个性的健康发展。

硬件设施　智慧加持

学校践行"人人皆学、处处能学、时时可学"的教学理念，建有高研实验室、计算机室、多功能演播厅、智慧图书馆、录播教室等现代化高端教学设施，打造智慧学习环境，充分利用现代科技搭建广深联动平台；毗邻华为总部基地，独拥优质科技教育资源先天优势，积极开展"真人图书馆"、社会实践研学等特色活动，为实现学生的自我价值搭建多元化平台，让学生在关爱与悦纳中成长。在科创实验室，学生可以使用代码控制人形机器人、巡线机器人等执行任务，研究多种型号无人机，了解无人机飞行原理，掌握无人机基础飞行动作，还可以对无人机进行改装，按照自己的想法自由组装掌控板、动机、电机、传感器等零件，使用3D打印和激光切割制作自己所需要的零件，学生天马行空的创意都有机会得到实现。

为者常成，行者常至。"省实深圳路"正在中国特色社会主义先行示范区向着更宽、更远的方向延伸。广东实验中学深圳学校将全力推进学校优质化发展，推进教育教学高质量发展，办好人民满意的教育，回应深圳人民的教育新期待。

校园Python程序设计ACM大赛

院士大讲堂

主题党日活动

社会实践活动

深圳市福田区实验教育集团侨香学校

学校体育文化节开幕式

学校艺术文化节

学校开学日

学校棒球社团

2022年,深圳市福田区实验教育集团侨香学校秉持"向生活求教,为未来育人"的办学理念,致力成为"有使命感的基础教育领跑者",对教育理念、育人方式、课堂教学等方面进行了全方位的变革,取得了五"新"成果——在教育理念上开展了新的探索,在校家社合作上建立了新的平台,在美育工作上走出了新的路径,在科幻文学上获得了新的成就,在智慧教育上取得了新的突破。

1月8日,首届创感教育与创新人才培养论坛暨深圳市福田区实验教育集团创感教育研究院成立仪式在学校三楼报告厅举行。在活动上,全国首间"创感教育研究院"宣布成立,黎加厚、杨志成、张巨河、吴岩等专家围绕创感教育对基础教育的指导意义、创感教育理念下的创新人才培养模式、创新人才培养的发展路径与变革探索等议题进行了深入的交流和探讨。创感教育研究院的成立,在我国基础教育全面进入"素养育人"时代、呼唤创新人才培养模式变革的背景下,形成知名专家牵头、专业教科研团队协同、学校深度探索的工作平台,共同挖掘"创感理念"的教育价值,引领学校治理改革,打造"未来教育"示范性学校,为区域人民群众提供更加高品质的教育服务。

5月28日,广东省首届"校家社协同育人"教育论坛暨福田区实验教育集团"立德树人·德育高地"项目发布会在学校三楼报告厅举办。在发布会上,福田区实验教育集团发布了广东省首个"校家社协同育人"学习平台,并在深圳市率先提出建立"立德树人德育高地暨校家社协同育人共同体"。论坛围绕探索"双减"背景下的校家社协同育人新路径展开,探讨以"德"为引领,以培养学生正确的生命价值观为抓手,以构建学生成长知识体系为方向,共建校家社协同育人平台的有效途径,为区域学校营造校家社和谐共生的育人环境,形成目标一致、功能互补的教育合力提供理论模式和实施路径。

6月8日,"六个一"工程之"一生阅读"经典诵读活动暨"校园经典诵读"基地授牌仪式在学校三楼报告厅举行。在仪式上,福田区实验教育集团侨香学校获颁广东省首个"校园经典诵读"艺术实践基地称号,史子兴、杨芳、雷文等朗诵名家和学校师生分别表演了诗作朗诵节目。仪式以经典诵读教育作为美育的一个重要抓手,围绕如何通过诵读经典提高学生审美水平、培养审美能力、陶冶高

创感教育研究院授牌仪式　　创感教育研究院成立仪式专家领导合影　　学校被授予广东省家庭教育研究会校家社共育专委会副会长单位

尚情操、塑造美好心灵进行深层次的探讨，为区域学校以经典诵读提升美育工作探索一条"课程建设引领，课堂教学和学校活动相结合"的路径。

10月21日，学校木兰文学社黄琦茗、周思越、严涵3名同学应邀全程参加国内首个红色主题科幻作品展开幕活动。其中，黄琦茗同学作为嘉宾之一，参与了开幕活动的沙龙座谈，详细介绍了他的代表作《树人》。这是木兰文学社继2021年31篇学生作品入选"致青春·中国青少年成长书系"系列图书之后，在科幻文学创作上取得的新成就。作为深圳市科幻文学发展的重要园地，学校秉持"立德树人，文学育人"的教育理念，鼓励学生见证国家科技强大的历程，积极参与科幻文学创作，引导学生探索中国特色的科幻写作，以科幻小说向世人呈现中国的科学研究和古老的中国文化，以此树立文化自信，开发创新创造精神和潜能。

11月5日，学校通过深圳市"基于教学改革、融合信息技术的新型教与学模式"实验区项目中期考核，从100所实验校中脱颖而出，入选深圳市"智慧教育示范校"培育对象。

学校以《义务教育课程方案（2002年版）》为指导，着力推动信息技术与教育教学的深度融合，打造创感数字化教学模式，创建智慧课堂学习工具系统，建设基于数据与证据的评价体系，推进课堂教学的数字化、智慧化变革，以更加灵活、高效的学习方式实现学生个性化教学。

首届广东省"校家社协同育人"教育论坛在学校举办

学校被授予广东省朗诵协会"校园经典诵读"艺术实践基地称号

学生与作家吴岩老师一起座谈

深圳市福田区红岭中学（红岭教育集团）高中部

红岭中学高中部教学楼

红岭中学高中部博学楼

红岭中学高中部学生宿舍

红岭中学艺体中心

深圳市红岭中学创办于1981年，是深圳经济特区政府成立后建成的第一所公办中学。学校诞生于深圳经济特区成立之初，成长于春潮涌动的艰苦奋斗之中，发展壮大于突飞猛进的特区改革之时。2015年成立红岭教育集团，拥有"一校七部"（高中部、园岭初中部、石厦初中部、深康校部、红岭实验小学、红岭华富实验学校、红岭大鹏华侨中学），在校学生10000余人，教职员工900余人，覆盖小学、初中、高中的基础教育全学段教育，是深圳经济特区规模最大、类型最丰富的公办集团学校，2022年被评为广东省第一批省级优质教育集团。

随着办学规模的逐步扩大，2006年高中部迁址安托山九路三号，同年被评为国家级示范性高中，现为广东省国家级示范性高中、广东省校本研修示范校、省市两级"双新"示范校。学校占地面积10万平方米，教学班81个，教职员工360余人，学生3800余人。学校名师荟萃，现代化的教育设施一应俱全，建筑面积达3万平方米的全国最大中学艺体中心已正式投入使用。凭借美丽的校园环境、舒适的食宿条件、优秀的师资力量和突出的办学成绩，学校连续多年被评为深圳市"最具人气的重点中学"。

红岭中学高中部有全国优秀教师2人，国家"万人计划"教学名师1人，广东"特支计划"教学名师1人，正高级教师4人，特级教师6人，"双一流"大学博士4人，国家级、省级、市级学科带头人、教学能手和骨干教师110人，高级教师200余人。省、市、区级名师工作室、特级教师及特色教师工作室14个，形成了在省、市有影响的学科领军人物和学科团队，先后有10余名教师被聘为国家或省级课程改革专家。教师在各级各类教学竞赛中获奖326人（次），在国家核心期刊和省级刊物发表论文400多篇，出版专著60多部，其中12篇论文被中国人民大学报刊复印资料和《新华文摘》转载。

红岭中学高中部崇尚质量，追求卓越，以"卓越绩效准则"为参照，在践行卓越绩效模式的道路上取得了突出的成绩，获得"深圳市市长质量奖·提名奖"。学校以"先一步、出经验、做表率"的开拓创新气魄，树立了深圳教育的新标杆。

学校致力于办一所教育教学活动以学生的"全面发展"为导向，以学生"成长至上"为出发点的优质特色高中。创造性实施国家课程，突破学科壁垒，课程整体重构，以学科观念和跨学科观念为纲的育人目标贯彻整个高中阶段，已经形成三维九力、三层百门的领秀课程体系，构建了以"跨界融合、深度探究"为特征的红岭高中课程体系。学校通过国家课程规范落实突出学生全面发展，通过学会选择引领未来突出学生自主成长，通过成长所需大力支持突出学生个性发展。

实验室

书吧

孔苑

红岭中学和风戏剧社

红岭中学金声合唱团

红岭中学舞蹈团

红岭中学高中部已经跨入了追求卓越，优质、多元，现代化、国际化发展的新时期，践行"提供适合学生个性成长的理想教育，创建最具深圳特区精神的一流学校，培育勇担中华复兴重任的国家栋梁"的办学目标，建成"世界一流的环境设施，全国领先的办学体系，深圳排头的质量目标"的高质量发展的特色高中。

主要荣誉

学校获得了全国巾帼文明岗、全国微课与翻转课堂创新研究实验校、全国首批志愿服务示范校、全国心理辅导特色学校、全国教育网络系统示范单位、全国百佳校园电视台、全国文学教育先进单位、英特尔未来教育项目推广示范校、国家教育资源库建设研究项目合作研究校、教育部规划课题"中小学优质学校形成机制研究"科研示范校、广东省国家级示范性高中、广东省中小学艺术教育特色学校、广东省年度阅读典范学校、广东省"双新"示范校、广东省健康促进示范学校、广东省中小学教师校本研修示范学校、广东省第一批省级优质教育集团、深圳市文明校园、深圳市市长质量奖、深圳市五一劳动奖章获得单位、深圳市卓越绩效管理促进会"金牌会员"、深圳市高考卓越奖、深圳市教育工作先进单位、深圳市教师专业发展基地学校、深圳市全民阅读示范单位、深圳市2020年中小学在线教学工作先进单位、深圳市创意文化领航学校、深圳市创意足球示范学校、第二届南都深圳教育改革创新大奖改革创新领跑学校等荣誉。

红岭中学足球队

运动会

"红心向党，强国有我"红岭中学建校40周年庆祝大会

深圳市龙华区博恒实验学校

幸福教育

生动课堂

大课间活动

室内恒温游泳馆

无人机在高空拍摄的学校鸟瞰图

深圳市龙华区博恒实验学校创办于2005年9月,是一所十二年一贯寄宿制民办学校。学校背靠石凹水库,毗邻深圳绿道,环境优美,空气清新。学校总占地面积5.7万平方米,建筑面积4.65万平方米。2022年,学校有教职工421人,其中高中专任教师30人,初中专任教师94人,小学专任教师170人。拥有省级优秀教师1人,市级优秀教师5人,区级优秀教师35人、优秀班主任11人,骨干教师51人,硕士研究生8人。

学校在各级政府及教育主管部门的关心指导下,以"为每位孩子的幸福人生奠基"的办学理念为指引,以"打造新时代特色鲜明的一流教育"的办学目标为方向,以党建引领学校工作,内强素质、外树形象,不断加强学校内涵发展,教育质量和办学效益不断提高。

学校优化管理机构,助推内部精细化管理,设立"1134"组织架构,制定了校委会目标考核清单,各部门、各机构职责分明,相互沟通协调,运行高效;狠抓队伍建设,形成博恒人才梯队;关注学生综合素养,以积极教育理论为支撑,倾心培育博恒学子"六大品格";推行"4+8+1"综合素养特色,开发"博士帽"系列校本课程。

2021—2022学年,学校共获得省级集体荣誉1个,市级集体荣誉4个,区级集体荣誉9个;在各级各类比赛中获区级以上奖项共计211人(其中国家级1人,省级2人,市级49人,区级159人)。学校被龙华区教育局授予"龙华区教育工作先进单位"荣誉称号,被龙华区教育科学研究院认定为首批龙华区5G先行示范校,学校游泳馆被龙华区教育科学研究院认定为首批"云校+"主题学习空间。学校还被评为深圳市"我最喜爱的燃气安全板报"活动"十佳学校"。

学校将进一步增强责任意识、生命价值意识,以服务为宗旨,满怀信心,为龙华百姓服务,为"学有优教"的教育特色贡献力量。

深圳市龙华区华南实验学校

深圳市龙华区华南实验学校是一所九年一贯制公立学校,创办于2018年9月。校园占地面积28656平方米,总建筑面积35395平方米。2022年,学校有教学班58个,学生2795人,教职工190人。

美丽校园

快乐课堂

学校始终坚持贯彻落实党的教育方针,立足于师生、学校成长和发展需求,自主研发符合师生成长规律、具有华实特质的教育管理体系、"至诚"德育体系、LOGO课程体系等。学校办学理念清晰、目标明确,秉持"让每位孩子都有对话世界的能力"的办学使命,努力将学校办成"为学生走向世界提供关键帮助,成为学生终身受益的乐学园"。

学校通过基础课程校本化、潜能课程个别化、卓越课程专业化,运用本土优势资源,传承优秀传统,结合学校九年一贯的实际,在扎实推进国家基础课程之上,分学段、分层级建立相应的课程组,建构多元立体的LOGO课程,提供夯实基础和个性选择的机会,运用LOGO学习方式,帮助学生在选择和尝试中发现和唤醒潜能,全面而个性发展。基于生活的"至诚"德育体系,打造"三全"育人环境,营造校家共育的氛围,构建促进师生全面发展的机制,结合学校"CHENG"文化,学校将德育课程一体化、德育团队专业化、家庭教育常态化,形成了具有华实特质的"至诚"德育体系。重构校园空间,保障学校课程落地实施,打造具有"民族+世界"特质的校园环境,重点建设"一中心二园三场四馆",开展"心至诚,向远方"校园立体式研学,以国学、科创、自然、体艺教育为主线,用"展览叙事"的方式,让每一个环境节点都能讲故事、讲知识点。

千人足球大课间

种子博物馆研学活动

学校先后被评为教育部基础课程改革实验区STEAM教育课程实验学校、全国舞蹈美育示范校、国际生态学校、广东省中华优秀文化传承学校、广东省绿色学校、深圳市"减负提质"实验校、深圳市科普示范点、深圳市中小学艺术素质测评示范学校、深圳市教育评价改革试点学校、深圳市儿童友好学校、龙华区教育评价改革示范单位、龙华区教育工作先进单位、龙华区竞技体育发展示范学校、龙华区艺术发展示范学校、龙华区最美校园等。

学习资源中心图书馆

华中师范大学附属光明勤诚达学校

学校功能室

学校全景图

学校图书馆

第三届华彩节系列活动之初中部班级合唱

第三届华文节系列活动之经典诗词诵读表演

华中师范大学附属光明勤诚达学校是一所公办九年一贯制学校，涵盖小学和初中学段。学校是由深圳市光明区人民政府、华中师范大学、深圳市勤诚达集团有限公司三方合作办学与大力打造的标杆公办学校，旨在推动光明区基础教育水平迈上一个新的台阶。学校位于深圳市光明区玉塘街道长圳社区长松路520号。学校于2019年9月正式开学，占地面积32403平方米，总建筑面积68626平方米。

学校拥有一流的教学设备、优美的教育环境、先进的教育理念和优秀的教师团队。学校配有恒温游泳池、篮球馆、钢琴厅、运动场、合班教室、音乐室、美术教室、劳技教室、远程协同备课室、心理健康室、科创与STEM教育室、图书馆等现代化教学场馆和功能室。

学校坚持党建引领，落实"三会一课"，充分发挥党总支的战斗堡垒和党员的先锋模范作用。学校坚持文化立校，"明德博雅、勤诚志达"的校训有机融合办学三方精神，并形成"自律自省、和谐共生"的校风、"风趣、善导"的教风、"乐学、向上"的学风；坚持立德树人，大力推动"人格教育"德育工作。学校注重心理健康教育，积极开展劳动教育，举办华强节、华文节、华创节、华彩节、华夏行等丰富多彩的校园节日，助力学生的全面成长。

学校坚持高质量办学，2022学年办学成果丰硕，先后获得"全国无废学校"、深圳市教育系统先进单位、深圳市最美校园图书馆、光明区2022年初中教育教学工作新锐奖、光明区义务教育阶段项目式学习实验校、光明区中小学共享创客实验室创建单位等荣誉和称号。学校获市级课题立项1项，区级课题立项11项。学校获各级各类奖项97项，其中国家级奖项6人次，省级奖项14人次，市级奖项21人次，区级奖项56人次。

教师团队始终坚持立德树人、爱岗敬业，校长李青山获评"光明区十佳校（园）长"，刘英武获评深圳市"我最喜爱的班主任"，王富玉获深圳市班主任专业能力大赛一等奖，卢才生获评光明区初中语文名师，李雪姣、刘利获聘光明区兼职教研员。教师参加光明区中小学体育教师教学能力大赛获团体一等奖，参加光明区教育系统教师朗诵比赛获一等奖，10名教师在光明区学科基本功比赛中获一等奖。3名学子获全国中小学信息技术创新与实践大赛国赛一等奖，并被深圳市教育局认定为"明日科创之星"；多名学生在第七届全国讲故事比赛、中国青少年"作家杯"作品大赛、全国少儿啦啦操精英赛、粤港澳大湾区"小小外交官"巅峰对决赛等国家级赛事中获得一等奖。

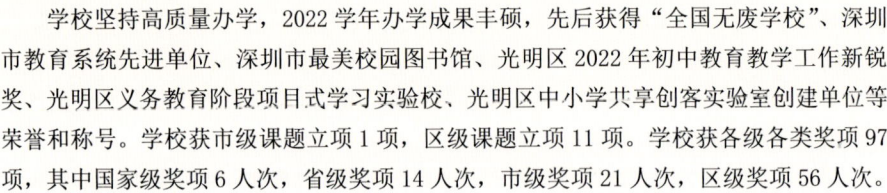

第五届华强节开幕式

深圳市光明区凤凰城实验学校

深圳市光明区凤凰城实验学校是一所九年一贯制学校，成立于2019年9月。学校占地面积25949平方米，建筑面积44656平方米，可容纳54个教学班，向社会提供2520个学位。截至2022年12月，学校共计44个教学班，在校学生2116人，教职工163人（专任教师147人），硕士研究生教师59人，高级教师5人。

优美理念，创新建设五育并举。 学校秉承"崇优扬美"的办学理念，以"让优秀成为习惯，让美好伴随终身"为校训，以"优美教育助生命腾飞"为办学使命，实施"一基两翼"优美教育，以安全与健康教育为基础，人文和科技教育为两翼，促进学生德智体美劳全面发展。校内均采用高度智慧化的硬件设备，建设泛在、沉浸式的智能教育环境。

智慧校园，与新时代同频共振。 2022年，学校获评广东省中小学劳动教育特色学校，打造"农业广场""中医药文化探究中心"等劳动教育实践基地，为开展劳动教育提供多种场域。学校在特色年的轨道上不断发展，在教学模式上不断变革创新，在理论与实践中不断融合推动，教学成果不断涌现。学校也是光明区唯一加盟深圳云端学校项目的学校（深圳市云端学校首批入驻校全市共计13所），同时也被遴选为教育部教育信息化"双区"深圳市智慧教育示范培育对象实验校、深圳市"基于教学改革、融合信息技术的新型教与学模式"实验校、光明区友好型学校、光明区信息化和学科融合示范基地、光明区义务教育阶段项目式学习实验校。

锐意前行，启新模式广获好评。 学校坚持党建引领，绘就优美教育蓝图，确定办"优美教育"的办学体系。从开校之初，依"建设年、成长年、质量年、特色年"四个主题年规划不断发展，并于2022年开展"三优三美教学模式"研讨工作。加快"两制一平台"建设，推进学校管理现代化，不断开展"一美四优"教师队伍建设活动，系统提高人才培养质量。学校开设优美教育三线论坛，从德育线、教学线与管理线出发，搭建教师成长交流平台。学校师生成长迅速，在光明区2022年中小学青年教师基本功大赛中，5名教师荣获一等奖；2022年首届体育中考满分率达97.53%，平均分为99.91分，位列全区成绩前列。学校工作多次被《南方日报》《商报》《晶报》《宝安日报》及深圳新闻网、深圳第一现场等媒体报道。

学校获评广东省中小学劳动教育特色学校

《小悟空买"礼帽"》舞台剧组荣获"读创杯"首届深圳市少儿舞台剧大赛金奖、优秀导演奖、优秀剧本奖、最佳组织奖

校园优美文化展板

国庆节班级合唱比赛

麒麟舞社团

中医药文化社团

第四届校运会

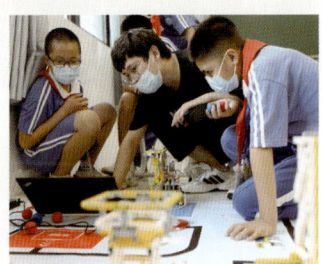
科创劳动节活动

珠海市斗门区博雅中学

学校获评全国中小学对分课堂示范校

对分课堂之独学任务单

文艺汇演

运动风采

师生交流

美丽校园

珠海市斗门区博雅中学（珠海市文园中学教育集团斗门校区）于2021年8月正式挂牌成立，学校占地面积约4.2万平方米，建筑面积约3.6万平方米，功能室齐全，教育教学设施设备先进。学校以党建为引领，全体教员凝心聚力，助推学校谋好篇、开好局、起好步。以"五育"融合为抓手，落实立德树人根本任务，围绕"博学睿思、雅正善美"的育人目标，秉承爱的教育理念，让每一位学生和教师都获得关爱与发展。

精心建设学校：把学校建成美雅校园、成才学园、互爱家园

建设富有教育性的、节约型的、一步一景的美雅校园，学校把设施建设放在文化的视野中思考，让校园每面墙、每棵树都会说话。把校园环境建设与开展教育教学活动结合起来，学校管理与育人目标相辅相成，将精细、规范、科学同人文关怀结合，让师生之间、师师之间、干群之间团结发展、信任支持。这种精神正凝聚成为学校发展的强大力量，使学校和谐、向上、不断发展。

精心培育学生：培育"自主管理、卓越担当、博学睿思、雅正善美"的具有博雅标识的博雅学子

贯彻"从严管理，严中有爱"的管理要求，在关爱中滋养爱心，在引领中明辨是非，在熏陶中向善向美。学校以"自主管理，卓越担当"为核心理念，依托德育精细化7S管理，紧抓"常规管理"与发展"综合素养"两条线，以养成教育为抓手，通过"校级、年级、班级一体化的学生会管理模式"，实现学生自主管理的常态化。

坚持有序开展班级显性文化建设、班级内涵文化建设，"班名、班徽、班训、班歌、班级口号、班级目标、班主任寄语"上墙，为班级生活与学习凝心聚力。

精心培养教师：建设一支师德高尚、爱生乐教、勤研善导的育人队伍

根据学校新教师众多的特点，开展每周一次的教师培训，教师队伍建设扎实有效，成长迅速。聚焦课堂，以"双减"为契机，学校开展全学科常态化"对分课堂"教学模式初见成效。教师根据课堂特色编写涵盖所有学科的独学任务单作为校本资料，11名教师获评全国对分课堂认证教师，学校被授予全国中小学对分课堂示范校。14名教师参加斗门区教师教学能力大赛全部进入决赛，其中4人获评斗门区教学能手，5人获一等奖，5人获二等奖，并获优秀教学团队奖。

学校2项课题获省级课题立项，1项课题获区级课题立项；师生参加省、市、区各级各类比赛获奖300多人次。

珠海市文园中学

珠海市文园中学是原珠海市第二中学初中部，创建于1980年，后初高中分离独立办学，于2008年2月更名为珠海市文园中学。2012年，学校扩大办学规模，建立第二校区。2021年8月，珠海市文园中学教育集团成立，形成跨区跨学段的"3区6校7校区"的复合型集团化办学格局。

2022年，学校有教学班74个，学生3800多人；教职工300余人，其中正高级、高级教师62人，研究生学历119人。学校有党员教师126人，是广东省首批基础教育党建工作示范校。学校拥有全国优秀教师、南粤优秀教师、广东省中小学名校长工作室及名师工作室主持人、广东省骨干教师培养对象、珠海市名师、珠海市名班主任等多人。

学校以"仁爱·自华"为教育特色，以"让每一位学生与教师都获得关爱与发展"为愿景，谨守"仁爱至善，求真创美"的校训，以"高质量、现代化、示范性优质名校"为办学目标，遵循教育规律，深耕教育心田，通过既勇毅担当，又守正创新，达到厚积薄发，辐射引领的发展态势。

学校的教育质量持续保持优质水平，中考成绩连续十多年在全市公办学校中名列前茅，社会美誉度高。学校成立了STEAM科创中心，积极开展素质教育，硕果累累。"晨天工作室"多年来已有76人次获市级以上青少年科技创新大奖，其中国际奖、全国奖20项，省级奖23项，市级一等奖13项，产生了4名中国少年科学院"小院士"、5名中国少年科学院"预备小院士"。学校足球队、弦乐团、合唱团、科技创新团队以及美术、舞蹈、体育等团队多年来在各项赛事中屡获奖项。学校先后获得全国青少年校园足球特色学校、青少年科技创新大赛全国优秀赛事组织单位、全国青少年无人机大赛省赛优秀组织奖、广东省中小学艺术教育特色学校、广东省中小学心理健康教育特色学校、第三批广东省绿色学校、珠海市文明学校、珠海市首批青少年科学教育特色学校、珠海市首批阳光体育大课间活动特色学校等荣誉。

珠海市文园中学继续秉持"给生命植爱，为自华赋能"的办学理念，不忘初心，踔厉奋发，深化素质教育，着力研究"自华课堂"新课堂教学模式，推进教育教学变革，培育面向未来的新时代合格公民。

自华课堂

学校足球队参赛

STEAM课堂——制作帆船模型

心运会干部培训

弦乐团演出

科技创新团队参赛

佛山市高明区德恒菁英学校

学校获评广东省特色教育品牌学校

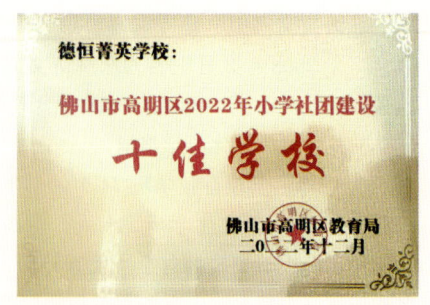
学校获评佛山市高明区2022年小学社团建设十佳学校

学校获评2021—2022学年度高明区小学教学质量优秀学校

多样化社团展示

"书香校园"国学经典诵读

趣味性学科活动

新素质文艺汇演

优美的校园环境

佛山市高明区德恒菁英学校是一所九年一贯制小班化精品国际化学校。学校总投资2.5亿元，按功能分为教学、生活、运动、行政等区域，各分区相对独立，每个学部均拥有独立的教学楼。教学区所有教室配备多媒体教学系统，建有与教学相配套的各种实验室、功能教室、大中小型多功能会议场馆。学校艺术中心建有乐高机器人教室、陶艺馆、钢琴房、音乐舞蹈教室、美术书法教室；体育中心建有体育馆、塑胶田径场、标准篮球场等。

学校以"着眼于孩子一生的发展，引领每一位学生健康成长"为办学理念，以"培养具有民族底蕴、国际视野的现代人"为办学目标，秉承人文主义教育理念和中西合璧的全新教育模式，提倡"享受学习、体验成功"，打造"特色小学，优质初中"。按"个性化设计、差异化培养、关注孩子一生的成长"，探寻适合每一个学生的教育，使学生成长为"高德、高分、高能"的未来社会人才。

小班教学特色：小班化教学方式，针对每个学生的不同特点，设计学生的未来，让每一个孩子都体验成功。

专属导师特色：学校为每一位孩子安排一位专属导师，每学期均有一份学校与家庭共同讨论制订的个性化学习方案。

人文渗透特色：学校倡导把人文关怀渗透到教育教学的每个环节，把人文精神作为培养学生精神品质的重要目标和重要内容。开设开笔礼、感恩礼、成长礼、颁奖礼、励志礼、表彰礼等"菁英六礼"特色人文课程。

多元化课程特色：学校除了开设国家基础课程，还开设特色校本课程，包括项目式主题探究课程、中文经典、外文经典、田园教学、心灵教育等。

家族式文化传承：以国学教育为根本，塑造孩子的灵魂深度；以现代教育方法为手段，塑造孩子的外在能力。让孩子传承中华民族优秀传统文化精髓、祖辈优良作风、家族个性品格，激发孩子内驱动力，先成人而后成才。

全方位家长学院：校家共育，全方位育人。由国内各大高校专家团队、国内企业家团队担纲的家长学院，让家长全面领会现代教育的精髓。

河源市源城区实验中学

河源市源城区实验中学于2021年9月开办,是源城区委、区政府按照标准化学校打造的高起点、高标准的全日寄宿制初级中学。学校占地面积约5万平方米,建筑面积约3.3万平方米,总投资约2亿元。学校的办学规模为48个教学班,可提供2400个学位,就读学生1561人。

学校以"促进人的全面发展"为办学目标,秉承"快乐教学,健康发展"的校训,以"活动育人,体验成长"为办学特色,致力于把学校打造成为管理一流、师资一流、设施一流、质量一流、环境一流的品牌初级中学,培养胸怀理想、心存敬畏、腹有诗书、脚踏实地的新时代"四有"新人。学校以"沐浴光、成为光、传递光"为校园文化核心理念,构建"光"文化体系,以"光"命名各楼体,开展"光"系列教科研活动,评选以"光"命名的优秀教师、优秀学生,以"光"文化引领学校的发展。

学校引进优秀管理人才,配备优秀教师团队。教职工总数107人,教师学历达标率为100%,其中高级教师4人,中级教师15人,全日制研究生学历3人,全日制本科学历104人,教师总体呈现出年轻有活力、工作有动力、思想有悟力、人格有魅力的精神风貌。为践行"快乐教学,健康发展"的校训,建设高质量教师团队,学校开展青年教师成长训练营活动,结合学校"光文化",训练营简称"光计划"。依托"青年教师成长训练营",构建教师学习共同体,分三个层级开展教师个人学习、小组学习、集体学习的教研活动,即探光计划、追光计划和聚光计划。为发挥学科带头人、骨干教师的示范作用,在教研教学、班主任工作方面开展"青蓝工程"师徒结对活动。办学以来,教师参加优质课比赛、教学设计评比、论文评比、精品课竞赛、作业设计大赛等,获得省级奖项3个,市级奖项16个,其中市级特等奖2个、一等奖5个,区级奖项100个,其中区级一等奖16个。

学校尊重学情差异及学生个性特点,采取数学、英语学科走班制分层教学模式,分为闪光班和追光班。学科老师根据学情对两个班进行分层备课,布置分层作业,真正做到因材施教,给予每位学生最适合的教育。学校秉承"促进人的全面发展"的办学目标,将校本课程资源与校外课程有机结合,开设书法、绘画、尤克里里、合唱、围棋、足球、篮球、乒乓球、编程、山歌、机器人、跳绳、英语配音等31门社团课程,打造内容丰富、形式多样、运行畅通、科学高效的社团课程体系。其中,学校合唱团在源城区合唱比赛中获得三等奖,足球队获得区级"区长杯"比赛二等奖。

学校办学理念墙

新生入学国防教育

元旦晚会

合唱社团风采

舞蹈社团风采

图书室

电脑室

录播室

龙川县第一中学

龙川县第一中学教育集团挂牌仪式

强师工程启动仪式

建设深度课堂推进会

金牌师团大赛

龙川县第一中学创建于1913年，先后六度迁徙、三易校名，是广东省一级学校、国家级示范性普通高中。学校占地面积20万平方米，开设教学班78个，学生3865人，教职工380人，其中高级教师125人，正高级教师1人。2022年，学校被广东省教育厅评为第二批普通高中新课程新教材实施省级示范校，被中共河源市委教育工作委员会评为河源市教育系统第一批党支部规范化集中建设点。

2022年8月，学校牵头成立龙川县第一中学教育集团，与龙川一中初中部、龙川县老隆学校、龙川县老隆镇附城学校、龙川县丰稔中学、龙川县苏区学校（筹）结成办学联盟，探索龙川基础教育发展新路。学校对标省级优质基础教育集团培育标准，完善集团办学组织架构，聚焦"创新"与"提升"，着力在教学模式、教学评价、教学服务、教学管理、人才培养等方面创新发展，全面提升教研质量、课堂教学效果、教师专业素质，推动集团成员学校之间个性发展和特色发展。2022年，集团总校选派8名骨干教师到城东校区支教。集团成员校在师资培养、教学科研、校园管理、教学资源等方面实现常态化交流。

学校推进"深度课堂"教学改革，以"金牌师团""深度课堂教学评比"等为抓手，深化信息技术2.0提升工程背景下的深度课堂教学改革，不断提升教学质量。2022年高考，本科上线807人，特控线上线269人，600分以上11人。学校获河源市高中教学质量综合二等奖，有50多名教师在县级以上教学比赛中获得奖励，1人被授予河源市2022年高中教学管理能手，3人被授予河源市2022年高中教学能手。

学校发挥省名校长工作室、名教师工作室以及"强师工程组"等教研团队的引领辐射作用，深入开展教育教学研究，及时转化和推广研究成果，推动学校教研质量稳步提升。2022年，学校有100多个课例获县级以上奖励，68篇论文在省级以上刊物发表，4个县级以上课题结题。

学校优化"三全育人"工作体系，持续丰富"五育"载体，扎实推进"关心关爱"行动，加强常态化疫情防控，为学生健康成长保驾护航。2022年，学校共有8名教师被评为县级以上"优秀班主任"，15名学生获得市级以上"三好学生"荣誉称号，11名学生获得县以上"共青团优秀团干部"荣誉称号。

校园文化艺术节晚会

校园风景

校园鸟瞰图

五华县中英文实验学校

五华县中英文实验学校创办于2020年,坐落于广东省梅州市五华县琴江新区核心地带,交通便捷,环境优雅。学校占地面积16.53万平方米,总投资15亿元。2022年,学校有教学班137个,学生6500多人,专任教师400多人。学校具备雄厚的办学实力,致力于建设书香校园、智慧学园、成长乐园、幸福家园,全力打造教学质量一流、传统与现代相结合、求知与实践相统一、东西方文化相融合的省内一流、国内知名的高端精品学校。

学校建筑布局合理,风格独特,既按功能分布,相对独立,又用回廊相连,形成有机整体。学校设施完善,设备精良。体育馆、400米标准跑道田径场、50米标准游泳池、标准篮球场、羽毛球场、乒乓球室、图书馆、阅览室、音乐室、舞蹈室、钢琴房、创客室、航模室、书法室、陶艺室、计算机室、语音室、心理咨询室、地理专用室、实验室、仪器室、3D打印室、广播电视中心、多媒体教室、阶梯教室、多功能报告厅等设施一应俱全;教室接入宽带,配有空调、智慧黑板、电子班牌、国家标准防近视照明系统等先进的教学设备;16个实验室按部颁Ⅰ类标准配置。学校安装IS智慧系统,构建智慧校园。家长可以通过该平台查看学生出入信息、班级课表、学校精品课程,接收校园通知等,方便校家沟通。

学校拥有"专业的管理团队、强大的师资队伍、先进的设备设施、完善的后勤服务、健全的安全保障",围绕"五育合一"的育人目标,构建个性化、现代化、国际化课程体系,开展科学、人文、体艺等40余种社团活动,促使学生在全面发展的基础上张扬个性,成为具有"家国情怀、国际视野"的综合性人才。

办学以来,学校取得了优异的教育教学业绩。2022年高考,有1名学生考入清华大学,5名学生考入北京大学,物理类成绩包揽市前5名,680分以上2人,670分以上5人,660分以上7人,650以上9人;历史类成绩进入市前3名,628分以上1人,600分以上累计27人。特控上线169人(含地方专项计划),占比34.7%,同比提高了30个百分点;本科上线448人,占比92.3%,同比提升了45个百分点。学校被清华大学授予"2022年清华大学生源中学"称号,被中山大学授予"中山大学优质生源基地"称号。小学部、初中部教学质量综合评估也位居全县前列,获得教育综合评价优秀奖。

在全面落实党的二十大精神的开局之年,学校高举中国特色社会主义伟大旗帜,全面贯彻习近平新时代中国特色社会主义思想,坚定信心,奋发有为,用心用情,臻于至善,继续为梅州教育的高质量发展做出更大贡献。

书法课堂:运墨收笔承其道,一撇一捺写人生

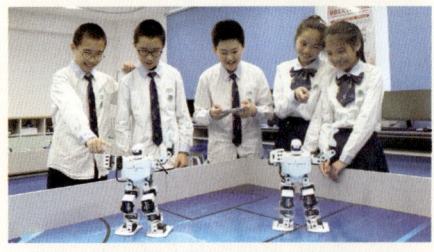

机器人课堂:知识并不枯燥,编程亦可有趣

服装设计课堂:衣领时尚,秀出风采

陶艺课堂:陶泥随心,心所至,泥成型

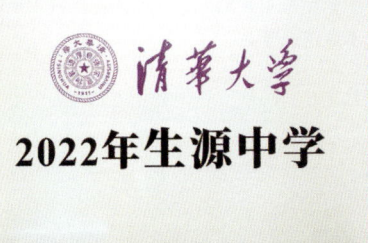 

学校荣誉

红色研学实践活动:走红色峥嵘道路,延革命意志精神

体艺节晚会

五华县琴江中学

高三学生高考百日誓师大会

教师足球联赛开幕活动

体艺展演活动

五华县琴江中学是一所县属高级中学、梅州市一级学校。学校始建于1964年，曾用名有幸福山农业中学、水寨农校、水寨中学，1981年9月更名为五华县琴江中学并沿用至今。几易校名，几经风雨，校址依旧，初心未改。

学校地处五华县城东郊，幸福山下，水梅路旁，环境优美、交通便利。校园占地面积49641平方米，建筑面积20156平方米。教学区、生活区、运动场自然分开，各功能场室一应俱全，教学设施设备完善。2022年，学校有教学班48个，学生2300多人，教职工180人，其中高级教师58人，中级教师96人，教师学历达标率为100%。

学校根据生源实际，确定"以文为主、艺体见长、特色兴校、素质育人"的办学理念，秉承"追求卓越、厚德致远"的校训，形成"务实求真、崇善尚美"的校风、"爱生敬业、乐教创新"的教风、"笃学明礼、毅行修德"的学风。学校严格落实党建主体责任，狠抓意识形态工作，按照"围绕中心抓党建，抓好党建促发展"的工作思路，着眼实际、融入实践，将党建工作转化成为推动教育改革、促进优质办学、实现创新发展的源动力。学校全面实施素质教育，聚焦课堂教学变革，构建科学评价体系，实行"重点生导师制"和体艺特色教育，教育教学效果显著，结出了累累硕果。学校连续多年超额完成县委、县政府下达的高考管理目标；体艺类项目佳作频出，屡获省市县表彰，学校原创舞蹈《张剑珍》获省二等奖、《陌上芳菲》在省中小学优秀艺术团队交流中展演；学生入读大学的数量和质量逐年提升，基本实现"低进多出、低进高出"目标，社会声誉和办学质量不断提高。

学校继续坚持以习近平新时代中国特色社会主义思想为指导，深入学习贯彻落实党的二十大精神，落实立德树人根本任务，按照上级党委政府和教育主管部门的部署要求，全力做到"追求卓越，厚德致远"，逐步提升办学质量，努力开创新时代学校高质量发展的新局面。

第十六届省运会曲棍球比赛在学校曲棍球场举行

学校原创舞蹈《陌上芳菲》参加2022年广东省中小学优秀艺术团队交流展示活动

学校原创舞蹈《张剑珍》获梅州市中小学艺术展演一等奖

学校大课间活动

校园全貌

五华县龙村中学

五华县龙村中学是一所公办普通完全中学，位于五华县最南端龙村镇，坐落在龙村村红山岭下，琴江河畔，占地面积21790平方米，建筑面积13213平方米。学校创办于1947年秋，原名"五华县私立龙村初级中学"，1957年改名为"五华县龙村中学"，1968年秋开始招收高一级新生，办学历史已有70多年，现为梅州市一级学校。

2022年，学校有教学班30个，学生1576人。其中，高中12个班，学生675人；初中18个班，学生901人。教职工110人，专任教师104人，其中本科学历以上105人（含研究生和在读研究生各1人），教师学历达标率为100%。专任教师中，有高级职称35人，中级职称42人，初级职称22人。

学校始终秉持"厚德笃学，弘毅创新"的校训，牢固树立"为未来育人，育未来有用之人"的办学理念，努力打造"多元活动促进学生全面发展"的办学特色，以培养人文精神和提高综合素质为目标，不断构建新时代文明、平安、和谐的校园。

学校立足山区实际，实行党建与教育教学同频共振，把党建工作融入立德树人的全过程，通过评优评先、设立党员先锋岗，充分发挥先进典型的示范引领作用，形成"人人学先进，个个争优秀"的良好氛围。学校不断创新丰富思政课的形式和内容，开展国旗下讲话、主题班会、"十佳学生"评选、书法大赛等主题鲜明、内容丰富、形式多样的活动，着力打造体育艺术节、社团活动、校园十佳青年歌手比赛等校园文化特色活动，促进学生养成良好的思想品德和行为习惯。

龙村中学在各级党委政府的关心支持下，教学质量稳步提升，先后获得五华县安全文明校园、五华县文明校园、全国青少年校园足球特色学校、梅州市文明校园、梅州市更高水平安全文明校园等称号。

学校校门

学校综合楼

学校篮球场

学校安全宣传长廊

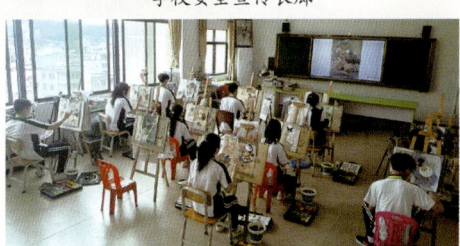
美术生日常训练

学校初中部班际足球赛

教师趣味运动会

五华县皇华中学

皇华中学校门

缅怀校史的初心园

  五华县皇华中学位于五华县岐岭镇北端玳瑁山下、韩江河畔，是1942年在抗日烽火中创办的一所红色革命学校，它承载着革命先驱梁威林、饶潢湘、钟俊贤、张日和、黄君亮等一大批革命家的光辉事迹和为民谋幸福的红色使命。办校以来，学校秉承"立德树人，造福人民"的宗旨，始终沿着"政治建校、质量立校、特色兴校、文化强校"的办学道路，不忘初心、砥砺前行，始终致力于敦品力学，多元发展，与时俱进，办学质量饮誉四邻。历经80年的励精图治、创新发展，学校积淀了丰厚的文化底蕴，为国家培养了数以万计的优秀人才。

  2022年，学校有教学班44个，在校学生2300多人。校园占地面积30998平方米，总建筑面积25859平方米，拥有教学楼2栋、实验楼1栋、学生宿舍2栋、教师宿舍2栋。学校被评为梅州市一级学校、梅州市书香校园、梅州市德育示范学校、华南师范大学教育实践基地、五华县最美校园、五华县安全文明校园。

  学校坚定地加快走特色高中办学的道路，大力开展体育艺术教育，先后在学校开设了"高考小六门"学科，即美术、音乐、体育、传媒、舞蹈、书法等高考优选科目，连续获得县委、县政府授予的"高考大奖""高考优胜奖"，真正实现了"低进高出"的教学质量管理目标。2022年高考，有3人被一本院校录取，本科上线38人，其中艺术类考生有20人入围本科线，本科上线总人数创造了皇华中学办学以来高考本科入围人数最多的历史纪录。2022年中考，有2名学生总分进入县前30名。学校被誉为"梅州市面上高（完）中的一面旗帜"。

校园一角

学生劳动实践基地

学生美术作品展

学生暑期阅读分享汇

东莞市横沥中学

东莞市横沥中学创办于1958年，1992年征地扩建，2011年迁入新校区，如今已发展成一所颇具规模的镇办中学。2022年，学校有初中教学班51个，学生2433人；教职工244人，其中正高级教师2人，省特级教师2人，副高级教师40人，省名师工作室主持人1人，市名校长工作室主持人1人，市名师名班主任培养对象3人，市学科带头人9人，市教学能手38人。教师大多来自北京师范大学、东北师范大学、华中师范大学、湖南师范大学、湖南大学、中山大学、华南理工大学等名校。

学校校园占地总面积93329平方米，建筑总面积80361平方米，绿化用地面积32687平方米。学校共有主体建筑14幢，教学楼3幢，图书馆、体育馆、实验楼、综合楼、教工宿舍楼各1幢，师生食堂2幢，学生宿舍楼4幢，400米标准跑道运动场1个，篮球场8个。学校按省一级学校标准配备专用活动室或学科教室，有化学、物理、生物专业标准实验室4间，电脑室6间，语音室2间，专业录播直播教室2间，音乐室3间，美术室3间，舞蹈室、随班就读资源教室、心理辅导室、校史室、档案室、教师阅览室、学生阅览室各1间，书吧4间。

学校融合中国传统与世界未来人才培养理念，立足学生生命个体主体性和发展性，实施"自达教育"，旨在培养具有未来竞争力、有中华文化底色的"自主自信自强、达智达仁达勇"的时代新人。学校秉持教育高质量发展的理念，在教育实践中形成"以学校治理为突破、以教师发展为依托、以学生自主为基调、以科创教育为龙头、以体育教育为底色、以文化建设为先导"的办学特色。

学校教学实现信息技术与教学的深度融合和创新应用。全科自编导学案，开设校本课程60门，社团125个，校本课程资源库丰富。提供了学科网、菁优网、智学网、问卷星、百度文库等平台资源给师生免费使用。近两年，学校获教育信息化、科创教育奖项183人次，国家级奖项10人次，国家级专利18人次，省级奖项20人次，市级奖项108人次，镇级奖项24人次；获省教育创新成果奖1项，立项省市级课题25项。

丰富多彩的艺术节

"湾区一家 文体联谊"校园音乐会

学校的科创团队

校训墙

东莞台商子弟学校

幼儿园"夏之舞"活动

小学科学实验课程

中学部创意舞蹈表演

中学部营地高空课程

古筝演出

合唱团表演

东莞台商子弟学校(以下简称东莞台校)成立于2000年9月2日,是中国大陆第一所由台商举办、专门招收台商子女的学校,是一所凝聚珠三角台商家庭、以大爱公益精神捐资兴建的十五年一贯全日制住宿学校。东莞台校以推展台商子女教育为志业,融合两岸教育团队的智慧与心力,以前瞻的视野、开阔的格局,不断追求创新与卓越,致力于提升教学质量、促进两岸教育交流与合作。

学校创办人为叶宏灯董事长,曾担任东莞台商投资企业协会第二、三届会长,现任校长为郑忠煌。自学校成立以来,学生人数从698人发展至2572人,学校依台湾地区教育模式办学,培养台商精英,助推两岸文化教育交流,回馈社会公益。学校积极推动精进再造,营造优雅的学习环境、翻转优质学习文化。同时,强化学生心智开发及品格涵养,厚植文化底蕴,引导创意学习。培育台商人都能"具好奇心、会思考、有智慧",成为"关怀社会、真诚奉献、气度泱泱"的敦厚公民。

学校致力于培养学生全人发展,期盼学生在各个领域学习成长、表现非凡。课程上强调阅读理解、口语表达、STEAM跨领域探究实作教学,重视理论与实作,培养学生"做中学、穷真究理"的素养。并以生活、生命及品格为核心,透过语文、信息、才艺、生活、探索、环境课程,培养五育均衡发展、具备企业社会责任及国际视野的时代新人。

经过22年推动发展,东莞台校教学质量不断提升,所培育的学生纷纷进入两岸顶尖名校就读。例如,台湾地区的大学有台湾大学、"清华大学"、阳明交通大学、成功大学、政治大学等台湾地区传统名校;大陆的大学有北京大学、清华大学、浙江大学、复旦大学、中山大学、厦门大学等,升学成绩深受两岸教育界肯定。毕业校友在全球各行各业中发光发热。

2022年大学繁星推荐成绩再创校史最佳纪录,总计有66名学生被录取,录取率达到77.6%,是东莞台校历年之最。其中有26人被台湾地区公立大学录取,3人被北京大学、清华大学录取。

学校醒狮队

小提琴演出

东莞市麻涌镇古梅第一中学

东莞市麻涌镇古梅第一中学是东莞中学初中部教育集团的分校，也是全国校园足球特色学校、广东省信息化建设成效优秀学校、广东省基础教育成果奖培育对象、东莞市品牌学校、东莞市"品质课堂"实验学校。学校占地面积10.87万平方米，拥有教学班64个，在校学生3132人，专任教师233人。

发挥品牌文化作用。学校不断深挖"善美教育"品牌文化内涵，充分发挥视觉文化、行为文化和精神文化育人功能，倾力打造至美至雅的校园环境，包括升级改造党员活动室、教学功能场室、教师办公区、学生生活区，以及提升园林艺术品位，让每一处空间都自然融合了善美文化风格和水乡人文气质，让学校成为师生喜爱的学园、家园、花园、乐园。学校通过开展精彩纷呈的活动进一步落实五育并举，以"天性至善，人人创美"为愿景，举办善美少年诵读比赛、"臻善至美"艺术展演、创美文化节、寻美华阳湖移动课堂等，为学生提供阅读展示、科技创新、趣味实验、创客义卖等实践舞台。

强化良师梯队建设。学校大力推动教育教学改革，以"名师+"为引擎，构建A-STAR模式，打造名优教师孵化器，创新成立学科"微工作室"。工作室导师指导学员制订个人两年发展规划、每学年完成"六个一"行动等，以任务驱动促进教师教研能力提升。此外，学校依托集团龙头学校资源并发挥自身优势，定期开展"微讲坛"、"微分享"、"专业+"阅读计划、每周学科专题研讨等，多措并举为教师搭建丰富多元的成长平台，实现教师专业素养的快速提升。2022年，学校化学科组、生物科组获评广东省优秀教研组，英语科组获评东莞市巾帼文明岗，新增3个学科（道德与法治、物理、信息与科技）获评东莞市中小学"品质课堂"实验教研组；新增3名教师被评为东莞市学科带头人，11名教师被评为东莞市教学能手；教师在各类比赛中共获奖55项，其中省级奖项14项，市级奖项29项，镇级奖项12项。

构建特色课程体系。学校主动整合本土资源，致力于开发校本特色课程，开发水乡特色艺术文创课程、探寻家乡历史民俗课程、乡音乡情趣课堂、"聚焦创变"主题科学探究活动课、生涯规划课程等，并组织开展一系列水乡文化行实践活动，让学生在丰富多样的探索体验中，领略到家乡的文化魅力，增强文化自信。同时，根据学生的兴趣开发了STEAM创客、足球特色、园艺种植等少年宫课程。特色校本课程已成为培养学生兴趣特长的土壤，赋能学生全面发展。多项课程在国家、省市媒体平台上进行展示，学生个人和集体在创新创客等竞赛中屡获佳绩。2022年学生中考各项指标保持高位增势，居镇街同类学校前列，优生率和重点高中录取率较往年提高。

"品质课堂 融合创新"联动教研活动

微工作室学员说课大赛

学校获广东省中小学足球主题大课间展示活动初中组二等奖

"善美少年水乡文化行"汇报演出

创美空间

"天性至善，人人创美"首届创美文化节活动

惠州大亚湾经济技术开发区京师实验学校

地理生物研学行

运动会开幕式

国旗护卫队

惠州大亚湾经济技术开发区京师实验学校创办于2016年，是一所九年一贯制公办学校。学校以"人、爱、创新"的核心价值和客家人"真性情、咬牙挺、暗用力"的精神为基础，形成了独特的"客文化"。以量子管理理论为引领，以信任为粘合剂，形成合作伙伴式学校管理文化。在教学组织形式、课程建设、教学方式、教师和学生评价等方面积极创新实践，致力于培养面向未来的卓越学子，打造优质教师队伍，办一所"全球视野下中国式现代化好学校"。

学校不断推进管理创新。力图破除传统"金字塔"式管理模式下"少活力，多埋怨，不主动"的教师倦怠现状，将量子管理引入学校管理中，建立"去中心化"的组织架构，推行项目负责制，让每位教师都成为领导者；推行全出竞进的全员组阁制，最大程度实现教师资源的优化配置，激发教师活力；实施基于信任的模糊评价，减少评价对师生的干扰，推动师生全身心地投入共同的学习成长中。多元化的学生评价体系成就学生健康全面发展。学校建立"客+"学生评价体系，关注德智体美劳全面发展，实行形成性评价和表现性评价相结合，促进学生全面发展。

学校不断推进教学组织形式创新。一二年级采用Homeroom Teacher基于"专注力"的学科融合教学模式，教师全程陪伴每一个孩子的成长。三至九年级实行全员选课走班模式。其中三、四年级实行大规模个性化教育，五、六年级实行不分层选课走班；七至九年级实行导师制支持下的分层选课走班。以多样化的教学组织形式，最大限度地进行因材施教，培养能面向未来的具有全球竞争力的卓越学子。

学校不断推进课程创新。学校在建校之初就设计出包含人文素养课程、身心健康课程、科学精神课程和大家风范课程的"客+"课程结构体系。"客"课程强调国家基础课程，"+"则根据学生的具体需

排球队

行客管乐团

药食同源课程

学生美术作品展

文艺表演

厨育教室

求，为其提供个性化的课程。如根据新课标的要求，为学生们开设"博物馆探索""职业体验""我为家乡代言"等项目式课程，"数学历史戏剧""时间的旅行""奇妙的风筝"等跨学科主题式课程；每周五下午开展全员混龄走班的选修课课程等，力图让学生在学校的每一天都有不一样的学习感受体验，培养学生"带得走"的能力。

办学以来，在上级各部门领导和社会各界的关怀和支持下，在全体教职工不断创新、探索、实践的努力下，学校取得了显著的办学成效。学校历经4次中考，普通高中录取达线率在 95%以上；体育中考连续4年的参考率、合格率、优秀率均为100%，满分率为90%以上；学生获得75项国家专利，有2名学生获得中科院"小院士"称号。学校还主办了"学校量子管理的理论与实践"高峰论坛，吸引了数百名校长、教师、学者等教育同行的参与，办学经验和成效也多次被中国教育报、教育新闻网、惠州日报等媒体报道。

江门广雅学校

爱国主义教育

文艺晚会音舞诗画表演

书香校园

师生重温梁启超百年经典《少年中国说》

学生风采

江门广雅学校（江门市广雅中学、江门市新会区正雅学校合称）是由广东皕雅投资有限公司创办的集小学、初中、高中为一体的一所十二年一贯制民办全日制寄宿学校。学校坐落在粤港澳大湾区江门市新会区珠西枢纽新城，南邻梁启超故里、小鸟天堂，东靠江门高铁站、城市轻轨站和江门大道，拥有得天独厚的区位和人文优势。

学校占地面积17.33万平方米，建筑面积21万平方米，总投资近15亿元。2022年，在校学生近9000人，教职工1300余人，其中国务院政府特殊津贴专家1人，特级教师5人，全国优秀教师15人，清北班名师60多人，省级、地市级名师、骨干教师100余人，研究生学历教师80人，教师本科学历达标率为100%。学校引进了一批毕业于北京大学、浙江大学、武汉大学等"985"综合性高校，以及毕业于华中师范大学、东北师范大学等"211"师范高校，有着丰富教学经验的优秀教师，深入实施新时代人才强校战略，全力打好教师人才"引、育、留、用"组合拳，不断满足学生、家长和社会对优质民办教育和优质师资的热切期盼，奠定学校建设广东省一流名校的雄厚根基。

学校坚持以人为本，全面实施素质教育，大力发展学生核心素养，扎实推进五育并举，以活动为载体，将立德树人根本任务渗透到教育教学的方方面面，促进学生德智体美劳全面发展。2022年，学生在全国、省、市、区各级各类学科竞赛、科技创新类比赛以及艺体赛事中累计获奖833人次。学校中考和高考成绩连年攀升，再创新高。2022年中考，有4人成绩超770分，最高分达775分，760分以上15人，700分以上164人；2022年高考本科率达90%，江门市理科前五名学校占4人，前十名学校占6人；有6名学生分数超653分，最高分达676分。

学校先后获得广东省绿色学校、江门市教育质量先进学校一等奖、江门市普通高中高一高二学科教育质量管理先进集体奖、江门市初中阶段教育质量先进学校一等奖、江门市小学阶段协同教育质量先进学校、新会区高中教育综合素养评价固本强基及培优增值特等奖、新会区高中教学质量管理培优增值奖一等奖一类、新会区高中教学质量管理固本强基奖一等奖一类、新会区高中教学质量管理培优提质奖一等奖一类、新会区教育工作先进单位等荣誉。

学校继续传承广东广雅中学"务本求实、广博雅正"的校训，坚持做有温度的教育，锚定高质量发展目标，致力于培养有优秀的人格品质，有渊博的科学文化知识，有创新精神、懂感恩，有责任感、敢担当，有家国情怀、民族情怀的国家急需的拔尖创新人才，为建设教育强国贡献力量。

阳江市共青湖学校

阳江市共青湖学校是由阳江市政府投资并按高标准建成，交付江城区教育局管理的一所九年一贯制学校。学校位于阳江市江城区沿山路北侧、体育北路以西，居阳江岐山之麓，三面环山、正南面向共青湖，因而得名"共青湖学校"。学校环境优美、依山傍水、鸟语花香，是理想的求学之地。2022年，学校有教职工93人，其中中共党员39人，专任教师89人，教师学历合格率达100%。教学班共38个，学生1818人。

学校全体教职工合影

学校开学合照

唱响二十大合唱比赛

学校建设用地42569平方米，建筑总面积29392平方米，规划小学共36个教学班，初中共18个教学班，2160个学位，教学区、运动区、生活区布局科学合理且有800个学生宿位，是一所规划合理、设施设备齐全、场室建设完善的现代化学校。学校校园建筑典雅美观，富有现代气息，拥有4幢五层回廊式教学楼，1幢五层办公大楼，建有室内体育馆、多功能报告厅、学生饭堂、学生宿舍楼、地下停车场以及智能化管理系统。

学校有电脑室、体育馆、舞蹈室、音乐室、书法室，以及化学、物理、生物实验室等功能场室30多间，场室里设施设备齐全，教学仪器先进崭新，校园网络实现全覆盖。运动区区域有300米标准环形塑胶跑道、体育馆、人造草足球场、塑胶篮球场、羽毛球场、室内外乒乓球场等，运动设施一应俱全，为师生提供优质的锻炼场所和生活环境。学校按照新时代教育理念、教育区域的要求，结合校名本身赋予的文化内涵，确定"美好教育"这一办学主旨，用"美好教育"理念成就"教育美好"。

绿树环绕的足球场

学校舞蹈队

按照区委、区政府"一流的设施设备、一流的教师队伍、一流的办学理念、一流的管理模式"建设标准，全体教职工以饱满的热情、时不我待的精神，致力于把学校打造成一所高起点、高规格、高质量的公办九年一贯制标杆性示范学校。

雷州市第一中学

学校全景图

学校教学楼

党建宣传

传统文化宣传

升国旗仪式

学校运动会

学校概况 雷州市第一中学创建于1926年，历史悠久，底蕴深厚，是粤西地区历史最为悠久的学校之一，也是广东省一级学校、广东省现代教育技术实验学校、广东省普通高中教学水平优秀学校、全国读书育人特色学校、全国教育科研先进单位。学校有初中、高中两个校区。初中校区占地面积5.2万平方米，建筑面积6.4万平方米，拥有教学班75个，学生4072人，教职员工292人；高中校区占地面积17.8万平方米，建筑面积18万平方米，拥有教学班101个，学生5732人，教职员工410人。

办学理念 学校坚持"为党育人，为国育才"的办学宗旨，秉承"自强不息，务本求实"的校训和"为学生可持续发展奠基"的办学理念，实施"团队为本，法仁相衡"的管理理念，采取"个人和团队捆绑考核"的量化考评奖惩机制，有效促进团队、个人的良性竞争，形成"共群、共创、共享、共荣"的"共荣"管理文化，实现了"办学规范、管理规范、教学规范与出成绩、出人才、出经验"的管理目标，提升了办学水平。

教学管理 学校坚持"先学后教、以学定教、以学促教、能学不教"的教学理念，按"有知识、有方法、有生活、有思想"的"四有"好课堂标准评价课堂教学，积极搭建多种教学研究平台，全方位提升教师教育教学能力。教师参加各级各类教学比赛，成绩突出。近三年，教师获国家级奖励11人次，省级奖励29人次，市级奖励74人次，县级奖励172人次。生物、化学科组教师获得省、市级实验操作与创新技能竞赛一等奖；物理、生物科组教师获得湛江市中小学实验教学说课比赛一等奖；数学、化学、音乐科组教师获得湛江市青年教师教学能力大赛一等奖。特别是生物科组教师连续四年获得湛江市教学比赛第一名，其中郭妹丽参加全国中小学实验说课比赛获得全省一等奖、全国二等奖，王秋月参加广东省生物实验教师实验操作与创新技能竞赛获得全省一等奖。

学生培养 学校注重学生核心素养提升，着力为学生可持续发展奠基，实施学生成长"五个一"工程，教育学生"学会做人、学会做事、学会学习、学会生活、学会生存"，促进学生全面发展。学生参加各级各类比赛，成绩显著。近三年，学生获广东省教育厅组织的创新、创客比赛一、二等奖16人次，获湛江市教育局组织的创新、创客比赛一、二等奖31人次。学校中考和高考成绩逐年提升，先后被评为湛江市高考先进单位、雷州市高考先进学校、雷州市中小学综合考评先进学校、湛江市德育示范单位。

吴川市黄坡镇平城初级中学

吴川市黄坡镇平城初级中学是一所农村初级中学，创办于1975年。2006年，吴川市人民政府为了加强乡村教育，将学校定点为"吴川市示范中学"。

为了改善学校办学条件，美化校园环境，吴川市黄坡镇平城村知名企业家、深圳市华昱集团公司董事长陈阳南情系乡梓、慷慨解囊，按照湛江市一级学校建设标准，于2008年为学校首期工程捐资，新建1栋5层高5000多平方米的教学楼，1栋3000多平方米的学生宿舍，1栋1200多平方米的师生饭堂，1个标准运动场及学校围墙，并购置一大批教育教学设备，总投资2000多万元。如今的吴川市黄坡镇平城初级中学校园环境优美，教学设施一流，办学理念先进，管理特色突出，文化底蕴深厚，是莘莘学子求学的理想之地。

学校内设机构健全，师资力量雄厚，校风优良、学风浓厚，教学业绩突出，社会声誉度高，被评为吴川市德育工作先进单位、湛江市标准化学校。2022年，学校先后获得全国青少年书法大赛、"中国梦·硬笔情"第二届全国硬笔书法大赛优秀组织奖，还获得湛江市优秀少先队红旗大队、吴川市优秀少先队先进学校等荣誉称号。

校园文化建设

学校坚持"环境育人，文化育人"的办学思想，以优美的校园环境，营造独特的文化育人氛围；校园里书香飘溢，书声琅琅，学生在校园文化熏陶中茁壮成长。学校充分发挥共青团、少先队和学生会的作用，开展各种教育活动，注重培养学生的创新精神、自我教育能力、自我管理能力以及竞争能力，在全校形成一种积极向上、健康高雅、充满活力的校园文化氛围，使校园文化建设具有广度、深度和温度。

教育教学工作

小班化教学。 学校实行"小班化教学"，让师生之间、学生之间拥有更充分的时间进行讨论和交流，充分发挥学生的积极性和创造性，从而保证教学质量的稳步提高，促进学生的全面发展。

精细化管理。 学校在教师管理和学生管理方面实施各环节的量化管理，特别是在学生管理方面，实行24小时"无缝隙"管理。

开放式办学。 学校实施"外引"政策，不断提高教师的业务水平；以名师引领教育教学改革，全面提升教师的教研能力，让教育教学工作具有宽度、速度和热度。

"感恩教育"是学校德育和美育工作的重要组成部分，学校本着"先成人，后成才"的治校原则，在校园文化建设上致力于为师生营造良好氛围，以良好的校园环境陶冶人，为和谐校园文化建设奠定坚实的基础，让全体师生的心中充满"今天我以平城中学为荣，明天平城中学以我为荣"的自豪感，并怀着感恩之心去回报社会、服务社会。

学校教学工作总结汇报会

教师大合照

优秀学生代表

科学课堂

科技活动

体育训练

茂名市田家炳中学

校党委书记、校长刘广海给全校师生上思政第一课

国家教育行政学院专家到学校开展茂名市优质学校改革创新调研

2022年学校获评广东省航空航天特色学校

茂名市田家炳中学在新一届学校领导班子的带领下，坚持以习近平新时代中国特色社会主义思想为指导，践行以"田有爱、化无限"为核心的办学理念体系，实施"六核心六工程"，创建"双新"示范校，建设"T"教育品牌，努力办成一所广东一流、具有科艺特色的示范性高中。

特色建设全力推进

一是实施以"12345"为核心的党建引领工程，为助力学生成长成才聚心凝魂。坚持"以党风带教风、促学风、正校风，引领学校快速发展"的党建工作思路，在教职工中开展"比学赶帮超"和"两学一做"学习教育两项活动，在教育教学实践中实施"红烛先锋（头雁工程）、红心向党、红色堡垒"三大行动，努力创建"艺术特色教育、科技创新特色教育、足球特色教育、生涯规划教育"四大品牌，学校党委的政治核心作用、党支部的战斗堡垒作用、党支部书记的"领头羊"作用、共产党员的先锋模范作用以及"共产党员示范岗"的示范引领作用更加突出。二是筑牢以"立德树人"为核心的思政教育工程，为助力学生成长成才培根铸魂。坚持育人先育德，组织周一晨会活动，开展系列主题演讲、讲话及教育，举办开学典礼、成人典礼、毕业典礼（三礼），文化艺术节、科技节、体育运动节（三节）及班主任文化节，开展系列应急疏散演练等安全教育活动。智育是关键，在"灵动课堂"中得到贯彻落实。同时，开展主题鲜明、内涵丰富、形式多样的社团活动，落实体美劳三育。三是强化以"师德和业务"为核心的队伍建设工程，为助力学生成长成才把舵定向。深入学习习近平新时代中国特色社会主义思想和习近平总书记关于教育的重要论述，扎实开展师德师风教育，坚持"引进来"和"走出去"，开展多形式多层次全覆盖的教育培训活动。四是开展以"灵动课堂"为核心的"双新"创建工程，为助力学生成长成才启智润心。构建"一通一探"课程体系，通过"四活""四动"方式重点构建"灵动课堂"模式来落实"3T"课程观、三贴教学观、三探学习观和三同管理观，让学习在课堂真实发生，实现从教会到学会的转变，从学会到会学的转变，从苦学到乐学的转变，还要做

到从低效到高效的转变，推动"双新"工作落地落细。五是创建以"四大特色教育"为核心的品牌工程，为助力学生成长成才树立标杆。以科技、艺术、足球、生涯规划教育四个特色教育品牌创建为示范，积极开展"一科组一品牌"的学科品牌创建活动。六是实施以"信息化现代化"为核心的智慧校园工程，为助力学生成长成才保驾护航。筹划推进信息化现代化建设工程，优化教学环境条件。加强与"南方+"等主流媒体的合作，传递正能量。学校办学有特色、教师教学有特点、学生求学有特长。

特色建设硕果累累

低进优出，高考亮点纷呈：连续5年保持有高考600分以上及市直同类学校第一名的纪录，连续4年被评为茂名市普通高中教学质量监测优秀学校。

多元发展，特色教育凸显：科技、艺术、足球、生涯规划教育四个特色教育品牌建设持续深入，品牌辐射力增强。

团结奋斗，立德树人担当：教师不忘教育初心，牢记使命，为党育人、为国育才，形成了一支以援建武汉雷神山医院的邵泽华、广东省青少年科技教育荣誉奖获得者黄权芳、茂名市名校长刘广海、茂名市名教师李丽为代表的教师队伍。

社会声誉提高，师生幸福感强：学校先后被评为广东省普通高中新课程新教材实施省级示范校、广东省航空航天特色学校、广东省青少年科技创新教育团队、茂名市普通高中特色（科艺教育）学校示范校等，深受师生、各级领导及社会各界好评。

特色引领高质量发展

学校加强党的领导，坚持依法治校，践行以"田有爱、化无限"为核心的办学理念体系，强化创新驱动，致力于特色发展，推进"六核心六工程"，走内涵式高质量发展道路，办有故事的学校，做有温度的教育，办人民满意的教育。

《"双新"视角下的"T"品牌教育实践研究——以学生生涯规划课程建设为例》开题报告会

2022年秋季开学典礼暨思政第一课

2022年6月，全体高三教师参加护考活动

2022届高三成人礼暨高考百日誓师大会

茂名市祥和中学

学校班子成员集体照

主题党日活动

文艺汇演

教具展示活动

学校概况 茂名市祥和中学坐落在茂名市高凉北路东侧，成立于2013年7月，原校名为茂名市第一中学附属学校，于2016年底更名为茂名市祥和中学。2022年，学校有教学班72个，在校学生3632人，专任教师281人，其中专科学历19人，本科学历252人，研究生以上学历13人，专任教师学历达标率为100%。师生比例为1∶12.9，符合国家标准，并按国家和省规定配备专职体育、音乐、美术、心理、卫生（保健）等教职员。拥有正高级教师2人，中高级教师187人，省级名教师2人，市级名校长1人，市级名教师2人。

办学环境 学校占地面积80000平方米，生均面积21.9平方米；校舍（不含宿舍）建筑面积48283平方米，生均面积13.2平方米。学校布局合理，设备完善，功能区划清晰。设有现代化教学楼、录播室、天文台、电视台、科学楼、行政楼、艺术楼、学生公寓、体育馆、游泳池、篮球场、排球场、400米环形塑胶跑道运动场等先进的教学设施。学校图书馆约250平方米，分设藏书区、阅览区，馆藏图书共64200册。此外，学校着力打造双创教育园区，建设智慧教室，每班配有多媒体教学平台、数字化广播和视频安全监控设备，教师多媒体授课比例达100%，真正实现了教学手段现代化。高标准装配物理实验室、化学实验室和生物实验室，教学仪器设备的品种、规格、数量基本达到国家和省的配备标准。建成心理咨询室、音乐舞蹈室、美术室、书法室、多媒体功能室、多功能会议室，满足学生的活动需求，为教育教学的顺利开展提供坚实的保障。

队伍建设 学校着力建设一支结构合理、师德高尚、业务精湛、作风过硬、具有发展意识和创新精神的优秀教师队伍，推动教育内涵式发展。学校立足实际，多措并举，积极搭建成长平台，加强落实教师队伍建设工作，拓宽教师专业发展的战略路径。在学校重视课题研究，坚持以教促研、以研促教、教研相结合的氛围下，教师的课题研究热情高涨，课题研究水平不断提升，多项国家级、省级、市级课题获得立项。

特色教育 学校以创建特色教育学校为目标，积极探索特色教育的创新模式和途径，挖掘特色教育资源，开展特色教育活动，形成以管乐为龙头，发展器乐特色，以书法为基调，传承国学元素，以兴趣为基点，打造足球特色，以社团为平台，促进学生全面发展的特色教育体系。

以管乐为龙头，发展器乐特色。学校坚持把艺术教育作为素质教育的重要突破口，以管乐为龙头，开展管乐教育的实验和探索。管乐团历年参加"市教育局直属学校中小学艺术展演"和"茂名市教育局中小学艺术展演"均获中学组一等奖第一名，参加"第六届新加坡国际管乐节"、广州（国际）管乐艺术节邀请赛等活动共

名师工作室

心理辅导

体育课

创客室

语音室

管乐室

获奖13项。

以书法为基调，传承国学元素。学校十分注重学生的书法教学，积极开设书法课程和社团，进行书法培训，引导学生提高审美情趣，感悟优秀传统文化。在"好如意杯"茂名市中小学生书画大赛中，学校获共青团茂名市委员会颁发的优秀组织奖。

以兴趣为基点，打造足球特色。学校积极贯彻国家及省市各级政府文件精神，开展"足球进校园"项目，开设足球课，开展足球训练，培养足球运动人才。学校足球特色品牌逐渐树立，被评为全国青少年校园足球特色学校。在2022年"市长杯"足球联赛中，女子队获冠军，男子队获亚军。

主要成绩 学校教学质量不断攀升，出色完成市教育局每年下达的送生任务，完成率达100%。2022年中考，学校各项成绩优异，稳居市直公办学校第一；上茂名市第一中学的人数最多，稳居全市第一；向市重点高中及以上的学校输送优质生1085人，达93.4%。

2022年，学校获评广东省中小学第三批中华优秀文化传承学校（书法）、茂名市先进基层党组织，在茂名市"好心茂名，最美少年"活动中获优秀组织奖，在茂名市"小手拉大手，文明随手拍"活动中获优秀组织奖，参加茂名市羽毛球比赛获初中组总分第一名，参加第五届粤港澳大湾区学校美术作品展暨第七届广东省高校美术作品学院奖双年展获茂名市一等奖，参加粤东西北地区中小学合唱交流展示活动获茂名市一等奖。

图书馆

劳动基地

高州市第二中学

教书育人铸师魂

光辉校史润英才

党员之家思进取

2022年，高州市第二中学强化党建领航，以习近平新时代中国特色社会主义思想为行动指南，聚焦立德树人根本任务，推动教育与党建深度融合，以高质量党建引领教育高质量发展。通过党建引领，优化教学管理，深化教育改革，全面提升了学校教育质量。同时，注重师资队伍建设，激发教师活力，为新时代培养优秀人才提供坚实保障。

筑牢组织堡垒，增强政治领导力。学校坚决执行党的决策部署，加强组织建设，提升政治领导力。通过完善党建工作机制，强化集体决策，严格党风廉政建设，定期召开民主生活会，评选表彰优秀党员，党委的政治核心作用日益凸显。深入开展党史学习教育和"我为群众办实事"活动，激发师生的政治热情，厚植爱国情怀。

实施先锋工程，展现党员风采。围绕"五支育人队伍"建设，学校开展"三比、两亮、一争"活动，充分发挥党员的模范带头作用。在教学、双创、防疫等工作中，党员教师冲锋在前，展现了担当精神。同时，通过党员"名师讲坛""青蓝工程"等举措，有效提升教师的专业素养和师德师风。学校荣获多项荣誉，师生在各类比赛中屡获佳绩，充分体现党员队伍的战斗力和影响力。

强化德育工作，落实立德树人任务。学校坚持德育为先，构建大思政教育模式，将法治、禁毒、心理健康等内容融入德育课程。通过校长上思政课、红色教育基地实践等活动，激发学生的爱国情怀。同时，成立各类社团，定期举办丰富多彩的活动，为学生提供展示自我、锻炼能力的平台。精心打造校园文化场所，营造浓厚的育人氛围。

聚焦质量提升，引领教育高质量发展。学校以党建引领教育高质量发展为核心目标，通过精细化管理、素质教育改革等措施提升教育教学质量。成立学生发展中心，提供全方位服务；实施网格化管理，确保校园安全无死角；坚决推行素质教育，注重学生核心素养的培养。同时，引导教师重视教学改革创新，深化校本教研，提升教学质量。在党建工作的引领下，学校办学质量和社会满意度不断提升。

胸怀祖国志高远

学习报告谋发展

柏桥讲堂葆初心

清远市华侨中学

清远市华侨中学，原洲心中学，始建于1968年，后更名为清城区第一中学；旧清远市华侨中学，始建于1986年。2006年，清城区第一中学与旧华侨中学高中部合并，搬迁至现址，使用清远市华侨中学的校名，现为广东省国家级示范性普通高中。学校占地面积20万平方米，建筑面积近10万平方米。2022年，学校有教学班93个，在校学生4708人，专任教师376人，其中研究生学历21人，南粤优秀教师3人，广东省特级教师2人，高级教师135人。

学校秉承"厚德尚学，达济天下"的校训，践行"培养具有赤子情怀、国际视野的才俊学子"的育人目标，坚持"为每一位教师的专业发展铺路，为每一个学生的未来成长奠基"的办学理念，先后获得全国航空特色学校示范学校、全国中小学国防教育示范学校、全国北斗科普基地、中国人民解放军空军优质生源基地、全国心理辅导特色学校、全国群众体育先进单位、全国五四红旗团委、广东省青少年科学教育特色学校、广东省中小学心理健康教育特色学校、广东省中小学劳动教育特色学校、广东省体育特色学校等荣誉称号。

学校开创性实施"精细化自主管理"模式，推动学校内涵式发展。以"特色立校，科研强校"为发展目标，深化课堂教学改革，打造多元特色课程体系，凝练发展"根、智、搏、和、义"五个维度的"侨"文化，以"五育"融合，促进学生德智体美劳全面发展。学校依托"一体三维四层"的核心素养，发展融通教育校本课程体系，积极探索特色教育发展之路，形成了党建、团建、航空航天、科技、体育、劳动实践教育、国际理解教育、心理健康教育等特色品牌。

为贯彻落实上级党委、政府关于推动基础教育深化改革高质量发展的意见，全面深化基础教育综合改革，扩大优质教育资源覆盖面，推动基础教育高质量发展，学校与4所学校成立教育集团，将优质教育资源辐射到周边学校，让更多清远学子享有更公平、更高质量的教育。

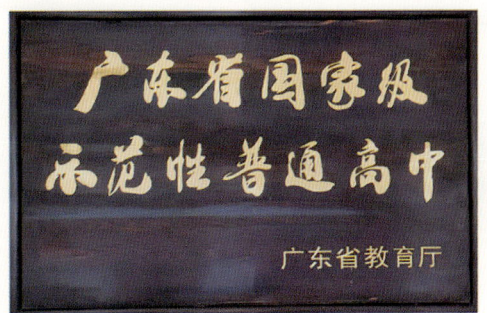

学校被授予"广东省国家级示范性普通高中"牌匾

清远市华侨中学教育集团签约仪式

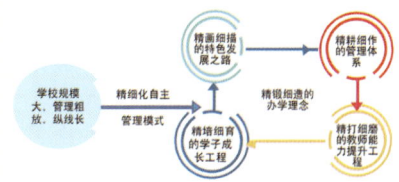

学校精细化管理架构图

学校劳动教育基地——春华园

校园陈列退役歼7B战机

潮州市松昌中学

与香港姊妹学校开展师生交流活动

教师教学观摩活动

中学高考备考讲座

学生书画作品展

松昌中学碑记

综合实验大楼和教学楼

潮州市松昌中学创办于1991年，是旅居新加坡爱国华侨吴清亮先生捐资建造的一所公办普通完全中学，由潮安区教育局直接管理。2005年，松昌中学实现高、初中分离，成为一所普通高级中学。建校30多年来，松昌中学在上级党政、教育部门的正确领导和爱国华侨的大力扶持下，以"爱国、勤奋、求实、进取"的校训为指引，秉承吴清亮先生的爱国主义精神和艰苦创业精神，逐步确立了"以人为本，和谐发展；敢为人先，追求卓越"的办学理念，以"建设具有浓厚的爱国主义情结和现代理念的新型农村学校"为办学愿景，以吴清亮先生"希望成为全广东省中学名列前茅的学校"的寄望为奋斗目标，努力打造优秀的育人平台。

学校位于潮州市潮安区浮洋镇大吴村村口，毗邻潮汕公路，交通方便。园林式布局的建筑设计，使校园环境优美。校园占地面积约6.67万平方米，建筑面积4万多平方米。配设有种类较为齐全的实验室和功能室，现代化教学硬件设备和师生学习生活设施齐全。校园里春树婆娑、夏莲挺秀、秋叶芬芳、冬松昌翠，是学生勤学修德的人文胜地。

学校师资力量雄厚，拥有一支包括2名中学特级教师和超百名中学高级教师在内的教学团队，为办好教育事业奠定了基础。学校规模不断发展，在校学生超过3000人。办学成绩不断提高，学校先后被评为广东省国家级示范性普通高中、广东省一级学校、广东省安全文明校园、潮州市十佳文明校园、潮安区高考先进单位。

学校教师不忘初心和使命，爱岗敬业，立德树人，严谨治学，砺志科研，涌现了一大批优秀骨干教师，多名教师获得"广东省优秀教师"称号。通过"走出去"和"引进来"，鼓励教师内修内功，外塑外形，努力打造名师团队，提高教师队伍的总体教育教学水平。发挥侨校优势，打造特色育人平台，浓化爱国主义教育气氛，激励教师爱岗敬业、笃信育人，鼓舞学生努力学习、立志成才。在强化学校管理的基础上，注重对教师的人文关怀，打造团结协作、倾情奉献的高素质教师队伍，提高学校的凝聚力和向心力，推动学校教育事业高质量发展。

新兴县特殊教育学校

新兴县特殊教育学校是由新兴县教育局直属管理的九年一贯制公立学校,于2013年9月正式招生办学。2022年,学校有专任教师36人,其中特殊教育相关专业教师31人,本科以上学历教师35人;开设教学班10个,在校学生97人。

学校占地面积14723平方米,建筑面积7701平方米,学校整洁简约,教学区、运动区、生活区布局合理。拥有1幢综合楼、1幢康复训练楼和1幢教师宿舍楼。3幢大楼设计新颖,通过楼道紧密地联接在一起。建有200米标准塑胶跑道运动场、足球场、篮球场、羽毛球场等运动场所。为了办好特殊教育,学校努力改善办学条件,不断提升硬实力,先后配置了感觉统合训练室、蒙台梭利室、美术手工室、唱游律动室、家政训练室、自闭症评估个训室、体能康复室等20多个功能场室。配套设备设施完善,为教师提供良好的施展平台,也为学生习得生活技能、融入社会打下坚实的基础。

学校以"办适合的教育、做最好的自己"为办学理念,尊重学生个体差异,满足学生个性化教育需求,发掘学生潜能,使学生成为最好状态的自己。落实培智学校义务教育课程标准,坚持五育并举,着力构建高质量的培养体系。紧紧围绕培智教育"适应生活,融入社会"的培养目标,构建以认知教育、规范教育、劳动教育、兴趣教育、生活实践和个别教育为一体的"生活教育"课程培养体系。以新兴文化为基础,以新兴人文风俗、生活习惯为教学内容,创设生活情境让学生在体验中习得经验,使学生在生活场景再现时能做出适当表现。通过"生活教育"培养,学生在生活中能遵守社会秩序,掌握最基本的生存技能,完善人格,增强社会适应能力,努力提升自我价值,实现生活自立。

学校以社会主义核心价值观为引领,加强校园文化建设,塑造更具思想内涵的文化品格,提升特殊教育的认同感,增强团队凝聚力,形成安教乐教的浓厚氛围。校园文化彰显着学校魅力,学校讲原则又不失灵活,教师仁爱博学而又富于创造力,学生有礼貌但毫不拘谨。

新兴特教人团结协作、锐意进取,以博大的教育情怀用心用情办好特殊教育,以初心使命铸魂育人,谱写特殊教育高质量发展新篇章。

学校综合楼

错落有致的班级一角

师生互动律动课

学校开展生活实践活动

学校举行第八届趣味运动会

·各级各类教育·

VARIOUS LEVELS AND SORTS OF EDUCATION

职业教育与终身教育

发 展 综 述

2022年，广东省学习贯彻党的二十大精神，落实新《职业教育法》和《关于深化现代职业教育体系建设改革的意见》，坚持服务学生全面发展和经济社会发展，提质培优、增值赋能，推动全省职业教育高质量发展。教育部部长怀进鹏赴广东调研，高度肯定广东职业教育改革发展成效。在教育部2022年新春发布会职教专场，广东作为唯一高职省份代表介绍扩招经验做法。

召开全省职业教育大会。2022年9月21日，广东省委、省政府召开全省职业教育大会，贯彻落实全国职业教育大会精神。会议总结广东省职业教育改革发展成就经验，分析广东省职业教育发展面临的新形势新要求，部署全省职业教育工作。会议强调，要准确把握职业教育发展规律，抓实重点任务、关键环节，奋力开创广东现代职业教育高质量发展新局面。要突出立德树人、德技并修，牢牢把握发展中国特色职业教育的根本任务；要突出产教融合、校企合作，推动构建多元融合开放的职业教育办学格局；要突出深化改革、创新驱动，不断增强职业教育发展内生动力和持续活力；要突出提质赋能、服务发展，努力建设高水平高层次技术技能人才培养体系；要突出优势互补、办出特色，形成与区域发展格局相匹配的协调发展布局。

举行职业教育部省专题研商会。2022年9月1日，教育部与广东省政府在广州举行部省专题研商会，深入贯彻落实习近平总书记对职业教育工作的重要指示精神，研究合作推进职业教育高质量发展工作。教育部部长怀进鹏表示，广东省委、省政府高度重视职业教育发展，区域内产业资源富集、基础条件雄厚，职业教育需求旺盛，完全有能力、有定力、有魄力创造职业教育发展新机制，并希望在深化现代职业教育体系建设改革中，继续探索面向人的全面发展和经济社会高质量发展的广东实践，着力构建有利于职业教育发展的区域制度环境与产教融合生态，为推动教育更好服务地方经济发展提供生动示范。省长王伟中表示，广东省正深入贯彻习近平总书记对广东系列重要讲话和重要指示精神，抓住"双区"和横琴前海两个合作区建设、南沙深化面向世界的粤港澳全面合作以及粤港澳大湾区高水平人才高地建设等重大历史机遇，加快建设现代产业体系。当前广东省迫切需要高质量的现代职业教育提供更有力的人才和技能支撑。广东将按照教育部的部署要求，加强政策措施供给，提升职业院校办学核心能力，打造区域产教联合体和行业产教融合共同体，推动深化现代职业教育体系建设改革取得扎实成效。

出台《关于推动现代职业教育高质量发展的若干措施》。该文件围绕贯彻落实习近平总书记对职业教育工作的重要指示和全国职业教育大会精神，聚焦广东"一核一带一区"区域发展新格局和战略性"双十"产业集群，定位于破除制约职业教育发展的政策瓶颈，制定21条改革发展措施，推动职业教育高质量发展。

健全现代职业教育体系。畅通技术技能人才发展通道，持续扩大中高本协同育人试点规模，56所高职院校与30所本科高校在213个专业点开展三二分段专升本协同育人试点，招生计划1万人，同比增加8.3%；12所本科高校与17所高职院校在59个专业点开展四年制本科协同育人试点，招生计划2660人；79所高校与288所中职学校（含技工学校）在1508个专业点开展三二分段试点，招生计划9.5万人，同比增加10.5%。

推进校企协同育人。全面推行现代学徒制试点，53所高职院校与24家行业协会（产业园区）、159家单一企业协同支持在职员工提升学历和技能；联合省退役军人事务厅组织开展退役军人现代学徒制专项试点。深入推进1+X证书制度试点，累计完成考核47.5万人次、获证18.7万人，均居全国首位；超过1万名中职学生通过X证书获升学机会，教育部印发通知要求全国各省（市）学习借鉴广东创新举措。

组织省职业教育教学成果奖评选。组织完成2021年广东省职业教育教学成果奖评选工作，共165项成果获奖。其中，特等奖15项，包括中等职业教育3项、高等职业教育10项、终身教育2项；一等奖50项，包括中等职业教育15项、高等职业

教育30项、终身教育5项；二等奖100项，包括中等职业教育23项、高等职业教育70项、终身教育7项。推荐84项成果参加国家教学成果奖遴选。

参加"教育这十年"系列发布会职教专场。5月24日，在教育部迎接二十大开展的"教育这十年"系列发布会职教专场，广东作为唯一分会场和实地采访地，全方位介绍广东职业教育十年发展成就。会后，组织国家及地方十几家媒体分赴广州、深圳、东莞、佛山、清远等地，深入职业院校一线，采访十年来广东职业教育"扩容、提质、强服务"、推进"三项工程"、服务"双区"建设等重大战略的改革发展成果。5月26日《人民日报》客户端广东频道以《广东职业教育十年：坚持以扩容提质强服务引领广东职业教育高质量发展》为题、5月30日《中国教育报》头版头条以《扩容提质强服务 根植产业旺产业》为题，分别报道广东省推进职业教育改革发展成就。同期，学习强国App、教育部新闻办微言教育、《南方日报》、广东新闻广播、《羊城晚报》等媒体也从不同侧面对广东职业教育给予报道。

办好全省职业教育活动周。5月13日，2022年广东省职业教育活动周启动仪式在广州番禺职业技术学院举行。启动仪式线上展示职业教育发展成果，围绕新职教法颁布实施举行职教高峰论坛，开展"聚光为芒，点亮职教"接力活动共同点亮广州塔，产生广泛社会影响；活动周期间，各地各校举办"云上活动周""线上逛校园""网上开放日"等线上体验活动和技能竞赛展示、劳模工匠进校园等特色活动，不断提升职业教育社会影响力。

举办职业院校教师教学能力大赛和学生技能大赛。组织开展2022年省级教师教学能力大赛和学生专业技能大赛，组队参加国赛分别获奖39项、223项，分别位列全国第一、第二位。组织4所职业院校共7支队伍（广东省代表队）参加首届世界职业院校技能大赛，获得1枚银牌、1枚铜牌、4个优胜奖。

高等职业教育

【基本情况】2022年，广东省有高等职业院校95所，在校生134.9万人。其中：专科层次职业学校93所，招生40.55万人，在校生132.44万人；本科层次职业学校2所，招生0.97万人，在校生2.46万人。

【省职业教育城】完成广东省职业教育城二期工程项目建设和结算、专项债资金支付等工作。牵头制定省职教城"三方"职责清单，落实高校党政领导值班值守制度，完善长效管理机制。牵头成立疫情防控协调工作小组，做好职教城疫情防控工作。

【高水平高职学校建设】组织开展国家"双高计划"项目中期绩效评估工作，任务完成率99%，预算到位37亿元、到位率105%、财政投入占比56.9%，11所学校评价结果为优。实施省域高水平高职院校建设计划，立项30所建设单位、15所培育单位，推动高职院校错位发展、特色发展。其中，在粤东粤西粤北地区布局建设6所省域高水平高职院校。

【创新强校工程】开展2022年高职教育"创新强校工程"考核，研制新一轮高职教育"创新强校工程"考核指标，坚持全员参与、分类评价，充分发挥考核的引导作用，推动全省高职院校在各自领域内特色发展、内涵发展、争创一流。

【现代学徒制试点】全面推行现代学徒制试点，53所高职院校与24家行业协会（产业园区）、159家单一企业协同支持在职员工提升学历和技能，帮助4283名在职员工提升学历和技能。联合省退役军人事务厅组织29所高职院校在112个专业点开展退役军人现代学徒制专项试点，帮助2300名退役军人圆大学梦。

【高职教育质量工程项目】实施高职教学质量与教学改革工程，立项建设（认定）10类1418个项目。其中，实践教学示范基地70项，校外实践教学示范基地108项，教师教学创新团队78项，高层次技能型兼职教师77项，技能大师工作室44项，高职教育精品在线开放课程96项，创新创业训练计划项目352项，示范性产业学院82项，专业教学资源库10项，高职教育教学改革研究与实践项目501项。

【本科层次职业教育试点工作】印发工作方案，开展教学工作检查，定期开展工作调度，严格规范开展招生专业省级评议工作，组织开展职业本科学校基本办学条件数据的报送工作，督促两所学校对标对表《本科层次职业学校设置标准（试行）》和

《本科层次职业教育专业设置管理办法（试行）》指标，按照"高起点、高标准、高质量"要求，加大办学投入，改善办学条件，办好职业本科教育。

中等职业教育

【基本情况】2022年，广东省有中等职业学校（不含技工学校）372所，在校生94.22万人，同比增加3.92万人。按学校性质划分，全省公办中等职业学校270所，民办中等职业学校102所，民办学校约占学校总数的1/3；按学校区域划分，珠三角地区中等职业学校210所，粤东粤西粤北地区中等职业学校162所。

【招生工作】省教育厅、省人力资源和社会保障厅按照职普协调发展要求，下达普通高中、中职指导性招生任务，加强招生过程督导，实施招生周报制度，将招生计划完成情况纳入市县政府履行教育职责考核指标，统筹推进普通高中与中职教育协调发展。2022年，中等职业学校招生34.91万人，同比增加1.31万人。

【高水平中职学校建设】根据《广东省教育厅关于实施广东省高水平中职学校建设计划的通知》，持续加强88所省高水平中职学校建设，开展中期检查，7所培育单位转为建设单位。开展省重点中等职业学校评估工作，新认定14所省重点中职学校。

【专业建设】印发《广东省教育厅关于做好省第一批中职教育"双精准"示范专业建设项目验收工作的通知》，组织开展省第一批中等职业教育"双精准"示范专业建设项目验收工作，确定并公布106个专业为省第一批中等职业教育"双精准"示范专业。

【中职教育质量工程项目】实施中等职业教育教学质量与教学改革工程，立项建设（认定）7类682个项目。其中，"课堂革命"典型案例91项，课程思政教育案例268项，课程思政教学研究示范中心11项，教师教学创新团队32项，在线精品课程250项，信息化标杆学校16项，示范性虚拟仿真实训基地14项。

【就业升学工作】2022年，广东省中等职业学校毕业生就业持续保持平稳态势。中职学校通过订单培养、引企入校、共建实训基地等方式，提升就业质量。全省中等职业学校毕业学生27.19万人，毕业生就业率94.86%，毕业生升学率45.93%，就业率连续多年保持较高水平。

终身教育

【基本情况】2022年，广东省大力推进全民终身学习，推进终身教育学分银行建设，组织资历框架建设专题培训，举办全民终身学习活动周，认定一批全民学习之星、终身教育品牌项目，宣传营造全民终身学习氛围。

【全民终身学习活动周】2022年底，广东省举办全民终身学习活动周，以"学习贯彻二十大，终身学习向未来"为主题，深入学习贯彻党的二十大精神，交流推广"社区教育创新区""老年大学示范校""终身教育学习品牌""全民学习之星"先进经验案例，引导和推动各地各校持续开展各类线上线下学习活动，开幕式线上直播观看人数近40万，进一步营造全民学习、终身学习的氛围。

【高等学历继续教育】印发《广东省教育厅关于组织开展2022年高等学历继续教育教学和管理工作专项检查的通知》，开展高等学历继续教育教学管理工作和校外教学点专项检查，重点检查落实高校办学主体责任、校外教学点设置与管理、宣传工作、招生工作、专业设置、教学实施、教务管理、学习支持服务体系建设、收费和经费使用管理等工作，加强招生和教学管理。开展高等学历继续教育广告发布专项整治行动，进一步规范办学行为。研制《广东省高等学历继续教育专业设置管理实施细则》，加强对专业设置的统筹规划和规范管理。

【继续教育质量提升工程】实施继续教育质量提升工程，认定2022年省级终身教育品牌项目40

个、全民学习之星 30 人，其中 5 个项目入选全国终身教育品牌项目、5 人入选全国全民学习之星；立项示范性继续教育基地 33 个、示范性职工培训基地 31 个、优质继续教育网络课程 260 门、继续教育教改项目 152 项、职工培训典型项目 88 个。

【社区教育和老年教育】开展社区教育、老年教育调研，组织开展 2022 年"智慧助老"优质工作案例、教育培训项目、课程资源征集活动和"能者为师"特色课程（第三批）社区教育实践创新项目申报工作；立项社区教育创新区 5 个、社区教育示范基地 181 个、老年大学示范校 23 个。

【学分银行】推进广东终身教育学分银行建设，开发二期管理平台系统，增强服务能力。截至 2022 年底，广东终身教育学分银行建立终身学习档案超过 112 万个，存入学习成果超过 1400 万个，制订学习成果认定和转换规则 19 400 多条，累计开展学分认定和转换 225.4 万余人次。

（撰稿　张文跃；审稿　张家浚）

广州市幼儿师范学校

广州市幼儿师范学校直属广州市教育局，是一所培养婴幼儿师资和艺术类人才的全日制公立师范类省级重点中等职业学校，也是省、市学前教育职后培训基地。1956年，广州市人民政府正式设立广州市幼儿师范学校，开始独立建校。学校秉承"求实、进取、为师风范"的校训，逐步形成"师范·艺术·华文"的办学特色。根植于百年幼师发展沃土，学校提炼出新的办学理念，明确"乐教扬才·爱育未来"的品牌精神，以"做最好的自己"作为育人宗旨。学校开设幼儿保育、音乐表演、绘画等3个专业，学校"双精准"示范专业由学前教育转设为幼儿保育专业。学校作为广州市华文教育基地，承担海外华文幼儿师资以及汉语言人才的培训任务，为东南亚地区培养了537名华文幼儿教师。

水池小景

坚持党建领航发展 学校被广东省教育厅确定为广东省首批中职学校"三全育人"典型学校培育建设单位，被评为广州市第二批红色示范校，获得第七届职业教育金睿奖，入选"先进党建案例"，继续发挥"第一批全省基础教育党建工作示范校"作用。深化理论武装，学思践悟党的二十大精神。领导干部带头传达学习党的二十大精神，组织师生开展应知应会测试、手抄报展示、主题微视频制作等"迎接党的二十大胜利召开"主题系列活动。突出政治建设，全面深化理想信念教育。加强组织建设，推动基层党组织全面过硬。坚持"一岗双责"，落实党风廉政建设责任制。

创意涂鸦墙

发挥示范引领作用 积极促进教育集团成员园办学质量加速提档，广州市幼儿师范学校附属花都幼儿园（三园区）顺利开园；学校作为核心校，联合获得国家、省教育教学成果奖的幼儿园，完成相关幼儿园课程资源建设微课36门。教师发展中心助力区域学前教育改革提升。开办与承接各类培训项目20个，培训人数累计7000余人次，覆盖广州市11个区的2000余名园长。参与《广州市"十四五"学前教育发展提升行动计划调研报告》的调研。

培育优质教师队伍 加强师德师风建设，邀请广州市教育局党组成员、市纪委监委驻市教育局纪检监察组组长到校开展师德师风教育；组织开展师德多元评价，师德知识考试通过率达100%；与专任教师签署《师德承诺书》，签署率为100%。完成17名教职工的入编入职工作，引进高层次人才2人，

学生种植体验园

学校荣誉墙

广州开发区人才教育工作集团与学校共建的早教实训室

学校举办2022年国防教育活动暨军训成果展示

学校合唱团参加广州市"童心向党"歌咏比赛荣获一等奖

支持广州幼儿师范高等专科学校人员选配工作，共调配教职工83人；6名教师取得高一级职称证书，其中1名教师取得正高级职称。

提升教育科研质量 学校制定了《广州市幼儿师范学校专业建设发展规划（2023—2025）》，启动新设专业婴幼儿托育、播音与主持、乐器维修与制作（钢琴调律方向）的申报工作。扩大证书试点规模，在原1+X幼儿照护证书初级100人的基础上，新申报1+X母婴护理证书初级50人和职业规划生涯证书初级50人，完成2022年度的试点申报并经省教育厅审核通过。积极开展课题研究，市级课题立项4项，省级课题结题2项，在研课题6项。加强高水平团队建设，学校被遴选为美育诊断提升项目实验校，美术、书法两个项目被列为美育诊断提升工程项目，开展校外专家进校园活动2场。坚持以赛促教，组织教师参加全国职业院校技能大赛教学能力比赛并获二等奖，师生累计获国家级奖项1个，市级一等奖6个、二等奖11个、三等奖6个。

三全育人启智润心 加强德育工作队伍建设，市级名班主任工作室挂牌；组织2名班主任参与省、市班主任能力大赛和最美班主任评选活动，分别获省级二等奖、市级一等奖。党史学习教育融入日常德育，每周班会课开展党史学习教育，并组织开展"技能成才，强国有我"主题征文、演讲、微视频创作等德育活动，参与教师100余人。扎实推进心理健康教育，面向学生开展心理排查及团体心理辅导活动，专兼职心理教师以悦晴驿站为基地，为学生提供心理咨询服务

学校举行成人礼宣誓仪式

学校举办《百年幼师·人物故事》"校史中的红色记忆"主题展

学校举办以"欢度国庆节,迎接党的二十大"为主题的潮阳剪纸第二课堂活动

65次,推送心理健康每日温馨提示。结合专业特色,开设高职高考等类别的第二课堂,2022届共有1178名毕业生,升学就业率为99.92%。

深挖学校文化内涵 利用学校官网、微信公众号等宣传阵地,发布新闻稿件83篇;在新华网刊发宣传视频《60秒看幼师"成长记"》。学校深挖校史资源,以创建红色教育示范校为契机,开展百年党史与百年校史学习教育,举办《百年幼师·人物故事》"校史中的红色记忆"主题展,弘扬百年师范精神,厚植爱国爱校情怀,引导师生树立理想信念。

落实安全工作责任 落实领导干部安全生产"一岗双责"责任制,坚持例会、例检,对全校防控排查55次超35万人次,开展学校应急演练4次。学校领导干部靠前指挥,统筹部署11个小分队应急处置工作,以强烈的责任担当应对防护管理期。

学生剪纸作品

广州市教育系统党史学习教育培训示范班学员参观学校党建"四室一厅"

深圳市龙岗区第二职业技术学校

学校获评2022年深圳市教育工作先进单位

教师张桂珍获2022年全国职业院校技能大赛班主任专业能力大赛一等奖

学校开展2022级新生军训

学校开展社团招新活动

深圳市龙岗区第二职业技术学校创办于2012年,是龙岗区直属公办全日制中等职业学校,也是广东省重点中等职业技术学校,广东省首批高水平中职学校建设单位。

学校占地面积6.35万平方米,建筑面积6.27万平方米。拥有完善的教学、文体、后勤保障设施。标准化综合运动场、体育馆、室内恒温游泳池、多功能演播大厅、实训大楼、现代化图书馆、主干1000兆的校园网及"智慧校园"数字化信息管理平台等一流的教学设备设施,全面满足学生学习成长需要。

学校开设计算机网络技术、会展服务与管理、动漫与游戏制作、电子商务、会计事务、金融事务、社区公共事务管理、高星级饭店运营与管理、眼视光与配镜、物联网应用技术等10个专业。其中,会展服务与管理、动漫与游戏制作、社区公共事务管理3个专业是深圳市品牌专业;会展服务与管理、电子商务2个专业是广东省"双精准"示范专业。

2022年,学校坚持党对学校工作的全面领导,全面落实"第一议题"制度,实施教育"浸润工程",在升学就业、教学科研、技能竞赛、产教融合、德育工作等方面均取得长足发展。学校被国家工信部遴选为"产教融合型专业建设试点学校",同时,被评为深圳市教育系统先进单位。

2022年,学校有677名学生通过春季高考顺利被高职院校录取,专科上线率为100%,本科上线率为40.35%,全省前100名占2席,共20名学生考取本科,公办本科院校录取人数位居全市第一。学校采用订单培养、工学结合的方式,发挥专业指导委员会的功能,强化政企校合作,以中高职三二分段办学为纽带,强化中职学校、高职院校、产教融合型企业合作,开展校企共建实训基地、共同制订人才培养方案,共有超过100家企业与学校建立合作关系。

学校科研工作成果丰硕,各级各类课题、教师论文、教学成果奖等成绩突出。全校教师发表论文24篇;开展1项国家课题、2项省级课题、2项市级课题、5项区级课题共10项课题研究;完成2项省级教学改革项目验收,1项省级课题结题,2项市级课题结题;在广东教育学会学术讨论会征文活动中,荣获7项奖项,其中一等奖2项、二等奖3项、三等奖2项。

学校在全国职业院校技能大赛(学生组)中获得2枚金牌。其中,电子商务赛项蝉联一等奖,酒店服务赛项夺得深圳首金,在深圳所有中职学校金牌榜中位列第二。教师技能竞赛中,张桂珍获得全国职业院校技能大赛班主任专业能力比赛一等奖,袁莉华、杜文明、施娜、谌欢获教学能力比赛中职组专业技能课程一组二等奖。

校门

体育场

室内游泳馆

河源市卫生学校

河源市卫生学校创办于1943年,历经80年的发展,已成为广东省内规模较大、设施先进、师资雄厚、教学水平居领先地位的中等职业院校。

师资力量雄厚,设施齐全。学校有教职员工306人,其中副高以上职称71人,博士及硕士研究生学历24人。校园占地面积28万平方米,建筑面积11.8万平方米。学校投资数千万元建设护理实训中心、康复实训中心、基础实训中心、助产实训中心、药品流通中心等实训中心,为学生提供丰富、先进、实用的教学资源和教学设备。学校坚持"以服务为宗旨、以就业和升学并重、以技能为核心、以素质教育为根本"的办学思想,努力培养具有"扎实专业知识、过硬专业技能、良好人文素养、优秀思维品质"的高素质医疗卫生人才。

专业设置科学,优势突出。学校全日制中专开设护理、中医护理、药剂、医学检验技术、中医康复技术、康复技术、婴幼儿托育、医学影像技术、中药9个专业,其中护理、药剂专业为广东省重点建设专业;全日制大专开设护理、药剂、康复技术、药助、药学、医学检验技术6个专业;成人高等教育大专、本科开设临床医学、护理、助产、药学、医学检验、康复技术6个专业。在校生8068人,其中全日制中专生6380人、全日制大专生1213人。

教育水平领先,教学成果显著。学校先后获得国家首批中等职业教育改革发展示范学校、国家重点中等职业学校、全国和谐校园先进学校、广东省安全文明校园、广东省绿色学校、广东省教育系统先进基层党组织、广东省第一批基础教育党建工作示范校、广东省首批中职学校"三全育人"典型学校培育建设单位、广东省五四红旗团委、广东省依法治校示范校、广东省书香校园、河源市先进基层党组织、河源市直机关党建工作示范点等荣誉。2022年,教师获省、市级荣誉27人次,公开发表论文40篇,新增省市级课题立项3项,57名学生在市级技能竞赛中获奖,毕业生护士执业资格考试通过率为80%以上,毕业生就业率为99.62%。

国旗护卫队

文艺汇演

中药标本馆

智慧图书馆

人体生命科学馆

行政楼

爱湖

东莞理工学校

学校大门

东莞理工学校与华为签署校企合作协议

学校信息工程系教师赴中国鲲鹏产业源头创新中心交流学习

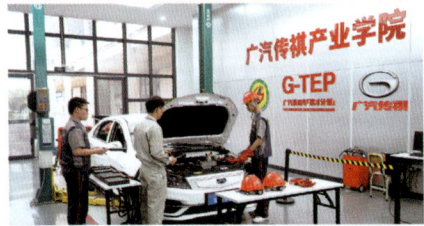

学生获2022年全国职业院校技能大赛中职组汽车机电维修赛项二等奖

东莞理工学校是一所公办全日制国家级重点中等职业学校、国家中等职业教育改革发展示范学校，2021年被确定为广东省高水平中职学校建设单位。学校占地面积28万平方米，总建筑面积23万平方米，其中实训建筑面积6.1万平方米。开设电子工程、财经商贸、信息工程、汽车交通、智能制造、传媒艺术6系27个专业，其中教育部第三批现代学徒制试点专业1个、广东省重点建设专业3个、广东省中等职业学校"双精准"示范专业4个。

党建引领 学校坚持党建引领，推动"党建+"模式，完善党团建设联动机制。"中小学校党组织领导的校长负责制长效机制的构建与实践"课题获得广东省教育科学规划课题（党建研究专项）立项。"党建带团建，推动党史学习教育走'新'更走'心'"获广东省委教育工委党史进校园系列活动典型案例征集活动三等奖。学校党委成为第一批东莞市基础教育党建工作示范校创建对象。

专业建设 学校不断优化产教融合生态链，稳健开展广东省高水平中职学校建设，加快4个省级"双精准"示范专业建设。增设华为鲲鹏、广汽传祺、网易大数据等产业学院，与腾讯、网易、深信服科技共建校内人才培养基地；与北大光电研究院、机器人研究院等建立联合培养机制，开展大专班学生项目跟岗式培养。适应新兴产业需求，增设无人机操控与维护专业和计算机应用（人工智能方向）专业。

教师发展 学校联合企业大力开展"双师型"教师培养，"双师型"教师比例达98%；成立教师发展中心，体系化开展校本培训；开发中职教师职业基本能力监测工具，开展教师职业基本能力和投入度监测与评估。2名教师被评为东莞市名师工作室主持人、1名班主任被评为东莞市名班主任工作室主持人；教师参加第三届广东省中小学青年教师教学能力大赛获一等奖1项，参加2022年广东省职业院校技能大赛教学能力比赛获二等奖3项、三等奖3项。6本教材入选"十四五"国家、部委规划教材；2个案例入选教育部产教融合校企合作典型案例，1个案例入选广东省教育厅教育评价改革典型案例（第二批），1项成果获广东省职业教育教学成果奖一等奖。

学生成长 学校坚持成长引导，建立"中职生八大自我意识"成长引导系统，依托劳动创新中心，引导学生结合专业成长，收到良好成效。学校有在校生7000多人。2022年全日制中职学历教育招生2651人，以招生计划的126%超额完成招生任务；2022届毕业生1825人，升学1622人，直接就业188人，升学就业率为99.18%。学生参加市级以上技能竞赛共获奖项111个，其中国赛二等奖2项，省、市级比赛一等奖25项。

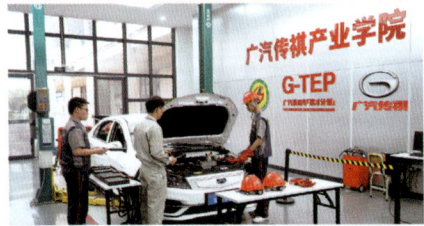

广汽传祺产业学院新能源汽车实训课　　无人机实训课　　"素养+技能"课堂教学

东莞市纺织服装学校

东莞市纺织服装学校是东莞市直属公办学校，是一所涵盖纺织服装、艺术设计、商务物流等专业领域的中职学校。学校先后被评为第一批国家级重点职业学校、全国民族团结进步建设示范单位、广东省高水平中职学校建设单位、广东省职业教育先进单位、广东省信息技术实验学校、广东省中小学心理健康教育特色学校、东莞市文明校园、东莞市优秀家长学校。

学校依山而建，占地面积13.6万平方米，在校学生3500多人，教职工300多人。学校开设15个专业，其中教育部现代学徒制试点专业1个、广东省中等职业教育"双精准"示范专业2个、广东省重点专业2个、东莞市重点专业2个。

和美教育，促进学生全面发展。 学校紧紧围绕五育并举、立德树人的根本任务，以"让每一个孩子都有出彩的舞台"为理念，以雅致美丽校园、书香人文校园、智慧科技校园"三个校园"建设为抓手，搭建"和美"育人平台，举办"唱响红五月"、毕业礼、元旦晚会、成人礼、"纺校好声音"、体育艺术节等丰富多彩的活动，开设学生社团45个。近2年，学校有14名学生荣获中职教育国家奖学金，1名学生获全国"最美中职生"称号，在省级文明风采及体育艺术比赛中共获一等奖6个、二等奖20个。

产教融合，助推学生精技立业。 学校紧紧围绕服务产业转型升级和地方经济发展的需要，促进教育链、人才链与产业链、创新链有机衔接。坚持"校企精准合作，精准育人"的原则，不断进行校行企"产学研训"一体化的职业教育改革实践。学校与2所高职院校（东莞职业技术学院、中山职业技术学院）、2家行业协（学）会以及22家企业共建服装产业学院。近2年，学校师生共获得国家、省、市级技能大赛一等奖35项，获奖数量居全市前列。在广东省职业院校技能大赛中，共获得省赛一等奖11个、国赛一等奖1个。学校还获得2022年广东省中小学教育创新成果奖一等奖，多次获得东莞市诗词大会（中职组）一等奖。学生专业技能证书通过率达100%，到龙头企业就业的学生比例达到50%，用人单位满意度为98.7%，家长满意度为98.55%。

职教高考，引领学生高质量升学。 学校注重学生的持续发展，鼓励学生进入高等学府继续深造。学校的升学途径主要有"3+证书"高考、自主招生考试和三二分段直升，入读的院校均为全日制大学。其中，学生可通过"3+证书"高考考取本科院校。学校每年入读大学的人数节节攀升，高考成绩喜人，近2年共有1500多名学生进入本、专科院校深造，实现了高质量升学目标。

学校大门

艺术设计毕业展

电商直播实训室

服装产业学院展示中心

物流叉车实训室

学校举办成人礼活动

恩平市中等职业技术学校

恩平市中等职业技术学校创办于1993年，位于恩平鳌峰山风景区东麓，与恩平开放大学、恩平市社区学院实行"一个校区、一套班子"的管理格局。校园占地面积97333.33平方米，建筑总面积54513.25平方米。开设电子信息、机械、学前教育、旅游服务、商贸五大专业群共18个专业，在读学生2713人，教职工226人。

学校立足地方产业办学，深化产教融合，加强校企合作，大力推进广东省高水平中职学校建设，不断提升办学水平和服务区域经济发展的能力。一是优化专业结构，扩大办学规模。开设与恩平产业发展相适应的专业18个，其中数控技术应用专业为广东省"双精准"示范专业建设项目，数控技术应用、中餐烹饪专业群为广东省高水平中职学校培育单位重点建设专业群，办学规模逐年扩大，2022年招生1137人，比2021年增加27.5%。二是成立园区技校，对接产业发展。2022年1月挂牌成立江门地区首个"园区技校"——江门市技师学院恩平智造学院，联合恩平转移产业工业园区4家重点企业共建产学研实训基地，构建起"院校+园区+企业"的技能人才培养体系，为恩平战略产业发展培养高素质技术技能人才，2022年秋季学期首批招生230人。三是深化合作办学，提升办学层次。加强与高职院校合作，电子技术应用、汽车运用与维修、中餐烹饪、幼儿保育等4个专业采取"三二分段"培养模式，实现中高职贯通培养。四是突出德技并修，实施"岗课赛证"融通育人。2022年，学生参加省、市级技能竞赛再创佳绩，共43人次获奖，其中获省级奖项11人次、市级奖项32人次；参加1+X证书考证438人，通过率为84.25%。五是就业升学两手抓。2022年，"3+X"高考班继续保持全员上线纪录。2022届中职毕业生610人，其中升学146人，入伍12人，直接就业402人，就业率（含升学、入伍）为91.8%，毕业生以恩平本地就业为主，占直接就业人数的87.81%。六是加大资金投入，改善办学条件，如期完成办学条件达标工程，规划建设新职教园区。七是强化服务职能，提升社会服务水平。开展"广东技工""粤菜师傅""南粤家政"公益性培训、岗位技能培训300人次，完成对106人广式点心制作专项职业能力的考核。

2022年1月21日，江门市"首个园区技校"——江门市技师学院恩平智造学院在恩平市职业技术教育中心挂牌成立

2022年6月13日，江门市技师学院恩平智造学院面向恩平转移产业工业园区4家重点企业开展实训基地授（挂）牌活动

2022年6月16日，2022年恩平市智能制造应用技术技能大赛暨中等职业学校学生专业技能大赛开幕

2022年6月30日，学校举办"喜迎20大 奋进新征程"七一文艺晚会。图为古筝社团演奏《金蛇狂舞》

中餐烹饪与营养膳食专业、中西面点专业学生组成的团队荣获2021—2022年度广东省职业院校学生专业技能大赛烹饪项目二等奖

学校航拍图

清远市职业技术学校

学校正门

荔园

汽车产教融合基地

清远市职业技术学校创办于 1983 年 8 月 23 日，是教育部认定的国家中等职业教育改革示范学校，是全国职业教育先进单位、广东省高水平中职学校建设单位、广东省依法治校示范校、广东省中小学生劳动教育特色学校、广东省绿色校园、广东省第一批基础教育党建工作示范校。2022 年，学校有全日制在校生 4223 人；教职工 269 人，其中专任教师 223 人，高级以上职称 67 人，占专任教师的 30.04%，"双师型"教师 143 人，师资队伍结构合理，实力雄厚。

攀岩实训场地

学校以习近平新时代中国特色社会主义思想为指导，坚持立德树人，秉承"德能致远、求实创新"的校训，传承"艰苦奋斗、敬业爱岗、团结协作、勇于创新"的"励志"精神，坚持"职业点亮人生，创造成就出彩"的办学理念，以"办高水平学校，育高质量人才"为办学目标。学校着力打造电梯安装与维修保养、旅游服务与管理 2 个国家级高水平专业群以及汽车运用与维修 1 个省级高水平专业群，开设电梯安装与维修保养、计算机平面设计、休闲体育服务与管理、新能源汽车运用与维修等 15 个专业。

学校贯彻落实习近平总书记对新时代青年的希望："要励志，立鸿鹄志，做奋斗者"，深挖学校荔枝园文化底蕴，打造"励志"德育品牌教育，培养学生核心素养与专业技能，使学生成长为具有"三德三能"（明大德、守公德、严私德，拓潜能、强技能、展才能）的"励志"中职生。

学生参加广东省职业院校学生专业技能大赛互联网营销直播技能赛项获一等奖

学校不断推进产教融合、校企合作，精准对接上海三菱电梯有限公司等大型企业，合作共建上海三菱电梯有限公司在全国大区的最大培训中心，成立上海三菱电梯产业学院，校企合作经验入选省职业教育"十三五"产教融合优秀案例。牵头成立清远汽车服务产教融合联盟，该联盟是首个在清远市教育局备案的产教融合联盟组织，推行现代学徒制的模式，标准引领技术服务，扶持毕业生创新创业，该项目经验入选教育部校企合作产教融合典型案例。与清新区石潭镇政府、广东联杰网络科技有限公司共建校外"石潭乡村振兴产教融合创新中心"，为地方乡村振兴提供技术和人才支撑。

教师参加 2022 年广东省中等职业学校班主任能力大赛决赛获二等奖

学校传承"清远经验"改革精神，勇于探索、敢于实践，以清远建设城乡融合发展试验区、北部生态保护区及广清产业有序转移为契机，不断加快"融湾"步伐，助力破解城乡二元结构，在"职教大校"迈向"职教强校"的新征程中奋力谱写高质量发展的新篇章。

清远工贸职业技术学校

学校大门

党建长廊

实训中心

网络信息实训室

清远工贸职业技术学校创办于1993年，是国家级重点中等职业学校、国家中等职业教育改革发展示范学校、全国文明校园先进学校、广东省教育改革发展示范校、广东省高水平中职学校建设单位。

学校地处美丽的广东省职教城，占地面积13.87万平方米，在校生6200多人，下设4个专业系，开设工业机器人技术、服装设计等19个专业。学校秉承"自强不息，路在脚下"的校训精神，落实立德树人根本任务，全面提升办学质量，着力打造品质卓越的人才培养摇篮。

学校通过"五红党建，先锋工贸"党建模式，引领各项工作开展，让党的二十大精神进教材、进课堂、进头脑。2022年，学校被评为清远市基础教育党建工作示范校，并被广东省曹永浩名校长工作室授予"党建引领与现代学校治理研修第一工作坊"称号。学校构建以"四强、三拼、二谋、一守"为核心的自强致远德育特色体系，形成"三全育人、五育并举"的大思政格局，开展经典诵读、艺术节、劳动教育、文明风采、志愿服务等丰富多彩的活动100多场，出版主题班会专著《自强致远17步》，并在省市中职学校广泛推广。

学校有教职工355人，16个教育教学创新团队，"双师型"教师业务精良，每年均有教师在国家和省市技能大赛中取得优异成绩。学校以"办人民满意的教育"为目标，融通"岗课赛证"人才培养模式，教育教学成绩显著。2022年有7名学生被全日制本科院校录取，高考上线率位列清远市第一。学生参加市级以上技能竞赛和科技、艺术、体育比赛，有346人次获市级以上奖项，其中获省级奖项75人次。

学校不断深化产教融合，与105家企业合作，兴建校内外实习实训基地，形成"产教研"一体化机制和政企校多元育人模式，学生实习质量高，社会满意率达91.2%。按照省市高质量发展大会精神以及《清远市产业"十四五"发展规划》，学校将抢抓地方农业产业大机遇，瞄准千亿纺织产业群，打造特色专业，着力培养高素质技能人才，聚焦高质量发展，建设高水平职校。

茶艺实训室

国旗护卫队

体艺汇演

英德市职业技术学校

英德市职业技术学校的前身是创办于1941年的广东省英德师范学校。2003年，英德市委、市政府整合职业教育，将望埠职业中学、成人中专、广播电视大学合并，更名为英德市职业技术学校；2007年，教师进修学校合并到英德市职业技术学校；2013年，广东省南华技工学校并入英德市职业技术学校。2011年，学校通过国家重点中等职业学校评估验收；2021年4月，学校获批为广东省高水平中职学校建设单位；2022年，学校顺利通过中期验收。

2022年，学校有教职员工363人，专任教师301人，其中研究生学历10人，本科学历279人，大专学历12人，专任专业教师228人，"双师型"教师203人，高级职称教师47人，中级职称教师126人。在校学生5087人，其中，中职类学生4953人，技工类学生134人；毕业生1212人，其中参加高职高考、自主招生升学考试并升入高职院校的有564人（本科院校4人，大专院校560人），直接就业1123人，就业率为95%，对口就业率为90%。

学校开设机电技术应用、数控技术应用、电子商务、汽车运用与维修、新能源汽车运用与维修、计算机应用、计算机网络技术、会计事务、旅游服务与管理、物流服务与管理、畜禽生产与技术、中餐烹饪、中西面点、幼儿保育、茶叶生产与加工、模具制造技术等16个专业。其中，机电技术应用和畜禽生产与技术专业是省重点建设专业，幼儿保育、计算机应用、汽车运用与维修、会计事务是清远市重点建设专业。拥有电子商务、畜禽生产与技术2个"双精准"建设专业，电子商务、畜禽生产与技术2个高水平建设群。

2022年，学校有1个省级课题、1个市级课题、4个县级课题顺利结题。师生参加各种技能竞赛获国家级三等奖1名，省赛一等奖7名、二等奖11名、三等奖71名，市赛一等奖10名、二等奖42名、三等奖44名、优秀奖53名。

学校中层干部合影

学校教师参加清远市第四届职业院校教师教学能力比赛

学校师生参加英德市第一期中小学劳动教育职业体验活动

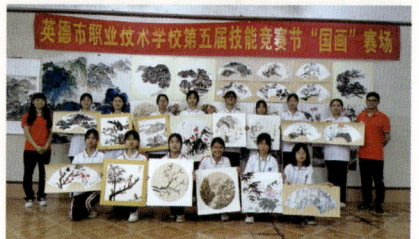

学校举办第五届技能竞赛节"国画"比赛

学校举办"播散希望，种植梦想"主题植树节志愿者活动

学校举办第五届技能竞赛节"中餐烹饪"比赛

香港科技大学（广州）

2022年8月20日，学校首届硕博新生报到

2022年9月1日，学校举行创校开学典礼

2022年10月1日国庆节，学校师生代表参加升旗仪式

2022年11月15日，学校图书馆开放试运营

香港科技大学（广州）经教育部批准设立，是《粤港澳大湾区发展规划纲要》《广州南沙深化面向世界的粤港澳全面合作总体方案》颁布实施以来，首个由内地与香港合作举办的大学，于2022年6月正式成立，2022年9月1日正式开学。

学校概况 学校位于广州市南沙区庆盛枢纽板块，地处粤港澳大湾区的地理几何中心，交通便利。校园占地面积约11.27万平方米，项目分为两期建设，其中一期工程总建筑面积为63.6万平方米，已投入使用，二期工程计划在2026年完成建设。学校参照国际标准，传承香港科技大学（以下简称港科大）提出的"可持续发展智慧校园"理念，让自然与建筑共融，致力于打造"绿色智慧校园"。学校与港科大在"港科大一体，双校互补"的框架下开展合作，实行两校法人独立、财务独立，协同发展；两校在学术规范、师资水平、课程质量等方面保持一致，实现资源共享、优势互补。

师资力量 学校拥有一支国际化、高水平的师资队伍，以英语为主要教学语言，实施"本—硕—博"贯通教育；配备世界一流的实验设施，满足各个学科领域的研究需求。学校广聚英才，师资队伍中有来自港科大的资深教授以及从全球知名高校、科研机构引进的高水平人才；拥有长聘制学术人员近200人，均具有博士学位，并曾在世界知名学府学习或从事研究及教学工作。

学术架构 学校以"建成世界上第一所融合学科大学，为人类面临的重大挑战寻求创新解决方案"为目标，搭建开创性的"枢纽—学域"学术架构。学校打破传统高校的院系之分，首设"枢纽"和"学域"，为世界高等教育改革探路；设置功能枢纽、信息枢纽、系统枢纽、社会枢纽四大"枢纽"，下设16个学域；在保持四大"枢纽"稳定的同时，对"学域"的设置保持"灵活弹性"，以应对中短期世界科研需求的变化，适时做出调整。

人才培养 为培养复合型创新人才，学校打破传统的学科壁垒，坚持"以学生为中心"，推行"以探索为导向的融合学科主动学习模式"，帮助学生改变思维定式，突破认知局限，提出解决问题的创新方案。

"红鸟硕士班"是学校在研究生人才培养方面的创新实践，通过团队项目引导的教学模式，让学生在不同学域的学术导师、"红鸟硕士学部"项目导师以及来自业界

行政楼

教研楼

演讲厅

生活区

的企业导师的共同指导下，通过执行团队项目的分工任务，完成自己的硕士论文研究，并逐步明确个性化的职业发展道路。

学校于2022年9月开启研究生招生工作，2022年共有约700名研究生在校学习；研究生录取采用在线申请制，与港科大采用一致的录取标准，实行全年滚动式录取。学校推出"双导师制"研究生联合培养计划，研究生可申请由两名不同学科领域的学界、业界导师进行共同指导。

科研概况 学校在开展前沿科学研究的同时，积极申请各级政府科研项目。2022年，学校获批立项各级政府资助项目共计14项：国家级项目4项，为中国博士后科学基金会面上资助项目；省级项目9项，为广东省基础与应用基础研究基金项目；市级项目1项，为广州市基础与应用基础研究项目。

作为研究基础设施的核心组成部分，学校的中央实验室为师生提供先进的研究设备和专业人员的技术支持。学校设有15个中央实验室，分别为元宇宙建模实验室，生物科学中央实验室，材料、设计和制造中央实验室，地球和环境系统中央实验室，材料表征与制备中央实验室，数据中心，微纳系统制造中央实验室，可持续大气环境中央实验室，芯片中央实验室，生物启发工程中央实验室，多功能高聚物薄膜中央实验室，波功能超材料中央实验室，实验动物中央实验室，软件中央实验室，全海洋动力中央实验室。学校的中央实验室与港科大的中央实验室共享共用，两校大型设备不重复，并同时向其他高校与业界开放。

发展愿景 学校锐意创新，以发展融合学科为特色，积极探索创新人才培养模式，以建设成为"内地与香港教育融合发展的典范、国际知名的高水平大学"为目标，致力于培养面向未来的高水平创新型人才。

游泳馆

学校"红鸟广场"

活动中心

体育场馆

学校核心区

广东轻工职业技术学院

学校获批教育部高校思想政治工作创新发展中心建设

学校在全国职业院校技能大赛教学能力比赛中连续三年蝉联一等奖

中国科学院院士黄维（左二）到学校调研指导

广东轻工职业技术学院创建于1933年，前身是广东省立第一职业学校，是省属唯一国家示范性高等职业院校、中国特色高水平职业学校和高水平专业群（"双高计划"）建设单位。学校秉承"德能兼备，学以成之"的校训和"自强、敬业、求实、创新"的精神，落实立德树人根本任务，为党育人、为国育才，为社会培养了20多万名高素质高技能应用型人才。

党建思政　　学校持续推进高质量党建三年行动计划，强化党建"双创"建设，获批教育部高校思想政治工作创新发展中心，获评国家样板党支部1个、省级标杆院系1个、省级样板党支部2个。稳步推进社区思政工作，成为全国"一站式"学生社区综合管理教育试点单位。专创融合精致育人模式成果显著，参加"互联网+"大学生创新创业大赛获国赛金奖2项，入选首批国家级创新创业学院和广东省创新创业教育实践基地。

教育教学　　学校新增公共课教学部，共有16个教学机构。学校持续推进"三教"改革，教师连续3年获全国职业院校教师教学能力比赛一等奖。推进数字资源开发与应用，7门课程获得国家级在线精品课程立项，9门课程入选国家高等教育智慧教育平台，12门课程入选国家高职教育智慧教育平台。新增3个省级教学团队、4门精品在线开放课程、1个虚拟仿真实训基地、4个省级课堂革命典型案例，获批省级1+X证书52个。推进中高本硕一体化人才培养，深入开展中高集团办学，制订中高本7年一贯制人才培养方案，与4所本科院校联合开展本科人才培养，与广西科技大学联合培养硕士研究生。

师资队伍建设　　学校聚焦卓越教师培育，持续改进教师专业标准和培育机制，精细化工技术专业教师团队入选全国高校黄大年式教师团队。不断提升教师"双师"素养，新增省"双师型"名教师工作室3个、省技能大师工作室2个、广东省教学名师2人、省职教"双师型"名教师3人。

学校与华立科技职院携手党建"组团帮扶"

化州首个"第一书记乡村振兴直播间"正式揭牌

学校举办对口帮扶广东财贸职业学院跟岗学习人员对接会

科研与社会服务 学校充分运用激励和目标考核机制，提升学校科研与社会服务能力。横向和纵向到账经费超过3000万元，横向项目立项数和到账经费创历史新高。学校创新合作拓展培训模式，继续教育（社会培训）服务收入总额3500万元，立项数与财政资金到款额居全省职业院校首位。入选国家级职教"双师型"教师培训基地、全国第一批"职业院校服务全民终身学习"实验校、全国科普教育基地、中国轻工联轻工行业职业技能等级评价直属基地。对口帮扶10校1县，帮扶工作中坚持以"对口支援"为抓手，以"协同发展"为导向，采取"驻校干部+专家团队""教育帮扶+产业帮扶"等多种措施，推进造血型帮扶模式，年度帮扶成果在《人民日报》等国家级媒体报道3次，在南方网等省级媒体报道6次。乡村振兴技术服务项目立项3项。

校企合作 学校充分挖掘企业资源，探索"专业+产业学院"的专业发展新途径，立项4个省级示范性现代产业学院，新建2个产业学院，全年引进企业资源值高达6096.12万元，其中企业捐赠合计1258.12万元，企业准捐赠设备价值合计346万元，合作办学经费492万元。深化产教融合，精准服务企业，组织合作企业申报广东省产教融合型企业，入选数量居全省高职院校第一。

学生就业 学校探索毕业设计促进就业质量进一步提升的路径和以岗位需求为导向促就业的人才培养新路子。推动建立与弹性学分制相适应，学生及时毕业、及时就业的工作机制。毕业生去向落实率达98.94%，专业对口率达94%，2022届毕业生就业相关核心指标位居广东省同类院校前列。"职业生涯规划与就业指导"课程入选2022年广东省就业创业特色示范课程名单，职业规划与生涯指导辅导员工作室获评广东省高校职业生涯咨询特色工作室。学校获评为"2022高职院校就业竞争力星级示范校"。

广东生命健康产业学院成立

学校与白天鹅宾馆产教融合再添新篇

学校与广西科技大学共建研究生联合培养基地

学校与马来西亚吉隆坡建设大学举行海外分校签约仪式

学校参加第八届中国国际"互联网+"大学生创新创业大赛获奖牌数居广东省高职院校第一

广州科技贸易职业学院

广州科技贸易职业学院创办于1984年,是经广东省人民政府批准成立、教育部备案的一所广州市属公办全日制普通高等职业院校。学校先后被评为省域高水平高等职业院校建设计划培育单位、全国现代学徒制试点单位、全国国防教育特色学校、全国职业院校校园文化建设"一校一品"学校、首批全国急救教育试点学校、全国校企协同就业创业创新示范实践基地、全国首批教师实践流动站建设单位等。

学校有全日制在校生10123人。教职工506人,其中专任教师370人;专任教师中,具有硕士以上学位的教师占82%,具有中级、高级职称的教师占26%,"双师型"教师占80%。拥有省级教学团队5个,教师中有1人获得广东省五一劳动奖章。2022年,学校面向全国15个省份招生,共录取新生4795人,招生规模与报到进校人数再创新高。2022届毕业生就业去向落实率为98.2%,居全省前列。

教学楼前小广场

学校深度对接属地、产业需求,立足于服务广州市及粤港澳大湾区科技与商贸两大板块,设有11个二级学院共27个专业,其中市级特色(产业、校企合作示范)学院4个、国家级重点专业4个、广东省重点(品牌)专业8个;建有七大专业群,其中省级高水平专业群3个。

学校全面加强党的领导,落实立德树人根本任务,坚持马克思主义在意识形态领域的指导地位,持续建设"全国课程思政研究中心",建设课程思政资源库,推动"课程思政"与"思政课程"同向同行、协同育人。学校课程思政建设覆盖面达100%,获全国课程思政案例一等奖、广东省思政课教学奖3项,学校被评为广东省课程思政示范高职院校。

学校大力实施"创新强校工程",深化校企合作、产教融合的现代高职人才培养模式改革,与企业共建省级校内外实训基地13个,携手企业获批成立广东省产教融合型企业17家,共同开发课岗融合精品在线开放课程25门,"创新强校工程"考核排名位居全省A类院校第十四名。学校持续深化"三教"(教师、教材、教法)改革,新增数字媒体技术、汽车制造与试验技术、城市轨道车辆应用技术3个专业;深化"岗课赛证"教学改革,大力推进1+X证书制度试点工作;新增建设省级精品在线开放课程1门,完成3门省级精品在线开放课程建设验收,参与1项国家专业教学资源库子项目建设。学校在各级各类技能竞赛中取得优异的成绩,学生参加省级以上各类竞赛共获奖93项,其中获全国比赛、省级比赛一等奖共计29项;学校的1+X证书制度试点工作共获奖42项。

学校不断深化与香港、澳门地区高校的合作，协同发展，服务粤港澳大湾区建设；积极响应"一带一路"倡议，持续深化与芬兰于韦斯屈莱应用科技大学的合作，联合申报创新创业教育线上出国培训项目并获得科技部批准立项；组织40名教师参加培训，中国驻芬兰大使馆科技参赞袁旭东等出席开班仪式；加强与马来西亚技术大学等高校的合作交流，积极探索国际化办学新路径。学校的国际交流合作案例入选2022国际职业教育大会优秀案例，学校被评为2022年职业教育国际合作与交流典型院校。

学校智能电气装备工程中心

入园建院，课岗融合，提升育人成效。学校以现代产业学院建设为抓手，制定"四船"计划，实施"四元协同、五创并举"建设模式、"两对两访三落实"筑基工程、"两制三育一体系"运行机制，不断探索产教融合特色之路，积极推进"以番禺校区为主体，北进广州开发区、南拓南沙自贸区"的"一体两翼"发展格局建设。学校对接粤港澳大湾区智能制造、信息技术等产业链，建设广州科学城产业学院、南沙资讯科技园产业学院，先后牵头成立"粤港澳大湾区现代产业学院职教联盟"和广州"中小企业能办大事"职教集团。学校大力推进建设面向粤港澳大湾区的"南沙职教集团"，落实"四群四院四中心"和"四百计划四基地"建设，撬动产业园区提供7万平方米的场地，吸引科技公司投入总值6000万元的先进技术装备，聚集来自本科、高职、技工院校等26所学校的5000多名学生，形成"入园建院、课岗融合"的现代产业学院育人模式，入选全国产教融合校企合作典型案例、全国"校企合作双百计划"典型案例。

学校连续5年组织开展走出大山研学活动

以生为本，文化引领，铸就特色品牌。学校遵循"厚德、砺学、修技、至善"的校训，坚持以生为本，全面落实"1+2+3N"的网格化育人模式，构建"红色文化筑人、传统文化育人、学术文化塑人"的校园文化氛围，扎实推进"三全育人"工作。以国旗护卫队建设为载体，着力打造以"国旗文化"为引领的校园特色文化，学校国旗护卫队连续三年在广东省学校国旗护卫队展示交流活动中荣获一等奖。持续开展"一院一品"传统文化品牌建设工程，荣获2022年广东省大学生舞龙舞狮锦标赛丙组团体总分第一名。学校龙舟队在广州国际龙舟邀请赛22人龙舟600米直道竞速项目比赛中获得第四名。学校坚持"健康第一"的教育理念，建立急救教育实训基地；2022年全校师生有730人顺利通过考核，获得"红十字救护员证"。此外，学校的"高雅艺术进校园""廉洁校园"等校园文化品牌特色鲜明，成果丰硕。

学校获2022年全国职业院校技能大赛高职组市场营销技能赛项二等奖

广东南华工商职业学院

学校体育馆

学校图书馆

"三种精神"牌匾景观区

大国工匠、全国总工会兼职副主席等全国劳模进校园

广东南华工商职业学院是由广东省总工会举办的全日制公办高等职业院校。学校践行"明德、敬业、求精、惟新"的校训，贯彻"用劳模精神感召人、用劳动精神培养人、用工匠精神铸造人"的特色育人理念，落实立德树人根本任务，坚持"商科做强、服务做特、工会底色擦亮、产教深度融合"的办学定位，聚焦"高质量发展综合改革"，打造"湾区前列、国内知名、特色鲜明"的高水平商科职院，培养全面发展的高素质技术技能商科人才。

"三种精神"引领的特色育人体系。"三种精神"特色育人理念融入职教实践，赋能"三特一全"育人体系建设。打造"劳模协同"特色德育品牌。学校成立全国首家"劳模教育学院"，推动百名劳模工匠进校园，聘请百名劳模德育导师，开展百名劳模和教师"1+1"结对，开设百名劳模百场德育课，开展百名劳模大走访。打造"非遗·国匠"特色美育品牌。以国匠楼、广东名匠珍品馆、美育艺术走廊三大平台为基础，以工美为重点，以大师工作室为引领，积极申报"英石盆景"中华优秀传统文化研究基地，形成"三平台、一社区、一基地"特色美育格局。打造"劳动赋能"特色劳育品牌。以晓耕园、实习实训基地为载体，拓展校外劳动教育基地，构建"三课并进"课程体系，建设"三种精神"融合培育的劳动教育格局，为学生成长成才助力赋能，为师生发展领航蓄力。打造"匠心文化"一站式全方位育人社区品牌。学校入选教育部"一站式"学生社区自主试点单位，聚焦"一楼一匠、一楼一院、一楼一品"，大力推进学生社区综合服务平台建设工作。

综合改革驱动学校高质量发展。2022年，学校以高质量发展综合改革为主线，围绕提升关键办学能力，全面整合人、财、物多方资源，各类核心办学指标不断优化。以高水平专业群为核心，深化人才培养体系改革。学校成功立项3个省级高水平专业群、2个省级重点专业、2个省级二类品牌专业。推进现代学徒制和1+X证书项目建设，试点数量位居全省前列。以破"五唯"为核心，深化教师评价及分配体系改革。出台教师基本工作量管理办法，鼓励教师组建团队获取省级以上重大标志性成果。建立以目标管理和目标考核为重点的绩效工资动态调整机制。优化调整"登峰计划"，引培并举，学校发展急需人才倍增。深化以服务产业工匠为核心的社会服务体系改革。围绕工会干部、产业工人、职工培训，建立市场化培训机制，培训人数及培训到账率倍增，为深度服务区域经济与行业提供保障与引领。学校获教育部第三批国防教育特色学校称号，入选《2022中国职业教育质量年度报告》"教育教学"案例，获评广东省教学诊改第二批试点院校、广东省第三批绿色学校、广东

"三种精神"引领的三特一全育人体系

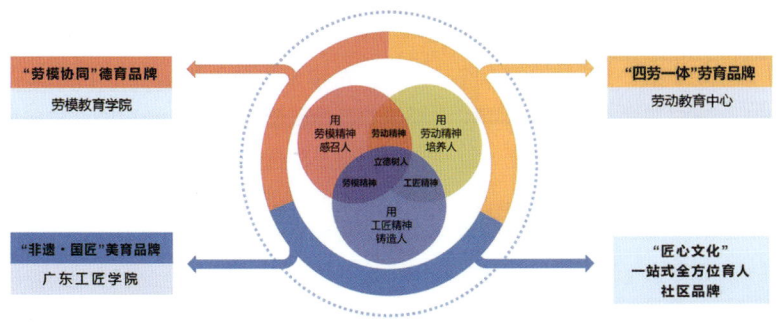

"三种精神"引领的特色育人体系

对外交流与合作——学校与白俄罗斯国立技术大学签约仪式

省人文社会科学普及基地。深入推进"创新强校工程",在公办院校新赛道,创新强校考核排名不断取得突破,2021年获B类第一名,2022年获A类第二十三名。

多元协同共育产教融合共同体。建立"政工行校企"多元协同育人共同体,建成中兴通讯数字化产业学院、数字金融产业学院、文化旅游产业学院等多个现代产业学院。引导专业调整,定期发布产业发展报告、人才队伍建设报告及人才就业状况和需求预测,为学校优化专业布局提供依据。提升人才培养能级,建设现代产业学院,开发教学标准、课程标准、教学评价标准以及专业核心课程与实践能力项目。赋能"双师型"教师队伍建设,建立校企人员双向交流机制,开发具有行业特色教育资源和双师培养基地。加强与龙头企业深度合作,与正佳集团合作成立正佳学院,与中兴通讯股份有限公司设立南华-中兴现代化产业人才海外培训基地(印度尼西亚)。与中国农业银行开展合作并获得3000万元经费支持,成功培育校企共建共享生产性实训基地117个。龙粤职业教育联盟、"高中技"产教一体化联盟、清远高新区等合作稳步推进。2022年,学校首次亮相世界职业教育产教融合博览会,推荐3家企业入选广东省第二批产教融合型企业。学校获批为国家工业和信息化部人才交流中心产教融合专业合作建设试点单位。

历史川流不息,发展永无止境。30年前,学校在广州沙太南应运而生。现如今,6万余名毕业生遍布海内外,毕业生大多数已成为广东省尤其是珠三角地区各行业的中坚力量,为各地经济建设和社会发展做出重要贡献。南华人将继续狠抓学校高质量发展综合改革,奋力谱写南华高质量发展新篇章。

师生作品展

校地结对——平原县脐橙品牌形象设计研讨会现场

南华-中兴订单班同学座谈会

广东技术师范大学

2022年1月19日,学校在东校区召开党史学习教育总结会议

2022年1月12日,学校与广汽乘用车有限公司签署《校企合作战略框架协议》

广东技术师范大学创办于1957年,是全国首批学士学位授予高校,2006年获批硕士学位授予单位,2021年获批广东省博士学位授予立项建设高校,是广东省"冲一流、补短板、强特色"特色提升计划建设高校。学校有全日制在校本科生3.6万人,开设本科专业74个。

2022年,学校积极贯彻落实党中央决策部署,教育事业实现高质量发展。一是党的领导和党的建设全面加强。研究制订学习贯彻党的二十大精神总体方案和"六个一百"宣讲行动实施方案,巩固拓展党史学习教育成果,坚持和完善党委中心组学习制度,写好巡视整改"后半篇文章",推进全面从严治党,持续贯彻落实第一次党代会精神,深入实施学校"十四五"发展规划。二是人才培养水平不断提升。坚持用习近平新时代中国特色社会主义思想铸魂育人,坚持立德树人。

2022年8月28日,学校白云校区图书馆项目举行封顶仪式

2022年11月7日,学校在东校区召开博士学位授予立项建设单位建设进展汇报会

学校在第十三届"挑战杯"广东大学生创业计划竞赛终审决赛中以总成绩排名全省第六的成绩再获"优胜杯"

学校获批教育部产学合作协同育人项目22项;获国家级教学成果奖二等奖1项,省级教育教学成果一等奖5项;在第十三届"挑战杯"广东大学生创业计划竞赛终审决赛中,获金奖5项、银奖4项、铜奖4项,以总成绩排名全省第六的成绩再获"优胜杯"。2022届毕业生总体就业率位居全省前列。三是学科建设、科创水平明显提升。博士学位授权单位建设工程顺利推进。研究生培养规模与质量双提升,获全国教育硕士教学技能大赛一等奖2项、二等奖3项,2个教学案例入选国家案例库。学校作为第一完成单位获教育部高等学校科学研究优秀成果奖(科学技术)二等奖1项;获广东省科学技术奖二等奖成果4项;国家级自然科学、社会科学基金项目突破20项;1人获第九届广东杰出发明人奖。四是师资队伍建设不断加强。加大人才引育力度,加强教师思想政治和师德师风建设,深化人事制度改革。五是推进校园文明和文化建设。加强和改进学生思想政治教育工作,培育优秀校园文化,拓展校园文化育人途径。六是强化学校服务保障能力。完善治理体系,推进基础设施建设和民生工程。与广州移动共建"5G智慧校园",打造数字赋能高等教育的行业标杆。七是教育国际化和服务社会成效显著。全力助力乡村振兴,加强国际交流合作。获批国家级职业教育"双师型"教师培训基地。与广东省民族宗教研究院、广汽集团、奇安信科技集团股份有限公司等开展产教融合、协同育人。八是建设平安校园,抓好常态化疫情防控。在国家疫情防控政策调整前,5个校区4万名师生校内零感染。

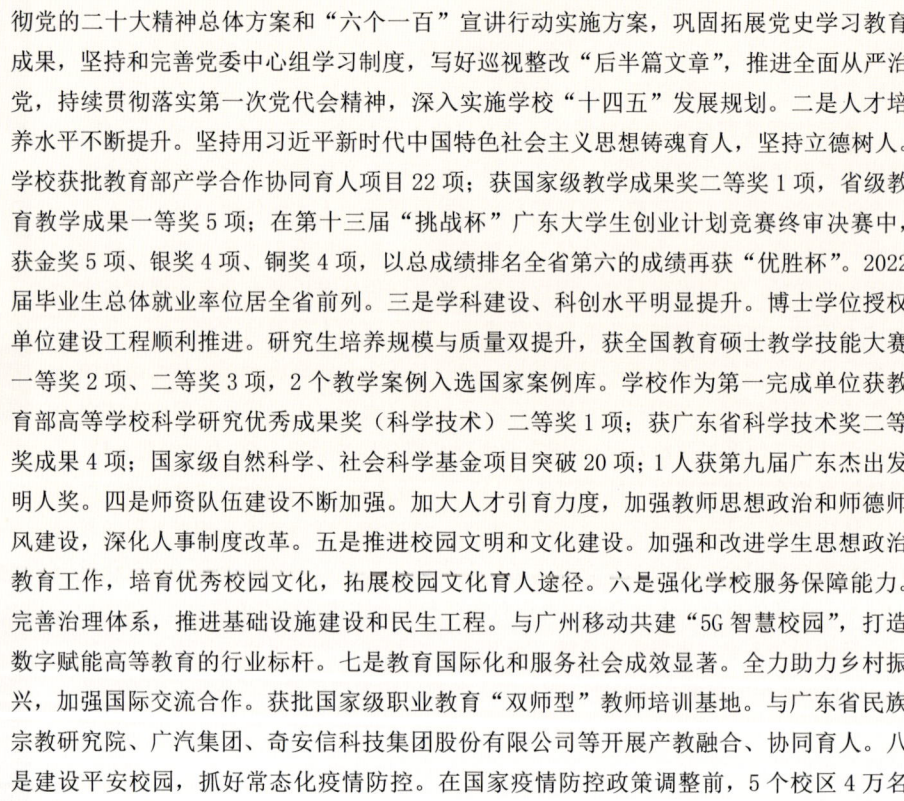

广东培正学院

广东培正学院创办于1993年，原名培正商学院。2005年3月，经教育部批准为民办普通本科高校，更名为广东培正学院。2012年通过教育部本科教学合格评估，2018年通过教育部本科教学工作审核评估。

学校坚持社会主义办学方向，坚持财经类应用型办学定位，立足广东、面向全国，以服务现代服务业需求为主，致力于培养德智体美劳全面发展的高素质应用型人才。加强党的领导，贯彻党的教育方针，落实立德树人根本任务，秉承"培智、正德、尚行、立新"校训，贯彻"公益办学、规范办学、诚信办学、特色办学、以生为本、质量至上"办学理念，坚持"固基础、扬优势、补短板、强特色、创品牌"办学举措，全面推进学校高质量发展。

学校各项事业取得长足进步。 形成以管理学、经济学为主干，文学、法学、工学、艺术学、教育学协调发展，交叉互补的学科体系，本科专业44个，教学单位12个，在校生1.8万人。拥有省级重点培育学科2个、省人文社科研究基地1个、省级一流专业建设点3个、省级一流课程5门、省级综合改革试点专业3个、省级特色专业建设项目2个、省级课程思政改革示范项目8个、省级教学团队3个、省级实验教学示范中心5个、省级实践教学基地5个、省级课程教研室1个、省级高等教育教学改革项目53项、省级示范性产业学院1个。

学校师资力量日益雄厚。 专任教师近800人，其中，具有博士、硕士学位的教师近700人，副高以上职称教师145人，享受国务院特殊津贴专家5人，全国模范教师1人，南粤优秀教师3人，国内外知名大学访问学者145人，外籍教师60余人。学校坚持以研促教、以赛促学。学生参与学科竞赛获国家级、省部级奖项155项，报读国内外知名大学研究生超600人。学校获得国家级和省部级课题55项，立项大学生"攀登计划"专项资金项目8项。

学校获得社会广泛认同和赞誉。 学校先后获得全国民办高校先进单位、广东省先进民办学校、广东民办学校竞争力十强单位、广东省"两新"百强党组织、广东当代民办学校突出贡献奖、广东民办教育四十周年突出贡献机构等荣誉。

面对我国高等教育高质量发展新形势，学校坚持以习近平新时代中国特色社会主义思想为指导，切实落实新一轮教育部教育教学审核体系的要求，按照"十四五"建设发展目标与路径，聚焦"十大行动计划"，坚持人才培养核心地位，着力打造新商科优势，突出新文科和新工科特色，增强服务区域经济社会高质量发展的能力，为国家和区域经济社会高质量发展提供人才支撑和智力支持。

善衡图书馆

2022年五四表彰大会暨灯塔学习会

"培你向未来 青春正精彩"2022年迎新文艺汇演

学校乒乓球队在广东省第十一届大学生运动会中夺冠

2022届毕业典礼

学校国旗护卫队

广州南方学院

广州南方学院（原中山大学南方学院）是2006年经教育部批准设立的综合性应用型普通本科高等学校。2016年被遴选为广东省普通本科转型试点高校，2021年获批为广东省硕士学位授予立项建设单位。

基本情况 学校位于素有"北回归线上的明珠"和"广州后花园"之誉的广州市从化区，校园占地面积728060平方米。经过十余年的建设和发展，学校呈现出千亩校园、万人规模、学科齐全、名师齐聚、人才辈出的发展格局。

学校图书馆面积2.91万平方米，阅览座位近3000席，中外文图书329.47万册，中外文报刊近1000种。图书馆每周开馆时间达100余小时，网络服务每日24小时不间断，并提供形式多样的信息服务，全方位满足学生需求。

办学定位 学校立足于粤港澳大湾区，构建管理学、经济学、医学、文学、艺术与工学交叉渗透、协调发展的学科专业体系，重点发展与人工智能及大数据交叉的工科、商科和社会短缺的医科（医技类）；以应用型本科教育为主，积极发展专业学位研究生教育，为粤港澳大湾区经济社会发展培养具有理想信念、公民素养和健全人格且专业基础扎实、创新实践能力突出的高素质复合型应用人才；通过"强基础、聚特色和显品牌"，努力将学校建成管理体制完善、位居中国应用型大学前列、特色鲜明的高水平大学。

学科发展 学校设有11个院系44个专业，形成以管理学、经济学、文学为主，工学、医学、艺术学协调发展、结构合理、优势互补的学科体系。

学校有国家级一流本科专业建设点4个、省级一流本科专业建设点6个，省级重点学科2个，国家级一流本科课程1门、省级一流本科课程21门、省级思政示范课程3门、省级精品资源共享课5门、省级在线开放课程5门、省级课程思政示范项目15项。学校与爱尔兰格里菲斯学院合作举办数据科学与大数据技术专业本科教育项目。

学校开展"手拉手"结对党支部共建工作

学校开展书记校长访企拓岗促就业，服务学生"最后一公里"

学校在2022年第八届中国国际"互联网+"大学生创新创业大赛广东省分赛产业赛道获得1银2铜的佳绩

2022年9月15日，中医药健康学院举行首届新生开学典礼暨入学教育

2022年9月22日，学校举办首席成长导师聘任仪式

学校承担了一批包括国家社科基金、教育部人文社会科学研究项目的科研项目，教师公开发表的300余篇论文被CSSCI、SSCI、SCI等国内外核心期刊收录，在 PNAS 上发表论文1篇。学校的"广东地方治理研究中心""粤港澳大湾区新兴产业协同发展研究中心"获批为广东省普通高校特色新型智库；与越秀区政数局共同推进"数字人口"专题研究，推动政府新型治理模式的探索及应用；通过广州市科学技术协会"科普+乡村振兴"服务项目服务从化太平镇共20个村落。

人才培养 学校以应用型本科教育为主，积极发展专业学位研究生教育，深入实施"学科专业知识传授、核心价值观传承、能力素质养成"三位一体的立体化人才培养方案，着力践行学科专业交叉、产科教融合的人才培养机制；建立"政校行企资深人士担任首席导师+学校骨干教职员担任专业导师、通识导师和辅导员"的学生成长导师组，制定"启梦·筑梦·圆梦"的学生成长育人方案，做实"自由选择、严格管理、悉心引导"提升学生内驱力的学生成长机制，推动学生德智体美劳全面发展。

学校获得教育部第一期供需对接就业育人项目立项2项、广东省普通高校毕业生就业工作典型经验集体和创业工作典型经验一等奖、第十届广东省大学生职业生涯教学大赛二等奖、第六届和第七届中国国际"互联网+"大学生创新创业大赛国赛银奖各1项（省内同类高校中唯一连续2年获得该奖）、第八届中国国际"互联网+"大学生创新创业大赛广东省分赛产业赛道银奖1项。学校还获得教育部批准的中外合作办学项目1项，获批教育部"1+2+1中美人才培养计划"项目（省内获批该项目的4所高校之一）。

办学成果 学校办学水平不断提高，社会声誉逐步上升。学校获评中国社会影响力独立学院、中国最具办学特色独立学院，获得广东民办教育突出贡献奖。学生获得包括第七届中国国际"互联网+"大学生创新创业大赛国赛银奖在内的省部级学科专业竞赛各类奖项300余项，在核心期刊发表学术论文24篇，申请知识产权130余项。在艾瑞深校友会网正式公布的2022中国大学排名中，学校跻身中国大学一流专业排名（应用型）30强，民办大学全国排名第二，广东省排名第一。

学校与爱尔兰格里菲斯学院签署"3+1+1"项目协议

学校学子获美国大学生数学建模竞赛特等提名奖（Finalist）

教师在第二届全国高校教师教学创新大赛广东分赛中荣获佳绩

广州新华学院

广州新华学院广州校区

广州新华学院东莞校区西门

2022年6月25日至27日，广州新华学院在东莞校区举行2022届毕业生毕业典礼暨学士学位授予仪式

2022年12月2日，广州新华学院在广州校区举行健管-星创视光产业学院签约、揭牌仪式

2022年12月29日至30日，广州新华学院在东莞校区召开中国共产党广州新华学院第一次党员代表大会

广州新华学院的前身为中山大学新华学院，创建于2005年。2021年2月，经教育部批准，中山大学新华学院转设成为独立设置的本科层次民办普通高等学校，更名为广州新华学院。学校有广州、东莞两校区，规划用地145.67公顷，校舍总面积64.34万平方米。2022年，学校有在校生22575人，教职工1503人（其中专任教师1072人）；设有24个院（系、部）、54个本科专业，涵盖经济学、法学、教育学、文学、理学、工学、医学、管理学、艺术学等学科。学校经广东省人力资源和社会保障厅批准设立广东省博士工作站，经广东省学位委员会批准成为硕士学位授予立项建设单位。学校秉承"育人为本、质量第一"的宗旨，坚持"学术强校、质量立校、特色兴校、开放办校"的办学理念，闯新路、开新局、抢新机、出新绩，努力建设成为国内一流、特色鲜明的应用型高校。

优专业强学科，实现内涵式发展　　学校为广东省唯一开设生物医学工程、听力与言语康复学、医学影像技术、眼视光学专业的民办高校。会计学获批国家级一流本科专业建设点；会计学、护理学、人文地理与城乡规划、药学、行政管理获批省级一流本科专业建设点；听力与言语康复学、电子信息科学与技术、药学获省级特色专业立项；护理学、行政管理获省级重点专业立项；公共管理学科和医学技术学科分别获批省级特色重点学科和省级重点培育学科。根据艾瑞深校友会网，学校护理学专业在2022校友会中国大学一流专业"护理学"专业排名获评为六星级专业，上榜中国顶尖应用型专业第七位；学校信息资源管理专业在2022中国大学信息资源管理专业排名（应用型）位列第一位。

深化教育教学改革，提高人才培养质量　　2022年，学校深化"逸仙新华班"教改计划后段培养改革，"十三五"规划重大课题"'四新'建设背景下的人才培养创新——逸仙新华班人才培养模式的探索与实践"通过省高等教育学会2022年度高等教育研究课题结题评审验收，获评优秀。学校获省级质量工程项目立项13项、省级重点建设学科科研能力提升项目立项4项，教师获教学竞赛省级奖项4项，入选省级一流课程8门。学校成立健管-星创视光产业学院、毕马威智能财务产业学院、粤嵌信息技术产业学院，构建产教融合、校企合作共建共管长效机制，深化实践育人工作。

坚持学术强校，提升科研竞争力　　2022年，学校承担各级科研项目47项，获资助金额408.8万元；教职工发表学术论文363篇，含中英文高水平学术期刊论文109篇。新增国家发明专利授权4项，转让专利权5项。学校获批为国家自然科学基金依托单位，标志着学校具备独立申报和承担国家自然科学基金项目的资格。

广州理工学院

学校概况 广州理工学院位于广州市白云区帽峰山风景区南麓,是经教育部批准设立的全日制普通本科高校。学校以习近平新时代中国特色社会主义思想为指导,坚持以党建为引领,推动教育高质量发展,是广东省民办本科高校首批硕士学位授予立项建设单位、首批联合培养硕士研究生招生单位,获批成为国家自然科学基金、国家社会科学基金依托单位,以"一等"评价等次获得省级教育发展专项资金(民办教育发展方向)资助,被评为广东省民办高校年度检查"优秀"单位。

办学特色 学校新工科特色鲜明,工学、管理学、经济学、文学、艺术学、教育学等多学科协调发展,立足广东、面向华南,服务粤港澳大湾区,致力于培养"知行合一、信息化素养高、实践能力和创新精神强、具有国际视野的高素质应用型人才"。2022年,学校设有45个本科专业(其中工科专业23个),拥有全日制在校生22000人,专任教师900多人。学校积极推进"三全育人"工作,不断提升人才自主培养质量,连续多年被评为广东省高校毕业生就业工作先进单位、创业工作先进单位,2022年毕业生就业率在全省本科高校中排名首位。

教育教学 学校聚焦立德树人根本任务,坚持走"产教融合、校企合作"的人才培养道路。学校有国家级一流专业1个,广东省重点学科2个,省级一流专业3个;承担教育部产教协同育人项目70项,广东省质量工程项目80项,广东省创强科研项目65项;建有校内实验室127个,校内外实践教学基地153个;拥有合作企业超过400家,国外合作高校28所。学校着力打造"帽峰创谷"和大学生直播基地,推动"双创"教育和学科竞赛开展。学生共获得国家级奖项300多项、省级奖项1500多项;在全国大赛中屡创佳绩,获得全国大学生足球联赛总决赛第六名、全国大学生机器人大赛一等奖。

科研成果 学校坚持产学研结合、科教融合,促进科技成果转化应用。学校拥有经广东省科技厅批准成立的"广东省工业机器人集成与应用工程技术研究中心",涵盖了机器人系统集成技术与应用研究、智能驱动与控制技术研究、人机交互技术研究、基于BIM技术的多功能建筑机器人应用研究、工业机器人柔性生产线设计与应用五大研究方向,可进行工业机器人应用与智能制造等相关方面的研究。学校有获得专利授权的师生科研成果213项,其中发明专利11项,已登记软件著作权14项,获得高新技术产品认定14项,科技成果转让7项。学校在2021年广东高校科技成果转化体制机制排名中进入前十名,2022年师均科研经费超过4万元。

学校与广东技术师范大学签署联合培养硕士研究生合作协议

俄罗斯高校代表团到学校访问交流

学校第二届"科技学术季"活动

红色经典读书会

机器人应用实验室

广州白云校区

惠州博罗校区

私立华联学院

学校管乐团参加广东省教育厅举办的广东省高校艺术展演征集活动获三等奖

2022年华联产教融合"618"电商项目运营实战现场

校企合作学生在VR模拟仿真教学实训中心学习汽车发动机构造与检修课程

学校国旗护卫队荣获第二届广东省学校国防教育成果交流展示活动暨第四届学校国旗护卫队比赛二等奖

学校概况 1990年,私立华联学院由即将退休的华南师范大学工会主席、日语教授侯德富牵头,联合华南师范大学、华南理工大学、暨南大学、广东民族学院(现广东技术师范大学)等高校几名离退休教授创办。1994年经广东省人民政府批准、教育部备案,纳入全省统一招生。它是中国改革开放的产物,是全国第一批、广东第一所民办高校。学校拥有广州、清远两个校区,校园面积50.73万平方米,建筑面积22万平方米,新建了食堂、综合楼、体育馆、运动场、学生宿舍(5栋),学生床位达1万多个。设有13个系(部)、2个学院、41个专业。

办学理念 学校坚持党的教育方针,落实立德树人根本任务,坚持教育的公益性,培养德智体美劳全面发展的社会主义建设者和接班人,培养在社会主义现代化建设中可堪大用、能担重任的栋梁之才。学校秉承"自律、乐群、勤奋、进取"的校训,坚持传承和弘扬陶行知"千教万教,教人求真,千学万学,学做真人"的教育思想,坚持开展以"立志、修身、博学、报国"为主题的社会实践活动。

师资力量 学校以退休老教授为骨干、中青年教师为主体、专兼职教师相结合,不断优化教师队伍结构,努力打造一支师德高尚、结构合理、业务精湛的品牌教师队伍。通过引进和培养,使教授、副教授、博士、硕士及"双师"型教师的比例逐渐提高。

教育成果 学校累计培养实用型人才7万多人,在学生中发展党员5400多名。董事长侯德富被评为全国优秀教师、广东省高教战线先进工作者、广东省关心下一代工作先进个人,被授予广东省民办教育四十周年"突出贡献人物"、"读懂中国"先进典型,受到教育部表彰。

办学目标 学校以服务区域经济社会发展为导向,发挥学校位于广州智慧城内、毗邻广州科学城、金融城的区位优势,深化学校与高新企业的合作,搭建协同创新、协同育人平台,采用多元化办学模式,以提升人才培养质量为核心,为粤港澳地区经济社会发展提供人才支撑和技术支持,努力办成高质量发展的广东知名民办高等职业学校。

广州开放大学

广州开放大学是由广州市人民政府主办，以服务全民终身学习为使命，以现代信息技术为支撑，以"互联网+"为特征，坚持"开放、包容、优质、智慧、共享"的办学理念，旨在促进教育公平、优质教育资源共享、国民素质不断提高的新型大学。其前身是创办于1961年的广州市广播电视大学，并于2021年1月5日更名为广州开放大学。建校60余年来，学校始终坚持党的领导，坚持社会主义办学方向，全面落实立德树人根本任务，遵循"敬学广惠、有教无类"的校训，立足广州，服务粤港澳大湾区，努力培养适应新时代大湾区经济社会发展需要的"会学能干、终身发展"应用型人才。学校共有3个校区，分别为麓湖校区（校本部）、中山四路校区和海珠细岗校区。校区分布合理，教学设施齐全，满足高等学历教育、社会培训、老年教育等各类教学实践和学生学习需求。

广州开放大学更名并开启转型发展新征程

学校开设开放教育本、专科和成人高等教育专科。作为国家开放大学广州分部，2022年共开设开放教育本科（专升本）专业20个、高起本专业3个、高起专专业49个，涵盖主要学科类别，建有学前教育学院、百胜学院、辅警学院、眼视光学院、互联网与数字产业学院等特色学院。开放教育在籍学生约20万人，成人高等教育专科在籍学生约1.2万人。学校积极组织学生参加各级各类比赛，荣获多项大奖，分别在第七届、第八届中国国际"互联网+"大学生创新创业大赛全国总决赛中荣获职教赛道银奖和金奖。

广州开放大学学生荣获第七届中国国际"互联网+"大学生创新创业大赛全国总决赛职教赛道银奖

打造"智慧师训"品牌。以教育部"人工智能助推教师队伍建设"及"国家智能社会治理实验基地（教育）广州智能教育教师发展中心"等试点项目为依托，建设区域教师发展大数据中心和人工智能引擎，多渠道扩大教师教育的平台和资源，促进新技术与教育教学深入融合，构建中小学教师"智慧师训"体系。

实施"羊城村官上大学"工程。学校自2012年承接"羊城村官上大学"工程以来，已为广州农村基层培养了1.6万名村干部，为全面提升基层组织建设质量奠定人力资源基础，充分发挥教育支持乡村振兴"头雁"效应做出重要贡献。该项目荣获广东省教学成果一等奖、国家级教学成果二等奖。

开展"求学圆梦行动"。面向新时代农民工融入城市的发展需求、粤港澳大湾区产业转型对人才的需求、基层职工求学与技能提升的需求，为企业职工提供学历和非学历继续教育服务。项目开展10余年来，已有超过8万多名农民工获得学历提升，该项目荣获广东省教学成果二等奖。

广州开放大学学生荣获第八届中国国际"互联网+"大学生创新创业大赛全国总决赛职教赛道金奖

老年教育创优提质。学校积极应对人口老龄化国家战略，以老年开放大学为办学主体，开设艺术、书法、音乐、舞蹈等丰富多样的老年教育面授课程。2022年，开设常规班（每门课程每学期上课18节）899个，举办讲座369场，参加学员达267万人次。

社会培训学院（家政学院）助力人才培养。学校依托社会培训学院（家政学院）开设托育照护、妇婴护理、保育师等课程，2022年获批为广东省职业等级评价考点、广州市职业技能鉴定考点和广州市家庭教育培训基地。

广州幼儿师范高等专科学校

广州幼儿师范高等专科学校是广州市人民政府举办、广东省人民政府批准、教育部备案的一所公办全日制普通高等专科学校，建校初期办学规模6000人，已于2021年9月正式开学。2022年，学校开设学前教育、早期教育、音乐教育、美术教育、舞蹈教育、婴幼儿托育与管理等6个专业，培养有梦、有艺、有为的应用型、艺术型"三有两型"高素质幼教人才。

党建领航干事创业，凝心聚力发展创新。学校坚持把学习贯彻习近平新时代中国特色社会主义思想和党的二十大精神作为首要政治任务。中共广州市教育系统委员会批复同意学校设立"中国共产党广州幼儿师范高等专科学校委员会"，推动基层党组织规范化标准化建设。高度重视思政课程和课程思政建设，落实学校党委委员听思政课制度。积极实施课程思政，把党史学习教育融入课堂。

聚焦办学质量提升，内涵建设持续强化。中共广州市委机构编制委员会批复设立广州幼儿师范高等专科学校等相关机构编制事项。学校完成编制"十四五"事业发展总体规划，科学核定"十四五"期间办学规模，确保学校办学条件达标，努力打造"1+3+N"模式的专业群及专业。完成科教城校区搬迁入驻工作，成为广州科技教育城首所进驻高校。推进职业教育"提质培优"，完成广东省"创新强校工程"考核工作。

教师发展多措并举，人才队伍建设加强。学校坚持加强师德师风建设，开展2022年师德师风专项行动和"好老师"宣传。进一步补充师资，打造高素质人才队伍，完成高校教师岗前培训学习和"两学"考试，组织教师参加"1+证书"试点4个项目培训，举办校级教师教学能力比赛等。教学团队分别获得2022年广东省职业院校技能大赛教学能力比赛（高职组）二等奖3个，2022年度广东省高校思想政治理论课青年教师教学基本功比赛三等奖1个。

凝心聚力精准施策，提升人才培养质量。首次组织2021级4个专业的教育见习，在校内打造创新创业实践基地。强化校企合作产教融合，探索建立"政校行企"多元协同的产

2022年学校入驻科教城新校区

学校教学区

学校体育场

校内实训室

美丽的画意湖

教融合体系;将46家省市级幼儿园等确定为首批校外实习(实训)基地。成功申报母婴护理等4个1+X证书试点项目。广东省教育科学"十三五"规划项目"基于历史传承的诗意校园文化培植研究"结题,并获评优秀。中共广州市委机构编制委员会办公室批复同意广州市幼儿园教师发展中心落户学校,构建育训结合育人体系。

坚持立德树人根本,助力学生成长成才。 学校加强大学生理想信念教育和校史教育,构建"三全育人"格局。建成一支以辅导员、学生工作管理人员为主的学生工作团队。加强学生在校学习生活管理,开展思政第一课、安全第一课、心理健康第一课。加强学生心理健康教育,建成科教城校区学生心理咨询和辅导中心,提供一对一心理援助和个体辅导,多途径普及心理健康知识。举行校园文化节、体育节、"职业活动周"系列活动,开展"非遗文化周"系列活动。学生参加第四届中华经典诵写讲大赛"诵读中国"经典诵读大赛、2022年广东省中华经典诵写讲大赛"诵读中国"比赛、广州市属高校大学生第十一届中华经典诵读竞赛,共获一等奖5个、二等奖5个、三等奖8个。顺利承办2022年广州市"诵读中国"经典诵读大赛、广州市"诗教中国"诗词讲解大赛。加强校园文化建设,秉承"德道传承、明理崇智、敏而乐学、卓而超群"的文化理念,确立"师道传承、卓尔超群"的校训,打造全新的校史馆、党建"四室一厅"和非遗文化艺术展示区。

学校开展合唱活动

学校获2022年广东省继续教育质量提升工程认定类项目"终身教育品牌项目"

学校获得第四届中华经典诵写讲大赛"诵读中国"经典诵读大赛三等奖

学校开展教学实践活动

惠州经济职业技术学院

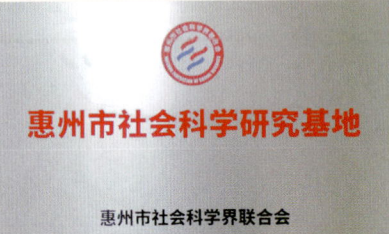

2022年3月，学校成功获批2个惠州市社会科学研究基地

2022年5月18日，学校举行2021—2022学年共青团表彰大会暨"青春心向党，建功新时代"文艺汇演

2022年9月21日，学校参加镇校企合作签约仪式

2022年9月23日，学校举行2022级新生开学典礼暨军训总结表彰大会

2022年12月7日，学校第二届学生专业技能"比武堂"暨惠经"讲武堂"活动正式启动。图为学生才艺展示——舞蹈《渔梦渔阳》

学校物联网创新工作室

　　惠州经济职业技术学院创办于2004年3月，是经广东省人民政府批准、国家教育部备案的一所具有独立颁发国家承认三年制大专学历文凭的全日制普通高等院校。学校占地面积51.3公顷，建筑面积21万平方米。设有二级学院12个，开设招生专业42个，分布在财经商贸、电子信息、装备制造等9个专业大类中，其中58%的专业对标广东的支柱产业或重点发展产业。2022年，学校有在校生9800余人，招生4787人，比2021年增长220%，创历史新高，位居全省民办专科院校前列。

　　专业建设　学校拥有省级高水平专业群建设项目1个，省级重点专业1个，省级二类品牌专业建设项目2个，省级实训基地6个，省级公共实训中心1个，省级大学生校外实践教学基地4个，符合现代化教学需求的实践教学实训室134个，符合产教融合要求的校外教学实践基地99个。

　　服务地方　学校成功获批2个惠州市社会科学研究基地；科研团队共立项省市级各类纵向科研项目45项；各二级学院深入产业一线，参与企业应用技术研究、科技开发和技术咨询服务，服务中小微企业的项目共14个。

　　竞赛获奖　学校在广东省首届美育教师教学基本功比赛中获8个奖项，在2021—2022年度广东省职业院校学生专业技能大赛中获38个奖项，在广东省教育厅举办的"5·25"大学生心理健康月系列活动中获一等奖2项、二等奖3项、三等奖2项，在广东省教育厅举办的"五'破'五'立'深化新时代教育评价改革"主题征文活动中获一等奖；教师团队的参赛课程"瑶族手信包装设计"在第五届全国数字创意教学技能大赛高等职业院校赛道中获得综合组全国二等奖；学校男子篮球队获广东省第十一届大学生运动会篮球比赛丙组第三名。

广东创新科技职业学院

广东创新科技职业学院是2011年2月经广东省人民政府批准、教育部备案、广东省教育厅主管的一所全日制普通民办高等职业院校。2018年通过教育部组织的高职院校人才培养工作评估。

学校下设信息工程学院、智能制造学院、建筑与设计学院、医药健康学院、财经学院、管理学院、人文教育学院和马克思主义学院等8个二级学院，开设60个专业。2022年，学校有全日制在校生15000余人；教师860人，其中南粤优秀教师5人，省级教学指导委员会专家20多人，省级教学团队1个。

学校围绕"发展、巩固、充实、提高"的工作思路，继续实施质量立校、特色兴校、人才强校、服务荣校、依法治校五大战略，以党建为引领，以省域高水平高职院校建设为目标，以改革为动力，以绩效为杠杆，扎实推进学校重点工作，加快推动全领域提质增效。

落实立德树人根本任务，人才培养质量稳步提高。成立乡村振兴研究院，学生"三下乡"创意实践活动得到团中央媒体关注；开展"书记、校长访企拓岗促就业"专项行动，拓展就业岗位1600余个，就业率达97.21%。2022年，学生参加职业技能比赛获得专业技能大赛奖项43项，其中一等奖2项，二等奖11项，三等奖30项；教师获省级教学能力类奖项一等奖1项，二等奖2项，三等奖8项。

强化专业内涵建设，核心竞争力大幅提升。建成省级重点专业——计算机应用技术，省级品牌专业——会计，省级高水平专业群建设项目——工业机器人技术专业群、计算机应用技术专业群。拥有国家级、省级公共实训基地（中心）5个，省级"现代学徒制"试点专业2个，省级精品在线开放课程1门。获得国家各项专利授权49项，各级各类横、纵向科研项目获立项51项；承接政府项目5项；发表论文186篇，其中核心论文23篇。

加强校企合作、共建全方位合作体制。学校与华为云计算、东莞三星视界有限公司等854家知名企业合作组建校企合作联盟。校企合作开发课程22门，开发教材6部，校企联合申报科技成果14个。建有华为信息与网络技术学院、"互联网+"产业学院、电子竞技产业学院、东莞市网红直播产业研究中心、华南电商产业学院、新餐饮产业学院、应急产业学院、智慧财经产业学院等八大产业学院，依托产业学院，推进协同育人新模式、为学生就业搭建广阔的平台。

学校牌坊

华为信息与网络技术学院

广东创新科技职业学院科学技术协会成立大会

中医药标本馆

文艺表演

工业机器人实训

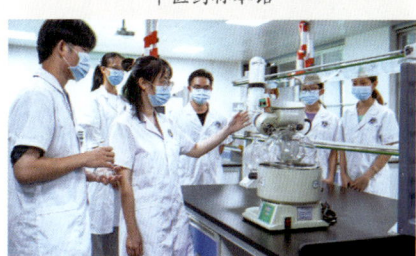

药学综合实训

东莞理工学院

2022年4月15日,省、市重点建设项目——东莞理工学院国际合作创新区开工仪式在松山湖科学城举行

2022年6月20—21日,东莞理工学院2022届毕业典礼暨学位授予仪式分别在两校区举行

2022年7月23日,学校召开新时代卓越工程师产教联合培养行动宣讲报告会

2022年11月11—13日,学校在第八届中国国际"互联网+"大学生创新创业大赛总决赛中夺得2枚金牌、4枚银牌、5枚铜牌,这是学校在此项国家级赛事中取得的最好成绩

2022年12月11日,由学校牵头建设的广东省城市生命线工程智慧防灾与应急技术重点实验室举行揭牌仪式暨首届学术委员会成立大会

2022年,东莞理工学院有研究生690人,联合培养研究生52人(含博士8人),全日制学生1.95万人,成人高等教育学生1.93万人。设有20个学院,11个硕士点,59个本科专业。教职工1773人,其中专任教师1263人,具有高级职称教师501人,博士749人,博士后80人,院士(双聘、特聘、柔性引进)8人。国家杰出青年基金获得者3人,国家教学名师1人,"千百十人才培养工程"国家级培养对象1人,"千百十人才培养工程"省级培养对象8人,广东省青年珠江学者2人,广东省教学名师4人,"长江学者"特聘教授4人。

加快提升学校综合实力和竞争力。主动对接大湾区综合性国家科学中心先行启动区,深入实施人才强校首位战略,精准引进重点学科领域高层次人才,深入推进以团队建设为核心的"领航计划"、以培育校内高层次人才为主的"登高计划"、以加快青年教师成长的"致远计划"2.0版。加快推进博士学位授予立项建设,以材料和信息领域作为主攻方向,组织实施一流学科建设攻坚行动,深入推进"冲博扩硕强本科",主动参与粤港澳大湾区(东莞)新一代信息技术卓越工程师创新研究院建设。工程科学、材料科学和化学学科晋级ESI全球排名前1%。散裂中子源多物理谱仪实验取得一批高水平科研成果,先进探测器联合实验室实现大科学装置关键装备国产化。与中科院工程热物理所共建东莞新能源研究院,学校作为共同第一完成单位在Nature上发表最新研究成果。

持续推进教育教学改革与实践。扎实开展卓越工程师产教联合培养行动。针对集成电路、工业软件等重点领域紧缺人才需求,与龙头企业和专精特新企业合作,制订实施"奋楫计划"和"笃行计划",组建工程师学院,巩固扩大新工科、新文科建设成效,深化卓越工程师教育培养改革。组织开展"深化课堂教学改革 提升课程育人质量"第六次教育教学大讨论,编制本科教育教学质量指数,开展院长抓教育教学工作述职评议。获省级教学成果一等奖1项、二等奖3项,拥有国家级一流专业建设点14个,省级一流专业建设点14个,省级示范性产业学院5个,国家级、省级一流课程25门。

不断提升创新创业和就业工作水平。实现中国"互联网+"大学生创新创业大赛国赛双金的历史性突破。完成省赛承办任务,做好省赛、国赛参赛组织工作,省赛获金牌数、奖牌数位列全省第一,国赛获金奖2项、银奖4项、铜奖5项。学校获评"广东省创新创业教育实践基地"和"广东省创新创业示范校(2022—2025年)"。健全就业创业促进机制,采取攻坚行动和日通报、周约谈等工作制度,提升就业指导精准化、就业服务精细化水平,2022届毕业生就业创业工作成效显著。学校在全省就业创业工作会议上做典型经验交流发言。

东莞城市学院

学校概况 东莞城市学院是由广东鸿发投资集团有限公司举办的一所本科层次民办普通高等学校。2021年5月,学校经教育部批准,转设为独立设置的民办本科高校,正式更名为东莞城市学院。2022年5月,学校聘请知名教育家颜泽贤任荣誉校长。

党建工作 2022年,东莞城市学院进一步完善学校基层党组织工作量化考评体系;推进基层党建质量提升工程,为学校党建工作高质量发展蓄势赋能;党建"双创"工作持续保持良好发展态势;与深圳大学签署党建"组团式"帮扶框架协议,致力于建成全省党建工作示范校。

专业建设 学校积极实施基于学生学习成效的评价制度改革,全力推进落实"TOC"教学大纲、协同教学、校级课改项目研究改革、"卓越教师"评选工作等;制订完成新版本科专业人才培养方案,引导所有专业实施"OBE"人才培养模式改革;推动建设一流专业与重点专业,大力推进专业认证与新专业建设工作;全面开展课程思政建设与改革工作,重点推进一流课程建设工作;进一步提高教室、专业实验室的智能化水平。

科研教研 学校获批设立广东省博士工作站,成立广东省高教学会"大学与城市融合发展"研究分会,"大学与城市融合发展研究中心"获批成为"广东省社会科学研究基地"。学校与东莞市寮步镇西溪古村携手共建,成立东莞地区首个以创意设计为主题的乡村振兴学院——创意设计乡村振兴学院。学生积极参加学科竞赛,获各类奖项合计215项。

优化师资 学校围绕学科布局发展需要,对院系设置实施优化;坚持人才强校战略,组织中层以上干部竞聘上岗工作,建立以岗位管理和聘用制度为基础的新型人事管理制度。

对外合作 学校进一步加强与泰国班颂德皇家师范大学、马来西亚拉曼大学、澳大利亚西悉尼大学等世界知名高校的办学合作;与暨南大学建立战略合作伙伴关系,已启动联合培养硕士研究生项目和"学期交流生"合作项目。2022年11月24日,"都会型大学全球联盟成立仪式暨大学校长论坛"在澳门城市大学举行;学校参与构建了由澳门城市大学倡议,并联合香港都会大学、深圳大学、广州大学等全球都会型大学共同发起成立的"都会型大学全球联盟"。

2022年5月,学校聘请知名教育家颜泽贤(右)任荣誉校长

2022年7月7日,学校与深圳大学签署党建"组团式"帮扶框架协议,致力于建成全省党建工作示范校

学校举行2022年毕业典礼暨学士学位授予仪式

学校2022级新生开学典礼

图书馆

校园中的"大学生创业孵化基地"

行政楼

广东教育书店有限公司

由广东教育书店投资设立的韶关市科普集团揭牌成立

广东教育书店肇庆公司开展关爱农村儿童捐赠活动

广东教育书店全力保障中小学教材"课前到书"

广东教育书店佛山尚书文华阅读空间

广东教育书店有限公司（以下简称教育书店）成立于1992年11月，2000年从广东省教育厅划至广东省广弘资产经营有限公司（下称广弘公司），2019年4月随广弘公司划归广东省出版集团管理。教育书店是广东省中小学教学用书发行单位，主要经营幼儿园、中小学、中职教材及配套教学用书，图书馆用书，音像制品，电子出版物，教育装备等。教育书店在全省拥有63家控股企业，建立覆盖全省的发行服务网络和物流配送体系，具有ISO9001质量管理体系认证、ISO14001环境管理体系认证和T28001职业健康安全管理体系认证。

教育书店从事教学用书发行工作已经30年。自成立以来，教育书店秉承"服务教育、服务社会"的宗旨，坚持以促进青少年健康成长为己任，积极配合各级教育部门开展教学改革、新教材推广、师资培训及校园文化建设等活动，并以高度的事业心和责任感，全力以赴做好广东省中小学教材的征订发行工作，确保"课前到书，人手一册"，取得"政府满意、学校满意、家长满意"的良好效果。

在此基础上，教育书店充分发挥国有骨干文化企业的主渠道作用，积极参与社会主义精神文明建设，持续开展送书下乡、捐资助学、扶贫济困等公益活动。教育书店顺应广东省教育文化事业发展需要，打造"最美基层书店"助力全民阅读，并倾力打造"粤教服务云平台"，为全省中小学师生提供多功能在线教育服务。教育书店先后被评为全国教育图书发行先进单位、广东省先进集体、广东省文明单位、全国"三科教材"发行工作先进集体。

作为广东省国有骨干文化企业，教育书店在省出版集团的正确领导和上级部门的指导支持下，进一步深化改革，一如既往地为广东省的教育事业做好服务，为广东创建教育强省、打造南方教育高地，全面实现教育现代化做出应有贡献。

高等教育

发展综述

（一）普通本科高校办学规模

2022年，广东省有普通本科高等学校66所（含独立学院5所）。其中，公办学校38所，占全省普通本科高校的57.58%；民办学校18所，占全省普通本科高校的27.27%；合作办学5所，占全省普通本科高校的7.58%；独立学院5所，占全省普通本科高校的7.58%。广东省公办普通本科高等学校分布在广州地区的有22所，占全省公办普通本科高等学校的57.89%；广东省民办普通本科高等学校分布在广州地区的有12所，占全省民办普通本科高等学校的66.67%。

广州市设立的普通高等学校有37所，占全省高校总数的56.06%，是广东省设立高等学校最多的城市。其次是深圳市设立5所（占比7.58%），珠海市、湛江市各设立4所（占比6.06%）、东莞市设立3所（占比4.55%）。广东省21个市中仍有6个市（汕尾市、河源市、阳江市、清远市、揭阳市、云浮市）暂未独立设立本科院校，其中河源市、清远市、云浮市已与部分高校合作办校区。广东省通过高校合作跨地市办校区的方式扩大省内高校的校区区域布局，以满足粤东西北地区人民群众日益增长的优质教育需求。同时，推动中外合作办学、跨境联合办学模式。广东省有5所中外（含内地与港澳台）合作办学的高校，分别为北京师范大学－香港浸会大学联合国际学院、香港中文大学（深圳）、深圳北理莫斯科大学、广东以色列理工学院、香港科技大学（广州），占全国中外合作办学高校的近半数。

2021—2022学年，广东省普通本科高校录取学生总数达387 878人，比上一学年增加20 472人，其中录取省内学生数占比83.77%，较上一学年增长1.14%。广东省普通本科高校录取省内学生数近年来增长速度明显，录取省外学生数增长速度较为平缓。截至2022年9月30日，广东省普通本科高校有本科在校生1 326 525人。全省本科生人数排名前十的高校主要集中在广州，排名前三的高校分别是广东工业大学、华南农业大学以及广东海洋大学，本科生人数分别为38 796人、38 483人、38 129人。

（二）普通本科高校专业情况

2021—2022学年，全省共设3 430个专业点，较2020—2021学年小幅增加41个专业点数，涵盖428种本科专业，较上一学年减少10种本科专业。其中工学开设143种，专业结构占比33.41%，数量在12个学科门类中排名第一。428种本科专业共涉及12个学科、92个专业类，参照教育部《普通高等学校本科专业目录》，除工学未开设兵器类专业外，其余11个学科门类实现专业类100%全覆盖，与2020—2021学年一致。

专业布点数变化情况。2016—2022年，全省工学、管理学、文学、经济学、法学、教育学、医学的专业布点数逐年上升。其中增长比例最高的是医学，2022年比2016年专业布点增加49.2%；其次是工学，专业布点增加38.9%，再次是教育学，专业布点增加30.3%，均高于全省专业布点增长比例（20.48%）。

在2021—2022学年全省专业布点中，计算机科学与技术的布点数最多，达到56个（与2020—2021学年开办院校数量保持一致），全省84.85%的本科高校均有开设；英语的布点数排名第二，达到53个，全省80.3%的本科高校开设该专业。

（三）普通本科高校办学师资条件

部分省市高校专任教师数。广东省普通本科高校专任教师数历年来一直在全国名列前茅。截至2022年，广东省普通本科高校专任教师总数为78 773人，较2021年增加3 467人。

广东省高校专任教师数。2022年，广东省普通本科高校专任教师数排名前十的高校中有9所位于广州，1所位于深圳。排名前三的大学分别是中山大学、华南理工大学、华南师范大学，其专任教师数均在2 630人以上。其中，广东省公办普通高等学校专任教师58 010人，占全省本科院校专任教师数的73.64%；民办普通高校专任教师20 763人，占全省本科院校专任教师数的26.36%。各高校历年来专任教师比例逐步提高。

师资队伍学位结构。截至2022年，广东省普通本科高校专任教师78 773人，其中具有博士学位的教师37 247人，占47.28%，较2020年增加3 049人；具有硕士学位的教师33 645人，占42.71%；具有学士学位的教师6 518人，占8.27%；具有其他学位的教师1 363人，占1.73%。2016—2022年，具有博士、硕士学位的专任教师数量逐年增加，具有学士学位和其他学位的专任教师数量有所减少，广东省普通本科高校专任教师的学历层次稳中有升。

师资队伍职称结构。2022年，广东省普通本科高校专任教师中，具有高级职称的教师36 133人，占比45.86%；具有中级职称的教师28 791人，占比36.55%；具有初级职称的教师4 980人，占比6.32%。2016—2022年，广东省普通本科高校专任教师中具备高级职称的人数稳步增长，梯队结构呈现合理优化趋势。

生师比情况。2022年，广东省普通本科高校生师比为18.99，与2021年的19.1相比略微减少了0.11。广东省普通本科高校生师比从2016年至2020年总体以较为稳定的速度下降，2021年和2022年相较往年有所上升。

（四）普通本科高校教学建设与改革

落实立德树人根本任务，统筹推进本科人才培养。在夯实上一学年一流本科教育工作的基础上，以"一流本科人才培养计划"为统筹，进一步完善高水平人才培养体系，不断改革创新，"新工科""新医科""新农科""新文科""新师范"竞相发展，一流本科专业和一流课程建设在全国处于领先，质量工程建设持续深入推进，粤东西北高校振兴计划深入实施，粤港澳大湾区高校人才培养一体化不断加快。组织第二批入选全国"双创"的高校党组织开展期满验收。持续推进"对标争先"建设计划，在教育部第三批党建"双创"中，获批2所示范高校、9个标杆院系、68个样板支部创建单位，数量在全国名列前茅。坚持用习近平新时代中国特色社会主义思想铸魂育人。设立11个高校思政课区域协同创新中心、23个"八个相统一"高校思政课建设示范点、12个高校思政课名师工作室。成立广东高校社会主义核心价值观传播研究中心，建设省级学校示范点18个，创建全国文明校园67所、省级文明校园96所，不断深化社会主义核心价值观教育。

贯彻大湾区部署，推动粤港澳高校人才培养合作。教育部与广东省人民政府于2020年联合印发《推进粤港澳大湾区高等教育合作发展规划》，明确到2035年，粤港澳大湾区将建成若干所世界一流水平的高校，产出一批对世界科技发展和人类文明进步有重要影响的原创性科学成果，成为世界高等教育合作发展和创新发展先进典范。2022年，广东省落实《推进粤港澳大湾区高等教育合作发展2022年工作要点》，统筹推进建设粤港澳大湾区国际教育示范区。2022年6月，教育部正式批准设立香港科技大学（广州），批准筹备设立香港城市大学（东莞），标志着粤港澳大湾区高等教育合作发展取得新进展，对推动我国高等教育综合改革，促进内地与香港教育融合发展，服务粤港澳大湾区建设影响深远。截至2022年底，广东省获批设立具有法人资格的中外（含内地与港澳）合作办学机构增至6所（含1所筹设），占全国此类机构一半以上，粤港澳合作办学聚集效应初显。统筹推进香港大学、澳门科技大学、澳门城市大学来粤合作办学。支持北京师范大学－香港浸会大学联合国际学院（简称"UIC"）和香港中文大学（深圳）建设发展。在艾瑞深校友会网2022中国大学排名中，粤港澳大湾区高校的综合排名表现突出，高校综合实力持续上升，发展势头强劲，特别是香港、澳门、广州、深圳四大中心城市的高校。

持续推进质量工程建设，办好各项学科竞赛。完成2021年度省质量工程验收工作，共验收项目10余类1 500项，完成2022年度质量工程项目立项工作，共立项10类项目1 134项。完成2021年度国家级、省级大学生创新创业训练计划项目立项，13个项目参与第十四届全国大学生创新创业年会。完成2021年6个教师教学发展中心项目验收。发布《广东省教育厅关于做好2021年广东省本科高校大学生学科竞赛工作的通知》，指导相关承办高校做好大学生工业设计大赛等10项赛事组织实施工作。

持续推进"新医科"建设，落实"健康广东2030"规划。根据广东省高校医学人才培养实际情况，深化临床医学、公共卫生以及中医药人才培养改革，制定《首批广东省高水平临床医学院、公共卫生学院和中医药学院建设方案》及建设指南，重点建设15个、培育建设6个优势突出、特色鲜明的高水平临床医学院、公共卫生学院、中医药学院，充分发挥示范引领作用。加强高校附属医院管理，开展高校附属医院领域腐败风险专项治理整改工作。开展广东省临床教学基地教学改革项目申报立项以及结题验收工作，有计划推进省教学（一类实习）医院评审认定工作。完成2022年订单定向医学生招生录取工作，新增广东省易方达教育基金会资助500名订单定向医学生。

启动第二轮"新师范"建设，助力基础教育高质量发展。印发《广东"新师范"建设实施方案（2022—2025年）》，围绕基础教育薄弱环节设立教研、科研、实践合作研究项目，以项目制助力"高校—政府—中小学"共同体建设。组织第三批省级示范性教师教育实践基地申报立项工作，推进师范类专业开展认证，提升专业建设水平。

深化产教融合，推进产业学院内涵发展。继续深入推进产业学院建设，新立项省级产业学院建设项目23个，已有省级产业学院（含现代产业学院）建设项目101项。全省已有45所本科高校设置218个产业学院，涵盖50多个产业，数量居全国之首。产业基础扎实，高端态势明显，发展后劲充足。

维护意识形态安全，规范教材管理。组织各本科高校对照"大中小学教材插图排查要点"重点对教材教辅的封面、插图进行把关，确保教材教辅坚持正确的政治方向和价值导向，符合大众审美习惯。全省65所普通本科高校累计排查教材教辅（含本科及研究生阶段）72 755种，发现问题教材教辅46种。对已出版和拟出版的、在书名和内容中冠以"课程思政"名义或者字样的教材教辅进行全面排查。经学校排查反馈，全省本科高校共有相关教材821种，其中，教材名称中含有"课程思政"字样的教材20种，除1种为学生用书外，其余为教师用书或教辅，排查出的教材教辅均无思想性问题。

严格学籍管理工作，规范高校办学行为。持续做好学籍学历信息审核工作，妥善处理好学生信访工作。开展全省普通本科高校学分认定及转换专项检查工作，推进学校学分认定及转换工作规范化、制度化。组织全省18所高校开展第二学士学位招生录取工作，共录取637名学生，比2021年增加175%。组织开展全省35所公办高校非学历教育领域腐败风险专项清理整改工作。做好本科高校疫情防控及学生离校返乡工作。

健全常态化质量保障体系，提高人才培养水平。印发《广东省普通高等学校本科教学工作合格评估督导工作方案》，加强对本科院校合格评估工作的监督指导。制定广东省"十四五"普通高等学校本科教育教学审核评估总体计划。开展2021—2022学年本科毕业论文（设计）抽检工作，印发《广东省本科毕业论文（设计）抽检实施细则（试行）》。发布《2020—2021学年广东省普通高等学校本科教学质量报告》，完成2021—2022学年高等教育国家监测平台数据采集工作。

（撰稿　邱向宇；审稿　杨永文）

教育教学管理

【教学基本条件建设】教学科研仪器设备。2022年，广东省普通本科高校中，66所高校的生均教学科研仪器设备值处于监测合格值以上。广东省所有普通本科高校都拥有普通教室、多媒体教室、语音室、计算机房等各类功能教室，设施齐全，设备先进，能较好地满足教学需要。

教学行政用房。广东省各普通本科高校中，32所高校的生均教学行政用房面积（教学行政用房面积/全日制在校生数）处于监测合格值以上，其中15所高校的生均教学行政用房面积在20平方米以上；34所高校处于预警状态。

实验室数量。广东省普通本科高校实验室数量14 718个，其中专业实验室数量8 883个，基础实验室数量3 558个，实验室数量较上一学年保持稳定增长态势。

图书与信息资源。广东省各普通高等学校的图书馆在文献资源、学科服务、技术研发、阅读推广等方面稳步发展，构建网络化、信息化的文献综合服务体系，建立学科门类齐全、结构合理、独具特色的文献资源体系，实现纸质资源和数字资源的一站式检索，为学生提供日益丰富的学习资源。从高校生均图书监测状态来看，广东省有22所本科高校的生均纸质图书处于监测合格值以上，北京师范大学珠海分校生均纸质图书326.63本、位居第一，6所高校生均纸质图书处于限制招生状态。

【专业建设】加快一流专业建设，实现优质发展。根据《教育部办公厅关于实施一流本科专业建设"双万计划"的通知》和《广东省教育厅关于实施一流本科专业建设计划的通知》，2022年广东省新增498个专业入选一流本科专业建设"双万计划"。其中全省高校新增174个专业入选国家一流本科专业建设点，数量位居全国前五；新增324个专业入选省级一流本科专业建设点。广东省共有609个"国一流"、719个"省一流"专业建设点，数量名列全国前茅，65%的本科高校拥有国家级一流本科专业建设点，省级一流本科专业建设点实现省内高校全覆盖，体现广东省本科专业建设在全国的整体竞争力。同时，软科中国大学专业排名中，广东省50%以上专业上榜，总数排名全国前五，其中A级以上专业位列全国第四。广东省还开展全省本科专业检查和专业电子白皮书更新工作，推动专业高质量发展。

优化专业结构布局，推进专业认证。2021—2022学年，省教育厅继续落实《关于开展普通高等学校专业认证工作的意见》，统筹推进全省高校保合格、上水平、追卓越三级专业认证工作。基于专业认证工作，广东省组织高校继续健全专业动态调整机制，做好本科专业建设规划。对于入选的一流专业建设点，完善支持措施，持续加强建设，不断夯实基础、改善条件，强化专业特色，提升专业内涵和建设水平，保证其建设期结束后通过认定。截至2022年1月，全省245个本科专业通过国内外权威组织专业认证，其中102个专业通过教育部、住建部等国家部委专业认证。

推进卓越计划2.0，培养拔尖人才。2021—2022学年，广东省深入实施"冲一流、补短板、强特色"计划，紧密对接国家"双一流"建设，在新的起点上推进全省本科高校分类发展、内涵提升。全省高校深入推进人才培养模式改革，提升拔尖创新人才培养能力。根据高等教育质量监测国家数据平台显示，截至2022年，广东省累计87个国家级一流学科，相比2021年增长11.5%，全省累计379个省级一级学科，相比2021年增长28%；在一流专业中，累计17个专业入选卓越工程师教育培养计划2.0专业，8个专业入选卓越农林人才教育计划培养2.0专业，1个专业入选卓越教师培养计划2.0专业，1个专业入选卓越法治人才教育培养计划2.0专业，13个专业入选基础学科拔尖学生培养计划2.0专业。

【课程建设】广东省围绕落实立德树人根本任务，落实《教育部关于一流本科课程建设的实施意见》，推动专业课程与思政课程同向同行，全面加强一流课程建设，开展2022年广东省精品在线开放课程遴选认定工作和省级系列在线开放课程立项建设工作，对2021年立项的省级系列在线开放课程进行中期检查，推动高校建设体系优、质量高、内容适中、受益面广的课程群。

根据《教育部关于公布首批国家级一流本科课程认定结果的通知》，全国共认定5 118门课程为首批国家级一流本科课程，广东省本科高校258门课程被认定为一流课程（包含原2017年、2018年国家精品在线开放课程和国家虚拟仿真实验教学项目），占全国总一流课程量的5.04%，认定一流课程数量居全国各省前列。根据《教育部办公厅关于开展第二批国家级一流本科课程认定工作的通知》，遴选推荐全省376门课程申报第二批国家级一流本科课程。根据《广东省教育厅关于公布2021年度省级一流本科课程认定结果的通知》，评选出省级一流本科课程834门，包括线上课程72门，线下课程364门，线上线下混合式课程368门，社会实践课程30门。

就公布各类型课程分布情况看，广东省国家级线上一流课程67门（包含2017年本科国家精品在线开放课程9门，2018年本科国家精品在线开放课程22门），占全国的3.57%；线下一流课程91门，占全国的6.22%；线上线下混合式一流课程40门，占全国的4.61%；社会实践一流课程11门，占全国的5.98%；虚拟仿真实验教学一流课程49门（包含2017年国家虚拟仿真实验教学项目7个，2018年国家虚拟仿真实验教学项目23个），占全国的6.73%。对比各类一流课程的占比率，线上一流课程和线上线下混合式一流课程占比较低，均低于5%；而其他三类课程占比率较高，均高于5%，其中又以虚拟仿真实验教学一流课程占比率最高。这表明，广东省在线上课程和线上线下混合式课程建设方面相对较弱，在虚拟仿真实验教学项目和线下课程的建设方面较强。

从入选学校分布来看，在包含原2017年、2018年国家精品在线开放课程和国家虚拟仿真实验教学项目的情况下，广东省29所高校入选一流课程，中山大学、华南理工大学、暨南大学共入选111门，占全省入选总数的43.02%；广东省其他高校总计入选147门，占56.98%。其中入选30门及以上的高校3所，分别为暨南大学（46门）、华南理工大学（33门）、中山大学（32门）；20门及以上、30门及以下的高校2所，分别为华南师范大学（28门）、华南农业大学（21门）；10门及以上、20门及以下的高校3所，分别为南方医科大学（17门）、深圳大学（17门）、广州大学（10门）。

相比2021年，2022年广东省普通本科高校精品在线开放课程规模略有变小，但是MOOC（Massive Open Online Course）、SPOC（Small Private Online Course）的数量规模在扩大。精品在线开放课程自建课程785门，引进课程362门；MOOC自建课程638门，引进课程2 390门；SPOC自建课程3 279门，引进课程682门。

2016—2022年，广东省普通本科高校在线课程开设门数逐年递增。2022年在线课程开设8 136门，相比2021年增加893门。开设的本科课程数量逐年增加，2022年达到115 316门，专业课达到96 935门，占84.06%，相比2021年增加4.26%；其中，专业课数量逐年增长，而公共必修课和公共选修课的数量每年基本保持一致，波动幅度较小。公共必修课达到5 725门，占4.96%；公共选修课达到12 656门，占10.96%。

课程是人才培养的核心要素，广东省各类高校根据自身所属类型和发展水平，紧贴经济社会发展需求，推动课程教学改革，促进本科教学工作内涵式发展。

明确课程建设目标，完善课程体系。广东省坚持以提高专业综合应用能力和实践能力为目的的产教融合课程教育体系和旨在培养和锤炼思想素质、人文情怀、实践意识和创新精神的多维渗透素质拓展教育体系，引导各高校对课程体系进行优化，明确课程建设目标、深化课程内涵，满足学生对多样课程的需求。

推广在线开放课程，实现资源共享。广东省推进教学信息化建设，通过引入课程和自建课程相结合的办法，推广线上线下融合的混合式教学，强化课堂教学互动，提升课堂教学效果，将优质在线开放课程作为课堂教学的重要补充。同时，以教学质量工程项目建设为抓手，进一步加强优质课程建设，加大国家级、省级、校级、院系的优质课程、精品在线开放课程、创新创业教育课程和应用型人才培养课程建设力度，推动已有的精品开放课程向在线开放课程转型，建设一批优势学科特色课程，建成一批名师系列课程群，建立健全精品在线开放课程的运行机制，加快推进在线开放课程的应用，实现优质课程教学资源共享。并依托粤港澳大湾区高校在线开放课程联盟，推动整合粤港澳高校优质师资资源，联合建设优质大课。

深化课程思政改革，强化课程育人。为深入贯彻落实习近平总书记关于教育的重要论述和全国教育大会精神，贯彻落实中共中央办公厅、国务院办公厅《关于深化新时代学校思想政治理论课改革创新的若干意见》，深入实施教育部《高等学校课程思政建设指导纲要》，广东省组织2022年国家级课程思政示范项目（本科教育类）遴选推荐工作，根据《教育部关于公布课程思政示范项目名单的通知》，全省11门课程项目、1个教学研究中心项目入选国家级课程思政示范项目。此外，广东省还开展2022年课程思政改革示范项目遴选认定工作，认定示范高校、教学研究示范中心、示范团队、示范课程、示范课堂、"粤教阅心"课程思政大家谈典型案例等六类改革示范项目共计337项，其中示范高校4所，教学研究示范中心4个，示范团队62个，示范课程75个，示范课堂131个，"粤教阅心"课程思政大家谈典型案例61个。在重点课程建设方面，广东省按时保质开好"习近平新时代中国特色社会主义思想概论"课，建设23个"八个相统一"高校思政课建设示范点，实施"南粤示范思政课程建设计划"，建设以习近平新时代中国特色社会主义思想为核心内容、"必修+选修"相结合的高质量思政课课程群，进一步推动思政课和思想政治教育高质量发展。在推动资源共享方面，着力打造推广一批高水平思政"金课"，建设"马克思主义中国化时代化进程与青年学生使命担当"精品思政课程1门、12个专题，"强国系列"第一辑11个专题，党史学习教育、"抗疫"主题教育优质课例327项，"大学生讲党史"公开课示范课例174项，"庆祝中国共产党成立100周年"等专题微课123项。通过"学习强国"平台、"粤政易"网络思政平台等，不断汇聚优质内容，为广大师生提供更高质量、更加丰富的思政课教育教学资源。

提高课程建设质量，实现自主学习。广东省以优化教学内容、创新教学方法和加强课程管理为重点，着力提高课程教学质量；将课程建设与学科专业建设结合起来，探索课程体系、课程标准、课程质量、课程群以及课程考核的实现方式；整合优质课程资源，探索在线开放课程的学分认定，激发学生学习兴趣，提高教学效果，形成开放、互动、共建、共享的教育模式，满足学生多元化和个性化学习的需求，逐步提高学校整体教学水平和教学质量。

完善创新创业体系，建好双创课程。广东省为促进专业教育与创新创业教育有机融合，鼓励各高校开设创新创业教育必修课和选修课，把创新创业教育贯穿人才培养全过程，不断增强学生的创新精神、创业意识和创造能力。

【教学质量管理】一是以评促建，完善教学质量保障体系建设。完善自评机制，健全质量保障体系；推进审核评估，持续改进教学质量；打造竞赛平台，促进创新人才培养。二是教研相长，加快实现本科教育提质增效。推进人才强校战略，建设教育高地；教学科研深度融合，促进卓越教学。三是多措并举，全力保障疫情期间线上教学。

（撰稿　邱向宇；审稿　杨永文）

学位与研究生教育

【学位工作】（一）扎实推进学位授权审核工作

根据国务院学位委员会颁布的《学士学位授权与授予管理办法》，开展全省学位授权审核摸底调查，全面掌握全省高校基本情况。加强对高校指标监测，针对相关高校的指标短板进行重点建设。组织相关专家深入研究解读国家关于学位授权审核工作有关文件，着力推动相关高校深入谋划学位授权审核工作。针对国家相关政策即将调整的情况，加强与国务院学位办的请示报告，主动了解国家政策动向，进一步明确目标任务，对照政策要求，统筹有限资源，加强内涵建设，凝练优势特色，加强对外学术交流，扎实做好国家层面竞争性遴选的准备工作。

（二）实施学位授权点动态调整

根据国务院学位办有关文件精神和《广东省学位委员会关于做好博士、硕士学位授权学科和专业学位授权类别动态调整工作的若干意见》，省学位委员会开展学位授权点动态调整工作。五邑大学撤销1个二级学位硕士点，新增1个专业学位硕士点。

（三）组织学位授权点专项核验工作

根据《国务院学位委员会 教育部关于下达学位授权点合格评估结果及处理意见的通知》和《广东省学位授权点合格评估实施细则（试行）》，为保证和提高学位与研究生教育质量，以研究生培养和学位授予质量为重点，学科条件保障与人才培养质量提升相统一的原则，进一步明确学位授权点专项评估的目的和意义，指导全省各学位授权点合格评估的相关工作。其中撤销抽评结果为"不合格"的学位授权点，5年内不得重新申请。根据国家将周期性开展学位授权点核验评估工作的精神，督促和指导各研究生培养单位高度重视学位授权点建设，扎实开展富有针对性、实效性的整改和建设，夯实基础条件，提升内涵水平。

【研究生教育工作】2022年，广东省研究生教育得到进一步发展。全省招收研究生68 644人（其中博士生7 687人，占11.2%；硕士生60 957人，占88.8%），在校研究生195 410人（其中博士生27 906人，占14.28%；硕士生167 504人，占85.72%）。

（一）全面深化专业学位研究生教育综合改革

以服务国家重大战略、关键领域、区域重大需求为重点，加强顶层设计和组织协调，深入推进专业学位研究生教育综合改革试点工作。吸引行业企业全过程深度参与专业学位研究生培养，围绕产业升级转型关键性课题和企业实际难题精准培养产业急需人才。建立研究生培养示范点、出台系列激励政策、搭建全省高校科技成果转化中心，引导企业深度参与人才培养。

（二）大力推进工程硕博士人才培养

鼓励研究生联合培养模式创新发展，正式获批建设佛山、东莞2家国家卓越工程师创新研究院，深化工程硕博士培养体系改革，促进产教融合，在探索形成中国特色、世界水平的工程师培养体系上迈出新的步伐。实现工程教育办学方式从学科专业单一性和独立性向学科大类交叉、校企深度融合模式的根本转变，培养目标从重视理论传授向重视工程创新能力的根本转变，评价标准从唯论文唯奖项等向考察实际创新贡献为主的根本转变。推进与行业企业深度合作，建立协同工作机制，明确合作事项清单，引导各培养单位根据行业主管部门、行业协会和相关企业的需求修订完善人才培养方案，调整不同类别、不同学科领域研究生的培养规模和规格，促进科产教融合协同开展研究生联合培养。

（三）大力推进研究生联合培养

为进一步深化专业学位研究生教育综合改革，服务国家、省战略需求，推动提升研究生培养质量，继续大力推进研究生联合培养。2022年，安排研究生联合培养基地计划764名（含博士计划4名），其中佛山基地384名（含博士计划4名）、东莞基地200名、中山基地50名。为助力省集成电路产业发展，加快集成电路领域高层次人才培养，设立广州集成电路研究生联合培养基地，由广州粤芯等集成电路头部企业，联合广东工业大学、华南师范大学、广州大学开展研究生联合培养，安排计划80名；为助力实施乡村振兴战略，加强高层次农业人才培养，在广东省农业科学院设立研究生联合培养基地，安排计划50名。强化科教融合，推动高校与省实验室开展联合研究生培养，安排联合培养计划230名，其中，广东省科学院安排计划80名，广东省科技厅

（省实验室）安排计划150名，推动人才、资源、成果的共享。为加快推进广东省硕士研究生立项建设单位内涵发展，助力其在下一轮学位授权审核工作中取得较好成效，设立硕士点建设单位联合培养研究生专项，将原来的教育硕士联合培养专项计划纳入，各高校可在其基础上进一步拓展联培专业，安排计划173名。

（四）深入实施研究生教育创新计划系列项目

围绕落实立德树人根本任务和人才培养模式改革，立项认定155项教育改革研究、95项示范课程、76个研究生学术论坛、27个研究生暑期学校、82个研究生案例库建设项目以及83个联合培养研究生示范基地项目，不断优化有利于高层次、高质量、创新性人才培养的研究生培养体系。

（五）加强学位与研究生教育质量保证和监督体系建设

按照国家教育督导委员会的统一部署，广东省硕士学位论文抽检工作按照"随机抽取、均衡比例、科学公正"的原则组织，从全省32家硕士学位授予单位2021年9月1日至2022年8月31日间授予硕士学位的40 853篇学术学位论文中，抽取1 844篇送检（其中包含2021年9月1日以来脱密论文60篇，根据方案100%送审），占送审总论文数的4.51%，个别单位个别学科的学位论文送检比例达到50%，覆盖全省被抽检单位所有一级学科。综合初评与复评，14篇论文被认定为"存在问题学位论文"，占送审总数的0.76%；另外78篇论文，各有1名专家评议意见为"不合格"，占总送审论文的4.23%。在全省范围内公布各学位授予单位抽检统计情况，对相关单位、相关学位授权点给予相应预警，并将抽检结果与研究生教育资源配置直接挂钩。一是将抽检结果纳入广东省高等教育"冲一流、补短板、强特色"提升计划考核评估中，与资金分配直接挂钩；二是在研究生招生计划分配时，根据抽检结果对各单位招生指标进行适当调整，奖优罚劣；三是在广东省研究生教育创新计划项目等工作中，根据近年博士、硕士学位论文抽检优秀率及不合格论文数量调整各单位指标。通过连续多年的抽检，全省研究生学位论文质量显著提高，学位论文质量与教育资源分配挂钩的做法广受认可。

（六）广泛开展科学道德和学风建设宣讲活动

广泛开展科学道德和学风建设宣讲活动，引导广大师生遵守学术规范，坚守学术诚信。在全省本科及以上高校开展学位论文买卖、代写行为专项检查工作，引导督促高校加强制度建设，严肃处理违规行为。

（七）强化研究生教育交流合作

以建设粤港澳大湾区国际教育示范区为契机，拓展研究生层次合作办学，支持中外、内地与港澳合作办学机构开展研究生教育。组织启动2023年优秀青年科研人才国际培养计划，下达资助经费2 430万元，资助省内相关高校选派的300名优秀博士（含具有博士学位的青年科研人才）赴国（境）外开展学术交流和访学进修，培养具有国际视野、参与国际竞争合作的青年科研人才，同时，督促高校做好"选拔、派出、管理、回国"各环节的工作，加强目标和过程管理。

（撰稿　杨立群　曾俊伟；审稿　吴宝榆）

民办教育

【民办教育概况】 截至2022年底，全省民办幼儿园13 102所，占全省的比例（以下简称占比）为60.8%，在校生26.85万人，占比53.9%。其中，普惠性民办幼儿园9 927所，占比46%，在校生20.11万人，占比40.4%；民办义务教育学校1 663所，占比11.5%，在校生304.26万人，占比19.8%；高中阶段教育（含中等职业教育）民办学校384所，占比25.7%，在校生57.73万人，占比18.9%；民办高等学校51所，占比31.7%，在校生85.36万人，占比32%；民办技工院校72所，占比48.6%，在校生24.1万人，占比38.4%。

【加强民办学校党建工作】 加强党对民办教育的全面领导，坚持社会主义办学方向。全省各级各类民办学校贯彻党的教育方针，落实立德树人根本任务，用习近平新时代中国特色社会主义思想铸魂育人。各地各民办学校建立"第一议题"制度，把深入学习贯彻习近平新时代中国特色社会主义思想和总书记系列重要讲话精神作为重要政治任务。把社会主义核心价值观融入教育全过程，扎实推进"不忘初心、牢记使命"专题教育、党史学习教育。推动全省21个地市党委成立教育工作领导小组，20个地市、134个县区成立党委教育工委或系统党委，部分市县成立民办学校行业党委。组织全省基础教育党建工作省级培训，民办学校党组织书记和党务干部全员参与。实现民办义务教育学校党的组织和党的工作全覆盖。全面推动完成各级各类民办学校章程修改核准（备案）工作，实现党建相关内容写入学校章程全覆盖。完成全省民办高校党组织全覆盖，民办中小学党建工作全覆盖，党组织覆盖率达92.98%。

【提升规范化办学程度】 各级政府建章立制、多措并举。不断贯彻落实《广东省民办学校规范达标计划和品牌提升计划（2019—2022年）》，民办学校办学行为进一步规范，办学条件不断改善，办学质量不断提高，内涵建设得到加强。民办义务教育标准化学校覆盖率达92.48%。按照《深化新时代教育评价改革总体方案》部署，督促各民办学校全面完善学校章程内容，实现"一校一章程"。

【推进民办教育分类管理】 广东省教育厅成立推进民办学校分类管理改革文件起草领导小组，按照"1+5"的政策体系推进分类管理改革，确定以《广东省现有民办学校分类选择登记实施办法》为主文件，《广东省民办学校财务清算办法》《广东省民办学校退出办法》《广东省现有民办学校补偿或奖励办法》《广东省民办高校财务管理暂行办法（修订）》《广东省民办学校信息公开办法》等为配套文件。同时，完成《广东省实施〈中华人民共和国民办教育促进法〉办法》修订稿起草工作，并报送省人大申请成为2023年立法计划预备项目。

【落实省级财政扶持政策】 2022年，省级财政安排9 600万元专项资金支持民办教育。其中，31所高校获得200万元至501万元不等的资助，进一步加大对优质、规范民办高校的支持力度。广东省将学前教育和义务教育阶段民办教育纳入生均拨款范围。对普惠性民办幼儿园参照全省公办幼儿园生均公用经费财政拨款标准给予生均经费补助。对于义务教育阶段学生，不分公办和民办、统一标准安排。省财政下达普惠性民办幼儿园补助资金32 065万元。完成2021年度民办教育专项资金绩效自评工作，进一步改进和加强民办教育专项资金管理，不断提高财政资金管理水平和使用效益。

【加强民办高校监督管理】 严格按程序和标准高质量完成50所民办高校2021年度检查工作，2所学校为"优秀"，40所学校为"合格"，8所学校为"基本合格"。约谈上一年度年检基本合格及专项问题突出学校。持续推进民办学校资产和财务管理。推进广东省民办高校财务监督与分析系统建设，完成相关需求调研，展开第一批高校试点。

【提升内涵发展特色发展水平】 广东省民办本科院校拥有国家级一流本科专业17个，省级一流本科专业115个；国家级一流本科课程1门，省级一流本科课程148门。民办高职院校共建设品牌专业20个，实训基地、公共实训中心25个，大学生校外实践教学基地36个，省级高水平专业群48个，基本做到校校有高水平专业群。在省教育厅立项的重点科研平台和科研项目中，依托民办高校建设重点实验室、工程技术中心、产教融合创新平台、人文社科重点研究基地等21个，创新团队、重点项目53项。电子科技大学中山学院、广东南方职业学院、广东工商职业技术大学等3所民办高校立项为省级大学科技园。

（撰稿　刘宏伟；审稿　袁　俊　戴庆洲）

教育综合管理

GENERAL MANAGEMENT IN EDUCATION

党建工作

【综述】2022年,广东省教育厅机关党委在厅党组的正确领导下,坚持以习近平新时代中国特色社会主义思想为指导,全面贯彻党的十九届六中全会精神,深入学习贯彻党的二十大精神、省第十三次党代会精神,以党的政治建设为统领,切实加强委厅党组织标准化规范化建设,不断提升委厅机关党建工作水平,加强机关纪委建设,推进巡察工作全覆盖,抓好党建引领群团组织建设,较好完成各项年度工作任务。

【坚持旗帜鲜明讲政治抓政治】一是全面抓好机关政治理论学习。把深入学习贯彻党的二十大精神作为首要政治任务,特别是把习近平总书记对广东系列重要讲话和重要指示批示精神,习近平总书记关于教育工作的重要论述等重要内容作为厅党组会议第一议题和厅党组理论学习中心组学习的常设议题。2022年,服务厅党组中心组学习7次,其中集中学习研讨3次,及时整理学习报告情况报送省直机关工委。督促各级党组织深入落实"第一议题"制度,为厅机关各级党组织和厅属学校、党员干部发放《习近平谈治国理政》(第四卷)、《党的二十大报告学习辅导百问》、《二十大党章修正案学习问答》等学习书籍900余册,不断引领各级党组织和广大党员干部自觉用党的创新理论凝心铸魂。二是完成省委、省直机关工委赋予的政治任务。根据《中共广东省委关于广东省出席党的二十大代表选举工作的通知》《中共广东省委关于省第十三次党代会代表选举工作的通知》和省直机关工委有关选举工作的动员部署会议精神,委厅各级党组织严格按照推荐原则、推荐条件和推荐程序,自下而上、上下结合、广泛推荐、反复酝酿、逐级遴选,包括每个基层党支部都参与推荐提名,并广泛征求基层党组织和党员意见,严格按照党章和党中央、省委要求,把党的领导贯穿推荐提名工作全过程各环节,充分发挥各级党组织领导和把关作用,按时间节点高标准、高质量完成党的二十大代表、省第十三次党代会代表推荐提名重要政治任务。三是坚持以政治建设统领支部建设。全面落实"第一议题"和"三会一课"制度,支部书记带头领学促学,支部党员轮流领学并结合自身工作进行交流发言。召开专题组织生活会,全体党员干部开展批评与自我批评,锤炼党性,提升觉悟。通过支部书记讲党课、日常谈心谈话等形式,教育引导支部党员进一步坚定共产主义理想信念,提高党性修养,严守政治纪律和政治规矩,用党章党规党纪规范言行,始终做到"五个必须",坚决反对"七个有之"。四是建章立制,服务厅党组和各级党组织做好政治引领工作。为深入学习贯彻习近平新时代中国特色社会主义思想,贯彻落实《中国共产党党委(党组)理论学习中心组学习规则》《广东省党委(党组)理论学习中心组学习办法》要求,进一步抓好厅党组理论学习中心组学习,以厅党组名义印发并实施《2022年厅党组理论学习中心组学习计划》。根据省委有关工作安排部署,为抓好委厅各级党组织学习贯彻省第十三次党代会精神,制定《中共广东省教育厅党组关于认真学习宣传贯彻省第十三次党代会精神工作方案》。为提升广东省高校办学治校和服务经济社会发展的能力和水平,全面推进全省高等教育高质量发展,制定《委厅领导班子成员挂钩联系高校制度(试行)》。为进一步增强委厅领导班子的凝聚力,促进领导班子成员在工作中的沟通、协商、配合,提升重要决策和重大工作推进的质量与效率,制定《委厅领导班子成员沟通协商制度(试行)》。为落实驻厅纪检监察组与省委教育工委、省教育厅党组第一次专题会商会决定,进一步压实管党治党责任,形成主动接受监督、层层抓落实的工作格局,制定《建立委厅领导班子成员向驻厅纪检监察组报告履行全面从严治党责任和党风廉政建设情况机制(试行)》。贯彻落实省委、省政府关于领导干部深入基层定点联系涉农县(市、区),以及乡村振兴、驻镇帮镇扶村等工作。

【委厅机关各级党组织掀起学习贯彻热潮】一是精心谋划部署。以厅党组名义印发学习宣传贯彻党的二十大精神、省第十三次党代会精神工作方案,引导委厅机关各级党组织迅速掀起学习贯彻热潮,实现传达动员全覆盖。6月印发《中共广东省教育厅党组关于认真学习宣传贯彻省第十三次党代会精神工作方案》的通知;9月印发《中共广东省教育厅党组"奋进新征程 建功新时代 以模范机关创建实际成效迎接党的二十大胜利召开"主题活动实施方案》。11月印发《中共广东省教育厅党组关于认真学习宣传贯彻党的二十大精神工作方案》的通知。二是抓实学习动态反馈。落实省第十三次党代会精神重点工作项目清单，收集并跟进各处室（单位）重点项目90余项。以迎接党的二十大召开、学习、贯彻党的二十大精神等为主题，编印机关党委简报20余期，分别刊载委厅各级党组织及主要负责同志深入学习贯彻党的二十大精神情况。各级党组织通过召开支委会、支部党员大会第一时间集中学习，并结合日常自学等多种形式，迅速掀起学习贯彻二十大精神的热潮。通过层层学习教育，广大党员干部普通认为：党的二十大擘画了以中国式现代化推进中华民族伟大复兴的宏伟蓝图，主题鲜明，催人奋进，教育系统各级各部门将全面贯彻习近平新时代中国特色社会主义思想，把思想和认识统一到党的二十大精神上来，踔厉奋发、勇毅前行，加快推进全省教育高质量发展，为建设教育强省，办好人民满意的教育做出新贡献。

【推进厅机关基层党组织建设】一是着力提升基层党组织政治功能和组织力。印发《2022年省教育厅直属机关党建工作计划》并跟进有关工作。指导、督促、审核各党组织换届选举事项30余项，完成1所集团办学中职学校党组织关系的成建制转出。严格执行党费收缴、使用、管理制度。扎实做好发展党员工作，发展党员12人。组织2022年元旦、春节、"七一"期间走访慰问，厅领导代表慰问55名党员，为老党员、模范党员、生活困难党员等送去慰问金共计5.7万元，并对党龄在50年以上的老党员发放"光荣在党50年"纪念章。二是组织开展党建工作培训，提升业务工作水平。为深入贯彻落实新时期抓好党建对党支部书记的要求，着力提升基层党支部书记队伍素质，根据省直机关工委统一安排，选派4人参加省直单位党支部书记培训班。为深入学习贯彻习近平新时代中国特色社会主义思想，全面贯彻落实新时期党建工作要求，抓好委厅党务干部队伍建设，推进基层党支部建设上台阶，举办2022年中小学（含中职）教师"双带头人"省级示范培训暨委厅党支部书记、党务工作人员培训班，共计100人参与。三是密切联系委厅各级党组织，做好疫情防控相关工作。在委厅各级党组织的支持下，选送并上报抗击疫情期间好人好事典型事迹4篇，统计并上报"支援广州市疫情防控人员名册（突击队员预备队员）""省直机关有医护经验人员名册"等。

【推进党风廉政建设】一是做实做细纪律教育。印发《2022年广东省教育厅纪律教育学习月活动方案》，组织观看违纪违法典型案例警示教育片，坚持反腐倡廉网络廉政文化宣传，加强年轻干部教育管理监督。二是强化监督执纪问责。根据审计和巡察提供的违纪违法问题线索，协助驻厅纪检监察组查办小案件2件，下达处分2人。推行常态化提醒机制，对2名违纪违规干部下达党纪处分与谈话，对3名科级领导干部职级晋升提醒谈话，对1名科级干部批评教育，督促领导干部开展谈心谈话10余人次。实施委厅干部选拔任用工作廉政意见双签字制度，向组织部门出具294名干部党风廉政意见回复19份，为委厅干部提拔使用、表彰嘉奖等工作提供有力依据。三是完善法规制度体系。编印《纪检工作常用党内法规制度汇编》，出台《广东省教育厅直属机关纪律检查委员会工作制度（试行）》《广东省教育厅直属机关纪律检查委员会议事规则（试行）》两项制度，制定《委厅提醒谈话暂行办法（试行）》《科级干部廉政档案建立制度（试行）》。

【加强巡察整改工作】一是做深做实巡察整改"后半篇文章"。压紧压实被巡察单位党委整改主体责任，对党委领导班子落实整改责任再督促再提醒。开展巡察整改日常监督，强化巡察成果运用。二是全面加强巡察工作规范化建设。拟定委厅巡察工作五年计划，对省管公办高校开展内部"巡察"情况专项调研工作，进一步推进和完善巡察材料档案规范化建设工作，规范巡察干部管理。三是开展重点领域共性问题专项检查工作。专项检查覆盖全省各地级以上市，委厅7个牵头处室会同有关处室共计组织14个检查组，以督促开展自查、深入现场检查等方式对全省各类学校进行585次自查、检查，召开代表座谈会25场，排查整改和消除各类安全隐患6 723处，治安案件立案2起，行政处罚3人，查处"黑外教"等非法聘用外籍人员10人，整顿问题培训机构17 418家（次），累计审查和整顿各类网课平台2 390个（含教育App）。

【坚持党建带群建】一是加强厅机关共青团工作。组织厅属学校团委开展"喜迎二十大、永远跟党走、奋进新征程"主题教育实践活动。开展评选表彰工作，2所学校、5名学生分获"广东省优秀学生会""广东省优秀学生骨干"，3名学生当选省学联第十二次代表大会代表；参加"百年团史青年说"微团课比赛，1名个人、2个集体获优胜奖。实施青年理论学习提升工程，1名青年获评"省直机关青年理论学习标兵"；小组成员列席厅党组理论学习中心组学习会30余人次，交流发言4人。加强青年干部婚育人文关怀工作，组织单身青年参加"幸福共筑"省直单位单身青年联谊交友活动。狠抓从严治团工作，组织做好厅属学校团员管理及发展团员工作，严格落实"三会一课"等组织生活制度，顺利完成发展团员核查工作及不符合团章规定年龄入团问题整改工作。二是做好厅直属机关工会、妇委会工作。落实干部职工各项集体福利，集中采购、发放扶贫商品、节日慰问品、生日蛋糕券，慰问工会会员15次，协同省总工会慰问疫情防控专班的同志。开展丰富多彩的文体活动，增强妇女组织的凝聚力，选送的《三封红色家书》诵读视频作品在省直机关妇工委诵读活动中获得一等奖，并推荐参加中央和国家机关工委举办的第二届"新时代全国机关基层党建新成就"短视频交流活动。转发省直机关工委《关于征集"喜迎二十大 传承好家风"——广东省家庭家教家风展的通知》。协助南方都市报录制《同上一堂好家风课》课件，课件于9月28日上线，当日观看数324万人次，点赞数19 260次。

【加强高校党的政治建设】持续深入贯彻《关于加强高校党的政治建设的若干措施》，落实党委理论学习中心组学习和"第一议题"学习制度，转发专题学习重点内容安排、《党委中心组学习参考》等，试行开展高校党委理论学习中心组学习列席旁听工作，会同省委宣传部前往8所高校列席旁听，确保习近平总书记重要指示批示精神和新理论新思想新论述迅速传达贯彻和积极部署落实。全年完成省领导批示件6件。

【全省高校传达学习贯彻党的二十大精神及省第十三次党代会精神】推动学习贯彻党的二十大精神入脑入心，印发学习宣传贯彻党的二十大精神通知和工作方案，实地督查各高校学习运用和转化落实情况。举办3期广东高校学习论坛，组织全省高校万名基层党支部书记开展党的二十大精神学习网络培训。深入开展学习贯彻省第十三次党代会精神宣讲活动，组建宣讲团分赴各校开展宣讲近70场，覆盖师生近3万人次。组织高校征订党的二十大文件及学习辅导读物、《习近平谈治国理政》（第四卷）近20万册。启动广东高校党建研究会换届工作，立项145个2022年度广东省教育科学规划课题（党建研究专项）。配合省党建研究会开展党建研究课题申报，选送高校专家申报课题266个。

【落实高校基层党建三年行动计划任务】印发《全省高校提升党建引领基层治理效能2022年工作要点》《2022年度省委教育工委基层党建工作重点任务》。规范和优化各级各类学校党组织设置，理顺和优化基层党组织设置近4 000个。健全基层组织体系，2022年全省高校专任教师党支部、学生党支部数分别较上一年增长3.7%、10.05%。组织各学校梳理相关党建工作制度规定，"废改立"1517份。树立党建示范标杆，广东省79个高校党组织入选第三批全国党建"双创"名单。修订《学校党支部规范化建设指导标准》，汇编高校党建工作指南，提高学校基层党组织党建工作规范性。会同省委组织部制定《实施〈中国共产党普通高等学校基层组织工作条例〉重点任务清单》，组织高校各级党组织开展学习1.5万次、培训宣讲3 000余次，确保高校基层党组织书记、专职党务干部、师生党员全覆盖。将《中国共产党普通高等学校基层组织工作条例》内容写入学校章程，全年完成66所高校章程中关于加强党的建设内容修订审核工作。进一步完善高校院系党委会和党政联席会议议事规则，推动高校基层党组织在教师引进、课程建设、教材选用、学术活动等重要事项中发挥政治把关作用。

【做好高校发展党员和党员教育管理工作】规范发展党员工作程序，完成年度32 000名发展计划，发展各类专项人才563人。2022年全省高校在职教职工党员、学生党员分别较上一年增长4.32%、9.3%。做好"光荣在党50周年"纪念章颁发管理工作和元旦、春节、"七一"党员干部走访慰问工作。实施教育系统党组织书记"百千万"培训工程，举办民办高校党务干部培训班，全年教育系统培训党员干部75万余人次。充分发挥党组织战斗堡垒和党员先锋模范作用，落实"双报到"制度，组织高校1.4万名党员干部投身属地社区疫情防控。完成高校党务整治专项工作，排查出的236个问题全部落实整改。配合做好广东省3名教育系统工作者出席党的二十大代表推荐工作，高质量完成省第十三次党代会35名高校代表团代表推荐、选举、考察等工作。组织做好教育系统105人次全国人大代表、省人大代表、省政协委员候选人建议人选提名推荐。

【民办高校和中小学校党建工作】在全国率先出台《关于加强和改进广东省民办高校党组织领导班子建设暂行规定》，健全党组织参与民办高校的决策和监督机制，增强党组织的政治领导力。开展新一轮（2022—2024年）公办高校与民办高校党建"组团式"帮扶工作，组织23所公办高校与45所民办高校签订工作协议，成立帮扶小组，建立党建、思政和专业学科建设帮扶关系。持续抓好民办高校党建工作重点任务落实清单常态化工作调度。做好审计整改工作，做好9所民办高校党委书记兼督导专员推荐选派工作。会同省委组织部等部门印发《关于建立中小学校党组织领导的校长负责制的意见

（试行）》工作方案等"1+2"文件，包括实施方案、党组织会议议事规则、校长办公会议（校务会议）议事规则等示范文本，指导和推动全省6 000多所公办中小学校、幼儿园启动党组织领导的校长负责制改革。抓好规范民办义务教育发展党建专项工作，重点开展党建进章程、党的组织和党的工作全覆盖、理顺党组织隶属关系、"双向进入、交叉任职"4个专项，实现4个专项工作100%完成。

【全省高校统一战线工作】拟制《省委统一战线领导小组2022年工作要点》分工实施方案。印发关于进一步明确无党派人士认定工作的通知。组织"喜迎二十大 同心跟党走"主题教育，组织召开2022年教育系统部分人大代表、政协委员座谈会。组织"百年统战、百所高校统战部部长培训"，进一步提高全省高校统战工作骨干队伍建设水平。

（撰稿　石登奎　徐鹏飞；审稿　邢　颖　廖荣辉）

思想政治工作

【中小学德育工作综述】2022年，省委教育工委、省教育厅指导全省各级教育行政部门和中小学校坚持以习近平新时代中国特色社会主义思想为指导，聚焦迎接学习贯彻党的二十大这条主线，统筹推进思政课程建设、劳动教育、心理健康教育、学校家庭教育和校园文化建设，全省中小学德育工作不断取得新进展。

【中小学德育体系建设】召开全省中小学德育工作年度会议暨德育骨干研修班，强化工作统筹和指导推动。深化"三全育人"（即全员育人、全程育人、全方位育人）综合改革，抓好15个中小学"三全育人"体制机制建设实验区建设，创建46个中职学校"三全育人"典型学校培育建设单位，发挥示范引领作用。

【中小学思政课程建设】指导各地各校落实教育部《关于进一步加强新时代中小学思政课建设的意见》，把思政课建设作为构建高质量教育体系和学校意识形态工作重要内容，融入学校人才培养全过程、各方面，充分彰显思政课政治引领和价值引领功能。开展2022年广东省中小学思政课优秀成果一体化展示活动，各地各中小学、教研机构围绕中小学思政课中"中华优秀传统文化与革命传统教育""国情教育"等教学主题参与展示交流。

【中小学心理健康教育】持续发挥省学生心理危机防范联防联控机制和委厅工作专班作用，成立省疫情应急处置心理工作小组，开展校园封控期间学生心理疏导、危机干预。派员一线驻点指导广州、韶关、清远、河源等地涉疫学校学生心理疏导。召开新一届广东省中小学心理健康教育指导委员会暨2022年中小学心理健康教育工作会议。汇编学生心理健康工作系列指引，培育第5批广东省中小学心理健康教育特色学校。指导省级心理援助平台"心晴热线"连续1 000余天为学生提供心理支持服务。指导各地各校科学开展学生心理健康测评工作，全省1 700万名中小学生参与年度心理健康测评。指导各地各校根据筛查情况，"一人一案"建立学生心理档案，及时研判干预帮扶。组织开展2022年广东省中小学"心理健康教育活动月"活动。

【中小学校园文化建设】围绕迎接党的二十大胜利召开，开展职业院校"技能成才 强国有我"、中小学"学习新思想 做好接班人"主题教育系列活动，引导学生学习习近平新时代中国特色社会主义思想，坚定不移听党话、跟党走。开展"文明校园""书香校园"建设，举办"名家进校园"文化讲座活动，传播中华优秀传统文化，帮助学生拓宽视野，培养中小学生良好的个性品质。联合省文化和旅游厅、团省委开展"赓续红色血脉 培育时代新人"红色讲解员进校园活动；联合省委宣传部、省文明办、团省委、省文化和旅游厅等单位开展"爱上广东红"2022年广东省青少年传承红色基因志愿宣讲视频展播活动。

【中小学德育队伍建设】启动实施"强师工程"省中小学名班主任培养工程，开展名班主任工作室主持人研修活动，成立8个新一轮中职名班主任工作室。举办广东省2022年中等职业学校班主任业务能力大赛，以赛促建，推动中等职业学校加强班主任队伍专业化建设，广东队成绩在全国中职班主任能力比赛中名列前茅。

【劳动教育】开展以"在探究中劳动 在劳动中创造"为主题的2022年广东省中小学劳动教育现场观摩研讨活动（深圳专场），以劳动教育成果展示、经验分享、专家讲座、劳动技能大赛等多种形式呈现深圳市劳动教育成果及特色。举办"我劳动，我快乐"中小学劳动实践活动和中小学科技劳动教育

· 教育综合管理 ·

GENERAL MANAGEMENT IN EDUCATION

实践活动。建设 78 所省级第二批中小学劳动教育特色学校，征集遴选一批优质劳动教育课程资源。开展大中小学劳动教育工作专项调研，了解各地各学校劳动教育开展情况，挖掘典型经验，找准难点问题，进一步加强对劳动教育的指导，推动劳动教育取得新进展。

【家庭教育】举办"双减"背景下学校家庭教育高端论坛，指导广东省中小学德育研究与指导中心研制《广东省中小学家庭教育亲子沟通指引》《广东省中小学、幼儿园家长学校工作指引》，编写系列家庭教育推文，宣传展示各地各校典型经验，着力构建家校协同育人机制，提升学校家庭教育实效。

【校外教育】举办广东省中小学研学实践教育基（营）地中期检查暨课程建设研讨会，征集中小学生研学实践教育优质课程，进一步做好全省各地中小学生研学实践教育工作。顺利完成教育部 2022 年中央专项彩票公益金中小学生校外研学实践活动项目申报与预算编制工作。

【高校思想政治工作综述】2022 年，省委教育工委、省教育厅组织全省各高校坚持以习近平新时代中国特色社会主义思想为指导，深入贯彻习近平总书记关于高校思想政治工作的重要论述精神，坚持用习近平新时代中国特色社会主义思想铸魂育人，聚焦迎接学习贯彻党的二十大这条主线，主动担当，积极作为，全力推动高校思想政治工作守正创新、提质增效。

【迎接和学习宣传贯彻党的二十大】围绕"奋进新征程、建功新时代"主旋律，在高校组织开展"青春献礼二十大，强国有我新征程"主题宣传教育活动，加强理想信念教育和爱国主义教育，激励广大青年学生以实际行动迎接党的二十大胜利召开。召开高校思想政治工作视频推进会，印发加强学生思想引导和心理疏导等工作指引，统筹做好疫情防控形势下和党的二十大重要保障期高校思想政治工作。举办党的二十大精神融入高校思政课教学集体备课会，第一时间推动党的二十大精神进校园、进思政课程。组织开展党的二十大精神"八个一百"宣讲行动，分众化开展党的二十大精神宣讲，实现全省教育系统党的二十大精神宣讲"三个全覆盖"。面向师生开展"党的二十大精神"主题教育网络宣传和优秀作品征集活动。

【高校思想政治理论课建设】召开省委常委会会议专题研究广东省高校思想政治工作和学校思政课建设情况。制定印发《关于加强新时代马克思主义学院建设的若干措施》。全省高校从 2022 年秋季学期起全面开设"习近平新时代中国特色社会主义思想概论"课。全面落实《统筹推进大中小学思想政治理论课一体化建设的工作措施（试行）》，推动有条件的高校与教育行政部门联动建立大中小学思政课教研交流、集体备课等机制，组建大中小学思政课一体化教学改革创新联合体。推动高校持续抓好专职思政课教师配齐工作，截至 2022 年底，全省高校专职思政课教师师生比为 1∶330。举办高校思政课青年教师教学基本功比赛，组织高校思政课骨干教师暑期实践研修，分课程、分类型组织 8 期高校思政课骨干教师培训班。

【高校思想政治工作体系建设】召开全省高校思想政治工作年度会，加强对全年思政工作的谋划设计和布置推进。深化"三全育人"综合改革，高质量抓好 22 个高校"三全育人"体制机制建设试点单位工作，推进高校"一站式"学生社区建设探索实践。加强高校思政工作队伍建设，组织全省高校党委宣传部部长、学生工作部部长、马克思主义学院院长（思政课教学部主任）专题培训和新入职辅导员全员培训，举办高校辅导员、心理健康教师专业能力大赛，开展"2021 年广东高校辅导员年度人物""2021 年广东大学生年度人物"推选展示活动。加强实践、网络和文化育人，开展"习近平新时代中国特色社会主义思想大学习领航计划"系列活动和大学生"立志·修身·勤学·报国"主题活动，举办"奋斗者·正青春"第七届广东高校网络媒体展示节。

【高校学生心理健康教育】持续发挥省学生心理危机防范联防联控机制和委厅工作专班作用，成立省疫情应急处置心理工作小组，开展校园封控期间学生心理疏导、危机干预。组建新一届省高校学生心理健康教育专委会，建设新一轮高校学生心理健康教育区域中心 13 个。组织开展心理健康教育活动月活动。汇编学生心理健康工作系列指引。在重要节点发出工作提醒，发布系列推文服务学生和家长。指导各地各校科学开展学生心理测评，覆盖全省高校新生。督促各地各校建立学生心理档案，及时干预帮扶。

【高校少数民族学生教育管理服务】结合全省民族团结进步宣传月，举办2022年"爱在广东"学校民族团结进步教育活动，共评选表彰一等奖 60 项、二等奖 120 项、三等奖 220 项。做好走访慰问高校寒假留粤新疆籍学生工作。

（撰稿 汪 芸 李顺风；审稿 倪 熙）

政策法规

【依法行政工作】 2022年，开展全省教育系统行政执法案卷评查，牵头做好"双随机、一公开"，完成行政执法法制审核等工作。完成续聘2022年度法律顾问工作，为5名公职律师办理年检。组织法律顾问为各处室（单位）提供法律咨询96场，合同审核226件，出具法律意见书12份，参与多起重大决策论证等。每季度制发一次"法情通报"。牵头完成委厅2021年度绩效考核依法行政考核专项工作，省教育厅政策法规处考核成绩满分，并获加分4分，为2016年以来委厅考评最佳成绩，再创新高。

【行政复议、应诉工作】 完善行政复议、行政诉讼、申诉办理程序，保障办理规范高效。规范办理行政复议、行政诉讼、申诉，办理行政应诉15件，行政复议3件，行政诉讼按期答辩率100%，审结案件胜诉率100%。协助相关处室（单位）办理申诉5件。做好政府信息依申请公开工作若干件，会诊信访疑难杂症若干，促进相关工作的规范性，提升依法行政水平。

【规范性文件管理】 理顺规范性文件办理程序，做好审查存档公示工作，2022年完成行政规范性文件合法性审核和公平竞争审查8件，已印发2件。落实省教育厅规范性文件办理规定，履行征求公众意见、厅内合法性审查、公平竞争审查、厅党组会议审议通过、提请省司法厅合法性审查、省政府公报发布、厅门户网站公布等程序。完成党内规范性文件合法性审查43份。制定并印发《广东省教育厅公平竞争审查办法》《广东省教育厅公平竞争审查举报处理工作办法（暂行）》等工作制度。完成《教育政策文件选编（2021）》编印工作。

【依法治校工作】 全面推进新一轮高校章程修改、核准工作，推动将党的创新理论和党的建设相关内容写入章程，推动全省公民办中小学完成章程修改备案工作，推动完成93所公办高校章程修改及意见反馈工作，按规范程序完成40所公办高校、32所民办高校章程核准工作，为进一步推进依法治校瞄准方向。

开展高校法治工作测评。根据《教育部办公厅关于印发〈高等学校法治工作测评指标〉的通知》和《关于印发〈广东省教育厅关于进一步加强高等学校法治工作的实施意见〉的通知》《广东省教育厅关于组织开展高等学校法治工作测评的通知》等文件要求，省教育厅开展省内高校法治工作测评。2022年完成7所高校实地测评。通过法治工作测评，以评促建、以评促改，推动高校依法治校，以高质量法治保障高质量发展。

【教育政策研究】 报省政府废止《广东省社会力量举办非学历高等教育管理办法》。

【青少年法治教育】 开展第七届全省学生"学宪法讲宪法"活动及教育系统宪法宣传周活动，全省1600多万名学生参加全国"宪法卫士"在线学习活动。组织广东省代表队参加全国学生"学宪法讲宪法"活动总决赛，成绩优异，分获知识竞赛团体冠军、演讲比赛初中组亚军以及高中组一等奖、小学组二等奖、高校组三等奖。组织各地各校参加2021—2022年度全省国家机关"谁执法谁普法"创新创先工作项目征集评选活动，7项推荐项目获奖，广东省教育厅获得优秀组织奖。开展《中小学法治副校长聘任与管理办法》宣贯工作，进一步推进中小学法治副校长聘任与管理工作，加强校园安全建设。

（撰稿　任　莉　叶　繁；审稿　戴庆洲）

发 展 规 划

【教育发展规划编制工作】 一是抓好《广东省教育发展"十四五"规划》实施，制定厅内分工方案并组织实施，抓好主要指标和重点任务落实，指导督促相关地市规划编制。细化规划落实，储备梳理重大建设项目（工程包）114项。二是做好省重大项目跟踪服务。建立健全教育重大项目建设专项指挥部日常工作机制，完善项目调度机制，落实重大项目日报周调月研究。2022年，专项指挥部23个在建项目完成投资131.7亿元，超年度计划；7个新开工项目全部开工建设。加强省前期费项目统筹管理，做好2022年前期费项目申报、下达和使用，组织2023年前期费项目申报入库。三是扩大有效投资，组织高等学校、职业院校申报贴息贷款项目，支持学校进一步改善办学条件。已签约项目61个、总额96.62亿元，已放款19.52亿元。

【高校设置工作】一是制定《广东省高等学校设置"十四五"规划》并报教育部备案，分年度重点推进新建本科高校、设置本科层次职业学校、学院更名"大学"、专科学校"升格"普通本科等工作，推动高等学校设置工作服务国家重大战略和广东省经济社会发展需求。二是制定《关于进一步加强高校跨市办学管理工作的意见》，以省委教育工作领导小组文件印发，全面规范31所院校36个跨市校区的党建、思政、安全、教学、科研等工作。三是完成设立珠海格力职业学院、深圳理工大学、深圳职业技术大学等省级层面考察，争取尽快提请教育部同意设立。持续指导大湾区大学、肇庆医学高等专科学校、广东轻工职业技术大学等高校设置事宜。四是推进粤东西北地区市属公办高职院校办学体制调整工作，制定实施方案，待省政府审批。

【独立学院转设和民办高校管理工作】一是推进独立学院转设，对6所转设满1年的独立学院进行过渡期检查；指导4所未转设独立学院完善办学条件，其中1所启动转设。二是加强民办高校决策机构管理，2022年共完成27所民办高校31次决策机构备案，换发18所民办高校办学许可证。切实维护民办高校稳定，做好广东亚视演艺职业学院举办者及办学地址变更相关工作，相关办学风险得到有效化解。

【高等教育招生计划工作】2022年，广东省高等教育在校生442.66万人，排全国第二位，高等教育毛入学率达60.07%，高等教育进入普及化时代。积极向教育部争取研究生、本科招生计划，2022年教育部下达广东省博士研究生计划（不含部委属，下同）2979人，比2021年增幅13.1%；下达硕士研究生执行计划41025人，比2021年增幅8.3%；下达本科普通专升本执行计划8.4万人，比2021年增幅28.2%；下达普通本科计划30.75万人，比2021年增幅5.1%。各项计划总量和增量都位居全国前列。合理安排招生计划，建立健全招生计划安排动态调整机制，通过盘活存量，支持关键领域急需人才培养，引导高校提高培养质量、改善办学条件。

【深化粤港澳大湾区和深圳先行示范区教育工作】一是起草并推动教育部、广东省联合印发实施粤港澳大湾区高等教育合作发展2022年工作要点，做好粤港澳大湾区教育合作发展重点项目跟进落实，各项重点任务有序推进。二是加快推进华南理工大学广州国际校区、华南师范大学粤港澳大湾区教师教育学院等项目建设。梳理2019—2021年工作推进情况，做好粤港澳大湾区建设评估工作；做好粤港澳大湾区规则衔接机制对接典型案例遴选工作等。深入实施粤港澳高校联合培养研究生计划，安排22所高校承担该专项博士招生计划142人、硕士招生计划1220人，推动粤港澳人才培养和科研资源有效共享、深度融合。

【教育大数据及统计工作】充分利用互联网、大数据手段开展统计培训、工作部署、数据核查、汇总审核等工作。召开高校、地市教育统计布置培训会，高校领导和各部门相关人员、地市和县区领导参加培训。结合线上核查，组织核查组分赴5个地市开展实地核查，发现问题及时反馈，有效发挥统计监督职能作用。组织高校线下集中审核，通过核对学校全量佐证材料，验证数据真实性。组织编制年鉴、公报、简报，做好相关指标测算，为各项考核评估提供数据支撑。依托省教育信息平台与教育科学决策服务系统，为民办义务教育监测、普惠幼儿园监测等业务提供系统辅助服务。完善省教育统计相关系统平台，推进提升教育统计信息化水平。

（撰稿　魏天翔　周　淳；审稿　龙海山）

基建财务

2022年，广东省地方教育经费总投入6 190.2亿元（见表1），比2021年增长2.85%。其中，财政性教育经费4 571.28亿元，比2021年增长1.6%。一般公共预算教育经费3 863.13亿元，比2021年增长1.84%，占全省一般公共预算支出比例20.84%，比2021年占比提高0.05个百分点。

2022年，全省幼儿园生均一般公共预算教育经费10 228.76元，比2021年增长6.57%；普通小学生均一般公共预算教育经费14 942.65元，比2021年增长0.26%；普通初中生均一般公共预算教育经费21 955.12元，比2021年下降0.84%；全省普通高中生均一般公共预算教育经费25 436.49元，比2021年下降6.92%；中等职业学校生均一般公共预算教育经费20 227.92元，比2021年下降2.49%；全省普通高等学校生均一般公共预算教育经费31 984.09元，比2021年下降10.31%。

表1　广东省2022年地方教育经费投入情况

项目	2021年（亿元）	2022年（亿元）	增长（%）
总计	6 018.81	6 190.20	2.85%
一、国家财政性教育经费	4 499.07	4 571.28	1.60%
其中：一般公共预算教育经费	3 793.37	3 863.13	1.84%
二、民办学校中举办者投入	39.01	25.93	-33.53%
三、捐赠收入	12.23	12.14	-0.74%
四、事业收入	1 410.81	1 499.40	6.28%
其中：学费	1 234.94	1 316.89	6.64%
五、其他教育经费	57.69	81.45	41.19%

（撰稿　刘琨；审稿　卢振家）

教育审计

【综述】2022年是进入全面建设社会主义现代化国家、向第二个百年奋斗目标进军新征程的重要一年。各级教育行政部门和高校内部审计机构以习近平新时代中国特色社会主义思想为指导，深入学习党的十九大和十九届历次全会精神以及党的二十大精神，深入学习习近平总书记系列重要讲话精神，深刻领悟"两个确立"决定性意义，以政治建设为统领，增强"四个意识"，坚定"四个自信"，做到"两个维护"，紧紧围绕广东省教育改革发展的中心工作，在强化审计监督、审计管理、审计整改上持续发力，把牢审计质量"生命线"，认真履行审计职责，统筹做好疫情防控和审计工作，确保审计工作国家秘密安全，推进教育审计治理体系和治理能力现代化建设，加快推进教育审计全覆盖，促进新时代教育审计高质量发展。

2022年，广东省教育系统开展审计项目16 274项，审计总金额3 230.95亿元，查出有问题资金10.16亿元，促进增收节支6.04亿元，移交违规违纪线索11件，提出审计建议13 890条，促进全省教育系统制定修订内审制度694个。截至年底，广东省教育系统审计机构有254个（其中独立设置102个），审计人员1 340人（其中专职审计人员536人）。

2022年，广东省教育厅组织开展审计项目4项，审计总金额17.5亿元，查出有问题资金1.55亿元，移送违规违纪线索7条，促进增收节支2 809.55万元，提出审计建议182条；发出整改通知15份、督办函1份，推动完善制度403个；拟定整改报告14份；向审计机关提供审计资料151批，指导督促各地各校开展审计项目16 270项。

【教育审计实务工作】强化监督，全面落实审计全覆盖。围绕委厅党组中心工作，聚焦主责主业，拓展审计监督广度和深度，消除监督盲区，着力推进教育审计全覆盖，保障教育事业高质量发展。

聚焦政策落实。紧密围绕国家和省的高校有关四个领域政策，以政策跟踪审计为中心、以项目实施为载体、以资金流向为主线，重点掌握广东省公办普通本科高校四个领域相关政策的贯彻落实情况，6月印发《关于开展2022年高校一些领域政策落实情况专项审计调查的通知》，组织35所高校做好非学历教育、基础教育合作办学、校办企业、附属医院等政策落实审计。评估政策执行的效果，揭示存在的突出问题，及时提出审计建议，巩固四个领域腐败风险专项清理整顿工作成果，促进各高校规范管理，提高资金使用效益，推进党风廉政建设，确保全省公办普通本科高校贯彻落实国家和省有关方针政策不打折扣。

聚焦国有资产安全。做好广东外语外贸大学和广东水利电力职业技术学院、广东工贸职业技术学院等3所学校国有资产管理审计，配合驻厅纪检组做好广东华师大厦有限公司审计，配合做好厅直属机关工会、广东高等教育出版社的审计，出具4份审计报告。促使单位加强财务管理，建立健全国有资产管理制度，堵塞违纪违规引发的漏洞，维护单位资产安全完整，防止国有资产流失；促使单位合理配置和有效利用国有资产，提高国有资产管理水平和使用效益，推进党风廉政建设，促进单位教育事业持续健康发展。

聚焦教育经济安全。全省教育系统开展审计项目16 274项。指导各校开展建设工程与修缮审计、预算与财务收支审计和经济责任审计等4 911项，服务高等教育"冲补强""扩提强""提毛"，确保中央令行禁止。指导地级市教育局开展内部审计1 946个项目，为基础教育高质量发展提供保障。

统筹协调，配合做好厅长经济责任审计。指导44所高校、31所中职学校和21个地级市教育局配合审计，组织延伸审计进点会，确保延伸审计顺利进行；及时提供审计资料，收到审计需求清单53份、查询函44份、取证单19份，提供审计资料121批。

【教育审计整改工作】聚焦审计整改，全面落实审计整改全覆盖。探索打通审计整改"最后一公里"促发展，推动中央和省的重大政策措施贯彻落实。一年来，建立整改台账9份，发出整改通知16份、督办函1份，拟定整改报告14份，推动出台403项制度。

做好厅长经济责任审计整改。成立审计整改工作领导小组，拟定整改方案，多次召开专题会议研究部署整改工作。组织岭南师范学院等单位召开整改推进会，督促广东医科大学和民办高校整改，确保审计发现问题逐条逐项落实整改，11月拟定整改报告。层层压实整改责任，层层传导整改压力，不折不扣落实整改要求，把审计整改转化为推动教育高质量发展的强大动力。

做好内审工作专项检查整改。坚持问题导向、目标导向和结果导向，制定整改工作方案，建立整改工作台账，明确整改工作责任，认真检视、深挖细剖、标本兼治，11月拟定整改报告。针对整改尚未完成的问题，严格按照厅党组整改工作要求，进一步强化整改意识，发扬"钉钉子"精神，按照整改工作方案的时间表和路线图，持续发力整改，做到措施可行、责任明晰，确保全面落实整改。

做好审计机关往年审计发现问题整改。做好审计署2019年、2020年重大政策落实审计发现问题的整改，拟定整改报告；做好审计厅2018年、2019年、2020年预算审计整改，拟定整改报告，向社会公开整改结果；督促16个市查处违规招生收受回扣人员402人；督促做好世行贷款审计整改。

开展整改"回头看"。跟踪检查广东省旅游职业学校、广东省财政职业技术学校、广东省旅游商务职业技术学校整改情况，建立整改台账3份；8月发出《关于切实做好广东省旅游商务职业技术学校审计发现问题整改工作的通知》，10月发出督办函，压实岭南师范学院履行旅游商务学校的监管、整改责任。跟踪检查21个地级市教育局和49所高校整改，建立学前教育、科研经费和师资培训台账2份。持续督促35所高校做好四个领域清理整顿发现问题整改，防止同类问题再次发生。

【教育审计制度建设】坚持目标导向，加强管理，完善做到"两个维护"的制度机制。一是谋篇布局。贯彻落实审计署、教育部和省政府的内审"三令"，提升治理能力保发展。制定《广东省教育厅内部审计2022—2026年工作规划》并组织实施。二是深入调研。到广州、惠州、潮州、揭阳、河源等5市和广东外语外贸大学等21所高校，督促做好疫情防控，调研内审情况，宣讲"三令"，推动各地各校进一步建立健全内审制度，提高内审工作质量和水平。三是建章立制。制定、修订教育内审制度11项，10月印发《广东省教育系统内部审计工作规定》，进一步完善做到"两个维护"的教育审计制度体系，强化教育内部审计职能，提升内部审计制度化、规范化、科学化水平。四是理顺机制。督促各地各校加强审计机构建设，成立审计委员会或审计工作领导小组，加快教育审计治理体系和治理能力现代化建设。五是遴选智库。统筹教育审计人才资源，组织100个单位270人参与智库建设，为建立"广东省教育系统内部审计专家库"奠定基础。六是加强档案管理。做好2019—2021年广东省教育厅25个审计项目档案管理并建立电子档案，确保审计档案完整与安全。七是做好课题研究。做好"审计监督和其他监督协同""大数据审计""内部审计转型"等3项广东省教育科学规划课题研究。组织参与审计厅课题研究。联合省教育审计协会，组织开展全省教育审计"以审计精神立身，以创新规范立业，以自身建设立信"课题研究活动，征集优秀论文，进一步提升教育审计科研水平。

【教育审计队伍建设】抓培训强队伍。举办全省教育审计业务培训班，牢固树立科学审计理念，增强政治定力，不断提高政治"三力"（政治判断力、政治领悟力、政治执行力），坚持学思用结合，把理论学习成果转化为推动发展的动力，着力提高综合素质和审计业务工作水平，打造忠诚、干净、担当的专业化教育审计队伍。

【教育审计信息化建设】建设监督平台，全面落实"科技强审"要求。完成"广东省教育系统综合监督信息平台"建设，贯通21个地市和公办高校，基本实现"总体分析，发现疑点，分散核实，系统研究"审计作业模式，建立数据采集、访问与共享机制和重大问题预警数据模型，可汇总收集基建、采购、投资、资产、财务、科研、合作办学、专项管理、三公经费、教育收费等10大类基础数据、管理数据和全省教育系统内部审计管理数据，为下一步开展大数据审计打下基础。

（撰稿　陈　斌　李　赞　梁凯斯；审稿　丁开万）

学生助学

【综述】2022年，在广东省委、省政府和厅党组的正确领导以及教育部的指导下，省教育厅学生助学工作管理办公室紧紧围绕委厅中心工作，全面落实各项学生资助政策，确保"不让一名学生因家庭经济困难而失学"。全省全年各级财政投入学生资助资金约70.6亿元，资助学生约366.2万人次。

【加强政治建设】一是开展党史学习教育活动。深入学习习近平新时代中国特色社会主义思想和党的二十大精神、中国共产党党史、习近平总书记关于党史学习教育总结会议精神、《习近平谈治国理政》（第1—4卷）和习近平总书记关于教育的重要论述，深刻认识"两个确立"的决定性意义，不断增强"四个意识"、坚定"四个自信"、做到"两个维护"。二是严格落实组织生活制度。扎实抓好"第一议题""三会一课"学习教育，开展"奋进新征程　建功新时代"模范机关创建主题活动。三是加强党员的教育管理。通过经常性的支部组织生活，加强思想教育，统一思想认识。四是开展支部结对共建，与街道社区、与学生党员一起过组织生活；参观广州鲁迅纪念馆和国共第一次合作旧址，重温革命历史，传承红色基因；深入基层调研，听取基层老师和学生的意见建议。

【加强制度建设】一是完善学生资助政策体系。修订《广东省家庭经济困难学生认定工作实施办法》，进一步规范家庭经济困难学生认定标准、流程、职责等。二是强化工作责任落实。推进学校资助工作制度建设，层层压实学生资助工作责任，不断加强廉洁教育。三是健全省—市—县（市）—校资助工作投诉举报机制，开通各级学生资助咨询和投诉举报电话并及时向社会公布。四是加强资助队伍建设。组织开展学生资助业务能力培训，提升全省学生资助工作队伍的服务意识和业务能力。广东省在2022年教育部中职国家奖学金评审工作中获得"中职国奖工作优秀奖"。

【推进系统建设】一是依托全国学生资助系统开发"广东省学生资助综合管理系统"，将系统应用由学校端延伸到学生端，进一步简化学生申请资助手续。二是开展资助系统应用培训，定期通报各

教育综合管理

地各校资助系统数据录入率，依据系统数据编制资金预算和下达资助资金。三是优化家庭经济困难学生精准认定系统。运用高比例预警、交叉审核等方法，调整指标权重，确保认定精准。四是加强与人社、民政等部门的数据交换、共享，让"数据多跑腿、学生少跑路"，利用信息系统和大数据分析，及时发现和处理高校国家奖助学金管理工作中潜在的风险和隐患问题。

【加强资助宣传】一是制定年度宣传工作方案，指导各地各校开展学生资助宣传工作，完善学生资助舆情监控和应对机制。二是把握关键节点，在考试招生季发放《致初、高中毕业生一封信》，在高考《报考指南》和高校录取通知书里发放《高等学校学生资助政策简介》，确保每一名高中、大学录取新生都能及时了解资助政策。三是各地各校在官网、官微上联动宣传各教育阶段学生资助政策，省教育厅学生助学工作管理办公室在"广东教育"官方微信开辟"学生资助"微专题。四是持续开展"学生资助宣传大使""学生资助政策下乡行"等资助政策宣传活动，发动受助学生下乡入村广泛宣传。

【落实特殊困难学生精准资助】一是开展排查救助专项行动，确保对特殊困难群体家庭学生的资助落实到位。二是实施家庭经济困难学生的动态监测和临时救助工作。参与防止返贫监测和帮扶工作集中排查"回头看"工作，主动与省民政厅沟通，提高家庭经济困难学生认定精准度和明确教育救助对象范围。三是修订《广东省国家助学贷款还款救助操作细则》，切实帮助特殊和特别困难的毕业借款学生规范还款救助操作。四是主动开展对受疫情、汛情等影响的家庭经济困难学生的资助工作。下发《关于进一步做好新冠肺炎疫情期间家庭经济困难学生资助工作的通知》，指导各地各学校全力保障受疫情影响家庭经济困难学生的正常学习和生活。

【强化监督检查】一是全面落实对审计、纪检发现问题的整改落实和"回头看"工作，顺利完成整改任务。二是对全省学生资助工作情况开展全面排查，覆盖学前教育至高等教育，重点检查2019年以来资助工作的落实情况，特别是资助各个环节存在的制度、程序、档案管理上的短板与漏洞，确保学生切身利益和国家资助资金安全。三是联合各相关处室成立学生资助专项检查工作小组，对高校奖助学金的评比与发放、义务教育营养改善计划招标采购、中职学校免学费和国家助学金政策落实等开展实地专项检查，进一步规范学生资助工作全流程管理。

【学生资助育人成效显著】一是坚持把"扶困"与"扶智""扶志"结合起来，构建物质帮助、道德浸润、能力拓展、精神激励有效融合的长效机制。二是承办"资助育人·大国工匠进校园"活动。由教育部和中国教育电视台主办、广东省教育厅承办的"资助育人·大国工匠进校园"第三期活动在广东省外语艺术职业学院举行，活动采用全国网络直播的形式，展示广东省职业教育和资助育人取得的成绩。三是各普通高校资助育人项目日趋成熟，华南师范大学、广东工业大学、广东财经大学等高校资助育人项目取得丰硕成果。四是组织各地各校总结资助育人工作经验和先进人物典型，引导教育受助学生自觉践行社会主义核心价值观，发挥资助育人长效功能。

（撰稿　朱顺平　任　柱　邓旭峰；审稿　卓　越）

安全保卫工作

【综述】2022年，广东省教育系统安全保卫工作以习近平新时代中国特色社会主义思想为指导，全面贯彻党的二十大精神，牢固树立安全发展理念，健全学校安全风险防控体系，采取多种形式开展安全教育，加强涉校安全隐患排查治理和专项整治，全省教育系统安全稳定工作呈良好发展态势。

【政治维稳工作】严密部署年度安全稳定工作，召开全省教育系统2022年度安全稳定工作会议。与各地级以上市教育局、高校、省属中职学校签订《2022年安全稳定责任书》，明确各地各学校安全管理和宣传教育职能及责任，推动安全工作责任层层落实、到岗到人。开展维护教育领域政治安全专项行动，开展基层矛盾纠纷排查化解，加强应急值守和督导检查。

【学校安全管理工作】一是开展排查治理，大力消除涉校安全隐患。联合省委政法委、省公安厅等单位组成7个督查组，对各地各校安全工作开展督导检查。实地检查学校171所，发现问题隐患504处。

二是推进校车管理工作。指导学校和校车服务提供者严格落实校车安全管理制度，完善服务方案，强化动态监管，保障校车通行安全。加强与公安交管、交通等相关部门的沟通，完善联动工作机制。开展校车专项整治工作，消除校车安全隐患3 189处。申请将校车服务运营管理规范纳入2022年第一批广东省地方标准制修订计划项目，《校车服务运营管理规范（征求意见稿）》已完成社会公开征求意见环节。2022年教育系统没有发生较大以上交通事故，重要节日节点没有发生有影响的交通事故。

三是开展学生溺水问题专项治理。成立由省分管领导任组长，省教育厅、省宣传部等14个成员单位组成的省防范学生溺水工作领导小组。印发《防范学生溺水重点工作职责清单》，编制《广东省防范学生溺水工作指引》，指导各地各部门做好防范学生溺水各项工作。

四是开展消防安全整治和自然灾害防范工作。印发《广东省学校消防安全标准化管理若干规定》，对校园区域进行网格化管理，构建"全覆盖、无盲区"的消防安全管理责任体系。及时部署全省教育系统自然灾害防范工作，发布预警通知。

五是开展安全稳定工作培训和应急疏散演练。5月至8月，组织全省中小学校校长开展《广东省学校安全条例》知识竞赛。8月至10月组织人员参加全国中小学（幼儿园）安全管理干部网络培训示范班的学习。开展全省校园应急避险和安全防范疏散演练达标单位创建活动，着力提升广大师生防灾减灾意识以及突发事件紧急情况下的应急避险能力。

【安全教育工作】一是开展常态化安全教育。2022年分时段开展日常生活安全教育30次。开展预防溺水专题教育、全国中小学生安全教育日主题活动、国家安全教育以及"5·12"防灾减灾日、"11·9"消防安全日、"12·2"交通安全日、平安寒假作业、平安暑假作业等专题教育共18次。

二是加强"国家安全"教育。组织全省大学生参与多项线上主题活动。联合省委宣传部、省国家安全人民防线建设领导小组办公室组织全省粤港澳大学生国家安全宣讲比赛，100余所高校的230余名学生参加。创建国家安全教育综合性实践基地16个、专题性教育实践基地91个，成立国家安全教育名师工作室25个。

三是开展反诈骗宣传教育及网络安全教育。开展《反电信网络诈骗法》集中宣传活动。建立清远职教城反诈骗防范工作机制。加强涉"两卡"犯罪警示教育，《校园预防电信网络诈骗》展播累计观看人次2 500万。参与组织反诈骗百日宣传全媒体创作大赛，广东省教育厅被评为优秀组织单位。开展"网安校园"系列活动，加强青少年网络安全教育，构建校园和家庭网络安全共同体。

四是加强毒品预防教育。落实禁毒教育"八个一"工程，落实高等院校和职业学校"两个一次"禁毒专题宣传。组织秋季学期禁毒宣传教育活动。组织开展清理整治向未成年人销售电子烟专项工作。

五是开展交通安全教育。与省公安厅交通管理局联合开展"交通安全公开课"活动，进一步加强开学季校园交通安全教育，提高广大中小学生的交通安全意识和自我防护能力。加强校家沟通，重要时间节点及时发布安全预警和提示，提醒广大学生家长（监护人）增强交通安全意识，督促家长加强看管和教育，履行好监护责任。

（撰稿　罗　洁；审稿　江存余）

科研创新

【高校科技/社科统计工作】2022年，全省共有160所高校和38家高等学校附属医院参加广东省普通高校科技/社科统计工作。参加理、工、农、医类（以下简称科技类）统计的单位有158个，其中普通高校120所，高校附属医院38家；参加人文社会科学类（以下简称人文社科类）统计的单位有160个，均为高校。

【科研人力资源】2022年，全省普通高校从事教学与研究人员总数190 231人，其中科技类人数119 756人，人文社科类人数70 475人。

全省普通高校从事教学与研究人员中，具有高级职称（正高和副高职称之和）的人数57 242人，其中科技类高级职称37 382人，人文社科类高级职称19 860人。具有博士学位者共51 852人，其中科技类36 035人，人文社科类15 817人。

【科研活动经费】2022年，全省普通高校当年投入科研经费总额288.12亿元，其中科技类255.15亿元，占86.27%；人文社科类32.97亿元，占13.73%。

全省普通高校当年政府投入的科研经费188.5亿元，占全省科研总经费的65.43%；其中科技类171.01亿元，占科技类总经费的67.02%；人文社科类17.49亿元，占人文社科类总经费的53.06%。

全省普通高校当年企事业单位投入的科研经费50.92亿元，占全省科研总经费的17.67%；其中科技类44.67亿元，占科技类总经费的17.51%；人文社科类6.24亿元，占人文社科类总经费的18.94%。

全省普通高校当年其他经费投入的科研经费47.98亿元，占全省科研总经费的16.65%；其中科技类39.46亿元，占科技类总经费的15.47%；人文社科类8.52亿元，占人文社科类总经费的25.84%。

【研究机构】2022年，全省普通高校共拥有各级研究机构2381个。其中科技类研究机构1661个，包括国家级机构87个，省部级机构1253个，其他主管部门机构321个；人文社科类研究机构720个，包括国家高端智库2个，省级智库32个，教育部重点研究基地11个，中央其他部委重点研究基地10个，省部共建基地3个，省级基地148个，省级实验室36个，其他研究机构478个。

【科研项目】2022年，全省普通高校投入项目经费合计156.22亿元，占全省科研经费的54.22%。在研项目127353项，其中当年新立项项目45743项，当年新立项项目投入经费86.63亿元。

科技类项目当年投入经费142.95亿元，在研项目76527项；其中新立项项目30322项，新立项目当年投入经费76.91亿元。

人文社科类项目当年投入经费13.28亿元，在研项目50826项；其中新立项项目15421项，新立项目当年投入经费9.72亿元。

【科研成果】（一）发表学术论文

2022年，全省普通高校共发表学术论文131071篇，其中在国外发表学术论文72293篇。全年发表科技类学术论文105061篇，其中在国外发表学术论文68450篇，三大索引（SCIE、EI、CPCI-S）收录论文75839篇；全年发表人文社科类学术论文26010篇，其中在国外发表学术论文3843篇。

（二）出版图书

2022年，全省普通高校出版各类图书2583部，其中出版科技类图书895部，人文社科类图书1688部。全省普通高校出版专著1142部，其中科技类出版专著328部，人文社科类出版专著814部。

（三）技术转让

2022年，全省普通高校签订技术转让合同1509项，合同金额129001.6万元，当年实际收入32387.6万元。

（四）专利

2022年，全省普通高校专利申请25255件，其中发明专利17664件，占专利申请总数的69.94%；专利授权20795件，其中发明专利12252件，占专利授权总数的58.92%。全省高校拥有专利88272件，其中发明专利45408件，占专利拥有总数的51.44%。

（五）成果获奖

2022年，全省普通高校共获得各类成果奖253项。其中，科技领域获得省部级二等奖以上奖励245项；人文社科领域获得部级奖9项。

【学术交流】2022年，全省普通高校在开展科技类学术交流方面，共派出合作研究人员993人次，接受1851人次；出席国际学术会议9804人次，交流论文3291篇；主办国际学术会议281场次，形成国际学术会议特邀报告1518篇。在开展人文社科类学术交流方面，共派出合作研究人员2819人次，接受953人次；出席学术会议10994人次，交流论文7383篇；主办学术会议1125场次。

另外，截至2022年12月31日，全省普通高校主办学术期刊216种。其中，科技类学术期刊129种，人文社科类学术期刊87种。

【高校科技创新工作】（一）高校重点平台建设

按照"需求导向、学校自主、政府统筹、分类指导"的建设思路，汇聚各方资源，统筹规划、科学布局、分类建设、重点突破，聚焦多学科交叉的科学技术或社会问题，构建平台建设体系，布局平台重点领域，创新平台运行方式，增强重点平台的活力，力争实现广东高校重点创新平台整体实力的迅速提升。经组织专家遴选，确定六类104个重点平台立项建设，其中广东省普通高校重点实验室16个，广东省粤港澳高校联合实验室10个，广东省普通高校工程技术研究（技术开发）中心26个，广东省高职院校产教融合创新平台项目30个，广东省普通高校哲学社会科学重点实验室6个，广东省普通高校人文社科重点研究基地16个。

（二）高校重大科研项目立项

围绕国家和广东省经济发展、文化战略和社会可持续发展的重大科学和技术问题，充分发挥高校建设主体作用，组织跨学科、跨领域的高水平科学研究，分期规划，合理布局，重点突破，力争全面提升广东省高校承担重大科研项目、产出重大成果的能力。经高校推荐认定，组织专家遴选，确定四类 1854 项省级重大科研项目立项建设，其中省级创新团队项目 105 项，重点领域科研项目 391 项（其中"新一代信息技术"重点领域专项 83 项、"生物医药与健康"重点领域专项 88 项、"高端装备制造"重点领域专项 93 项、"科技服务乡村振兴"重点领域专项 127 项），省级特色创新项目 742 项，省级青年创新人才项目 616 项。

（三）成果获奖

广东省获教育部 2021、2022 年高等学校科学研究优秀成果奖（科学技术）41 项，其中自然科学奖一等奖 8 项，科学技术进步奖一等奖 8 项。20 所高校作为第一完成单位获得省科技奖 108 项，其中，突出贡献奖 2 项，自然科学一等奖 6 项，技术发明一等奖 4 项，科技进步特等奖 1 项，科技进步一等奖 21 项。

【知识产权】（一）专利申请与授权

2022 年，广东省高校申请专利量 25 255 件，其中发明专利申请量 17 664 件，实用新型申请量 6 282 件。广东省高校专利授权量 20 795 件，其中发明专利授权量 12 252 件，实用新型授权量 7 276 件。广东省高校专利申请量和发明专利授权量最多的高校是华南理工大学，专利申请量 3 042 件，专利授权量 2 858 件。

（二）专利实施与获奖

全省高校和高校附属医院签订技术转让合同 1 509 项，合同金额达 12 900.1 万元，2022 年实际收入 32 387.6 万元。广东省获第二十四届中国专利奖（高校第一完成单位）14 项。

【教育科研基本情况】一是加强科研组织统筹创新，分别组织开展 2022 年和 2023 年广东省教育科学规划课题中小学教师教育科研能力提升计划项目的申报、评审和立项工作。其中，上半年立项 2022 年该课题 802 项，相关评审工作由省教育厅委托各地级市教育部门负责，相关单位组织人员对本地区（单位）申报项目进行形式审查和竞争性评审，评审结果报送省教育厅，在组织专家进行审查后予以认定立项；下半年立项 2023 年该课题 989 项，评审工作由省教育厅将 70% 立项项目的审查、评审权按照原做法委托至各地级市教育部门负责，剩余 30% 由各地级市按照 1∶1.2 比例申报，由省教育厅组织评审后择优遴选立项。二是加强教育科研项目的中后期管理，及时受理全国规划办和省教育厅教育科研类立项项目的开题、变更和结题鉴定工作。2022 年度完成研究任务进行结题的省级教育科研课题共 557 项。三是完成全国教育科学规划课题的申报和立项工作。广东省获得全国教育科学规划 2022 年度立项课题 29 项，其中国家重点课题 1 项，国家一般课题 11 项，国家青年课题 7 项，教育部重点课题 4 项，教育部青年课题 3 项，教育部专项课题 3 项。

（撰稿　钟振原　曾俊伟；审稿　吴宝榆）

体育卫生艺术与国防教育

【提升党建工作质量】2022 年，始终坚持一手抓党建工作，一手抓业务工作，传承全省先进基层党组织和省抗击新冠疫情先进单位的优良作风，牢记初心使命，主动担当作为。扎实推进党的先进理论学习教育，严格落实党组织生活制度，全面加强党风廉政建设，严守政治纪律和政治规矩。坚持抓党建带业务，推动学校体育、卫生、艺术和国防教育工作高质量发展，勇挑新冠疫情防控重担，攻坚克难全力提升学校体育工作质量，不断提升学校卫生与健康教育工作成效，统筹推进学校美育工作特色发展，国防教育工作效果显著。

【做好校园疫情防控工作】2022 年，面对疫情防控新形势，及时调整防控政策，不断拓展深化联防联控工作机制，坚持多病共防、任务和环境同防，每天排查 3 000 万名师生健康状况，每天印发《校园疫情防控工作简报》（截至 12 月 27 日，已印发 977 期）、《疫情形势》（截至 12 月 26 日，已印发 290 期）。全年召开 28 次全省校园疫情防控视频调度会，动态调整和优化校园疫情防控措施，建立厅领导挂点包片工作机制，强化常态化督导检查和校园应急处置提及管理，将学校应急处置工作纳入属地指挥体系，列于优先位置科学高效处置。制定疫情防控文件 54 份，高效阅处上级疫情防控公文 1 100 余份，完成各类上报文稿 90 份，起草领导讲话稿、汇报稿 110 余篇；组织全省疫情防控督导检查 9 次，赴涉校疫情现场进行应急处理 34 次。设立"接诉即办"工作机制，全年处理投诉信访件 10 000 余件，着力解决师生急难愁盼问题。配合组织协调

·教育综合管理·

GENERAL MANAGEMENT IN EDUCATION

新疆、西藏、天津、北京、上海、内蒙古、石家庄等地学生返粤返校工作。配合组织广州市海珠区高校学生离校返乡工作。开发系列校园新冠疫情防控培训线上课程，并通过广东省"双融双创教师培训平台"发布，共计38.6万名教职工在线参加学习研修。

【制定出台系列学校体育政策文件】贯彻落实中共中央办公厅、国务院办公厅《关于全面加强和改进新时代学校体育工作的意见》精神，以省委办、省府办名义印发《广东省全面加强和改进新时代学校体育工作行动方案》。联合省体育局制定出台《广东省关于深化体教融合 促进青少年健康发展的实施意见》。组织起草《广东省深化新时代学校体育评价改革方案（送审稿）》，促进广东新时代学校体育工作规范化、制度化。

【举办省级学生综合运动会】2022年5月8日至6月30日，在华南理工大学举办广东省第十一届大学生运动会；于7月24日至8月8日，在韶关市举办广东省第十三届中学生运动会。启动并有序推进首届全国学生（青年）运动会的运动员选拔、组队、集训等备战工作。

【提升学生体质健康水平】继续实施"全面提升学生体质健康水平攻坚行动"，不断推动《国家学生体质健康标准》落实，对全省21个地市21个县（市、区）的126所中小学和50所高校开展学生体质健康抽测工作，促进学校体育工作开展，提升学生体质健康水平。在教育部组织的学生体质健康水平年度抽测复核中，广东省学生体质健康优良率连续第二年排名全国第二。

【促进青少年校园足球健康发展】举办广东省青少年校园足球夏令营，选拔出250名中小学生参加全国夏令营竞赛活动，并获得3个营区的全国冠军，共有110人入选各营区小组最佳阵容，最终有30人入选全国最佳阵容。举办广东省"省长杯"青少年校园足球联赛（高中、中职组）总决赛，赛事影响力不断扩大，品牌效应凸显。组织完成校园足球教练员、裁判员等师资培训活动。通过开展校园足球带动校园篮球、排球等其他学校体育项目健康发展。青少年校园足球工作走在全国前列。

【推动学校体育特色发展】高质量完成省政府关于支持河源、云浮部分农村小学运动场地改善建设任务。组织开展体育浸润行动计划，推动粤东西北地区中小学体育特色发展。开展省级青少年校园篮球、排球和游泳推广学校创建工作。按照年度学生体育竞赛计划举办系列学校体育竞赛活动，有效推动校园阳光体育活动开展。组织参加全国学生体育单项赛事取得多项佳绩。

【健全学校美育建设体系】贯彻落实中共中央办公厅、国务院办公厅《关于全面加强和改进新时代学校体育工作的意见》精神，于2022年3月21日以省委办、省府办名义印发《广东省全面加强和改进新时代学校美育工作行动方案》，将美育纳入各级各类学校人才培养全过程，推动实现全覆盖、多样化、高质量现代化学校美育体系。

【促进学校美育教学发展】深化学校美育综合改革，促进各地开足开齐美育课程，启动中山市、佛山市推行艺术类科目纳入中考改革试点，多次召开美育评价改革试点工作推进会，研制科学评价方法，稳妥推进艺术类科目进中考试点工作。

【推动学校美育工作特色发展】持续推进"一校一品""一校多品"创建活动，认定10个高校中华优秀传统文化传承基地，开展高校中华优秀传统文化传承基地交流展示活动和高校美育优秀案例交流活动，形成具有引领性、突破性、示范性的做法、举措和经验，推进全省高校美育工作创新发展。

【全面彰显学校美育成果影响力】艺术成果展演体系是推进美育工作的重要抓手，2022年先后开展高雅艺术进校园、翰墨薪传教师书法作品展、粤韵操培训及交流展示、中小学高水平艺术团交流展示、粤东粤西粤北地区中小学合唱培训及交流展示活动，进一步激发全体师生积极性和参与度，扩大美育成果影响力。

【完善学校美育帮扶协作机制】实施美育浸润计划，支持28所高校面向粤东粤西粤北地区15个地市中小学开展美育帮扶，浸润学校超过120所中小学，惠及学生超30万人次。通过粤东粤西粤北地区中小学合唱培训和粤韵操培训活动，大力度开展美育师资培训，促进学校美育均衡发展。

【推动近视防控工作】建立分管教育工作副省长任总召集人、15个部门参与的全省近视防控联席会议制度。会同广州市教育局在广州中星小学承办"全国第五个近视防控宣传教育月主题推进活动"。成立全省首届儿童青少年近视专家宣讲团，策划组织专家宣讲进校园系列活动。召开全省中小学校教室照明改造工作推进视频会议，推进中小学教室照明改造工作，全省中小学校已完成50.75%普通教室照明改造工作。组织遴选并创建一批全国儿童青少年近视防控试点县（市、区）和全国健康学校。落实春季、秋季学期中小学生视力监测和信息报送。

【加强健康教育和健康促进】组织开展中小学

卫生与健康教育现状调研。通过线上线下相结合的形式，先后组织2022年全省大学生、中小学和高校骨干教师（校医）交流研讨活动和说课授课比赛，培养和选拔骨干师生参与预防艾滋病教育活动。组织编印预防艾滋病教育的学生读本，创作专题音乐剧，开展融合音乐剧、同伴教育主题课堂和专家讲座的校园专题巡演巡讲活动45场次，覆盖15个地市的师生近2万人。支持运营"广东青少年性健康友好服务平台"微信公众号和相关视频号，发布381篇推文，总阅读量为67.5万，制作视频111个，全网视频播放量超77.1万次。实施初一女生HPV疫苗免费接种项目，全省初一女生第一剂次疫苗接种64万人，接种率达86.5%。

【不断提升校园应急救护水平】会同省红十字会推进应急救护培训进校园活动，普及培训师生154.77万人次，培训持证救护员31 271人，向各级各类学校配装AED（自动体外除颤器）共计804台，强化骨干培训交流调研，全力支持全国应急救护试点学校建设。

【学校国防教育工作有新进步】参加教育部组织的"军事训练营""军事课教学展示"等一系列国防教育活动。组织全国国防教育特色学校、示范学校评审复核，创建、遴选广东省国防教育特色学校、示范学校。举办"军事教师基本功大赛"、"南粤长城杯"、高校新生国防知识竞赛、"点点滴滴事、国防教育情"短视频比赛、学校国旗护卫队交流展示等一系列全省性国防教育活动。开展学生军事训练基地整顿，完成大学、高中新生军事训练工作。

【超额完成大学生征兵任务】适应"一年两征"政策调整变化，召开大学生征兵工作动员部署会和推进会，加大高校征兵工作宣传力度，出台鼓励大学生特别是大学毕业生入伍系列政策。开展高校党委书记谈征兵活动，并将征兵工作纳入高校党委书记述职评价，夯实高校征兵主阵地，每年向高校下达大学毕业生征集任务。2022年大学生、大学毕业生征集比例分别达到85%、48%，超额完成省政府、省军区下达的大学毕业生征集任务。

（撰稿　李　华；审稿　陈健生）

队伍建设

【综述】2022年，广东省教师队伍建设工作坚持以习近平新时代中国特色社会主义思想为指导，全面贯彻落实党的教育方针，紧紧围绕推动教育高质量发展的中心任务，以推动实施"新强师工程"和"全口径全方位融入式帮扶"为主抓手，以促进教师提高专业素质能力为关键点，以深化教师评价改革为切入口，不断加强统筹兼顾，不断推进改革创新，不断优化顶层设计，全面推进全省教师队伍高质量发展，为造就党和人民满意的高素质专业化创新型教师队伍提供重要保障。

【推进完成民生实事任务】组织召开2022年全省深化中小学教师队伍建设改革工作推进视频会，全面部署广东省教师工作的年度重点任务，指导督促各地和有关高校加快推进落实支教跟岗和全员轮训工作。建立健全省、市、县三级联动工作机制，及时督促跟进落实。全省完成粤东西北地区教师全员轮训2022年度计划和支教跟岗任务，共培训中小学教师28.96万人，共选派支教跟岗教师、校长、教研员3376人。上述两项列入2022年省民生实事的具体任务均于10月份提前超额完成，获得省政府督查室的充分肯定。

【全面加强师德师风建设】组织全省教育系统开展以"迎接党的二十大，培根铸魂育新人"为主题的师德建设主题教育月活动，举办师德征文和微视频征集、师德巡讲、师德专题教育、表彰先进典型等系列活动。加强尊师重教系列宣传报道，组织拍摄"强师十年"专题片，协同广东电视台、南方日报、南方杂志、羊城晚报等主流媒体，对广东省教师队伍建设发展成效进行专题宣传报道。指导教育部师德师风建设基地华南师范大学举办以"国家认同、文化自信、良师担当——新时代师德师风建设的使命与创新"为主题的粤港澳大湾区师德论坛，唱响主旋律，弘扬正能量，教育引导广大教师坚定理想信念，坚守"为党育人、为国育才"的初心使命。在分管厅领导的带领下，先后深入到13个地市和43所高校组织开展师德师风建设专项检查，督促指导各地各校狠抓师德师风建设，层层传导压力，规范师德违规行为处置工作，时刻保持警钟长鸣，努力营造风清气正的良好教育生态。

【大力推动教师专业发展】加快推进教师专业

发展支持体系建设，进一步优化省级教师发展中心布局，2022年新增建设惠州学院省级中小学教师发展中心，全省共建设11个省级中小学（中职）教师发展中心。推动市县级教师发展中心建设，全省已挂牌成立148所，112所完成基本建设任务，35所通过验收认定。进一步加强省级名教师、名校长、名班主任工作室建设，新增建设职业教育"双师型"三名工作室38个；推进建设省级"双师型"教师培训基地26个，加快推动广东省11所高校建设成为国家级职业教育"双师型"教师培训基地，获批数量与江苏省并列全国第二。组织选派225名骨干教师和24名骨干校（园）长及89名职业院校教师参加"国培项目"，遴选约600名高校青年教师到国内高校开展访学进修。推进中小学教师省级示范性项目培训和职业院校教师素质提升项目培训，全年共计培训中小学教师、校长10 062人，职业教育教师11 797人。按照省委组织部工作部署和要求，修订实施方案以及珠江学者遴选标准，并完成112名在岗珠江学者期中、期满考核。组织开展中小学"百千万人才培养工程"省级培养学员走进乡村巡教讲学暨"云送教"活动，采用线上线下相结合方式，将优质教师教育资源推广覆盖至全省范围，引领带动全省中小学教师专业发展。2022年《中国教师报》对广东省职业教育教师队伍建设进展及成效进行专文报道。

【加强乡村教师队伍建设】深入学习贯彻习近平总书记给北京师范大学"优师计划"师范生重要回信精神，9月下旬省委常委会和省政府党组会专题研究广东省教师队伍建设的贯彻落实意见，扎实做好公费定向培养粤东西北地区中小学教师工作，健全完善校地协同育人机制，精准对接地方教育改革发展实际需求，统筹安排2023年公费定向培养招生计划2378个，比2022年增幅约11.64%。指导督促各地做好2022年中小学幼儿园教师公开招聘工作及国家公费师范生和公费定向培养毕业生的履约就业工作，支持各地创新招聘办法，落实"上岗退费"政策，组织农村从教网上专场招聘活动，为有效补充乡村学校教师拓宽渠道。深入实施"银龄讲学计划"，充分利用银龄教师特设岗位资源，吸引优秀退休教师到农村学校任教，2022年全省共招募342名银龄教师。推进各地落实山区和农村边远地区教师生活补助政策，切实提高乡村教师的工资待遇水平，有效扭转乡村学校骨干教师流失局面，部分地区出现城镇学校教师主动要求到乡村学校任教的良好现象。

【推进教师管理制度改革】持续推进中小学教师"县管校聘"管理改革，委托韶关学院全面开展政策评估，督促各地统筹用好编制资源和岗位资源，推动县域内教师资源的均衡配置，逐步缩小区域间、城乡间、学校间师资力量的差距。不断深化教师评价改革，会同省人力资源和社会保障厅、省科学技术厅印发《广东省深化实验技术人才职称制度改革的实施方案》《广东省中小学、中等职业学校、技工院校实验技术人才职称评价标准条件》，组织修订《广东省中小学教师职称评审办法》和《广东省中小学教师职称评价标准条件》，建立科学评价体系，突出考核评价教师教书育人能力和教学实绩。加强对高校教师职称评审监管与服务，全省须进行教师职称制度报备的149所普通高校中，除6所2021年新成立高校正在制定制度，其他143所均已完成报备。全年共有97所高校修订教师职称制度并备案，46所高校完成年度评审。顺利完成2021年度中小学和中职教师职称评审工作，全省共评审通过315名中小学正高级教师。指导高校推进教育类研究生和师范生免试认定中小学教师资格改革，督促各地各高校统筹做好教师资格认定和注册工作。2022年，全省161 642人通过教师资格认定，其中港澳台人员187人；385 845人完成定期注册。

【强化教师工资待遇保障】建立健全教师工资待遇长效保障机制，加大省级财政资金保障力度，会同省财政厅组织修订《广东省推进落实中小学教师平均工资收入"两个不低于或高于"政策省级奖补方案》，提前安排2023年度中小学教师有关工资福利待遇省级补助资金约34亿元，并将保障落实中小学教师工资待遇政策的要求列入省政府与市政府年度任务书，作为市县政府履行教育职责考核评价的重要内容。加强对涉及中小学教师工资问题的核查和督导，压实地方主体责任，确保全省县域内中小学教师平均工资收入实现"两个不低于或高于"目标要求。指导督促各地强化临聘教师使用约束机制，严格控制增量，稳步推进解决临聘教师问题。及时回应社会各界关切，按时办结人大、政协建议提案主办件25件，会办件19件；妥善处理涉及教师问题的来信来访300余件。组织各地开展中小学教师减负落实情况自查整改，切实减轻中小学教师负担，并将保障教师课后服务待遇落实情况作为重点检查内容，进一步营造教育教学良好环境。

【加强教师管理信息化建设】充分运用信息技术为教师队伍建设赋能，推动华南师范大学、广东第二师范学院和广州市、清远市清城区积极探索人工智能助推教师队伍建设试点工作。组织召开中小学教师信息技术应用能力提升工程2.0推进视频会议，完成25个省级试点县（市、区）考核验收工作，全年115.1万名中小学教师参加提升工程2.0项目培训。升级改造全国教师管理信息系统，增设公费定向培养子系统、教研员子系统以及扩展应用功能。理顺广东教师工作平台管理服务，优化完善实验技术人员评审模块、珠江学者管理、中小学教师发展中心考核模块。建立全国教师管理信息系统信息更新定期通报和年度数据质量核查制度，对全省教师信息数据进行实时监控和有效管理。2022年，全国教师管理信息系统广东新增教师数量近24万人，第四季度的更新率跃升至全国第二，进一步提升教师队伍科学化、精准化、高效化管理水平。

【高校领导干部思想建设】2022年，举办第26期高校领导干部暑期读书班，全省高校领导班子成员及学校党委组织部部长、宣传部部长、统战部部长，各地级以上市政府分管教育负责同志和教育局局长等1300多人参加学习，省领导出席并做专题辅导报告，重点学习《习近平谈治国理政》第四卷及《习近平关于教育工作重要论述摘编》等学习辅导资料。读书班对于全省高校领导干部统一思想，凝聚共识，加强新形势下高校党的建设和思想政治工作、意识形态工作具有重要意义，南方日报、广东电视台纷纷报道读书班情况。

【高校领导干部能力建设】全年选送20期共295人次高校领导干部参加中央党校、国家教育行政学院、教育部中南干部培训中心、省委党校培训学习，其中，校级干部113人次，处级干部162人次，科级干部20人次。组织39所高校组织部部长、21个地级市教育局分管教育培训副局长参加《习近平谈治国理政》第四卷示范班。组织全省公办本科高校书记、校长参加中组部提高政治能力专题培训班学习，共3期60人。全年组织61所高校2.5万人次干部参加国家教育行政学院网络学习，不断满足广大干部政治理论及业务学习等培训需求。谋划做好全省高校处级领导干部学习贯彻党的二十大精神集中轮训工作。

【高校领导干部班子组织建设】加强与省委组织部沟通联系，协助省委组织部调整配备省管干部46人次。推动广州医科大学等3所高校及附属医院领导班子换届工作，完成广东技术师范大学等8所高校党委常委（委员）补选，促使学校领导班子结构更加科学合理。协助做好党代表、人大代表、政协委员候选人预备人选考察工作，共考察候选人33人。加强委管干部队伍建设，共调整使用委管干部23人次，推进集团办学学校领导班子调整，妥善安排2所中职学校2名党政主要领导担任集团内高职院校副院长，厅属高职领导班子的年龄、职称结构等得到进一步优化。加强高校组织工作干部队伍建设，配合省委组织部举办部分高校新任职组织部部长专题业务培训班。对20所厅属高职院校的领导班子和干部队伍状况进行调研。

【干部管理监督工作】组织开展78所高校领导班子和领导干部年度考核，完成48所高校选人用人"一报告两评议"、74所省属高校党委书记年度书面述责述廉工作、21所委管高校领导干部个人报告事项填报和核查工作。规范管理兼职备案工作，严格审核高校领导干部社会团体兼职备案，审核报送179人次兼职备案。开展高校领导干部违规兼职取酬问题专项整治工作，全面排查76所省属高校领导干部违规兼职取酬情况，摸清底数、在册管理，为改进广东省高校领导干部兼职管理提出具体要求。审核办理高校中层干部重要岗位62人任职备案，完成32名高校领导干部试用期满转正考核，及时审核办理32人免职退休工作。关心老党员老干部，用心用情做好服务，慰问广州地区副省级以上老领导和院士117人。配合做好省委巡视相关工作，抽调高校干部20人参加十三届省委第一轮巡视工作、抽调45人参加巡视"回头看"工作。

【高校教育人才"组团式"帮扶工作】启动新一轮高校教育人才"组团式"帮扶工作，召开新一轮帮扶工作座谈会，赴3所高校进行帮扶工作专题调研，督促18所帮扶高校、受扶高校签订结对帮扶协议，指导相关高校分别制定帮扶方案、任务清单与运作管理办法，编印20期帮扶工作简报，提高帮扶工作质量。一年来，结对高校战胜疫情不利影响，创新帮扶工作举措，在党的建设、人才培养、师资队伍、学科建设、科技帮扶、社会服务等方面取得明显帮扶成效。

（撰稿　魏长松　杨　澎　马桂波　邱旭英　李　毅　江远彬　李　威；审稿　李　霞　陈东海）

·教育综合管理·
GENERAL MANAGEMENT IN EDUCATION

教育交流与合作

【综述】2022年，广东省教育交流合作工作以习近平新时代中国特色社会主义思想为指导，全面贯彻党的二十大精神，深入贯彻落实习近平总书记关于教育对外开放的重要指示精神，主动应对新冠疫情，按照党和国家对外及港澳台工作部署，进一步加强和扩大教育对外开放，推进粤港澳大湾区教育交流与合作，在培养高层次人才、引进优质教育资源、推动境内外教育交流合作等方面取得良好成效。

【加强顶层设计】加强机制制度保障。与新加坡共和国教育部签署教育合作与交流谅解备忘录。与澳门教育及青年发展局签署加强粤澳教育交流与合作框架协议。召开2022年全省高校国际交流暨港澳台事务年度工作会议，进行总体部署谋划。支持横琴、前海、南沙三个重大平台探索教育对外开放体制机制创新。

【推进粤港澳大湾区国际教育示范区建设】中外、内地与港澳合作办学取得重大进展。深入实施《推进粤港澳大湾区高等教育合作发展规划》《推进粤港澳大湾区高等教育合作发展2022年工作要点》，推动全球高水平大学、特别是港澳高校来粤合作办学。香港科技大学（广州）于6月14日经教育部批准正式设立，9月1日顺利开学，学校共招收学生545人。香港城市大学（东莞）经教育部批准筹备设立。广东省已建成5所中外、内地与港澳合作大学，占全国一半。支持北京师范大学-香港浸会大学联合国际学院、香港中文大学（深圳）、广东以色列理工学院、深圳北理莫斯科大学健康有序发展。深圳大学深圳南特金融科技学院、广州工商学院东北州立联合科技学院2所不具法人资格中外合作办学机构及4个中外合作办学项目获教育部批准设立。至此，广东省中外、内地与港澳合作办学机构共18个，本科层次以上中外合作办学项目共42个。召开第七届中外合作大学联盟理事会会议，切实支持合作办学机构、项目发展。推动大湾区高校联合培养人才。支持粤港澳高校联盟及其专业联盟、粤港澳大湾区高校在线课程联盟等60余个交流合作平台发展。2022年，全省高校通过全国联招、香港文凭考试招生、澳门保送生、澳门"四校联考"招生方式共录取港澳学生2 297人，在全国内地各省份中位于前列；暨南大学、深圳大学通过单独招生分别录取港澳本科生3 835人和74人；深圳职业技术学院通过单独招生录取港澳专科生61人。深入实施粤港澳高校联合培养研究生计划，对前期计划完成度高、联合培养质量优的高校予以计划支持，安排22所高校承担粤港澳大湾区联合培养研究生专项计划（博士142人，硕士1 220人），推动粤港澳三地人才培养和科研资源有效共享、深度融合。开展中外导师联合培养研究生招生名额申报工作，向教育部报送广东省5所院校（包括2022年国际产学研会议承办院校以及省内参会双一流院校）申报名额情况。开展教育规划课题（综合改革专项）评审有关工作，对4个选题共21个课题开展专家评审。组织广东省共10所院校申报18个外交部组织开展的亚洲合作资金项目。

【参与"一带一路"建设】举办及参与国际教育大型活动。与新加坡教育部合作举办首届广东-新加坡中小学校长交流活动，与华南师范大学等高校联合承办2022国际产学研用合作会议，组织职业院校参加2022年金砖国家职业技能大赛等大型教育交流活动，举办广州-乌兹别克斯坦职业教育国际创新合作交流会。推动职业教育"走出去"，探索职业教育境外合作办学模式。广东建设职业技术学院和广东工贸职业技术学院的"中国-赞比亚职业技术学院项目"被列为鲁班工坊有条件运营项目。推动职业教育广东标准、广东模式"走出去"，广东建设职业技术学院、广东水利电力职业技术学院等相关课程获赞比亚、坦桑尼亚等国家认可。

【推进中外人文交流】做好孔子学院及国际中文教育工作。与教育部中外语言交流合作中心建立中文教育协作机制。深入推进实施"中文+职业技能"项目，支持华南农业大学共建全球首批中拉"中文+农业科教发展中心"，是"中国-拉丁美洲农业教育科技创新联盟"海外建设项目落地的重要成果。推进一批交流合作项目。在北京2022年冬奥会和冬残奥会"共迎未来"中外青年人文交流活动暨第二届"中外人文交流小使者"全国总展示活动中，广东省教育厅获北京冬奥组委会新闻宣传部颁发"优秀组织奖"。组织全省中小学参加中国教育国际交流协会与俄罗斯伊万诺沃国际儿童院举办的

"2022中俄儿童创意节"活动,共获金奖12项、银奖32项、优秀奖37项。实施中美"千校携手"项目,广东省项目学校达107所,指导广东省院校实施"中德先进职业教育合作项目"。开展"TÜV莱茵数字创新赋能计划"遴选工作。组织全省中小学参加"第四届中法中学生数学交流活动"线上答题。组织顺德职业技术学院参加韩国忠清南道线上烹饪交流活动,获三等奖。

【推进粤港澳台地区交流合作】支持粤港澳高校联盟及其专业联盟等60余个交流合作平台发展。指导粤港澳高校联盟年会暨校长论坛,新增香港科技大学(广州)入盟,在联盟框架下新增组建11个专业联盟;支持有关联盟举办香港回归25周年教育回顾与展望学术研讨会、港澳台学生基本法知识问答活动等系列活动;深圳职业技术学院和香港职业训练局共建特色职业教育园区项目稳步开展。继续推动各项品牌活动开展。粤港姊妹学校缔结规模达1302对,规模占全国首位,年度新增137对,为历年之最。举办粤港澳姊妹学校中华经典美文诵读比赛及会演活动、"一课两讲"活动、第十七届海峡两岸(粤台)高等教育论坛等品牌活动;组织全省高校港澳台侨学生参加教育部港澳台办主题征文活动,广东省教育厅获教育部港澳台办颁发优秀组织奖。配合省委台湾工作办公室组织高校台湾师生台湾青年岭南行活动,获优秀组织奖。加强港澳台学生在广东省学校就读服务保障工作。全省各级各类学校港澳台在校生超15万人,规模全国最大。支持广东省高等教育学会港澳台侨学生管理研究分会成立,面向港澳台侨学生开展"特色课堂"、主题征文等活动,开展"庆祝香港回归祖国25周年、澳门回归23周年主题系列活动",与香港特区政府驻粤办等部门合作主办"粤港澳大湾区行业发展机遇"职业分享会系列活动。与省侨办联合修订印发《广东省人民政府侨务办公室 广东省教育厅关于华侨学生在我省接受高中阶段教育的实施办法》。新设东莞暨大港澳子弟学校、广州南沙民心港人子弟学校,做好东莞台商子弟学校督学的推荐、考察、聘任工作。

【做好涉外事项管理服务】有序开展境外师生群体疫情防控。先后印发《教育系统统一落实一视同仁无差别健康服务若干措施》《全力做好留学生及港澳台学生防控疫情有关工作的通知》等文件20余份,指导各地各校稳妥做好境外师生返校工作并同步做好网络教学工作,提升教育教学质量。截至2022年12月31日,全省外籍教师6658人,其中在境内总人数5978人,返华复工人员占比89.78%。推进广东省公派出国留学工作。建立"平安留学"工作机制,开展3期主题直播系列讲座,提升广东省出国留学人员海外安全意识。指导华南师范大学、华南农业大学等高校开展校内"平安留学"行前培训会64场,覆盖2000余人。组织广东省高校参加教育部留学服务中心与新华网联合开展的以"弘扬科学家精神,传承留学报国传统"为主题的视频作品征集活动。配合国家留学基金管理委员会完成2022年9个项目共计349人的材料审核工作。

(撰稿 杜丽芳;审稿 李金俊)

人事管理

【综述】2022年,广东省教育厅人事处坚持以习近平新时代中国特色社会主义思想为指导,学习宣传贯彻党的二十大精神,深入贯彻落实习近平总书记对广东系列重要讲话和重要指示、关于教育的重要论述精神,拥护"两个确立"、坚决做到"两个维护",弘扬伟大建党精神,坚持稳中求进工作总基调,不折不扣执行省委、省政府和省教育厅党组决策部署,认真落实新时代党的建设总要求和新时代党的组织路线,投身统筹疫情防控和教育高质量发展,为委厅工作和全省教育事业改革发展提供坚强组织保证。

落实全面从严治党政治责任。开展迎接党的二十大有关主题活动、推进19项任务落实,专题集中学习党的二十大精神。持之以恒学思践悟习近平新时代中国特色社会主义思想,全年召开支部党员大会35次,"第一议题"学习内容97项,开展主题党日活动1次,与业务对口部门、服务单位党组织开展联学共建1次,委厅领导讲专题党课1次,支部书记讲专题党课2次、支部党员讲微党课7次。严明纪律,常态化加强支部党员政治纪律和政治规矩教育,动态完善处室岗位政治和廉政风险防控机制,不断深化模范部门创建。主动配合做好十三届省委对厅党组开展巡视及选人用人专项检查工作。高标准推动省属学校党组织抓好巡视巡察反馈的组织人

· 教育综合管理 ·
GENERAL MANAGEMENT IN EDUCATION

事问题整改落实，清理规范非公经济组织人员到委厅机关挂职。

完善教育系统机构编制工作体系。按规定向省委编委报告2021年度机构编制重要事项，进一步完善委厅机构职能体系和工作力量配备，开展广东省深化机构编制执行情况和使用效益评估试点工作。稳慎推进广东教育杂志社转企改制、厅属企业改革工作，完成广东省国际交流服务中心脱钩划转。协同省委编办分类加强各类学校机构编制保障，推动省级统筹周转空编控制基数等编制政策和资源落地，实现省市县三级中小学教职工编制总量全面达到国家基本编制标准，协调核增2所省属中学推进集团化办学所需编制职数并个别调整主要职责。推动广东石油化工学院等5所本科高校首次核定"三定"规定，完成2022年"省十大民生实事"有关任务。完成第二批实施集团办学的3个集团7所院校机构编制事项调整，指导督促学校做好人员安置和队伍建设。着眼问题整改和发展所需指导推动一批省属高校调整机构编制事项。

【委厅干部队伍建设】坚持新时代好干部标准和正确用人导向，协助省委组织部进一步使用5名委厅干部，选拔任用11名处级领导干部，晋升50名干部职级，对5名干部交流轮岗，完成任职试用期满干部考核。接收安置2022年度转业军官2名，招录选调生2名，开展选调公务员等工作，优化干部来源渠道。协助完成2021年度委厅省管领导班子和领导干部年度考核及干部选拔任用工作"一报告两评议"。完成委厅1548人年度考核，对3名公务员记三等功，给予50名公务员嘉奖，制定委厅公务员考核实施办法和平时考核实施办法，整体完善委厅公务员考核基本制度，完成委厅公务员4个季度的平时考核。完成《2019—2023年广东省干部教育培训规划》实施情况评估和《2018—2022年全国干部教育培训规划》重要指标落实情况统计。完成年度干部教育培训计划，组织委厅干部参加中央和省脱产培训，全覆盖参加网络培训。选派1名干部参加第十批援藏工作。组织委厅171名处级以上干部集中报告2021年度个人有关事项，通过开展个人专题学习和易错易漏问题自查、优化信息查询服务等方式推动提高填报"一致率"。贯彻落实领导干部配偶、子女及其配偶经商办企业管理有关规定，推进完善禁业范围。从严规范委厅干部兼职，处理违规兼职取酬问题。加强干部因私出国（境）和请销假管理。推进委厅干部人事档案专项审核全覆盖、干部人事工作数字化。

【教育系统人才队伍建设】开展教育部门行政干部队伍"深调研"，形成全省教育局局长队伍建设调研报告，谋划推进教育系统行政干部专业化能力提升。组织人才项目申报工作，2022年广东省高校入选人数连续两年位居全国首位。扎实开展第七批国家高层次人才特殊支持计划人选推荐工作，省属各类学校中有6人入选"万人计划"教学名师、4人入选青年拔尖人才。制定教育系统落实粤港澳大湾区高水平人才高地建设配套政策和举措。完成2021年广东省教育教学成果奖成果公布、证书制作、奖金拨付等工作，统筹做好2022年国家级教学成果奖申报推荐工作。指导监督厅直属事业单位集中招聘高校应届毕业生和补充人才。

【干部人事领域改革】联合省人力资源社会保障厅分类起草深化高校、中小学绩效工资分配制度改革激发教师活力实施意见。贯彻落实中小学校岗位设置管理实施意见，联合开展中小学岗位管理调研摸底。梳理并印发2022年委厅行政审批事项，做好教育系统深化"证照分离"改革、政府购买服务改革、证明事项清理、中介服务事项清单等工作。组织厅属企业开展2021年度工资总额预算执行结果清算。牵头完成委厅管理的59家事业单位2021年度绩效考核。

（撰稿　姜英伟　吴思维　纪林彤；审稿　王春涛）

教 育 督 导

【深化新时代教育督导体制机制改革】持续深化全省教育督导体制机制改革。召开2022年全省教育督导工作会议，部署广东省教育督导工作。面向全省所有市、县开展督导体制机制改革摸底调查，梳理全省改革成效，推动全省教育督导体制机制改革走深走实。印发《广东省人民政府教育督导室2022年工作要点》，明确全年教育督导工作要点。制定出台《广东省教育督导问责实施细则（试行)》，加强教育督导结果运用，有效开展教育督导问责，推动教育督导"长牙齿"。2022年，全省各级教育督导机构开展教育督导问责337次。加大督导通报力度，发布教育督导通报16期，内容涵盖学前教育"5080"完成情况、义务教育均衡发展状况、大班额情况、农村寄宿制学校建设进度和资金使用情况、义务教育教师工资待遇保障情况和教育审计发现问题等。提升督学队伍业务水平，组织省、市、县教育督导机构负责人参加全国基础教育质量评价改革专题培训班，县级教育督导机构负责人、骨干责任督学参加全国责任督学挂牌督导专题网络示范班，全省骨干督学1500人参加"双减"督导专题网络培训班。

【**开展政府履行教育职责评价**】根据国家对省政府履行教育职责评价要求，组织省直相关单位开展2022年广东省政府履行教育职责评价自评工作，制定自查自评方案，起草自评报告报省政府审定，对国家监测评估发现的问题线索进行整改。落实《广东省推进基础教育高质量发展行动方案》要求，与21个地级市政府签订2022年度推动基础教育高质量发展任务书。省政府教育督导委员会审议2021年对市县级政府履行教育职责评价情况。省政府常务会议审定2021年评价结果。向21个地级市和122个县（市、区）政府"点对点"反馈评价结果，指出存在问题，督促整改落实。贯彻推动基础教育高质量发展要求，制定2022年对市县级政府履行教育职责评价指标体系，启动新一轮评价工作。充分利用履职满意度调查结果，与省委教育领导小组办公室联合通报违规下达升学率任务的情况，推动各地深化教育评价改革。完成湛江市推进教育现代化先进市督导验收暨教育强市复评审核验收，为河源、揭阳、汕尾市推进教育现代化先进市树立榜样，提升动力。

【**开展基础教育质量监测工作**】2022年，13个地级市的18个样本县顺利完成国家义务教育阶段语文、艺术、英语和心理健康状况监测。开展广东省义务教育质量监测，组织122个县（市、区）和东莞市、中山市完成义务教育阶段数学、劳动和心理健康状况监测。继续开展学前教育质量监测试点，德庆县（试点县）主管学前教育的行政管理人员、12所样本幼儿园园长、教师、保育员、幼儿家长和幼儿参加监测。顺利完成在佛山市和云浮市开展的普通高中教育质量监测试点工作，88所普通高中高二年级的部分学生、教师和两个地市所有县（市、区）教育行政部门领导班子成员参加监测。2022年实现省级基础教育质量监测各学段全覆盖，初步构建具有广东特色的基础教育质量监测体系。加强监测结果的应用，组织专家开展义务教育质量监测结果分片解读，提升各地对监测报告的分析解读水平。统筹组织厅内相关处室拟定广东省国家义务教育质量监测发现问题的整改方案，强化问题整改。向21个地级市政府"一对一"反馈国家义务教育质量监测（德育和科学）发现的主要问题，督促市、县级政府制定整改方案，抓好整改落实。印发《关于公布全省2024年义务教育质量监测科学学科学业水平目标情况的通知》，督导各地加强质量监测结果应用，提升区域义务教育质量。

【**推进义务教育优质均衡发展和县域学前教育督导评估**】在广东省义务教育优质均衡监测系统上动态监测义务教育优质均衡数据，分析研究2021年数据，支持和鼓励7个义务教育优质均衡先行创建县（市、区）创建全国义务教育优质均衡发展县。完成对德庆县、南雄市申报学前教育普及普惠评估的省级审核，反馈整改意见，督促整改落实，加快创建进程。采购并基本完成县域学前教育普及普惠督导评估系统（一期）项目建设，进一步提升督导评估信息化水平。加强办学行为督导评估指导，要求各地核对教育部2021年办园行为督导评估重点核查与整改幼儿园名单并提高数据填报质量，督促各市扎实做好2021年幼儿园办园行为督导评估反馈问题整改。

【**开展教育领域专项督导**】制订专项教育督导计划，针对校园安全、义务教育"双减"、规范民办义务教育发展、中小学幼儿园公办学位建设、消除义务教育大班额、控辍保学、城镇小区配套幼儿园治理、教育评价改革"十不得一严禁"等事项开展专项督导，推动教育重点任务和重点工作落实落地。组织10个督导组赴21个地市开展基础教育高质量发展专项督导，检查走访36个县区、136所学校（幼儿园）、44家校外培训机构，对各地基础教育学位建设、"双减"、大班额化解、配套园"回头看"等进行实地核查，点对点反馈督导意见，并要求抓好整改落实。配合查处肇庆市违规招生事件，协助完成河源市、湛江市校园安全欺凌事件专项督查任务，核查河源市七步高复培训学校违规办学行为，协助核查湛江市违规招生摇号事件，做好校园安全和疫情防控检查。

【**开展教育乱收费治理**】联合市场监管、发改部门开展2022年教育收费专项整治，进行教育收费政策辅导和教育乱收费案例讲解。印发进一步加强

· 教育综合管理 ·
GENERAL MANAGEMENT IN EDUCATION

全省治理教育乱收费工作的通知，督促各地各校落实收费管理"一把手负责制"和责任追究制，加强对教育乱收费的日常监督。开展"以教育信息化名义乱收费"全省专项排查，会同市场监管部门组成专项调查工作组，赴广州、佛山、东莞市部分县区，深入学校开展实地调查，切实维护学生和家长的合法权益。2022年，共受理查办教育收费信访226件，为群众挽回经济损失1 341.15万元，群众满意度进一步提升。

（撰稿　许　彬　杨宇泽　李　超；审稿　方树生　陈韩冬　任　洁）

学校后勤管理

【综述】2022年，广东省教育厅学校后勤管理处以习近平新时代中国特色社会主义思想为指导，认真贯彻落实总书记"不忘初心，牢记使命""四个走在全国前列"等重要指示，立足于"围绕中心、服务大局"，增强"四个意识"、坚定"四个自信"、做到"两个维护"，以监督检查为抓手，深化改革、守正创新，高水平推动"平安后勤""公平后勤""文化后勤""效率后勤""绿色后勤"和"智慧后勤"六大保障体系的构建。

【支部建设】按照"抓学习、促规范、提效率"的思路，制订2022年学校后勤管理处党支部学习计划，深入开展理论学习。坚持支部工作例会制度，每月至少召开两次全体党员干部参加的党建例会，使班子成员在思想上保持高度团结，工作上互相支持，干部成员配合默契，形成合力。全年共召开25次支部学习主题生活会。按照要求组织开展支部生活会，支部书记讲党课；集中学习《党的十九届六中全会〈决议学习〉辅导百问》、《习近平谈治国理政》第四卷，不断加深对习近平新时代中国特色社会主义思想的理解，坚定理想信念。实地参观中共三大会址，深化党史学习成果；到湛江市教育局、湛江雷州市调风初级中学开展服务群众工作，向雷州市调风初级中学捐赠160台电脑等物资一批，并对雷州市中小学校长和幼儿园园长开展专题培训。

【疫情防控与物资保障】协调学校做好食堂、宿舍等场所的清洁消毒、通风换气等工作，对相关从业人员做好防疫知识宣传培训；协调学校做好口罩、消毒液等相关物资储备工作，以保证学校防疫物资供应充足。赴广州等7市开展开学、节假日疫情防控和校园安全专项督查工作，进驻广东培正学院开展疫情处置工作。做好驻海珠片区高校、中职学校学生离校返乡交通协调工作，负责省内珠海等4市以及北京等5省市学生返乡工作，共安排省内返乡学生5 034人，省外返乡学生418人。协调处理广州南站突发紧急情况，确保学生"愿返尽返，能返早返"。

【食品安全工作】召开春秋两季全省学校食堂食品安全工作视频会议，邀请专家解读相关制度规范，部署新学期校园食品安全工作；联合开展学校校园及周边食品安全专项检查和飞行检查，委托开展食材抽样检测，强化学校食堂日常监管工作；加强对校园外卖的管理，开展食品安全宣传周、食品安全进校园等活动；推进高校食堂清理整顿，深入开展制止校园餐饮浪费工作，做好世界粮食日和全国粮食安全宣传周活动；完成国家食品安全考核、消费扶贫等工作。

【中小学"厕所革命"】2022年，组织开展旱厕及沟槽式厕所专项整改工作，制订新一轮提升整改计划，下发专项资金1 162.55万元，切实解决部分学校厕所还存在旱厕或沟槽式厕所问题。

【绿色学校】截至2022年底，广东省共有13 286所学校被认定为广东省绿色学校，占全省大中小学的80.88%。顺利完成省政府《政府工作报告》重点工作任务，超额完成绿色学校三年创建目标任务。

【节能减排】指导各高校开展低碳节能工作，组织华南农业大学、南方科技大学等9所学校申报节能储备项目；配合开展全国节能宣传周和全国低碳日活动，推广简约适度、绿色低碳的工作和生活方式，营造节能降碳氛围；组织各高校完成2021年度公共机构能源资源消费统计工作，对各校能源资源消费信息进行统计汇总，形成工作总结报告。配合省水利厅，开展"节水型高校"创建，经学校申报、专家评审、联合复核等，共有24所高校创建成为第三批省节水型高校，完成节水型高校建设年度目标任务。

【宿舍管理】指导各地各校做好学生宿舍管理、快递进校园工作，规范水费、电费等收费管理；开展中小学校宿舍热水、空调安装排查，协调安排乡镇义务教育阶段寄宿制学校宿舍热水改造经费；推进广州高校五山地区大学生公寓产权验收工作和个别高校存量公房产权办理工作，配合推进保障性租赁住房相关工作。

【校服管理】 指导各地各校严格执行国家和省的有关标准，加大家长和学生代表的参与度，提升招标采购过程的公开透明度，构建公开公平、规范有序的校服选用秩序。完成全国中小学生校服选用采购专项检查行动任务。落实"双随机、一公开"监管任务，联合省市场监管局开展质量月活动和中小学生校服产品质量监督抽查工作，加强中小学生校服产品质量监管。

【高校医疗保健】 指导各地各校做好学生医疗保健、无偿献血和红十字会工作，联合开展中小学红十字标准校创建（16所）和高校红十字标准校（29所）复审工作。

【校办企业】 组织开展广东省高校校办企业经济信息统计，做好相关信息审核上报工作，确保数据准确；配合做好校办产业专项清理整顿工作。

（撰稿　胡沛均；审稿　程五一）

老干部工作

【综述】 2022年，在广东省教育厅党组和分管厅领导的正确领导下，老干部工作以习近平新时代中国特色社会主义思想为指导，深入贯彻落实习近平总书记对老干部工作的重要指示精神，围绕委厅"高质量发展教育"重点任务，用心用情精准服务，推动委厅老干部工作上新台阶。

【抓党建聚合力】 一是切实加强处室党支部建设。第一，坚持把党建工作摆在首位，从实抓好政治学习，把学习贯彻习近平新时代中国特色社会主义思想作为首要政治任务，以推进"先进党支部"为抓手，高要求重效果抓好党建工作。第二，健全党支部组织生活制度，制订党支部学习计划，开展"三会一课"。坚持支部工作例会制度，每月至少召开1次支委扩大会议，全年共召开19次支委会。严明党的政治纪律和政治规矩，持续开展对党忠诚教育，加强党的政治文化建设。强化政治意识，围绕拥护"两个确立"、做到"两个维护"，扎实推进新时代广东省老干部工作高质量发展。第三，严格落实"第一议题"制度。重点抓好习近平总书记最新重要讲话和最新重要指示精神、《习近平谈治国理政》第四卷的学习，作为强化理论武装的重要手段，把习近平总书记关于老干部工作的重要论述作为根本遵循，引导广大老干部为全省事业发展增添正能量。

二是指导各离退休党支部开展党建工作。第一，召开离退休党支部书记会议，安排部署离退休人员认真学习贯彻习近平总书记关于老干部工作的重要指示精神，组织老同志通过"离退休干部工作"微信公众号，观看全国离退休干部网上专题报告会，教育引导离退休干部用习近平新时代中国特色社会主义思想凝心铸魂。第二，组织离退休人员学习党的二十大、省党代会主要精神，观看"广东老干部"微信公众号专题报道，把加强党的全面领导和党的建设置于各项工作的首位。第三，各片区党总支书记、联系人参加各支部活动，全年共30人次。引导老同志坚守政治安全和意识形态安全两条底线，维护稳定大局，发挥余热、传承正能量。紧扣"二十大"主题，围绕"高质量发展教育"等委厅重点工作，听取广大老同志各方面意见建议，鼓励老同志为广东省教育事业建言献策。第四，强化支部堡垒作用，抓好党建一条主线，推进"先进党支部"创建计划。建立离退休人员党支部书记口头述职制度，开展模范党支部创建和优秀党支部书记、支委评选活动。

三是开展迎接党的二十大系列活动。第一，开展"建言二十大·献策教育事"活动。紧扣"二十大"主题，围绕"高质量发展教育"等委厅重点工作或专题，听取广大老同志各方面意见建议，鼓励老同志为全省教育事业发展贡献智慧和力量，为迎接二十大胜利召开营造良好氛围。通过《老干天地》等平台推送全省教育发展重大项目、专题及相关政策举措等文件资料，供老同志参考，并作为调研献策的主题或参考方向；通过关注"广东老干部"微信公众号了解中央、省重大决策部署以及老年人养生保健等信息；通过线上线下座谈会、研讨会、分享会和个别访谈等多种形式，广泛听取老同志的心声和意见建议。第二，开展"喜迎二十大·奋进新时代"老干部书画诗词摄影作品征集活动。

紧扣"二十大"主题，展示党和国家取得的历史性成就，讲好党百年奋斗重大成就和历史经验的故事，展现广大老同志对党和人民事业无比忠诚，永远听党话、跟党走的精神风貌。

【抓防控保健康】一是加快推进老同志新冠病毒疫苗属地社区自主接种。加强精准宣传发动，配合社区动员广大老同志接种新冠病毒疫苗，共筑疫情防控安全屏障。二是落实国家、省疫情防控部署和各级疫情防控要求，及时将有关文件精神传达到各支部，教育引导老同志保持政治定力，坚定必胜信心，在做好自身防控的基础上积极支持单位、社区开展联防联控工作。三是防疫工作力求做到精准细致。利用党总支和各支部微信群发布疫情防控提示，引导老同志强化自我保护意识，做好防范工作。关心老同志疫情高峰期特别防护，对身居中高风险区人员逐一摸查逐个提醒，掌握动态，保持涉疫"零现象"。四是改善健康体检组织形式，提供两间医院选择，安排专场体检。

【办实事强服务】一是实施"办实事强服务"台账工作机制。建立片长、支部联系人"常态问候、动态处置"制度，协助处理困难问题，并做好跟进服务台账登记检查工作。做好离退休干部服务工作，完善离退休人员服务机制和反馈评价制度。

二是注重组织关心，办暖心实事。元旦、国庆（中秋）、春节等节假日走访慰问离退休老领导、老党员和困难老同志110人次，向老干部通报情况、听取意见建议，并致以节日的问候和祝福；"七一"前夕上门慰问老红军、老党员、困难党员近30人，为9名老党员颁送"光荣在党50年"纪念章；重阳节为当年满70岁以及80岁以上老干部发放慰问金。慰问患病住院老同志80人次，帮助办理因病去世老同志善后事宜。组织离退休老同志200多人参加年度体检，组织离休和副厅级以上退休干部到从化健康疗养；为离退休干部征订年度报刊。

三是开展"粤省事助您行"老人关怀版使用推广活动。在《老干天地》编印"粤省事－关怀版"学习专刊，在各支部微信群发布"粤省事－关怀版"使用简要指引，图文并茂讲解"粤省事"微信小程序使用常识，介绍广东省"数字政府"改革建设的重要成果，指导老同志使用小程序办理各种民生服务。

四是开展长者"防诈骗"活动。在《老干天地》编印防养老诈骗专刊，通过列举常见的养老诈骗类型，提供养老诈骗防范指南，向广大老同志普及防范养老诈骗知识，提高反诈意识。

五是开展调研，制定《暖心养老（居家养老、日间托老、家庭病床、长者饭堂）服务参考导引》。做好精细服务，帮助老同志解决医疗、学习、生活等方面的问题。

六是开展"中低龄对接高龄助老"试点，推进银龄互助机制。探索有效完善机制，构建老同志互助帮扶网络，精准聚焦老同志需求，重点解决突出问题，让老同志拥有更多的获得感、幸福感。

（撰稿　林　青；审稿　邵子铀）

教育纪检监察

【综述】2022年，广东省教育纪检监察工作以习近平新时代中国特色社会主义思想为指导，深入贯彻党的二十大精神，认真落实中央纪委国家监委和省纪委监委决策部署，聚焦主责主业，充分发挥监督保障执行、促进完善发展作用，深入推进党风廉政建设和反腐败工作，有力推动省直教育系统全面从严治党向纵深发展。

【强化政治监督】驻省教育厅纪检监察组将各单位党组（党委）政治理论学习情况纳入必查科目，推动省直教育系统忠诚拥护"两个确立"，增强"四个意识"，坚定"四个自信"，做到"两个维护"。推动省教育厅党组专题学习、研究全面从严治党相关事项10余次，推动省委教育工委召开全省教育系统全面从严治党工作视频会议，压实全面从严治党两个责任。推动厅党组专题学习党的二十大精神，召开全省教育系统传达贯彻党的二十大精神会议。推动将党的二十大精神学习贯彻情况纳入省管高职院校巡察"回头看"必查内容，纳入党委书记述职评议和抓基层党建述职评议必谈内容。主动参与省教育厅"三重一大"等决策事项282项，提出意见建议113条。督促与省教育厅党组会商会议定事项落实，推动省教育厅出台4项制度措施。加强对"六稳""六保"等重点工作的监督检查，推动省教育厅成立工作专班，力促取得实效。全年提供党风廉政意见回复1830人次，其中，对干部选拔任用回复152人次，提出暂缓使用、不宜使用18人次。深入开展调查研究，开展加强教育系统全面从严治党专题调研和省管高校专职纪检监察干部兼课情况调研。

【坚持有案必查】 驻省教育厅纪检监察组全年办理群众信访举报764件，处置问题线索271件，函询20人。坚持有腐必反、有案必查，全年立案44人，其中处级干部31人。坚持惩前毖后、治病救人，运用"四种形态"，处理干部29人。扎实纠治"四风"顽瘴痼疾，核查"四风"问题6条。深化以案促改，以案促治，正面引导和案件警示相结合，推动省直教育系统扎实开展纪律教育学习月活动。坚守安全底线，全年办案安全"零事故"。

【做好巡视巡察"后半篇文章"】 驻省教育厅纪检监察组全力配合省委巡视工作，提供各类材料14批次，督促落实立行立改事项3项。组织主要负责同志参加地市巡察督导检查、高校巡视"回头看"工作。全力完成巡视交办任务，压紧压实高校办件责任，发出提醒函56份、督办函14份。协调省委教育工委、省教育厅领导参加被巡察高职院校的巡察整改专题民主生活会10场。

【推动高校纪委建设】 完成21所省管高职院校纪委书记考核。给予省教育厅、省教育考试院、省教育研究院纪委和联系监督高校纪委业务指导300余次，协查30余次。21所联系监督高职院校纪委处置问题线索187条，立案18件，处理干部40人。

【加强队伍建设】 驻省教育厅纪检监察组深入学习习近平总书记关于全面从严治党、教育工作的重要论述，认真学习中央纪委国家监委和省纪委监委会议精神，不断提升政治判断力、政治领悟力和政治执行力。召开支部学习会20次，组织现场革命传统教育2场。认真贯彻落实《纪检监察机关派驻机构工作规则》，完善组内工作制度。加强履职能力培训，选派高校干部"以干代训""以案代训""以巡代练"98人次。加强干部监督管理，坚决防止"灯下黑"。

（撰稿　张小燕；审稿　黄建固）

招 生 考 试

【综述】 2022年是"十四五"开局之年，也是全面建设社会主义现代化国家新征程开局之年。广东省教育考试院紧紧围绕深入学习贯彻党的二十大精神这条主线，贯彻落实习近平总书记关于教育的重要论述，坚持稳中求进工作总基调，落实教育部、省委省政府和省教育厅党组决策部署，担当作为，战胜复杂严峻的疫情影响，实现"不因疫情影响考试组织，不因考试引发疫情传播"目标要求，深化教育考试招生改革，完成各项考试招生任务。

全年组织普通高考、成人高考、研究生考试等42场考试，报考人数共计1065万人、考试科次3018万科次，命制各级各类考卷2506套。完成普通高考、成人高考等15类招生录取，共计274万余人。

【普通高考】 2022年，广东省普通高考报名90.6万人，其中夏季高考考生70.2万人。春季高考录取27.96万人，夏季高考录取49.82万人，共录取77.78万人。本专科均超额完成招生计划，本科层次录取32.66万人，比2021年增加1.41万人，增长4.5%；专科层次录取45.12万人，比2021年增加1.46万人，增长3.34%。全省21个地市共设501个考点、2.5万个考场，启用104个隔离考场，妥善安排158名有发热症状或无核酸检测报告等情况的考生。

【港澳台联合招生考试】 2022年，全国联招报名5038人，比2021年增加554人。录取考生3921人，比2021年增加292人。港澳台研究生招生（广州报考点）报考人数989人，广东高校共录取343人，比2021年增加20人。内地高校招收香港中学文凭考试学生报名4890人，录取考生2435人，比2021年增加169人。

【高中阶段学校招生考试】 2022年，全省初中学业水平考试报名130万人，高中阶段学校（含技工院校）录取115.5万人，其中普通高中招生74.1万人、中等职业学校（含技工院校）招生41.4万人。推进符合条件的外省和港澳居民随迁子女在粤参加中考升学工作。全省高中阶段学校录取随迁子女18.43万人，其中外省籍10.42万人。珠三角9市中考共招收港澳居民及其随迁子女6893人。

【中高职贯通五年一贯制和三二分段招生考试】 指导各地市、招生学校做好五年一贯制和三二分段的招生宣传和计划编报工作。2022年，五年一贯制全省报考1.01万人，录取0.42万人；三二分段中职学段报名12.66万人、录取6.8万人，高职段68

所高职院校共录取3.1万人，录取率67.6%。

【西部人才培养战略】支持甘孜地区开展中高职贯通三二分段试点招生，中职学段按计划录取80人，2021年报名转入广东75人，2022年高职院校共录取75人。西藏、新疆、青海内地班招生计划2 570人，涉及初中、高中、中职等类型。

【中等职业技能考试】2022年，共组织2次中等职业技能考试，报考人数13.4万人，考试合格人数10.7万人，通过率79.39%。研究制定全省中职技能考试延迟考试方案并指导各地组织实施。

【普通高中学业水平合格性考试】2022年，共组织2次普通高中学业水平合格性考试，考生人数175.6万人。妥善安排因疫情原因延迟的考试，研究制定部分地市高中学考延迟考试方案并指导各地组织实施。

【普通专升本考试】2022年，广东省普通专升本报名15.98万人，比2021年增加3.68万人，增幅30%。共录取8.39万人，其中，公办院校录取1.05万人，占12.56%；民办院校录取7.34万人，占87.44%。

【自学考试】2022年，广东省自学考试共19.42万名新生报名，报考规模116万人次、258万科次，稳居全国第一。全年办理毕业约5.6万人。自学考试原计划于1月、4月和10月组织3次考试，因疫情改为一年6次，方便考生及时完成学业。

【社会考试】2022年，全年组织实施中小学教师资格考试笔试、大学英语四级和六级考试、计算机等级考试、英语等级考试、同等学力人员申请硕士学位外国语水平和学科综合水平全国统一考试、大学英语四级和六级口语考试等6个项目11场考试，报考人数323.5万人，报考科次395.8万科次，完成评卷66.5万份、答题卡扫描512.7万份。全年社会考试工作安全、顺利实施，考风考纪进一步加强。

【研究生招生考试】2022年，广东省研究生招生考试报考人数27.5万人，再创历史新高。全省32个招生单位录取硕士研究生6.38万人，全省20个博士招生单位录取博士研究生0.81万人，招生规模均有显著增加。增加潮州、惠州和广州航海学院等7个考点，实现21个地市和广州地区公办本科院校研究生考试考点全覆盖。为全省180个常规研究生考试考点设立对应的平移考点，社会考生和在校应届生分开编排，为涉疫考生制订相应的考试方案，细致周密服务广大考生。

【成人高校招生考试】2022年，广东省成人高校招生考试报考人数65.3万人，再创历史新高。共录取54.33万人，其中，专科升本科层次录取25.79万人，高中起点本科层次录取0.72万人，高中起点专科层次录取27.82万人。2022年成人高考实现六个首次：一是首次严格落实考试地市按照户籍、居住地或就读学校确定，"报考难"问题得到有效缓解；二是首次实现报名增加人脸识别身份验证环节，有效防止相关机构或个人恶意抢占考位；三是首次全面实施"人脸识别"入场，严防替考；四是首次开发App让考生进行赴考方式登记和因疫情无法参加考试的考生申请退费；五是首次实现了平移组考，涉及全省6个地市7个考点7 460名考生；六是首次为17名全盲考生译制盲文卷。

【考试命题】2022年，命制各类试题2 506套，高质量完成命题任务。立项8个课题研究项目，实现命题成果省级科研转化"零的突破"。夯实命题信息化建设基础，充分发挥"一网两系统"效能。探索设立双组长制、政审校对专业组制度。

【考试评价】推进增值评价试点工作，高考年报提质增量，顺利完成口袋书指标统计等工作。

【考试招生服务】对滞留考生"一对一"闭环转运。及时为考生提供答疑辅导。为残障考生提供大字号试卷、盲文卷等便利服务。在官方微信公众号开通高考天气专栏，向考生发送考试提醒短信，提供细致周到的信息服务。

【考试招生保障条件建设】探索智慧考试，提升考务工作信息化水平。稳步推进全省考务综合管理平台建设。首次在高考评卷中应用辅助质检技术，首次在成人高考报名环节应用人脸识别验证。实现考场网络信息点、人脸识别身份验证、网上巡查高清视频、无线电作弊防控四个"百分百覆盖"，考务管理信息化水平实现较大飞跃。

推进标准化考点建设，保障考点考位数量充足。以大学英语四、六级考点建设为抓手，部署推动全省高校标准化考点建设，挖潜增加考位满足考生需求，增设社会考试考点14个、教师资格考试考位13.16万个；实现研考考点21个地市和广州地区公办本科院校全覆盖。

抓牢信息安全，保障考试实施安全平稳。做实考试招生信息化配套工作，优化系统功能模块，强化信息安全保障能力。协助省网安部门检查整改安全漏洞，有力巩固网络安全后盾。严格落实运维工作，安全监测、预警和防护能力显著提升。

【教育考试服务】全面实行教育考试收费电子化，稳步推进自学考试等考试收费标准调整工作。

完成考务综合管理平台运营保障服务等71个采购项目。做好年度部门预算，提高预算编制科学性精准性。

【命题基地建设】加强省市县有关部门协调联动，排查基地安全保密隐患，提升服务保障能力。完善基础设施建设，严格落实安全保密制度，顺利完成各类试卷印制任务。

（撰稿　尚　聪；审稿　欧阳谦）

教育研究

【落实立德树人根本任务】贯彻落实习近平总书记传承红色基因重要指示精神。深入实施中小学"三科"铸魂工程。举办义务教育三科教研员线上培训，超7.5万人参加。开展两场"三科协同式""研训一体化"教研活动，其中专项课题推进研讨活动在全国线上直播点击量达108万次。构建高质量大思政课实践体系，以大课程、大平台、大课堂、大资源、大协同为抓手，开展"中华优秀传统文化"主题2022年度广东省中小学思政课一体化教研活动，开展广东省中小学一体化教学展示。推进中小学党团队一体化教育研究，组织策划"高举队旗跟党走，红色基因代代传"系列活动。

贯彻落实习近平总书记培养高素质人才重要指示精神。围绕高水平科技自立自强需要，开展集成电路、关键软件和生物育种等急需紧缺学科人才培养研究，为培养担当民族复兴大任的拔尖创新人才建言献策。

贯彻落实习近平总书记重视发展职业技术教育重要指示精神。参与教育部"职业教育评估研究"、粤港澳大湾区职业教育合作研究，以及广东基于资历框架的质量保证机制、资历名册、学分银行等研究工作。参与《教育部　广东省人民政府关于深化产科教融合　打造粤港澳大湾区职业教育综合改革合作示范区的实施方案》《广东省职业教育资源与重大产业布局战略匹配工作方案》等制订工作。

贯彻落实习近平总书记努力成为党和人民满意的"四有"好老师重要指示精神。深入开展教师队伍建设研究，持续推进国家社科基金"新中国成立70年乡村教师发展历史变迁"研究，围绕教师队伍建设师德师风建设的重点，研究聚焦乡村教师留任，从正向激励探索乡村教师乐于坚守、积极奉献的职业精神。

【加快打造高质量教育研究体系】（一）深化"三大抓手"建设，加快健全基础教育教研体系

一是基础教育教研基地项目建设顺利推进。第二批基地64项立项，第三批基地60项立项。第一、二批教研基地开展本级教研活动共2384次，开展跨区域教研活动685次，惠及近2500万人次。二是"南方教研大讲堂"品牌效应凸显。举办"南方教研大讲堂"37场，涉及27个学段学科，点播量1975.72万次。与华南师范大学等合作推出高中核心素养的培养与评价专题，聚焦学业评价推出优化作业设计专题，内涵不断提升。三是"走进粤东西北教研帮扶活动"成效突出。先后组织走进7个地市开展教研帮扶，组织46个不同学段学科教研员、教育教学专家和名教师团队220人次，举行多种形式的教研活动，线上惠及教研员、一线教师近11万人次，总体满意度达95%以上。中学历史学科还聚焦"作业设计"组织开展教研帮扶。四是教研队伍建设成效显著。全省在编在岗专职教研员数量从2020年的2308人增加到2022年9月的4885人。举办高中18个学科省级新课程新教材新高考线上研修活动。开展义务教育18个学科段省级新课程方案和新课标培训活动，培训教研员和骨干教师约5000人。五是以组织全省中小学青年教师教学能力大赛带动教师队伍建设。第三届总决赛分别决出学前组、小学组、初中组、高中组、特教组、中职组第一名各1名，由省总工会按程序申报广东省五一劳动奖。全省6个组别参赛教师获得一、二、三等奖共1201个，加工录制小学、初中、高中各学科一等奖课例172节。

（二）深入实施"四大工程"，健全职业教育教科研体系

一是构建"省—市—校"三级中职教研体系。以"市聘省培"方式破解中职教研薄弱难题，推动地市聘用中职学校优秀教师作为兼职教研员，两年共聘用159人，规模增长了10倍。举办中职教研员省级培训，两年共培训210人次。二是推进"四大工程"服务职业教育高质量发展。"教研培育"工程高质量完成中职教研员能力提升省级研修任务，其中基础班68人、骨干班53人。举办第三届广东省中职青年教师教学能力大赛总决赛，直播点击量

·教育综合管理·
GENERAL MANAGEMENT IN EDUCATION

65.61万人次；组织开展广东省第六届（高职）青年教师教学大赛，全省89所高职院校3 556名青年教师参加。"名师送教"工程持续发挥辐射带动作用，选取90名优秀教师拍摄教学课例视频。三是项目带动加快提升职业教育教科研能力和水平。开展理论研究，围绕1+X证书制度试点、"双师型"教师认定标准、"职普融通"、"产业学院"和"资历框架"等热点问题，开展国家级、省级课题研究，并加强指导教育教学实践。组织立项"教研员理论与实践研究"专项课题30项，助推中职专兼职教研员教科研水平提升。组织完成73项"学生职业能力评测"专项课题结题验收，发挥用人单位评价主体作用，丰富职业教育评价理论与实践。

（三）开展高等教育理论研究和实践研究，助推提升高等教育发展水平

一是举办广东省第六届高校（本科）青年教师教学大赛。全省本科高校全员参与，65所本科高校共推荐823名选手参加决赛，49所高校413名青年教师获奖，促进提升青年教师教学能力，优化本科课堂教学。二是做好"大数据服务产业学院科技成果转化与推广"项目研究与实践工作。开展"广东产业学院科创资源在线"建设工作。做好《本科高校产业学院建设的理论与实践：以广东为例》专著出版工作。三是构建广东本科高校教研体系。全面调研了解当前广东本科高校教师教学发展中心建设现状、存在问题与困难等，草拟广东本科高校教研体系构建方案。

（四）加强民办教育治理研究，服务民办教育健康发展

落实民办教育"双计划"。配合做好全省民办教育"双计划"三年工作总结，并提出下一步谋划建议。参与2021年度广东省民办高校年度检查工作，对完善年检工作机制提出意见建议。配合做好省教育科学规划课题民办教育专项课题结题、立项工作。加强民办学校师资队伍、法人治理结构等若干专题研究。开展国家社科基金项目"民办高校'关联交易'治理"研究。完成全国教育科学"十三五"规划2017年度教育部青年课题"非营利性背景下义务教育阶段民办学校风险防范研究"结项，完成《非营利性背景下义务教育阶段民办学校风险防范研究》文稿。推进教育部重点课题"民办学校分类管理政策实施效果及优化路径研究"、省规划课题"科教融合视角下民办中小学教师教学学术能力培养路径研究"。

（五）加强教育评估监测理论研究，提高教育评估监测实践水平

一是规范有序开展师范类专业第二级认证工作。广东省教育研究院正式获得全国普通高等学校师范类专业二级认证资质。受省教育厅委托，组织6所高校12个专业的师范类专业第二级认证申请工作。二是深入推进普通高中教育质量监测项目。完成珠海市第二轮监测19所学校教育质量监测报告和市级整体报告。受省教育厅委托，结合项目前期成果，研制《广东省普通高中学校办学质量综合评价实施方案（试行）》。策划《广东教育》（综合）（第11期）高中教育质量监测项目专栏。三是稳步开展教育评估监测研究。开展广东省幼儿园保育教育评估体系研究。开展财经素养教育研究与探索，策划并组织全省237所课题学校参加"大湾区财经素养教育实践课题学校教师在线研讨活动"，策划组织"财经素养教育与劳动教育融合课堂教学案例征集活动"。

（六）开辟教育数字化新赛道，推动教育研究工作转型升级

一是原创性构建"学习发生的知行理论"和课堂教学智慧评价体系（CSMS）。深化"5G+教育质量监测与改进"研究，基于广东省重点领域研发计划项目"5G+智慧教育"专项的第三场景"教育质量监测与改进"，提出"学习发生的知行理论"并构建课堂教学智慧评价体系。在16个地市69所中小学和7所中职学校应用推广试点，共计生成2 070份课堂大数据报告、138份大单元分析报告、69份学科类报告。二是开展基于课堂教学大数据分析的课堂教学改进研究。试点的8个学科在河源、清远共举行线上线下研讨活动32场，积累了丰富的教研案例和数据。三是打造数字化教育研究工作品牌。创立"南方职教云端学堂"，组织"学习贯彻新职教法""新业态·新职业·新专业""中职高质量发展：新思路·新机制·新举措"3场交流活动，点播量累计76.52万人次。四是加强中小学教育信息化变革研究。联合高校调研指导白云区、华南师范大学附属小学等多个区域、中小学校开展智慧课堂、智慧教研。高质量完成教育部重点课题"互联网+教育精准扶贫视域下薄弱学校发展路径研究"。推进省基础教育信息化融合创新示范推广项目，编著出版《基于学习数据的适应性教学模式研究和案例》。五是大力建设数字化资源。研发职业教育教科研数据库，在"粤教研"平台开辟"职业教育"专栏，完成中高职青年教师教学竞赛优质教学资源整理、

分类、上传等工作。

【加快建设高端新型教育智库】（一）主动服务教育决策工作

一是承接教育行政部门委托研究项目。承担省教育厅委托项目《区域基础教育发展评价研究与实践》研究，搭建体现公平与质量的评价指标体系，形成研究报告初稿。二是参与教育政策、规划文本起草工作。协助修订地方综合课程指导纲要，研制义务教育课程实施指导意见、作业管理指导意见和普通高中新课程新教材实施省级示范区示范校建设指南等。深度参与《广东省教育援疆五年规划（2022—2026年）》起草。参与研制《广东省教育评价改革试点工作方案》。研制《广东省特色普通高中发展指导意见》《广东省"十四五"县域普通高中发展提升实施方案》《广东省"十四五"特殊教育发展提升行动计划》等。协助研制《广东省中小学劳动教育实施指引》。起草《关于促进新时代广东省民办教育高质量发展的实施意见》等。三是提供决策研究咨询报告。组织撰写《建设广东特色高质量教育体系 为我省在新征程上继续走在全国前列提供有力支撑》《巩固落实"双减"工作成效，助力优化基础教育高质量发展新生态》《广东省体育类职业院校高水平运动员和高素质体育技术技能人才培养调研报告》等研究报告。形成《衡量高等教育发展水平主要指标以及对当前广东高等教育发展水平的基本判断》。四是高层次教育研究对话平台进一步巩固。以"新时代教育评价理论研究与实践探索"为主题，主办第十届中国南方教育高峰年会，省教育厅副厅长李璧亮、教育部综合改革司体制改革处处长李轶群做主旨演讲，以及12名知名专家学者与教育行政部门负责人、教育科研机构负责人、校长教研员教师代表，聚焦新时代教育评价改革展开"云研讨"，79.81万人次在线观看，有效发挥教育智库舆论引导作用。

（二）推进粤港澳大湾区教育合作交流与研究

一是加强粤港基础教育课程交流。完成粤港"一课两讲"计划，组织粤港10对项目学校聚焦小学品德课程实施开展线上探讨，拍摄30余节优秀课例，组织10余次研讨会，指导专项课题研究10个。举办2022粤港澳大湾区中小学校长论坛，加强与香港教育工作者联会、澳门中华教育会协同，开展"数字化时代：大湾区中小学智慧教育与协同发展"研讨活动，共吸引44.5万人次观看。探索构建姊妹学校（幼儿园）深度交流合作机制的思路与路径。二是深入推进粤港澳大湾区合作发展研究。完成国家社科基金"粤港澳大湾区国际高等教育示范区政策支持体系研究"。参与国家社科基金教育学重点课题"粤港澳大湾区教育一体化发展的问题与制度创新研究"相关子课题研究、粤港澳大湾区大学集群发展研究、粤港澳大湾区科研治理研究等。

（三）提升教育研究服务高质量发展基础能力

获批全国教育科学"十四五"规划2022年度教育部重点课题1项；广东教育科学规划2022年度中小学教师教育科研能力提升计划项目8项，其中重点项目1项，一般项目7项；广东省教育科学规划2023年度中小学教师教育科研能力提升计划项目7项，其中重点项目1项，一般项目6项；2022年度教育科学规划课题（教育综合改革专项）5项；2022年广东省基础教育事业发展政策研究课题1项。

（供稿　广东省教育研究院）

教 育 期 刊

【综述】 2022年，是新时代新征程中具有特殊重要意义的一年。作为委厅教育宣传机构，广东教育杂志社（以下简称杂志社）围绕中心、服务大局，开展各项工作，为广东省教育高质量发展做出积极贡献。

【党建工作】 一是抓实"三会一课"制度，筑牢基层战斗堡垒。把"三会一课"制度落实情况列入全年党建工作重点，结合党员思想和工作实际制定"三会一课"计划，明确责任人、召开主题和具体方式，压紧压实责任链条。二是根据《关于报送"奋进新征程 建功新时代 以模范机关创建实际成效迎接党的二十大胜利召开"主题活动进展情况的通知》，切实做好主题活动工作。2022年9月14日至9月30日，支部书记黄小坚围绕"党建工作建议、单位发展建言献策、党员困难解决以及党员对书记的看法"等方面与杂志社党员逐一开展谈心谈话，注重帮助党员克服困难，教育引导党员敢担当、善作为；9月15日，杂志社党支部召开支部党员大

·教育综合管理·
GENERAL MANAGEMENT IN EDUCATION

会，集中学习《习近平谈治国理政》第四卷，积极营造浓厚氛围，感悟领会精神实质，围绕学习内容，紧密结合自身工作实际进行研讨交流，凝聚思想共识，汇聚奋进力量。三是积极开展"我为群众办实事"实践活动，做好疫情防控志愿服务工作。

【教育宣传工作】2022年，通过《广东教育》（综合）杂志等平台，重点宣传广东推进高中"双新"示范区示范校建设、广东交出"双减"成绩单、广东奋力推进学前教育高质量发展、广东职业教育十年发展纪实、广东十年强师之路等发展成就，策划心理健康教育、广东省中小学"百千万人才培养工程"、构建高水平教研体系的"广东范式"、"双减"落地的学校样本等专题，有力传递广东教育正能量。

【期刊编校工作】2022年，杂志社继续坚持"提品质，树品牌，办一流教育期刊"的办刊宗旨，遵循"质量第一"的原则，按时按质做好《广东教育》《广东第二课堂》《师道》《高教探索》等杂志的选稿、编校、出版等工作，努力提升刊物的文化学术含量和编辑加工水平，积极为广大师生提供更优质的精神食粮。

【教育品牌活动】2022年，积极做好广东省教育厅委托杂志社组织开展的"迎接党的二十大 培根铸魂育新人"第十二届师德主题征文及微视频征集活动、第十五届广东省中小学"暑假读一本好书"活动、"喜迎二十大，筑梦新时代"中小学征文展示活动。顺利完成省教育厅主办、杂志社承办的"我在党旗下成长——2021年广东省校园摄影大赛"的组织和评选工作；完成与广东教育学会联合举办的"与你一起成长——广东省第四届中小学书信活动"的稿件征集和评选工作。2022年11月，由广东省教育厅主办、杂志社承办的"沟通从信开始——第一届广东省中小学寒假书信活动"正式启动。

【新媒体工作】积极配合省教育厅做好疫情防控宣传、安全教育和高考志愿填报宣讲等工作。"广东教育传媒"微信公众号推送的系列文章被省教育厅、各地市教育局官方微信号大量转发。其中，清明节放假安全提醒被教育部和全国各地媒体转载，多篇高考志愿填报文章被《南方》杂志、"东莞发布"、"云浮发布"等转发。截至2022年12月6日，全年共推送文章近1900篇，阅读量达2000万人次；推送短视频500个，产生多条"10万+"推文及百万播放量的短视频。2022年10月，"广东教育传媒"微信公众号首次进入全国教育类微信公众号周排名50强。

【人才队伍建设】积极探索有效的激励机制和奖惩制度，进一步调动职工积极性；继续发挥骨干采编人员的辐射带动作用，通过以老带新、师徒结对等方式促进年轻采编人员快速健康成长。

（供稿　广东教育杂志社）

语言文字工作

【综述】2022年，广东省深入学习贯彻党的二十大精神，全面贯彻习近平新时代中国特色社会主义思想，认真落实全国、全省语言文字会议精神，坚持和加强党对语言文字工作的全面领导，推进语委体制机制建设落地落实，推进中华优秀传统文化传承传播，推进粤港澳大湾区及海外语言文化交流合作，提升语言文字服务水平，努力实现普通话水平测试规范增量提质，推动广东语言文字工作出新出彩。

【提升语言文字工作治理能力和治理水平】2022年，省政府办公厅印发《广东省全面加强新时代语言文字工作若干措施》，为广东省新时代语言文字高质量发展提供强有力的政策保障。省语言文字工作委员会印发《关于确定省语委成员名单等事项的通知》，推动各地级以上市政府、各高校建立健全市语委、高校语委机构。截至2022年底，全省21个地级以上市100%成立市语委，有132所高校成立学校语委。

【普通话水平测试】把开展普通话水平测试作为党史学习教育"我为群众办实事"的工作来抓，切实提高"政治三力"。验收北京师范大学珠海校区测试站、指导新建3个普通话测试站，授权15个高校测试站面向社会测试，缓解全省普通话测试压力。克服疫情影响，推进普通话水平测试工作。2022年全省共完成普通话水平测试43.9万人次。

【推广普通话宣传工作】实施国家通用语言文字普及攻坚工程。省教育厅联合省委宣传部等9个部门举办第25届全国推广普通话宣传周活动，坚持把推普周从1周延长到2周，把"推普宣传周"变成"推普宣传月"。协调广东卫视等30多家省、市电视台及南方日报、"南方+"等多家主流媒体，发布新闻报道，插播推普公益宣传片、"诵读中国"优秀经典作品，打造全天候、立体式推普宣传攻势。推进"童语同音"计划，与省妇联联合举办"小手拉大手 学讲普通话"活动，做好学前儿童普通话教育和阶段性评估监测。

实施民族地区推普助力乡村振兴工程。加强粤东西北农村山区及少数民族地区推普脱贫工作。

实施对口帮扶推普助力乡村振兴工程。实施"经典润乡土计划"。推进农村地区推普攻坚行动。扎实推进2022年"推普助力乡村振兴"全国大中专学生暑期社会实践志愿服务活动，广东省有70支团队入选国家级团队，居全国第三位。指导暨南大学承办教育部委托的广西百色德保县100名教师国家通用语言文字能力提升在线示范培训班。

【中华优秀传统文化传承传播】举办中华经典诵写讲广东省四项大赛。广东报名参加在线测试的人数近12万人，居全国第一。广东"四项大赛"省赛共604项作品获奖。推荐优秀选手参加全国"第四届中华经典诵写讲大赛"，广东省共有412项作品获奖，其中一等奖46项、二等奖63项、三等奖135项、优秀奖168项。广东省语言文字工作委员会办公室、中山市教育和体育局、广东文艺职业学院、广东江门幼儿师范高等专科学校、中山报业传媒股份有限公司等5个单位获得教育部"第四届中华经典诵写讲大赛"优秀组织奖，另有7人获评先进个人。

开展广东省"经典润乡土"系列活动，以"读经典""讲经典""诵经典""书经典""播经典""赛经典""传经典""探经典"八大抓手扎实推进，连续2年得到教育部经费奖补。举办"中国诗词大会（广东赛区）"选拔活动，从全省21个地级市和160多所高校选拔出300多名优秀选手参加广东赛区"中国诗词大会"选拔赛。

【推进粤港澳大湾区及海外语言文化交流合作】加强大湾区语言文化交流。指导华南师范大学承办教育部语言文字应用管理司"粤港澳中小学教师普通话推广及教学能力提升班"项目。广东省连续第二年夺得教育部主办的中国经典诵读内地港澳展演承办权，2022年由华南师范大学承办的教育部第七届中华经典诵读港澳展演活动取得成功。开展575名外籍人士、港澳台居民普通话水平测试。通过线上比赛的形式，与香港、澳门联合举办"粤港澳姊妹学校中华经典美文诵读汇演"活动。

加强语言文化国际交流。2022年，暨南大学共为澳大利亚、英国、意大利、斯洛伐克等9个国家举办海外华文教师线上考试113场，参加考试5000余人次。

支持建立"粤港澳大湾区语言生活与语言服务建设联盟"（以下简称"联盟"）。12月28日，"联盟"在广州举办的第七届语言服务高级论坛上，以线上方式正式成立，广东省教育厅副厅长朱建华出席论坛并讲话。论坛上推动发布《粤港澳大湾区语言服务发展报告（2022）》。

【语言资源保护工程广东项目】打造广东语保工程（一期）标志性精品成果《中国语言资源集·广东》，共计16大册、500万字，由中国社会科学出版社出版。中国语言资源保护工程二期广东项目第一批5个濒危方言调查点通过教育部终期验收，其中清远英德粤客混合语调查点被推荐为优秀调查点。启动开展汉语方言口头文化语料转写工作。

【推进语言基地建设】2022年，顺利完成第一批全国语言文字推广建设基地暨南大学和华南师范大学的中期考核。

【关注特殊人群语言文字需求】省教育厅、省语委与省残联联合举办广东省2022年国家通用手语和国家通用盲文技能大赛，有力提高推广和规范使用国家通用手语、国家通用盲文的程度和质量。

（撰稿 林浩敏；审稿 王魏锋）

毕业生就业创业工作

【综述】2022年，广东省高校毕业生人数再创新高，达到71万人，比2021年增加6.6万人，中职毕业生27.29万人，稳就业工作任务非常艰巨。在教育部和省委、省政府的正确领导下，广东省教育系统认真学习贯彻习近平总书记关于做好高校毕业生就业工作的重要指示批示精神，深入落实党中央、国务院"稳就业""保就业"决策部署，攻坚克难、担当作为，确保2022年全省高校毕业生就业局势稳定。截至 8 月 31 日，全省高校和中职毕业生就业局势保持稳定，完成既定工作目标任务。全省共 12 所高校获评国家级创新创业学院和国家级创新创业教育实践基地建设单位，获评总数位居全国第二。广东省在第八届中国国际"互联网+"大学生创新创业大赛决赛中再创佳绩，获得 34 枚金牌（含萌芽赛道创新潜力奖）、53 枚银牌，获金奖数再创历史新高，排名全国第三。

【主要措施】（一）抓统筹谋划，完善就业工作机制

推动落实高位部署。省委、省政府高度重视高校毕业生就业创业工作，省主要领导多次召开会议研究部署就业工作，提出要求。省教育厅党组多次召开会议，准确研判就业形势，明确推动工作举措。强化高校主体责任。督促高校落实"一把手"工程，成立就业工作领导小组，书记校长负总责，加强毕业生就业管理、指导和服务。建立就业工作情况通报和就业状况反馈机制。成立省教育厅高校毕业生就业工作专班，建立专班通报制度，有力有效推进各项工作任务。健全就业状况反馈机制，对 2021 年就业去向落实率低的高校缩减专升本招生指标。

（二）抓部门联动，提升政策保障力度

推动出台《广东省进一步支持大学生创新创业的若干措施》，聚焦大学生创新创业需求，提出推进大学生创新创业实践平台建设等 10 条具体举措，明确省有关单位职责分工，为大学生创新创业提供有力保障。推动出台《关于确保 2022 届广东省高校毕业生就业局势稳定的工作方案》和《2022 年广东省高校毕业生就业创业十大行动方案》，统筹发挥各方力量促进高校毕业生就业创业。印发《广东省教育厅 2022 年学生就业创业工作要点》，细化工作任务和具体举措，指导高校稳步有序开展就业创业工作。

（三）抓岗位拓展，拓宽毕业生就业渠道

拓展政策性岗位。联合省有关单位挖掘国有企业、机关事业单位、基层服务项目等政策性岗位 28.25 万个。加强校园招聘市场建设。联动各方力量举办"广东省 2022 届普通高校毕业生系列供需见面活动""2022 届高校毕业生就业促进周""2022 届高校毕业生就业'百日冲刺'系列活动"等各类供需见面活动 989 场，累计 20.84 万家用人单位参加，共提供 1048 万条就业岗位信息，学生累计投递简历 83 万份。开展高校书记校长"访企拓岗"促就业专项行动。全省高校共走访 1.43 万家用人单位，促成新增就业岗位 18.36 万个、实习岗位 9.04 万个，达成就业实习实践基地合作意向 9924 项，成效明显。

（四）抓平台建设，提升就业指导和服务质量

进一步完善广东省高校毕业生就业创业智慧服务平台，提供一站式线上办理就业、招聘和签约服务。开展 2022 年广东省高校就业创业特色示范课程建设和高校职业生涯咨询特色工作室建设活动，评出 58 门省级高校就业创业特色示范课程和 16 个广东省高校职业生涯咨询特色工作室。华南农业大学的"互联网创业：新工科专创融合课程"获评全国金课（全国共 20 门）。华南师范大学幸福生涯工作室和广东工业大学晓业咨询室获评全国高校职业生涯咨询特色工作室（全国共 21 个），不断推动高校就业创业课程建设和师资队伍发展。建立高校毕业生就业数据核查机制。坚决遏制就业数据"注水"、学生"被就业"等问题。通过省就业平台开设学生就业信息反馈、邮件核查、电话核查三大模块功能，对外公布就业统计举报电话和邮箱，组织全省高校全面开展 3 轮就业信息自查自纠和核查，其中就业信息共收到 7456 条反馈、邮件核查共发送 5.27 万封、电话核查 2504 人次。委托第三方对高校就业统计数据进行抽查，对就业数据违规行为保持高压态势，确保就业统计数据真实有效。开展就业创业政策宣传月活动，帮助更多高校毕业生知晓各项促就业政策。开展"闪亮的日子——青春该有的模样"大学生就业创业人物事迹征集活动，发挥好典型引领作用。

（五）抓创新创业教育，推动创业带动就业

举办第八届中国国际"互联网+"大学生创新创业大赛广东省分赛，将创新创业教育贯穿人才培养全过程，营造良好的创新创业氛围。2022 年，广东省参赛报名项目达 37.53 万个，参赛学生达 155.88 万人次，参赛项目数量和参赛学生人数均有较大增幅，基本实现区域、学校、学生类型全覆盖。在全国总决赛中，广东参赛团队共获得 34 枚金牌、53 枚银牌，金奖数位居全国前三，实现了走在全国前列的参赛目标。开展第二轮广东省大学生创新创业示范学校复评和动态管理工作。组织有关专家通过网上评审、线上答辩、终审会议、公示等方式遴选出中山大学、华南理工大学、华南农业大学等 13 所高校为全省大学生创新创业教育示范学校（2022—2025 年），进一步促进示范校开拓进取、积极作为。加强"双创"示范学院和示范基地建设。华南农业大学、深圳职业技术学院等 6 所高校被认

定为国家级创新创业学院建设单位，华南理工大学、广东工业大学等6所高校被认定为国家级创新创业教育实践基地建设单位，总数位于全国第二。暨南大学"WE创港澳台侨青年众创空间"等20个基地立项为广东省创新创业教育实践基地。加强"双创"教材建设，提升"双创"教学水平。2022年遴选广东省高校创新创业教育精品教材29门，不断提升全省高校创新创业课程和教材建设水平。举办第五届粤港澳大湾区大学生创新创业项目对接洽谈活动，开展线上项目路演及洽谈，参与对接洽谈活动的投融机构与项目团队共达成60份投资意向，对接意向融资金额（含授信金额）超4.2亿元，通过线上线下资源对接平台，助力优质创新创业项目在广东落地。

（撰稿　吴小明；审稿　周昭国）

校外教育培训监管工作

【综述】 2022年，广东省有学科类校外培训机构651家，其中线上学科类11家，线下学科类机构640家，学科类机构从业人员3744人；非学科类培训机构5324家、从业人员20050人；全省资金监管总额8亿元（数据动态变化）。义务教育线下、线上学科类培训机构压减比例分别达96%和86%，学科类培训"营改非"完成率、线上培训机构"备改审"完成率和纳入资金监管机构的比例均实现100%。全省21个地市均已成立"双减"工作专门机构。

【持续巩固校外培训治理成果】 加大隐形变异培训查处力度。组织开展2022年暑假校外培训专项治理和督导行动，严防"双减"治理成果反弹。全省共出动检查人员5335人次，排查机构数量5651家，发现违规机构79家，发现违规个人4人，以上违规情况均已整改处置完毕。对3起违规开展学科类培训典型案例进行全省通报，并通过官网、公众号公开曝光；全省累计通报违规机构及个人67例次。

组织开展"回头看"工作。组织排查已经压减和转为非营利性的面向义务教育阶段学生的所有线上、线下学科类校外培训机构，切实巩固义务教育阶段学科类培训治理成果。累计排查校外培训机构10499家（含已注销培训机构）、教培材料内容18307份和从业人员38050人，共排查出存在问题机构281个，查处隐形变异问题131个/次，不合规培训材料60份，不具备相应资质的教学、教研人员144人，均已整改处置完毕。

统筹推进开展线上巡查。会同网信、公安、通信、市场监管部门，组织全省21个地市严密开展线上巡查专项行动，分类排查及处置各类违法违规行为，规范校外线上学科类培训，切实维护从严治理、全面规范的校外培训监管局面。全省累计巡查1675次，共巡查589个对象（含机构、网站、App等），包括46家机构、17个平台、241个公众号、61个小程序、218个网站、6个App，发现的113个问题线索均已整改处置完毕。

开展"监管护苗"暑期专项行动。保持打击违规培训的高压态势，持续强化校外培训监管，加大校外培训广告管控力度，推进化解培训退费纠纷，切实维护人民群众利益。全省累计出动检查人员11800人次，检查培训机构7924家次，通过约谈、通报、取缔等方式处理一批违规办学行为，累计发出整改通知书166份、停办通知书23份。

落实校外培训材料和从业人员专项排查。对线上培训机构进行全面排查，并部署各地对面向中小学生的所有校外培训机构进行排查，分级分步推进省市抽查工作，从培训材料编审用、从业人员招用管等方面，全面查找问题并及时整改，守好校外教育培训内容关和人员关。全省累计出动检查2826人次，组建审核专家组184个，共排查校外培训机构6436家、培训材料28644份、从业人员31597人，其中发现培训材料方面问题772个、从业人员方面问题596个，均已整改处置完毕。

从严审查教育移动互联网应用程序。对全省各类教育App从严审核，通过后列入教育部教育移动互联网应用程序备案管理平台，同时，每月在省教育厅官网上动态更新"广东省教育移动互联网应用程序备案名单"。2022年，累计审核教育App终端总数483个，其中通过审核227个，退回256个。印发《广东省教育厅关于从严规范教育App选用工作的通知》，从严规范教育App选用工作，要求各级各类学校选用的教育App建立备案审查制度，凡未通过教育部教育App备案的，一律不得选用。

教育综合管理
GENERAL MANAGEMENT IN EDUCATION

【全面规范非学科类校外培训机构】明确机构设置标准和审批流程。配合省科技厅、省文化和旅游厅、省体育局出台科技、文化艺术、体育三类非学科类校外培训机构设置标准，牵头制定非学科类校外培训机构办学许可证审批流程指引（试行），联合科技、文旅、体育、民政、市场监管部门根据职责共同做好校外培训机构的监管和执法工作，强化非学科类培训机构治理，指导各地按照非学科类校外培训机构设置标准做好证照审批登记工作，推动加快落实关于非学科类校外培训机构从严审批、确保证照齐全的要求。

组织艺考类培训机构专项治理。会同公安、文旅、市场监管部门，部署全省加强对艺考培训机构的规范管理，全面摸清全省艺考培训机构的底数，对艺考培训机构从业人员信息逐一进行核查，严厉打击违法违规行为。全省累计摸查艺考培训机构213家，在读学生29 964人。累计排查证照不全机构129家，已责令其中113家机构依法依规办理资质，13家机构停止开展艺考培训业务，取缔关停3家机构。累计摸查从业人员3 410人。

【进一步强化风险防范化解】推进信访投诉核查处置工作。公布全省校外培训（含艺考培训）投诉举报电话和邮箱，受理相关投诉举报，全年共接听投诉、咨询电话1 666个；针对"互联网+督查"、"粤省心"、全国校外教育培训监管与服务综合平台等转来及群众来邮来电、网上信访等途径的校外培训投诉线索，一律分类督办，转交各地核查处置，督促培训机构及时跟进处理，履行调解和管理职责。2022年，转来涉及培训机构信访及全国校外教育培训监管与服务综合平台线上和线下培训机构投诉2 010件，已处理1 982件，办结率达98.61%。

加强校外培训督导检查和社会监督。8月，协助做好基础教育高质量发展有关工作专项督导，赴各地开展"双减"督导，实地抽查检查校外培训机构共44家。经过各地各有关单位人员推荐、资质审核、名单公示等环节，组建首届广东省校外培训社会监督员队伍，聘用57人为第一期省校外培训社会监督员，加强社会监督力量，服务推进全省"双减"工作。

【落实全国监管平台全流程监管工作】落实教育部关于推进应用全国校外教育监管与服务综合平台的各项要求，加强培训资金监管。召集中国人民银行广州分行、广东省市场监督管理局、广东银保监局等部门，专题研究广东省预收费监管工作落实情况，探索创新工作思路。指导督促各地紧盯账户核验、支付开通等关键环节，攻坚克难，加快推进全流程监管，确保工作成效。开展日常答疑，组织各地培训机构参加全流程监管工作培训会，加快打通全流程监管通道。全面压实监管银行责任，督促银行加快技术开发、增大技术投入，共同解决银行账户核验和资金支付划转中的技术问题。2022年7月，培训机构监管账户合格比例仅1.86%，全流程监管比例仅0.07%，通过系列措施，各地培训机构监管账户合格比例和预收费资金全流程监管比例有了大幅度提升，10月全省实现100%，位居全国前列，两次在全国视频会议上进行经验介绍。

【强化校外培训监管行政执法】参加全国校外培训监管行政执法培训班，学习研讨校外培训监管行政执法理论制度、处罚依据、执法流程等，开展校外培训执法实践经验交流，进一步推动执法队伍的专业性。会同省委编办、省司法厅联合制定《广东省加强校外培训监管行政执法的实施方案》，加强校外培训监管行政执法工作，强化各地行政执法条件保障，统筹优化各地校外培训监管机构职能和资源力量配置，提升校外培训治理能力和治理水平。指导各地教育行政部门履行属地监管职责，针对群众举报、舆情监测等渠道反映的隐形变异违规培训问题，会同有关部门现场执法、联动处置、及时通报，形成警示震慑作用。2022年，全省各地级以上市教育行政部门会同市场监管、公安等部门整顿问题培训机构超过2.3万家（次），会同网信、通信管理部门整顿违规线上培训的网站平台73个、关停取缔网站平台23个。全省各地行政处罚22家无证办学以及其他违法培训的机构，持续巩固校外培训治理成果。

【规范全省中小学生社会竞赛活动】出台广东省《面向中小学生的全省性竞赛活动管理实施细则》，完善竞赛评审办法、评审标准，健全异议处理机制、监督机制等，严禁违规收费，严禁竞赛奖项与基础教育招生挂钩，严禁组织举办中小学生学科类等级考试、竞赛及进行排名。公布广东省中学生天文知识竞赛等36项竞赛活动为2022—2025学年面向中小学生的全省性竞赛活动，指导各地教育行政部门会同事业单位登记管理、民政、市场监管等部门进一步规范竞赛管理工作，指导名单内的竞赛提升办赛质量，确保公益属性。指导广州市和各有关地市全面排查、从严查处"奥林匹克英语大赛""华数之星"等竞赛活动，其中"奥林匹克英语大赛"共计退还1 471名参赛人员费用73 550元。

（撰稿　张志立；审稿　方树生）

教育装备

【综述】 2022年，全省教育装备系统坚持以习近平新时代中国特色社会主义思想为指导，深入学习贯彻党的二十大精神，紧紧围绕广东省教育改革发展大局，立足教育装备发展新阶段，聚焦教育装备现代化建设新任务，按照立标准、促应用、强管理、保安全的工作思路，加快构建高质量教育装备标准体系，为推进教育高质量发展、办好人民满意的教育做出贡献。

【中小学教育装备】 2022年1月1日至17日，组织参加"教育部张謇杯全国中小学优秀自制教具展评活动"。推荐20名教师参赛且全部获奖，获得一等奖7个，二等奖12个，三等奖1个，4名教师获评自制教具能手，取得历届活动最好成绩。广东省教育装备中心获团体奖第三名和优秀组织奖。4月，教育部教育技术与资源发展中心召开"传承红色基因，讲好中国故事"阅读活动总结会，广东省入选交流作品数量居全国首位，广东省教育装备中心获评"活动组织突出贡献单位"。9月20日至12月16日，开展2022年广东省中小学实验教学精品课遴选活动。各级教育部门和学校共推荐1000节课参加遴选，评出一等奖182节，二等奖293节，三等奖431节，其中推荐107节精品课参加教育部教育技术与资源发展中心（中央电化教育馆）举办的全国中小学实验精品课遴选活动。10月，印发《广东省中小学阅读空间建设与管理指南》。10月10日至12月30日，开展2022年广东省幼儿园自制玩教具评选活动。各级教育部门和幼儿园共推荐388个自制玩教具作品参加评选，评出一等奖90个，二等奖120个，三等奖157个。10月20日至12月30日，开展2022年广东省中学化学和生物学实验教师（实验管理员）实验操作与创新技能竞赛。各级教育部门和学校共推荐266名教师参加，评出一等奖53名，二等奖82名，三等奖114名，创新奖56名。11月至12月，广东省开展"最美阅读空间"评选活动，85所省级中小学获评"最美阅读空间"。

【高等教育装备】 2月25日，广东省教育厅在2022年全国高校实验室安全工作会议上，介绍广东高校实验室安全管理经验。3月，根据《中共中央宣传部关于开展国家版本馆展品征集工作的通知》精神，广东省教育系统提交的展品涵盖3所高校，共15件珍贵古籍。4月22日，向教育部上报广东省2021年度实验室安全工作报告。7月26日，《我省从严从紧从细抓好实验室安全工作》经验做法被《广东教育信息》刊发。8月9日，《广东省系统推进学校实验室安全管理》经验做法被中央教育工作领导小组《教育工作情况》刊发。10月27日至11月4日，广东省教育装备中心安排专门同志赴广东生态工程职业学院参加疫情处置工作。11月22日，向教育部报送《广东省高等学校2020/2021学年实验室信息统计数据报告》。12月20日，向教育部报送广东省高校实验室安全整改总结，2022年全省高校累计整改完成隐患问题2863个。组织协调检查组，先后赴广州、深圳、东莞、肇庆、惠州、汕头、揭阳、汕尾、湛江、茂名、阳江、云浮、梅州、河源等14个地市，对132所高校、中学、中职学校开展进校现场检查指导。

【教育采购管理】 2022年4月7日至13日，开展省直教育系统优化政府采购营商环境自查自纠工作，自查2020年以来开展的公开招标政府采购项目共计1367个，整改项目涉及金额共约2548.9万元。5月18日、20日，举办两场"政采大讲堂"线上学习直播活动，共1011人次观看学习，实现60所省属学校全覆盖。6月1日至9月1日，开展教育系统采购管理平台"小零易购"平台入驻征集工作，共征集12个品目，品种数量344个，商品数量173442个，实现供需双方全部免费直采，充分发挥集中带量采购的规模优势，为高校采购工作提供规范化流程和便利服务。7月7日至28日，开展省直教育单位政府采购货物和服务项目违规收取质量保证金清理工作，清查发现违规收取质量保证金项目50个，全部退还违规收取质量保证金348.77万元。10月26日至28日，开展2022年省属高校政府采购执行情况调研检查工作，梳理总结高校内控机制存在的缺失和薄弱环节，促进廉政建设，确保依法依规采购。11月29日至12月8日，举办2022年广东省教育系统政府采购线上培训，进一步加强和完善学校政府采购内控管理，提高广东省教育系统政府采购管治能力，省教育厅机关、直属单位、省属高校、

·教育综合管理·
GENERAL MANAGEMENT IN EDUCATION

中职学校等单位参加培训,在线直播观看达1794人次。11月30日,制定《2022—2023年广东省教育部门进口产品清单》,共201个品目,从严管理单一来源采购方式、进口产品采购。

【世界银行贷款项目】2022年3月28日至4月1日,世行团队对世行贷款项目开展中期调整督导。省财政厅国合办参与督导的全过程,16个项目县(市、区)教育局分管领导、项目办有关负责人参加线上督导会议。8月25日至26日,省教育厅在广州市举办世行贷款广东省欠发达地区义务教育均衡优质标准化发展示范项目综合业务培训班,邀请有关专家,就世行贷款项目管理、财务管理、基建管理、固定资产管理等有关要求进行专题培训,16个项目县(市、区)教育局的代表汇报、交流世行贷款项目实施有关情况,分析存在的困难和问题,就下一阶段如何高质量做好项目实施提出具体工作要求。11月29日至12月9日,世界银行督导员对世行贷款项目进行督导检查,审查自2022年4月项目中期调整以来的进展,并评估项目发展目标的实现情况,省财政厅、省发改委有关部门和16个项目县(市、区)代表参加会议。

(撰稿 黄晓滨 杨文金 廖帆 陈亮 林秋君 张衍龙;审稿 林锡江)

政 务 服 务

【综述】2022年,广东省政务服务工作坚持以习近平新时代中国特色社会主义思想为指导,贯彻落实国家和省各项政策部署,在省教育厅党组的坚强领导下,全方位推进政务服务标准化规范化,多举措保障政务微信安全运维,多维度谋划赋能乡村教育振兴。

【全方位推进政务服务标准化规范化】把加快推进"互联网+政务服务"作为深化"放管服"改革的关键之举,持续提升政务服务能力。

一是推进政务服务平台建设应用。做好政务服务事项标准化工作,及时整改数字政府常态化监测的质检问题,督促处理各地市在实施标准化过程中反映的问题。推进电子证照应用工作,对"民办学校办学许可证""中外合作办学许可证"等证照按照新的国家标准重新注册签发,截至2022年共签发电子证照约781万张。按照"应编尽编"的原则,对政务服务事项审批结果可供共享的数据项及共享类型等属性进行梳理,在省政务大数据中心上编制数据资源目录。对事项管理系统的用户管理功能优化升级,由原来共用账号密码登录改为各事项绑定经办人,通过"粤政易"实名认证登录,提升系统安全性。梳理进驻"粤智助"政府服务自助机的事项清单,部署"粤省事"进驻事项的App适配化工作。配合省政务服务数据管理局做好国办组织的省级网上政务服务评估迎检及各项整改工作。全年在政务服务网受理办件23 423单。

二是高质量做好"12345"热线服务。进一步完善工作流程,通过"一个号码对外、统一平台受理、处室依责办理"工作机制,实现"件件有落实,事事有回应"。建立季度通报机制,对诉求类型、问题分类、处室效能、满意度等关键要素进行分析并向全厅通报。全年"12345"热线共受理咨询、求助、投诉等诉求11 756单,按时办结率100%,评价满意率92%。

三是全面推进政务公开标准化规范化。坚持多渠道、多形式开展政务公开工作,多措并举提升政务公开工作成效。修订《广东省教育厅政府信息公开指南》,对主动公开的信息范围、内容、查询方法以及对依申请公开的步骤、处理程序等做了细化规定。按时发布《2021年广东省教育厅政府信息公开工作年度报告》。全年共受理信息公开申请97例,其中依申请公开系统94例、书面申请3例,均按时办结。因政府信息公开申请引发行政复议3件,其中教育部维持省教育厅信息公开答复2件,省政府维持省教育厅信息公开答复1件。因政府信息公开申请引发行政诉讼0件。

四是积极推进"双公示"工作。严格按照国家和省相关文件规定,对行政许可和行政处罚作出决定之日起7个工作日内在广东省教育厅网站和"信用广东"平台进行公示。根据省政府集约化工作要求,停用省教育厅阳光政务平台,同时在省教育厅网站中建设"信用信息双公示"子系统,迁移阳光政务平台历史数据14 966条,实现与"信用广东"系统同步发布"双公示"。

【多举措保障政务微信安全运维】2022年，"广东教育"微信公众号、南方号、中国教育发布号全年编辑推送资讯近千篇，累计阅读量近2000万人次，关注用户比往年新增26万人次。一是完善信息发布流程，加强日常排查。在党的二十大召开前后，严格按照上级要求做好各项排查工作并制定风险预案，织密织牢意识形态领域安全防线，确保省教育厅政务新媒体安全有序，全年未发生一例涉重大政治错误、负面舆情、泄密等安全事故。二是围绕委厅中心工作，做好重大专题策划。在做好教育政策发布的基础上，按照教育节点规律，根据师生关注热点，策划考试快讯、招聘就业、健康安全等专题，走好网上群众路线；配合省教育厅各处室单位，策划学前教育宣传月、省学生运动会、学生资助等专题，传递广东教育好声音；聚焦党的二十大召开，在不同季度相继集中推出"奋发有为·争创一流""非凡十年·广东教育""学习二十大 广东教育在行动"等专题，凝聚奋进力量，营造良好舆论氛围。

【多维度谋划赋能乡村教育振兴】一是"三体系"赋能乡村教育振兴。健全"高层部署＋组团支援"教育对口支援体系。高规格成立省教育援疆专项工作领导小组，制定广东五年教育援疆规划，健全新阶段教育援疆长效机制；选派268名教育人才"组团"帮扶广西、贵州，补齐当地教育发展人才短板。健全"全覆盖＋教育集团"学校结对帮扶体系。推动地市优质教育集团在西藏林芝对口学校开展教师队伍建设、管理体制创新、教学资源共享、信息化建设与应用等合作帮扶，推动林芝广东实验中学开办"内地西藏班"，力争使其办学综合条件达到广东同类学校标准。健全"1＋N"对口支援职教联盟体系。推动组建由广东优质职业院校牵头，新疆、西藏、贵州、广西、黑龙江等地多所职业院校和广东优质企业参与的职业教育发展联盟，共同开展校企合作、特色专业共建、优质教育资源共享，携手提升职业教育办学水平。二是"三品牌"铸牢中华民族共同体意识。打造教育援藏品牌。实施"名校＋"精准帮扶工程，选派粤林两地2000多名师生互访交流，推动援藏教师成为林芝市特聘教研员，吸纳林芝骨干教师为广东名师工作室成员，开展红色教育交流实践活动600多场次，参与师生达20多万人次。打造教育援疆品牌。深入开展"大思政课"，开展课堂大思政实践活动19场，培育2000多名"红孩儿"红色小宣讲员，组织粤喀两地318所结对学校学生持续开展书信、足球、咏春等交流活动；推进国家通用语言文字推广教研培训基地建设，培训受援地教师2000余人次、少数民族员工6万多人次；实施文化润疆，开展足球、篮球、醒狮、童声合唱团、国旗护卫队等特色文化教育活动，将民族团结教育渗透到育人全过程。打造教育援桂援黔品牌。开展教育人才"组团式"帮扶、优化校本课程、"三支队伍"建设三大加力行动，举办学生"研学营"，思政课题研究交流活动、校本思政特色课程研讨等，增强教师使命感和学生理想信念教育。三是拓平台助力青年成才成长。持续升级广东高校与西藏林芝共建大学生思想政治教育实践育人基地项目。克服疫情影响选派大学生到西藏林芝中小学校支教，构筑广东－林芝市直－县区－乡村全领域的广东教育援藏优质资源辐射网。首次实施广东高校与新疆对口支援地区共建大学生思想政治教育实践育人基地项目。联合省援藏援疆办、省前指等部门组织113名高校师生进疆支教，持续释放高校教育帮扶潜能。开展"校地共建服务乡村振兴"试点行动。推动中山大学、华南理工大学、华南师范大学、华南农业大学、佛山科学技术学院等高校选派学生到台江县、雷山县支教，韩山师范学院等高校到龙尾镇支教，并不断拓展帮扶外延，在教育、医疗、产业发展等方面出谋划策、献智出力。

（撰稿 李洁雯 熊伟平 植绮华 罗宇东 杨倩；审稿 梅 毅）

 市域教育

EDUCATION IN VARIOUS CITIES

· 市域教育 ·
EDUCATION IN VARIOUS CITIES

广州市教育

概　　况

推动基础教育高质量发展。一是优化区域教育资源配置。2022年，广州市累计新增基础教育公办学位14.5万个；启动建设广州市艺术中学、广州市六中从化校区，执信中学二沙岛校区、广州外国语学校二期校区建成并投入使用；新增基础教育集团27个，获评广东省优质基础教育集团培育对象36个，扩大优质资源覆盖面。二是强化学前教育和特殊教育普惠发展。提前实现国家"十四五"学前教育"5085"目标，公办幼儿园在园幼儿占比55.82%，普惠性幼儿园在园幼儿占比89.1%；义务教育阶段残疾学生安置率达99%；成立广州市专门教育指导委员会，健全专门教育协调机制，专门学校的学生教育矫治成功率达98%。三是推进民办义务教育规范发展。完成75所"公参民"学校规范治理，完成66所民办学校更名、351所民办学校资金来源核查等工作。四是着力促进基础教育提质增效。10所普通高中入选广东省第二批普通高中新课程新教材实施示范校；北京航空航天大学等5所航校在广州市招生66人，占全省的35.7%，连续多年蝉联全省第一。基础教育优质课程建设有新成效，34节课入选教育部"基础教育精品课"，部级精品课数和省级精品课数均居全省第一位，14个项目被评为广东省第二批特殊教育精品课程和内涵建设项目。教师获省级实验精品课、省级自制玩教具奖项共计115个，获奖数居全省第一。

全面推进职业教育提质培优。一是高位统筹推动职教改革。推动调整广州市职业教育发展联席会议，由分管市领导担任召集人。广州市教育局成立由主要领导担任组长的职业教育工作领导小组，梳理形成职业教育改革发展问题清单，着力构建广州职业教育"1+1+N"政策体系。二是扎实实施办学条件达标工程。推进广州科技教育城（以下简称科教城）建设，广州铁路职业技术学院、广州幼儿师范高等专科学校如期进驻科教城；做好入驻科教城学校旧校区统筹使用方案，改善市属学校办学条件；加强督导考核，推动各区推进区属职业学校达标工作。三是不断提升综合办学水平。广州番禺职业技术学院、广州铁路职业技术学院"双高计划"建设均以"优"等次通过"双高计划"建设中期考核，并在省"创新强校工程"考核中分列第二名、第五名；新增省域高水平高职院校建设单位3所、培育单位2所，以及省高水平中职学校建设单位2所、省重点中职学校4所。中职学校入选省中职教育教学质量与教学改革工程项目128个，数量居全省第一。四是持续加强大赛培育工作。中高职学生获全国职业院校技能大赛国赛一等奖10个、二等奖27个、三等奖11个，省赛一等奖159个、二等奖200个、三等奖278个；中高职教师获全国职业院校技能大赛教师能力比赛国赛一等奖4个、二等奖2个、三等奖2个，省赛一等奖21个、二等奖38个、三等奖59个。五是不断强化学习型社会建设。广州成为2022年度唯一入选联合国教科文组织全球学习型城市网络会员的中国城市。推动成立国内首个职业院校服务社区教育联盟，出台《关于推进新时代广州老年教育高质量发展的意见》。

持续推动高等教育内涵发展。一是支持香港科技大学（广州）高标准亮相、高起点办学。香港科技大学（广州）获教育部批准正式设立并顺利开学，首批开设研究生专业15个，招收新生500多人。二是高水平大学建设取得新突破。广州医科大学进入国家第二轮"双一流"建设高校行列，临床医学进入ESI全球排名前1‰学科，实现市属高校ESI全球排名前1‰学科数量"零的突破"；市属高校新增3个学科进入ESI全球排名前1%学科。截至2022年，市属高校共有18个ESI全球排名前1%学科。三是全力做好高校毕业生就业服务。市属高校均提前实现毕业生去向落实率达90%的目标。

全面增强学生综合素质。一是加强思想政治教育。统筹推进全市大中小学思想政治教育一体化建设，擦亮《思政讲习堂》品牌，推出"中国特色社会主义好"主题精品课程9节，编写《纪念建团百年 传承红色基因》红色教育故事读本。"党史进校园"暨深化红色教育案例获评广东省基层思想政治工作优秀案例一等奖。二是提升学生科学素养。23名学生获全国天文学知识竞赛奖项，获奖人数位列全国第二；市属高校在第八届中国国际"互联网+"大学生创新创业大赛中获金奖4项,高中生获萌芽赛道创新潜力奖6项,在全国各参赛城市获奖数中名列第一;全市746所学校开展人工智能教育,获第五届全国青少年无人机大赛冠军1项。三是加强体育工作。广州市学生体质健康优良率达59.21%,完成教育部2022年学生体质健康标准优良率达到50%以上的目标。全市中小学100%配齐体育教师。组队参加广东省第十三届中学生运动会,包揽金牌榜、奖牌榜和团体总分三项第一;参加2022年广东省"省长杯"青少年校园足球总决赛,获得中职组冠军。四是增强美育熏陶。举办"羊城学校美育节"系列活动,在全国第七届中小学生艺术展演活动中,广州市获得27个奖项,获奖数量居全省第一。五是广泛开展劳动教育。推进"全国中小学劳动教育实验区"建设,创新开展"劳动教育职业体验""劳动实践深度体验活动"。六是提高学生法治素养。4名选手获第七届广东省"学宪法 讲宪法"演讲比赛和法治知识竞赛一等奖,1名选手获得全国学生法治知识竞赛团体赛冠军。

拓展教育合作交流。一是推进粤港澳大湾区教育合作。新增1所独立法人资格的内地与香港地区合作办学机构——香港科技大学(广州),新增港澳子弟学校1所——广州南沙民心港人子弟学校,新增港澳子弟班18个(共计64个),新增缔结穗港澳姊妹学校35对。广州市创办港澳子弟学校入选国家全面深化服务贸易创新发展试点"最佳实践案例"。二是全面拓展教育对外开放。市属高校新增中外合作办学项目3个,普通高中新增中外合作办学项目2个,外籍人员子女学校新增4所,国际姊妹学校新增9对,新评定教育国际化窗口学校培育创建单位20个。广州市创建培育教育国际化窗口学校入选中国国际教育十大事件。

深化教育评价改革。广州市作为广东省教育评价试点市顺利通过中期验收,11个教育评价改革案例入选广东省教育评价改革典型案例;18篇论文在广东省"五'破'五'立'教育评价改革主题征文活动"中获奖,广州市教育局获评优秀组织单位。初步建立起覆盖党委政府评价、学校评价、教师评价、学生评价四个方面,且具有广州特色的评价体系。继续完善教育督导机制,制定《广州市教育督导问责实施细则(试行)》,与各区政府签订《推动基础教育高质量发展任务书》,开展区级政府落实教育重点工作专项督导。建立督导信息平台。南沙成为全国"义务教育优质均衡先行创建县(市、区)"。

推进"双减"试点工作。一是健全政策体系。在全国率先启动校外教育培训监管地方立法,累计出台市级"双减"主体文件及54份配套政策文件、7项工作指引;将"双减"工作纳入教育督导问责范围、纳入对区教育履责评价,建立"双减"督导工作通报制度。二是坚持分类施策。实现义务教育阶段学科类培训机构总量、培训课时、参培人数、招生规模和预收费五个"极大减少",减少比例均超98%,高中阶段培训规模有效压减;课后服务质量持续提高,实现"平躺睡"学生数87.5万人,占午休托管学生人数比例的95.04%;率先建立校外教育培训治理研究中心;作为试点城市唯一代表在全国"双减"工作会议上做经验介绍,8个典型案例被教育部采纳并在全国推广。三是加大监管力度。建强行政监管队伍,广州市教育局和11个区教育局均成立内设监管机构;持证机构100%接入全国校外教育培训监管与服务综合平台,在市民服务平台"穗好办"设立校外培训专区。

推进智慧教育创新应用。一是数字教育资源服务辐射全国。高质量完成"广州共享课堂"优质教育资源建设民生实事,上线课程资源8188节,全年访问量达5.2亿人次,其中省外用户数412万,约占全国用户数的3.6%;市外用户数1555.4万,约占广东省用户数的14%;"广州共享课堂"已同步向澳门开放,有效实现优质教育资源"服务广东,面向全国"。二是智慧阅读扎实推进。截至2022年底,全市1052所学校参与智慧阅读,学生在平台提交笔记3471.8万份。智慧阅读已辐射到粤港澳大湾区全部城市的应用选点学校。三是人工智能通识教育覆盖城乡。建设"广州市中小学人工智能教育平台",为全市中小学提供1~8年级人工智能教育普及市级托底资源,农村地区中小学也可开设人工智能课。四是教育数字化治理基本形成。开发全市教育资源地图,有效支撑全市教育集团校管理及各类考试考务组织、应急指挥。持续构建市智慧阳光评价系统,实现数据采集科学化、数据筛选自动化、数据分析智能化、测评报告交互化。

加强新时代教师队伍建设。一是突出师德师风建设。在全省率先推出师德师风全员考试,开展"感动广州的最美教师"评选活动、新时代羊城"师·说"系列活动。印发《广州市中小学师德师风建设优秀学校选树方案》,持续开展师德师风建设专项检查工作,推进师德问题通报常态化。二是突出教师专业能力培养。高质量落实中小学教师"三类四阶段"和中职学校教师"二类四阶段"进阶式培训，全年培训教师187万人次；持续推动局科研项目数量及经费"双倍增"，增设"萌芽课题"支持新教师科研，提升教师科研能力；市中小学教师队伍建设大数据平台初步构建，人工智能助推教师队伍建设试点取得新进展；成立市级教师发展中心联盟，市、区教师发展中心全部通过认定。5个基础教育类项目（全省7个）、1个职业教育类项目（全省中职学校唯一）通过"广东特支计划"教学名师遴选，2名个人获广东省五一劳动奖章。三是优化师资队伍结构。持续开展校园招聘"优才计划"。高中阶段研究生学历人员比例持续提升，各学段专任教师高一层次学历占比增幅在珠三角地区排名第一，教师学历短板得到有效改善；区域内义务教育校长教师交流轮岗工作常态化，城镇学校、优质学校的教师以及骨干校长教师占比46.77%（此为2022年公布2021年数据）；评审出首批中等职业学校正高级教师19人。

加强教育经费保障。优先落实教育投入。年初，广州市教育局部门预算一般公共预算项目支出65.92亿元，同比增长35.78%，其中部门预算34.77亿元，转移支付31.15亿元。年中，完成民办义务教育学校购买学位追加资金6.7亿元和课后托管午休补助专项经费1.38亿元；市财政投入9.7亿元购买义务教育公办学位服务，受惠学生约36.8万人。扎实推进2022年预算执行，高质量编好2023年度教育部门预算。完善覆盖全学段的学生资助体系，确保实现"不让一名学生因家庭经济困难而失学"。

各级各类教育

【基础教育】（一）学前教育

2022年，广州市有幼儿园2 223所（见表2），在园幼儿655 288人。幼儿园教职工98 532人，专任教师45 872人。巩固学前教育"5085"成果。联合市财政局印发《广州市普惠性幼儿园生均定额补助实施办法》，加大财政对普惠性幼儿园的保障力度，推进学前教育普及普惠安全优质发展。持续推进省高质量发展实验区培育工作，花都区、南沙区被评为广东省第二批学前教育高质量发展实验区；越秀区、海珠区、南沙区顺利通过广东省学前教育高质量发展实验区阶段性检查并获优秀等次。做好33项广东省学前教育"新课程"科学保教示范项目中期检查迎检工作，全市2个区县项目、17个幼儿园项目（含省直园）获评中期检查优秀项目。组织越秀区、番禺区开展广东省基础教育高质量发展示范区申报工作。

（二）中小学教育

2022年，广州市有小学992所（见表3），在校生1 204 223人；普通中学555所，其中初中429所，在校生432 100人；普通高中126所，在校生170 272人。2022年1月，印发《中共广州市委 广州市人民政府关于深化改革推动基础教育高质量发展的实施意见》，深化教育管理体制机制、教师管理、育人方式和教育保障体系改革，全面推动基础教育高质量发展。全面推进落实义务教育新课程，持续开展新课标专题培训，进一步推进课堂教学改革，组织召开全市义务教育教学质量管理工作会议。压实各区主体责任，通过新增挖潜等手段持续扩大义务教育学位供给，全面落实免试就近入学政策，强化控辍保学，健全公平入学长效机制，大力推进"阳光招生"。

（三）特殊教育

2022年，广州市有特殊学生7 985人，特殊学校19所，在校人数4 767人。教职工1 567人，专任教师1 341人。落实残疾适龄儿童15年免费教育，义务教育残疾儿童入学率达99%。启动《广州市"十四五"特殊教育发展提升行动计划》研制工作。广州康复实验学校新校区建成并投入使用，白云区云翔学校达到标准化特殊学校建设要求。新建资源教室42间，特教班7个，累计建成资源教室328间，特教班71个。义务教育阶段开展特殊教育的普通学校共1 254所。14个项目获评广东省第二批特殊教育精品课程和内涵建设项目，总数达到33个，数量列全省首位。健全专门教育协调机制，成立分管副市长任主任的广州市专门教育指导委员会。全省专门教育现场会在广州市新穗学校召开。

表2　2022年广州市幼儿园基本情况

项目	单位	数量	比2021年增长（%）
幼儿园数	所	2 223	3.15
其中：民办	所	1 234	2.15
在园幼儿数	人	655 288	3.48
教职工人数	人	98 532	3.78
其中：园长	人	4 161	4.10
园长学历达标率	%	99.98	−0.02
其中：教师	人	45 886	3.80
教师学历达标率	%	99.84	0.10

表3　2022年广州市中小学校基本情况

项目	单位	数量	比2021年增长（%）
小学教育			
学校	所	992	0.61
在校学生	人	1 204 223	3.42
适龄儿童毛入学率	%	101.26	−0.32
小学生毕业率	%	99.4	0.10
小学毕业生升学率	%	98.3	0.15
教职工	人	77 924	3.48
其中：专任教师	人	67 290	3.53
教师学历达标率	%	100	0
其中：大专及以上	%	99.82	0.10
中级职称及以上	%	42.05	−3.47
普通中学教育			
学校	所	555	0.73
其中：初级中学	所	429	0.47
普通高中	所	126	1.61
在校学生	人	602 372	5.76
其中：初中在校生	人	432 100	5.92
高中在校生	人	170 272	5.34
初中生毕业率	%	98.80	0.08
初中毕业生升学率	%	96.50	−1.46
高中生毕业率	%	99.43	−0.24
高中毕业生升学率	%	98.42	1.48
教职工	人	57 370	3.41
其中：专任教师	人	48 728	3.31
其中：初中教师	人	33 843	4.28
高中教师	人	14 885	1.17
初中教师学历达标率	%	99.97	−0.01

续上表

项目	单位	数量	比2021年增长（%）
其中：本科及以上	%	97.57	1.27
中级职称及以上	%	54.81	-3.84
高中教师学历达标率	%	99.87	0.02
其中：中级职称及以上	%	73.38	-2.25

【职业教育】2022年，广州市职业教育围绕广州"制造业立市"城市发展战略，坚持服务全国、全省发展大局，以提升人才培养质量为核心，以供给侧结构性改革为主线，持续深化职业教育改革，职业教育办学布局更加优化，教学育人质量显著提高，产教融合进程不断加深，办学能力大幅增强，现代职业教育体系逐步完善，服务广州经济社会发展能力不断增强，为打造"引领湾区、国际一流"的高质量、示范性职业教育高地奠定坚实的基础。

全市中职招生学校33所，注册2022级新生36 093人（其中三二分段贯通培养招生计划11 353人），毕业32 668人，就业率93%（其中，全日制升学率55.3%，与2021年相比增加11.4个百分点）。

成立广州市教育局职业教育工作领导小组和工作专班，定期研究职业教育改革发展工作，着力构建广州职业教育"1+1+N"政策体系。实施广州市职业学校办学条件达标工程，2所高职学校顺利入驻科教城。入选广州市首批产教融合实训示范基地建设培育项目15个。25所中职学校组织11 093人次参与85项1+X技能证书培训，8所高职院校组织9 414人次参与166项1+X技能证书培训。

【市属高等教育】2022年，广州市属高校有13所，包含3所本科高校、1所内地与香港合作大学、8所高职院校、1所开放大学。国家"双一流"建设高校1所（广州医科大学，临床医学）；广东省高水平大学重点建设高校2所（广州大学、广州医科大学）；国家"双高计划"建设单位2所（广州番禺职业技术学院、广州铁路职业技术学院）。

推进广州市高水平大学建设。2022年2月，广州医科大学入选国家第二轮"双一流"建设高校。市属高校新增ESI排名前1%学科3个，广州医科大学临床医学学科进入ESI学科排名全球前1‰，实现市属高校ESI全球排名前1‰学科数量"零的突破"。

推进香港科技大学（广州）建设。2022年6月14日，香港科技大学（广州）获教育部批准正式设立，是《粤港澳大湾区发展规划纲要》发布以来获批的首个具有独立法人资格的内地与香港合作办学机构，是《广州南沙深化面向世界的粤港澳全面合作总体方案》出台后落成的首个项目，也是广州市第一所内地与香港合作办学机构。9月1日，该校举行首届学生开学典礼暨校园启用仪式。该校首批开设15个研究生专业，2022年共招收500多名研究生新生。

持续做好大学生创新创业教育工作。市属高校在第八届中国国际"互联网+"大学生创新创业大赛决赛中取得金奖4项、银奖6项的好成绩。其中广州大学获得金奖1项、银奖4项；广州铁路职业技术学院、广州番禺职业技术学院、广州开放大学各获金奖1项；广州铁路职业技术学院、广州城市职业学院各获银奖1项。

【民办教育】2022年，广州市印发《广州市规范民办义务教育发展的实施方案》，成立市级规范民办义务教育工作领导小组，统筹推进规范民办义务教育发展工作。出台《广州市购买民办义务教育学校学位服务实施意见》，为民办义务教育学校"人籍一致"学生提供购买学位服务，确保广州市义务教育阶段公办学生占比、进城务工人员随迁子女就读义务教育公办学位占比符合上级要求。开展广州市2021年度民办学校年度检查，共完成2 304所民办学校年检。开展"两个覆盖"集中攻坚行动，实现全市民办中小学校党的组织和党的工作全覆盖，并理顺学校党组织隶属关系，民办中小学校党组织全部调整为由教育部门党组织管理。编印《广州民办学校党建工作指引》，制定民办学校章程样本，推动实现中小学党建内容进学校章程100%、健全党组织参与决策和监督制度100%。

教育成果与特色

【市属高校党建示范创建和质量创优活动取得突破】广州市持续推进新时代高校党建示范创建和质量创优工作，推进高校党建工作和学校事业融合发展。2022年，广州医科大学附属第一医院党委、广州番禺职业技术学院现代物流学院党总支2个院系党组织入选教育部第三批"全国党建工作标杆院系"创建单位，广州大学土木工程学院本科生第一党支部、广州番禺职业技术学院艺术设计学院第一教工党支部、广州铁路职业技术学院机车车辆学院车辆党支部、广州卫生职业技术学院药学院党支部等4个党支部入选"全国党建工作样板支部"创建单位，广州市属高校实现"全国党建工作标杆院系"创建单位"零的突破"。

【开展新时代广州"师·说"活动】2022年5月31日，新时代广州"师·说"活动第一季第一场"从爱出发"正式启动。第一场的7名分享教师用自己最真实的故事诠释好老师的形象。9月8日，广州市师德建设主题教育月活动启动仪式暨新时代广州"师·说"活动第一季第二场教师节特别活动在广州图书馆举行。

【"广州市乡村教师学历提升计划"迎来首届毕业生】2022年6月25日，"广州市乡村教师学历提升计划"首届毕业生毕业典礼在广州开放大学举行。广州开放大学3年来招收3853名乡村教师参加学历提升，主动送教上门，建立培训学分银行，实行学历教育专业学分与教师继续教育专业学时相互衔接，允许课程及学分替换，搭建教师培训与学历教育衔接的"立交桥"，是切实为乡村教师服务的实践者。

【举行"教育部人工智能助推教师队伍建设行动试点项目"启动仪式】2022年6月30日，由广州市教育局主办、广州开放大学承办的"教育部人工智能助推教师队伍建设行动试点项目"举行启动仪式。省、市、区教育主管部门领导，专家委员会代表，相关高校、科研机构、一批高新技术头部企业和首批实验区、实验校代表以及项目实施单位广州开放大学代表等参加仪式，线上、线下共5000余人通过直播共同见证。该仪式是对广州市20年来深耕教师队伍信息化建设的总结和回顾，也是广州推进人工智能与教育教学深度融合，赋能教师发展、深化教师评价改革、助力教育优质均衡的新起点。

【"强基计划"取得成效】2022年5月18日，由广州市教育研究院主办的"强基计划"校本课程学科基地三年规划论证与分享会暨广州市五大学科奥赛教练中心组成立大会在广东广雅中学召开。2022年，广州市共获得22块金牌。

【《广州教育蓝皮书·广州教育发展报告（2021—2022）》出版】2022年9月，《广州教育蓝皮书·广州教育发展报告（2021—2022）》（以下简称《广州教育蓝皮书》），由社会科学文献出版社正式出版发行。《广州教育蓝皮书》包括总报告、分报告、"双减"政策专题、教师发展专题、调查研究篇和区域实践篇。全书以年度报告的形式总结广州市各级各类教育在2021—2022年间迈向高质量发展过程中取得的成就、经验及面临的挑战，聚焦"双减"政策背景下的广州教育改革探索，关注各学段教师队伍专业能力现状与有效提升，多角度呈现了广州市在教育改革与实践方面的研究与探索，具有较高的咨政价值和广泛的社会影响力。

【开展中小学、幼儿园督导评估】2022年，广州市完成22所幼儿园办园行为督导评估市级抽查，推进示范性普通高中和义务教育标准化学校、规范化幼儿园建设。全市共有省、市级示范性普通高中74所，义务教育阶段学校基本达标，规范化幼儿园占比95%以上。

【源头防范化解教培机构风险】教育部门牵头出台八项举措助力机构维稳纾困、平稳退出和转型发展，牵头对退费信访投诉实行"有访即处"，建立风险机构台账，强化常态和应急调度，对风险机构做到"早发现、早介入、早处置"。持证机构100%纳入资金监管，有效防范"卷钱跑路"风险。政法、人社部门分别牵头成立市、区两级防范化解教培涉稳风险专班与就业专班，开展应急处突。总体上，全市校外培训机构在"风险机构总数、可能无法消课或退还预收费总金额、已消课或退还金额、可能无法消课或退费学生总人数、已消课或退费学生人数"五个维度实现总体风险降级。

【建设基础教育国家级优秀教学成果推广应用示范区】2022年，广州市教育局继续推进基础教育国家级优秀教学成果推广应用示范区建设。广州市教育研究院以课程教材发展研究所为主导，基础教育教学研究所和广州实验教育集团协同推进"普通高中育人模式创新及学校转型的实践研究"项目。

【举办2022年粤港澳大湾区创客教育研讨交流活动】2022年12月26日，"2022年粤港澳大湾区创客教育研讨交流活动"以线上交流研讨方式举办。研讨活动围绕"创意湾区、教育引领"主题，分别邀请专家举办讲座，并有来自香港、澳门、广州、深圳、中山、佛山、肇庆等大湾区城市的学校师生在线分享创客教育教学案例和作品。当日在线参与人数达39 121人次。

该活动在2022年9月至12月期间共征集到项目作品1 158项，在完成初评和线上答辩终评的基础上，择优评选出教师教学案例40项、中小学生创客作品一等奖各30项、二等奖各70项、三等奖各100项，从中邀请部分获奖代表和专家参加交流研讨，并对部分优秀获奖案例和作品进行汇编。

【构建优质数字教育资源体系】广州市建设覆盖全学科全学段课程资源的"广州共享课堂"，涵盖扫码查看知识点二维码、课件回放、习题讲解、互动答疑等功能。自2020年3月至2022年12月，总访问量已达17.6亿人次，2022年访问量5.2亿人次，省外用户数412万，约占全国用户数的3.6%；市外用户1 555.4万，约占广东省用户数的14%，有效实现优质教育资源"服务广东，面向全国"。

【全面普及智慧阅读】广州市深入推进基于智慧阅读的课堂教学改革，引导学生课前开展基于主题阅读的翻转学习，课中交流阅读心得，开展深度学习，课后通过拓展阅读巩固知识点。以智慧阅读引导学生读好书，好读书，会读书。广州市智慧阅读已实现与广州图书馆等公共图书馆馆藏书目对接。截至2022年12月20日，全市1 052所学校参与智慧阅读，416 967名学生注册。学生在平台提交笔记3 471.8万份，参与学生平均每天阅读35分钟。

【推进全市中小学人工智能教育普及工作】在对全市1 534所中小学开展设备及网络环境情况普查的基础上，完成1～8年级共88课、99个人工智能课程托底资源的开发以及全市各区的专题调研、教师全员培训，完成3轮任课教师研训，11个区开展教研活动各1次，3 300多名任课教师参加多轮培训，每场培训满意率均超过90%。2022年9月，广州在全市1～8年级全面启动人工智能教育普及。专家教学指导、教学平台应用实践、学生竞赛活动、学校上课环境测试保障以及100所实验校的重点指导帮扶等工作稳步推进。114人进入世界机器人大会青少年机器人设计与信息素养大赛，其中小学组获全国亚军1人，一等奖（含亚军）9人、二等奖24人、三等奖48人；中学组获全国季军1人，一等奖（含季军）2人、二等奖9人、三等奖12人。

【广州启动首批市属优质基础教育资源集团化办学督导评估工作】2022年9月，广州启动首批市属优质基础教育资源集团化办学督导评估工作。广州市市属基础教育集团有10个，市政府教育督导室每4年组织一轮综合评估，此次首批组织广雅教育集团、执信中学教育集团、广州二中教育集团、广州实验教育集团等4个教育集团参加督导评估。评估包括问卷调查、线上审阅资料、现场访谈、实地考察等程序，旨在发挥以评促建作用，引导教育集团注重内涵发展、优势互补、合作创新，推动形成教育集团可持续发展机制，促进基础教育优质均衡发展。

【完善教师发展支持新体系】持续完善"1＋6＋11＋N"教师发展支持体系，成立市级教师发展中心联盟，完成8个区级教师发展中心认定工作。根据中小学（中职）专任教师、研训人员、教育管理干部的专业发展周期特点，按照新手、胜任、骨干、专家四个专业发展阶段，实施分类分阶段的进阶式培训。2022年市级层面开设教师全员培训课程2 900多门次，培训教师187万人次；开设市级专项培训项目71项，培训校长、教师共计6 488人。持续实施教育家培养工程、"百千万人才培养工程"等高水平人才培养项目。启动新一轮基础教育系统教育专家、名校（园）长、名教师工作室建设，共遴选工作室主持人505人，学科、学段、区域覆盖率均达到100%。

【评出首批中等职业学校正高级讲师】2022年，广州市中等职业学校教师职称制度改革正式落地实施。完成省、市、区共43所中等职业学校（教研机构）4 114名教师的职称过渡登记。完成中等职业学校教师初级、中级、高级和正高级职称评审（含认定）工作。评审通过初级职称140人，中级职称394人，高级职称183人。首次评审通过19名中等职业学校正高级讲师，涵盖思想政治、英语、体育、建筑、机械、汽车、电气、护理、信息技术等13个学科。充分发挥人才评价"指挥棒"作用，促进中等职业学校教师的专业化发展。探索教育评价改革，对中职学校申报职称的专业课教师进行实操能力考核，申报的"中等职业学校教师职称申报评审教学能力考核机制"被中共广东省委教育工作领导小组办公室选定为"广东省深化新时代教育评价改革试点项目"。

【校内提质减负】扎实推进校内"双减"工作，以"三提两优一减"（"三提"是指提高课堂教学质量、作业设计质量和学生身体素质；"两优"是指优化校内课后服务和作息安排；"一减"是指减少考试次数）为主要举措全面强化学校教育主阵地作用，全市义务教育学校考试及作业总量得到有效控制，实现100%出台作业管理办法，100%建立作业公示制度，100%实施"零起点"教学。市、区两级教研部门将作业设计纳入教研体系，开展作业设计与实施案例评选活动，以课题引领加强作业研究。

【校内课后服务】广州市教育局印发《广州市教育局关于推进义务教育阶段学生减负 全力做好校内课后服务工作的通知》，建立学校主导的"基本托管+素质拓展"相结合的课后服务模式。全市1294所需开展课后服务的义务教育学校实现"五个100%"（五个100%是指100%提供课后服务、100%制定课后服务实施方案、100%服务时间达标、100%覆盖有需求的学生、全市11个区100%建立经费保障机制）。"广州白云区积极推进少年宫转型 提供公益普惠优质校外非学科类培训服务"入选教育部"双减"工作案例。推进"平躺睡"舒适午休作为落实"双减"工作的特色举措，市财政一次性补助各区课后托管舒适午休专项经费1.38亿元。市人大重点建议"关于切实执行'双减'打造广州市中小学生优质午休设施的建议"被评为2022年度人大代表建议办理工作优秀案例。

【购买民办义务教育学校学位】2022年，广州市教育局印发《广州市教育局关于印发广州市购买民办义务教育学校学位服务实施意见的通知》，在广州市民办义务教育学校就读，且就读学校和学籍所在学校一致（即"人籍一致"）的学生，均能享受购买学位服务；购买学位服务的标准原则上按小学生不低于每人每年5000元、初中生不低于每人每年6000元实施。

【普通高中新课程新教材实施示范区建设】广州市教育局印发《广州市普通高中新课程新教材实施示范区、示范校和学科基地建设管理办法（试行）》《广州市普通高中新课程新教材实施省级示范区建设工作三年规划》。10所学校被评为第二批省级示范校。推进天河区、荔湾区两个市级示范区和27所示范校及学科基地建设，组织遴选第二批市级示范区、示范校和学科基地。

【"粤菜师傅"工程】一是强化培训基地、工作室、培训室的建设。2022年投入"粤菜师傅"工程建设经费180万元，用于加强职业学校实训场地建设及购置相应实训设备。二是推进帮扶合作。广州市旅游商务职业学校、广州市白云行知职业技术学校依托"粤菜师傅"工程项目，通过"送教下乡"等形式，助力乡村振兴。

【广州市成功加入联合国教科文组织全球学习型城市网络会员】2022年9月2日，广州正式成为联合国教科文组织全球学习型城市网络会员。2022年度全球44个国家77个城市成为新一批会员，其中亚洲13个，广州是唯一中国城市。广州成为网络会员，为对接国际化标准和借鉴先进经验，推动新时代广州学习型城市的更高质量建设具有重要意义。

【"创办港澳子弟学校"入选全国最佳实践案例】2022年2月，广州市"创办港澳子弟学校"案例入选国务院服务贸易发展部际联席会议办公室（商务部）全面深化服务贸易创新发展试点第二批"最佳实践案例"，作为全国17个"最佳实践案例"之一，供全国各地在服务贸易创新发展工作中参考借鉴。

广州暨大港澳子弟学校是在"双区驱动"背景下举办的国际学校，也是国内首家由知名高校暨南大学指导创办的港澳子弟学校。学校以港澳学生为主要招生对象，适当招收台湾地区及外籍人员子女。学校的举办既是广州落实粤港澳大湾区重大发展战略，推动大湾区规则衔接的一个重大教育民生项目，也是扩大广州基础教育公共产品供给，促进大湾区教育融合创新的一项重要举措。

（撰稿　郭海清　张　乐　沈　蔓　鞠研娜　刘宇立　李　营　黄振城　周　珂　贺芝颖　王紫悦　朱燕明　刘　霞　李展文　饶　河　刘志刚　李建平　邱国俊　周冬亮　陈颂文　白　雪　黄阶娟　蒋　凯　黄明东　黄炜雄　吴　勇　杨诗璇　李耀喜　郭昊旸　杨冰涵；审稿　陶海兵　郭海清　张　乐）

·市域教育·
EDUCATION IN VARIOUS CITIES

深圳市教育

概　　况

2022年，深圳市教育系统以习近平新时代中国特色社会主义思想为指导，贯彻落实全国、全省和全市教育大会精神，不忘初心、牢记使命，以办好人民满意的教育为宗旨，坚持立德树人，紧紧围绕市委、市政府中心工作，坚定不移扩规模、提质量、推改革，主动担当、开拓进取，大力推进教育先行示范，完成全年各项工作任务，各项工作取得新的成绩。

截至2022年底，全市有各级各类学校和幼儿园2862所，在校生266.21万人，专任教师17.55万人，教职工26.35万人。基础教育规模居一线城市前列。各级学校生均经费标准居全国前列。全市公办义务教育标准化学校覆盖率99%，规范化幼儿园覆盖率97%。

2022年，全市国家财政性教育经费投入1117亿元，投入结构进一步优化，教育经费预算执行与重点工作匹配度增强。保障基本运行经费的同时，加大学位建设、学位补贴等方面投入。发放在园儿童健康成长补贴8.66亿元，惠及58.24万名儿童；发放民办学校义务教育学位补贴34.28亿元，惠及学生48.3万人次；发放幼儿园保教人员长期从教津贴5.22亿元、民办教师长期从教津贴3.85亿元，惠及幼儿园保教人员4.46万人、民办教师2.4万人次；发放普惠性幼儿园奖补经费约3.04亿元。

2022年，深圳市委教育工委、市教育局党组开展"第一议题"集体学习64次，党委理论中心组学习12次，工委系统各级党组织开展第一议题学习16 574次。举办"学习党的二十大精神专题培训班"，800余名党务工作骨干参训。推动全市各区（新区、深汕特别合作区）成立区级党委教育工作领导小组。推动香港中文大学（深圳）将党建写入学校章程，启动哈尔滨工业大学（深圳）第一次党代会筹备工作，合作办学高校党建工作取得新突破。坚持无禁区、全覆盖、零容忍，强化监管教育行政管理和办学治校重点领域、招生招标招聘等关键环节。全市13个高校党组织立项第三批省级以上党建示范校、党建标杆院系和样板支部，其中，深圳职业技术学院党委立项国家级党建示范校、深圳大学人文学院本科生支部和深圳北理莫斯科大学学生党支部立项国家级样板党支部。

各级各类教育

【基础教育】基础教育规模不断扩大。2022年，深圳市新改扩建中小学校、幼儿园178所，新增基础教育学位20万个，再创历史新高，学位紧张问题得到较好缓解。公办幼儿园在园儿童占比55%，普惠园在园儿童占比88.56%。全市51%的小学学位、52.8%的初中学位提供给非深户籍子女。国内首创建设高中园，新建公办普通高中18所，推动全市普通高中录取率达到70%，公办普通高中录取率达到54%。出台《深圳市促进特殊教育公平融合发展行动方案》，新建资源教室262间，适龄残疾儿童少年入学安置率达到99.79%。

基础教育发展质量稳步提高。出台《深圳经济特区学前教育条例》，制定普惠性幼儿园管理、公办幼儿园开办费和生均运行经费标准、学前教育专项经费管理、学前教育学区化治理等管理办法，推进学前教育步入法治化、规范化发展轨道。印发《深圳市公办中小学集团化办学实施方案》，依托优质学校建设30个公办中小学集团，实现市属优质学校到各区办学全覆盖。印发《深圳市中小学科技创新教育行动计划（2022—2025年）》，启动深圳市中小学科普教育学分制试点工作，构建多层次、全方位的中小学科技创新教育体系。

【职业教育与终身教育】2022年，深圳市持续推进职业教育高地建设。深入贯彻落实《教育部 广东省人民政府关于推进深圳职业教育高端发展 争创世界一流的实施意见》，重点项目启动率达100%，基本完成高地建设各项任务，其中深圳职业教育产教深度融合模式被国家发改委作为"深圳经验"向全国推广。全力筹备深圳职业教育大会，研制《中共深圳市委 深圳市人民政府关于加快推动现代职业教育高质量发展的实施意见》。组建职业教育专家咨询委员会，正式印发《深圳市职业教育专家咨询委员会章程》《深圳市职业教育专家咨询委员会第一届委员名单》。

职业教育对外合作步伐加快。支持深圳职业技术学院依托联合国教科文组织平台"走出去"，在德国、马来西亚等8个国家建立职业教育海外培训中心。指导深圳信息职业技术学院协同德国史太白、德国乌尔姆TFU科技园等共同设立中德科技投资天使基金，首创全国职业院校参与设立的产教科融合基金。深圳职业技术学院获评联合国教科文组织"职业技术教育数字化"教席；深圳信息职业技术学院开展中巴2+1项目，建设巴基斯坦分校——中巴国际学院。

职业院校工作高效推进。加快推动深圳职业技术学院、深圳信息职业技术学院升本工作，两所高职院校高分通过教育部"双高"中期考核。印发《深圳市中-高职教育集团建设方案》，组建由深圳职业技术学院、深圳信息职业技术学院牵头的东、西部职业教育集团，推进中职、高职、本科层次职业教育一体化协同发展。推进产教融合工作，加快建设特色产业学院，全市特色产业学院达到31家。

职业技能大赛再创佳绩。参加2022年全国职业院校技能大赛获得一等奖18个、二等奖26个、三等奖12个，参加2022年全国职业院校大赛教学能力比赛获得一等奖1个、二等奖3个、三等奖3个，参加2022年全国职业院校技能大赛中等职业学校班主任能力比赛获得一等奖2个、二等奖1个、三等奖2个。

全民素质教育深入推进。全市所有社区获评"学习型社区"，19个街道纳入学习型街道创建范围。举办深圳市全民终身学习活动周、百姓学习之星、终身学习品牌项目评选，评选出2022年深圳市社区教育服务民生创新工作案例31个、"深圳市百姓学习之星"10名、"深圳市终身学习品牌项目"10个，王枣燕获评"全国百姓学习之星"，"宝安第一课频道"获评百姓最喜爱的"全国终身学习品牌项目"。

【高等教育】高水平大学建设取得新进展。2022年，南方科技大学数学学科入选国家"双一流"建设计划。深圳大学、南方科技大学8个学科进入ESI排名前1%，深圳高校ESI排名前1%学科达到25个。

高起点高标准推进新高校筹建。加快推进海洋大学、深海科考中心、海洋博物馆一体化建设，深圳理工大学开工建设。深圳音乐学院开工建设，获批开设音乐学、作曲与作曲技术理论2个本科专业。《深圳零一学院建设方案》获市政府常务会议审议通过，总部落地南山。深圳大学深圳南特金融科技学院获批设立。天津大学佐治亚理工深圳学院永久校区开工建设。

推进高校体制机制改革。开展深圳经济特区高等教育立法调研以及全国高校支撑深圳经济社会发展评价研究。教育部和深圳市探索实施中外合作办学项目和不具有法人资格的中外合作办学机构部市联合审批机制。成立深圳西丽湖国际科教城X9高校院所联盟，探索区域内高校院所紧密合作、资源共享新机制。印发实施《深圳西丽湖科教城片区高校课程互选、学分互认工作实施方案》，西丽湖科教城片区5所大学实现学分互认、课程互修、师资互聘、资源共享。

【民办教育】2022年，开展全市民办中小学校营利性和非营利性分类登记试点，完成首批12所民办中小学校的分类试点工作，民办教育进入规范提质新阶段。颁布《深圳市民办中小学校财务管理办法》，进一步规范民办中小学办学行为。举办4期民办中小学教师专题培训，举办者、校长、心理教师、班主任和财务人员共900人参加培训。

教育成果与特色

【教育综合改革】教育部基础教育综合实验区、普通高中新课程新教材实施国家级示范区、国家信息化教学实验区、国家智慧教育示范区建设和教师队伍建设等形成多项经验并在国家级会议上分享。出台《深圳市教育发展"十四五"规划》和教育经费保障、校长教师发展、教育教学研究、监测评价督导"四个体系"建设方案，成立由国内外知名专家组成的高等教育、基础教育、职业教育三个专家咨询委员会，进一步强化教育先行示范的保障支撑。

【学校安全管理】2022年，深圳市学校安全管理长效机制逐步形成，全市学校安全形势保持平稳向好态势发展。制定《深圳市教育系统2022年学校安全管理责任书》，进一步明确市、区教育行政部门、学校职责。制定实验室危险化学品集中治理、防范电信诈骗、校园食品安全监管等工作方案，加强对学校安全工作的统一部署和指引。开展教育领域食堂管理问题专项整治工作，规范推进学校食堂大宗食材批量集中采购。制定防治学生欺凌、预防学生溺水专项整治工作方案，开展预防学生欺凌、学生溺水专项督导检查。开展6轮校园安全隐患排查，及时清理无证保安员，转岗60岁以上超龄保安员。

【教育督导】在广东省对各地政府2021年履行教育职责评价中，深圳市得分在珠三角地区9市中排名第一。开展基础教育学位建设、"双减"工作、教育评价改革"十不得一严禁"专项教育督导。完成19个第三批学习型街道、15所义务教育阶段民办学校办学水平督导评估。组织开展义务教育标准化学校市级复查，认定25所学校为第十三批广东省义务教育标准化学校。

【教育宣传】聚焦党的二十大，组织开展以"筑梦新时代，奋斗圳青春"为主题的校园短视频大赛，"深圳教育"官微开设"聚焦党的二十大"专栏，多平台宣传党的二十大精神。联动媒体挖掘先进典型，在各级各类媒体报道近40余篇，其中获《中国教育报》《人民日报》等中央级媒体报道9篇，省级媒体报道11篇。策划推出"最潮中国观、看我圳少年""大国有工匠、看我圳少年""圳青年之TA的讲台系列"三大系列短视频活动，全方位展现深圳师生的青春风貌。发挥政务新媒体宣传主阵地作用，微信公众号全年累计发送文章1070篇，累计阅读量超4700万，平均每篇阅读量近5万。

【教育治理】围绕学习宣传贯彻习近平法治思想和中央全面依法治国工作会议精神主线，紧扣省、市教育系统"法治建设年"工作方案，全面梳理法治建设情况，推动教育立法工作。《深圳经济特区学前教育条例》于2022年9月1日公布施行。广泛征求意见并修改完善《深圳经济特区职业教育条例》。开展年度重大行政决策事项工作，深圳市深化幼儿园教师队伍建设改革有关政策纳入市政府重大行政决策事项。统筹开展教育行政执法工作，通过双随机平台进行检查。梳理涉执法的政务服务事项，开展教育领域市场准入效能评估和"证照分离"改革中期评估。

【教育考试】2022年，深圳市全力筑牢防疫和招考安全"两道防线"，完成普通高考、研究生考试、自学考试、成人高考、中考、普通高中和初中学业水平考试、教育类社会考试等八类40次教育统一考试，全年服务考生135万人次。出台《深圳市教育局关于做好我市2022年普通高中体育与健康学业水平考试工作的通知》，首次完成深圳市普通高中体育与健康学业水平考试组考工作。全面落实中考政策改革，推动高中阶段指标生提前批次录取，增加中职学校与普高同批次录取的专业数量和志愿数，推动深汕特别合作区纳入深圳中考体系，深入推进考试评价体系建设。研究生考试期间，首次在全市51个考点使用智能安检门。做好各类考试招生政策宣传解读和咨询服务，发布招考信息507条（篇），"深圳招考网"浏览量突破250万人次。

【教育信息化】出台《深圳市基础教育信息化"十四五"规划》，明确建成智慧教育示范城市的目标任务，规划设计"鹏教智能体"。全面推进"智慧教育示范区"、国家级信息化教学实验区建设，培育100所实验校并遴选出40所智慧教育示范校培育对象。组织研发中小学在线教学资源包10 300节，确保疫情期间大规模在线教学成效。建成"一网统管"教育服务专题和多跨场景应用。推进面向教师的信息化服务，先锋老师、在线教学能手等资源平台日均访问量突破50万人次。

【教育资助】2022年，深圳市设立政府奖学与助学项目30余项，各级各类奖助学项目受资助学生（含儿童）达87.2万人次，资金投入13.78亿元。其中：高校本专科和研究生阶段资助学生12万人次，资金投入3.25亿元；中等职业学校资助学生17.2万人次，资金投入2.96亿元；普通高中学校资助学生3.01万人次，资金投入3425.76万元；义务教育学校资助学生2.69万人次，资金投入855.74万元；幼儿园资助幼儿52.3万人次，资金投入7.14亿元。深圳市219名学生分别获得本专科生和中等职业教育国家奖学金。全年共发放国家助学贷款2 001.5万元，享受助学贷款学生1 687人次；共免除国家助学贷款利息74.9万元，享受助学贷款免息学生2 067人次。

【教学成果】2022年，深圳市获得广东省教育教学成果奖奖项74项，其中特等奖10项、一等奖23项、二等奖41项，特等奖获奖比例占全省的

22%。在全省报送国家基础教育教学成果奖的133项成果中,深圳市获推名额46项,占比36%,名列全省第一。4个项目获得第八届中国国际"互联网+"大学生创新创业大赛萌芽赛道最高奖"创新潜力奖"。在第三届广东省中小学青年教师教学能力大赛中,共获得一等奖38项,其中,学前教育组一等奖1人,小学教育组一等奖(第一名)5人,初中教育组一等奖(第一名)8人,普通高中组一等奖(第一名)4人;全省6名总冠军中,深圳占了2个。参加广东省"学宪法 讲宪法"知识竞赛,获高中组一等奖第一名和初中组一等奖第二名;代表广东省参加全国总决赛,获得知识竞赛团体冠军。在广东省第十三届中学生运动会暨第五届中小学体育教师教学技能大赛中,获一等奖(团体总分第一名)。

【队伍建设】健全校长教师队伍发展体系,出台《深圳市校长教师发展体系建设方案》,全方位推进深圳市校长教师队伍规模、结构、素质协调发展。促进义务教育学校均衡优质发展,印发《关于全面深化义务教育学校校长教师交流轮岗的指导意见》,试点区每年交流轮岗人数比例不低于10%,2022年,深圳市义务教育阶段交流轮岗教师近5 000人。发布实施《深圳市深化中小学教师职称制度改革实施方案》,将民办学校在岗教师、公办学校非编教师等群体纳入职称评审范畴。举办"优培工程",完成名师工作室组建,着力构建从新教师、骨干教师到名教师,从后备校长、优秀校长到未来教育家的分层分类培养体系。印发《深圳市推进中小学校党组织领导的校长负责制工作方案(试行)》以及学校党组织会议等5个配套文件,全面推动落实中小学校党组织领导的校长负责制。

【学校思政工作】持续推进思想政治教育改革创新,出台实施《关于深化新时代深圳市学校思想政治教育改革创新的若干措施(2022—2025)》。发展壮大思政教育骨干团队,创建13个市级思政课名师工作室,发展壮大17 500余名专兼职思政教师队伍。创建16所市级思政教育示范校,首批遴选42节"思政金课"。完成各类基地网络预约平台建设。

【校外培训治理】2022年,切实减轻全市青少年校外培训负担和家长经济负担,校外培训规范治理做法被教育部评为全国"双减"工作优秀案例。推动培训机构与银行签订资金监管协议,监管资金总额达1.8亿元,居全省第一。全市推广应用"全国校外教育培训监管与服务综合平台",加强资金、教材、课程、教师等全流程监管。教育、文体、科技等部门统筹制定非学科类培训机构审批流程指引,做好1.06万家非学科类培训机构审批监管。以全市652个社区为单位,开展联合执法检查行动,共检查校外培训机构约6万家次,依法关停1 223家,责令整改562家,立案查处8家。协调为21万名学员退还未消课预收费7.3亿元。

【教育交流合作】召开深港教育局局长联席会议,健全深港教育定期沟通机制。加快推进香港大学在深合作办学。出台深化深港教育合作事项清单。举办第十一届深港校长论坛。成立深圳市粤港澳大湾区学校体育艺术联盟,参加香港STEM教育博览会2022开幕礼,深港澳教育合作交流进一步深化。举办"手牵手,向前走,同筑梦,颂中华——深港澳青少年庆祝香港回归25周年暨携手同学行动成果展示活动",深港澳三地近300所学校、4万名学生参与。举办第五届粤港澳姊妹学校中华经典美文诵读深圳赛区比赛,来自三地的68所姊妹学校参加。

(撰稿 鲍 魁;审稿 王伟峰)

珠海市教育

概况

2022年，珠海市教育系统以习近平新时代中国特色社会主义思想为指导，深入学习贯彻党的二十大对教育工作的战略部署，坚定扛起为党育人为国育才使命重任，贯彻落实中央、省和市对教育工作的部署要求，聚焦"产业第一、交通提升、城市跨越、民生为要"，聚焦全市教育高质量发展大会各项部署要求，坚持基础教育"扩容提质促均衡"，以党建引领教育治理效能，全力以赴打好教育高质量发展攻坚战，教育满意度幸福感持续增强。

（一）用好"指挥棒"，加强党对教育工作的全面领导

一是坚定不移把学习贯彻习近平新时代中国特色社会主义思想和党的二十大精神作为首要政治任务，推动教育领域基层党组织和广大党员做到"两个维护"。坚持学懂弄通做实二十大精神，落实"第一议题"制度和"大学习、深调研、真落实"工作机制，局党组会、工委会召开会议学习贯彻总书记重要讲话重要指示精神；举办中心组学习会10期。印发学习宣传贯彻党的二十大精神系列文件，将二十大精神作为全市中小学书记校长读书班、新教师入职培训、党员轮训必修课程，邀请市领导及教育专家到校讲思政第一课。扎实推进二十大精神进校园，用好"总书记在珠海"等9条红色教育路线及珠海党史党性教育基地，累计组织3019名党员干部参加。组建教育系统二十大精神宣讲团，开展高校"八个一百"和中小学"五个一百"系列宣讲活动，将二十大精神和总书记关于教育的重要论述有效转化为教育发展导向、政策举措，一体贯彻落实到各级党组织。

二是高规格召开全市教育高质量发展大会，推动办好人民满意的教育。2022年9月8日，召开全市教育高质量发展大会，部署开展学位建设攻坚、名师名校倍增攻坚、教育综合改革攻坚、教育服务产业攻坚、校园安全攻坚五大攻坚行动，推进教育高质量发展。会后，全市教育系统迅速组织召开会议学习贯彻落实全市教育高质量发展大会精神，压实各项目标任务，推动全市教育高质量发展，推动办好人民满意的教育。

三是促进全市"一盘棋"抓教育工作。充分发挥市委教育工作领导小组对全市教育工作的统筹协调作用。编制印发《珠海市教育发展"十四五"规划》，科学谋划教育高质量发展举措。成立全市教育高质量发展攻坚领导小组，出台教育攻坚考评办法，明确六大指标，强化各区各部门同心合力、齐抓共建工作格局。完善高校党委领导下的校长负责制，印发《关于进一步加强和改进在珠高校党建工作机制》，统筹推进珠海市10所高校党的建设。大力推进党的领导入法入规，推动全市中小学校100%落实将党的建设写入学校章程。稳步实施中小学党组织领导的校长负责制改革，研究提出全市贯彻落实方案，形成"一校一案"工作思路，将各级各类学校建成坚持党的领导的坚强阵地。坚持党管安全，出台加强珠海高校意识形态工作若干举措，牢牢掌握意识形态领导权主导权。

（二）打好"主动仗"，学位攻坚建设任务超额完成

一是学校建设提速增效，年度学位攻坚建设任务超额完成。大力实施"学校建设投资倍增"计划，市、区两级安排50亿元建设学校。印发《珠海市基础教育学位攻坚行动（2022—2024年）实施方案》，启动基础教育学位三年攻坚行动，未来三年全市将新增基础教育学位约21万个，其中幼儿园学位4.4万个、义务教育学位13.5万个、普通高中学位3.06万个。2022年已新建、改扩建学校38所，新增中小学、幼儿园公办学位31 840个（幼儿园学位8 190个，义务教育学位20 650个，高中学位3 000个），新增学位数同比增长27个百分点，基本满足全市起始年级招录需求。完善学位建设配套政策，出台《珠海市学校项目建设前期审批工作流程优化办法》，压缩审批时限最高达121个工作日；出台《珠海市普通中小学（幼儿园）建设标准指引》，提高土地利用率，突破学校建设楼层高度、容积率限制等"卡脖子"审批条件，推动学校建设进入快车道。

二是学前教育普及普惠成效显著，入读公办学位比例再创新高。公办幼儿园学位稳步增加，通

过新建、回收、移交小区配套幼儿园等措施，新增公办园22所。公办幼儿园在园幼儿比例达58%（含购买学位）；在不含购买学位的情况下，公办园在园幼儿占比38.1%，同比提高9个百分点。公办幼儿园平均中签率明显提升，从2021年的1.9：1提高到1.7：1，全市共有36所（约占公办幼儿园总数的1/3）公办幼儿园可以不抽签不摇号直接入园。

三是公办义务教育学校入读更为便利，随迁子女入读公办学位比例持续增加。2022年秋季，珠海市公办义务教育阶段学校户籍生录取4.24万人，较2021年增加0.44万人，增幅11.5%；义务教育阶段起始年级随迁子女入读公办学校的比例达69.32%，较2021年增加10.67个百分点，各区积分入学分数线均下降。进城务工随迁子女入读公办学位比例95.45%。

四是普通高中录取比例进一步提升。2022年，增加普通高中学位1674个（公办学位1196个、民办学位478个），入读公办高中的人数11390人，同比增长12%。

（三）推出"组合拳"，全市教育质量全面提升

一是"区区有名校"取得实质进展。聚焦"区区有名校、校际有竞争、校内强动力"，推动新建普通高中办一所、优一所，通过集中配备新引进的名校长名教师、资源倾斜、招生改革等方式，集中力量打造1~2所能够与珠海市第一中学比肩的品牌学校。在金湾、斗门、高新打造9所优质品牌初中。与北京师范大学合作开展"基础教育教师育人能力提升工程"，帮助西部21所相对薄弱学校提升办学水平。

二是师资力量优化倍增。首次面向全国公开选拔引进名校长名教师，1400余人报名，最终确定引进名校长15人、名教师11人。通过外引内育，2022年珠海市增加正高级教师29人、特级教师12人，增长率52%。依托北京师范大学珠海校区挂牌建设市教师发展中心，珠海教师专业发展再添新平台。打造"香山名师"作为珠海教育系统最高荣誉，评选宣传首届10名"香山名师"，社会反响热烈。

三是学生综合素质全面提升。坚持五育并举，推动灯光照明改造、保障运动时间，中小学学生体质健康优良率57.84%（比2020年提高23个百分点）、合格率99.17%（比2020年提高3.6个百分点）。学生体育竞技成绩创新高，2022年，珠海市参加广东省第十三届中学生运动会获14枚奖牌，其中金牌3枚、银牌4枚、铜牌7枚，并获团体总分二等奖，珠海代表队成绩首次进入全省前十。德育、美育取得新进步，新添5个国字号荣誉，其中1所学校获第八届中国童声合唱节金奖，1所学校获评第九批全国民族团结进步示范区示范单位，1所学校获授"全国五四红旗团委"，2名学生获授"全国优秀共青团员"和"全国优秀共青团干部"。举办2022横琴粤澳深度合作区人工智能大赛暨第四届珠港澳青少年机器人大赛，吸引5000多名青少年参赛和2万多人到场观看。

（四）挥好"开山斧"，教育领域综合改革向纵深推进

一是教育评价改革取得新成果。印发《珠海市教育评价改革试点工作实施方案》，以党委和政府、学校、教师、学生、社会五类主体为抓手推进教育评价改革试点。制定落实新中考落地工作方案，推进完善少数民族学生中考照顾政策。探索高中自主招生制度改革，集中全市优势资源招收具有学科特长和潜质的学生，推进高中特色多样发展。谋划区域教育协作，建立珠江两岸城市圈教研联盟。研发建构普通高中教育质量监测评价体系，大力开展普通高中教学质量评优表扬，营造"比学赶超"氛围。

二是教师管理体制机制改革取得新突破。为加大中小学实际用编保障力度，全市建立中小学教职工编制预核制度，由珠海市委机构编制委员会办公室根据下一学年招生计划预核教职工编制数，提前规划、全力支持学校用人用编。为优化师资配备、促进教育优质均衡发展，印发《珠海市推进东西部校长教师交流工作方案》，在全市开展东西部校长教师跨区交流行动，每学年交流比例不低于8%、交流人数约500人，2022年已启动首批224人的交流项目。

三是"双减"改革取得新成效。出台《珠海市义务教育校内课后服务工作的实施意见》，基本托管经费由市区财政全额保障，全年投入经费1.1亿元，直接受益学生超17.6万人。全市公办小学课后服务参与率67.9%，公办初中课后服务参与率95.4%，较2021年度均提高5个百分点。制定校外托管机构管理暂行办法，规范校外培训机构，明确421家校外培训机构责任清单；开展"百日攻坚"专项整治行动，发布第一批125家校外培训机构"白名单"；加强预付资金实体账户监管，校外机构在全国培训监管平台上开通支付比例达100%。

·市域教育·
EDUCATION IN VARIOUS CITIES

四是集团化办学打开新局面。联合市委编办、市财政局、市人力资源社会保障局出台《珠海市关于进一步推进公办中小学幼儿园集团化办学实施方案》，采取"名校＋新校""名校＋相对薄弱校"等形式组建20个教育集团，覆盖普通高中、中小学、幼儿园等学段。

五是专门教育开启新篇章。珠海市专门教育指导委员会正式成立。创办珠海市育德学校作为珠海市专门学校，面向有严重不良行为未成年人开展义务教育与矫治教育。

（五）写好"结合"篇，以优质教育为产业发展赋能增效

一是高校创新与服务产业发展能力不断提升。出台在珠高校服务珠海"产业第一"十条措施，引导高校学科设置向产业靠拢、人才引进向产业倾斜、科研成果向产业转化，形成"珠海更好地支持高校，高校更好地服务珠海"生动局面，已有5所在珠高校开设集成电路相关本科专业共21个，每年招生近2500人，在校生8500多人。11月，珠海科技学院获批广东省集成电路人才培养基地。

二是职业教育与产业需求实现"同频共振"。实施"行行出状元"工程，举办珠海市首届"行行出状元"大赛，通过以赛促教、以赛促学等方式，培育高水平技能型产业人才，营造"劳动光荣、工匠伟大"良好氛围。印发《珠海市推进省高水平中职学校建设项目实施管理办法》，珠海市第一中等职业学校、珠海市理工学校顺利通过省高水平中职学校建设中期初审，珠海城市职业技术学院被确定为省域高水平高职院校建设计划建设单位。

三是为产业发展提供良好的教育环境。全力保障产业园区教育配套，建成园区内幼儿园11所、小学10所、初中6所，新增学位2.5万个；优化完善产业人才子女入学入园办法，统筹做好人才子女入学保障工作。2022年，珠海市安排各类人才子女入学1179人，助力企业引才留才。

（六）守好"防护线"，教育系统安全稳定形势持续向好

一是筑牢教育系统疫情防控严密防线。科学精准落实校园管控措施。建立市领导挂点联系在珠高校机制，成立在珠高校疫情防控联盟，强化校地联动协同。筑牢教育系统疫情防控严密防线，全市中考、高考无1人因疫情或红色暴雨原因缺考，实现应考尽考、健康考试。

二是全力守住校园安全底线。完成党的二十大维稳安保工作，每月召开全市教育系统安全稳定风险分析会，落实"四个一"工作机制，组建"1+5"应急指挥机构，设立专门应急处置小分队，及时应对处置各类突发事件。完成安全生产百日攻坚专项行动，全年开展各类安全专题教育培训50多场、全市600余所学校（幼儿园）年均开展应急演练达3000余次，全年未发生重大安全责任事故，全市校园安全整体情况良好，"平安校园"创建达标覆盖率100%。参加全省教育系统《广东省学校安全条例》知识竞赛并获2个一等奖。制定《珠海市教育系统安全稳定事故（件）调查处置和倒查追究问责制度》《珠海市学生校外托管机构管理暂行办法》，进一步压实安全工作责任制。

三是深入推进依法治教、依法治校。深入学习贯彻习近平法治思想，健全科学民主合法决策机制，启动基层党组织规范性文件备案试点工作。加强法治副校长聘任及管理，在各中小学校全面聘任公安干警担任法治副校长的基础上，联合市检察院统筹安排105名检察官兼任155所学校的法治副校长。上好道德与法治课，加强青少年宪法法律教育。1名直属学校教师代表珠海市参加全省机关干部法治演讲比赛获第一名（金奖）。制定人大代表、政协委员联络服务办法，全年按时办理人大建议、政协提案98项，办理量居全市第一；打造"珠海特区教育"微信公众号，全年编发珠海教育权威动态信息462期、932篇，总用户数超过79万人，总阅读量达1200多万次。

各级各类教育

【基础教育】（一）学前教育

2022年，珠海市有幼儿园423所，在园幼儿100147人，招生29076人，毕业31627人。幼儿园教职工16129人，其中专任教师7898人。公办幼儿园在园幼儿占比38.1%（不含购买学位）；普惠性民办园在园幼儿45551人，公办园和普惠性民办园

在园幼儿占比83.77%。新增公办幼儿园22所，新增学位8940个，公办园覆盖率57.63%（含购买学位）。

（二）义务教育

2022年，珠海市有小学149所，在校生203 540人，招生35 372人，毕业28 620人，专任教师9 193人。初中71所，在校生82 874人，招生29 008人，毕业24 013人，专任教师7 256人。

（三）普通高中教育

2022年，珠海市有普通高中19所，在校生38 760人，招生14 438人，毕业11 046人，专任教师3 604人。珠海市教育局落实《珠海市普通高中质量提升行动计划（2019—2023年）》，提高普通高中办学质量。印发市属优质教育资源集团化办学的实施意见，批准成立珠海市第一中学办学集团。有序推进珠海市普通高中新课程新教材实施，全面提升高中教学质量。珠海市教育局牵头推进2所普通高中学校建设。其中，珠海市第一中学鸿鹤校区，办学规模3 000人，总投资约7.62亿元；珠海市第二中学麒麟校区，办学规模5 400人，总投资约13.65亿元。

（四）特殊教育

2022年，珠海市有特殊教育学校2所，在校生845人，招生152人，毕业36人；教职工284人，其中专任教师218人。

【中等职业教育】2022年，珠海市有独立办学的中等职业学校13所，在校生36 482人，招生12 159人，毕业9 734人；教职工2 192人，其中专任教师1 739人。其中技工学校5所，在校生16 124人，招生5 175人，毕业2 845人；教职工929人，其中专任教师696人。普通中专2所，在校生3 669人，招生1 248人，毕业1 383人；教职工247人，其中专任教师179人。职业高中6所，在校生16 689人，招生5 736人，毕业5 506人；教职工1 016人，其中专任教师864人。为推动中等职业教育发展，珠海市教育局采取以下措施：一是加快推动"行行出状元"方案的实施，举办第一届全市"行行出状元"大赛；二是继续支持有关学校推进"省高水平中职学校"建设；三是采取各项措施，促进中职学校教育教学水平、办学质量进一步提高；四是继续加快推进全市中职学校和专业布局调整工作；五是组织实施好全市"职业教育活动周"和"全民终身学习活动周"工作；六是继续做好继续教育、终身教育、社区教育有关工作；七是继续做好东西协作帮扶工作。

【高等教育】2022年，珠海市有中山大学珠海校区、暨南大学珠海校区、北京师范大学珠海校区、北京理工大学珠海学院、珠海科技学院、遵义医科大学珠海校区、北京师范大学-香港浸会大学联合国际学院（简称UIC）、广东科学技术职业学院、珠海城市职业技术学院、珠海艺术职业学院等10所高校。全市有全日制本专科在校生13.8万人，硕士研究生7 399人，博士研究生1 708人，专任教师7 018人。

一是在珠高校办学质量及水平不断提升。珠海市"双一流"高校总数达3所（分别是中山大学、北京师范大学、暨南大学）。北京师范大学珠海校区、北京师范大学-香港浸会大学联合国际学院入选广东省2021年高等教育"冲一流、补短板、强特色"提升计划，分别获得高水平大学建设高校奖补资金800万元。珠海市与中山大学合作发展进一步加强。二是在珠高校服务地方经济社会发展能力不断增强，鼓励在珠高校服务珠海市"产业第一"工作。下发《关于鼓励在珠高校服务我市"产业第一"工作的通知》，出台《在珠高校服务珠海"产业第一"十条措施》，切实形成"珠海更好地支持高校，高校更多地服务珠海"的良好局面。2022年4月22日，签订《珠海市人民政府 北京师范大学合作提升珠海市基础教育质量框架协议》，有效助力珠海市基础教育高质量发展。三是在珠高校重大科研平台建设进展顺利。"天琴计划"地月激光测距台站已经建成并实现对月球表面5个合作目标的高精度测距，使我国成为国际上第三个完成该试验的国家。国内最大的海洋综合科考实习船"中山大学号"顺利入泊母港珠海高栏港，并于2022年6月启动科考首航；"中山大学极地"号科考船实现国内高校破冰科考船平台"零的突破"。珠海市与中山大学共建的南方海洋实验室自2018年启动建设以来，已在智能敏捷海洋立体观测系统、新一代地球系统模式、海底智慧光缆技术、海洋钛合金工程化应用等方面取得一系列进展，并在2022年广东省实验室评估中获评优秀。

【民办教育】2022年，珠海市有民办中小学46所。其中小学17所，普通中学22所（高中6所、初中16所），中等职业学校7所（职业高中3所、技工学校4所）。学生总人数70 608人，其中中学生30 882人，小学生39 726人。

提升民办学校办学品质。探索民办学校多元主体合作办学，进一步完善民办学校办学质量督导评估体系。实施民办学校品牌提升计划，重点建设一批制度规范、质量良好、特色鲜明、潜力突出的民办学校，提升珠海市民办学校教学质量和办学水平。发挥横琴粤澳深度合作区地域优势，扶持发展一批国际化特色学校。香洲区重点实施《香洲区民办教育质量提升计划》，计划在三年内通过采取加强党建引领、教育教学质量直接与年检结果及学校收费相挂钩、公民办学校"一对一"结对帮扶、加强民办教师培训等措施，帮助民办学校教育质量迈上一个新台阶，满足人民群众多层次、多样化教育需求。

教育成果与特色

【党建引领】2022年，珠海市全面加强教育领域党的领导和党的建设。一是持续深化政治理论学习。召开全市教育系统党史学习教育总结会议，巩固拓展党史学习教育成果，印发《关于推动党史学习教育常态化长效化的实施方案》，把推动党史学习教育常态化长效化同做好中心工作结合起来。二是健全抓党建工作机制。制定印发《中共珠海市委教育工作委员会2022年党建工作要点》，召开市委教育工委党建调度会暨市直教育系统基层党建工作重点任务推进会或发展党员调度会4次，专题研究部署学校党建工作。把党建纳入教育督导评估范围，将基层党建三年行动计划重点任务、教育党建工作要点全部列入督导清单，进行月调度、季通报。结合党建工作阶段性检查，深入各高校、市直属学校开展一轮全覆盖党建实地检查，指导和参与基层党组织"三会一课"及党员政治生活。三是常态化做好基础党务工作。制定风险应急预案，稳妥有序完成北京理工大学珠海学院党委换届工作，协助市委组织部选派16名专职党务干部到学校协助工作，强化校地联动。指导市直属学校完成换届选举、委员增补、党组织更名、升格等有关党组织建设事项。下发2022年度发展党员指导性计划1 657人并100%完成。四是加强教育党建品牌化建设。组织各校培育和申报党建特色项目及党建工作法，每季度督导工作进展，提炼党建经验做法27个。成立编写小组，完成学校党支部标准化规范化手册2022版编修工作，为各学校党建工作提供规范化指引。组织所属基层党支部全覆盖开展"产业第一"专题组织生活会，提出教育服务产业发展、招商引资、园区建设等方面的意见建议，切实凝聚思想共识。

【学校建设】以市政府办公室名义出台基础教育学位攻坚三年行动计划。2022年高质量超额完成年度计划，全市启动建设项目114个，计划建成学位29 860个。截至2022年底，已竣工项目38个（幼儿园项目22个，中小学项目15个，高中项目1个），全市新增各级各类学位31 840个。从2022年9月招生情况看，基础教育公办学校入读人数大幅增长，入读公办学校比例再创新高，人民群众对公办学位的满意度和获得感增强。

【教师队伍建设】2022年，珠海市积极打造高质量教师队伍。一是大力推进名师倍增工程。新增正高级教师29人，其中通过名教师引进增加正高级教师13人，较2021年增加52%。实施"新强师"工程，获评广东省职业教育"双师型"名教师（班主任）工作室主持人2人，1名教师入选广东省"特支计划"教学名师，高层次教师队伍比例不断提升。遴选出珠海市中小学、幼儿园（含职业学校）名教师及名校长工作室主持人共63人，结合东西部拓展性交流，面向全市教师招收入室学员共计723人。二是公开选拔引进名校长名教师。2022年，珠海市以"最高可享200万元"的人才奖励，面向全国公开选拔引进名校长、骨干教师，1 400余人踊跃报名，经层层选拔，最终确定引进名校长15人、骨干教师11人。三是加强东西部教师交流。制定《珠海市推进东西部校长教师交流工作方案》，配套制定相关政策待遇和考核奖励。按照方案，全市每学年交流的校长教师比例不低于符合交流条件校长教师总数的8%，交流范围涵盖中小学校，以义务教育阶段学校为主。推动309名校长教师参与跨区拓展性交流。四是健全教师荣誉体系。教师节期间，开展评选表扬2022年度教育系统先进个人活动，表扬优秀教师418人、优秀班主任153人、师德标兵137人、优秀教育工作者146人。发挥知名教师的骨干示范引领作用，设立"香山名师"作为教育系统最高荣誉和珠海含金量最高的市级名师品牌。制定出台《"香山名师"评选暂行办法（试行）》，面向全市中小学在职在岗教师，评选10名珠海"香山名师"。五是推进教师专业发展体系建设。珠海市教育局依托高校建设教师发展中心，为教师专业发展提供有力的支持和保障。六是支持教育帮扶工作。

选派161名教师到遵义、怒江、林芝、阳江、江门等地进行支教，帮助当地基础教育高质量发展。

【师德师风建设】健全师德师风建设长效机制。2022年9月，全市教育系统开展以"迎接党的二十大，培根铸魂育新人"主题师德建设教育月活动。组织广大教师参加"坚定理想信念 潜心立德树人"——2022年教师思想政治和师德师风常态化建设专题网络培训，全市共有8590名教师参训。通过开展师德专题教育活动和师德师风建设专项检查工作，完善师德管理制度，进一步规范珠海市广大教师执教行为，提升全市广大教师和教育工作者的思想政治素质和职业道德水平，为建设一支师德高尚、业务精湛、结构合理、充满活力的高素质专业化创新型教师队伍提供保障，有效教育和引导广大教师及教育工作者坚守为党育人、为国育才的初心使命。珠海市教育局连续6年获得广东省教育厅"师德征文"活动优秀组织奖。

【合作办学】2022年，珠海市教育局全力推进中小学幼儿园集团化办学改革。"基础教育教师育人能力提升工程"自2022年2月正式展开。2月，选定西部地区21所相对薄弱学校，逐校制定办学质量提升需求；4月22日，签订《珠海市人民政府 北京师范大学合作提升珠海市基础教育质量框架协议》，北京师范大学制订工作方案，6月完成线上调研；9月初，专职负责人到珠海任职并开展工作，经过近2个月的实地调研，形成总体调研报告和21份逐校调研报告。

8月，经市人民政府同意，市教育局联合市委编办、市财政局、市人力资源社会保障局印发《珠海市关于进一步推进公办中小学幼儿园集团化办学的实施方案》。同月，珠海市第一中学教育集团、珠海市文园中学教育集团揭牌。11月，召开调研情况研讨会，商议并研制西部地区"2+21"所学校协同发展工作计划。同月，启动北京师范大学基础教育教师育人能力提升工程"校长子项目"，为金湾区、斗门区50名校长等管理人员开展阶段性常态化培训。截至12月，全市已组建20个教育集团，其中2个市级教育集团、18个区级教育集团，覆盖高中、义务教育、幼儿园等学段，全市公办中小学（幼儿园）集团化办学覆盖学校65所，覆盖率20.06%，顺利完成年度目标。12月，珠海市第一中学教育集团被评选为省级优质基础教育集团培育对象。

2022年，珠海市教育局充分发挥北京师范大学基础教育资源优势，与北京师范大学合作提升金湾和斗门基础教育质量，"基础教育学校合作"项目，确定位于产业园区的平沙新城学校和斗门富山学校作为托管学校，共可提供3360个学位，助力珠海市产业园区配套教育资源质量提升。

【珠港澳合作交流】2022年，珠海市教育局继续将"姊妹学校"缔结纳入珠港澳教育交流工作计划，作为首要工作进行部署推进。全市共缔结79对姊妹学校（园），其中珠港24对、珠澳55对，涵盖学前到高中各学段。2022年底新申报缔结16对姊妹学校，其中与香港缔结15对、与澳门缔结1对。充分运用已有"姊妹学校"平台进行各项教育教学和学生文化艺术交流。

【"双减"改革】根据广东省教育厅《关于印发2022年专项教育督导计划和方案的通知》精神，印发《珠海市教育局关于开展2022年"双减"工作进展情况专项督导检查的通知》，出台义务教育校内课后服务工作实施意见，将课后服务实施范围从小学拓展延伸到初中，基本托管经费由市区财政全额保障，投入经费1.1亿元，直接受益学生超17.6万人。协同17个单位（部门）建立珠海市"双减"工作专门协调机制，制定《珠海市校外培训机构专项治理行动方案》。一方面，坚持控量提质，做好学生作业管理。另一方面，坚持问题导向，规范校外培训行为。开通监管账户，加强资金监管。开展专项检查，形成高压态势。开展"百日攻坚"专项整治行动，发布第一批125家校外培训机构"白名单"。规范校外培训机构办学行为，并对全市义务教育阶段学科类校外培训收费进行规范，将培训机构预收费全面纳入"粤预付"等平台进行监管，加强预付资金实体账户监管。

【教育改革创新】编制完成《珠海市教育发展"十四五"规划》，促进珠海教育事业科学发展。印发《珠海市教育评价改革试点工作实施方案》，以党委和政府、学校、教师、学生、社会五类主体为抓手推进教育评价改革试点。谋划区域教育协作，建立珠江两岸城市圈教研联盟。研发建构普通高中教育质量监测评价体系，大力开展普通高中教学质量评优表扬，营造"比学赶超"氛围。深化教师管理体制机制改革，加大中小学实际用编保障力度，全市建立中小学教职工编制预核制度，由市委机构编制委员会办公室根据下一学年招生计划预核教职工编制数，提前规划、全力支持学校用人用编。

【人事制度改革】2022年，珠海市教育局完善激励保障制度，建立校长流动机制。实施新一轮强师工程，培养、引进一批名师、名校长。探索编制管理模式，在新建学校试行教职员事业单位备案员额制改革，按教师编制标准核定员额，教师实行合同制管理。试点向各直属学校、各区下放高级职称评审权，激发学校办学活力。深化中小学"区管校聘"改革，加大区域统筹力度，探索建立市区周转池，促进师资均衡配置。深化学校绩效工资改革，用好奖励性绩效工资增量的调控作用，逐步推进临聘教师同工同酬，提高教师待遇，进一步营造崇教厚德的良好氛围。出台《珠海市中等职业学校教师职称改革方案》，推进中职学校教师职称制度改革工作。

【人才子女入学】2022年，以珠海市人民政府办公室名义出台《珠海教育高质量发展十条措施》，明确提出"推进教育更好服务'产业第一'"重要举措。珠海市教育局与市人力资源和社会保障局等部门积极对接、沟通，共同协调解决人才子女入学（园）需求，并督促指导各区结合区内经济社会发展实际，统筹安排解决区内符合条件的各类人才子女入学（园），做好相关教育服务。2022年秋季学期，全市共落实1 179名人才子女入学（园），其中入读幼儿园422人，入读义务教育阶段学校757人。

【校园安全】2022年，全市教育系统围绕"为党的二十大胜利召开创造安全稳定的校园环境"的总目标，完成党的二十大维稳安保工作，全市教育系统安全工作形势稳定向好。一是校园安全工作责任进一步压实。年初与各区教育行政部门、各高校、各直属学校签订《安全稳定工作责任书》，层层压实责任。全年共召开24次安全工作会议，全面准确分析安全形势、及时排查化解风险隐患。二是校园安防能力进一步夯实。全市教育系统以更高水平"平安校园"创建为抓手，全力推进安防体系建设，进一步做好校园安全"4个100%"。"特保服务进校园"全部覆盖、建设"珠海市教育局校园安全监控平台"。三是涉校安全隐患进一步整治。制定《2022年度全市教育系统安全生产工作指引》，以实施"安全生产专项整治三年行动"为主题，全面排查风险隐患，督导落实整改。开展安全整治和专项检查，累计检查学校（培训机构）2 923所（次），发现隐患329处，全部完成治理；排查校园周边溺水隐患点481处，专人跟进防控设施落实情况；开展创建全国文明城市消防设施补缺达标行动，检查学校（培训机构）355所（家），督促整改存在问题218处。四是师生安全意识进一步增强。全力推动《广东省学校安全条例》宣贯。定期开展安全教育。将安全教育纳入每周班会课教学内容，定期通过官微发布安全教育推文，全年累计开展安全宣传教育专项50多个。通过"观海融媒""珠海特区教育"推送安全宣传教育文章20余篇，通过微信工作群发送各种安全提示140余次。五是应急处置能力进一步增强。成立珠海市教育局主要领导负责的全市教育系统二十大维稳安保工作专班，严格落实"五个一"工作机制，组建"1+5"应急指挥系统。2022年，珠海市教育局共办理信访事项7 361件，教育领域社会面总体平稳可控。

【依法治教】2022年，珠海市教育局围绕重点法律法规组织开展全市教育系统普法工作，举办初中道德与法治课骨干教师专题培训，推进领导干部、法治教师法治素养进一步提升。大力推进依法治校，推动全市中小学校100%将党的建设写入学校章程。加强法治副校长聘任及管理，在各中小学校全面聘任公安干警担任法治副校长的基础上，联合市检察院统筹安排市、区105名检察官兼任155所学校的法治副校长，指导并参与学校依法治校工作，以专业力量提升校园法治建设水平。加强对宪法法律宣传教育，大力开展2022年"宪法进校园""学宪法讲宪法"等活动，面向珠海市教育系统全体师生广泛开展参与度高、具有仪式感的校园宪法学习宣传活动。高质量选送法治演讲比赛项目，全市教育系统1名教师获全省"法治护航湾区行"演讲比赛决赛第一名（金奖）。

（供稿 珠海市教育局办公室）

汕头市教育

概况

2022年，汕头市有中小学校1043所，在校生981965人。中等职业学校18所（含粤东高级技校），本地在校生53688人。特殊教育学校8所，残疾儿童少年在各类学校接受教育4136人（含送教上门）。幼儿园1357所，在园幼儿227188人，普惠性民办幼儿园451所，就读普惠性民办幼儿园幼儿6.91万人。民办学校94所，在校生203251人。普通高校4所，包括汕头大学、广东以色列理工学院、汕头职业技术学院和广东汕头幼儿师范高等专科学校。

各级各类教育

【基础教育】（一）学前教育

2022年，汕头市有幼儿园1357所（公办园702所，民办园655所），其中规范化幼儿园1054所，占幼儿园总数的77.67%。30个镇全部设立规范公办中心幼儿园，占比100%。在园幼儿22.72万人，毛入园率超100%。幼儿园教职工3.02万人，其中专任教师1.78万人，教师学历达标率99.8%，大专以上学历占86.28%。

（二）义务教育

2022年，汕头市实施义务教育薄弱学校基本办学条件改造计划，改善义务教育办学条件，缩小城乡差距，提高均衡化程度。全市有小学725所，在校生57.85万人，比2021年减少0.57万人，小学适龄儿童净入学率100%，小学辍学率为0。初中220所（含九年一贯制学校），在校生25.83万人，比2021年增加1.24万人，初中教育毛入学率112.11%，初中辍学率为0。义务教育阶段共有在校生83.68万人。公办义务教育学校标准化覆盖率100%。

（三）普通高中教育

2022年，汕头市高中阶段教育毛入学率98.32%。全市有普通高中（含完全中学和十二年一贯制学校）98所，在校生14.52万人。全市77所普通高中为市一级及以上普通高中。

（四）特殊教育

2022年，汕头市推动特殊教育发展，重点加快特殊教育学校建设力度。全市有特殊教育学校8所，其中市属学校2所，区级学校6所。设立特教班的普通学校3所。残疾儿童少年在各类学校接受教育4136人（含送教上门），其中就读特殊教育学校988人，就读普通中小学附设特教班86人，在普通中小学随班就读1840人，送教上门1222人。

【职业与成人教育】2022年，汕头市有中职学校15所（不含技工学校）。其中，国家级重点中职学校1所，省级重点中职学校（含省级示范学校）6所，省高水平中职学校建设单位3所。全市15所中职学校中，市属学校9所，区县属学校6所；公办学校11所，民办学校4所。全市有3所技工学校，其中2所是国家重点技工学校，1所是民办技工学校。中等职业学校专业覆盖电子与信息大类、商贸财经大类、装备制造大类、交通运输大类、医药卫生大类、土木建筑大类等16类140多个专业（点）。全市有10个省级重点建设专业，4个省中职教育"双精准"示范专业，8个省中职教育"双精准"示范专业建设项目，12个市级重点建设专业。

中职招生。2022年5月，汕头市招生委员会根据省下达高中阶段教育学校指导性招生任务，结合"巩固提高普及高中阶段教育质量和水平"的目标，研究确定高中阶段教育学校的招生送生指导性任务，以市招委会文件形式印发各区县人民政府、各中职、技工学校进行任务分解，明确责任并提出工作要求。9月，汕头市组织全市中职学校开展中职自主招生，拓展中职教育招生渠道、建立中职招生周报制度，强化对中职招生的督促推动。截至2022年底，全市中职学校招生 13 005 人，招生人数同比增长 11.34%。

中职教育专业建设。2022 年，汕头市 5 所中职学校完成新增专业的论证与申报工作，新增 18 个专业（点）。7 月，汕头市鮀滨职业技术学校通过省高水平中职学校培育单位中期核查，由省高水平中职学校培育单位转为建设单位。截至年底，全市有 3 所中职学校被广东省教育厅认定为广东省高水平中职学校建设单位，6 个专业群被确认为广东省高水平中职学校建设专业群。10 月，全市中职学校有 4 个专业完成省第一批中职教育"双精准"示范专业建设项目验收工作，被广东省教育厅确定为省第一批中职教育"双精准"示范专业，4 个专业分别为汕头市林百欣科学技术中等专业学校电子技术应用专业和电子商务专业、汕头市鮀滨职业技术学校幼儿保育专业及汕头文化艺术学校工艺美术专业。

【高等教育】2022 年，汕头市有普通高校 4 所，分别是汕头大学、广东以色列理工学院、汕头职业技术学院和广东汕头幼儿师范高等专科学校。汕头大学、广东以色列理工学院为广东省高水平大学重点学科建设高校。9 月，汕头职业技术学院入选广东省省域高水平高职院校培育单位。10 月，汕头大学东海岸校区正式揭牌启用，迎来首批 4 600 余名本科新生。

【民办教育】2022 年，汕头市有民办学校 94 所，其中小学 15 所，初级中学 7 所，九年一贯制学校 45 所，完全中学 2 所，十二年一贯制学校 20 所，中等职业学校（含技工学校）5 所。民办学校在校生 203 251 人，其中普通高中生 27 204 人，初中生 84 380 人，小学生 83 928 人，中职生（含技工学生）7 739 人。民办中职学校 5 所，占全市中职学校数的 27.78%，民办中职在校生 7 739 人，占全市中职在校生数的 14.41%。普惠性民办幼儿园 451 所，就读普惠性民办幼儿园的幼儿 6.91 万人，公办和普惠性民办幼儿园在园幼儿占全市在园幼儿总数的 84.49%。

【终身教育和社区教育】2022 年，汕头开放大学开办老年（社区）教育专业班 98 班次，包括潮剧、舞蹈、插花、太极、古筝等 22 个专业，招收老年学员 3 173 人次。学校有专职教师 7 人，兼职教师 21 人。全市有 7 个单位申报 2022 年广东省继续教育质量提升工程建设类项目，共申报项目 9 个。汕头市教育局推荐汕头教育学院原院长、党委书记杨方笙申报"全民学习之星"，其于 11 月被认定为 2022 年全国"全民学习之星"、全省"全民学习之星"。12 月 18—24 日，全市举办以"学习贯彻二十大，终身学习向未来"为主题的全民终身学习活动周活动。活动期间，汕头市各级教育行政部门结合活动周主题，组织开展系列学习宣传活动，推动各级各类学校面向周边城乡社区举办学习宣传活动，宣传终身学习理念，营造终身学习氛围。

教育成果与特色

【教育系统疫情防控】2022 年，汕头市教育局落实校园疫情防控常态化工作，根据上级及属地疫情防控要求，调整、细化全市校园疫情防控措施，规范校门和校园活动管理，严防疫情输入校园；加强对汕头区域内各高校的指导、督促，规范高校健康驿站建设；强化督导检查，督促各级各类学校落实主体责任，确保各项防控措施落细落实落到位；加强宣传和引导，引导师生家长参与校园疫情防控工作，提高校园服务保障水平，筑牢校园安全防线。在潮南"10·30"疫情中，汕头市教育局启动校园应急响应机制，会同区教育局奔赴防疫前线，全程驻扎潮南区指挥部协调处置疫情。11 月，汕头市教育局印发《关于进一步加强疫情期间学校疫情防控工作的通知》《汕头市校园疫情应急处置工作组工作指引》，要求各级各类学校以快、严、实的硬措施，开展应急处置工作，配合属地落实核酸检测和健康管理措施，筑牢校园疫情防控壁垒；精准安排教育教学工作，要求涉疫地区所有中小学校在响应疫情防控要求的同时，分学段组织在线课堂教学活动，做好线下教学和线上教学动态有序转换；加强人文关怀及心理疏导工作，开通"汕头抗疫校园公益心理援助热线"，为有需要的师生提供线上心理疏导服务，并抽调心理健康教师，赴疫情集中爆发学校帮助师生缓解心理压力，做好情绪调适。

【教育督导】2022 年，汕头市推动新时代教育督导体制机制改革，履行督政、督学、评估监测各项职责。按照《汕头市关于贯彻落实深化新时代教育督导体制机制改革工作方案》，梳理改革实施进展。印发《汕头市人民政府教育督导室2022年工作要点》，统筹安排和推进教育督导各项工作。组织学习《教育督导问责办法》《广东省教育督导问责实施细则（试行）》。深化新时代教育评价改革，印发《关于全面开展深化新时代教育评价改革"十不得一严禁"落实情况自查自纠的通知》，开展教育评价改革督导检查。支持省教育评价改革试点校（汕头市新乡小学）以及"汕头市探索高中信息技术通用技术考试评价方式改革"等4个省试点项目开展工作，开展试点项目中期评估。2022年1月，组织参加全省深化新时代教育评价改革主题征文活动，汕头市教育局获优秀组织奖，15篇优秀作品获奖。4月，印发《2022年汕头市"双减"督导工作方案》，强化校外培训机构治理监管力度。推动2022年度汕头市十件民生实事"校内课后服务"项目落实。开展校内课后服务优质示范校认定工作，遴选首批14所课后服务优质示范校。落实2021年市县政府履行教育职责评价整改工作，做好2022年市县级政府履行教育职责评价工作。完成2022年国家语文、艺术、英语三个学科以及广东省数学、劳动和心理健康三个学科义务教育质量监测任务。组织开展质量监测调研，召开座谈会7场次，实地走访样本校，提高教育督导结果运用水平。

【教育法治】2022年，汕头市教育局编制《汕头市教育系统开展法治宣传教育的第八个五年规划（2021—2025年）》，印发《汕头市教育系统2022年普法依法治理工作要点》《汕头市教育系统2022年法治建设工作要点》《汕头市教育局2022年普法责任清单》，全面推进依法治教、依法治校工作。6月，组织开展汕头市第七届学生"学宪法 讲宪法"活动，全市9名学生在广东省决赛4个组别中，获3个第一名，5名学生在各自组别中分获二等奖。8月，组织百万学生参与2022年"宪法卫士"活动，参与率超90%。11月，汕头市龙湖区陈厝合小学普法项目"暖阳少年'心'禁毒"，获选2021—2022年全省国家机关"谁执法谁普法"创新创先项目优秀项目，汕头市中小学普法项目连续两年入选全省优秀项目。开展依法治校创建活动，推动构建以章程为核心的依法治校制度体系。全年新增广东省依法治校达标学校2所。建立完善中小学生法治安全教育工作机制，丰富校园法治形式，开展宪法学习日、法治教育宣传月活动，建立禁毒禁烟教育周制度，做好中小学法治副校长（辅导员）聘任工作，全市1043所中小学法治副校长的聘任率达100%。

【校园安全】2022年，汕头市教育局推动平安校园建设，落实学校安全主体责任，进一步完善学校安全管理规章制度，巩固提升学校安全防范水平，突出做好防溺水、防校园欺凌等重点工作，加强安全教育与法治教育，切实维护全市教育系统总体安全稳定，为教育改革发展提供安全保障。汕头市教育局被评为平安汕头建设先进集体、汕头市党的二十大信访安全保障工作先进集体。

维护教育领域政治安全。教育系统进一步把思想统一到习近平总书记、党中央决策部署上来，以"为党的二十大胜利召开创造安全稳定的政治社会环境"为主线，全面加强组织领导，强化主体责任，完善机制，夯实基础，维护教育系统政治安全和意识形态安全，聚焦校园安全薄弱环节，加强学校安全管理，提高安全防范能力，预防和处理学校安全事故。2022年，全市未发生社会安全事件。

建设平安校园。各地各学校通过更高水平的"安全文明校园（平安校园）"创建，进一步建立健全学校安全风险防控体系，提升各级各类学校"三防"建设水平，全面推进学校安全管理现代化建设，实现更高水平"平安校园"100%覆盖。截至2022年，全市已完成更高水平"平安校园"创建考评工作的中小学357所，完成率34%。

完善学校安全管理规章制度。进一步健全相关制度措施，推进校园安全防范建设三年行动计划，研判风险，聚焦关键环节，及时查找不足，着力补齐短板，最大限度减少安全事故的发生。进一步加大对《广东省学校安全条例》的宣传推广力度，参与广东省教育厅组织的《广东省学校安全条例》知识竞赛，获得团体奖三等奖、组织奖一等奖、个人奖二等奖与三等奖。截至2022年，中小学校长和大中小学（幼儿园）分管副校（园）长、安全管理人员培训覆盖率达到100%。

加强安全隐患排查。各地各学校加大力度，进一步做好校园及周边安全隐患排查整改。教育、公安、政法等部门联合对各级各类学校开展全面、拉网式排查，排查发现的4000余个安全隐患已全部落实整改。

加强交通安全和校车安全管理。汕头市教育局共召开20次党组（扩大）会议、13次专项会议，

·市域教育·

部署包括交通安全在内的校园安全工作，制定印发《关于进一步加强中小学生道路交通安全管理工作的通知》等文件，转发有关上级文件20份，向学校发布交通安全预警15条，落实各地各学校进一步加强中小学生道路交通安全宣传教育和管理。"五一"期间，联合公安交管、交通等部门，集中对1103台校车进行安全检查，共排查出44个风险隐患，并全部落实整改。

做好学校安全防范建设。各地各学校结合实际制订工作方案，全力排查化解可能对校园安全造成影响的各类隐患。全市2400所中小学幼儿园2456个校区全部实现校园封闭式管理、一键式紧急报警装置安装及联网工作、"护学岗"设置及专职保安配备、视频监控系统安装及联网等校园安防建设"4个100%"达标。所有学校完成防护设施加装工作，最大程度减少校园高坠事件发生。教育、公安部门启动新学期校园安保"潮汐勤务"，拧紧"安全阀"，站好"护学岗"，守护"上学路"，每天投入民警、辅警和校园最小应急单元安保力量9600多人次，切实加强122万名学生上学、放学4个时段安保勤务，确保各中小学幼儿园治安秩序良好、校园周边道路交通安全畅通。

开展学生防溺水工作。牵头设立领导小组，成立预防学生溺水专项治理工作领导小组，进一步明确任务清单，细化工作措施，全面落实属地、部门、学校和家长"四方责任"，定期召开研判会，研究预防学生溺水工作具体措施。协同有关部门，对学校周边重点水域开展安全风险隐患排查，共排查出830处容易发生溺水的危险水域，并分别建立安全隐患台账，落实属地责任。2022年，潮阳区、澄海区开展暑期青少年防溺水"竹仔鱼"行动，实现"全时段、全区域、学生零溺亡"。

开展防范中小学生欺凌专项治理行动。持续深入做好中小学生欺凌防治工作，加大专项治理力度，巩固治理成果，健全防治长效机制。各级各类学校共举办各类防欺凌法治讲座、心理健康教育讲座1000余场次，开展反欺凌专题学习会200余次、专题班会课4000余节次，广播宣传、滚动电子屏幕宣传共10余万次，100余万名师生参与活动。

加强安全教育。各学校结合实际，共开展2200余场安全教育主题班会课，组织参加防自然灾害活动3000余场次，组织观看安全教育课20000余次。

【教育公平】2022年，汕头市推动落实县域内城乡义务教育一体化发展，针对教育城乡、区域发展不平衡问题，加大政策、资金、项目向农村倾斜扶持力度，形成惠及全民的公平教育。随迁子女继续纳入免费义务教育公用经费补助范围，继续实施随迁子女在当地参加义务教育、中考、高考等升学政策。义务教育全面实施免试就近入学政策，优质普通高中全面实施指标生50%到校政策。

【扶困助学】汕头市继续做好幼儿园、义务教育阶段、普通高中、中等职业学校的扶困助学工作。

2022年，汕头市学前教育资助家庭经济困难儿童10128人，发放资助金额1012.8万元。

2022年春季，汕头市资助义务教育阶段家庭经济困难寄宿生877人，非寄宿生25276人；秋季资助义务教育阶段家庭经济困难寄宿生865人，非寄宿生26238人；春秋两季共拨付补助资金1748万元。

2022年春季，汕头市资助普通高中家庭经济困难学生7929人，秋季资助普通高中家庭经济困难学生7884人；春季普通高中免学杂费人数2134人，秋季普通高中免学杂费人数2227人；共拨付普通高中助学金、免学杂费补助资金2495.65万元。

2022年春季，中等职业学校免学费人数24715人，秋季中等职业学校免学费人数27314人；春季享受中等职业学校助学金人数2119人，秋季享受中等职业学校助学金人数2121人；共拨付助学金、免学费补助资金9834.35万元。全市共30名中职学生获得2022年中等职业学校国家奖学金，共发放奖学金18万元。

【招生考试】2022年，汕头市招生办公室组织正式考试26场，统一组织高考模拟考试2场，合计考生数超过50万人次。

全市报名参加普通高考人数53993人（含"3+证书"考生4364人，单考单招2518人），比2021年增加5603人，增幅11.6%，设42个考点。

全市报考硕士研究生人数6169人，比2021年增加1010人，增幅19.6%。

全市报考成人高校考生人数11354人，比2021年增加1574人，增幅16.1%。按学历层次分：高中起点报考专科5006人，高中起点报考本科655人，专科起点报考本科5693人。

全市组织自学考试3次，报考17041人次、37482科次。考生数比2021年减少1285人次，减幅7%。全年办理毕业登记769人。

全市参加高中阶段学校招生考试的考生人数75 199人（其中进城务工人员随迁子女12 170人），比2021年增加2 227人，增幅3.1%。

全市组织普通高中学业水平合格性考试2次，报考考生129 535人次，比2021年减少45 004人次，减幅25.8%。

全市参加初中生物、地理学科学业考试的考生人数82 339人，比2021年增加2 514人，增幅3.1%。

全市组织中等职业技术教育专业技能课程考试2次，考生人数6 193人次，比2021年增加1 065人次，增幅20.8%。

全市组织全国英语等级考试2次，考生人数434人次，比2021年减少140人次，减幅24.4%。全市组织全国计算机等级考试1次，考生人数6 528人次，比2021年减少8 078人次，减幅55.3%。

全市组织全国中小学教师资格考试2次，考生人数17 502人次，比2021年增加305人次，增幅1.8%。

【高考录取】2022年，汕头市高考特控线上线率17.5%，本科上线率51.2%，总上线率达99.4%。全市有29人被清华大学（14人）、北京大学（15人）录取，990人被"985"高校录取，1 816人被"211"高校录取。

【教师队伍建设】2022年，汕头市强化党对教师工作的全面领导，实施教师党支部书记"党建带头人、业务带头人"培育工程。年内，健全把骨干教师培养成党员，把党员教师培养成教学、科研、管理骨干的"双培养"机制。以师德师风建设为引领，建立健全教育、宣传、考核、监督、奖惩相结合的师德建设长效机制，开展"拒绝有偿补课"专题教育活动，开展师德建设主题教育月活动，把师德教育贯穿于教师培养、准入、培训、考核、晋升、管理的全过程。聚焦教师专业发展，打造高质量教师教育体系。实施"新强师工程"，2022年5月，汕头市教育局印发《汕头市新时代教师发展体系建设任务清单》，促进教师专业发展，进一步健全校长、教师、教研员的培养培训体系，提升队伍综合素质、专业化水平和创新能力，增强教师教学实践、综合育人、自主发展和信息技术应用能力。持续加大教育人才招聘引进力度，以汕头市开展引进博（硕）士三年行动计划为契机，大力引进教育人才，有效充实教师队伍，为进一步优化教育人才队伍结构、打造区域教育高地提供有力人才保障。按照《中共汕头市委办公室 汕头市人民政府办公室关于印发〈汕头市中小学教师减负清单〉的通知》等文件精神，开展减轻教师负担相关工作，营造教育教学良好环境。加大教师宣传表彰力度，表彰汕头市教育系统先进集体20个、汕头市优秀教师60人、汕头市优秀教育工作者20人、汕头市优秀青年教师50人。

【教育信息化】2022年，汕头市教育局推进教育数字化转型，提升教育治理现代化能力，优化完善汕头教育云平台和市教师发展中心服务平台。开展中小学教师信息技术能力提升工程2.0拓展培训工作，采用"整校推进"混合式校本研修模式，聚焦教育教学能力提升，促进优化课堂教学，形成一批优秀教学典型案例。全年建设体系化优质数字教育资源，全面推进广东省国家课程数字教材规模化应用全覆盖，推动网络学习空间应用普及活动。开展"基础教育精品课"遴选工作，推荐210节基础教育精品课参加省级评选，100节获选省级精品课，占全省的6.3%，列全省第五名；其中，43个作品获推教育部评审，5节获评部级精品课。开展汕头市实验精品课遴选活动，推荐55节实验精品课参加省评选。组织2022年汕头市中学化学和中学生物实验教师（实验管理员）实验操作与创新技能竞赛，择优推荐16名教师参加省竞赛活动。举办2022年教师信息素养提升实践活动，获得省一等奖7人、二等奖15人、三等奖21人。推进教育系统网络信息安全管理和中小学网络安全教育工作，开展教育系统虚拟货币"挖矿"活动专项治理工作。参加汕头市"鮀城杯"网络安全攻防演练和广东省"粤盾2022"网络安全攻防演练，完成网络资产清查、梳理、登记等工作，加强教育系统新媒体（网站）运维管理。开展实验室安全及危险化学品管理工作专项检查和中小学校课室宿舍装备情况调查。

【教育教学】2022年，汕头市教育局全面落实立德树人根本任务，围绕教研体系建设、教学改革、新课程新教材省级示范区建设等任务，推动汕头教育发展。

专兼职教研队伍建设。2022年，汕头市教师发展中心公开招聘专职教研员12人、硕士研究生13人、兼职教研员56人、研训专家229人，完善教研体系，加强教研力量。

普通高中"双新"示范区示范校建设。2022年

·市域教育·
EDUCATION IN VARIOUS CITIES

3月，汕头市教育局举行普通高中新课程新教材实施省级示范区建设工作三年规划论证会，制定完善《汕头市普通高中新课程新教材新高考示范校建设实施方案》。10月，市教育局组织召开普通高中高质量发展暨"双新"示范区建设推进会。举办汕头市"双新"教学开放专场活动8场次，各区（县）和市直学校参与学校16所，101名教师参与市级公开课展示，近13万人次线上观看直播。

普通高中教学质量监测与调研。为全面实施新课程新教材新高考方案，2022年9月，市教师发展中心编制好普通高中教学质量监测年度安排计划，合理布局高中三年质量监测，增加高三第一学期期中适应性调研测试。2022年3月和9月，市教育局组织学科教研专家对全市7个区（县）及市直属普通高中进行新课程新教材新高考专项调研活动，共调研普通高中学校20所，每名学科教研员听评课节数在80节以上，举行反馈会20场。

义务教育作业设计评价指导。全面落实"双减"工作，实现义务教育提质增效。2022年10月，汕头市教师发展中心组织开展义务教育阶段学科作业创意设计与创新评价交流研讨活动，聚焦"双减"背景下作业设计，做好分层作业设计的校本化研究与实践，推进义务教育作业设计评价，推动校内校外作业体系的转型升级，加快推进高质量基础教育作业新生态的建设，实现作业与学业、作业与作品协调发展和提升。2022年12月，市教师发展中心组织编订义务教育阶段15个学科作业设计指南。

教师教学技能竞赛。市教育局选拔推荐42名中小学骨干教师参加广东省第三届中小学青年教师教学技能大赛。至2022年4月，汕头市共获得一等奖7项、二等奖11项、三等奖24项，其中初中数学获全省第一名。

基础教育省级教研基地项目建设。截至2022年底，汕头市有11个学科被省教育厅确定为省级学科教研基地，有2个区教研机构被确定为省级县（区）教研基地项目，有2所学校被确定为省级校本教研基地。省级教研基地项目开展以来，汕头市各学科教研基地举行市级以上学术讲座、专题讲座320场次，外请专家讲座60场次，举行市级公开课230场次，教学研究、培训、跨区域交流、送教下乡200场次，获得市级以上媒体报道116次，形成教学案例、项目式主题式案例、论文、部省级精品课程一批。

【学校德育】2022年，汕头市教育局坚持学校教育与家庭教育、社会教育相结合，健全完善中小学德育工作长效机制，提高中小学德育工作水平。

思想政治课一体化建设。汕头市把思政课作为立德树人的关键课程，建立定期听取学校思想政治工作汇报制度，履行地方党委加强思想政治工作的政治责任。健全完善各级党政领导干部为师生讲思政课的常态化工作机制，市党政领导干部带头为师生讲思政课。推进落实春、秋新学期高校党委书记、校长和院（系）党组织书记、院长（系主任）及中小学党组织书记、校长讲"思政第一课"工作制度。统筹推进大中小学思想政治课一体化建设。

社会主义核心价值观教育。汕头市教育局持续推进新时代公民道德建设和爱国主义教育进教材、进课堂、进头脑，探索将社会主义核心价值观贯穿于学校教育教学全过程，融入各类主题教育活动之中。组织开展市级《中小学生守则》教育实践活动6场，区（县）级活动16场，促进中小学生养成良好的行为习惯。组织开展"我向党旗敬个礼""唱支歌儿给党听""党的光辉照我心""党的故事我来讲""童心向党"和"喜迎二十大"等主题教育实践活动，引导青少年听党话、感党恩、跟党走。

劳动教育。2022年秋季学期，汕头市各中小学校将劳动课开设为一门独立课程，每周安排不少于1课时。全市学校根据学生年龄学段特点，开足、开齐、开好劳动教育课程，促进学生在劳动中健康、全面发展。10月，汕头市教育局、汕头市人力资源和社会保障局等9个部门联合印发《关于全面加强新时代大中小学劳动教育重点任务及分工方案》。同月，举办汕头市中小学劳动教育现场观摩活动，通过劳动成果展示、经验分享交流、种植区实地体验等方式呈现全市开展劳动教育的阶段成效及特色。汕头市第一中学等6所学校被评为广东省中小学劳动教育特色学校。汕头职业技术学院被评为广东省中小学劳动教育基地。

心理健康教育。汕头市成立市级小学、中学、中职心理健康教育教师工作室，引领专业队伍建设。开展首批市级中小学心理健康教育特色学校创建工作，全市中小学和中职学校心理辅导室配备率达100%。围绕"'疫'路有爱，心向阳光"主题开展心理健康教育活动月活动。全市有981所学校以"生命教育"为主题开展心理健康教育主题班会课，受益学生86.4万人次；开展校园心理剧展演190场，展演剧目499次。

研学实践基地。截至2022年底，汕头市中小学生研学实践教育基地（营地）共有39个，涵盖红色革命、历史文化、科技活动、职业体验、亲近自然等主题类型，为中小学校开展素质教育、劳动教育和研学实践教育提供平台和优质资源。加强学校劳动教育基地和研学实践基地安全管理工作，按照属地管理的原则对全市研学基地（营地）开展全面督导检查，要求科学规划研学内容路线，加强活动安全宣传教育。

班主任和德育教师队伍建设。市教育局评选表彰2022年汕头市德育先进工作者、优秀班主任、优秀思政课教师、优秀心理健康教育教师160人。市教育局组织开展2022年中等职业学校班主任业务能力比赛，选拔7名优秀选手参加2022年广东省中等职业学校班主任业务能力大赛决赛。5月，市教育局依托市级班主任教师工作室举办"陪伴高考""陪伴中考""陪伴成长"主题示范班会课，以点带面，为各个学段的班主任开展期末心理调适班会课提供模板，搭建框架。7月，市教育局组织"2021—2022学年度汕头市优秀德育论文"评选活动，评选出优秀德育论文283篇。

文明校园创建。市教育局根据《汕头市文明校园创建活动的工作方案》及《汕头市中小学文明校园创建测评标准》，指导各级各类学校围绕"六个好"创建标准，常态化开展文明校园创建工作。9月，市教育局联合市文明办开展年度测评，推广先进学校的工作亮点特点和创建经验。截至2022年底，全市有全国文明校园4所、省级文明校园3所、市级文明校园250所。

主题活动。2022年，市教育局开展中华优秀传统文化进校园活动，参与学生超15万人次。依托乡村学校少年宫，开展剪纸、英歌舞、南枝拳等汕头本土特色项目220种，以线上线下相结合形式举办活动2311场次。汕头市龙湖区以"禁毒+剪纸、戏曲、书信、刺绣"等多种方式，将禁毒宣传与优秀传统文化相结合。实现生态文明教育渗透式教学，将校园生态环境建设意识辐射到家庭，全市创建广东省绿色学校757所。

【学校体育】2022年，汕头市加强学校体育工作，督促指导各级各类学校开足开齐体育课程，落实学校体育课程开设刚性要求，拓宽课程领域，合理安排学生校内、校外体育活动时间，每天统一安排30分钟的大课间体育活动，保障学生每天校内、校外各1小时体育活动时间。以培养学生强健体魄为核心，发挥高校人才资源优势，提高教学水平和教育质量。汕头市代表团参加广东省第十三届中学生运动会，取得2金1银5铜的成绩，获得团体总分二等奖、体育道德风尚奖、优秀组织单位奖，以及体育科学论文一等奖2项、二等奖6项，实现近十年来在广东省中学生运动会上金牌获奖数"零的突破"。组织开展省级、市级、区级中小学《国家学生体质健康标准》抽测、统测工作，建立完善以体质健康水平为重点的"监测—评估—反馈—干预—保障"闭环体系，提升学生体质健康水平。汕头市在广东省学生体质健康抽测中优良率超61%。汕头市教育局统筹规划各体育项目特色、推广学校布局，推进"一校一品""一校多品"校园体育特色项目建设。截至2022年底，全市有151所中小学校被确定为全国青少年校园足球特色学校、广东省校园足球推广学校，47所中小学校被确定为全国青少年校园篮球特色学校、广东省校园篮球推广学校，12所中小学校被确定为全国青少年校园排球特色学校、广东省校园排球推广学校，6所中小学校被确定为广东省校园游泳推广学校。

【学校卫生健康】2022年，汕头市教育局推进汕头市"全国儿童青少年近视防控改革试验区"建设工作，3月、9月开展近视防控宣传教育月活动，组织师生共唱《护眼亮眼歌》，12月成立汕头市儿童青少年视力防控和视力健康专家宣讲团，落实近视防控专项宣读活动，开展专题展览和研讨活动，推行近视防控典型经验、做法，推进儿童青少年近视防控工作。5月9日，汕头市教育局举行心理健康教育活动月启动仪式，现场举行心理剧展示和专家讲座，近90万名师生通过"线上+线下"形式参与活动；6月20日，开展中小学健康教育和心理健康教育优秀教学设计评选活动；8月，组织全市校医参加广东省中小学学校卫生技术骨干培训班；9月23日，举行汕头市民办学校心理健康教育工作研讨会；10月，开展汕头市儿童青少年生长发育校园科普演讲比赛和健康教育教师预防艾滋病授课比赛；12月，选拔4名不同学段教师参加广东省中小学心理教师专业能力大赛,中职组代表获得一等奖。

【学校美育】2022年,汕头市深化美育改革,落实学校美育课程开设刚性要求,拓宽课程领域,督促指导各级各类学校开齐开足上好美育课,逐步完善"艺术基础知识基本技能+艺术审美体验+艺术专项特长"的教学模式。加强美育师资队建设,组织开展"让音乐之美点燃课程思政之光"送教活动,为海岛、乡村学校艺术教育薄弱区县的师生送去优秀音乐课、优秀艺术节目。组织教师参加广东省教育厅举办的"翰墨薪传"第三届全省教师书法作品展,参展作品获省一等奖、三等奖。丰富艺术实践活动,组织全市中小学生参加粤东粤西粤北地区中小学合唱、全省中小学校优秀艺术团队交流展示活动。选送作品参加第五届粤港澳大湾区学校美术作品展、中华经典诵写讲大赛之"笔墨中国"汉字书写大赛、中华经典诵写讲大赛之"印记中国"师生篆刻大赛。参加全省中小学粤韵操培训及交流展示活动,14支队伍分别获得一、二、三等奖,获奖比例82.3%,其中汕头市澄海实验高级中学、汕头市澄海华侨中学、汕头市澄海实验高级中学附属小学、汕头市澄海汇璟实验小学4所学校的粤韵操节目在"学习强国"平台上进行展播。汕头市澄海凤翔中心小学学生绘画作品《可爱的家乡》获教育部全国第七届中小学生艺术展演活动一等奖。汕头市依托广东省"高雅艺术进校园""美育浸润行动计划",扶持全市乡村学校艺术特色发展,提高师生审美综合素养。截至2022年底,全市有31所学校被广东省教育厅评为中小学中华优秀传统文化传承学校,21所学校被评为中小学艺术教育特色学校。

(撰稿 郭泽飔;审稿 王溅波)

佛山市教育

概　　况

2022年，佛山市有各级各类学校1811所，各级各类学校在校生176万人。其中，幼儿园1087所，在园幼儿36万人；小学423所，在校生69万人；初中170所，在校生27万人；普通高中65所，在校生14万人；中职学校（含省属中职和技工学校）40所，在校生10万人；特殊教育学校7所，在校生1697人；普通高校（含省属驻佛山高校校区、民办高校）13所，在校生18万人；成人高校6所，在校生2万人。各级各类学校教职工15万人，其中专任教师11万人。

佛山市入选教育部教育技术与资源发展中心"央馆虚拟实验"首批规模化应用试点区唯一试点市。教育部将粤港澳大湾区先进制造业国家卓越工程师创新研究院落户佛山。佛山市成为广东省首批产教融合试点城市。推动公办中小学全面实现午休"平躺睡"，案例获得第七届佛山市区直单位工作创新大赛服务群众项目第一名。在广东省第十三届中学生运动会上，佛山市代表团获团体总分第三名。

全市教育系统围绕"强党建、增供给、减负担、规民办、优生态、提质量、重统筹、保安全"八大中心任务，推动各级各类教育更加公平高质量发展。出台全省首个全学段教育专项规划，统筹布局全市各级各类教育设施。持续增加公办优质学位供给，完成新（改、扩）建公办幼儿园、中小学58所，新增公办学位4.8万个。14所"公参民"义务教育学校于2022年秋季学期转为公办学校办学，增加公办学位4.5万个。加快学前教育公益普惠发展步伐。"5080"攻坚成果持续巩固深化，全市公办幼儿园在园幼儿占比50.74%，普惠性幼儿园在园幼儿占比82.64%。拓宽托育多元供给渠道，支持有条件的幼儿园开设托班招收2～3岁幼儿，全市共有187所幼儿园开设托班。加快城乡基础教育一体化，深入推进集团化办学。全市组建86个教育集团，涉及学校约600所，其中12个集团入选省级优质基础教育集团培育对象。推动教育"双减"各项任务全面落实。全市义务教育学校47万名学生在全省率先实现午休"平躺睡"。推进新高考下普通高中优质多样特色分类创建，打造一批高品质特色化高中集群，全面开展普通高中多样化有特色发展"双高"行动。保障特殊群体入学权益，进城务工人员随迁子女入读公办学校占比95%，特殊儿童义务教育入学安置率100%。全市各类学校教育资助学生4.57万人次，资助金额1.03亿元。建立市域交流协作机制。建立佛山市教育局与高明区、三水区人民政府共同推动区域基础教育优质均衡发展协作机制以及南海区结对三水区、顺德区结对高明区的教育紧密协作机制，在全省率先探索建立中小学优秀校长教师市域交流机制，秋季学期首批100名优秀校长教师市域交流全部到岗。开展教育对口帮扶结对学校共245所，派出支教人才361人。佛山科学技术学院再次跻身"软科世界大学学术排名"1000强，入选广东省新一轮"冲补强"提升计划高水平大学建设计划。顺德职业技术学院顺利完成"双高"建设中期验收任务，创建本科层次职业技术大学纳入广东省高等学校设置"十四五"规划；佛山科学技术学院入选广东省域高水平高职院校建设单位。新增2所中职学校入选广东省高水平中职学校建设单位。16所中职学校26个专业点开展"双元制"现代学徒制试点，累计建成6个公共实训中心，共培养学徒1051人。广东高校科技成果转化中心全年扶持产学研合作项目419项，合同金额29344.16万元；培育和孵化高校背景的科技型企业54家，注册资本达77930.9万元；连续六年举办广东高校科技成果转化对接大会系列活动。

各级各类教育

【基础教育】 2022年，佛山市持续扩大普惠学前资源供给，巩固提升"5080"成果，全市共新增学前教育公办学位8702个，新增公办在园幼儿6235人，公办学位建设完成率达115.03%。全市公办幼儿园在园幼儿占比50.74%，普惠性幼儿园在园幼儿占比82.64%。市级财政继续设立幼儿园建设专项经费，支持各级政府、企事业单位、村集体、社会力量等举办普惠性幼儿园，分别给予每班5万元至20万元，或一次性200万元的经费补助。2022年共补贴52个项目，涉及经费7445万元。系统性提升幼儿园保教质量，印发《佛山市幼儿园保育教育质量评估方案（2022年修订版）》，启动新一轮幼儿园保育教育质量评估，开发保教质量监测管理平台。开展佛山市学前教育课程资源建设，构建佛山市课程资源建设框架体系。

佛山市大力推进基础教育集团化办学。开展集团化办学工作调研，启动第二轮省市优质教育集团遴选工作。全市共有86个教育集团，涵盖各区各学段，涉及学校约600所，覆盖教师约5万人，覆盖学生约75万人；已获批7个省级、29个市级优质基础教育集团培育对象。探索"多孩"入读同一所义务教育学校机制，帮助614个家庭解决"接送难、两头跑"问题。完善初中学生综合素质评价，起草实施细则。全市义务教育大班额保持"零增量"。建立健全市域交流协作机制，加快缩小区域、城乡、校际、群体教育差距。完成2022年义务教育公民办结构调整任务，落实政府主体责任，通过新改扩建、民办转公办、政府购买学位等方式，民办义务教育学校在校生（不含政府购买学位）占比缩减至5%以内，14所"公参民"义务教育学校于2022年秋季学期转为公办学校办学。落实控辍保学法定责任，完成率100%。

【职业与成人教育】 2022年，佛山市新增2所中职学校入选广东省高水平中职学校建设单位。修订印发《佛山市职业教育现代学徒制试点管理办法》，市属2所高职院校、16所中职学校26个专业点开展"双元制"现代学徒制试点，累计建成6个公共实训中心，共培养学徒1051人，校企合作"双元制"职业教育模式得到进一步推广。全市高水平职业院校和专业群建设、教学成果奖、师生技能竞赛等成绩位居全省前列。2022年，佛山市有成人高等教育学校6所，教职工264人，其中专任教师156人。

【高等教育】 2022年，佛山市推进高等教育重点项目建设，佛山科学技术学院再次跻身"软科世界大学学术排名"1000强，入选广东省新一轮"冲补强"提升计划高水平大学建设计划。推进部属高校佛山研究生院规范化办学及省属高校共建校区属地化发展，华南师范大学工学部协议正式签署，开设5个本科专业，2022年招生723人；广州美术学院佛山校区顺德动工，已完成投资金额2亿元，建设进度超过预期。粤港澳大湾区先进制造业国家卓越工程师创新研究院落户佛山。顺德职业技术学院顺利完成"双高"建设中期验收任务，创建本科层次职业技术大学纳入广东省高等学校设置"十四五"规划；佛山科学技术学院纳入广东省域高水平高职院校建设单位。

教育成果与特色

【中小学生心理健康教育】 推进心理健康"1+8+10"活动，中小学专职心理健康教育教师基本实现全覆盖，保障学生身心健康成长。成立佛山市青少年心理防护工作专班，印发《佛山市中小学生心理健康教育与心理危机识别干预工作方案（2022—2024年）》。召开2022年佛山市中小学心理健康教育工作会议，组织全市心理教师能力培训，强化学生心理危机预防与干预，推进心理辅导室建设与运行管理，认定一批中小学星级心理辅导室。开设"佛山市校园心育"服务公众号。

【中小学劳动教育】2022年，成立佛山市中小学劳动教育指导委员会，举办佛山市中小学生劳动教育实践基地、研学实践教育基（营）地授牌仪式，包括15家佛山市中小学生劳动教育实践基地、39家佛山市中小学生研学实践教育基地和6家佛山市中小学生研学实践教育营地。

【"双减"工作全面落实】2022年，成立以市长为组长的"双减"工作领导小组，佛山市和五区均规范设立"双减"专门工作机构。以中小学生优质午休工程为切入点，在全省率先实现公办小学午休"平躺睡"全覆盖。推行"基本+拓展"课后服务模式，全面实现"两个全覆盖"（即义务教育学校全覆盖、有需求的学生全覆盖）和"5+2"模式（即学校每周5天都要开展课后服务，每天至少开展2小时），素质拓展类课后服务开展率超90%。成立市级校外培训监管机构，组建市级校外培训机构鉴定专家库，建立"黑灰白名单"制度，重点针对预收费资金实施监管，实施"线上线下双治理"，全市学科类校外培训机构压减至54家，压减率92.39%。

【推进五育并举融合育人】广泛开展社会主义核心价值观主题教育系列实践活动，推进党史学习教育进校园。坚持"健康第一"教育理念，校园阳光体育和体育特色建设成果显著，佛山市代表团获广东省第十三届中学生运动会团体总分第三名。在全省率先推出"百师带百校"咏春拳操特色培训项目，100名体育骨干教师进入100所学校，为18万名学生提供咏春拳操培训；制定《佛山市中小学生命教育工作行动方案》，帮助学生树立正确生命观、健康观、安全观，实现全市中小学班主任生命急救教育培训全覆盖。印发美育工作方案，以系列艺术展演活动、创建粤剧特色学校和优秀传统文化传承学校等为抓手，打造"一校一品""一校多品"美育特色，全市有各类特色学校213所，其中省级以上特色学校80所。出台加强劳动教育系列文件，构建起全面优质的中小学劳动教育体系，全市有市级以上劳动教育特色学校63所、劳动教育实践基地20个。扎实推进心理健康"1+8+10"活动，中小学专职心理健康教育教师基本实现全覆盖。深入宣传贯彻《家庭教育促进法》，持续推进规范化家长学校示范点建设，构建佛山特色的多层次家庭教育指导服务体系。

【深入实施"新强师工程"】持续、深入开展师德师风建设，组织自查自纠，开展专项整治行动和主题教育月活动，加大监督预警，教育引导广大教师严守师德底线。深入推进"新强师工程"建设。中小学教师信息技术应用能力提升工程2.0优秀示范区和示范校数量全省领先；新一轮职业教育"双师型"名教师、名校长和名班主任工作室建设经验在全省会议上进行介绍；建成全省数量与规模最大的基础教育高层次人才工作室（包括市一级5个杰出人才工作室、66个领军人才工作室和300个名校长、名教师、名班主任工作室），拥有超过350人的双导师团队、超过3000人的入室培育成员队伍。中小学师资均衡配置进一步优化。全市具有高级职称教师的义务教育学校占比98.61%。重点解决义务教育公办学校教师编制问题，基本满足学校教育教学需求。完善中小学教师工资待遇保障长效联动机制，确保实现教师工资收入"两个不低于"。推动临聘教师数量持续缩减，切实落实临聘教师增资政策，2022年度全市临聘教师平均工资收入水平比2021年度增加24.4%。表彰先进、树立典型，认定佛山市教育系统优秀教师、优秀班主任、先进教育工作者600余人，加大优秀典型宣传力度，在全社会营造尊师重教的良好氛围。

【全力维护校园安全稳定】建设校园安全智能化综合管理平台二期工程，创建更高水平平安校园。以佛山市创建国家食品安全示范城市为契机，强化校园食品安全管理工作，全面推行"互联网+明厨亮灶"智慧监管模式。开展自建房安全隐患、醇基燃料、实验室及危险化学品管理等专项检查整治。发挥"四校长"工作机制，对全市法治副校长开展新一轮选聘，为700所中小学校和校区配备法治副校长1523人，实现全覆盖。推动落实法治政府建设及普法工作，全年编制规范性文件4份，废止规范性文件3份。统筹推进青少年学生法治教育。组织召开全市校园维稳安保暨教育系统信访工作会议，对校园安全工作和教育系统信访工作做出全面部署，坚决扛起校园疫情防控政治责任。织密织牢校园疫情防护网，周密制定防控举措，确保师生员工生命安全和身体健康。落实校园常态化疫情防控工作，加强校园出入管理，严格落实晨、午检和因病缺勤（课）追踪和登记报告制度，加强重点人员排查，严格落实核酸抽检要求和疫苗接种工作，扎实开展爱国卫生运动。联合各级力量切实抓好校园突发疫情应急处置工作，统筹部署开学返校防疫工作、外地学生返佛接送安排，不定期开展校园疫情防控督导检查，确保防控措施全面深入有效落实。

【深化教育科研和教学研究】深化教育和教学科研融合发展，打造教研尖兵，促进学校内涵发展和教师专业发展。加强教研工作引领和服务。在全省率先建立市、区教研员蹲点指导制度，推动教研深度融入教育教学全过程各环节，着力提高课堂教学质量。充分用好"省市学科教研基地"，结合中小学青年教师教学能力大赛，提升教师教育教学和教研水平。推动汾江中学挂牌佛山市教研室附属实验学校。教育科研工作走在全省前列，立项2项教育部重点课题，成绩全省第一；新增44个省级课题（含42个省教育科学规划课题立项和2个省委教育工委党建研究专项课题）；创新探索"科研强师"基地建设，推动与顺德乐从镇、伦教街道合作开展"科研强师"基地试点工作。进一步加强和改进中小学实验教学，佛山作为唯一地市入选教育部教育技术与资源发展中心"央馆虚拟实验"首批规模化应用试点区。制定关于加强和改进中小学实验教学的实施意见，优先保证开齐开足开好基础性实验。大力推进初中物理、化学、生物实验操作考试，重点推进考点认定标准制定，有序推进考点建设和认定工作。全市基础教育实验精品课、生物学和化学常规实验与创新技能展演综合成绩位居全省前列。

【推动信息技术与教育融合创新】2022年，开展佛山教育大数据专题调研并编制未来三年发展规划，推动技术与教育管理、教学的融合创新。基本完成佛山市"名师导学"精品微课建设项目开发工作，累计开发优质精品微课近1 800节。开展2022年度佛山市"基础教育精品课"征集遴选，全市评选产生370节"市级基础教育精品课"；组织参加省基础教育精品课遴选，佛山135节课程获评省级精品课，85节课程获推荐参加教育部遴选，数量位居全省第二。佛山市教育局与广东省广播电视网络股份有限公司佛山分公司合作推出"名师面对面"空中课堂，首批推出193个微课程并上架电视终端平台。开展教育信息对口帮扶，与新疆伽师县、西藏墨脱县、贵州黔东南州台江县、黑龙江双鸭山市等地区，联合开展跨区域"可视化教学研究与实践"主题研究活动，立项课题达200项；联合广州、肇庆、云浮、清远、韶关、江门、新疆伽师、西藏波密、黑龙江双鸭山等地市，开展跨区域优秀微课联合征集活动，经10地市（区）评审及推荐，共715件作品参加联评，有效提升对口地区教师教育信息化应用能力。组织广东省教育"双融双创"师生信息素养提升实践活动，提升全市师生信息技术应用融合创新能力。

【推动高校科技成果转化落地】广东省教育厅、佛山市政府续签新一轮推进高校科技成果服务区域创新驱动发展战略合作框架协议。完善佛山市促进高校科技成果服务产业发展若干扶持政策，全年扶持产学研合作419项，合同金额29 344.16万元，培育和孵化高校背景的科技型企业54家，注册资本达77 930.9万元，促成一大批高校科技成果和团队落地转化。深入挖掘342项技术需求和4 031项高校成果，高校创新资源与佛山产业对接更加精准。连续六年举办广东高校科技成果转化对接大会系列活动，超过300所高校、1 000家企业和研发机构参会，累计收集到全国1 197个高校项目参赛，大赛入围项目落地转化率达43.3%，转化金额超亿元。

【加大教育对口帮扶与交流合作】2022年，持续做好对口支援西藏新疆、佛黔东西部教育协作、全口径全方位融入式帮扶云浮茂名基础教育高质量发展，统筹打好教师支教、职教协作、招生支援、师资培训、校际结对等组合拳，全年全市开展教育对口帮扶结对学校共245所，派出支教人才361人，累计开展对口帮扶教研活动172场次，开展教师培训300场次，共培训受援地教师超10万人次，助推受援地教育持续发展。

（撰稿　王蓉丹；审稿　林建娜）

韶关市教育

概　　况

2022年，韶关市教育局坚持以习近平新时代中国特色社会主义思想为指导，深入贯彻落实习近平总书记关于教育的重要论述和全国教育工作会议精神，全面落实中央和省市教育工作部署，以教育现代化为主题，以改革创新为动力，以建设高质量教育体系为主线，以办好人民满意的教育为目标，奋力谱写韶关教育高质量发展新篇章，取得较好成效。

（一）立德树人根本任务有效落实

持续推进习近平新时代中国特色社会主义思想进教材进课堂进头脑，落实学校校长、党组织书记上思政第一课的要求，把思想政治工作贯穿教育教学全过程。围绕《中小学德育工作指南》，提升学校德育工作水平，全面加强学生爱国主义教育、理想信念教育、道德教育和劳动教育。强化中小学生法治教育，深化青少年心理健康教育和毒品预防教育，开展"传承红色基因"等各类主题教育实践活动，大力创建文明校园。持续抓好学校体育工作，举办广东省第十三届中学生运动会并取得良好成绩。

（二）教师队伍建设成效显著

建立健全师德师风建设长效机制，加大师德失范行为查处力度，开展师德建设主题教育月活动，召开全市教师节座谈会和优秀教师表彰大会，评选表彰200名"四有"好老师和35名优秀教育工作者。深入实施教育领域"百团千才万匠"人才工程，公开招聘引进高素质教育人才1108人。持续巩固"两个不低于"成果，加强临聘教师管理，大力弘扬尊师重教传统。深入推进"县管校聘"改革，促进县域内中小学教师均衡配置。选派70名骨干教师到东莞市挂职跟岗学习，开展各类线上线下培训、专题研修活动26场次，受惠教师近5000人次。

（三）教育综合改革深入推进

推进新时代教育评价改革，发挥教育评价指挥棒作用。深化新时代校长队伍建设改革，建立健全校长任期目标责任制，完善校长职级制改革相关配套措施，不断提升校长办学治校能力。全面落实"双减"政策，严格实施"零起点"教学，建立健全学生课后服务收费标准，注销或责令停业义务教育学科类校外培训机构147所，压减率99.3%，相关国家监测指标全部达标。推进新时代教育督导体制机制改革，进一步明确市人民政府教育督导委员会成员单位职责，加强督学队伍建设，探索"互联网+"督导新模式。

（四）基础教育高质量发展水平不断提升

把基础教育公办学位建设列为市政府十件民生实事项目高位推动，市县两级投入资金10.68亿元，新建、改扩建公办幼儿园、义务教育学校31所，新增优质公办学位1.65万个。实施新一轮乡村小规模学校优化提质，对在校学生20人以下的乡村小规模学校完成撤并和改造提升89所。推进学区化管理和集团化办学，各县（市、区）均建立3个以上教育集团和1个以上紧密型办学集团。成立专门教育指导委员会，完成韶关市启航学校建设。持续规范民办义务教育发展，加强"公参民"学校治理，撤销韶关市一中实验学校办学资质，全市民办义务教育学校学生比例下降到3.86%。2022年4月，仁化县被确定为全国义务教育优质均衡先行创建县。

（五）职业教育不断扩容提质增效

制定并实施《关于推动韶关市职业教育高质量发展的实施方案》，召开全市推进职业教育高质量发展大会。争取中央、省级职业教育专项资金2741万元，加大市级配套资金投入，推动多所中职学校新建、改扩建，大力创建省重点、省高水平中职学校。推动普职招生比例大体相当，全市中职学校完成招生11695人，完成率119.33%，位列全省第三名。持续深化产教融合校企合作，推动中职学校调整新增专业18个，新增校企合作企业26家次，安排3331名中职学生在韶关市企业实习，留韶实习就业率77.8%。

（六）校园安全常抓不懈

严格落实国家和省市疫情防控工作部署，抓好校园疫情防控，筑牢校园疫情防控防线。加强"平安校园"建设，局机关增设安全和校外培训监管科，制定《韶关市中小学幼儿园校园安全监督管理责任清单》，深入开展预防中小学生溺水等八个方面"百日攻坚"行动督查及严禁管制刀具等危险品进校园专项检查，建立健全"21530"安全教育制度，全面加强学校内部人防、物防、技防建设。建立意识形态工作责任制，深入开展涉校矛盾纠纷排查化解和政治安全意识形态安全排查整治，扎实做好重要节点、重点人群、信访积案的防范化解，确保教育系统安全稳定。

各级各类教育

【基础教育】（一）学前教育

2022年，韶关市新建、改扩建公办幼儿园（完工交付使用）20所，新增公办幼儿园学位5730个。截至12月底，全市有幼儿园606所，其中公办幼儿园（不含公办性质幼儿园）169所，普惠性民办幼儿园384所；全市在园幼儿118616人，其中公办幼儿园在园幼儿60600人（含政府购买学位数），占全市在园幼儿总数的51.1%，普惠性民办幼儿园在园幼儿72584人，公办幼儿园和普惠性民办幼儿园在园幼儿占比92%。实现公办幼儿园在园幼儿占比50%、公办幼儿园和普惠性民办幼儿园在园幼儿占比85%的目标。3～5岁学前教育毛入园率107.2%。全市100%的乡镇建有规范化公办中心幼儿园；100%的常住人口规模4000人以上的行政村独立举办规范化普惠性幼儿园。

（二）义务教育

2022年，韶关市安排进城务工人员随迁子女42253人就读，其中小学30514人，初中11739人。除了1045人（占全市义务教育阶段进城务工人员随迁子女总数的2.47%）自主选择民办学校就读外，其余的41208人（占全市义务教育阶段异地务工人员随迁子女总数的97.53%）全部安排进入公办学校免费就读（其中小学安排学位30479个，初中安排学位10729个），远超过广东省教育厅要求的"随迁子女入读公办学校比例不低于85%"的目标，在全省名列前茅。

韶关市市属3所民办初中学校和广东北江中学、韶关市第一中学、韶州中学同步采取电脑摇号方式招收七年级新生；韶关市田家炳中学继续采用学区对口金福园小学直升方式招生。

（三）普通高中教育

2022年，韶关市有普通高中学校25所（含完全中学14所），其中公办22所、民办3所；高中阶段教育毛入学率98.7%。广东北江中学、韶关市第一中学、韶关市田家炳中学、韶关市第五中学、韶关市张九龄纪念中学继续开展自主招生（含体育艺术特长生）的探索实验。继续做好"指标到校"工作，全市省一级以上公办普通高中学校按广东省要求"安排不低于50%的公费招生名额，按初中学校在校生数和实施素质教育的情况，直接分配到区域内各初中（含民办）学校"。

（四）特殊教育

2022年，韶关市有特殊教育学校11所，分别是韶关市特殊教育学校、乐昌市启智学校、南雄市特殊教育学校、仁化县启智学校、翁源县启智学校、乳源瑶族自治县特殊教育学校、曲江区启智学校、浈江区特殊教育学校、始兴县幸福学校、武江区特殊教育学校、新丰县特殊教育学校。全市有义务教育阶段适龄残疾儿童少年3198人，在校生3156人，入学率98.7%。其中，在特殊教育学校就读学生776人，普通学校随班就读学生1734人，送教上门学生646人。2022年，韶关市各县（市、区）均按要求建设随班就读资源教室共104间，配备兼职教师。

【职业与成人教育】2022年，韶关市隶属教育部门管理的中等职业学校有13所，其中公办9所、民办4所。开设58个专业，全日制在校生33320人。其中，公办学校在校生21507人，占64.54%；民办学校在校生11813人，占35.45%。招生11695人，毕业8965人，升学4602人，就业4348人，留韶就业2546人。中职学校"双师型"教师占专业课教师的61.8%。中职学校办学条件达标率69.2%。

【高等教育】2022年，韶关市有1所全日制普通本科学校和1所全日制高职院校。韶关学院是全日制普通本科高校，在校生2.6万人，教职工3160人，其中专任教师1650人；广东松山职业技术学院是专科层次高职院校，在校生2万人，教职工1247人。

教育成果与特色

【市县级人民政府履行教育职责评价取得好成绩】根据《广东省人民政府教育督导室关于反馈2021年市县政府履行教育职责评价结果并认真整改存在问题的通知》中公布的评价结果，韶关市成绩为82.48分，取得在北部生态发展区（包括韶关、梅州、清远、河源、云浮5市）排名第一的好成绩。与此同时，全市6个县（市、区）人民政府在北部生态发展区37个县（市、区）排名中均进入前十五名，其中，始兴县第二名（获优秀等次）、曲江区第七名、新丰县第十一名、乳源瑶族自治县第十二名、浈江区第十四名、南雄市第十五名。韶关市教育局等10个市直单位以及始兴县人民政府等5个单位受到市政府的表扬。

【举办广东省第十三届中学生运动会】2022年7月至8月，由广东省教育厅、广东省体育局主办，韶关市人民政府承办的广东省第十三届中学生运动会在韶关市举办。该届运动会设田径、游泳、篮球、足球、排球、乒乓球、羽毛球、武术、健美操、啦啦操、跳绳、定向运动共12个比赛项目，其间还举办广东省第十三届中学生运动会（广东省第五届）中小学体育教师教学技能大赛、广东省第十三届中学生运动会科学论文报告会。来自全省21个代表团、4 927名运动员、1 316名教练员及领队、800余名裁判员参加。破全国中学生运动会纪录1项、全省中学生运动会23项（其中，破田径纪录7项、游泳纪录16项），其中韶关市代表团陈祺伟同学以10.52秒的成绩打破男子甲组100米的纪录。韶关市代表团成绩取得了历史性的突破，共获得金牌28枚（比第十二届多25枚）、银牌10枚、铜牌8枚，金牌总数位居全省第四名，并以团体总分881.86分荣获全省一等奖，位居全省第六名（广州、深圳、佛山、中山、东莞、韶关、湛江、肇庆）。同时韶关市代表团还获得体育道德风尚奖，韶关市39个单位获评优秀组织单位。此外，在广东省第十三届中学生运动会（广东省第五届）中小学体育教师教学技能大赛中，韶关市代表团获全省团体总分一等奖，位居全省第七名，参赛的10名教师全部获奖，其中获省一等奖9人、二等奖1人；韶关市体育教师撰写的论文参加广东省第十三届中学生运动会科学论文报告会，获团体总分全省第六名，其中获省一等奖9篇、二等奖6篇、三等奖7篇。

【深化新时代校长队伍建设改革】制定《韶关市中小学校长队伍建设改革实施方案》及配套的《韶关市中小学校长年度评价细则（试行）》，完善校长选拔任用制度，持续推进校长职级制改革，健全校长培养培训质量保障体系，实施名校长培养工程，建立校长绩效考核制度。组织校长队伍培训，与中山大学组织开办中小学校长精品培训班，全市共选派30名中小学校长参加；与东莞市教育局联合开展优秀骨干校（园）长高端研修培训班和后备校（园）长培训班，着力提升校长管理能力。

【全面实施初中学生综合素质评价改革】2022年，印发《韶关市初中学生综合素质评价实施办法（试行）》，从思想品德、学业水平、身心健康、艺术素养、社会实践等五个方面每学期对学生进行综合素质量化打分评价，引导学校、教师、家长关注学生成长的全过程，通过观察、记录、分析学生全面发展状况，发现和培养学生良好个性，展现学生个性特长，激励学生积极向善、向上。帮助和促进学生自我认识、自我评价和自我发展，促进学校和教师把握学生成长规律，切实转变育人方式和人才培养模式，形成多方协同育人局面，促进学生德智体美劳全面发展。

【探索校内课后服务新模式】印发《2022年韶关市校内课后服务工作改革方案》，进一步明确中小学生校内课后服务工作。2022年，全市开展校内课后服务学校256所，参与教师10 728人（较2021年参与率提高43%），参与学生139 868人（较2021年参与率提高29.5%）。健全开展校内课后服务保障机制，规范课后服务收费和教师取酬，制定《韶关市义务教育阶段课后服务经费保障工作方案》。下发《关于进一步做好韶关市中小学生校内课后服务工作的通知》《关于进一步做好韶关市中小学暑期校内托管服务的通知》，指导各地各校探索开展暑期托管服务工作，全市开展暑期托管服务学校54所，参加学生13 300人。

【规范校园安全管理】设立安全和校外培训监管科，加强中小学校安全管理。先后印发《韶关市中小学幼儿园校园安全监督管理责任清单》《韶关市预防学生溺水专项行动工作方案》《关于加快全市校园视频与公安机关联网工作的通知》《关于加强秋季开学期间消防安全教育工作的通知》等，会同政法、公安、消防、水务等多个部门开展校园周边环境、防汛、防溺水、消防安全、校园校舍、校车安全等多项清理整治和实地督导检查行动，确保校园安全。每月定期召开视频调度会研判校园安全。

【规范落实"双减"工作】制定并印发《关于进一步减轻义务教育阶段学生作业负担和校外培训负担的实施意见》，成立韶关市校外培训机构学科类和非学科类项目鉴定专家委员会，开展校外培训机构鉴定。下发《进一步加强校外培训机构监管工作的通知》，开展"监管护苗"专项行动，全面规范校外培训机构培训行为。由教育部门牵头，联合市场监管、消防、卫健、公安等部门对全市校外培训机构进行督查。印发《2022年韶关市校内课后服务工作改革方案》《关于韶关市义务教育阶段课后服务经费保障工作方案》，进一步提升韶关市义务教育课后服务质量和水平。

【加强教师队伍建设】2022年，韶关市有中小学专任教师38 381人，其中学前教育7 880人、小学13 607人、初级中学5 561人、完全中学3 211人、高级中学2 366人、九年一贯制学校3 461人、中等职业学校2 060人、特殊教育学校225人、专门学校10人。韶关市投入资金147.5万元用于提升教师学历。全市学前教育专任教师大专及以上学历比例为89.1%，小学、初中专任教师本科以上学历比例分别为76.14%和92.8%，高中专任教师硕士研究生以上学历比例为11.5%。实施韶关市"丹霞英才计划"、韶关市中小学"百千万人才培养工程"市级培养项目（名教师、名校长、名班主任学员共80人）。在广东省新一轮（2021—2023年）中小学（幼儿园、特殊教育学校）名教师、名校（园）长、名班主任工作室遴选中，韶关市有9人入选广东省名教师工作室主持人，2人入选广东省名校长工作室主持人，1人入选广东省名园长工作室主持人，1人入选广东省名班主任工作室主持人。

印发《师德师风规范治理年实施方案》《韶关市中小学幼儿园教师违反职业道德行为负面清单（试行）》《韶关市中小学幼儿园教师违反职业道德行为处理办法（试行）》《韶关市教师违反职业道德行为举报受理与调查处理机制（试行）》等文件，开展师德师风专项整治工作。开展"四有"好老师和优秀教育工作者推选，推选200名"四有"好老师和35名优秀教育工作者。制定《韶关市中小学校长队伍建设改革实施方案》《韶关市中小学、幼儿园校（园）长绩效考核办法（试行）》。组织开展教师招聘和人才引进工作，共招聘教职员81人、高校毕业生5人、青年人才8人。

组织中小学教师资格考试和落实教师定期注册制度，全市认定中小学教师资格人数3 765人。

【继续推进"县管校聘"工作】继续推进"县管校聘"工作，优化教师资源配置。2022年，竞聘后转岗或交流教师数2 715人。

【推动职业教育高质量发展】2022年，韶关市争取中央、省职业教育发展专项资金2 741万元，"大数据产业人才振兴计划"专项资金140万元，用于学校升级改造，中等职业学校规模全部达1 200人以上，校园面积达4万平方米以上。韶关市振华中等职业学校租赁新校投入使用，曲江中等职业学校、南雄市中等职业学校、始兴县中等职业学校、浈江中等职业学校迁建工程开工建设，新丰县中等职业技术学校筹建新校，仁化县中等职业学校、乐昌市中等职业学校、乳源中等职业技术学校等3所学校实施改扩建。韶关市中等职业技术学校和曲江中等职业学校获批"省高水平中职学校创建单位"，乐昌市中等职业学校和始兴县中等职业学校获批"省高水平中职学校培育单位"。翁源县中等职业技术学校、韶关市育威中等职业学校接受广东省重点中职学校验收。

2022年，韶关市出台《关于推动韶关市职业教育高质量发展的实施方案》，召开全市推进职业教育高质量发展大会，13所中职学校全部在韶关市人力资源和社会保障局备案成为职业技能等级认定机构，可为在校学生开展对应工种的职业技能等级认定。实施职业教育"强师工程"，参加市级培训310人次，参加省级、国家级培训116人。举办中职学生职业技能竞赛，设17个赛项，共463名选手参赛。

【专业和实训基地建设取得新成绩】2022年，韶关市有国家中等职业教育改革发展示范校1所、国家级重点中等职业学校3所、省级重点中等职业学校5所，省级重点以上中职学校占61.5%。省级实训中心5个，省重点建设专业6个，省中等职业教育"双精准"示范专业9个，1+X证书试点学校8所。开展东莞-韶关职业院校交流合作，13所中职学校加入东莞职教联盟。

【深化校企合作产教融合】2022年，组织校企合作座谈会31场、校企合作产教融合签约仪式3场。新增专业18个，调整专业3个，淘汰专业5个。与广东韶华科技有限公司签订订单班，招生585人，校企一体化培养65个班。校企合作企业

256家，其中在韶企业占75%。中职学校毕业生实习就业留韶率达77.8%，同比增长20.8%。

【加强教育交流】做好"两全一融"对口帮扶工作。根据《广东省人民政府关于印发广东省推动基础教育高质量发展行动方案的通知》《广东省全口径全方位融入式帮扶粤东粤西粤北地区基础教育高质量发展实施办法》的任务安排，市、县与各支援方签订结对帮扶协议42份。与中山大学、韶关学院等高校及东莞市有关学校召开座谈、交流、协调会15场次，明确27大项66个帮扶工作任务，其中东莞市帮扶韶关市共8大项23个具体任务，韶关学院帮扶韶关市13大项30个具体任务，中山大学帮扶韶关市6大项13个具体任务。一年来，开展"线上专家授课+网课研修+线下培训"、专题研修活动、教师跟岗学习、教研论坛和教学视导活动26场次，受惠教师近5000人次。

加强与珠三角地区的沟通联系。与广州、深圳、东莞、中山、佛山等地区开展线上线下教育交流活动。参与学科学段20个，参加教师人数近900人次。

【做好教育服务】2022年，韶关市投入6954.46万元（其中市直1070万元）用于培训工作，组织开展"三区"教师培训等各类专项培训工作。

发挥省级学科教研基地的作用。开展教研活动（包括教研帮扶、送教下乡）60多场，教研指导（包括专题讲座、课例展示）200多次，教师成果作品和获奖作品达50多项，70多人获评省、市、区级荣誉。开展20多场次专题讲座，指导课例研究活动30多场次。

发挥青年教师示范引领作用。各学科学段开展送教下乡活动，参加送教下乡的青年教师30人次，分享优质课例80节次。做好线上教研工作。举办省级学科教研基地和省名师工作室线上教学直播分享讲座12场次，主讲教师73人次；跟进和指导403名教师线上教学，居家上网课学生10028人；开展线上教研培训活动30场次，参与教师近2000人次。

持续推进"双减"工作。开展"双减"优秀作业设计和案例评选。韶关市义务教育学校上报相关参选作品171份，经专家评审，共有155份作品获奖。其中，小学学段一等奖18个、二等奖33个、三等奖21个，初中学段一等奖19个、二等奖40个、三等奖24个。

【扎实做好学生资助】2022年春季学期，韶关市中小学幼儿园家庭经济困难学生有90864人次得到资助，资助金额8711.72万元；2022年秋季学期，全市中小学幼儿园家庭经济困难学生有90938人次得到资助，资助金额8705.75万元。韶关市大学生生源地信用助学贷款办理人数7517人，贷款金额8152.36万元。韶关市资助工作实现"三个全覆盖"，即学前教育、义务教育、高中阶段教育、本专科教育和研究生教育所有学段全覆盖，公办民办学校全覆盖，家庭经济困难学生全覆盖，从制度上保障"不让一个学生因家庭经济困难而失学"。

（撰稿　邓之祺；审稿　郭韶燕）

·市域教育·
EDUCATION IN VARIOUS CITIES

河源市教育

概 况

2022年，河源市共有各级各类学校1 726所。其中，普通高校2所（广东技术师范大学河源校区、河源职业技术学院），中职（含技工，下同）学校18所，基础教育（高中、初中、小学）学校560所，教学点573个，幼儿园565所，特殊教育学校7所，专门学校1所。其中，民办中职学校4所，民办基础教育学校29所（小学4所、九年一贯制学校14所、十二年一贯制学校5所、完全中学4所、高级中学2所）。

全市共有各级各类学校在校生718 436人。其中，普通高校在校生25 728人，中职学校在校生42 921人（含技工学校在校生10 310人），基础教育（高中、初中、小学）在校生537 091人，幼儿园在园幼儿111 590人，特殊学校在校生1 043人（不含随班就读和送教上门学生），专门学校在校生63人。此外，民办中职在校生6 334人，占全市中职学校在校生总数的14.75%；民办义务教育阶段（初中、小学）在校生45 669人，占全市义务教育阶段在校生总数的9.99%；民办高中在校生12 060人，占全市高中在校生总数的15.01%。

全市有幼儿园565所，其中，公办幼儿园230所，民办幼儿园335所（包括普惠性民办幼儿园261所）。全市在园幼儿111 590人，其中，公办园在园幼儿57 118人（包括购买学位8 913人），公办园在园幼儿占比51.19%；民办园在园幼儿54 472人（包括民办普惠性幼儿园41 508人）。普惠性幼儿园（即公办幼儿园和普惠性民办幼儿园）在园幼儿98 626人，占比88.38%。

全市有在岗教职工60 701人，其中，普通高校教职工1 305人，中职学校教职工2 557人，中小学教职工（含公办临聘和民办）43 174人，幼儿园教职工13 273人，特殊学校教职工392人。高中专任教师6 290人，初中专任教师12 446人，小学专任教师20 817人，幼儿园专任教师和保育员9 737人。

各级各类教育

【基础教育】（一）学前教育

2022年，河源市加大公办幼儿园建设力度，共完成新建、改扩建公办幼儿园14所，新增公办学位4 890个；新增认定普惠性民办幼儿园15所，新增普惠性民办幼儿园学位4 560个。推进学前教育高质量发展实验区建设，源城区和东源县培育高质量园本课程，紫金县成功申报"乡村学前教育一体化管理资源中心"项目实验区，有序推动学前教育普惠健康发展。

（二）义务教育

2022年，河源市不断扩大优质学位供给，完成新改扩建及续建义务教育学校11所，新增义务教育学位10 335个，有效缓解义务教育学位紧缺问题。加强义务教育寄宿制学校建设，完成改造达标寄宿制学校175所，撤并生源少的乡村教学点161个，全市36所农村面上小学体育场地改造工作顺利完工并投入使用，乡镇学校办学条件得到明显改善。全市先后成立13个教育集团，多形式开展教育领域合作办学，促进优质教育资源共建共享，推动义务教育办学质量整体提升。其中，河源市第三小学教育集团被评为第二批省优质基础教育集团培育对象。持续推进义务教育薄弱环节和能力提升，共计投入中央和省级财政教育转移支付资金9 740.81万元，有力有效推进义务教育优质公平均衡发展。

（三）普通高中教育

2022年，河源市通过新改扩建紫金县佑文中学、和平振安高级中学、江东新区古竹中学、连平县连平中学等4所普通高中，共增加7 150个普通高中学位；恢复江东新区外国语学校普通高中学段招生，新增学位1 200个。提升普通高中办学质量，2022年高考有3人被清华大学、北京大学录取。进一步规范普通高中学校招生管理，加大对民办高中违规招生行为的查处力度，完善优质普通高中指标到校招生办法，确保"阳光招生"真正做到公平公正。鼓励支持普通高中学科课程改革，全面做好国防班、科创班以及音乐、体育、美术特长班等招生工作，深化推进普通高中教育多样化特色发展。

（四）特殊教育

2022年，河源市印发《关于做好适龄重度残疾儿童少年送教服务工作实施方案》，明确送教服务的对象、原则及工作要求，有力地保障适龄重度残疾儿童少年接受义务教育权益。组织申报特殊教育内涵建设示范项目，加强特殊教育内涵建设示范项目研讨，着力提升特殊教育学校办学内涵。2022年10月，河源市博爱学校"培智学校安全教育""培智学生客家传统劳动技能"在广东省第三批特殊教育精品课程建设项目中获立项。推进特殊学校达标建设和普通学校资源课室建设，全市招收5人以上残疾学生的学校有123所，已建成资源教室115间，配备161名资源教师。

【职业教育与终身教育】（一）职业教育

2022年，河源市委、市政府出台《河源市增加中等职业学校学位供给行动方案》，通过新建、迁建、扩建、联建、鼓励社会力量办学等方式，全市中职学校新增4 200个学位，确保满足初中毕业生升学需求。以地方产业发展和企业用工需求为导向，优化调整中职专业布局，逐步降低区域内中职学校专业设置重复比例，指导中职学校服务地方经济和社会发展。河源理工学校的"电子技术应用"和河源市卫生学校的"护理"两个示范专业项目顺利通过验收，成为省第一批中等职业教育"双精准"示范专业。2022年，首次实施将中职学校列入高中阶段学校招生录取工作，全市中职学校招生14 021人，招生任务完成率达91.05%，较往年有大幅提高。

（二）终身教育

2022年10月，河源开放大学加挂"广东老年大学河源学院"牌子并正式揭牌开班，共招生169人，开设中国舞、健身舞、合唱、唱歌、葫芦丝、智能生活、书法、国画、亲子沟通等11个班。同时，河源开放大学朱门亭社区教育试点基地也正式揭牌开班，开设少儿公益艺术培训班，项目包括书法、声乐、舞蹈、少儿英语、绘画、语言艺术、武术、编程等，更好服务社区少年儿童，培养少儿兴趣爱好。

【高等教育】（一）广东技术师范大学河源校区

广东技术师范大学河源校区（以下简称河源校区）为广东技术师范大学与河源市人民政府合作共建的省属公办本科院校，于2020年建成投入使用，建筑面积约22万平方米，总投资约24亿元。2022年，河源校区新增体育与健康学院、数据科学与工程学院2个全建制学院，设立河源校区招生代码，体育教育、数据科学与大数据技术专业学生有304人。河源校区共有文学与传媒学院、法学与知识产权学院、管理学院等16个学院、69个专业。

2022年，河源校区有在校生8 019人，其中生源地为河源的学生247人。教职工454人，其中专任教师345人。在专任教师中，有正高职称54人，副高职称70人，中级职称123人；博士172人，硕士154人。教师获国家级奖项3人、省级奖项34人、市级奖项2人、校级奖项76人，学生获国家级奖项39人、省级奖项262人、市级奖项28人、校级奖项1 742人。立项河源市哲学社会科学规划课题214项。广东技术师范大学河源研究院组织申报107个项目均获得立项，其中重点课题5项，一般课题102项。

2022年，河源校区以促进河源社会经济发展为导向，根据河源市产业转型升级对各类人才的需求，协同广东技术师范大学河源研究院举办百名博士河源行、河源市科技企业"湾区高校行"科技成果对接会、河源市专利转化促进项目推进会等系列活动，组织学校的教授、博士等优秀人才分批与河源当地的企业深入对接，了解产业技术需求，深入开展产学研合作，积极服务当地产业发展。河源校区协同学校师资培训中心针对河源市中小学教师开展多期培训班，不断提升对河源地区教师的师资培养能力，共同实现河源市教育事业高质量发展和学校内涵式发展的目标。

（二）河源职业技术学院

河源职业技术学院是地方政府投资的全日制普通高等学校，是广东省示范性高等职业院校。2022年，学校有在校生17 725人，教职工851人（含在编在岗及聘用人员），其中专任教师680人。专任教师中，副高以上职称175人，博士、硕士共375人，"双师"素质教师540人。学校设有机电工程学院、电子与信息工程学院、工商管理学院、老隆师范学院、人文艺术学院、继续教育学院、马克思主义学院等7个教学院部；建有电子信息工程技术、旅游管理、学前教育、模具设计与制造、工商企业管理、嵌入式技术应用等6个省级高水平专业群；建有校内实习基地40个，校外实习基地581个；教学科研实习仪器设备资产值1.51亿元，图书馆纸质藏书

135.3万册。

截至2022年底，学校拥有中央财政支持实训基地2个，省级实训基地（公共实训中心）10个，省级大学生校外实践教学基地15个；拥有国家骨干专业3个，中央财政支持"高等职业院校提升专业服务产业发展能力项目"专业2个，省级高水平专业群6个，省级示范性专业2个，省级重点专业5个，省级品牌专业3个，国家级现代学徒制试点3个、省级现代学徒制试点10个，高职本科协同育人试点专业8个，1+X证书制度试点专业32个。建有国家级精品课程3门，省级精品课程23门，省级优质课程1门，省级示范课程1门，国家教指委精品课程5门，国家专业教学资源库子项目6个。2022年学生参加全国各类技能竞赛获奖167项，其中，省级一等奖29项、二等奖58项、三等奖71项，国家级一等奖4项、三等奖5项。

2022年，学校各级各类纵向科研项目立项182项，其中省级以上科研项目20项。获授权专利36项，其中发明专利3项。发表论文176篇，出版著作、教材20部。选派科技特派员126人，其中省级农村科技特派员15人，市级农村科技特派员57人。"河源市农产品（食品）加工重点实验室"获批河源市重点实验室；"河职院&中兴通讯"产教融合育人典型案例、"河源职业技术学院电子信息应用技术协同创新中心"入选广东省产教融合优秀案例；韦荣等12人入选河源市社科专家库，方艳等8人入选河源市青年社科专家库。

【民办教育】2022年，河源市加强对全市民办学校的统筹、协调、督查和指导，优化调整民办学校布局结构，严格落实"公民办学校同步招生"政策，统筹协调推进"公参民"学校规范治理，有序指导民办学校做好规范招生入学、查处违规办学、政府购买学位等工作，稳妥有序推进民办教育规范发展。

【专门教育】河源市启正学校于2022年秋季正式招生办学，是粤东西北地区首所公办性质的专门教育学校，弥补了河源市专门教育方面的空白。

教育成果与特色

【"双减"工作】2022年，河源市坚持综合施策推进"双减"工作提质增效。全市义务教育阶段学校作业时长和总量达标率100%；开展课后服务学校138所，达到"应开尽开"学校全覆盖；学生平均参与率75.22%，其中，中心城区学生参与率90.23%。大幅压减学科类校外培训机构，压减率97.9%。大力推进"学转非""营转非"工作，对206个面向中小学生的非学科机构主体资格进行重新审核，限期整改，在全省地级市中率先实现合规率达100%。全年累计开展55次校外培训机构联合检查，停办295家、取缔51家不符合办学条件的培训机构，注销退出117家机构。全面推进监管平台信息化应用工作。

【教师队伍建设】2022年，河源市选派1666名骨干教师、校长参加"国培计划"和"新强师工程"省级培训项目，组织2903名骨干教师、校长参加"市培项目"。积极推进全口径全方位融入式帮扶工作，主动对接深圳大学、广东技术师范大学等高校，按照双方结对帮扶协议，全面落实任务清单。组织实施2022年河源市"百名博（硕）士党政储备人才引育工程"，通过选调补充的方式，配齐配强学科专职教研员。全市有在编教研员155人，比2021年增加42人，增幅37.2%。持续做好中小学教师定向培养工作，公费定向应届毕业生上岗履约就业率达100%。

【教育信息化工作】2022年，河源市持续推进信息技术与教学实践充分融合，扩大"网络学习空间人人通"覆盖面，完全小学以上学校装备"班班通"多媒体覆盖率达100%，中小学教师终端覆盖率达100%。全市共有15个信息化课题获得首批广东能力提升工程2.0专项科研课题立项，20个学科课例入选广东省能力提升工程2.0典型课例，7所学校入选广东省能力提升工程2.0整校推进典型案例。

【未成年人教育保护工作】2022年，河源市创建了粤东西北地区首所公办性质的专门教育学校——河源市启正学校，并于2022年9月份正式招生办学。推进未成年人思想道德建设，制定印发《2022年河源市未成年人思想道德建设工作实施方案》《河源市中小学未成年人思想道德建设工作测评任务分解表暨考评体系》，建立健全联防联动工作机制，做好未成年人重点群体思想道德、关爱教育引导，全面做好未成年人教育保护工作，有效预防未成年人犯罪和侵犯未成年人权益犯罪行为。截至2022年底，全市各学校在册未成年人重点群体累计2442人，累计转化978人，转化率47%。

【**教育安全防护工作**】2022年，河源市加强校园安全应急保障体系和应急指挥体系建设，强化意识形态阵地建设，广泛开展安全教育宣传，深入开展"校园安全年"活动。通过对校园欺凌、心理健康、疫情防控、防溺水、校园周边安全等12个重点问题开展专项治理和整改，持续提升防范化解风险能力，织密筑牢河源教育安全防线。

（撰稿　许惠敏；审稿　欧阳晓）

梅州市教育

概　　况

2022年，梅州市有各级各类学校1651所，在校生825107人。其中，幼儿园936所，在园（班）幼儿156952人；小学448所，在校生365319人；初级中学180所，在校生185443人；普通高中（含完全中学）61所，在校生88840人；特殊教育学校9所，在校生1178人；中职学校16所，在校生24700人；高职院校1所，在校生2675人。全市有国家级示范性普通高中10所，国家级重点中职学校5所。全市有中小学教职工65827人，专任教师55209人。

各级各类教育

【基础教育】（一）学前教育

2022年，梅州市新增公办幼儿园学位1800个，学前教育在园幼儿156952人，普惠性幼儿园在园幼儿占比94.41%，公办幼儿园在园幼儿占比50.42%。开展普惠性民办幼儿园认定工作，鼓励扶持普惠性民办幼儿园发展，从严加强小区配套幼儿园管理。促进学前教育教研提升。在培育8个广东省"新课程"幼儿园科学保教示范项目、创建2个省级学前教育改革发展实验区的基础上，广东省教育厅批复平远县为第二批广东省学前教育高质量发展实验区。联合嘉应学院成功申报广东省粤北乡村幼儿园发展研究中心（全省设粤东、粤西、粤北3个发展研究中心，分别设在汕头、湛江、梅州）。

（二）义务教育

2022年，出台《梅州市教育局等十六部门印发〈梅州市关于进一步健全义务教育控辍保学长效机制的工作方案（2022—2025年）〉的通知》，健全控辍保学长效工作机制，全市辍学人数实现动态清零。落实免试就近入学要求，印发《关于进一步做好普通中小学招生入学工作的通知》《2022年梅州市民办学校义务教育阶段招生入学工作实施方案》等系列文件，进一步细化义务教育学校招生工作要求，确保招生工作规范有序。出台市级规范民办义务教育发展工作实施方案，推进规范民办义务教育工作。严控民办学校增量，停止审批新的民办义务教育学校，推进政府购买学位等工作，2022年秋季全市民办义务教育在校生（不含政府购买学位）占比1.62%。保障进城务工人员随迁子女平等接受教育的权利，2022年秋季全市在公办学校就读的义务教育阶段进城务工人员随迁子女（含政府购买学位）占比达94.38%。全面落实"双减"和"五项管理"工作，实现义务教育课后服务两个"全覆盖"，收集"双减"工作典型案例，推出十四期"双减怎么减，梅州有办法"系列报道，供各地各学校学习借鉴。梅州市委、市政府印发《中共梅州市委办公室、梅州市人民政府办公室关于成立梅州市专门教育指导委员会的通知》，成立专门教育指导委员会，统筹协调解决专门学校建设、教学、管理等相关问题，推进专门教育工作顺利开展。

（三）普通高中教育

2022年，梅州市被各类高等院校录取的人数为31735人，录取率84.05%；其中，本科录取11119人，本科录取率29.45%；专科录取20616人，专科录取率54.61%；"985工程"院校录取203人，"211工程"院校录取766人，其中1人考上清华大学，5人考上北京大学。广东梅县东山中学等10所示范性普通高中的示范带动作用进一步彰显。坚持实施"一校一特色"，推进普通高中优质特色多样化发展，支持一批百年名校内涵式发展。大埔县虎山中学、蕉岭县蕉岭中学被立项为第二批广东省普通高中新课程新教材实施示范校。

（四）特殊教育

2022年，梅州市做好残疾儿童少年义务教育招生入学工作。按照"全覆盖、零拒绝"的要求，根据适龄残疾儿童少年的实际情况制订教育安置方案，逐一做好适龄残疾儿童少年的入学安置工作，全市残疾儿童少年义务教育安置率达100%。

【职业教育与终身教育】 2022年，梅州市有中等职业学校13所，在校生24 831人；教职工1 542人，其中专任教师1 270人。不断完善职业教育结构，推进广东梅州职业技术学院和嘉应学院紫琳学院的建设。梅州市参加广东省职业院校学生专业技能大赛获得14个奖项，其中一等奖2项、二等奖2项、三等奖10项；共39人获奖，其中一等奖8人、二等奖2人、三等奖29人。

教育成果与特色

【学校体育成果】 截至2022年，梅州市共创建市级足球传统特色学校55所，省级篮球推广学校4所，省级排球学校和游泳学校各1所。其中以校园足球特色运动为抓手，促进校园体育和学生体质健康发展。组织开展青少年校园足球"满天星"精英训练营活动，参加省级夏令营活动，入选最佳阵容42人，居全省第一，并代表广东省参加全国夏令营活动，入选最佳阵容5人。参加2022年"省长杯"校园足球联赛，获得高中男女组双冠军，其中男子组是梅州代表队首次夺冠。梅州市在2022年广东省学生体质健康抽测工作中，优良率达55.9%，超额完成优良率达到50%及以上的要求。

【素质教育建设】 推进思政课一体化教学改革创新，立项省级课题13项，市级思政课题58项。依托叶剑英纪念园等4所省级、39所市级中小学生研学实践教育基（营）地和15所中小学生劳动教育实践基地，开展综合实践活动3 568场次，参与学生达38.8万人次。全面落实"双减"工作。抓校内，挖掘本地特色资源，提升课后服务质量。广泛收集各校"双减"工作典型经验和工作亮点，定期更新"双减怎么减，梅州有办法"系列报道。抓校外，加强校外培训机构规范治理，压减学科类培训机构149家，引导5家学科类培训机构完成"营改非"工作。联合市场监管、民政等多部门对校外培训机构的办学行为开展专项督查。全市累计检查校外培训机构998家次，查处各类违规办学行为8宗，立案5宗，罚没入库0.52万元。

【教师人才队伍建设】 2022年，梅州市教育系统加大招聘力度，拓宽招聘渠道，通过采取公开招聘和引进急需紧缺人才等方式，引进888名高校毕业生到中小学幼儿园从教。其中，2022届毕业生（含择业期内）626人。开展2021年度教师职称评审工作，全市中小学校共送评1 674名教师（其中高级1 593名，市直中级30名，初级17名，认定二级34名），通过评审1 652名（其中高级1 576名，市直中级28名，初级14名，认定二级34名），通过率98.7%。中等职业学校共有54名教师申报，通过评审51名，通过率94.4%。开展粤东西北中小学教师全员轮训，开展线上课题研究、名师课堂等活动共计3 013次；组织市级培训项目6个，派员参加省级以上培训项目16个，参训教师共计71 611人次。开展广梅教育对口帮扶活动，累计选派118名教师参加培训，123名教师到广州市跟岗学习。

【学生资助工作】 2022年，全市从学前教育到高等教育5个阶段4类（含国家资助、地方政府资助、学校资助、社会资助）24个项目共资助家庭经济困难学生15.63万人次，资助资金3.28亿元。其中：学前教育受助学生2.98万人，资助资金3 280.25万元；义务教育受助学生6.96万人，资助资金5 218.81万元；普通高中受助学生1.95万人，资助资金4 042.77万元；职业教育受助学生2.78万人，资助资金8 666.37万元；高等教育受助学生0.96万人，资助资金11 562.15万元。全市申请并享受国家生源地信用助学贷款政策的受助学生达9 441人，发放资助金额达1.05亿元，梅州市年资助金额首次破亿。梅州市获得第十四届广东省宋庆龄奖学金"优秀组织奖"，为全省21个地市中5个获奖地市之一。

（撰稿　张凤辉；审稿　罗俊琴）

·市域教育·
EDUCATION IN VARIOUS CITIES

惠州市教育

概　　况

2022年，惠州市教育局坚持以习近平新时代中国特色社会主义思想为指导，深入学习贯彻党的二十大精神，按照省市关于教育的工作部署，坚持以"办好让市委、市政府放心，让全市人民满意的教育"为目标，以"增位提质"为中心，全局上下团结一心、担当作为，突出抓好作风建设、机制建设、队伍建设，高效统筹校园疫情防控和教育高质量发展；《惠州教育发展"十四五"规划》《惠州市教育局关于进一步深化高中阶段学校考试招生制度改革的实施方案》等重大教育政策和改革举措落地实施，成立市委教育工委党校，建成市惠新学校，全年新增学前教育学位6447个、义务教育公办学位7万个、普通高中学位2250个，实现民生实事目标；惠州市第一中学托管第九中学后，再托管田家炳中学、惠港中学，集团化办学迈上新台阶，全力开展中职"阳光招生"，教育教学取得质和量的双提升，教育高质量发展局面呈现新气象、取得新成效，群众的教育满意度、获得感进一步提升。

截至2022年12月底，惠州市有各级各类学校（含中小学、幼儿园、特殊学校、专门学校、中职技工、普通高校，下同）1 813所，在校生总数142.09万人。全市各级各类学校教职工总数11万人，其中专任教师8.34万人。

各级各类教育

【基础教育】（一）学前教育

2022年，惠州市有幼儿园867所，在园幼儿242 356人，专任教师15 614人，幼儿入园率97.85%。

惠州市进一步巩固提升学前教育"5080"攻坚成果，全市新建、改扩建公办幼儿园19所，新增公办学位6 447个，完成年度民生实事任务。开展幼儿园名称规范专项清理行动，促进学前教育规范化发展。继续深入推进集团化办园，鼓励和支持有条件的幼儿园开设托班。

（二）义务教育

2022年，惠州市有小学590所，初级中学95所，九年一贯制学校167所，完全中学16所。小学在校生630 105人，初中在校生267 075人。小学专任教师34 390人，初中专任教师18 314人。小学毛入学率101.01%，初中毛入学率103.58%。

惠州市已完成公办义务教育学校新建、改扩建33所，新增公办义务教育学位3.5万个；民办回收转办公办学校3所，新增公办义务教育学位0.5万个；推动各县（区）通过挖潜扩能，盘整出公办义务教育学位超过3万个。共计新增7万个公办义务教育学位，实现2022年民生实事目标。深入推进住宅项目配套教育设施专项治理，严格落实《惠州市住宅项目配套教育设施建设管理办法》，完成27个配套项目建设。加强两类学校建设，推动城乡共同体建设。各县（区）完成《义务教育薄弱环节改善与能力提升项目规划（2021—2025年）》编制工作，按照广东省教育厅部署，扎实推进城乡学校共同体建设。博罗县的柏塘中学、福田中学、义和中学、惠东县白花中学宿舍楼、教学楼建设均已完工，新增2 000个乡村寄宿制学位。

（三）普通高中教育

2022年，惠州市有高级中学19所，完全中学16所，十二年一贯制学校12所。高中在校生120 165人，高中专任教师8 518人，高中阶段教育毛入学率98.45%。

惠州市教育局统筹完成仲恺高级中学建设，并于2022年秋季投入使用招录高一新生，同时采取扩大现有学校办学规模等措施增加学位供给，新增普通高中公办学位2 250个。

（四）特殊教育

2022年，惠州市有特殊教育学校7所，在校生

1116人，专任教师254人。惠州市通过采取特殊学校就读、普通学校随班就读、儿童福利机构特教班就读、送教上门等方式，构建起"全覆盖、零拒绝"保障机制，残疾学生实现十二年免费教育，适龄残疾儿童少年义务教育阶段入学率达97％以上。

【职业与成人教育】（一）职业教育

2022年，惠州市有中职学校25所（含2个高职院中职部），其中市直属学校15所（含2个高职院中职部）、县（区）属学校10所，公办学校9所、民办学校16所，中职在校生55831人，中职专任教师2374人。全市有技工学校9所，技工学校在校生30623人，技工学校专任教师1176人。全市有国家重点中职学校3所，省重点中职学校3所。

2022年，惠州市在广东省职业院校学生专业技能大赛（中职组）中，有1个项目共2人获二等奖，30个项目共68人获三等奖；在广东省职业院校技能大赛教学能力比赛中，有1个项目共4名教师获三等奖；在第八届中国国际"互联网+"大学生创新创业大赛广东省分赛中，获银奖2项、铜奖2项，惠州商贸旅游高级职业技术学校获集体奖。

（二）成人教育

2022年，惠州市有开放大学5所，全市开放大学系统（含县、区开放大学）招生15258人。其中，惠州开放大学开放教育招生8806人，截至2022年12月，开放教育本科在校生1599人、专科在校生17474人。老干部（老年）大学招生13058人次。全年立项省级科研项目2项，广东开放大学体系建设项目1项、教改项目7项，市社会科学界联合会项目4项。

【高等教育】 2022年，惠州市有普通高校5所，分别是惠州学院、惠州卫生职业技术学院、惠州城市职业学院、惠州工程职业学院、惠州经济职业技术学院（民办）。普通高校在校生73648人，其中本科19323人、专科54325人。普通高校专任教师2711人。

2022年，惠州工程职业学院大学科技园被评为省级大学科技园。惠州市在广东省职业院校学生技能大赛（高职组）中，有19个项目共46人获一等奖，46个项目共102人获二等奖，73个项目共171人获三等奖；在第八届中国国际"互联网+"大学生创新创业大赛广东省分赛中，获金奖1项、银奖3项、铜奖12项，1名教师获创新创业导师奖，惠州学院获集体奖。

【专门教育】 惠州市教育局整合惠州市、惠城区特殊学校资源功能，新设立惠州市惠新学校，提供学位200个。惠州市专门教育工作由此正式迈入规范化、科学化的发展轨道。按照"立足教育、科学矫治、有效转化"原则，帮助学生在矫治转化过程中身心健康发展，树立正确的价值观，帮助学生顺利回归或融入社会，切实满足人民群众对专门教育的需求。

教育成果与特色

【成立市委教育工委党校】 中共惠州市委教育工委党校正式揭牌成立。党校设在惠州工程职业学院内，采取"教学资源共享"的运作模式，与学院共享师资力量、场所等基础设施，整合高校马克思主义学院师资力量，选优配强党校师资，搭建教育系统党员思想政治教育平台，打造党员干部教育培训基地，为惠州教育高质量发展提供坚强的人才队伍保障。

【召开"高质量党建引领惠州教育高质量发展"座谈会】 2022年12月，"惠州市高质量党建引领教育高质量发展"座谈会在惠州市工程职业学院召开，制定实施《惠州市高质量党建引领教育高质量发展实施方案》，深入贯彻落实党的二十大关于教育的重大部署，深入分析惠州教育面临的形势任务和机遇挑战，强化党建与教育质量双促进、双提升，以高质量党建推动教育跨越式发展，为加快推进教育现代化，建设教育强省、教育强国贡献惠州教育力量。

【平安校园建设】 成立惠州市平安校园建设专项行动领导小组，建立健全市、县（区）、镇（街）三级联动和多部门联动机制，创新建立"学校吹哨、部门报到"工作机制，教育、公安、市场监督、城管执法等28个职能部门和全市学校共同参与，落实每周组织专项督导检查，解决校园及周边痛点、难点问题，全面推进学校综治工作站和校园最小应急单元建设，营造校园安全稳定良好环境。

【学位供给保障有力】 公办学位建设专项规划纳入《惠州教育发展"十四五"规划》，压实县

（区）政府举办义务教育主体责任。全市新建、改扩建19所公办幼儿园，新增公办学位6447个；新建、改扩建公办义务教育学校33所，新增公办义务教育学位7万个，实现了民生实事目标；新建普通高中1所，新增公办普通高中学位2250个。

【强化立德树人】 惠州市教育局持续抓好素质教育，深化"三全育人"，促进学生德智体美劳全面发展。推动市委、市政府制定《惠州市党政领导深入教育一线调研、联系学校工作制度》，建立健全党委统一领导、党政齐抓共管的教育领导机制。深化思政课改革创新，联合市委组织部、宣传部制定《惠州市党政领导干部带头讲思政课工作方案》，持续推进党的创新理论、社会主义核心价值观进教材、进课堂、进头脑，融入学校教育全过程。组织开展2022年惠州市立德树人奖评选，对立德树人工作做出突出贡献的优秀个人和群体进行表彰。

【引进教育人才】 惠州市教育局用足用好教师编制资源，面向社会开展"惠"聚优才教师专场招聘，大力引进教育优秀人才。配齐市教育科学研究院各学科专职教研员。选优配强学校领导班子。创新开展市直教育系统干部实践锻炼，打通市直和县（区）学校干部实践锻炼人才培养通道，促进教育系统干部综合素养和专业水平提高，储备优秀管理人才。

【社会办学】 制定实施《中共惠州市委教育工作领导小组关于规范民办义务教育发展的实施方案》，坚持多措并举，"降""提"一体，把降低民办义务教育学校在校生占比与提高随迁子女入读公办学校比例一体推进。2022年9月，省评估组到惠州市开展规范民办义务教育发展专项工作实地抽查评估，惠州市已完成民办义务教育学校在校生占比控制在5%以内的阶段性任务，保障进城务工人员随迁子女入读公办学校占比超过85%。全市398家校外培训机构，已全面纳入全国校外教育培训监管与服务综合平台进行管理并形成培训机构数据库。

（撰稿　芦雪晨；审稿　朱金占）

汕尾市教育

概　　况

2022年，汕尾市教育系统以习近平新时代中国特色社会主义思想为指导，深入学习贯彻党的二十大精神，认真贯彻落实习近平总书记关于教育的重要论述，坚持和加强党对教育工作的全面领导，全面贯彻党的教育方针，落实立德树人根本任务，加快教育高质量发展，推进教育现代化，努力办好人民满意的教育。

（一）全面加强党的建设，提升党建引领力

2022年，汕尾市以开展"领导带学"等"十个一"活动为载体，全市教育系统组织开展党的二十大精神、《习近平谈治国理政》第四卷、省第十三次党代会精神、全省党建引领基层治理促乡村振兴现场会精神等专题学习共3826场次，累计78026人次参加，推动市县两级教育工委书记、中小学书记校长、思政课教师宣讲党的二十大精神"三个全覆盖"，在市教育局公众号推送党的二十大相关学习内容信息35条，开展主题党日活动460余次、"巴士党校"流动党课20余次，强化100所党建示范校动态管理，撤牌4所，同时创建新一批示范校13所，推动全市民办中小学校实现"双向进入、交叉任职"全覆盖，提升党建引领教育高质量发展的能力水平。

（二）狠抓各类教育协调发展，提升总体办学水平

2022年，汕尾市坚持"政府统筹、分类指导、内涵发展、质量提升"的工作原则，统筹推进各级各类教育均衡协调持续健康发展。新增学前教育公办学位5835个，义务教育公办学位22785个。全市购买民办义务教育学位约8.6万个，阶段性完成"市域民办义务教育学位规模占比控制在5%以内"的工作要求。推进高中阶段学校多样化发展，其中，汕尾市林伟华中学、华南师范大学附属中学汕尾学校等7所学校被评为广东省普通高中新课程新教材实施省级示范校。建成全市第一所公办专门学校，开设特殊教育学校职业高中部，建设3个产教融合实训基地，力促职业教育产教融合发展。支持汕尾职业技术学院建设省域高水平高职院校。高质量推进华南师范大学汕尾校区建设，实现本硕博一体化培养，办学水平进一步提升。

（三）大力实施"强师工程"，夯实教育发展人才

2022年，汕尾市坚持把教师队伍建设作为基础工作，以人为本，以师为先，采取多项措施，努力打造一支安教、乐教、善教的教师队伍。教师节表彰"善美老师"10人，优秀校长、优秀教师、优秀班主任、优秀教育工作者135人，深度挖掘并在汕尾市教育局公众号推送个人先进事迹，感召和引导广大教师见贤思齐、崇文尚德。委托第三方暗访曝光师德师风情况，通报批评教师8人、警告处分1人，制作并组织观看《师德师风建设永远在路上》教育片。加大人才引进力度，引进博士研究生2人、硕士研究生105人、大学生674人。培训骨干教师1000多人、校长后备人才200人，组织参加各级各类教师培训23211人次，进一步提升师资水平。协调217名华南师范大学教育硕士到7所重点学校开展教学实践，充实师资力量。主动对接深圳大学开展体育浸润行动，帮扶汕尾市4所实验小学，提升汕尾市体育水平。充分发挥省级、市级、县级"三名"工作室主持人示范引领作用，为全市教师树立标杆，提升全市教育教学质量。

（四）坚持五育并举，落实立德树人根本任务

2022年，汕尾市坚持落实立德树人根本任务，推进五育并举，培养德智体美劳全面发展的社会主义接班人。加强思政课建设，汕尾市委、市政府主要领导带头到学校讲思政课，示范引领各级各类学校党支部书记、校长讲思政课，并覆盖全市各级各类学校。9月1日，全市64万名师生在线同上"红色引领，铸魂育人"开学第一课，传承红色基因，赓续红色根脉。举办全市中学生运动会，从中择优组队参加广东省第十三届中学生运动会，获得团体总分三等奖、体育道德风尚奖、优秀组织单位等荣誉。抓住华南师范大学对口帮扶契机，加强与心理学专家团队合作，谋划在全市布局心理辅导站，促进学生心理健康。加强学校智育工作，汕尾市注册青少年编程大赛人数23659人，活跃用户7055人。

（五）立足教育实际，推动教育领域综合改革

2022年，汕尾市着力破解教育体制机制弊端，

以改革为突破口，推进教育高质量发展。推进集团化办学，组建5个教育集团，促进义务教育均衡发展。推动"双减"工作提质增效，全市义务教育阶段学校严格落实"六项管理"和"双减"政策规定，各项指标达标率均为100%，开展课后服务覆盖率100%，学生和家长对校内减负提质满意度分别是94.51%、94.87%。压减义务教育阶段学科类培训机构67家，压减率100%，关停无证校外培训机构54家。推进高中招生改革，对标珠三角地区第一次实行省一级高中学校招生指标到校，有效促进教育公平均衡。推进教师职称评审改革，严肃纪律监督，在全省首创异地评审机制，为教育人才脱颖而出营造良好环境。推进教学质量评价改革，建设教学质量大数据监测平台，通过数据分析评价县区、学校、教师的教学质量，并纳入绩效考核、评优评先、职称评聘、职务晋升、党政考核的必要条件，促进教育质量提升。推进教育督导改革，教育履职评价连年进位。

各级各类教育

【基础教育】 2022年，汕尾市有幼儿园563所，其中公办110所，民办453所，在园幼儿103 299人，专任教师7 139人。小学559所，其中公办512所，民办47所，在校生289 512人，小学适龄儿童入学率100%，专任教师17 075人。初中133所，在校生129 188人，专任教师9 293人。普通高（完）中学校34所，其中公办27所，民办7所，在校生60 358人，专任教师4 248人。特殊教育学校5所，在校生804人，专任教师185人。

【中等职业教育】 2022年，汕尾市有中等职业学校10所，其中公办9所，民办1所，在校生19 308人，专任教师938人。技工学校2所，在校生5 738人，专任教师324人。

【高等教育】 2022年，汕尾市有普通高校2所。其中，华南师范大学汕尾校区有在校生1 843人，专任教师116人；汕尾职业技术学院有在校生9 689人，专任教师451人。

【民办教育】 2022年，汕尾市有民办学校540所，在校生202 211人。其中，民办幼儿园453所，在校生86 057人；民办小学47所，在校生72 136人；民办初中32所，在校生28 422人；民办普通高中7所，在校生14 348人；民办中职学校1所，在校生1 248人。

教育成果与特色

【推进华南师范大学汕尾校区建设】 高质量推进华南师范大学汕尾校区建设，实现本硕博一体化招生。2022年秋季共1 200余名新生入读华南师范大学汕尾校区，其中包括58名硕士及博士研究生。

【实施"决胜课堂"行动】 2022年，汕尾市大力推进基础教育课程改革，深化"决胜课堂"行动，着力提升教育教学质量。健全教研机构和教研队伍建设，引进高素质人才，充实各学段各学科教研人员。全面实施"决胜课堂"行动，开展说课示范课、专家报告等100多场次、"线上+线下"指导170多场次、区域联动教研36场次，促进教学教研工作整体进步。出台《关于进一步加强和改进中小学实验教学的通知》，开足开齐开好实验课，加强实验室"建、配、管、用"，落实中考要求。研制《汕尾市义务教育阶段语文等20个学科作业设计与实施指导意见》，优化作业设计，落实"双减"要求。加快推动广东省"粤教翔云"数字教材应用平台覆盖和常态化应用，开展初、高中各学科名师、专家教学指导讲座和中、高考备考活动，提升各学科复习教学效果。2022年高考，汕尾市本科上线6 814人，比2021年增加384人。

【构建安全和谐教育】 2022年，汕尾市认真贯彻落实"安全第一、预防为主、综合治理"的方针，构建安全和谐教育，保障师生生命和财产安全。推进平安校园建设，中小学、幼儿园落实"4个100%"安全防范建设，平安校园覆盖100%。结合"国家安全教育日""安全生产月""全民禁毒月"等契机，持续加强对禁毒、消防、交通、食品卫生、防溺水、心理健康等方面的教育，溺水、交通等安全事故较往年有所减少。强化落实网络安全保障，印发《关于做好全市教育系统2022年网络与信息安全工作的通知》，确保春节假期、党的二十大等重要时期全市教育系统网络安全稳定。筑牢校园疫情防控防线，主动做好疫苗接种和全员核酸检测工作，及时开展校园应急桌面推演、防控演练和观摩活动，全市64万名师生无疫情、零感染。

（撰稿　陈　枢；审稿　唐海川）

· 市域教育 ·
EDUCATION IN VARIOUS CITIES

东莞市教育

概 况

2022年，是党的二十大胜利召开之年，是东莞市立足"双万"新起点、加快高质量发展的关键之年。全市教育系统坚持以习近平新时代中国特色社会主义思想为指导，以迎接党的二十大、学习宣传贯彻二十大精神为主线，全面贯彻党的教育方针，统筹做好疫情防控和教育教学，牢牢守住安全稳定防线，完成"9585"、教育扩容、民生实事等多项硬任务，在应对挑战中迎难而上，在抵御风险中顶压前行，推动教育事业取得新进步，各项工作有了新成效。

2022年，东莞市有各级各类学校1916所，在校生187.5万人。其中，幼儿园1269所，在园幼儿38.4万人；小学341所（不含九年一贯制学校及十二年一贯制学校），在校生83.3万人；初中211所（不含完全中学及十二年一贯制学校），在校生28.3万人；普通高中56所（含完全中学和十二年一贯制学校），在校生12.1万人；中职学校27所（含技工学校7所），在校生8.6万人；在莞高校9所，其中普通高等院校8所（其中普通本科院校5所、高职院校3所），全日制在校生15.3万人，开放大学1所，在校生1.5万人；特殊教育学校2所，在校生805人；专门教育学校1所，在校生89人。

各级各类教育

【基础教育】（一）学前教育

2022年，东莞市有幼儿园1269所，其中公办、集体办幼儿园231所，民办幼儿园1038所。全市有广东省规范化幼儿园1250所，省、市一级优质幼儿园693所，其中省一级幼儿园21所，市一级幼儿园672所。全市有普惠性幼儿园937所，其中普惠性民办园706所。

一是加快落实学前教育"5085"攻坚任务。全年新建、改扩建公办园37所，新增公办园学位8784个。继续支持园区、镇（街）通过购买民办园学位、在民办园举办公办班、补贴辖区适龄儿童入读民办园、以公办园为龙头成立幼教集团等多元化方式，增加公办学位，满足不同家庭对教育的多元化需求。公办园（含创新方式扩充的公办学位）在园幼儿占比55.3%，公办园（含创新方式扩充的公办学位）和普惠性民办园在园幼儿占比83.3%。二是完成城镇小区配套园"回头看"。经排查，全市109所小区配套园的建设均符合要求。同时，建立季报制度，跟踪新建小区配套园的建设情况，确保新建小区配套园办成公办园或普惠性民办园。三是持续加大普惠性幼儿园扶持力度。18个镇街获新增公办幼儿园学位补助，共计2765万元；252所普惠性幼儿园获得补助，共计5174万元。根据《东莞市公益普惠性幼儿园认定、扶持和管理办法》，首次认定普惠性民办园24所，新增普惠性民办幼儿园学位8750个。

（二）义务教育

2022年，东莞市有小学341所，在校生83.3万人，比2021年减少1.6万人，户籍学龄儿童小学入学率100%，小学毕业生升学率100%。初中211所，在校生28.3万人，比2021年增加0.7万人，户籍适龄少年初中入学率100%，初中毕业生升学率97.99%。义务教育学校非东莞户籍学生67.09万人，比2021年减少6.07万人。其中，非户籍小学生52.46万人（其中在公办小学就读的有8.5万人），比2021年减少4.9万人；非户籍初中生14.63万人（其中在公办初中就读的有2.45万人），比2021年减少1.17万人。

一是大力优化义务教育结构。推进教育扩容提质千日攻坚，新改扩建公办义务教育学校44所，新增公办学位5.57万个，连续三年超额完成学位年度建设任务。加大义务教育民办学位补贴力度，实行义务教育民办学校非户籍学生全员学位补贴，全年投入财政资金约10.8亿元，推动义务教育公办在校生（含购买服务）达106.16万人，占比95.15%，随迁子女入读公办学校（含购买服务）占比100%，超额完成省下达的"9585"硬任务〔即义务教育阶段公办在校生规模（含购买学位）占比达95%，进城务工人员随迁子女入读义务教育公办学校（含购买学位）占比达85%〕。二是大力规范民办义务教育。推动成立由市政府主要领导任组长的规范民办义务教育工作领导小组，制订出台实施方案和行动计划，严格执行原则上不得审批设立新的民办义务教育学校等有关政策，推进10所学校转型或停办，完成全市11所"公参民"学校的规范处置工作。三是深化义务教育招生制度改革。出台《东莞市2022年义务教育阶段学校招生入学工作指导意见》等政策文件，进一步明确义务教育公民办学校招生规定和要求，规范义务教育阶段学校招生行为，全面推进义务教育学校免试就近入学全覆盖。落实以居住证为主的随迁子女入学政策，深入推进随迁子女积分制入学和民办学位补贴政策。四是推动义务教育减负增效。制定《东莞市校外培训机构预收费管理办法（试行）》，推动全市持证机构全部开设专用存款账户并签订"一课一销"资金监管协议，全流程监管率达100%。推进校内减负，加强义务教育学业负担监控，全面落实国家和省关于加强作业、睡眠、手机、课外读物、体质等"五项管理"的文件要求，开展常规性督查。建立义务教育课后服务经费保障制度，进一步提升课后服务质量水平。全市义务教育阶段非寄宿制学校下午课后服务学生参加人数达49.5万人，实现全部镇街暑期托管服务全覆盖；全市共154所义务教育学校（含青少年宫、社区党群服务中心）提供暑期托管，较好地帮助家长解决"接送难"和"看护难"问题。

（三）普通高中教育

2022年，东莞市有普通高中（含完全中学和多层次学校高中部）56所，在校生12.1万人，比2021年增加1.6万人。东莞高级中学内地新疆班招收新生160人，全市内地新疆高中班在校生有459人。

一是深化高中阶段学校招生制度改革。印发《东莞市2022年初中学业水平考试与高中阶段学校招生工作意见》《2022年东莞市公办普通高中学校自主招生工作方案》等政策文件，完善优质公办高中不低于50%招生名额分配到区域内初中学校机制，市属优质高中从5所增加到8所，做好初中学业水平考试和高中阶段学校招生考试工作。2022年，中考实际参加考试的考生70 712人，普通高中录取考生44 011人，录取率61.9%（实际注册率）。二是着力推进品牌学校建设提升。全面梳理总结品牌学校建设工程经验做法，编印《东莞品牌学校图谱》，推动遴选第二批创建普通高中"双特色"学校、特色项目，研究制订办学指引，将普通高中"双特色"建设与普通高中自主招生有机结合，完善政策支持体系。三是推进省级"双新"示范区建设。制定《东莞市普通高中新课程新教材实施省级示范区建设工作三年规划（2022—2025年）》，评选首批普通高中"双新"实施市级示范校，推荐学校参评第二批普通高中"双新"实施省级示范校。举办"双新"实施省级示范区建设研讨交流活动，每月开展1次专题研讨活动。

（四）特殊教育

大力推动特殊教育融合发展。将"增设特教班，推进特教融合发展"纳入民生实事，实现"特教班"镇街全覆盖（每个镇街至少有1所公办中小学开设特教班），2022年共招生278人，配备专职教师73人。推动启智学校扩容提质，扩招3个班，增加学位42个；建成及在建普通中小学特殊教育资源教室116间，有160多所普通中小学校承担随班就读任务。推进"1＋6＋6＋N"特殊教育发展共同体建设（即以1个市特殊教育指导中心为统筹指导；以东莞的6大片区为基准，每片区设特聘特教教师专职管理，负责片区的特教工作、巡回指导；组建"6师"团队，包括巡回指导团队、评估专家团队、融合教育宣导团队、资源教师骨干团队、随班就读教师团队、送教上门教师团队；搭建"全员—骨干—种子"研训一体化的特教培训N模式），成立6个融合教育支持团队，市特殊教育指导中心被评为"广东省特殊教育优质资源中心"。

【职业与成人教育】（一）职业教育

2022年，东莞市有中等职业学校20所（不含技工院校），特殊学校附设中职班2个，高职院校附设中职部2个，在校生62 270人，其中公办学校在校生38 626人，民办学校在校生23 644人；招生24 922人，毕业生17 233人，其中成功升学和就业的学生16 534人，升学就业率95.94%。全市中职学校三年级共开设85个专业，涵盖15个专业大类，其中，省"双精准"建设专业23个。

一是优化中职教育资源配置。同意筹设2所全日制民办中职学校，推动中等职业学校办学条件达标建设，同意东莞市经济贸易学校等15所中职学校、2个中职部调整专业，新增无人机操控与维护、现代通信技术应用、新能源汽车制造与检测等31个专业点，停办 7 个专业点。完成对东莞理工学校等 8 所学校的 9 个"双精准"专业的验收检查。二是做好中职招生工作。根据中职学校的占地面积、建筑面积和师资配备情况核定各校的招生计划，严格规范学校招生宣传行为。联合"南方+"推出 2022 中考招生在线政策解读会，详细解读职业教育政策和中职招生政策。2022 年共招生 24 922 人，完成招生计划的 110.59%。三是推进高水平中职学校建设。督促指导 7 个高水平中职学校建设（培育）单位按照备案的建设方案和任务书推进各项工作。对东莞理工学校等 5 所广东省高水平中职学校建设项目单位进行年度检查。东莞市机电工程学校向广东省教育厅申请中期核查。四是推进高水平校企合作基地建设工作。出台《东莞市高水平校企合作基地认定管理办法》，设立专项资金 2 500 万元，计划用三年时间建设 50 个高水平校企合作基地。已在信息技术类、财经商贸类、交通运输类、轻工纺织类专业确定 74 个高水平校企合作基地立项建设单位。五是创建生态式校企合作新模式。支持职业院校和合作企业共建产业学院，至 12 月底共建设 28 个产业学院，其中中职学校组建 10 个、高职院校组建 18 个。探索中高企三方协同育人模式，引导中职学校联合高职院校、企业（行业）在三二贯通专业共同培养人才，企业全程参与学生五年培养，学生毕业同时获得中职、高职毕业证，毕业后进入合作企业就业。六是组织技能考证和技能竞赛工作。全年共组织 433 名学生参加国际通用职业证书考证体系考证，其中 366 人考取证书，考证通过率达 84.53%。推动以赛促学，东莞市在全国职业院校学生专业技能大赛中获得 14 个奖项，获奖总数并列全国第三，一等奖总数连续两年获全省第一。

（二）成人教育

2022 年，全市已建成广东省社区教育实验区 26 个，其中，全国社区教育实验区 1 个，全国社区教育示范镇 3 个；全市有 30 所乡镇成人文化技术学校，其中 12 所为省级示范成人文化技术学校；全市持有《民办学校办学许可证》的成人高考考前辅导机构、自学考试辅导机构共 36 家。依托"莞易学"平台开设非全日制中职学历教育专业 32 个，开设课程 452 门；开设技能提升课程和素质课程 1 253 门。截至 2022 年底，"莞易学"平台共有 127.29 万人注册，其中非全日制学历教育报名人数达到 36.65 万人，平台课程总数超 6 200 门，课程学习超 5 600 万人次，视频播放总量超 700 万小时。

一是扎实推进老年教育工作。推动老年教育工作纳入市委 2022 年重点工作，明确各园区、镇（街道）要设立园区、镇（街道）老年大学（学校），村（社区）要设立老年学校（学习站点）。全市以各种形式参与教育活动 10 次以上的老年人占老年人口总数的 35% 以上。二是推进终身教育学习品牌建设。东莞市南城成人文化技术学校"篁溪学堂"申报"终身教育品牌项目"，李群仙、梁锐坤、郑静妮、陈燕萍等 4 人申报"全民学习之星"；推荐典型工作案例 2 个、教育培训项目案例 1 个；推荐中堂镇人民政府等单位共 17 个项目申报广东省继续教育质量提升工程项目。三是开展 2022 年非全日制中职学历教育线下考试报名工作。共有 7 382 人报名参加 12 月举行的线下考核，3 610 人拿到非全日制毕业证书。

【高等教育】2022 年，东莞市有高校 9 所，分别为东莞理工学院、广东医科大学（东莞校区）、东莞城市学院、广东科技学院、广州新华学院（东莞校区）、东莞职业技术学院、广东创新科技职业学院、广东酒店管理职业技术学院、东莞开放大学。按类别分，有普通本科院校 5 所、高职院校 3 所、成人高校 1 所。全市高校有在校生 26.44 万人，其中全日制在校生 15.29 万人，毕业生 3.69 万人，毕业生就业率 95.94%，留莞就业率 32.2%。8 所普通高校的学科专业设置涵盖了除军事学、哲学和历史学以外的 10 个学科门类，共有硕士专业点 22 个，本科专业点 223 个，专科专业点 166 个。拥有省级重点学科 15 个，省级特色示范专业 35 个、校级特色示范专业 69 个。拥有各类实验室和实训中心 1 639 个，国家级重点实验室 1 个，省重点实验室 9 个，各类实习基地 2 716 个。全市有普通高校教职工 9 401 人，专任教师 7 278 人，硕士研究生 3 883 人，博士研究生 1 449 人，研究生学历人数占专任教师的 73.26%。副教授 1 470 人，教授 637 人，硕士导师 395 人，博士导师 59 人。

全市 8 所普通高校与 18 个国家和地区的 48 所高等教育机构开展教育合作与交流。设立研发机构 208 个，开展科研项目 1 327 项，科研活动经费达 5.23 亿元。支持大湾区大学、香港城市大学（东莞）筹建，推动大湾区大学基本完成申报材料编制，香港城市大学（东莞）获教育部批准筹备设立；支持东莞理工学院建设新型高水平理工科大学示范校，加快推进国际合作创新区建设，新增国家级一流专业建设点 4 个，省级一流专业建设点 11 个；支持东莞职业技术学院深化产教融合，提升人才培养质量，建成 3 个产业学院、5 个创新培养班，与 10 余所本科、中职学校开展"中高本"人才培养，推动职业教育职普融通。

（一）东莞理工学院

2022年，学校扎实推进卓越工程师产教联合培养行动，积极参与工程硕博士培养改革试点工作，巩固扩大新工科、新文科建设成效，组建工程师学院，与众多龙头企业及专精特新企业深度合作，推动急需人才培养"奋楫计划"和双师双能提升"笃行计划"落地见效。贯穿开展第六次全校教育教学大讨论，聚焦课堂革命与课程育人，加大课堂教学改革力度，提升思政课改革与课程思政建设质量，加强美育、体育和劳动教育，擦亮通识教育与知行教育品牌，完善"10+2"育人体系，推动"三全育人"持续进步。高质量做好"双创"项目团队培育工作，完成第八届中国国际"互联网+"大学生创新创业大赛广东省分赛承办任务，省赛金牌数、奖牌数全省第一，国赛获得2枚金牌，跻身全国前列。

（二）广东医科大学（东莞校区）

2022年，学校新增生物学与生物化学、分子生物与遗传学2个学科进入ESI全球排名前1%，临床医学进入ESI全球排名前3‰。广东医科大学与东莞理工学院3个联合学士学位培养项目获批设立。8个专业入选国家级和省级一流本科专业建设点。23门课程被认定为省级一流本科课程。"学院+书院+产业学院（医院）"培养新体系基本形成并首次实现省级示范产业学院"零的突破"。获批首批"全国科普教育基地"、省市共建细胞自噬与重大慢性非传染性疾病研究广东省重点实验室、广东省红树林湿地药用资源开发与利用工程技术研究中心。建设广东医科大学松山湖健康医疗大数据工程中心，聘任中国工程院院士韩德民为首席科学家，与华为技术有限公司签署合作协议，打造健康医疗大数据创新高地。

（三）东莞职业技术学院

2022年，学校在广东省职业院校技能大赛教学能力比赛中，获一等奖6项、二等奖3项、三等奖2项，获奖总数位居全省高职院校第三。5名教师被评为广东省技术能手，2名教师被评为广东省高层次技能型兼职教师。获认定广东省教师教学创新团队3个、广东省技能大师工作室1个，立项建设广东省"双师型"名教师工作室1个。以赛促学，获广东省职业技能大赛奖项72项，"挑战杯"广东大学生课外学术科技作品竞赛金奖2项、银奖9项、铜奖2项，总成绩位居全省高职院校第一。获各级各类科研项目立项310项，其中省部级13项、市厅级65项、校级85项、横向项目147项。新增东莞市科技特派员入库96人。与东莞市农业农村局、市乡村振兴局共建"东莞乡村振兴学院"。岭南园林学院成为省示范性产业学院建设单位，2个专业被工业和信息化部人才交流中心认定为产教融合型专业，助力11家企业入选省市产教融合型企业及高水平校企合作基地。

（四）东莞城市学院

2022年6月，教育部办公厅发布《关于公布2021年度国家级和省级一流本科专业建设点名单的通知》，学校共有计算机科学与技术、软件工程、财务管理、工商管理、保险学、金融学、数字媒体艺术等7个专业入选省级一流本科专业建设点。学校累计有国家级一流本科专业建设点1个，省级一流专业建设点8个。

（五）广东科技学院

学校获批新增机器人工程、数据科学与大数据技术、资产评估、产品设计4个本科专业，本科专业总数达45个。新增1个国家级一流本科专业建设点（软件工程）和2个省级一流本科专业建设点（财务管理、物流管理）。"服装工艺基础"等7门课程被认定为省一流本科课程。5名教师入选广东省本科高校教学指导委员会委员，14名教师被东莞社科院聘任为特约研究员，44名专家入库省市两级人才库。获批立项教育部人文社会科学研究规划基金项目等市厅级以上科研教研类项目共83项。实施专任教师提升计划等12个专项行动计划，与华南师范大学、广东工业大学、广东财经大学等开展硕士研究生联合培养。

（六）广州新华学院（东莞校区）

2022年，学校获批新增数字经济、人工智能、供应链管理3个专业，会计学专业入选国家级一流本科专业建设点。根据艾瑞深校友会网，广州新华学院护理学专业被评为六星级专业，上榜中国顶尖应用型专业第七位；健康学院信息资源管理专业上榜"中国区域一流应用型专业"第一位。学校获评省级一流课程8门，立项省级质量工程项目13项，立项省级重点建设学科科研能力提升项目4项。承担各级纵横向科研项目47项，获资助金额408.8万元。新增国家发明专利授权4项，转让专利权5项。教师获教学竞赛省级奖项4项，发表学术论文363篇。

（七）广东创新科技职业学院

2022年，学校获评第四批广东省绿色学校，获

·市域教育·

EDUCATION IN VARIOUS CITIES

广东省暑期"三下乡"社会实践活动优秀团队称号。教职工获省教学能力类奖项一等奖1项,二等奖2项,三等奖8项。学生获专业技能大赛奖项43项,其中一等奖2项,二等奖11项,三等奖30项。学校发表论文186篇,其中核心论文23篇;获国家各项专利授权49项;纵向科研项目立项47项;完成社会服务项目15项;建成省级重点专业1个、省级品牌专业1个、省级高水平专业群建设项目2个;成功申报27个1+X证书试点,3个中高职贯通"三二分段"培养试点专业,2个省级现代学徒制试点专业。开展"书记、校长访企拓岗促就业"专项行动,拓展就业岗位1 600余个,毕业生就业率达97.21%。

(八)广东酒店管理职业技术学院

2022年,学校申请新增备案专业4个,暂停招生专业6个,省级高水平专业群建设稳步推进。申报省级项目22项,立项11项,创历年新高。组织评审6项校级教学成果奖培育项目并予以立项。学校获得省级教育发展专项资金支持200万元。

(九)东莞开放大学

2022年8月27—28日,由广东开放大学主办,东莞开放大学承办的广东开放大学东莞区域体系建设专题会顺利召开。东莞开放大学校领导、中层干部,部分教职工以及各镇(街)教学点负责人、业务骨干等约100人参加会议。凤岗、寮步、东坑、大朗、常平、厚街等6个教学点被评为"优秀教学点"。

教育成果与特色

【加强党对教育工作的全面领导】坚持以习近平新时代中国特色社会主义思想武装头脑,围绕党的二十大胜利召开举办系列活动,成立教育系统百姓宣讲团,创新打造"党组织书记领学课堂""专家宣讲课堂""莞教微课堂"等六个学习阵地,开展各类培训近1000场次,确保学习二十大精神全覆盖。持续加强党的建设,出台东莞市建立中小学校党组织领导的校长负责制实施方案,推动全市民办中小学校完成党建进章程、党的组织和党的工作全覆盖等4项督查指标,创新打造"莞教先锋联学联建""送学送教"等一批党建特色活动。落实全面从严治党主体责任,开展纪律教育学习月、法治教育学习月活动,大力推进招生入学等重点领域正风肃纪,持续营造风清气正的教育生态。

【落实科学精准防控】全系统投身疫情防控,构建覆盖市镇校三级的防控体系,制定各类政策、指引150多件,因时因势优化措施落实科学精准防控,全力以赴扑灭大朗、厚街、东城多起涉校疫情,完成平安高考、平安中考、平安研考等重大任务,保护师生身心健康。建立安全稳定工作多部门定期会商机制,抽调专门力量组建教育系统安全办,提级实行安保维稳一级响应机制,基本妥善解决困扰多年的民办公助学校公办身份教工、聘用合同制教师两大历史遗留问题,妥善化解意识形态、招生入学、民办教育等领域风险隐患,党的二十大期间未发生涉稳事件。完成1416处溺水隐患点整治,调整和补充学校保安员超2600人,整改校园风险隐患692处,全年未发生食品安全、实验室安全事故,学生心理危机事件同比下降18.4%,非正常死亡学生人数连续两年明显减少。

【落实立德树人根本任务】牢牢掌握意识形态工作领导权,完成教材教辅课外读物和图书馆(室)图书专项检查,全市公办小学实现思政课专职教师配备全覆盖,初、高中思想政治学科双双获评广东省基础教育学科教研基地,东莞市原创思政课程首次获得广东省教学成果特等奖(职教类)。全面发展素质教育,建立体育美育联席会议制度,在广东省第十三届中学生运动会上获金牌榜第二名、团体总分一等奖;在广东省学生体质健康抽测中优良率达85.9%,同比大幅提高24.8个百分点。高考物理类、历史类总分平均分居全省第一名,排名创历史新高。继续把"双减"作为一号工程,建立课后服务经费财政保障机制,推行"一课一销"资金监管模式,全市持证机构全流程监管率达100%。统筹推动各园区(镇街)实现"暑期托管服务、公办中小学特教班、有需要学生校内平躺午休"三个全覆盖,完成学校教室灯光照明改造约1.1万间,全年累计资助学生约6万人次,发放资助资金9789万元。

【基础教育结构和品质实现"双提升"】深入推

进教育扩容，新建、改扩建公办中小学（幼儿园）89所，新增公办学位7.9万个，连续三年超额完成年度建设任务，松山湖未来学校、东莞中学（初中校区）等10个优质市属学校新改扩建项目投入使用。规范民办义务教育发展，调整民办学校直升政策，完成11所"公参民"学校治理，稳步推进一批学校转型或停办。启动第二轮集团化办学，完成70个教育集团组建，实现基础教育学段全覆盖，参与园区、镇街全覆盖，师生、家长整体满意度连续四年均在98%以上。统筹推进"三区"建设，八年级科学、物理、生物、地理等学科成绩均值和达标率排名全省第二，部级、省级"基础教育精品课"数量均居全省第二。

【"莞邑良师"队伍建设成效明显】每月组织开展"我为什么当老师"大讨论活动，选树一批师德楷模，开展中小学新入职教师规范化培训，举办"莞邑良师"沙龙58期，组织师德师风建设月活动，落实新学期师德第一课、师德教育每月一主题活动制度，参与教职员工达200万人次。核补7000多名教职工编制缺口，实现全市义务教育阶段学校教职工编制全面达标；首次设立市教育局统筹岗位集中引进高层次人才，全年招引在编教师4591人，超过以往6年总量，其中研究生学历在毕业生招聘人员中占比75%，相较2016年人数增长超24倍。科学培养教育人才梯队，遴选首批基础教育领军人才培养对象10人、教育家型校长和教师培养对象50人，以及市"三名"工作室主持人250人、卓越教师1000人、未来名校长培养对象120人。

【推动产教深度融合】出台高水平校企合作基地认定管理办法，认定74个高水平校企合作基地立项建设单位，指导7个高水平中职学校建设（培育）单位推进各项工作。创新校企合作新模式，支持职业院校与华为、广汽等知名企业共建28个产业学院，推动中职学校与省内高职院校、高新技术企业在三二贯通专业协同培养人才。推动中职学校新增无人机操控与维护、现代通信技术应用、新能源汽车制造与检测等31个专业点，全市招生人数超过招生计划的10%以上。

【全面推进重点领域改革攻坚】开展教育改革攻坚揭榜活动，推动申报项目的镇街、直属学校全覆盖，评选优秀等次项目30个、汇编典型案例30篇，在区域教育统筹、集团化办学、教师队伍建设、产教融合、家庭教育等方面，形成一批可复制、可推广的典型案例。深化招生考试制度改革，修订完善普通高中自主招生政策，扩大优质公办普通高中学位名额分配到校的范围和数量，年内提供学位4156个，增幅65.5%。推进教育数字化，东莞智慧教育方案入选教育部2022年智慧教育优秀案例，"莞教通"平台录入超14万名教职工、120万名学生信息，"莞易学"平台课程总数超6200门，课程学习超5600万人次，视频播放总量超700万小时。

（撰稿　宇北方；审稿　杜润江）

·市域教育·
EDUCATION IN VARIOUS CITIES

中山市教育

概 况

2022年是实施"十四五"规划的关键之年，也是党的二十大召开的喜庆之年，是进入全面建设社会主义现代化国家、向第二个百年奋斗目标进军新征程的重要之年，中山市教育和体育局（以下简称市教育体育局）在市委、市政府的正确领导下，以习近平新时代中国特色社会主义思想为指导，着眼于内涵建设，大胆突破瓶颈和障碍，深入推动改革创新，用心用情用力解决人民群众急难愁盼问题，加快破解制约高质量发展的难点堵点问题，真正办好人民满意的教育体育。

（一）坚持党对教育工作的全面领导，坚定不移贯彻党的教育方针

以高质量党建引领高质量发展。把党的政治建设摆在首位，分步骤分阶段稳妥推进全市中小学校党组织领导的校长负责制工作。加强基层党组织标准化、规范化建设，完善党建工作评价体系，实现各级党组织书记抓基层党建述职评议考核全覆盖。开展党建示范校和"五好"模范党支部创建活动。坚持学校党建与教育教学工作联动考核，细化考核指标，把学校党建工作情况纳入事业单位绩效考核、学校领导班子考核、教育督导评估重要内容。

推动全面从严治党与全面从严治教融通互促。印发《市教育工委关于党员干部"八小时以外"活动情况监督管理实施细则》，贯穿打通党员干部"八小时以内"和"八小时以外"的监督。纪检部门对新建高中工程抽签定标、教师招聘、职称评审、入学摇号等方面监督20余次，通报3批违规违纪违法典型案例和1起典型问题。查处7个案例，警示教育7人。

（二）坚持完善德智体美劳全面培养的育人体系，促进学生健康成长全面发展

"双减"更加走深走实。印发《中山市小学语文作业设计与实施指导意见》，不断提升作业水平。统筹做好国家义务教育质量监测和学校教学质量评价，不断提升学校教育教学质量。探索并逐步形成"自主淘宝"课后服务中山模式，全市义务教育阶段学生参与率80%，教师参与率93.7%。

有效构建"大德育"格局。联动实施"大思政"，实现镇街党政主要领导、大中小学书记开讲思政第一课全覆盖。抓住班主任核心力量，补齐校家共育短板，初步形成校家社合力育人工作格局。共有4个镇街获评全国规范化家长学校实践活动实验区。

大力推进美育改革。印发《中山市学校美育工作联席会议制度》，全面实施中小学生艺术素质测评，相关平台覆盖全市330所中小学校，参与师生近60万人。

深入开展劳动教育。在全省率先出版义务教育系列《劳动课》教材，开展"劳动创造幸福"主题教育，推动创建3个省级、3个市级劳动教育基地以及9所省级劳动教育特色学校，200多所学校自建校内劳动教育基地或劳动实践室。

深化文明校园建设。举办文明校园创建先进学校交流培训会，组织文明校园建设督导。深入开展校园普法工作，全面规范加强中小学法治副校长聘任与管理。

抓实抓好青少年体育。参加第十三届广东省中学生运动会，获26枚金牌、24枚银牌、28枚铜牌，并获团体总分一等奖（全省排名第四）。连续第四年承办广东省中学生排球锦标赛，中山市第一中学获高中组女排亚军，中山市第一职业技术学校获中职组女排亚军、男排季军。开展"天天动起来"、百校千班万人跳绳、"市长杯"校园足球联赛等活动，"奔跑吧·少年"儿童青少年云运动主题活动打卡17万多人次。学生体质健康各项指标稳中向好，2022年优良率达到60%以上。全市创建全国青少年校园足球特色学校67所，省级校园足球推广学校66所，全国足球特色幼儿园27所。

（三）坚持积极回应群众关切，教育高质量发展取得明显成效

公办中小学校扩容提质成效显著。新改扩建公办中小学校8所，增加学位6000个。义务教育阶段秋季入学新生111 303人，学位供需总体平衡。永安中学、烟洲中学投入使用，新增普通高中优质学位8550个。新增3个教育集团，累计成立市级教育集团8个，覆盖11个镇街17所中小学校，成员学校

在校生超过3万人。

职业教育提质培优作用明显。6所中职学校"双精准"示范专业群建设深入推进，火炬科学技术学校被认定为广东省重点中职学校。2所高职学院与8所本科高校通过"4+0""3+2"等方式培养本科层次学生。年内，组织职业院校师生参加全国、广东省职业院校技能大赛，以及广东省职业院校学生专业技能大赛，共获奖363个。

高等教育人才培养稳步推进。中山火炬职业技术学院顺利通过国家"双高计划"中期绩效评价，广东省研究生联合培养基地（中山）办学规模持续扩大，长春理工大学中山研究院首批硕士博士研究生顺利毕业。3所全日制高校毕业生去向落实率超过85%。

民办教育发展不断规范。深入开展民办学校规范达标和品牌提升工作，全市民办学校党的建设不断加强，办学水平显著提升，13所学校被评为五星级民办学校，17所学校被评为四星级民办学校，20所学校被评为三星级民办学校。12所"公参民"学校全部按"一校一案"制定规范治理工作方案，6所学校完成清理，6所公有主体举办的民办学校顺利转制，超1.3万名学生受惠。

（四）坚持系统谋划协同推进，教育治理能力和服务保障水平全面提升

全面推进新时代教育评价改革。制定出台《中山市深化新时代教育评价改革负面清单和工作任务清单》《中山市深化新时代教育评价改革试点市实施方案》。启动"教育评价改革——中山在行动"主题活动。承担省教育评价改革试点推进集中调研会，并在调研会上分享中山经验。省委教育办、省委改革办先后推广学习中山市经验。

全面推动依法治教。印发《中山市教体系统2022年普法依法治理工作要点》。各镇街教体行政部门持证执法人员达65人。开展2022年中山市依法治校示范校、达标校创建活动。充分利用"12345"平台，畅通政务互动渠道，及时回应市民关切，依法依规处理市民投诉事项。

超前谋划并顺利实施中考改革。试点中职、技工学校63个省高水平、"双精准"专业与普通高中同在第一批次投档。30个专业的最低出档分数线高于460分。

创新推进审批服务改革。印发《中山市教育和体育局行政许可审批分工协作制度（修订）》《中山市教育和体育局行政许可审批联席会议制度（修订）》等制度规范，委托下放校外培训机构审批权。实现"一站式"校车使用许可审批办理，通过"靠前服务"加快中小学审批进度、"全流程网办"实现教师资格认定再提速。全年4700多件各类审批事项"零投诉""零差评"。

全面落实责任督学挂牌督导全覆盖。开展校园疫情防控、"双减"、"十不得一严禁"专项督导检查以及义务教育学校暑期校内托管服务和校外培训机构落实"双减"专项督导。有序组织省义务教育质量监测。

扎实推进煤渣跑道治理和直属学校两证办理。完成全市14条煤渣跑道治理，全部改建成塑胶跑道。完成土地测量约286.67万平方米，建筑物测量约130万平方米，房屋安全鉴定约50万平方米。完成中山纪念中学、华侨中学等新增不动产办证面积约30万平方米。

高质量人才队伍建设取得成效。开展教师职称评审（认定），22人获正高级职称，902人获副高级职称。打造教育领域领军人才，24名教师入选2022年"中山英才计划"教育和体育领域特聘人才，81名教师获评"中山英才计划·教师人才项目"三名工作室主持人。持续推进《中山市师德师风建设三年行动计划（2021—2023年）》，遴选34所市级师德师风建设基地创建学校。认定市师德标兵50人、市优秀教师1807人。创新人才引进模式，全年引进各类教师3148名。配合市委编办向全市公办义务教育阶段学校投放4041个教师编制，进一步缓解教师编制紧缺问题。建立直属学校后备校长、后备副校长人才库，入库人才135人。推动干部选拔任用49人。开展线上线下教师培训112个班次，参训教师超过6.3万人次。

做好各类帮扶和社会服务。全市152所学校与贵州六盘水、广东惠州、广东潮州192所各类受援学校开展结对帮扶，各类受资助学生71184人次，资金总额5414万元。

（五）坚持统筹发展和安全，校园安全稳定防线全面筑牢

狠抓安全教育常态化。以安全教育平台为主阵地，扎实开展"疫情防控""国家安全""政治安全""意识形态安全""网络安全""消防安全""食品卫生安全""交通安全""预防溺水""心理健康"等10多项专题安全教育。构建全方位校园安全防范体系。织密"人防、物防、技防、联防""四防一体"校园防控网络，完成安全防范建设"四个100%"，全面落实公安"护学岗"及"三见"（见警察、见警车、见警灯），建立健全校园及

· 市域教育 ·
EDUCATION IN VARIOUS CITIES

周边治安防范长效机制，保障学校周边良好治安秩序，全市中小学法治副校长100%全覆盖，形成安全工作人人抓、人人管的良好格局。强化部门联动，守护校园平安。联合公安、应急、城管执法、市场监管等部门开展联合执法、飞行检查、专项督导等工作，指导各镇街、学校开展安全教育和演练。

抓实抓细校园疫情防控。及时优化调整校园防控措施，严抓常态化防控，做好"双统筹"，最大程度保护师生生命安全和身体健康，最大限度减少疫情对全市教育教学的影响。有效指导相关镇街校园专班快速应对22起疫情，全市校园没有出现输入性感染和聚集性感染。

各级各类教育

【基础教育】（一）学前教育

2022年，中山市有幼儿园568所，在园幼儿16.5万人，学前三年入园率100%，残疾儿童学前教育毛入园率85%。省规范化幼儿园536所，占幼儿园总数的94%。新评定市一级幼儿园16所、示范性幼儿园8所。幼儿园专任教师1.1万人，其中大专及以上学历比例为96%，74.7%的专任教师取得幼儿园教师资格。

2022年6月，印发《中山市"十四五"公办幼儿园建设专项规划》，以镇街为单位，谋划"十四五"期间公办幼儿园布点建设工程。在地方政府专项债券的支持下，全年新建幼儿园21所、扩建5所，累计新增幼儿园学位8590个，其中，新增公办幼儿园学位6825个。继续通过回收的方式，促进4所民办幼儿园转为公办幼儿园，增加公办幼儿园学位1540个。全年通过新建、改扩建、民转公等方式累计新增公办幼儿园学位10 130个，在提高学前教育普及普惠水平上面迈进一大步。截至2022年底，全市公办园在园幼儿占比50.16%，公办园和公益普惠性民办园在园幼儿占比82.4%。

2022年，在广东省学前教育高质量发展实验区中期检查中，中山市岭南幼儿园自主游戏项目（石岐街道、南区街道、沙溪镇）获评"优秀"等次，中山市幼儿园与小学科学衔接项目（火炬开发区、小榄镇）获评"良好"等次。2022年8月，中山市机关第一幼儿园同古镇镇人民政府正式签订集团化办园协议书，成功建构中山市第一个市直属幼儿园-镇街幼儿园集团化办园样板，增强先进办园理念和管理模式的品牌推广，辐射带动更多镇街幼儿园提高办园水平。2022年9月，中山市成功立项广东省第二批学前教育高质量发展实验区（"城乡学前教育一体化管理资源中心"项目），以古镇镇为试点，搭建中山市城乡学前教育一体化管理资源管理平台。

（二）义务教育

2022年，中山市有小学212所，比2021年增加3所，在校生36万人，小学毕业升学率100%；初中93所（含九年一贯制学校46所），在校生14万人，初中毕业升学率98.76%。中山市大力推进落实《中山市公办中小学建设计划（2022—2025年）》，截至2022年底，合计完成公办中小学建设85所，增加学位近7万个。推进消除义务教育大班额工作，确定义务教育学校起始年级班额规模，加强学籍管理，规范转学手续，完成省下达的消除大班额和超大班额任务。保障随迁子女受教育权利，全市50万名义务教育学校在校生中，随迁子女达21.8万人，占比43.6%。

（三）普通高中教育

2022年，中山市有全日制普通高中23所（含完全中学4所、十二年一贯制学校7所），在校生5.86万人。全市普通高中专任教师4489人，本科以上学历4482人（其中研究生以上学历1645人）；具有助理级及以下职称1508人、中级职称1805人、副高级及以上职称1176人。全市有广东省国家级示范性普通高中10所。推进普通高中学校建设，完成中山市第二中学、中山市华侨中学扩建；新建公办普通高中中山市永安中学、中山市烟洲中学建成招生，2所学校合计招收首届高一新生2234人。

（四）特殊教育

2022年，中山市有特殊教育学校2所（公办1所、民办1所）、特殊幼儿园2所。特殊教育在校生共1904人，其中学前教育阶段264人、义务教育阶段1468人、高中教育阶段172人；其中特殊学生在普通学校随班就读518人、送教上门221人，在普通中等职业学校就读63人。

进一步完善特殊教育管理机制，联合相关部门出台《关于成立中山市特殊教育专家委员会的通知》《中山市义务教育阶段适龄重度残疾儿童少年送教服务工作实施方案》，制定《中山市"十四五"特殊教育发展提升行动计划》。中山市第二特殊教育学校建设工程立项，并配备相应编制，新增学位200个。市教育体育局印发《关于镇街开设义务教育阶段培智特教班工作指导意见（试行）》，推进镇街在普通中小学开设培智特教班，让特殊儿童就近上学。在普通中小学新建8间特殊教育资源教室，全市共有43间资源教室，为随班就读的特殊学生提供必要学习条件。在广东省特殊教育内涵建设示范项目、精品课程建设项目中，中山市获立项的数量居于全省前列，中山市特殊教育学校及柏苑小学、长江特一幼儿园、朗晴小学等7个项目再获立项。中山市特殊教育学校被省委宣传部命名为第八批广东省学雷锋活动示范点、被省教育厅评为广东省中小学"最美阅读空间"、被省教育厅认定为第四批"广东省绿色学校"，该校《"全人·多元·个别"的特殊需要学生评价模式》入选中山市第二批教育评价改革典型案例。

【职业与成人教育】（一）中等职业教育

2022年，中山市有独立设置中等职业学校12所（含体育运动学校和技工学校），其中国家级中职学校4所（含国家级示范学校3所、国家级重点学校1所）、省级重点中职学校6所。中职学校全日制在校生2.76万人，招生9730人。毕业生7800人，其中"双证书"毕业率97.87%；进入高等院校深造5310人，占68.08%；就业率（含升学）99.21%。年内，组织职业院校师生参加全国、广东省职业院校技能大赛，以及广东省职业院校学生专业技能大赛，共获奖363个，其中国家级一等奖2个、二等奖1个、三等奖8个，省级一等奖88个、二等奖154个、三等奖110个。举办2022年中山市职业院校技能大赛，其中，中职教学能力比赛设公共基础课程组、专业技能课程一组、专业技能课程二组3个参赛类别；中职技工学校学生职业技能竞赛首次采取线上线下方式办赛，共设网络安全、网络搭建及应用等36个赛项。中山市中等专业学校新设立工业机器人技术应用、新能源汽车运用与维修2个专业，首年招生计划均为50人。中山市中等专业学校计算机网络技术、动漫与游戏制作专业，中山市沙溪理工学校服装设计与工艺、汽车运用与维修专业，中山市第一职业技术学校工艺美术专业，中山市建斌职业技术学校模具制造技术专业被确定为省第一批中等职业教育"双精准"示范专业。2022年11月，经省人民政府同意，中山市成为广东省首批产教融合试点城市。

（二）成人教育

2022年，中山市有省骨干成人文化技术学校8所、市级示范镇区成人文化技术学校16所、市级示范村（社区）成人文化技术学校109所。年内，以中山开放大学为主导开展终身教育活动。中山开放大学使用"腾讯课堂"线上线下讲座，完成中山市职工修身学堂讲座210场，近2.4万余人次参加学习；以线下为主，线上辅助，共完成2022年中山市西区街道社区"两委"干部培训班、东凤镇基层党组织书记培训班等7个社会培训项目，服务人数1052人；承接中山市各级党政机关及事业单位招聘考试20场，服务人数1788人；开展"有信仰、有品质、有温度的社区教育"——2022年中山开放大学社区教育课程班教学，使用"中山i学习""钉钉课堂"线上学习与线下面授结合，完成21个公益课程班教学活动，2400多人次报名参加学习；落实开展"我为群众办实事"实践活动，开设长者智能生活学习互助小组；开展1场"送教入社区"公益活动，宣传推文被广东开放大学官网刊载；完成15个"智慧助老"微视频脚本及8个微视频制作；完成《红色印迹》《走读乡土文化研学指南》2本社区教育读本制作。中山开放大学社区教育"长者中国舞班"排练2个节目入选"中山市第五届老年人文化艺术节"；选送1项教学成果文艺节目参加国家开放大学老年教育教学成果展。中山开放大学获得"2022年广东开放大学体系老年教育、社区教育工作先进单位"称号。

【高等教育】2022年，中山市有电子科技大学中山学院、广东药科大学中山校区、中山职业技术学院、中山火炬职业技术学院、广东理工职业学院中山校区5所全日制高校和中山开放大学1所成人高等教育学校。全日制高校在校生近5.8万人，教职工约3400人。经省教育厅、广东省退役军人事务厅同意，中山职业技术学院、中山火炬职业技术学院2所高职院校开展退役军人现代学徒制专项试点，共完成招生64人。

2022年，中山市继续开展省市共建广东省研究生联合培养基地（中山），完成招生80人；6月，57名硕士研究生毕业，成为联合培养基地的第五批毕业生。联合培养基地的研究生工作站共有50家。秋季学期基地进驻硕士研究生151人，其中省市联合培养硕士研究生新生91人，电子科技大学本部硕士研究生60人。

2022年，长春理工大学中山研究院完成年度校本部派驻研究生的申请、确认、入驻工作，累计增加学生 228 人，在册硕士博士研究生总数 409 人，其中博士研究生 56 人。7 月 6 日，第一批硕博研究生 16 人顺利毕业。新增研究生联合培养实践基地 6 家，总数达到 21 家。新增第三批 5 个科研实验室，长春理工大学国家大学科技园大湾区园共 18 个联合实验室与全国各地 45 家相关企业签订共建联合实验室合作协议。

【民办教育】2022 年，中山市有民办中小学校 72 所（包括特殊教育学校 1 所，普通高中 1 所），民办义务教育学校在校生 16.3 万人，民办学校教师 1.3 万人。中山市围绕"控制增量、消化存量、提高质量"总目标，引导规范民办义务教育发展，"民转公"工作取得阶段性成效。成立中山市规范民办义务教育工作领导小组及工作专班，由市委、市政府分管领导任正、副组长，教育等部门主要同志任成员，领导小组办公室设在市教育体育局，日常联络工作由市教育体育局承担；印发《市委教育工作领导小组关于中山市压减民办义务教育学位工作方案（2021—2023 年）》《关于规范民办义务教育发展工作实施方案》等文件，推动小榄花城中学、菊城小学、广源学校、丰华学校、石岐区杨仙逸体育路学校、火炬开发区卓雅外国语学校等 6 所公有主体举办的民办学校转制为公办学校，经费由财政全额承担，压减民办学位 1.3 万个；开展"公参民"学校专项行动，推动中山市纪中三鑫双语学校等 6 所公办学校参与举办的民办学校全部按"一校一案"制定"公参民"学校规范治理工作方案并完成更名、签订《终止合作协议》等工作；科学合理购买民办学位 7.3 万个，更多随迁子女接受到更加公平普惠的教育资源，全市义务教育阶段随迁子女在公办学校（含政府购买学位）就读比例达到 85% 以上。

教育成果与特色

【教育评价改革】2022 年 1 月，印发《中山市深化新时代教育评价改革试点市实施方案》，推进党委政府、学校、教师、学生、社会用人等五类主体评价改革。建立中山市教育评价改革推进落实季报制度，定期研判全市教育评价改革任务落实进度。落实新时代教育评价改革任务列入对镇街政府履行教育职责评价。组织开展新时代教育评价改革"十不得一严禁"落实情况自查自纠，对全市 74 所民办学校发布"十不得一严禁"工作提醒。启动"教育评价改革——中山在行动"主题活动，征集并遴选第二批中山市深化新时代教育评价改革典型案例 20 个，编印《中山市深化新时代教育评价改革典型案例汇编》并推广到全市大中小学学习。2022 年 8 月，省委教育办在中山举办推进教育评价改革试点集中调研。中山市深化教育评价改革的经验做法先后被省委教育办、省委改革办写入工作简报并推广全省学习。

【教育督导】2022 年，中山市完善督导管理体制，全面落实教育督导职能。印发《中山市人民政府教育督导委员会关于调整组成人员的通知》，及时调整市人民政府教育督导委员会组成人员。全年督查督办内容涉及校园疫情防控、"双减"和六项管理、规范办学（办园）行为、学生体质健康、校园安全综合治理、落实教师工资待遇等。全面落实责任督学挂牌督导全覆盖，全市 166 名责任督学对其挂牌学校（幼儿园）开展日常监督检查共计 6854 次。

对全市 21 个镇街 2022 年履行教育职责情况开展评价（南区、南头镇因连续两年全市排名前 5 名，且未出现同一指标两年均不达标，2022 年度定为免检镇街），11 个镇街评价等级为优秀，6 个镇街为良好，4 个镇街为合格。开展 2022 年镇街推进素质教育目标管理评估，11 个镇街获先进奖。

开展评估监测工作。启动中山市第二轮幼儿园办园行为督导评估工作，形成《中山市 2022 年幼儿园办园行为督导评估报告》，以评促建，提升幼儿园办园质量。组织开展 2022 年广东省义务教育质量监测实施工作，推进 2020 年义务教育质量监测结果应用，形成 3 份问题调研报告，剖析问题成因，提出整改建议，向市政府报送《中山市 2020 年义务教育质量监测发现主要问题的整改方案》。

【德育工作】2022 年，中山市建立健全五育并举工作体系，取得突出成果。构建大德育环境。制定《2022 年中山市大中小学思想政治理论课建设工作任务清单》，落实书记开讲思政第一课大中小学全覆盖。成立班主任专业发展研究中心、校家共育研究中心、教体系统志愿服务总队等专业团队，系统推动班主任专业发展、家校共育、志愿服务工作。

组织"寻找身边的思政好老师"事迹征集活动,开展2022年中小学思政课程与课程思政论文评选活动,积极构建"大思政课"格局。联合开展专题育人实践活动。组织开展"红色传承有我,强国复兴有我"小小讲解员、"童心永向党·喜迎二十大"主题美育课、"文化兴城、文明旅游"文明小导游大赛、"强国复兴有我"2022年岭南童谣征集等系列活动。全市评选勤学好少年、才艺好少年、自强好少年、美德好少年等2022年中山市"新时代好少年"70人和"新时代好少年标兵"20人。全市有2人获评广东省"新时代好少年",5人获评省级"最美南粤少年",4人获省级"最美南粤少年"提名奖。共青团中央、教育部、中国少年先锋队全国工作委员会公布"全国三优秀"表彰,中山市有2名个人、2个集体获表彰。开展中小学"社会主义核心价值观"主题班会课教学研讨活动,举办2022年中小学"培育和践行社会主义核心价值观"主题班会课比赛,以赛促学,全市11 000多个班级开展主题班会课,优化创新理论进课堂的效果。新华社新闻信息中心广东中心联合市教育体育局共同举办"我是追梦人 党的二十大精神进校园"主题活动。持续做好心理健康教育。贯彻《中山市儿童青少年心理健康三年行动计划》,开展第五届心理健康教育活动月活动,获评全省首个广东省基础教育心理健康教育教研基地。推动家庭教育,常态开展学校、年级、班级三级家委会评选,创造性开展"中山家话"活动,全市4个镇街获评全国规范化家长学校实践活动实验区。以赛促培,造就班主任明星队伍。共有6名教师获省级班主任能力大赛一、二等奖,2名教师代表广东省参加全国大赛获一等奖。统筹推动劳动教育,印发《中山市教育和体育局关于印发中山市中小学劳动教育实施方案(试行)的通知》,组织开展中山市中小学"劳动创造幸福"主题教育活动。沙溪理工学校等5所学校获评第二批广东省中小学劳动教育特色学校。灵活推进法治教育。持续开展"学宪法讲宪法"、青少年网上学法用法等活动,深入开展未成年人保护法、预防未成年人犯罪法等学习宣传。全市有550 586名中小学生参加"宪法小卫士"平台学习,参与率95%,居全省第一。

【学校安全工作】2022年,中山市持续加强平安校园建设,全年全市学校、幼儿园没有发生安全责任事故、恶性案件和群体伤亡事故。全力做好党的二十大期间学校安全工作,切实维护全市教育系统稳定。全面落实安全教育常态化,依托中山安全教育平台,深入开展国家安全、政治安全、防灾减灾、网络安全、119消防安全、食品卫生安全、交通安全、预防溺水、心理健康等10多项专题安全教育,累计覆盖300多万人次,不断提升学生安全意识。构建全方位校园安全防范体系,织密"人防、物防、技防"防控网络,全市中小学(幼儿园)安防建设实现"4个100%"。建立校园及周边治安防控长效机制,出台《中山市教体系统严防极端暴力事件"十二项"必须工作措施》,联合检察院制作《反有组织犯罪法》与未成年人保护宣传视频,增强广大师生法治观念和防范有组织犯罪的意识。部门齐抓共管,共护校园平安。联合中山市委网络安全和信息化委员会办公室开展全市中小学"大手拉小手"线上安全知识竞赛,70多万人次参与活动。联合自然资源、应急管理、农村农业、水务等15个部门加强预防学生溺水巡查和宣传教育,每周五提前推送3轮防溺水预警信息。联合交警部门对全市695辆校车进行安全检查,维护开学日校园及周边交通安全。联合市场监管部门对学校食堂和用餐配送单位进行复查复审,用心守护师生"舌尖上的安全"。联合应急管理、公安、市场监管等部门开展飞行检查、专项督导等工作220余次,各镇街、市直属学校(幼儿园)开展安全教育和演练超过5 000场次,参加线上线下宣教学习的学生和家长超过100万人次。

【学校体育工作】2022年,中山市出台《中山市中小学学生"天天动起来"校园体育活动实施方案》,保证体育活动时间,创新体育活动形式,丰富体育活动内容,改革体育评价模式,坚持面向每一所学校、每一个学段、每一个学生,保证学生"天天动起来",实现每天校内1小时体育锻炼,推动树立中山市实验小学等一批"天天动起来,健康迎未来"典型学校。全年举办37项市级年度中小学生体育竞赛,组织"五一"、"六一"、暑假等系列云运动,全年参与人数超40万人。完成中山市2022年高中阶段学校高水平运动队队员选拔测试,904人报名参加测试,录取合计204人,其中普通高中录取171人,中等职业学校录取33人。13名足球队员入选广东省青少年足球夏令营选拔活动最佳阵容名单。2022年7月24日至8月8日,广东省第十三届中学生运动会在韶关市举行,中山市派出309名运动员参加田径、游泳、篮球、足球、排球、乒乓球、羽毛球、武术、跳绳、啦啦操、健美操和定向运动12个大项的竞赛,获得26枚金牌、24枚银牌、28枚铜牌,以1 194.6分的团体总分排在全省第四名

·市域教育·

（一等奖），并获得体育道德风尚奖、优秀组织奖、体育教师教学技能大赛一等奖（第二名）、体育科学论文报告会总分第四名。

【学校艺术工作】2022年，中山市开展艺术素质测评，覆盖全市330所中小学校，参与师生近50万人，教育改革案例《中山市基于大数据的中小学生艺术素质测评指标体系》纳入广东省教育厅第一批教育评价改革典型案例。参加省级以上各类艺术比赛，先后获国家级一等奖2项、二等奖4项、三等奖1项，省级一等奖42项、二等奖53项、三等奖68项。其中，市教育体育局获全国第七届中小学生艺术展演优秀组织奖、广东省第七届中小学生艺术展演优秀组织奖。开设"中山美育"电视门户，1952个节目、4000多名学生参与"首届中山美育电视才艺大赛"。中山市第一中学朗诵作品《吹号者》（全省唯一）被省教育厅推荐代表广东省参加教育部主办的全国第七届中小学生艺术展演；东凤镇第二中学、沙溪初级中学作品入选广东省教育厅举办的第五届粤港澳大湾区学校美术作品展并分别获二、三等奖。

【学校卫生保健】2022年，中山市进一步加强学校卫生健康人才队伍建设，强化学校健康教育与健康促进工作，做好学校常见疾病防控服务，形成学校、家庭、社会相互配合、共同参与的学校卫生健康工作体系。成立中山市学校健康教育百师宣讲团工作委员会及专家指导组，年内策划制作《小主播问大健康》《校医小纵队》《"'事'曾相识，画说防"系列传染病防控宣传小视频》《性教育师资培训网络课程》《百师团微课》《新冠疫情应急处置模拟演练》等各类视频短片27集，学校健康教育资源不断充实。依托网络新媒体平台，以推文、小视频、直播等形式开展线上健康教育80次，不断拓宽健康教育渠道和宣传覆盖面。开展新冠病毒感染防控、结核病、HPV疫苗科普、青春期健康、脊柱、视力、口腔、营养与健康等各类专题讲座共计61场，累计观看人数超50万人次。开展"每天户外2小时——预防近视中山学校行"、爱眼护眼微视频征集、"我是健康小卫士"暑期打卡、"营养餐盘对对碰"、"护牙小标兵"打卡等健康教育体验活动，累计参与人数近30万人，不断提升师生家长参与度和宣教实效，促进学校健康教育提质提量。中小学生健康服务开创新局面，引入AI分析筛查模式，全年为近17万名学生提供视力和脊柱健康管理精准服务，实现学生脊柱侧弯、近视防控早筛查早预警早介入。组织学校卫生应急能力等方面的培训17场，开展全市校医大调研工作。5所中小学通过健康促进学校验收，全市健康促进学校总数达169所。承办广东省中小学预防艾滋病骨干教师（校医）培训班和广东省中小学骨干教师（校医）预防艾滋病健康教育授课比赛，中山市选手在比赛中获得二等奖4个、三等奖1个、优秀奖1个，市教育体育局获评优秀组织单位。中山市中小学卫生保健所在全国校园流感及其他呼吸道传染病防控宣传优秀案例分享交流会上做案例分享，并获得优秀组织奖。

【教育信息化】2022年，启动中山市智慧教育项目（第一期），建设中山市智慧教育大平台，加快推动全市教育数据服务体系形成。继续实施中山市智慧教育专项，不断完善智慧课堂应用环境及优质教育资源制作配套设施，完成206所（个）"爱种子"示范校（实验班）建设，为学校配发教学触控一体机，提供"爱种子"教学模式应用服务；完成12个"多技术融合"智慧教育示范班建设，为学校配发720台学生平板终端；完成2所优质教育资源建设中心校建设，为学校配建专业录播室和设备。教师参加2022年广东省教育"双融双创"师生信息素养提升实践活动，获省级奖项57个。

【教育科研】2022年，中山市立项广东省"强师工程"教育科学规划课题19项，其中重点课题4项、一般课题15项，下拨经费30万元。省教育厅公布2021年广东省教学成果奖（基础教育）评奖结果，中山市共获奖6项，其中特等奖1项、一等奖3项、二等奖2项，获奖率和等级仅次于广州、深圳，名列地级市榜首。

【教育考试】2022年，中山市教育招生考试中心完成各类考试23场次，服务考生近40万人次。4月，市教育体育局印发《中山市2022年高中阶段学校考试招生工作方案》，继续落实中考改革，完善高中阶段学校招生录取模式。新增中山市烟洲中学、中山市永安中学2所优质公办普通高中招生，新增1所民办普通高中招生。中山市高中阶段学校招生计划不再区分户籍生和非户籍生；指标生计划分配比例保持50%不变，指标生计划数略有增加，名额直接分配到所有初中学校，广东省外市户籍考生和符合条件的随迁子女也享有指标生资格；继续开展普通高中学科类自主招生试点工作。中职学校设置试点专业，探索试点专业与普通高中同批次投档录取；公办普通高中学校住宿生和走读生分开填报，民办普通高中学校参公收费生和自费生分开填报；首次实行录取后网上注册，加快录取工作进度，将新生网上注册后的缺口计划用于补录，提高考生志愿满足率。

【教师队伍建设】2022年，中山市加强教师队伍建设，着力培养高素质专业化创新型教师队伍。稳步推进职称评审制度改革，统筹开展各级各类职称评审。启动"中山市中小学校长微讲坛"，为校长搭建展示平台。加强本土办学经验交流，"青年领军"人才项目、"我的教学主张PKN演讲"等成效显著。落实《中山市师德师风建设三年行动计划（2021—2023年）》工作部署，遴选出34所市级师德师风建设示范基地创建学校，充分发挥学校层面在师德师风建设方面的研究探索和示范引领作用。9月25日，举办"2022年师德巡讲暨中山市创建师德师风建设示范基地启动仪式"，教师参与度高，在线收看达2.4万人。在广东省第十一届"赓续百年初心，担当育人使命"师德主题征文及微视频征集活动中，22个作品获奖，市教育体育局获评优秀组织奖。对1807名市优秀教师、110名市优秀教育（体育）工作者、50名市师德标兵予以认定。

【教育人才引进】2022年，中山市教育和体育局积极探索教师招聘和人才引进新思路、新举措，切实提高招才引才效率。全年全市公办学校共组织各类带编制集中公开招聘9场次，市直属学校和部分镇街组织硕士研究生、副高级职称以上高层次人才招聘20余场次。共投放招聘教师岗位2265个（含民办学校、公办学校非编制专任教师岗位），报名人数33820人，录用人数2191人，其中，应届毕业生1073人。市直属学校接收的254名应届毕业生当中，硕士研究生占83%，"985"院校毕业生占28%，"211"以上院校毕业生占73%。

【名教师、名校（园）长、名班主任工程】2022年，制定《中山市教育和体育局三名工作室主持人遴选管理办法》《中山市教育和体育局学科带头人和骨干教师遴选管理办法（试行）》，规范"三名"工程系列认定条件和遴选流程。印发《中山市教育和体育局关于推进镇街"三名工程"建设的通知》，鼓励各镇街开展"三名工程"建设，为名优骨干教师搭建成长展示平台，逐步形成省、市、镇、校等多层次"三名工程"体系，并以"三名工作室"为抓手带动教师专业发展。2022年，全市有18个省级"三名"工作室，25个市级"三名"工作室，3个中职学校省级"双师型"名教师、名校长、名班主任工作室，拥有省百千万人才培养对象29人、市青年领军人才36人。完成新一轮"三名"主持人的遴选与认定工作，公示新一轮工作室主持人81人。

【对口支援帮扶】2022年，全市教育系统对口支援帮扶工作有8大板块，包括教育人才"组团式"援藏工作、东西部协作对口帮扶贵州六盘水工作、全口径全方位融入式帮扶潮州惠州基础教育高质量发展工作、"三区"人才支持计划、省校本研修示范校结对帮扶潮州惠州工作、结对帮扶潮州乡村振兴驻镇扶镇帮村工作、中山对口帮扶潮州工作、世行贷款学校对口帮扶韶关翁源汕头潮阳工作等。共有152所学校与192所各类受援学校开展结对帮扶，派出110名教师开展1年及以上的长期支教，派出60名教师开展为期1个月的短期支教，接收116名教师开展为期1个学期的跟岗学习，接收137名校（园）长和教师开展为期1个月的短期跟岗学习，培训各类教师5514人次。开展线上线下教研活动180场，参与教师达3万人。

【校外培训机构治理】2022年，中山市有证照齐全校外培训机构803所，其中学科类机构60所。继续落实"双减"工作要求，加强培训机构规范治理，指导23个镇街联合有关部门成立校外培训机构专项治理工作协调小组，利用节假日开展系列校外培训整治专项检查，年内共查处无证照机构开展培训案例2起，并移交当地综合执法部门处理。开展义务教育阶段学科类校外培训治理"回头看"工作，排查机构799所，存在问题已基本得到整改。做好防范化解校外培训机构涉稳风险工作，对校外培训机构实行风险等级分类管理，落实相应监控与处置。强化机构预收费监管，采取银行托管、风险保证金等方式，实现培训机构预收费风险管控。妥善处理关停机构退费问题，有效化解"树童英语"等机构停业引发的风险，保障学员和教职工合法权益。2022年涉及中山辖区的校外培训机构举报线索有8条，较2021年大幅减少73%，校外培训机构治理颇见成效。

【语言文字工作】2022年，中山市完善语言文字工作机制，印发《中山市语言文字工作委员会关于确定中山市语言文字工作委员会成员名单及工作职责的通知》《2022年中山市语言文字工作要点》。全市开展"五韵中山"语言文字品牌活动，涵盖诵写讲听等赛事活动。承办广东省中华经典诵写讲大赛之"笔墨中国"——第十四届广东省规范汉字书写大赛，"诵读中国"3个作品入围省赛决赛，6个作品入围国家初赛；"诗教中国"7个作品入围国家初赛；"笔墨中国"37个作品入围省赛，42个作品入围国家初赛；"印记中国"13个作品入围省赛和国家初赛。开展中山诗词大会活动，参与在线答题和晋级人数超 6 000 人次。做好普通话水平测试工作，全年共开考普通话水平测试 14 场，实考人数 4 993 人。

【2022 粤港澳大湾区中小学校长论坛】 2022 年 12 月 3 日，中山市教育教学研究室、中山市华侨中学承办以"数字化时代：大湾区中小学智慧教育与协同发展"为主题的 2022 粤港澳大湾区中小学校长论坛。来自中央人民政府驻香港特别行政区联络办公室教科部、广东省教育厅、香港特别行政区政府教育局、澳门特别行政区政府教育及青年发展局、中山市人民政府、广东省教育研究院等相关政府部门、教研机构领导，来自粤港澳三地中小学校长、教师、教育行政管理工作者、教育研究人员以及科技公司和社会各界人员参会。

（供稿　中山市教育和体育局）

江门市教育

概况

2022年，江门市教育局坚持以习近平新时代中国特色社会主义思想为指导，全面学习、全面把握、全面落实党的二十大精神，紧紧围绕江门市委、市政府和广东省教育厅中心工作，扎实推进教育改革发展工作，统筹教育高质量发展，提升教育发展整体水平，完成年度教育工作目标任务。

持续推进优质公办学位建设。全年新（改、扩）建22所学校（幼儿园），新增基础教育公办学位超1.5万个。编制职业教育发展规划，在全市重点园区布局"园区职校"，动态调整专业设置，江门市第一职业技术学校等7所中职学校联合海信、德昌、海目星等38家重点企业建成"产业学院"，提升职业教育与产业发展的契合度，为产业发展提供人才支持和智力支撑。优质高职教育资源持续增加，江门幼儿师范高等学校二期工程、广州华立学院江门校区等5所高职院校新（扩）建工程已完成，新增高职教育学位4.9万个。创新跨区域集团化办学模式，组建19个跨区域教育集团，东西部结成24对结对学校，选派244名校长、教师双向挂职锻炼。扎实推进"双减"工作，义务教育阶段学科类培训机构压减率100%；推出200多个课程供学生选择，不断提升课后服务质量。教育人才培育形势喜人，新增正高级教师17人、高级教师1 322人，新增各类教育人才2 541人，完成年度培养任务的154%。精准开展校长、教师、教研员培训，组织实施36项培训项目，培训教师超过16.2万人次。织牢疫情防控屏障，组织各类考试51场，确保考试"零差错""零事故"，保障26.6万人次考生安全有序进行考试。教育质量持续提升，2022年夏季高考本科上线人数比2021年增加1 415人，上线率首超60%。

各级各类教育

【基础教育】（一）学前教育

2022年，江门市有幼儿园659所，在园幼儿15.78万人，适龄儿童学前三年毛入园率110.81%。大力推进学前教育普惠优质发展，至2022年底，全市公办幼儿园在园人数占比53.79%，公办和普惠性民办幼儿园在园人数占比84.91%。

（二）义务教育

2022年，江门市有义务教育阶段学校518所，其中，小学332所、九年一贯制学校55所、初中95所、完全中学31所、十二年一贯制学校5所。全市义务教育阶段学校普通在校生51.82万人，其中，小学36.04万人、初中15.78万人。小学学龄儿童入学率100%，小学五年巩固率99.68%，小学毕业生升学率100%，初中阶段教育入学率100%，初中毕业生升学率99.19%，九年义务教育巩固率99.18%。小学辍学率为0，初中辍学率为0。

（三）普通高中教育

2022年，江门市有普通高中53所，其中，完全中学31所、高级中学17所、十二年一贯制学校5所。普通高中在校生8.61万人。全市高中阶段教育毛入学率99.17%。

（四）特殊教育

2022年，江门市有特殊教育学校8所，义务教育阶段适龄残疾儿童少年在校生2 280人。保障适龄残疾儿童少年受教育权利，切实做好开展未入学残疾儿童少年核查和安置工作，"三残"儿童入学率120.8%。

【职业教育与终身教育】2022年，江门市有中等职业学校（不含技工院校）15所，在校生31 105人。高职院校6所，在校生51 973人。加强高水平职业院校和专业群建设。推动建设4所高水平中职学校建设单位和1所培育单位。1所中职学校被认定为省重点中等职业学校。推动建设19个（共三批）省中职教育"双精准"示范专业。实施省域高水平高等职业院校建设计划，建设15个省级高水平高职专业群。参加2022年广东省职业院校技能大赛（中职组），获一等奖6项、二等奖22项、三等奖70项。大力推进三二分段中高职贯通培养，拓宽中职生升学就业渠道。全市8所中职学校与省内9所高职院校（包括市内3所）共21个专业开展中高职贯通三二分段试点，招生1 215人。全市中职学校与342个企业建立合作关系，35个专业与企业共同开展现代学徒制人才培养，获得国家实用型专利15项。推动江门职业技术学院建设鲲鹏产业学院、鸿蒙产业学院，与华为公司、中国石油化工集团有限公司等共建华为ICT产业学院等新型产业学院。推动广东南方职业学院创建省级大学科技园，申报国家级大学科技园，培育广东南大机器人有限公司、广东智工机床设备有限公司等30多家全国高新技术企业。大力推进1+X证书制度试点，实现专业全覆盖。年内，江门市有6所中职学校近50个专业申报参加37个1+X证书试点，已获批准总培训人数2 431人。

终身教育质量大幅提升，建立布局合理、机会均等、内涵丰富、灵活多样、服务完善的现代老年教育体系。拓展终身教育资源，盘活社区活动场室，提供便捷老年教育场地，提升老年人参与教育活动比例。丰富终身教育课程资源，通过网络教育形式开设各类教育课程，形成数字化学习氛围。打造老年教育品牌，三区四市已完成"红树林"学院社区教学点全覆盖，独创"红树林"教学体系，既在开放大学校本部开办内容多样、形式丰富的老年学习班，又向各县（市、区）拓展和延伸，覆盖市县城区、街道、社区。三区四市均挂牌成立老年大学，完成县区老年大学设立全覆盖。

【高等教育】（一）五邑大学

五邑大学是由广东省人民政府设立的以工科为主的多科性大学，是广东省高水平理工科大学建设高校、博士学位授予立项建设单位。面向全国24个省区市及港澳台地区招收本科学生，面向国内外招收硕士研究生。学校有各类在籍学生2.4万人，其中全日制本科生近2万人，硕士研究生近1 300人。专任教师近1 200人，高级职称专任教师占比40%。拥有国家级高层次人才18人，省级高层次人才22人。

学校设有20个教学机构、82个本科专业（方向），涉及工学、理学、经济学、管理学、文学、法学、艺术学等7个学科门类，理工类专业（方向）占比66%。学校有10个省级重点学科，7个一级学科硕士学位授权点、3个二级学科硕士学位授权点以及5个专业硕士授权类别，硕士授权覆盖学校所有理工科专业。拥有国家级一流本科专业建设点6个，国家级特色专业建设点、国家级专业综合改革试点共5个；省级一流本科专业建设点18个，省级重点（名牌）专业、特色专业建设点、省级应用型人才培养示范专业等共39个。建有省级示范性产业学院1个、现代产业学院2个，国家级、省级各类实践教育教学基地32个，省级实验教学示范中心13个。建有现代工业生产技术综合训练中心、生物科技与大健康学院实验中心、人工智能学习馆等一批实验实训基地。其中，现代工业生产技术综合训练中心是学校培养适应产业需求的现代技术创新型人才的重要基地，是集科技研发、技术创新教育、技术服务、学生创新创业等功能于一体的示范性实训中心。

学校拥有省重点实验室、省级新型研发机构等省部级科研平台18个，市厅级科研平台60个。学校着力在生物医药、新材料、智能制造等领域构建"华南生物医药大动物模型研究院""数字光芯片联合实验室""江门市大健康国际创新研究院""纺织新材料粤港联合实验室""江门市海洋创新发展研究中心""太平洋岛国研究院"等高水平创新平台，更好服务地方经济社会高质量发展。

（二）江门职业技术学院

江门职业技术学院是一所全日制公办普通高等职业院校，入选"2022年度全国品牌影响力高职院校"（全省仅3所高职入选），是工信部中小企业发展促进中心"校企协同就业创业创新示范实践基地"建设单位。

学校精准对接区域产业和社会发展需求，设有马克思主义学院、经济管理学院、信息工程学院、智能制造与装备学院、材料与食品学院、人文教育学院、艺术设计学院、继续教育学院等8个二级学院，共45个专业，其中6个专业与本科院校开展专本贯通培养。拥有国家级骨干专业、省级重点（品牌）专业9个，在建省级高水平专业群6个。

学校教学团队专兼结合，师资力量雄厚。拥有高级职称教师近200人，高层次技能型兼职教师14人，"双师素质"专任教师占比78.5%。拥有省级教学创新团队7个、技能大师工作室2个，建有省级职业教育"双师型"名师工作室、"双师型"教师培养基地、博士工作站。

学校入选"教育部信息化支撑职业院校校企合

作专业共建项目"首批共同体成员、全国工商联产教融合示范实训基地。机电一体化技术专业、激光智能装备制造产业学院、低碳新材料产业学院被工信部分别认定为产教融合专业、专精特新产业学院、专精特新产教融合典型案例。已形成具有鲜明"侨"特色的"二引入三服务"（引入侨乡优秀文化，引入华侨资源办学；服务地方政府、侨资企业、华侨华人）体系。

（三）广东南方职业学院

广东南方职业学院是经广东省人民政府批准、教育部备案的全日制普通高等职业院校。学校有教职员工766人，专任教师636人，在校全日制学生11 186人，全日制毕业生就业率连续多年保持在98%以上。

学校设有智能制造学院、人工智能学院、建设工程学院、信息学院、管理学院、财经学院、医药学院、交通学院、马克思主义学院、继续教育学院、创新创业学院、华为云学院、国际教育学院等13个二级学院，开设49个招生专业，组建工业机器人应用技术等6个专业群，会计、软件技术专业入选广东省二类品牌专业，工业机器人应用技术专业群、大数据专业群立项广东省高水平专业群，形成工学、经济学、管理学、文学、医学等全面发展的学科布局。

学校积极引入科研机构和科技创新企业、博士后科研创新团队，建设以产、学、研、孵为目标，探索建设以人工智能、大数据、工业机器人、智能数控、电子芯片产业为核心，融人才培养、研发、产业孵化、市场营销、培训服务于一体的新型科技创新园区。

（四）广东江门中医药职业学院

广东江门中医药职业学院是经广东省人民政府批准、教育部核准、江门市人民政府举办的全日制普通高等职业技术学校。学校有教职工714人，专任教师648人，具有硕士及以上学位教师192人，具有副高级及以上职称教师171人，"双师型"教师326人。

学校主动融入粤港澳大湾区建设，紧贴行业发展，准确定位，突出"中医产业"和"南药产业"发展优势，构建涵盖健康产业链的专业结构完整体系，设有基础医学院、护理学院、临床医学院、中医学院、南药学院、医学技术学院、食品学院、马克思主义学院、继续教育学院9个二级学院，开设中医学（国控专业）、针灸推拿（国控专业）、中药学、药学、护理、中医康复技术、康复治疗技术、医学美容技术、中医养生保健、药品质量与安全、药品经营与管理、中药制药、中药材生产与加工、食品质量与安全、助产、健康管理、医学影像技术、医学检验技术、老年保健与管理、现代家政服务与管理、临床医学（国控专业）、预防医学（国控专业）、口腔医学技术、生殖健康服务与管理、呼吸治疗技术、智慧健康养老服务与管理、婴幼儿托育服务与管理、眼视光技术、智能医疗装备技术、食品智能加工技术、食品检验检测技术31个专业，其中，中药学被认定为省级二类品牌专业。

学校投资3 500多万元，设有广东省博士工作站，建成"一馆一园一区四基地"。"一馆"即中医药展览馆，占地1 400多平方米，拥有中药标本1 600多种。"一园"即岭南药用植物园，占地面积约30 000平方米，种植中草药700多种，每一种植物都有标识牌和二维码。"一区"即中医药文化体验区，与江门市科学技术协会共建。"四基地"即江门市科普教育基地、广东省科普教育基地、江门市人文社科普及基地、广东省人文社科普及基地。

【民办教育】2022年，江门市有各级各类民办学校387所。其中，大专院校1所，中等职业学校1所，普通高中3所，完全中学4所，十二年一贯制学校5所，九年一贯制学校26所，初中1所，小学5所，幼儿园341所。民办中职学校在校生2 913人，普通高中在校生9 871人，初中在校生2.63万人，小学在校生3.38万人，幼儿园在园幼儿7.41万人。全市民办教育已覆盖学前教育、义务教育、高中阶段教育、高等教育等各个阶段，有效增加教育服务供给，不断满足人民群众对多元化、高质量教育的需求。

【西藏幼师班】自2010年开办内地西藏中职班以来，江门幼儿师范学校始终全面贯彻党和国家的教育方针和民族政策，全面实施素质教育，努力为西藏培养一批又一批爱党爱国，立志献身社会主义现代化建设事业的合格学前教育专业人才。截至2022年7月，江门幼儿师范学校已经为西藏培养幼师毕业生563人，在校生人数98人。2022年，39人返藏参加对口高职高考，上线率59%；16人在广东参加高职高考全部被江门幼儿师范学校录取，录取率100%。江门幼儿师范学校西藏部严格按照学校对内地西藏中职班的管理要求，坚持"严、爱、细"的原则，加强领导、完善制度，创新方法，西藏班各项工作取得较好的成效。

·市域教育·
EDUCATION IN VARIOUS CITIES

教育成果与特色

【教学教研】一是致力内育外引，锤炼本领，队伍建设呈现新活力。出台《江门市贯彻落实广东省教育厅关于建立健全新时代基础教育教研体系的实施意见的行动计划》等文件，构建教研员聘任、考核、退出等管理机制，搭建起教研员专业发展支持服务体系的"四梁八柱"。2022年，全市各级教育机构（教师发展中心）总编制数329个，其中教研员编制数289个。聘任新一批地市兼职教研员171人和地市学科核心教研组成员317人。二是致力改革创新，示范引领，基地建设焕发新面貌。以11项广东省基础教育教研基地项目和27个市教研基地项目创建为教研工作的重心，加大"深度学习·思维课堂"探索力度，优秀集体备课成果达643项；开展2022年中小学教师教学基本功比赛，参与人数达1.4万人，参与率超过90%；组织学科青年教师教学能力大赛，参加市县两级比赛达2000多人次。三是致力严督实导，提质增效，"双减"落实得到新成效。优化作业设计，提升教师作业设计能力，组织开展江门市单元整体作业设计评选展示活动，643项作业设计案例获奖。全面实施《江门市深化中小学课堂教学改革行动计划》，进一步深化课堂教学改革，着力提升教学质量。四是致力守正创新，内涵发展，"双新"推进实现新突破。提炼"导学式生成课堂"教学策略，形成行政班与教学班"双轨并行"教学管理体系，探索"学院制、导师制"创新型人才培养模式。2022年高考成绩稳步提升，本科上线人数比2021年增加1415人，增幅8.8%；每万人口本科入围人数34.33人。五是致力上下联动，精准施策，教研帮扶取得新实效。组织市域东部教研力量，深入市内西部学校开展全学科、全学段、全方位系统精准帮扶活动。省市各学科名师工作室和省市各类基础教育基地多次开展线上、线下研讨培训，多次前往恩平、开平、台山等市开展同课异构和送教活动，为教师专业化成长提供强劲支撑。

【教师继续教育】2022年，江门市教育局以扎实推进"新强师工程"为抓手，打造系统化专业化培训体系，推进精准培训，组织实施36项培训项目，培训教师超过16万人次，全面促进教师和校长专业发展，为推动全市教育高质量发展提供人才支撑和智力支持。

一是科学统筹谋划，扎实推进"新强师工程"。制定实施《江门市"新强师工程"实施方案》，着力培养一批基础教育领域教育人才。2022年，新增正高级教师17人、省"特支计划"教学名师1人、省级中职"双师型"名教师工作室主持人1人、市级中职"双师型""三名"工作室主持人6人、市级卓越教师90人、市级骨干教师999人、县级教育教学名师100人。二是探索"三类五阶段"模式，全力打造系统化专业化培训体系。制定《江门市"十四五"中小学教师培训工作实施意见》《江门市中小学教师培训项目管理办法》等文件，统筹规划全市教师培训工作，完善培训项目管理。按"三类五阶段"模式，即对专任教师、教研员和教育管理干部三个类别开展五个阶段的培养培训。三是创新培训方式，扎实推进精准培训。实施初中校长任职资格培训班、名班主任培养项目、初中学科组长教研能力提升、高考备考能力提升、高中青年骨干教师"启明星工程"培训项目等，助推教师校长专业素养进一步提升。选拔优秀骨干教师参加国培省培项目，并落实粤东粤西粤北地区中小学教师全员轮训。指导44个省、市级"三名工作室"开展多种教师研修活动，精准培养490名工作室入室学员，并培训一线教师4960人次。江门市名师工作室研修模式获得广东省教育教学成果奖（基础教育）一等奖。制定《江门市中小学教师校本研修示范学校工作指南》，指导开展相关活动，并组织30所省、市级校本研修示范校对91所薄弱学校展开精准帮扶活动，培训一线教师2万多人次。实施12期"五邑名师大讲堂"活动，并进行全国宣传与直播，点击观看超过12万次。推进信息技术提升工程2.0培训活动，"区域推进"的管理机制获得全省典型案例一等奖，并获推荐参加全国典型案例评选。搭建江门市中小学教师管理平台，进一步拓宽培训途径，2022年新增专业课、选修课共591门，供全市教师根据需要自主选学。

【学生素质教育】2022年，加强德育体育美育和劳动教育工作指导和研究，形成全员全过程全方位育人的新局面。江门市有国家级品牌项目139项，省级品牌项目488项，市级品牌项目329项，推动五育并举、融合发展，德育、体育、美育、劳动教育和心理健康教育成果落地有声，全面开花。江门市创建全国文明校园3所、国家级中小学中华优秀传统文化传承学校6所、全国家庭教育创新实践基地1个、全国青少年校园足球特色学校（幼儿园）94所、全国青少年校园篮球体育传统特色学校13所、全国青少年校园排球体育传统特色学校11所、全国中小学国防教育示范学校3所，以及广东省文明校园4所、省中小学中华优秀传统文化传承学校20所、省级研学教育基地5个、广东省艺术教育特色学校40所、广东省校园篮球推广学校14所、广东省校园排球推广学校20所、广东省绿色学校447所、广东省近视防控示范校5所、省级中小学心理健康教育特色学校12所。此外，江门市还创建了一大批市县级特色学校，有效推进学校落实立德树人根本任务。加强国防教育、心理健康教育、家庭教育等，3所学校创建为全国中小学国防教育示范学校。组织学生参加广东省各类比赛，共获省级以上奖项310项，其中一等奖57项。

【德育工作】大力实施新时代立德树人工程，全力打造思政教育"江门经验"。把办好思政课作为落实立德树人根本任务的关键课程，大力推动思政课改革创新。市党政领导带头到学校讲思想政治理论课，学校思政教育一体化发展的体制机制健全，成效显著，形成一条行之有效、具有侨乡特色的"江门经验"。2022年，以"传承革命精神 强国复兴有我"为主题开展"金扣子"思政课PK大赛，推动校园课程与社会课堂结合、线下思政与线上思政融合。参加广东省"从小学党史永远跟党走"教育活动，获奖173项，其中一等奖30项。入选2022年教育部"基础教育精品课"2节。开展主题教育活动，引导未成年人坚定理想信念。坚持"大思政课"与党史学习教育常态化长效化结合，广泛开展"党史青（少）年说""向国旗敬礼""我们的节日""开笔礼"等系列主题活动。

【体卫艺教育】开足开齐体育与健康课，保证中小学生每天1小时校园体育锻炼，确保每天30分钟大课间活动，培养学生掌握1~2项体育运动技能。大力推进校园足球和游泳等项目普及，开展传统、优势、民族、特色运动项目。进一步加强学生体质健康水平测试和监管，2022年优良率约70%。参加广东省第十三届中学生运动会，获得2枚金牌、5枚银牌、3枚铜牌和团体总分二等奖、体育道德风尚奖，江门市教育局获评优秀组织单位。校园足球实现新飞跃，2022年新创建40所全国青少年校园足球特色学校（幼儿园），有9名学生入选全国青少年足球夏令营最佳阵营。组队参加世界中学生运动会沙滩排球比赛获得第六名，台山市第一中学男子排球队参加全省中学生排球锦标赛再夺高中男子组冠军，台山武溪中学男子排球队夺得初中男子组亚军。加强和改进学校美育工作。成立江门市中小学书法、工艺、绘画、摄影、合唱、舞蹈、民乐、管乐、戏剧共9个教育指导中心，推进美育专业化集团化发展。参加粤港澳大湾区学校美术作品展，江门市连续三届获一等奖。注重新生力培养。组队参加广东省首届美育教师基本功比赛，13名中小学、幼儿园教师获一等奖，一等奖获奖人数排在全省前列。

【安全教育】江门市教育局组织参加由广东省教育厅主办、省校园安全教育与管理协会承办的《广东省学校安全条例》知识竞赛，初赛获全省第四名，半决赛获全省第六名，决赛获三等奖，并获评优秀组织单位。在2022年全省禁毒知识竞赛中，江门市答题总体成绩、满分率、及格率、平均分列全省第一。

（撰稿　李月清；审稿　林思远）

·市域教育·
EDUCATION IN VARIOUS CITIES

阳江市教育

概　　况

2022年，阳江市教育系统坚持以习近平新时代中国特色社会主义思想为指导，深入学习贯彻落实党的二十大精神和习近平总书记有关教育重要讲话和重要指示批示精神，坚定执行广东省委、省政府和阳江市委、市政府的决策部署，以办人民满意的教育为宗旨，以全面提高教育教学质量为重点，全面落实立德树人根本任务，加快优质教育资源供给，全力促进城乡教育一体化发展，教育质量不断提升，教育工作取得新成效。

阳江市有各级各类学校（幼儿园）1001所，在校生582 276人。其中普通高校2所（阳江职业技术学院、广东海洋大学阳江校区），在校生12 389人；开放大学2所（阳江开放大学、阳春开放大学），在校生6074人；中等职业技术学校（含技工学校）7所，在校生24 267人；普通高中23所，在校生54 743人；义务教育学校265所（小学166所、初中99所），在校生377 155人（小学在校生255 442人、初中在校生121 713人）；幼儿园697所（公办幼儿园307所、民办幼儿园390所），在园幼儿106 863人；特殊教育学校5所，在校生785人。

阳江市有各级各类学校（幼儿园）专任教师36 657人，其中普通高校专任教师549人，开放大学专任教师69人，中职学校专任教师1029人，普通高中专任教师3763人，初中专任教师8047人，小学专任教师15 170人，幼儿园专任教师7824人，特殊教育学校专任教师206人。幼儿园、小学专任教师大专以上学历占比分别为87.8%、99.9%，初中、普通高中、中职学校专任教师本科以上学历占比分别为90.4%、100%、98.7%，普通高中、中职学校专任教师高一层次学历（研究生毕业）占比分别为7%、5.3%，中职学校"双师型"教师占专业课教师的比例为64.8%。

阳江市学前教育毛入园率99.5%，适龄残疾儿童少年义务教育入学率100%，小学毛入学率105.16%、升学率100%，初中毛入学率110.8%，义务教育九年巩固率98.16%，高中阶段教育毛入学率98.62%。公办义务教育标准化学校覆盖率100%，民办义务教育标准化学校覆盖率92.3%。

各级各类教育

【基础教育】学前教育普惠健康发展。巩固学前教育"5080"攻坚成果，持续扩大普惠性学前教育资源，新增公办学前教育学位3610个，普惠性民办幼儿园学位1020个，公办幼儿园在园幼儿占比55.37%（含政府购买学位），公办园和普惠性民办园在园幼儿占比88.85%。大力推进规范化幼儿园建设，规范化幼儿园覆盖率83.93%。

义务教育均衡发展。持续做好控辍保学工作，保障适龄儿童接受义务教育权利，全市九年义务教育巩固率达98.16%。将在阳江市就读的随迁子女纳入财政保障范围，同等享受免费义务教育，全市异地务工人员随迁子女入读公办学校占比94.03%（含政府购买学位）。扎实开展中小学校结对帮扶工作，加大优质教育资源辐射力度。全面落实"双减"工作。成立阳江市"双减"工作领导小组，建立"双减"专门工作机构和课后服务保障机制。全市各学校深入开展校内课后服务工作，各县（市、区）制定校内课后服务实施细则，建立经费保障制度，每所学校制订工作具体方案，实现应开展的义务教育学校全覆盖、有需求的学生全覆盖。大力推进规范民办义务教育发展，成立阳江市规范民办义务教育发展工作领导小组，建立规范民办义务教育发展工作协调机制。全市各级政府2022年秋季购买学位6.34万个，义务教育阶段民办学校在校生占比4.6%，达到国家和省的要求。全面加强民办学校党组织建设，全市民办学校实现党的组织和党的工作全覆盖、党组织班子与学校决策层、管理层"双向进入、交叉任职"。

普通高中特色发展。阳江市高级中学（暂名）、阳西县第一中学新校区、江城第一中学扩建项目全面动工建设，计划新增公办普通高中学位6 900个。着力打造美术学科优势，推动普通高中办学质量提高，2022年高考本科上线率40.59%，347人被"985""211"高校录取，5人（普通类2人、美术类3人）被清华大学录取，1人被北京大学录取，6人被中央美术学院录取。

特殊教育公平融合发展。研究制定《阳江市"十四五"特殊教育发展提升行动计划》，明确未来特殊教育发展目标和工作举措。坚持"零拒绝、全覆盖"原则，妥善安置适龄残疾儿童少年接受义务教育，确保其受教育权利，2022年适龄残疾儿童少年义务教育入学率达100%。招收5人以上残疾学生的普通学校全部按标准建设特殊教育资源教室。成立阳江市特殊教育集团，大力推动特殊教育高质量发展。

【职业教育与终身教育】职业教育融通发展。推进落实《职业教育提质培优行动计划（2020—2023年）》，2022年中职学校招生9 630人，比2021年增加1 446人，增加19.2个百分点，职业教育持续向好发展。推进中职学校增量扩容，加大办学条件投入，进一步增加优质职业教育资源。阳西县中等职业技术学校搬迁新校址，阳春市中等职业技术学校新建学生宿舍楼、实训中心，阳江市第一职业技术学校、阳江市阳东区第一职业技术学校2所学校的迁建工作写入政府工作报告。

共建阳江市粤德合作职业教育与培训中心（以下简称培训中心）。率先在省内职业教育中实践"双元制模式本土化、培训模式园区化、运行机制企业化"（简称"双元基础、三方协同"）的职教人才培养模式，为五金刀剪产业核心岗位培养高素质技术技能人才，同时开展科技服务和社会培训。培训中心先后获得省公共实训中心、省教改课题、省教育专项课题和广东高校重点科研项目等16项教研科研平台项目，累计培训各类技术人员11 000余人次。"双元基础、三方协同"人才培养模式写入2022年度职业院校教育质量年度报告。

高水平专业群建设持续推进。贯彻落实中共中央办公厅、国务院办公厅印发《关于推动现代职业教育高质量发展的意见》，持续推进"高水平学校和高水平专业群"建设发展战略，实施高水平专业群建设，依据区域产业集群，优化专业群。对接区域支柱和优势产业，构建"3+4+N"专业群布局，将3个专业群建成省内一流的高水平专业群，带动其他专业群同步发展。

终身教育体系日趋完善。推动阳江开放大学扩大社会教育与终身教育的服务领域，进一步加强农村教育、社区教育和老年教育发展，把终身教育的理念转化为具体的实践。以阳江市开放大学、阳江市老干部大学为龙头，各地以品牌培育为载体，围绕智慧助老、职业技能、人文艺术、科学普及、生活礼仪、阅读推广等主题，面向企业职工、社区居民、老年朋友、退役士兵、青少年等各类群体，广泛开展多形式、多层次的学习活动，不断满足人民群众多元化、个性化的学习需求。组织开展2022年全民终身学习活动周活动，举办2022年全民终身学习活动周阳江市开幕式及全市终身学习成果展，宣传展示包括老年教育、社区教育在内的继续教育事业发展成果和终身学习典型人物事迹，表彰一批"终身学习品牌项目"和"全民学习之星"，为全市提供学习榜样，得到广大人民群众的响应，引导更多群众参与终身学习，营造良好社会氛围。

教育成果与特色

【加强党的建设】全面开展"学习二十大 教育在行动"系列主题活动，出台《全市教育系统深入学习宣传贯彻党的二十大精神工作方案》，迅速在全市教育系统兴起学习宣传贯彻热潮。注重发挥"头雁"效应，动员全市中小学校党组织书记（校长）带头宣讲"党的二十大精神"，全市累计开展校园宣讲活动1 080场次，参与师生达32万人次。发挥阳江市教育系统省市党代表、优秀教师代表等先锋模范作用，组建2022年阳江市师德报告团，举办6场次"迎接党的二十大 培根铸魂育新人"师德巡讲活动，推出年度党建主题公益宣传片《快乐的爱次方》《赓续者》，获得新华网、央视新闻、中国新闻网、人民日报等中央级新媒体平台的转载，线上点击量超过100万。

【扩充优质学位】一是加大优质学位建设。2022年，阳江市将41个中小学（幼儿园）建设项目纳入市民生实事和市政府工作报告重点项目，总投入约20亿元，计划增加基础教育学位2.2万个。已完成新建、改扩建中小学（幼儿园）项目33个，新增基础教育学位1.5万个。新建阳江高级中学、阳江市第一中学初中部和江城一小城南校区，建成后可增加4 800个高中学位、2 400个初中学位、1 200个小学学位。二是大力推动民办义务教育规范发展。全市各级政府2022年秋季购买学位6.34万个，全市义务教育阶段民办学校在校生占比4.6%，达到国家和省的要求。推动规范治理工作落实落地，全市"公参民"学校8所，完成规范治理7所。

【推进素质教育发展】一是艺术类高考成绩显著。2022年音乐类重本录取人数35人次，重本上线率23.07%；本科录取人数180人次，本科上线率86.17%。美术类有一大批学生被全国各类艺术院校录取，其中，有3人被清华大学美术学院录取，6人被中央美术学院录取。二是艺术进校园活动丰富多彩。举行全市中小学粤韵操评选活动，全市中小学106名音乐骨干教师参加粤韵操培训，并推荐优秀作品参加省评比。在全省参赛的325个作品中，阳江市选送的18个作品有14个作品获奖，其中获得一等奖2个、二等奖4个、三等奖8个以及优秀组织奖，获奖率78%。举行全市中小学合唱活动，推荐优秀作品参加省赛，在全省185个参赛作品中，阳江市获得一等奖1个、二等奖7个、三等奖10个以及优秀组织奖。开展线上和线下葫芦丝、竖笛、舞蹈、书法培训共6次，参与师生达600多人，并参加省创建优秀艺术团队展示交流活动，获得一等奖1名、三等奖2名。三是推进美育工作。全市8所中小学校与广州美术学院和顺德职业技术学院对接美育浸润计划工作。广州美术学院美术教育学院艺术教育工作室团队在阳江市关山月学校开展以"综合创意实践"为导向的课程教学，取得显著成效，阳江市关山月学校风筝工作坊获得广东省第七届艺术展演一等奖。阳江市与广州美术学院、广州大学开展校地合作共建"关山月艺术教育基地"。参加全省美育教师基本功比赛，获得一等奖8名、二等奖33名。

【深化教师队伍建设】一是提升中小学教师职业道德素养。组织开展2022年师德主题征文及微视频征集活动，开展2期师德师风教育培训班，教师节期间开展师德巡讲活动，在全市教育系统掀起"学先进、做表率、当模范"的热潮。对中小学教师有偿补课和教师违规收受礼品礼金等问题进行专项整治，并及时对专项整治工作进行总结，努力建设一支政治素质过硬、业务能力精湛、育人水平高超的高素质教师队伍，营造风清气正的育人环境。二是加强全口径全方位融入式结对帮扶工作实效。双方制定工作台账，定期召开帮扶工作推进会和专题会，建立互访机制，扎实推进各项帮扶活动。珠海市与阳江市互派60名中小学教师开展支教跟岗帮扶活动，加大线上教学资源的开放供给力度，共享信息化教研教学课程资源；广东第二师范学院组织100名应届师范毕业生到阳江市各中小学校开展支教实习工作，支持阳江市开展教师全员轮训项目；广东省外语艺术职业学院通过线上线下相结合的方式开展幼儿园骨干园长、小学后备校长、小学语文教师能力提升等7项培训及大学生暑期"三下乡"实践活动；华南理工大学到阳江市开展乡村中小学教师综合素质能力提升培训等。三是深入实施"新强师工程""名师工程"。阳江市教育局联合市委人才工作领导小组办公室评选出25名阳江名师。教师节期间组织10名优秀教师在各县（市、区）教育系统开展师德巡讲活动，海陵试验区南村小学教师吴爱民荣登2022年第二季度"中国好人榜"。

【提升青少年法治素养】一是联合市普法办组织法治副校长深入校园开展法治宣传教育工作，重点向学生讲授《未成年人保护法》《预防未成年人犯罪法》等有关防范校园伤害、防范诈骗等法律法规。2022年秋季开学期间，全市290多所中小学校开展"阳光开学第一课"之"法治第一课"活动，授课内容包括禁毒、反诈、交通、消防、校园欺凌、自我保护、校园安全等，提升青少年法律意识，强化青少年自我保护能力。二是定期对学校的重点学生进行"一对一"法治教育，组织开展"阳光开学第一课"、第七届阳江市中小学生宪法法治知识竞赛、演讲比赛和"学宪法 讲宪法"活动等，有10多万名学生参与。三是在2022年全国首个家庭教育宣传周期间，运用多种形式对《家庭教育促进法》进行宣传普及，通过"线上+线下""专家解读+领导宣讲"的方式向广大师生和家长开展普法讲座300多场次，30多万人次受益。

【维护教育系统安全稳定】一是确保"疫情要防住"，坚持底线思维，精准做好校园疫情防控工作，优化校园防控各项措施。全市没有发生过大规模校园聚集性疫情，切实保障全市50多万名学生和4万多名教师的安全。二是抓实"平安校园"建设。全市组建校园最小应急单元2 347个，并全覆盖开展培训演练活动。完成全市290所中小学校园加装安全防护设施任务。开展更高水平"安全文明校园（平安校园）"创建考评工作，已创建"更高水平平安校园"107所。全市中小学幼儿园专职保安配备率、封闭化管理率、一键式紧急报警视频监控联网达标率、"护学岗"设置达标率均达到100%。三是抓细预防学生溺水工作。成立以副市长为组长的市预防学生溺水工作领导小组，印发《关于预防学生溺水专项行动实施方案》，落实周末及假期每天安全提醒制度，与阳江邮政合作开展"珍爱生命，预防溺水"安全教育系列活动，排查溺水隐患点1061处，设置警示牌1185个。四是抓牢交通安全风险防范工作。协调公安交警等部门，落实"三见措施"和"护学岗"等机制。开展交通安全宣传教育，加强校车安全监管，开展摩托车电动自行车专项整治行动，保障师生生命安全。阳江市教育局防范化解道路交通安全风险工作成绩突出，获评优秀单位。五是开展防范中小学生欺凌专项治理行动，加强与检察、公安等部门的协调联动，持续开展校园周边治安整治、预防欺凌专题教育等。六是加强校园食品安全检查督查。结合"互联网+明厨亮灶"对学校食堂食品安全进行网上巡查工作，做好校园食品安全培训、教育工作，保障校园食品安全。七是加强安全宣传教育。进一步落实"安全教育123"制度，组织全市学校开展"安全生产月"、"安全宣传漠阳行"、全民国家安全教育日、网络安全宣传周等系列活动，在全市教育系统开展"寻找最美禁毒宣传员"、"最美防溺水宣传员"、平安建设手抄报、征文比赛等一系列活动，全力推进禁毒教育、反诈骗教育。2022年，阳江市获得全国青少年禁毒知识竞赛线上初赛全省第三名、《广东省学校安全条例》知识竞赛初赛全省第五名。阳东区进德实验学校获全国中小学影视教育短视频征集活动优秀组织单位奖。

【落实政策发挥资金效用】 一是加大教育投入，落实"两个只增不减"。2022年，阳江市一般公共预算安排教育经费近60亿元，年初预算数比2021年增长22.12%，增幅全省第一。二是做好学生资助工作。以"不让一个学生因家庭经济困难而失学"为总体目标，全年共资助学生77 098人次，发放资助金额20 208.38万元。其中大学生生源地信用助学贷款办理人数6 746人，贷款金额7 446.46万元；2022年"东方电缆奖教奖学"分别奖励优秀教师100人和学生100人，奖励资金共50万元；开展"圆梦行动"资助家庭经济困难大学生320人，资助金额160万元；与广东省乡村发展基金会联合开展"困难家庭励志学生关爱工程"项目，共资助学生200人，资助金额100万元；联合南方都市报开展"2022欢聚阳光助学行动"，共资助学生45人，资助金额22.5万元。三是牢固树立"过紧日子"思想。实施预算绩效管理，加快预算执行进度，做好预算绩效监控，更好发挥财政资金作用。2022年10月，阳江市教育局被国家机关事务管理局、中共中央直属机关事务管理局、国家发展和改革委员会、财政部等四部门授予"节约型机关"称号。

（撰稿　陈爱珍；审稿　李欢颂）

湛江市教育

概　　况

2022年，湛江市有各级各类学校3 298所，在校生183.6万人，教职工12.98万人。其中：幼儿园2 042所，在园（班）幼儿34.51万人，教职工3.69万人；小学914所、在校生77.61万人，初中244所、在校生32.76万人，普通高中56所、在校生13.69万人，中小学教职工7.98万人；特殊教育学校10所，在校生2 380人，另有随班就读和送教上门3 504人，教职工500人；中等职业学校25所（含省属中职学校2所），在校生7.33万人，教职工3 413人；在湛高校7所，在校生17.46万人（含研究生4 932人），教职工9 238人。

教育经费投入。2022年，湛江市继续坚持政府为主、多渠道筹措教育经费的体制，保障教育投入稳定增长。全年城乡义务教育公用经费拨付资金约11.98亿元，全市地方教育经费总投入196.81亿元，比2021年增长6.42%。其中，国家财政性教育经费164.13亿元，比2021年增长5.92%；一般公共预算教育经费127.72亿元，比2021年增长4.27%。

教育资助。2022年，湛江市落实从学前教育到本科各学段学生资助工作，受助学生超19万人次，资助资金超3.6亿元。生源地信用助学贷款办理贷款合同3.73万笔，贷款金额约4亿元，位列全省第二。

学生素质教育。2022年，湛江市教育局开展"喜迎二十大"、"扣好人生第一粒扣子"、社会主义核心价值观、中华优秀传统文化、心理健康、劳动教育、禁毒教育、生态文明等系列主题教育活动，学校德育工作取得明显成效。全市1 200多所学校党组织书记、校长带头上好思政第一课，春、秋季学期听课学生共200多万人次。举办第九届湛江市中小学班主任专业能力大赛，46人参加市级决赛。举办第四届湛江市中小学心理教师专业能力大赛，29人参加市级决赛，3人参加省赛并获三等奖。全市1 506所学校、62万多名学生在全国青少年毒品预防教育数字化平台注册学习，学校平台接入率、学生注册率、课时完成率均达100%。湛江卫生学校入选广东省首批中职学校"三全育人"（全员育人、全程育人、全方位育人）典型学校培育建设名单，湛江市第三十二小学等3所学校被评为广东省国防教育特色学校。

教育装备建设。截至2022年底，湛江市中小学教学仪器设备总值31.6亿元，纸质图书4 154万册，电子图书1 019万册，教学用计算机15.1万台，网络多媒体教室3万间，录播室531间。建成主干宽带10G以上、校均在500兆以上，农村小学和教学点在100兆以上，各级各类学校100%接入高速互联教育专网。全市校校通、班班通、人人通比例分别为100%、100%和90%。全市班级教学一体机增加2 624台，教师计算机增加2 475台，学生计算机新更换1.03万台，纸质图书新增289万册，电子图书新增99万册，各类功能室新增改建267间。

教育信息化建设。2022年，湛江市完善教育信息化基础设施，深化信息技术与教育教学融合应用，开展湛江市中小学"互联网环境下城乡一体化"课堂，投入资金158万元，建成主讲端学校32所，助讲端学校78所。组织开展"名师课堂"55节、"专递课堂"254节、"名校课堂"16节，累计分享课件或优课1 680个，观看量达108万次。湛江市教育局继续加大投入，集中建设"一体化"课堂基础环境，扩大优质教育资源覆盖面，有效弥合城乡差距，推动全市教育均衡发展。推进粤教翔云数字教材应用常态化。举办10场国家课程数字教材工作推进会议及数字教材3.0线上研修活动，培训活动覆盖17个学科，参加教师达8万多人。培育人工智能素养教育，参与人工智能编程学习的小学生10.18万人，覆盖学校1 336所。组织开展"人工智能"教师认证，培养教师2 500多人，第一批136名教师获人工智能T1证书、61名教师获T2证书；遴选"人工智能"素养教育示范校25所，推动学校"人工智能"编程课程普及。加强市教育资源公共服务平台应用，扩展数字化功能。挖掘平台大数据应用，建立教育应用、数据、资源的开放标准与数据管理规范，实现全区域统一基础数据管理。平台为全市2 223所中小学校配置学校管理员账号，注册教师账号5.6万个、学生账号约50万个，收集优质资源15.8万条，整合共享全市优质资源。平台扩展装备统计、实验安全管理、科技劳动教育、心理健康、信息化能力提升工程2.0等专题应用，实施数字化管理，提升信息化基础设施支撑教育管理的能力。

基础教育办学条件。2022年，湛江市中小学校园占地面积4 340.49万平方米，其中幼儿园337.12万平方米、小学2 393.33万平方米、普通中学1 610.04万平方米；校舍建筑面积1 653.97万平方米，其中幼儿园275.92万平方米、小学622.57万平方米、普通中学755.48万平方米；体育运动场（馆）面积1 267.64万平方米，其中幼儿园116.84万平方米、小学715.96万平方米、普通中学434.84万平方米；数字终端数24.87万台，其中小学14.38万台、普通中学10.49万台；图书资料4 000.26万册，其中幼儿园413.09万册、小学1 814.21万册、普通中学1 772.96万册；生均占地面积112.69平方米，其中幼儿园9.77平方米、小学30.84平方米、初中32.69平方米、高中39.39平方米；生均建筑面积54.92平方米，其中幼儿园8平方米、小学8.02平方米、初中11.69平方米、高中27.21平方米；生均教学用房面积26.67平方米，其中幼儿园5.77平方米、小学4.57平方米、初中5.12平方米、高中11.21平方米；生均图书册数122.17册，其中幼儿园11.97册、小学23.38册、初中30.65册、高中56.17册；生均仪器设备6 943.44元，其中小学1 452.67元、初中2 036.99元、高中3 453.78元。

依法治教。2022年，湛江市提升教师依法执教能力，实施师德师风建设工程，继续开展教师十项准则学习宣传、师德专题系列教育活动等，推进师德建设制度化、常态化、长效化。把法治教育纳入教师准入、教育培训和管理全过程，开展道德与法治学科教师培训，组织教师参加教育部"中小学法治教育名师培育工程"，培养法治"种子"教师。加强青少年普法工作。落实《青少年法治教育大纲》，推进全市小学、初中全部使用《道德与法治》教材。实现全市中小学校100%配备法治副校长、法律顾问、法治教师。创建省级青少年法治教育实践基地3个、市级青少年法治教育实践基地5个、县级青少年法治教育实践基地10个，统筹社会资源开展参与式、互动式、体验式法治实践教育。继续加强与法院、检察院、公安、司法行政部门合作，健全协同创新的普法工作格局。联合妇联等单位面向师生、家长开展100场"生命关爱"公益讲座。联合法院、人社部门开展"德技并修 普法先行"湛江市职业学校法治宣传教育系列活动、青少年模拟法庭巡回普法宣传活动，做好职业教育法等新施行、新修订法律法规的宣传和贯彻落实工作。开展数字普法，创新普法内容和形式，使互联网变成普法创新发展的增量。组织学生参加全国学生在线宪法学习活动，参与人员超86万人次，参与人数位居全省前列。湛江市教育局获评2021—2022年湛江市公益普法活动先进单位。

平安校园。2022年，湛江市推进平安校园创建和校园周边环境整治。出台未成年人保护方案。市教育局制定《湛江市控辍保学护校安园行动方案》。市人大常委会把学校门口及周边环境整治列入重点议案专题督办，市政府常务会议听取校园周边环境整治相关工作情况，审议并出台《湛江市校门口及周边环境综合治理工作方案》。联合市公安局印发《湛江市校园及周边治安综合治理工作方案》。开展预防学生溺水专项治理。建立防溺水值班制度，市、县、校、教师、家长五级层层签订防溺水责任书，学生每月签订承诺书。对全市4 938处学生溺水隐患点开展排查整治行动，推动溺水隐患点整治纳入"一网统管"（在部分事故多发的危险水域，试点建设一批溺水隐患点监控预警系统，实现用技防手段赋能溺水隐患点治理）计划。市政府成立湛江市防范学生溺水工作领导小组，市教育督导室部署开展防溺水专项督导，发出提醒函，督促各地各部门完善防溺水工作机制，推动形成齐抓共管工作格局。提升校园安全防范水平。联合公安机关开展"巩固提升学校4个100%安全防范建设"专项行动、"护学岗建设"和"校园防冲撞设施建设"等行动，3 945个校区安装一键报警和视频监控并与公安机关联网。组织护学岗人员参与维护学校门口及周边治安、交通秩序。全市学校加装窗户限位器，加高加固走廊防护栏。规范校车及学生交通安全管理。加强校车使用许可工作，全市取得校车标牌的专用校车603辆。推进校车安全监控平台建设。推进教育系统"春风利剑"专项行动，联合公安部门开展校车安全和学生交通安全执法检查，检查使用校车幼儿园30所，整改隐患48个，严禁学生乘坐"黑校车"，查处"黑校车"34辆。专题研究学生骑乘电动自行车问题，开展"戴头盔保安全"行动，排查、完善学校门口及周边道路设施。整治校园消防安全隐患。全市排查1 572所学校的教师宿舍、157个校外培训机构，整改隐患282项；整治电动车隐患266个，清理疏散通道235个，安装烟感报警器144个，增加灭火器、应急灯、疏散指示标志487个，开设逃生窗口505个。湛江市教育局通过"湛

·市域教育·
EDUCATION IN VARIOUS CITIES

江教育"公众号、"南方+"、《湛江日报》等媒体扩大宣传范围，联合宣传、文化、应急等部门发动各类媒体刊播防溺水宣传视频，教学资源平台、公众号、户外大屏、电视等平台播放约560万次。在《教育有道》电台栏目讲"暑假安全"，向听众和家长普及学生暑期安全知识，约130万人次收听。在湛江"检察官法治讲坛"活动上，向公众宣传介绍学校防欺凌、防性侵、未成年人保护工作。联合市妇联开展"法护童心、关爱成长"公益普法讲座100场，联合法院、人社、团委部门举办湛江市职业学校法治宣传教育系列活动启动仪式暨首场青少年模拟法庭，法治副校长为全市学校讲法治安全课1300多场次。举办第七届学生"学宪法 讲宪法"活动，组织学生参加宪法知识竞赛、演讲比赛和宪法卫士答题活动，全市85.6万名学生参加，其中3名学生获省级二等奖、三等奖。湛江市教育局获评湛江市公益普法活动先进单位。

教育督导。2022年，湛江市继续健全教育督导各项规章制度，制定《湛江市督学管理办法（试行）》《湛江市人民政府教育督导委员会工作规则》。创新教育督导模式，探索"互联网+督导"实践模式，开展校园新冠疫情防控督导问题整改"回头看"和湛江市2022年国家和省义务教育质量监测远程视导。制定《湛江市关于开展中小学幼儿园校（园）长任期结束综合督导评估试点工作实施方案》，以坡头区为试点，为全市全面铺开积累经验。印发《关于落实2019—2021年省对我市政府履行教育职责评价反馈意见整改工作的通知》，组织2022年省对市县级政府履行教育职责评价工作。推进国家学前教育普及普惠县（市、区）和国家义务教育优质均衡发展县（市、区）创建工作。对遂溪县、湛江经济技术开发区申报学前教育普及普惠县（区）进行督导；制定《湛江市推进县域学前教育普及普惠发展过程性督导工作方案》《湛江市推进县域义务教育优质均衡发展过程性督导工作方案》，推进"双创"工作取得成效。完成全市8个县（市、区）教育强镇（乡、街道）复评督前检查和复评工作。对教育部基础教育质量监测中心反馈的2021年办园行为督导评估需重点核查与整改的幼儿园进行指导，督促其完成整改。加强督学培训。组织参加国家教育行政学院2022年市县级骨干督学网络培训，培训110人；组织参加全国责任督学挂牌督导专题网络培训示范班，培训12人。开展2022年春秋季学期开学检查、疫情防控、"双减"、"五项管理"（作业管理、睡眠管理、手机管理、读物管理、体质管理）、校园安全、"十不得一严禁"和控辍保学等专项督导。做好各类学校评估工作，完成市一级幼儿园评估6所、督前检查11所，并组织专家对拟申报市一级的幼儿园进行实地指导4所。指导各县（市、区）做好规范化幼儿园、义务教育学校标准化建设和验收。全市规范化幼儿园占83.16%；义务教育标准化学校覆盖率99.23%（公办标准化学校覆盖率100%、民办标准化学校覆盖率84.48%）。完成2022年国家和省义务教育质量监测工作。

各级各类教育

【基础教育】（一）学前教育

2022年，湛江市有幼儿园2 042所，教职工3.69万人。学前三年入园率98.77%，幼儿园在园幼儿34.51万人，其中公办园在园幼儿占51.3%，公办园和普惠性民办园在园幼儿占89.59%，学前教育"5080"攻坚成果巩固提升，省规范化幼儿园占80.46%。

学前教育发展。2022年，湛江市新增学前教育公办学位（不含购买学位）0.24万个。推动并支持立项培育3个省级学前教育"新课程"科学保教示范项目、1个省高质量发展实验区项目、1个省学前教育一体化管理资源中心项目。继续实施《湛江市农村学前教育指导示范工作方案》，实施幼小科学衔接方案，举办幼儿园自主游戏案例和幼小衔接方案评比，提高科学保教水平。

无证幼儿园监管与整治。2022年，湛江市建立健全无证幼儿园监管和整治长效机制，开展无证幼儿园排查和治理，停办无证幼儿园28所。继续开展幼儿园办园行为督导评估，规范办园行为，全市规范化幼儿园占比逐年提高。

粤东西北乡村学前教育发展研究中心揭牌。广东省教育厅科学谋划并组织实施乡村幼儿园质量提升行动，决定设立粤东、粤西、粤北乡村学前教育发展研究中心。2022年8月，广东省教育厅印发

《关于成立粤东西北乡村学前教育发展研究中心的通知》。11月2日，粤东西北乡村学前教育发展研究中心授牌暨校地签约活动在湛江幼儿师范专科学校举行，广东汕头幼儿师范高等专科学校、湛江幼儿师范专科学校、嘉应学院分别与汕头、湛江、梅州市教育局签署校地合作协议，协同共建粤东、粤西、粤北乡村学前教育发展研究中心。设立研究中心是落实省委、省政府关于发展学前教育决策部署的重要举措，是落实全口径全方位融入式结对帮扶机制，推动高等教育反哺基础教育，加快补齐粤东西北乡村学前教育短板的创新之举。粤西乡村学前教育发展研究中心建设期三年，三年后经评估合格的，省教育厅继续挂牌予以支持。

(二) 义务教育

2022年，湛江市有义务教育学校1158所。其中，小学914所，在校生77.61万人；初中244所（含九年一贯制学校106所），在校生32.76万人。另有小学教学点601个。全市义务教育九年巩固率98.32%，进城务工人员随迁子女入读公办学校比例91.17%。

世行贷款学校对口帮扶项目启动。2022年，湛江市根据广东省教育厅《世行贷款学校对口帮扶项目实施方案》，4个项目县市（遂溪县、廉江市、雷州市、吴川市）共安排114所义务教育学校接受帮扶，其中广州市安排46所学校作为支援学校，跨市帮扶项目县的46所义务教育薄弱学校；市直属学校和5个市辖区共安排26所学校作为支援学校，跨县（市、区）帮扶项目县的26所义务教育薄弱学校；4个项目县共安排42所城区学校，"一对一"帮扶本县（市）义务教育薄弱学校。各支援学校分别与省教育厅和受援学校签订《世行贷款学校对口帮扶项目委托实施协议》。

(三) 普通高中教育

2022年，湛江市有普通高中学校56所，比2021年减少1所；招生4.85万人，比2021年增长7.1%；在校生13.69万人，比2021年增长5.1%；毕业生4.18万人，比2021年下降0.5%；高中阶段教育毛入学率99.84%。

普通高中招生管理。2022年，湛江市落实公办民办普通高中"属地招生、公民同招"政策，促进县域普通高中振兴发展；规范普通高中自主招生和特殊类型招生，公办学校自主招生比例不超过本校招生计划总数的10%，将体育、艺术特长生招生纳入自主招生范围，普通类自主招生在中考后进行；实施普通高中"指标到校"，取消指标生录取"限制性"分数线，实行指标生单独划线录取；继续实施市区普通高中"大学区"招生政策，盘活市区优质高中教育资源，扩大市区优质教育资源覆盖面和受益面；规范执行中考优待政策，确保招生工作公平公正；继续深化违规招生治理，严格执行招生工作禁令，无违规跨区域招生现象，招生工作规范有序，维护良好教育生态。

普通高中育人方式改革。2022年，湛江市推动普通高中新课程新教材示范校建设，支持湛江第一中学、岭南师范学院附属中学开展专项研究、培训研修、教研工作、教学资源建设等，发挥2所学校示范引领和帮扶作用，辐射带动其他薄弱学校做好课程教材实施工作；湛江市实验中学遴选为广东省第二批普通高中新课程新教材省级示范校。给予有条件的普通高中学校一定数量的自主招生名额，满足不同潜质学生发展需要，推动普通高中学校多样化有特色发展；普通高中因地制宜开展选课走班教学，探索建立行政班和教学班并存等多种教学组织形式，满足学生多样化学习需求。构建学生综合素质评价体系，深化教育评价改革，推动特色学校建设。

(四) 特殊教育

2022年，湛江市有市直属特殊教育学校1所、县级特殊教育学校9所，随班就读资源教室98间。在校生5884人（含送教上门和随班就读3504人），教职工500人。

特殊教育体系建设。2022年，湛江市加快推进特殊教育体系建设，投入521万元支持69所普通学校资源教室建设，对招收5人以上残疾学生的普通学校逐一建立资源教室和配备专职资源教师。初步构建从学前教育、义务教育到高中职业教育各学段衔接的特殊教育体系。

适龄残疾儿童教育安置。2022年，湛江市开展适龄残疾儿童少年入学安置情况摸查，对全国适龄残疾儿童少年义务教育入学监测系统中的804名残疾儿童少年进行评估认定，按照"全覆盖、零拒绝"和"一人一案、分类安置"原则，通过特殊学校就读、普通学校随班就读和送教上门等方式做好安置工作，安置率达98.46%。

特殊教育精品课程和内涵建设项目申报。2022年，湛江市申报省特殊教育精品课程建设和内涵建设项目2个，其中湛江市特殊教育指导中心入选2022年省优质特殊教育资源中心建设项目，雷州市特殊教育学校入选2023年省其他内涵建设项目。

【职业教育】2022年，湛江市有高等职业教育院校2所，即市属湛江幼儿师范专科学校、省管广东文理职业学院。独立设置的中等职业教育学校25所（含省属中职学校2所）。全市有国家示范学校2所（湛江财贸中等专业学校、湛江机电学校），国家重点学校6所，省重点学校4所。中等职业学校在校生7.33万人，教职工3 413人（不含技工学校），其中专任教师2 800人。中等职业教育专业设置85个，其中省重点专业22个，市重点专业39个。继续扩大中高职贯通培养三二分段试点工作，17所学校联合23所高职院校联合开展涉及44个专业的三二分段试点招生工作，招生人数7 950人，比2021年增长44.8%。

中等职业教育招生。2022年，湛江市明确各级教育行政部门招生责任，将各县（市、区）初中毕业生输送情况纳入年底绩效考核，每周通报全市各县（市、区）、各中等职业学校招生工作进度。在全市组织开展中等职业学校招生宣传活动，鼓励学校到中考体育考试考场、乡镇中学进行宣传，通过《湛江日报》教育专栏、微信公众号、湛江云媒、网站、校园宣传周等多种形式开展招生宣传，取得较好的宣传效果和社会反响。广东省下达湛江市中等职业教育本地招生任务数3.03万人，其中中等职业学校任务数2.36万人，技工院校任务数0.67万人。2022年秋季，全市中等职业学校完成总招生3.46万人，超额完成全年中等职业学校招生任务。

职业技能竞赛获佳绩。2022年，湛江市继续以技能竞赛为抓手，开展各类技能比赛，提升职业技能水平。举办第三届中职青年教师教学能力大赛、湛江市职业院校学生技能大赛，协办广东省第二届职业技能大赛，承接广东省职业院校学生技能竞赛分赛项。参加广东省第二届职业技能大赛暨乡村振兴职业技能大赛，获金奖4个、银奖2个、铜奖1个，获奖数量排全省第一名。参加2021—2022年度广东省职业院校技能大赛，获一等奖2项、二等奖5项、三等奖25项。参加2022年广东省职业院校技能大赛教学能力比赛，获二等奖和三等奖各1项。湛江市中职学校青年教师获省赛一等奖1项、二等奖2项、三等奖7项。

职业技能证书考试。2022年，湛江市报名参加职业技能考试学生1.61万人，5 862名毕业生考取职业技能等级证书，证书考取率36.48%。

职业教育帮扶。2022年，湛江理工职业学校对接广西融水苗族自治县职业学校，双方开展职业教育帮扶协作。学校指派1名副校长到融水苗族自治县职业学校任校长，并选派2名教师到该校支教。

湛江市中等职业学校班主任业务能力大赛。2022年7月，湛江市中等职业学校班主任业务能力大赛采取视频方式举行，大赛由湛江市教育局主办。经评审，评出业务能力组一等奖2名、二等奖6名、三等奖5名，名班主任工作室建设组一等奖2名，最美中职班主任9名。

【高等教育】2022年，湛江市有高等学校7所。其中，省属公办普通高等本科学校3所，即广东海洋大学、广东医科大学、岭南师范学院；省管民办普通本科高校1所，即湛江科技学院；省管民办高职院校1所，即广东文理职业学院；市管普通专科学校1所，即湛江幼儿师范专科学校；市属成人高等学校1所，即湛江开放大学。全市高校共开设专业385个，其中博士专业4个、硕士专业18个、本科专业239个、专科专业124个；涵盖理学、工学、农学、文学、法学、经济学、管理学、教育学、医学等学科。具有博士学位授予权的学校2所，具有硕士学位授予权的学校2所，分别是广东海洋大学、广东医科大学。全市高校教职工9 238人，其中专任教师6 945人。全市普通高等学校在校生14.26万人，其中研究生4 932人（含博士生179人）。参加各类成人教育在册学生3.2万人。全市普通高校毕业生总数2.87万人，在湛高校研究生落实就业率91.72%（博士毕业生就业率100%），本科毕业生就业率95.61%，专科毕业生就业率90.15%。

【民办教育】2022年，湛江市有民办幼儿园1 329所，在园幼儿16.79万人，分别占全市幼儿园总数、在园幼儿数的65.08%、48.67%。民办中小学63所，在校生11.64万人，分别占全市中小学校数、在校生数的5.19%、10.55%。民办中等职业学校（不含技工学校）11所，在校生2.43万人，分别占全市中等职业学校数、在校生数的50%、35.82%。省管民办高职专科院校1所，即广东文理职业学院，在校生1.59万人；省管民办本科院校1所，即湛江科技学院，在校生2.39万人。民办学校涵盖从学前教育到高等教育各个学段，构成比较完善的办学体系。

规范民办中等职业学校发展。2022年，湛江市规范民办中等职业学校发展，严格办学许可，落实审批监管职责；加强信息公开，通过政府门户网站和市教育局网站公告民办中等职业学校招生名单接受社会监督。开展民办中等职业学校年检。通过听取汇报、查看资料、实地考察、专家论证、情况反馈等方式，对全市11所民办中等职业学校开展年度年检工作，其中被评为合格等次学校9所、不合格学校2所。规范民办学校招生工作，要求所有民办中等职业学校落实招生备案制度，规范民办中等职业学校招生行为，落实招生监管要求，确保民办中等职业学校招生工作规范、有序进行。支持民办中等职业学校参加省重点中等职业学校评选，湛江理工职业学校、湛江市财经职业技术学校获评省重点中职学校。加大招生引资力度，支持社会资金举办高质量中等职业教育。引入社会资金，盘活原春晖学校资源，筹设博纳中等职业学校。推动美好家园集团在遂溪县筹设广东省湛江市华邦中等职业技术学校工作。

促进民办义务教育健康发展。2022年，湛江市继续贯彻落实《关于促进我市民办教育平等规范特色发展的实施意见》，加大民办教育投入，落实民办与公办学校教师同等待遇、学生同等享受国家资助政策，落实非营利性民办义务教育学校政策，促进民办教育平等、规范、特色发展。引导规范民办义务教育发展，12所不符合命名规范的民办学校全部更名；加强民办学校党的建设，民办中小学成立校级党委2个、党总支2个、独立党支部53个、联合党支部13个，实现党的组织和党的工作全覆盖。严格办学许可，依法进行年检，加强信息公开，通过政府门户网站公告民办学校基本信息及年检情况，接受社会监督，全市8所民办普通高中年检均达合格条件。

【继续教育】2022年，湛江市121个乡镇（街道）有108个乡镇（街道）设立乡镇（街道）成人文化技术学校，建立乡镇成人文化技术学校的乡镇（街道）占全市乡镇（街道）数的89.2%。其中，20所乡镇成人文化技术学校被评为湛江市级示范性乡镇成人文化技术学校。全市有开放大学6所〔社区大学1所（社区大学分校6所）、老年大学3所、湛江开放大学（湛江社区学院）与湛江中医学校联合创建健康养生学院，与湛江财贸中等专业学校联合创办烹饪美食学院各1所〕；全年开展社区教育的县（市、区）有霞山区、赤坎区、坡头区、麻章区、湛江经济技术开发区、徐闻县、遂溪县、雷州市、廉江市、吴川市10个，全年参加社区活动的居民约25万人次。

教育成果与特色

【湛江第一中学麻章附属学校建成投入使用】2022年8月30日，湛江市麻章区举行湛江第一中学麻章附属学校移交揭牌仪式。湛江第一中学麻章附属学校与广东省重点名校湛江第一中学合作管理，为九年一贯制公办学校，办学规模84个教学班，增加城区义务教育学位2280个。该校占地面积5.33万平方米，建筑面积3.8万平方米，学校按省一级标准建设，园林式布局，建有300米跑道运动场、1200平方米室内灯光球场、480平方米图书馆和430平方米报告厅。

【湛江市曙光学校揭牌】2022年11月18日，湛江市曙光学校揭牌。该学校是一所公办专门学校，招生对象为满12周岁不满18周岁、有严重不良行为的未成年人。学校位于麻章区疏港大道99号（湛江市中小学德育基地内），由湛江市教育局负责学校统筹管理和教育教学工作；市公安局、市司法局负责未成年人的矫治工作，根据办学需求派驻民警或干部协助开展法治教育、学生管理等工作。学校深化对学生的思想道德教育、法治宣传教育、心理健康教育和生命教育。学校还根据学生的兴趣爱好和发展需要，开展职业教育，提供必要的劳动和职业培训，帮助他们培养劳动习惯、掌握职业技能。

【湛江市语言文字工作委员会成立】2022年4月20日，湛江市人民政府办公室印发《关于成立湛江市语言文字工作委员会的通知》，委员会主任由分管教育工作的副市长兼任，副主任由市政府协助负责教育工作的副秘书长、市教育局局长兼任。成员单位包括市委宣传部等19个部门。委员会主要职责是贯彻落实国家、省和市委、市政府关于语言文字工作的决策部署，研究拟订湛江市语言文字工作的重大政策；统筹推进国家通用语言文字的推广普及，加强语言文字的规范化、标准化、信息化建设，增强语言文字服务能力；定期会商研究湛江市语言文字工作中的相关重要政策措施，统筹协调和指导各地、各有关部门推进落实工作。

【语言文字工作】2022年，湛江市加强普通话能力提升培训工作。组织全市中小学校30名语文学科教师参加教育部语用司举办的2022年度中华经典诵读网络专项培训；组织全市中小学生参加2022年中华经典诵写讲大赛广东省分赛，各级各类学校分别参加4项大赛，推荐参赛作品164个。做好全市第二十五届全国推广普通话宣传周活动。做好普通话水平测试工作，完成普通话水平测试8193人次。

【国防教育特色学校】2022年12月19日，广东省教育厅公布广东省国防教育特色学校名单。其中，广东省湛江卫生学校、湛江市第三十二小学、湛江市第十二小学入选广东省国防教育特色学校。

【师资队伍建设】截至2022年底，湛江市各级各类学校共有专任教师约10.64万人，其中，普通高等学校教师6945人，中等职业学校教师2800人，普通高中学校教师1.01万人，初中教师2.16万人，小学教师4.16万人，幼儿园教师2.29万人，特殊教育学校教师457人。

教师培训。2022年，湛江市派出135名教师和教研员到广州跟岗学习，任务完成率100%；全市派出2619名教师、校长和教研员到广东省外语艺术职业学院、岭南师范学院参加省级示范培训全员轮训，任务完成率为100%。截至年底，全市培训教师6.89万人，超额完成省下达的培训任务。开展跟岗学习、集中研修活动1954天，教师撰写论文880篇、出版专著4部。启动全市中小学教师信息技术应用能力提升工程2.0，全市2024所学校、68691人参加全员培训，网络研修完成率99.96%，校本研修完成率99.87%。评选出"整校推进"典型案例25个、优秀教学创新典型课例77个，上传至湛江市教育资源公共服务平台；录制展播16个优秀课例，供全市教师学习。组织专项课题申报，省试点区、试点校课题立项8个，全市课题立项38个。完成高中教师资格证认定2383人，完成5.97万名普通中小学、中等职业学校和幼儿园教师资格证首次定期注册。

教师招聘。2022年，湛江市招聘中小学教师2787人，补充农村学校紧缺学科教师297人，临聘教师1176人。实施银龄讲学计划，雷州市、吴川市、遂溪县、徐闻县等地共招募90名银龄教师到农村中小学校讲学任教。

"三名"工作室建设。2022年，湛江市建立省市新一轮"三名"（名师、名班主任、名校长）工作室203个，入室学员1600多人；遴选1647名优秀校长、教师参加中小学教师国家级培训和省级培训；推动省市教学名师、名工作室面向县（市、区）各类学校开展送培送课下乡活动393次，参加活动人数1.1万人次。

【第九届湛江市中小学班主任专业能力大赛】2022年12月10—11日，在湛江市爱周高级中学举行第九届湛江市中小学班主任专业能力大赛。从全市各小学、初中、普通高中选拔46名优秀班主任分别参加小学组、初中组、高中组3个组别竞赛。此次比赛采用线下和线上直播的形式同步开展，比赛包括书面测试、成长故事叙述、主题班会课设计、情景答辩等环节。经专家评委评审，评选出小学组一等奖4名、二等奖7名，初中组一等奖5名、二等奖11名，高中组一等奖7名、二等奖12名。

【第四届湛江市中小学心理教师专业能力大赛】2022年11月5—6日，在湛江市第二中学举行第四届湛江市中小学心理教师专业能力大赛。大赛由湛江市教育局主办，湛江市第二中学承办，姜桂芳心理名师工作室协办。全市29名选手参加比赛，经专家评委评选，评选出小学组一等奖2名、二等奖4名，初中组一等奖3名、二等奖4名，高中组一等奖5名、二等奖9名，中职组一等奖1名、二等奖1名。其中3名优秀选手代表湛江市参加广东省中小学心理教师专业能力大赛并获三等奖。

【招生考试】2022年，湛江市教育局组织实施普通高考、中考、研究生笔试、成人高考、自学考试、专升本考试、教师资格笔试等七大类27次教育考试，设考点126个、考场8406个，考生27.47万人次。招生考试实现"平安考试、公平考试、诚信考试、暖心考试、健康考试"目标。

【中考和普通高中学业水平考试改革】2022年，湛江市建成高中新学考、初中新中考云考试平台，在全省率先实现考试形式创新。其中：高中新学考合格性考试中，市统考的5门科目（音乐、美术、信息技术、通用技术、体育）全程采用云平台和手机终端考试，考试不限时间、不限地点、不限次数；新中考物理、生物、化学实验操作采用仿真机试，音乐、美术、信息技术采用综合素养机试，实现实验操作和综合素养测试的线上考试和评分。制定出台《关于进一步推进高中阶段学校考试招生制度改革的实施意见》《关于2022年初中学业水平考试生物实验操作等科目考试相关事项的通知》，组织专家组命制试题，并组织9.52万名考生参加生物实验操作仿真机试及音乐、美术、信息技术等科目综合素养机试。按照"试点先行、以点带面、逐步推开"原则，累计组织实施普通高中体育与健康、音乐、美术、信息技术、通用技术学业水平试点考试6次，涉及考生4万多人，形成可复制推广的试点经验，为全面铺开奠定基础。

【考务安全】2022年，湛江市建立健全招生考试工作机制，为各项考试工作提供物质保障、机制保障和组织保障，做到应考尽考，考务工作"零差错"、试卷保密"零疏漏"、手机管理"零违规"。建立平安考试专班，出台新冠防疫指引，开展考前健康监测，设置体温检测点、体测异常隔离室、备用隔离考场，同时完善考点防疫工作职责，考点增设1名副主考专职负责涉疫常规工作和突发事件处置。加强与保密、公安等部门协调配合，指导完善试卷存放场所建设，所有启用保密室在中考前安装符合GB17565标准的甲级防盗安全门（含内室门），窗户加装金属防盗栏并采取遮挡措施。落实安全保密制度，做好试卷的领取、运送、保管、分发、回收各个环节工作。建立考区考点考务档案袋评价机制，为每一个县区招办、考点和生源学校建立一一对应的考务档案，对考务工作进行追踪式记录、评价和管理，有针对性的指导不同考区考点做好考务组织工作，确保考务组织操作规范、严密有序；中考、高考前统一召开涉考人员警示教育培训课，以全覆盖的纪律教育强化考风考纪。为考点配备5G无线电信号屏蔽设备，实行并强化"无声入场"检查，考生进入考场接受金属探测仪检查；同时实行现场监考和视频监考"双监考"，现场巡查与网上巡查"双巡查"。通过政府网站、官方微信公众号、新闻媒体、"一对一"短信等途径，开展政策宣传解读，高考前安排心理教师录制《专注当下，快乐备考》心理课及短视频《从容备考，助力冲刺》《两地一心，携手高考》，帮助考生树立信心、放松心态、从容应考。

【考试信息化管理】2022年，湛江市继续推进考试业务与信息化融合创新，探索将人工智能、大数据等现代信息技术融入考试管理各环节，基本建成数据广泛应用、考务全面覆盖、考情实时掌握、决策即时高效的考试考务管理平台。全部高考考点均实现"七个百分百"要求（考场空调全覆盖、百分百正常运转，考场高清视频监控百分百全覆盖，考场人脸识别身份验证百分百全覆盖，考点、考场手机等通信设备检测及屏蔽百分百全覆盖，考场网络信息点百分百实现互联互通，极端天气应急预案百分百覆盖各考点各考场，各地试卷保密室试卷"分科入柜"存放百分百全覆盖），落实高考考点5G信号屏蔽及研究生考点电子哨兵、智能安检门设备安装。实行考试全流程信息化管理。中考报名缴费首次实行线上缴费，实现考试报名、资格审核、信息确认、缴纳费用、体检（普通高考）、填报志愿、考试管理、评卷、招生录取等考试全流程"一网通办"，做到"数据多跑腿、考生少跑路"。

【初中升学考试】2022年，湛江市报名参加初中毕业生学业考试总人数9.03万人。其中，赤坎区6660人，霞山区9347人，麻章区4096人，坡头区2722人，雷州市1.67万人，廉江市1.91万人，吴川市1.19万人，遂溪县8999人，徐闻县7887人，湛江经济技术开发区2897人。全市设考点67个，考场3041个。湛江市公办普通高中录取最低分数控制线为450分，民办普通高中录取最低分数控制线为450分。

【高等教育升学考试】2022年，湛江市高考考生报名总数5.61万人，比2021年减少5045人。其中，普通类高考考生5.05万人，比2021年减少6423人；中职单报高职（含推优）考生5584人，比2021年增加1378人。全市设考点34个，考场1732个。全市大专以上录取4.7万人，录取率83.8%。

【成人高考】2022年11月5—6日，全国成人高等学校招生统一考试举行。湛江市报考总人数2.13万人，比2021年增加760人。其中专升本考生1.12万人，比2021年减少206人；高升本考生225人，比2021年减少114人；高升专考生9906人，比2021年增加1080人。全市设考点12个，考场736个。

【高等教育自学考试】2022年，湛江市举办高等教育自学考试3次。1月8—9日举行的高等教育自学考试，全市报考7685科次，设考点1个，考场74个；4月15—16日举行的高等教育自学考试，全市报考1.12万科次，设考点2个，考场106个；10月22—23日举行的高等教育自学考试，全市报考1.65万科次，设考点2个，考场128个。

【学校体育】2022年，湛江市推进校园足球开展，近43万名在校生每周开设1节足球课。截至年底，全市累计创建全国校园足球"满天星"训练营1个、全国校园足球试点县2个、全国校园足球特色学校123所、全国足球特色幼儿园26所。印发《湛江市加强中小学生体质健康管理工作实施方案》，逐步建立健全学生体质健康水平提升工作机制和学生体质健康监测评价机制。开展传统体育项目进校园活动，举办"市长杯"青少年校园足球联赛、湛江市第五届中小学体育教师技能大赛、湛江市中小学生篮球联赛。

2022年，湛江市组织学校参加各级各类比赛，并取得优异成绩。其中，湛江第一中学陈梦巧代表广东队参加第十四届全国学生运动会，获铜牌3枚；在韶关市举行的广东省第十三届中学生运动会上，陈梦巧再获金牌3枚，同时打破2项广东省中学生运动会纪录。在广东省第十三届中学生运动会，全市获金牌13枚、银牌10枚、铜牌12枚，打破3项最高纪录，以总分724.6分获团体总分第七名（省一等奖）。8月15—18日，2022年全国中学生田径锦标赛在吉林省长春市实验中学举行，湛江第一中学派出6名运动员参加高中甲、乙组比赛，获金牌3枚、银牌1枚。其中，邓金剑获男子甲组110米栏项目冠军，陈梦巧获女子甲组400米栏金牌和100米栏银牌，张华勇获男子乙组三级跳远项目冠军。

【湛江市第五届中小学体育教师技能大赛】2022年2月16日—4月15日，湛江市第五届中小学体育教师教学技能大赛采取视频方式举行。大赛由湛江市教育局主办。参赛人数为小学51人、初中29人、高中24人。大赛内容有4个项目，分别是队形队列、个人体育特长展示、广播操、教学设计与课堂教学。大赛评出小学组个人一等奖15人、二等奖20人、三等奖16人，初中组个人一等奖9人、二等奖12人、三等奖8人，高中组个人一等奖7人、二等奖11人、三等奖7人，团体一等奖3个、二等奖4个，优秀指导教师32人。

【传统体育项目进校园活动】2022年3月，湛江市教育局、市文化广电旅游体育局印发《关于开展2022年传统体育项目进校园活动的通知》，要求关爱未成年人健康成长，深化中国梦和社会主义核心价值观教育，通过持续开展传统体育项目进校园活动，在广大学生中传承和弘扬中华优秀传统体育文化，增强文化自觉和文化自信，陶冶学生高尚的道德情操，培育学生深厚的民族感情，推进全市未成年人思想道德建设。全市各级体育、教育行政部门及各中小学校开展棋类、武术、舞龙、舞狮、毽球、跳绳等中华传统体育项目进校园活动，利用板报、宣传画等对传统体育项目有关知识进行宣传和介绍，组织开展培训和体验活动，创编、开发校本课程，灵活采取体育课、大课间、特色课堂等形式，开展传统体育项目的训练和比赛活动。

【中小学生体质健康抽测】2022年10月24—28日，湛江市教育局开展全市中小学生体质健康抽测，抽测范围覆盖全市各县（市、区）共60所中小学校。全市每个县（市、区）选取小学、初中、高中各2所，每所学校每个年级抽测60人，其中男、女生各30人，全市测试学生1.44万人。学生体质健康测试总平均分为82.27分，优良人数10 027人，优良率69.64%，超过省标准要求19.64个百分点；合格人数1.43万人，合格率99.33%；不及格人数96人，不及格率0.67%。

【湛江市中小学生篮球联赛】2022年12月14—18日，在湛江市23号篮球公园举行湛江市中小学生篮球联赛，联赛由湛江市教育局主办，湛江市篮球协会承办。来自各县（市、区）中小学校72支代表队共987名运动员参赛。比赛设有小学男子组、小学女子组、初中男子组、初中女子组、高中男子组、高中女子组共6个组别，并分别进行比赛。12月14—15日，在小学组比赛中，遂溪县港门镇中心小学、遂溪县遂城第二小学、湛江市霞山区培正学校分别获得小学女子组第一名、第二名、第三名，湛江市寸金培才学校、徐闻县实验小学、湛江市第八小学分别获得小学男子组第一名、第二名、第三名；12月16—18日，在初、高中组比赛中，湛江市第二中学、湛江市第七中学、廉江市廉江中学分别获得初中女子组第一名、第二名、第三名，湛江市寸金培才学校、湛江市第二中学、湛江市赤坎区东盟城学校分别获得初中男子组第一名、第二名、第三名，湛江市第二中学、湛江市第二十一中学分别获得高中女子组第一名、第二名，湛江第一中学、湛江市第二中学、吴川市第一中学分别获得高中男子组第一名、第二名、第三名。

（撰稿　迟　铭；审稿　陈文杰）

茂名市教育

概况

2022年，茂名市有各级各类学校3346所，在校生159.65万人。其中，幼儿园1652所，小学1400所，初中202所，普通高中70所，中等职业学校12所，特殊教育学校8所，专门学校2所。另有小学教学点763个。全市有学前教育在园幼儿32.95万人，义务教育阶段在校生103.39万人（小学在校生70.94万人，初中在校生32.45万人），普通高中在校生16.04万人，中等职业学校在校生7.05万人，特殊教育学校在校生2141人，专门学校在校生168人。全市有全日制高等院校6所（其中本科院校2所，专科院校4所），全日制在校学生8.9万人。全市有专任教师111572人，其中学前教育专任教师26852人，小学专任教师41144人，初中专任教师23542人，普通高中专任教师13285人，中等职业学校专任教师3441人，特殊教育专任教师523人，专门学校专任教师43人，高等院校专任教师2742人（不含开放大学）。

茂名市教育局宏观管理全市各级各类学校，直接管理市城区55所中小学校（幼儿园），在校学生（在园幼儿）12.41万人，专任教师8064人。

各级各类教育

【基础教育】（一）学前教育

2022年，茂名市推进公办及普惠性幼儿园建设，巩固"5080"（到2020年，公办幼儿园在园幼儿占比50%以上，公办幼儿园和普惠性民办幼儿园在园幼儿占比80%以上）成果。制定《茂名市"十四五"期间学前教育公办学位建设规划任务表》，规划24所公办幼儿园新增建设3600个学位。至年底，新增学前教育公办学位3670个。加强住宅小区配套幼儿园建设，已建成小区配套幼儿园6所，分别是广东茂名幼儿师范专科学校附属中心幼儿园、茂名市东湾幼儿园、广东茂名幼儿师范专科学校公园壹号幼儿园、电白区碧桂园城市花园幼儿园、电白区华侨城幼儿园、茂南区大名府幼儿园。全市86个教育功能镇均建成1所以上乡镇中心幼儿园，共有公办规范化乡镇中心幼儿园103所。已建成街道中心幼儿园18所。全市常住人口4000人以上的行政村共536个，100%建有规范化村级幼儿园。

全市有独立建制幼儿园1652所（公办幼儿园679所，民办幼儿园973所），其中普惠性民办幼儿园789所。全市在园幼儿32.95万人（公办幼儿园在园幼儿17.59万人，民办幼儿园在园幼儿15.36万人），其中普惠性民办幼儿园在园幼儿12.95万人。公办幼儿园在园幼儿占比53.38%，普惠性幼儿园（含公办幼儿园和普惠性民办幼儿园）在园幼儿占比92.71%。学前教育三年毛入园率99.2%。

（二）义务教育

2022年，茂名市推进义务教育优质均衡发展、农村义务教育寄宿制学校建设和集团化办学工作。出台《茂名市教育局关于做好中小学生校内课后服务工作的指导意见》，做好校内课后服务工作。做好义务教育控辍保学工作，抓好疑似失学儿童核查劝返复学工作。至年底，茂名市的国家和省控辍保学台账全部清零。全市有义务教育阶段学校1602所，在校学生103.39万人。

2022年，茂名市101所示范性义务教育寄宿制学校建设完成，新增义务教育公办学位8809个。2019—2020年广东省下达茂名市农村义务教育寄宿制学校建设补助资金64393万元，用于243个建设项目。至2022年底，完成投资64393万元，支出率100%。103个教育功能镇实现每镇建成至少1所中心小学、1所寄宿制初中，全部建成标准化学校。新增寄宿制学位9345个，超额完成3345个任务。按标准化学校配齐教育教学设施设备，所有班级配有现代化教学平台，配足优质教师，解决乡镇学生和偏远农村留守儿童的寄宿问题。

2022年，茂名市教育局加强控辍保学工作，成立控辍保学领导小组，按照《茂名市义务教育阶段学校控辍保学实施方案》，建立和完善"教育行政部门—学校—级组、班主任、科任老师"防辍实施责任制。印发《关于做好2022年秋季义务教育阶段学校开学和控辍保学工作的通知》，各级教育行政部门和各学校开展防流控辍工作检查，建立"一人一籍"，学生学籍上平台；转学的学生及时办理转学手续，做到"籍随人走"。

2022年，茂名市人民政府出台《关于印发茂名市购买市直属义务教育阶段民办学校学位工作方案的通知》；电白区、高州市出台有关工作方案。优化民办义务教育阶段在校学生结构，稳定民办学校办学，做好民办学校学生规模调整、自愿提供免学费学位和接受政府购买学位等工作。其中，民办学校提供免学费小学学位1 069个、初中学位893个。民办在校学生占比（含政府购买学位）4.96%，达到上级规定的5%以内，各区、县级市民办义务教育在校学生占比均低于10%。

（三）普通高中教育

2022年，茂名市高新中学综合楼建成竣工，新增公办高中学位800个。高中阶段教育毛入学率95.7%。

2022年，茂名市被确定为广东省首批普通高中新课程新教材示范区（以下简称示范区），是全省5个示范区之一；茂名市第一中学、电白区第一中学被确定为广东省首批普通高中新课程新教材示范校（以下简称示范校）。茂名市组织开展市级示范区和示范校遴选工作，高州市、信宜市被确定为茂名市首批市级示范区，高州中学等11所学校被确定为茂名市首批市级示范校。全面推进普通高中新课程新教材示范区、示范校建设工作。

2022年，茂名市完成"公参民"（公办学校参与举办民办高中学校）学校"六独立"（即独立法人资格、校园校舍及设备、专任教师队伍、财会核算、招生、毕业证发放）整改工作。原9所"公参民"普通高中完成"六独立"整改。其中2所学校（茂名市第一中学实验学校、化州市第一中学实验学校）继续招收高中一年级新生，2所学校（高州中学实验学校、高州市第一中学实验学校）停止办学，5所学校（电白区第一中学实验学校、高州市第二中学实验学校、高州市第四中学实验学校、信宜中学实验学校、信宜市第一中学实验学校）停止招收高中一年级新生。新办民办高中学校1所（高州潘州中学）。

（四）特殊教育

2022年，推进学校标准化建设。茂名市特殊教育学校租赁场地改扩建学前教育部、中职部，至年底，学前部、中职部教室改扩建完成并交付使用；茂名市社会福利特殊教育学校改扩建工程完成，并增设学前部；信宜市特殊教育学校整体搬迁至新校区，其他县区的特殊教育学校均改扩建相关教学功能室、更新各类设施设备。印发《关于推进我市适龄残疾儿童少年入学安置工作的提醒函》，做好建立残疾学生的学籍工作和适龄残疾儿童少年入学安置工作。印发《关于配合做好我市适龄残疾儿童少年学籍核实工作的函》，落实残疾学生学籍录入，做到"应入尽入，不漏一人"。至年底，解决适龄残疾儿童少年安置入学未建学籍问题，适龄残疾儿童少年入学安置工作基本完成，全市适龄残疾儿童少年入学安置率达99.8%。

2022年，茂名市实施《茂名市开展适龄重度残疾儿童少年送教上门服务的实施方案》《广东省促进特殊教育公平融合发展行动计划》，印发《关于进一步做好我市特殊教育资源中心、资源教室建设与管理工作的通知》。进一步完善随班就读服务体系，加强各级特殊教育资源中心、随班就读资源教室的建设。至年底，招收5人以上残疾学生的普通学校全部建有资源教室。已建设随班就读资源教室141间，实现全市112个镇（街）全覆盖。

2022年，茂名市印发《茂名教育学会特殊教育教学专业委员会2022年度工作计划》，举办课堂教学观摩暨专家专题讲座，开展全市特殊教育论文评选。组织特殊学校和有关普通学校申报省级特殊教育精品课程项目和省级特殊教育示范项目建设。在《广东省第二批特殊教育精品课程建设、第二轮特殊教育内涵建设示范项目立项名单的公示》获奖结果中，电白区被评为"省随班就读示范区"，茂名市文东街小学、信宜市教育城小学等4所学校被评为"省随班就读示范学校"，茂名市特殊教育资源中心被评为"省优质特殊教育资源中心"，广东高州师范附属第一学校成功申报"省特殊教育精品课程"，茂名市特殊教育学校、茂名市社会福利特殊教育学校、信宜市特殊教育学校3所学校均成功申报"省特殊教育其他内涵建设示范项目"。

【中等职业教育】2022年，茂名市南方职业技术学校、高州市信息职业技术学校被评为"省级重点中职学校"，全市12所中职学校有9所是省级以上重点中职学校。在广东省职业院校学生专业技能大赛中，茂名市获得一等奖8项、二等奖33奖、三等奖102项，获奖学生293人。

【高等教育】2022年，茂名市推进产教融合，大力培养高素质应用人才。深化校企合作，发展茂名高质量有特色职业院校，以茂名高新技术产业开发区、茂名石化公司等为依托，整合集聚发展平台，支持茂名当地行业龙头、高成长企业与高校全面开展科技研发。建立健全产教融合办学机制，促进内涵发展。选择优秀企业作为合作伙伴，共建专业，强化学生实习教学，培养具备良好职业素养、技能过硬的实用人才。产研合力，落实知识产权转化。广东石油化工学院"工程科学"学科持续保持在ESI全球排名前1%，通信工程、计算机科学与工程2个学科入选软科世界一流学科。

【民办教育】2022年，茂名市有民办中小学校54所（不含教学点、附设班），其中小学13所，九年一贯制学校19所，初级中学1所，完全中学2所，高级中学9所，十二年一贯制学校5所，中职学校3所，特殊教育学校1所，专门学校1所。民办中小学校教职工7780人，其中专任教师6055人。专任教师中，有研究生学历教师240人，本科学历教师4949人，专科学历教师787人，其他学历教师79人。民办中小学校在校生9.56万人，其中小学生2.64万人，初中生2.36万人，高中生1.87万人，中职生2.66万人，特殊教育学生270人。

【专门教育】2022年，茂名市专门学校——茂名市明德学校（一期）建设完成并投入使用。该学校位于茂名市建设路314号大院，是一所由茂名市教育局主管的全额拨款的公益一类专门学校，主要承担满12周岁不满18周岁、有严重不良行为的未成年人的管理和矫治教育教学工作。学校占地面积1.03万平方米，建筑面积5885平方米，（一期）工程建设1栋6层综合楼，完成总投资967.02万元。学校有编制教师8人，各种设施设备均已配备，具备招生办学条件。茂名市相关县区已成立专门教育指导委员会。

教育成果与特色

【学校建设与扩建】2022年，茂名市加快推进茂名市明德学校（一期）、茂南区第一实验学校、茂名市第三幼儿园、茂名市福地小学（暂命名）、广东实验学校附属茂名学校建设。茂名市明德学校（一期）建设完成并投入使用；茂南区第一实验学校完成大部分建设并移交茂南区教育局投入使用；茂名市福地小学（暂命名）项目主体建筑全部封顶；茂名市第三幼儿园项目加快推进开挖地下室。筹建3个新扩建项目，其中，茂名市田家炳中学综合楼建设项目通过立项，设计单位加快制作设计方案；茂名市第一职业技术学校五位一体综合实训中心楼项目完成前期工作和招标施工单位工作；茂名市第二职业技术学校综合实训楼建设项目完成工程项目概算审核。

【集团化办学】2022年，茂名市印发《茂名市教育局推进基础教育集团化办学实施方案》，开展集团化、学区化办学和城乡学校对口帮扶工作。以"开放共享，抱团发展，优势互补，互动共进"为主题，以提升教学质量为主线，以教育集团或办学联盟为方式，通过理念、资源、方法、成果的共享，全面推进集团或联盟学校教育优质特色多样化发展。至年底，全市成立教育集团25个，学区化办学13个。其中茂名市愉园教育集团和广东高州师范附属第一小学教育集团被列入第二批广东省优质基础教育集团培育对象名单。电白区、化州市部分薄弱学校与珠海市组成跨市对口帮扶学校，共77对154所学校结对帮扶。

【校内课后服务优化】2022年，茂名市教育局出台《茂名市教育局关于做好中小学生校内课后服务工作的指导意见》，构建政府主导、部门联动、学校管理、多方参与的管理机制，抓好"服务时间、内容、安全、收费、评价考核"五个工作重点，杜绝课后服务变"集体补课"，减轻学生课业负担。各地各校制定课后服务具体实施方案，做到"一区（市）一策""一校一案"。推行课后服务"5+2"（学校每周5天都要开展课后服务，不少于2课时）模式，结束时间要与当地普遍的正常下班时间相衔接。至2022年12月，茂名市符合条件需开展下午课后服务的学校共145所，实现课后服务全覆盖，为15.6万名有需要的学生提供下午课后服务，实现全市需开展课后服务时长100%达标。先行探索假期托管服务，于6月印发《关于印发〈茂名市直属义务教育阶段学校开展暑期校内托管服务实施方案（试行）〉的通知》，鼓励有条件的学校承办学生假期托管服务。发挥社会力量，吸纳社区社工、志愿者、在校大学生参与托管服务，选聘退休教师或引入具备资质的第三方社会机构多种途径、多种形式提供学生假期托管服务。全市有109所学校为2.09万名学生提供暑期托管服务。市发展改革局联合市教育局、市财政局出台《关于制定茂名市义务教育阶段校内课后服务收费标准及相关问题的通知》，各区（县级市）、各功能区参照该标准执行，校内课后托管服务收费每人每个学时不高于2.5元，素质拓展服务每人每个学时不高于15元。通过财政补助和收取费用确保校内课后托管服务全面开展，实现"两覆盖"（义务教育学校课后服务全覆盖和有需求学生全覆盖）。

【"双减"政策落实】2022年，茂名市各地各学校制定作业总量审核和质量评价机制。加强校外教育培训机构监管，出动执法人员4113人（次），检查培训机构2863家次，责令整改260家次，立案处罚7家、取缔7家。全市原审批备案义务教育阶段学科类机构有114家，压减到3家，压减率97.4%。开展预收费监管和培训收费专项治理活动，全市130家证照齐全、审批为"已合规"的校外培训机构纳入预收费监管。

（供稿　茂名市教育局办公室）

肇庆市教育

概　　况

2022年，肇庆市教育经费投入143.45亿元，比2021年增加10.43亿元，增长7.84%；教育固定资产投入58.22亿元，比2021年下降33.8%。

党的全面领导加强。2022年，肇庆市扎实开展党史进校园宣讲工作，组建"立德树人·校园名师"宣讲团、市教育系统学习贯彻党的二十大精神名师宣讲团，定期分赴各地各学校组织开展学习宣讲。全市教育系统累计开展习近平新时代中国特色社会主义思想各种主题宣讲活动8 541场，受众1 504 728人次。其中宣讲党的二十大精神1 151场，受众265 947人次。全面加强党对民办学校的领导，实现党建进民办中小学校章程和"双向进入、交叉任职"完成率达100%，100%完成向民办普通高中选派党组织书记工作；健全民办高校党组织领导机制实施党建质量提升行动，100%完成向民办高校选派党委书记及督导专员。坚持"一校一案"，稳妥推进中小学校党组织领导的校长负责制改革。

未成年人思想道德建设取得良好成效。2022年，肇庆市制定印发《肇庆市深化未成年人思想道德建设工作实施方案》，开展社会主义核心价值观宣传教育、"扣好人生第一粒扣子"、"喜迎二十大"等活动，促进未成年人健康成长，加强未成年人思想道德建设。年内，肇庆市未成年人思想道德建设工作测评总分98.11分，在全省9个全国文明城市的未成年人思想道德建设工作年度测评中成绩排名第一。3人被评为2022年广东"新时代好少年"。高要区、四会市、广宁县、德庆县、封开县、怀集县、高新区获批准为"规范化家长学校实践活动实践区"，全市实现实践区全覆盖。肇庆市教育系统关工委获2021—2022学年度广东省"朝阳读书"活动优秀组织奖。

深化课程改革。2022年，肇庆市以省级示范项目为抓手，深化幼儿园课程改革，完成4个广东省幼儿园"新课程"科学保教示范项目中期评估，其中2个项目获得"优秀"等次；新增申报立项1个广东省学前教育高质量发展实验区"城乡学前教育一体化管理资源中心"项目。以"双新""双减"为抓手，推进义务教育阶段教育教学改革，在第二届南方六省小学语文青年教师"新课标"背景下大单元整合课堂教学竞赛中，肇庆市有2人获特等奖、1人获一等奖。在广东省第九届小学语文教师素养比赛中，有1人获一等奖。

基础教育扩容提质。2022年，肇庆市印发《肇庆市辖区基础教育扩容提质"两个工程"攻坚行动学校建设项目优化调整方案》，继续深入推进基础教育扩容提质"两个工程"攻坚行动，全市完成新建扩建公办中小学校22所，新增义务教育公办学位2.6万个，超额完成省下达新增1.4万个中小学公办学位的建设任务。推动集团化办学打造优质学校，扩大优质教育资源覆盖面，全市培育确定9个市级优质教育集团，肇庆市第十五小学教育集团、肇庆实验幼儿园教育集团、怀集县实验小学教育集团3个教育集团入选广东省第二批优质基础教育集团培育对象名单。

持续推进中小学校优质特色发展三年行动。对23所学校的优质特色发展情况进行调研与指导，召开研讨座谈会16场次。举办肇庆市学校优质特色发展"优特杯"媒体作品大赛，收集参赛作品655项，获奖和入选作品385项。以电视直播方式举办7场学校优质特色大比拼系列活动和7场示范校推介示范暨交流培训研讨会，不断优化学校管理，丰富办学内涵，增强办学活力，提升办学品位，努力形成优质学校特色强校、薄弱学校特色兴校、新建学校特色立校的学校发展态势，不断扩大优质学位资源覆盖面，实现区域教育优质均衡、特色发展。年内培育评定市级优质特色发展示范校54所。创建广东省中小学中华优秀文化传承学校2所，广东省中小学艺术教育特色学校7所，广东省中小学劳动教育特色学校6所。

建立完善教育督导体系。制定出台《肇庆市深化新时代教育督导体制机制改革实施方案》，市政府教育督导委员会组成人员由13人增加至24人、成员单位由10个增加至21个，选聘100名行政管理和教育教学指导经验丰富的骨干担任市政府督学。夯实"督政"工作，以巩固提升教育"创强""推现""县域基本均衡"为重要抓手，全面实施"省

· 市域教育 ·
EDUCATION IN VARIOUS CITIES

教育强镇"复评，全市100个镇（乡、街道）全部完成第一轮省教育强镇复评工作。加强"督学"工作，规范学校办学，将"五项管理"纳入日常督导，开展重点工作专项督导和经常性督导，责任督学累计到校督导4 605人次，发现问题2 543条，并逐一跟进督促整改。开展幼儿园办园行为督导评估，将全市290所幼儿园纳入第二周期幼儿园办园行为督导评估；组织专家对端州区斯美剑桥幼儿园等13所幼儿园申报市一级幼儿园进行督导评估，批准为市一级幼儿园，幼儿园办园条件和管理水平得到进一步提升。

成立校外教育培训监管科。2022年，肇庆市教育局正式设立校外教育培训监管科，推动各县（市、区）教育局参照市教育局做法成立校外教育培训监管股。印发《肇庆市教育系统防范化解校外培训行业涉稳风险的工作方案》，加强全市校外培训行业社会稳定风险突发事件应对和处置能力。年内，市、县两级派出检查人员2 685人次，现场督查375次，排查材料399份，排查从业人员1 431人，约谈机构80所。

"双减"工作落地落实。2022年，肇庆市应开展课后服务学校494所，已全部开展课后服务；自愿参加课后服务学生29.88万人，参与课后服务的教师2.32万人；学校课后服务两个"全覆盖"得到有效巩固。课后服务时间达到"5+2"标准。全市义务教育阶段学校已全部建立作业管理制度、作业公示制度和作业管理办法，作业时间控制100%达标。全市学科类培训机构完成"营改非"，100%的机构预收费纳入资金监管，实现开通支付率100%（全流程监管100%）的目标。报读校外学科类培训机构的学生大幅减少，机构招生规模和预收费仅为往年同期的10%左右，有效减轻学生家长的教育负担。

"城乡联动、双向提升"改革。2022年，肇庆市扎实推进市域内义务教育教师"城乡联动、双向提升"改革，安排370名教师（端州区30人，鼎湖区30人，高要区30人，四会市30人，德庆县50人，广宁县50人，封开县50人，怀集县100人）开展结对交流，深入基层调研，不断完善义务教育阶段教师跨县域交流机制。

不断深化教育交流合作。2022年，肇庆市基础教育学段的各类学校通过线上线下相结合的方式传播中华文化，交流教学理念，携手推进教育现代化。组织端州区小学生参加2022第十六届"沪粤琼港"作文小能手比赛。广东肇庆中学联合香港澳门蔡高中学开展2022年粤港澳姊妹学校中华经典美文诵读比赛。在肇高校进一步拓展对外交流。其中，肇庆学院与中德设计学院继续在人才培养、师生学习交流等方面合作，与英国博尔顿大学继续洽谈合作，与波中教育基金会就波中国际教育项目进行洽谈。与澳门大学在人才培养、师生学习交流等方面合作取得成效，14名学生申请赴澳门交流学习，4名毕业生通过保荐录取为澳门科技大学硕士研究生，6名学生在澳门科技大学交流学习期满返校。

各级各类教育

【基础教育】（一）学前教育

2022年，肇庆市有幼儿园706所，比2021年增加8所；在园幼儿161 929人，比2021年减少2 006人；幼儿园教师11 504人，比2021年增加55人，其中大专以上学历教师占88.49%，比2021年提高2.6个百分点。公办幼儿园和公办性质幼儿园230所，比2021年增加5所；民办幼儿园476所（其中普惠性民办幼儿园406所）；规范化幼儿园676所，占幼儿园总数的95.75%。继续推进实施学前教育"5080"攻坚工程，全市通过新建、改扩建、回收等方式建成投用公办幼儿园10所，新增公办学前教育学位3 427个，新增公办学位完成率达121.1%，提前并超额完成省教育厅下达的年度任务。公办园在园幼儿8.25万人（含购买学位2.04万个），占比50.94%，普惠性民办园在园幼儿6.31万人，公办园和普惠性民办园在园幼儿数占比89.91%，完成巩固、提升"5080"普惠目标的任务。

（二）义务教育

2022年，肇庆市有小学234所，比2021年减少3所；小学在校生40.41万人，比2021年减少4 775人。初级中学（含九年一贯制学校）164所，比2021年增加2所；初中在校生19.19万人，比2021年增加1.14万人。小学适龄人口入学率100%，辍学率为0；初中阶段入学率100%，辍学率为0。义务教育阶段全面落实"以流入地政府为主、以公办学校为主"政策，积极安排符合条件的随迁子女进入公办学校就读，切实保障符合条件的进城务工人员随迁子女平等接受义务教育，群众满意度得到进一步提升。秋季学期，全市义务教育阶段进城务工人员随迁子女81 224人，其中在义务教育公办学校就读及享受政府购买学位的有73 614人，入读义务教育公办学校（含政府购买学位）的比例为93.95%。

2022年，肇庆市进一步推进义务教育学位建设，把"增加公办优质学位供给"纳入市委、市政府对各县（市、区）党政领导班子工作综合考评的基础教育考评指标，持续加快城镇学校建设，不断增强公办优质学位供给力。全市新建、改扩建公办中小学校22所，新增义务教育公办学位2.6万个，有效缓解城镇学校学位紧缺问题，消除大班额工作取得显著成效。全市义务教育阶段学校有教学班14 515个，较2021年减少171个。全市义务教育学校56人以上大班额有79个，较2021年减少48个，占比下降至0.54%，下降0.32个百分点。全市中小学校56人以上大班额逐年减少，并持续保持在广东省教育厅下达的义务教育学校大班额控制在1%以内的约束性指标范围内。全市中小学校起始年级56人以上大班额已连续两年为0，实现了义务教育学校起始年级没有56人以上大班额的目标。

（三）普通高中教育

2022年，肇庆市有普通高中44所（公办29所、民办15所），其中东南板块33所，山区板块11所。按照普通高中招生入学成绩对学校进行分类指导、精准施策，16所公办A类学校优质强校，13所公办B类学校提质兴校。肇庆市采取"优质学校+弱校"的方式，培育广东肇庆中学、千人学校教育联盟、肇庆市第一中学等教育集团，建成"名校+"联盟学校共同体，建立"学习、共享、融合、流动、借鉴、共赢"等协同机制。全市高考本科率超过60%，升学率达90%以上，普通高中教育质量处于全省中上水平。

（四）特殊教育

2022年，肇庆市有各类特殊教育学校（幼儿园）9所，其中综合性特殊教育学校1所（同时招收听障和智障学生），启智学校7所，康复幼儿园1所；建有特殊教育资源教室151个，镇（乡）随班就读资源教室全覆盖；设立乡镇特殊教育资源中心52个。

肇庆市有独立设置的特殊教育幼儿园1所，为隶属市残联的肇庆市康复幼儿园，在园幼儿95人，教职员工63人。全市有义务教育阶段常住适龄残疾儿童少年3 647人，已入学3 592人，入学率98.49%。特殊教育学校就读学生999人，教职员工340人。随班就读的残疾学生1 605人，通过送教上门入学的残疾学生988人。

【职业与成人教育】（一）高等职业教育

2022年，肇庆市有高等职业院校5所，其中本科层次高等职业院校1所（广东工商职业技术大学），专科层次高等职业院校4所（肇庆医学高等专科学校、广东信息工程职业学院、广东肇庆航空职业学院、广东亚视演艺职业学院）。5所高等职业院校占地面积281.91万平方米，建筑面积140.45万平方米；藏书311万册；教学仪器设备总值5.2亿元。全年招生1.5万人，在校生4.81万人，毕业生1.17万人；专任教师1 487人，其中高级以上职称554人。

（二）中等职业教育

2022年，肇庆市有中等职业学校16所（不含技工学校，下同），其中公办学校9所、民办学校7所；市属学校9所、县属学校7所。国家中等职业教育改革发展示范学校2所，省级示范学校2所；国家级重点学校4所，省级重点学校11所，省高水平中职学校建设单位3所。16所中等职业学校占地面积147.7万平方米，校舍建筑面积104.2万平方米；藏书193.4万册；教学仪器设备总值4.12亿元。在校生6.38万人，比2021年增加2 600人；招生2.34万人；毕业生1.87万人，比2021年增加2 050人。专任教师2 894人，其中高级以上职称254人、研究生以上学历教师338人。

（三）成人教育

2022年，肇庆市通过道德讲堂、疫情防控宣传、家风讲座、文娱活动等形式开展全民终身学习活动周，参与人数达21万人。肇庆开放大学作为服务全民终身学习的主要阵地，坚持面向基层、面向行业、面向社区、面向农村，广泛开展职业教育、社区教育、老年教育、新型农民教育和各类培训，坚持"多元开放"的发展战略。

2022年，肇庆市104个乡镇（街道）全部设立成人文化技术学校，其中省级示范性学校8所、市级示范村（社区）成人文化技术学校85所。参加各类技能培训42.3万人次，农民实用技术培训率达50.9%。肇庆开放大学从2013年起承担全市村（社区）党组织书记大专学历培训项目，截至2022年累计招收村（社区）党组书记及储备干部1 588人，毕业人数913人，为深入实施乡村振兴战略培养懂农业、爱农村、爱农民，知科学、有技能、会管理的基层干部人才。

【高等教育】（一）概况

2022年，肇庆市有10所全日制高等教育院校，其中公办高校3所，分别是肇庆学院、广东金融学院肇庆校区、肇庆医学高等专科学校；民办高校有7所，分别是广东理工学院、广东工商职业技术大学、广州应用科技学院肇庆校区、广州华商学院四会校区、广东信息工程职业学院、广东肇庆航空职业学院、广东亚视演艺职业学院。年内，广东亚视演艺职业学院从东莞整体搬迁至德庆县并开学；肇庆学院应用型转型试点和"改大申博"工作全面启动；肇庆北岭科教城初步完成建设方案的编制，肇庆学院新校区建设、肇庆职业技术学院谋划筹建等工作有序推进。

（二）肇庆学院

肇庆学院是由广东省人民政府主办、省教育厅主管的公办全日制本科院校，是硕士学位授予单位，有教育、电子信息、艺术硕士专业学位授权点。学校占地面积85.27万平方米，建筑面积62万平方米；图书馆藏书186.5万册，电子图书318.2万种；固定资产总值16.89亿元，其中教学和科研仪器设备价值3.54亿元。学校拥有经济学、法学、教育学、文学、历史学、理学、工学、农学、管理学、艺术学等十大学科门类。学校面向广东、湖南、湖北、甘肃、安徽、山东、山西、广西、贵州、河南、河北、浙江、四川、重庆、云南、福建、江西、宁夏、青海、海南、内蒙古、新疆和西藏等23个省区及港澳台地区招收学生。2022年，招收本科生6733人；全日制本、专科在校生26253人，全日制本、专科毕业生6235人；成人教育类学生6809人；成人教育类毕业生1218人。学校有教职工1786人，其中专任教师1278人。专任教师中有正高职称145人，副高职称415人，博士460人，硕士699人。在聘兼职教师571人。

（三）肇庆医学高等专科学校

肇庆医学高等专科学校有端州、鼎湖、新区共3个校区，学校占地面积90.04万平方米，校舍建筑总面积38.49万平方米，有3所直属附属医院，固定教学医院（实习）87所。学校教学科研仪器设备总值22566.31万元；图书馆藏书105万册。学校设有临床医学、口腔医学、中医学等专科专业20个，其中临床医学专业为国家级骨干专业，护理专业为全国养老服务示范性专业；临床专业群（临床医学、口腔医学、药学、预防医学）、护理专业群（护理、康复治疗技术、中医康复技术）、中医专业群（中医学、针灸推拿、中医骨伤、中药学）、检验专业群（医学检验技术、医学影像技术、健康管理）四个专业群为"省级高水平专业群"。2022年，学校招生7629人，其中大专生3998人、中专生1550人、成人专科学生2081人；在校生22579人，其中大专生11894人、中专生4788人、成人专科在校生5015人，与广东医科大学联合培养专插本学生170人，与南方医科大学、广州医科大学、广东医科大学、广东药科大学联合培养成人本科学生712人；毕业生6268人，其中大专毕业生3462人、中专毕业生1655人、成人专科毕业生1151人。学校有教职工910人，其中专任教师758人。专任教师中，具有副高以上专业技术职务的教师401人（其中教授33人），占专任教师总数的52.9%；具有研究生学历的教师299人（其中博士38人），占专任教师总数的39.45%。专任教师中的"双师型"教师454人，占比59.89%；聘用行业、企业的兼职教师184人，占比19.53%。拥有广东省名中医5人、广东省杰出青年医学人才4人、广东省高职教育优秀专业带头人22人、广东省高层次技能型兼职教师25人。学校实施强师工程、学历提升工程、高层次人才引进工程，优化学校师资队伍建设。

（四）广东金融学院肇庆校区

广东金融学院肇庆校区位于肇庆市星湖石牌（七星岩风景名胜区北门左侧），是省属公办普通本科院校广东金融学院的分校区。校区占地面积6.67万平方米，建筑面积4.9万平方米。固定资产总值0.58亿元，其中教学仪器设备价值400多万元。图书分馆纸质藏书29.05万册，与学院本部共享中文数字资源库36个、外文数据库18个。设有保险学院、经济贸易学院、财经与新媒体学院、信用管理学院、工商管理学院、公共管理学院、金融与投资学院、法学院、外国语言与文化学院、会计学院等10个二级学院。开设保险学、国际经济与贸易、汉语言文学、信用管理、工商管理、行政管理、电子商务及法律、商务英语、财政学、市场营销、会计学、财务管理、审计学、国际商务、经济学、金融科技等16个本科专业。892名2021年专升本学生、900名2022年专升本学生以及1017名2022级大学一年级的新生在校区就读。校区有教职工163人，专任教师18人，其中正高职称2人、副高职称9人。设有西江流域经济研究所和广东金融学院产业金融研究所两个科研平台，参与服务地方的科研和培训工作。

（五）肇庆开放大学

肇庆开放大学是肇庆市政府直属成人高等教育院校，是一所集中专教育和现代远程开放本科及专科教育于一体的新型高等学校，业务指导高要、四会、广宁、怀集、封开、德庆等6县（市、区）开放大学。学校占地面积10 000平方米，校园建筑面积18 000平方米，学校固定资产总值2791.33万元，其中教学、科研仪器设备资产值420.17万元，信息化设备资产值646.45万元。图书馆藏书32.45万册，其中本部藏书4.9万册。学校设有广东开放大学专科、本科公共事务管理、电子商务、建设工程管理、大数据与会计等35个专业；国家开放大学专科、本科法律事务、小学教育、学前教育、汉语言文学等58个专业。2022年，肇庆开放大学有在校生30 186人，包括专科起点本科3698人、高中起点专科26 488人。本部在校生共18 561人，包括专科起点本科2137人，网络高中起点专科16 424人。在编在职教职工46人，其中副高职称6人，中级职称21人，硕士学位12人，中级以上职称的教师占全校教师人数的58.7%。聘请具有中、高级职称的外聘教师25人。

教育成果与特色

【高校基层党组织建设】实施党建质量提升行动，不断提升组织力。推行发展党员全程纪实工作制度，发展党员1580人；严格按照《关于进一步规范高校基层党组织"三会一课"等七项组织生活制度的意见》，定期组织开展党建主题教育学习和"三会一课"主题党日活动；夯实党建基础，举办肇庆市高校基层党务知识与技能培训班，建强党建队伍，增强引领实效，教师党支部书记"双带头人"达到全覆盖。开展全市高校基层党建工作创新案例征集评选活动，共评出25个党建工作创新案例。打造"大思政"格局，不断提升育人合力。市委常委会召开专题会议研究高校思政课建设，市委主要领导到高校就深入学习宣传贯彻党的二十大精神、加强高校思想政治建设进行专题调研，全市高校党委组织书记讲"思政第一课"共576节。注重思政育人实效，配足配齐思政课教师，全市有专职思政课教师347人。开展肇庆高校首届"育人杯"思想政治工作优秀案例评选活动，举办高校思政课教师示范培训班，促进思政课程与课程思政同向同行，把"三全育人"落到实处，不断凝练"三全育人"特色和品牌。

【民办高校基层党组织建设】党组织关系在肇庆市的民办高校一共有5所，分别是广东理工学院、广东工商职业技术大学、广东信息工程职业学院、广东肇庆航空职业学院、广东亚视演艺职业学院。全市民办高校共有党员5555人，其中学生党员4018人，教师党支部书记"双带头人"已达到全覆盖，配备辅导员465人，专职思政课教师288人，专职心理教师31人。2022年，健全民办高校党组织领导机制，选好培育好民办高校党委书记、班子。高校各级党组织书记抓党建述职评议考核全覆盖。落实"双向进入，交叉任职"，并参与学校重大决策，民办高校党委职能部门基本健全。规范、科学设置党支部，选优配强党支部书记，二级院（系）党组织班子成员联系师生党支部制度基本覆盖。

【中小学校（幼儿园）项目集中投用】2022年8月29日，肇庆市举行2022年秋季学期中小学校（幼儿园）项目集中投用仪式，在肇庆新区华侨城小学设市主会场，其他各县（市、区）、肇庆高新区同时分别设置分会场。全市28所公办中小学校、幼儿园集中投用，新增公办学位25 250个。

【教师信息技术应用能力提升】2022年，肇庆市教育局印发《肇庆市中小学教师信息技术应用能力提升工程2.0实施方案》，构建以"培训为手段、课堂为抓手、课题为引领、教研为助力"的"四位一体"的中小学教师信息技术应用能力提升工程2.0推进模式，建立"研培结合"的推进机制，搭建能力提升创新平台，支撑引领肇庆教育向高质量跨越，向教育现代化迈进。全市组织两次中小学教师信息技术应用能力提升工程2.0学校管理团队、专家库专家培训。在端州、怀集、德庆等地组织信息技术应用能力提升工程2.0展示活动，展示多技术融合的课例，受到一致好评。全市有35项课题获得广东省信息技术应用能力提升工程2.0专项课题立项，8个案例入选省级典型案例。全市40 142名中小学教师完成网络研修和校本研修。

【"双师课堂"建设】2022年，肇庆市以信息化中心学校为"种子学校"，建立"1+N"联盟学校学习共同体，带动270所学校开展教学实验，探索符合本地教学实际的"名师录像+实时互动"混合双师课堂教学模式。通过粤港合作，扩大"双师课堂"建设范围和影响，与香港岭南大学合作，通过"大学生在线支教计划"，为封开县和广宁县38所学校提供设备支持，定期开展师生教学教研交流，进行专业的课堂教学测评，开展线上教师研讨会21场，线上课堂94节，教师课堂测评61节。

【教师全员轮训】2022年，肇庆市出台《2022年肇庆市四个山区县中小学教师市级全员轮训实施方案》，成立肇庆市中小学教师全员轮训工作领导小组，以"师德师风、教学基本功、信息技术应用能力、教学管理、双减政策"等为主要培训内容，构建"2+3"研训一体化模式，即采取"集中+分散""线上+线下"两种培训方式，分学科以市级"三名"工作室为轮训教师的实施主体，分"通识培训""双新培训""跟岗培训"三个阶段实施，完成省下达的1270人市级轮训指标任务，四个山区县的县级轮训任务也基本完成。

【免费义务教育】2022年，肇庆市享受免费义务教育人数59.6万人，其中小学40.41万人，初中19.19万人。各级财政补助免费义务教育公用经费8.55亿元，其中省级以上财政负担6.55亿元，市级财政负担0.4亿元，县级财政负担1.6亿元。全市教育经费投入143.45亿元，比2021年增加10.43亿元，增长7.84%。其中一般公共预算教育经费支出85.94亿元，比2021年增加6.85亿元，增长8.66%；教育事业费83.87亿元，比2021年增加6.92亿元，增长9%；教育费附加2.08亿元，比2021年减少0.08亿元，减少3.53%；其他教育经费19.87亿元，比2021年增加5.62亿元，增长39.41%；事业收入28.8亿元，比2021年增加3.17亿元，增长12.37%。

【普通高考情况】2022年，肇庆市报名参加普通高考考生27 061人，比2021年增加2 919人，实考人数21 827人，设有考点20个，考场947个。考试期间，严格落实疫情防控措施，确保落实"能考尽考""应考尽考"。规范考务组织管理，各考点考前实现考场空调正常运转、高清视频监控、人脸识别身份验证、通信设备检测及屏蔽、网络信息点互联互通、极端天气应急预案、试卷"分科入柜"存放"七个百分百"全覆盖，做到"考试无事故、考风考纪好、考务无差错"，实现"健康高考""平安高考""公平高考""诚信高考""暖心高考"目标。全市高考成绩600分以上409人，特控线上线人数2 380人，本科线以上人数13 533人。6名考生被北京大学、清华大学录取，1名考生被北京大学和空军航空大学联合培养。

【课程改革】2022年，肇庆市以省级示范项目为抓手，深化幼儿园课程改革。完成4个广东省幼儿园"新课程"科学保教示范项目中期评估，其中2个项目获得"优秀"等次；3个广东省学前教育高质量发展实验区项目分别以"自主游戏""幼小衔接"为攻坚方向，形成行政支持、教研推动、试点园校合力推进教育教学改革的良好局面；新增申报立项1个广东省学前教育高质量发展实验区"城乡学前教育一体化管理资源中心"项目，探索发挥城镇优质幼儿园和乡镇中心幼儿园的辐射指导作用，推动农村保教质量整体提升。以"双新""双减"为抓手，推进义务教育阶段教育教学改革。举办2022年全市义务教育质量提升会议、中小学心理健康教师培训活动、中小学思政课线上教学经验交流活动、全市中小学教师"双新"培训及展示等，提高义务教育教研员对新课程、新课标的理解。以义务教育质量监测为契机，加强常态化教研。联同督导室对全市义务教育学校的教研状况进行调研，并开展相关学科国测视导。召开"肇庆市2020年义务教育质量结果报告二次解读会议"，相关学科教研员重点分享研究成果。响应"双减"政策，优化作业设计和实施。组织教研人员和骨干教师研发学科作业设计样例，为教师布置书面作业提供参考。指导县（市、区）开展优化作业设计主题教研活动，并开展专题讲座。引导相关教师以作业设计和实施为研究内容，进行相关课题申报和研究，以课题研究促进实际问题解决，实现"减负增效"。开展全市小学数学"双减"作业研究成果征集。组织20所学校的学科教研员、骨干教师到山区县、民族乡送教，促进全市义务教育阶段教育优质均衡发展。多措并举狠抓高中课程改革。出台《2022年肇庆市普通高中教育质量综合评价及奖励实施方案》，组织全市高中各学科教研员参加2022年广东省普通高中新高考新课程新教材线上研修活动、普通高中新教材网络培训等活动。举办2022年高考综合改革和普通高中新课标新教材市级全员培训。组织骨干教师到深圳参加新课程新教材背景下2023届高考备考一轮复习骨干教师培训，选派骨干教师参加教育考试命题省级骨干教师培训。

【扶困助学】2022年，肇庆市全面落实各学段家庭困难学生精准资助，做到"不重不漏，应助尽助"，没有因贫而失学的学生。春季学期，全市资助家庭困难学生人数117 264人（学前教育阶段学生11 326人，义务教育阶段学生39 452人，普通高中教育阶段学生8 902人，中职教育学段学生57 584人），发放资助金额40 507.36万元。秋季学期，全市资助家庭困难学生人数122 919人（学前教育阶段学生11 360人，义务教育阶段学生35 091人，普通高中教育阶段学生9 231人，中职教育学段学生67 237人），发放资助金额14 079.51万元。肇庆市户籍大学生15 655人次办理助学贷款，贷款金额16 705.7万元。年内，广东省宋庆龄基金会、省教育厅公布广东省宋庆龄奖学金评选结果，肇庆市教育局获得优秀组织奖。发动社会捐资助学，营造全社会捐资助学的良好氛围。联合广东省乡村发展基金会开展肇庆市"困难家庭励志学生关爱工程"助学项目，资助2022年秋季入读全日制普通本科院校的困难家庭学生245人，资助金额122.5万元。依托广东省扶贫基金会，成立肇庆市青少年发展基金，开展"肇亮青梦"计划，扶助困难大学新生100人，资助金额40万元。开展扬州市禹振飞慈善公益基金助学行动，资助2022年秋季入读全日制普通本科院校的困难家庭学生75人，资助义务教育阶段学生200人，资助高中、中职学段学生200人，资助金额100万元。

【学校疫情防控】2022年，肇庆市动态调整校园疫情防控措施，全力打好校园疫情防控攻坚战。强化落实校园常态化疫情防控措施，开展疫情防控风险点排查；多渠道强化宣传引导，教导师生做好戴口罩、勤洗手、不聚集等个人防护措施；督促校园落实环境清洁、通风消毒以及校门口管控等措施。以"四不两直"方式每周至少3次到各级各类学校开展暗访督查并通报，以督促改、举一反三，坚决堵住防控漏洞。及时将《新型冠状病毒肺炎防控工作方案（第九版）》以及国务院联防联控机制办公室"二十条""新十条"、《新型冠状病毒感染"乙类乙管"实施方案》等政策要求传达到各级各类学校，结合实际严格执行属地防控部门指引和要求，动态调整开学疫情防控工作方案，确保春秋季开学顺利、安全，校园教育教学秩序稳定。市校园疫情防控工作专班制定春秋季开学和寒暑假疫情防控等各类工作方案、预案、指引、制度等105份，撰写校园疫情防控工作简报130份，发出暗访督查通报等材料87份，录播疫情防控短视频30份，发布微信公众号推文40篇。

【强师工程】2022年，肇庆市不断深化教研体系建设，全面促进教师专业成长。持续推进省级教研基地建设，立项省级学科教研基地项目3个、校（园）本教研基地项目2个。推动教育科研提质增效，立项2022年度和2023年度广东省中小学教师教育科研能力提升计划项目52个，省普通高中课程改革专项研究课题项目4个。制定市级课题研究选题指南，明确课题研究申报的七大范畴，压紧压实基层教研部门对区域课题研究质量的前置把关，立项市级课题201项，推动基础教育课题研究从量变到质变的提升。组织做好第八届市基础教育科研成果奖申报工作，将166项成果按学科领域分成语文、数学、英语、文理综合、大综合等五组进行评审。2名中学教师主持的思政课程建设成果入选广东省中小学中职学校思政课优质建设课程；组织教师参加广东省教育厅关于深化新时代教育教学评价改革征文评选，选送论文50篇。推进名校长和名师工程，遴选出肇庆市第二批"三名"工作室（2022—2025年）主持人97人，其中名教师工作室主持人84人、名校（园）长工作室主持人5人、名班主任工作室主持人8人。评选出第三批"西江人才计划"名师（名校长）工作室10个，遴选2022年度工作室入室学员1 194人，并对新一轮的主持人举行授牌仪式和培训活动。全市创建省级名师工作室17个、西江人才名师工作室22个、市级名师工作室392个，培育市人民教育家培养对象20人、省百千万人才培养对象17人，通过搭建名师名家的"传帮带"平台，带动超过4 600名骨干教师作为入室学员共同学习、成长。各级各类名师工作室立项省级课题140项，出版专著17套，在国家级刊物发表论文251篇。开展线上线下工作室研修活动2 647场，送教下乡519次，参与教师41 000人次。举行肇庆市第二批名教师、名校（园）长、名班主任工作室（2022—2025年）主持人授牌仪式暨培训活动。开展肇庆市"名师伴我行"教师研修活动创意设计大赛，评出一等奖2名、二等奖7名、三等奖38名。组织71个市名师工作室对封开、怀集、广宁、德庆四县1 270名教师开展市级轮训工作和跟岗培养。

【山区教师生活补助政策】2022年，肇庆市实施山区和农村边远地区学校教师生活补助政策，有关县（市、区）均按月足额发放山区教师生活补助，全市享受该政策的16 269名教师每月人均发放金额1 050元，超过省定每月人均1 000元的标准。

【师德师风建设】2022年，肇庆市组织开展师德专题教育，深入学习习近平总书记关于师德师风的重要论述，不断加强师德师风建设，全面提升教师思想政治素质和职业道德水平。协调阅江大桥、星湖国际广场等城市标志建筑物参与"我为教师亮灯"活动,运用电视、广播、报刊、网络、微信等媒体,宣传先进人物、典型事迹和师德师风建设成果。开展师德优秀典型先进事迹宣传学习470场次,集中开展师德警示教育643场次,引导教师践行新时代师德规范。肇庆市教育局、市人社局联合表扬杜艳等99名优秀教师、陈庆玲等48名优秀乡村教师、殷媛等50名优秀班主任、陆宗远等29名优秀教育工作者。组织中小学教师参加广东省第十一届师德主题征文及微视频征集活动,15人获奖,肇庆市教育局获评优秀组织奖。

【技能人才培养及办学模式创新】2022年,肇庆市中等职业学校毕业生1.87万人,主要集中在装备制造、电子与信息、交通运输等专业,基本覆盖新能源汽车及汽车零部件、电子信息、金属加工、现代农业等领域。创新办学模式,深化职业教育产教融合,建立与经济社会紧密联系、灵活的办学体制,中职学校毕业生就业率在96%以上。通过校企合作,联合开展订单培养项目29个、现代学徒制试点项目6个。探索集团化办学机制,发挥市城乡第一、第二职教集团,带动县域中职教育城乡一体化发展。引导和推动职业学校创新办学机制,支持中职学校与本地企业合作共建10个市中职学校示范性教产对接融合项目,助力留肇就业创业工作。推动中高职贯通培养试点,支持中职学校对接高职院校联合开展中高职三二分段培养试点,逐步扩大通过"3+证书"职教高考升读高职规模,中职毕业生升读高职的比例提高至20%以上。

【职业技能竞赛】2022年,举办肇庆市中职学校学生专业技能竞赛,参与学生500人,竞赛项目22个;举办肇庆市中职教师教学能力竞赛,参加教师300人,竞赛项目10个。派出选手参加全省中职学校学生专业技能大赛,69名学生获省赛奖励。186名教师在省、市中职学校教学能力大赛中获奖。

【成人高考】2022年,肇庆市成人高考报考人数19 769人,比2021年减少3 098人,其中专科起点升本科7 614人,比2021年减少235人;高中起点升本科858人,比2021年增加48人;高中起点升专科11 297人,比2021年减少2 911人。设有成人高考考点14个。被成人高等学校录取14 864人,比2021年减少4 389人,其中专科起点升本科录取6 006人,比2021年减少759人;高中起点升本科录取567人,比2021年增加149人;高中起点升专科录取8 291人,比2021年减少3 779人。

【自学考试】2022年,肇庆市分别在1月、7月、10月组织自学考试,报考自学考试人数10 715人,比2021年减少3 183人;报考24 485科次,比2021年减少7 688科次。考点设置在市城区。自学考试毕业人数770人,比2021年增加246人,其中自学本科毕业673人,比2021年增加261人;自学专科毕业97人,比2021年减少15人。

【老年教育】2022年,肇庆市积极推进老年教育工作,春季开设课程15门,设有教学班31个,学员1 061人;秋季开设课程16门,设有教学班33个,学员1 126人。课程主要涉及声乐、广场舞、交谊舞、书法、太极拳、摄影、形态礼仪、智能手机、旅游地理、茶艺、中医保健、瑜伽(肇庆高新区)、古诗词吟唱(肇庆高新区)等。

(撰稿 周志娟;审稿 罗俊能)

清远市教育

概　　况

2022年，清远市教育局在市委、市政府的正确领导和广东省教育厅的大力支持下，认真做好学习宣传贯彻党的二十大精神各项工作，聚焦全国、全省教育工作会议和职业教育大会工作部署，坚持从政治上看教育、从民生上抓教育、从规律上办教育、以底线思维守护教育，努力办好人民满意的教育，推动全市教育高质量发展。

（一）加强党对教育工作的全面领导

一是认真学习宣传贯彻党的二十大精神。做到第一时间传达学习、第一时间安排部署、第一时间贯彻落实，抓实抓细党组领头学、理论学习中心组系统学、开班培训专题学、百姓宣讲深入学、党组织反复学等"五大课堂"，推动学习宣传贯彻党的二十大精神走深走实，市直教育系统各级党组织开展党的二十大精神专题学习研讨累计237次、专题党课220次。二是守好意识形态安全"南大门"。印发工作方案、专项行动方案和工作指引，明确每月工作要点，成立工作专班，落实分析研判、检查督查、情况报告等制度，加强敏感时期、重点人群、重要载体、活动阵地的安全管控，确保全市教育系统意识形态安全。三是在全省范围内率先推动、基本完成中小学校党组织领导的校长负责制，467所学校选优配强学校党组织书记，完成体制调整。

（二）教育优先发展战略得到有效落实

一是市政府主要领导召集会议，专题研究推动基础教育高质量发展工作，对全市教育把脉定航；分管副市长多次召集教育专题会议，研究推动解决教育"老大难"问题。二是加强顶层设计。制定出台《清远市教育发展"十四五"规划（2021—2025年）》《清远市人民政府关于推动基础教育高质量发展的实施意见》。三是落实"两个只增不减"。在疫情防控、经济下行造成的财政压力下，足额保障教育经费。2022年，全市一般公共预算教育经费支出92.36亿元，比2021年增加2.15亿元，增长2.38%。四是超额完成年度学位建设任务。清远市第一中学扩建工程全面启动。各县（市、区）推进落实学位建设任务，新改扩建幼儿园12所、中小学校18所，新设清远市海德外国语高中学校和清远市崇文普通高中学校，创新采取在民办高中设立公费班和普惠班，有效缓解市中心高中学位紧缺问题，年度合计新增学前教育学位3065个、中小学学位23067个。民办教育结构不断优化。

（三）办好人民满意的教育迈出新步伐

一是深入推进集团化办学。全市组建75个教育集团，覆盖中小学、幼儿园各学段，通过以城带乡、以优质学校带一般学校的方式，推进区域内优质教育资源共享共建和发展壮大。二是推动各类教育协调发展。全市15个优秀幼儿园自主游戏活动案例和15个幼小衔接活动方案进入省级遴选。九年义务教育巩固率达100.42%。印发方案和评估指标，统筹推动普通高中优质多样特色发展。拓宽自闭症班、智障班等特殊教育有效覆盖，全市残疾儿童入学率达99.15%。快速推进专门学校建设，9月30日正式接收首批学生。与广州软件学院签订办学协议，引进清远首所以IT人才培养为特色的普通应用型本科高校。三是用心培育"四有"好教师。统筹安排"强师工程"项目111个，培训教师43013人。完成清远市第三届"三名"工作室遴选工作。在广东省第五届体育教师教学技能大赛中获一等奖（粤东西北仅有2市入围）。四是乡村教育振兴三年行动计划顺利收官。三年来，新改扩建乡村寄宿制学校119所，新增寄宿制学位16762个，撤并农村教学点158个，进一步缩小区域、城乡、校际差距。五是教育教学质量稳步提升。加强市县两级教师发展中心建设，配齐市教师发展中心专业人员，全面开展送教下乡、蹲点教研、联合教研和教学比赛。高考成绩持续提升，特控线与本科线上线人数分别比2021年增幅4.9%、6.3%。完成国家、全省义务教育质量监测任务。六是深化全口径全方位融入式帮扶。选派教师到广州、韶关跟岗学习。巩固深化"校镇结对""名校帮扶"等创新形式，引进广州大学附属中学等名校到清远办学或托管，推动创建广清教育帮扶美林湖示范区。

（四）职业教育服务地方经济社会发展能力明显增强

一是深化职教改革。推进中职学校办学条件达标工程，清新区职业技术学校通过广东省教育厅中期评估检查，从高水平培育单位转为高水平建设单位。推动1+X试点工作，全市共有13个专业申报18个1+X证书，试点学生人数达1195人。根据全市产业发展需求，新设艺术设计与制作、中西面点等7个专业，推动幼儿保育、汽车运用与维修、电子商务、中餐烹饪等4个专业标准的研制工作。推进2022年省中职教育教学质量与教学改革工程项目，其中认定项目12个、立项建设项目15个。在第三届学徒制国际研讨会上介绍清远经验。开展中职学校现代学徒制备案，完成11个专业备案，试点人数623人。二是职教高考创佳绩。在2022年高职高考中，全市共有4所学校10名学生被本科院校录取。中职学校招生13338人（不含技工），超额完成省招生任务。扩大"中高贯通"培养的覆盖面，全市11所中职学校29个专业和19所高职院校34个专业开展三二分段中高职贯通人才培养，招生3615人，增幅32.66%。三是加强高校规范管理。牵头组织全市29个部门和10所高校召开7次省职教城校地对接座谈交流会。推动印发《〈省职教城"三方"工作职责清单〉责任落实方案》。

（五）推进教育教学改革稳步实施

一是落实"双减"推动教育回归育人本质。实现开设课后服务学校数、学生参与率、素质拓展课开设率（分别为78.35%、54.1%、66.5%）"三个过半"目标，开展作业评比活动。依法治理校外培训，学生过重的课后负担有效减轻。二是深化新时代教育评价改革。制定方案明确责任分工，建立试点工作进展情况季报制度，推进全市7个试点项目工作落实。三是扎实推进中考改革。顺利组织首次"进中考、计总分"的初中学业水平考试生物实验操作考试。通过划定民办高中公费生线、民办高中普惠生线，取消普通高中最低录取控制分数线，推进中考招录模式改革。四是全面落实五育并举。成立清远市大中小学思政课一体化建设委员会、思政课一体化教学改革创新中心。组织开展"疫路有爱，心向阳光"的中小学心理健康教育月活动。成立全国规范化家长学校实践活动实验区领导小组和教研中心，开展600场家庭教育讲座。举办未成年人思想道德建设系列活动157场次，参与师生达380万人次。未成年人思想道德建设走在全省前列。体育美育结出硕果，清远市在广东省第五届体育教师教学技能大赛中获一等奖，在广东省第十三届中学生运动会获第11名。推进全市乡村学校全科美育教育教学实验。举办"十大画卷"清远市首届全科美育美术作品展览及"山花朵朵开，妙笔绘家乡"中小学生绘画/创意设计大赛、首届清远市艺术特色学校和优秀传统文化传承学校评选活动，以及第四届中小学生美育节活动。劳动教育扎实推进，全市累计创建省劳动教育特色学校7所、市劳动教育特色学校45所。五是推动督导检查系统化。修订学前教育、特殊教育、高中学校等教育质量评估指标体系，全年共督导学校100所，随堂听课260节，召开反馈会68场、交流座谈会100场。

（六）全力维护教育系统安全稳定

一是做好党的二十大召开期间教育系统安全稳定工作。二是以快制快打赢校园疫情阻击战。织密筑牢校园疫情防控网，维护师生健康安全。三是全力保障各类考试安全。组织11种15项31场考试，各类考生近34万人次，实现全市"平安考试""健康考试""暖心考试"。及时解决超强"龙舟水"对中考造成的影响，平移考点5个，使清城、英德受灾考点的学生实现应考尽考。募集救灾款192.32万元及价值55万元的物资支持清城、英德、阳山等地学校灾后修缮和重建。四是扎实开展预防学生溺水、心理健康、道路交通安全、防范电信网络诈骗等四个专项的"十个一"活动，以及暑假期间"万名教师访万家"活动，2022年学生溺亡率同比下降22%。五是加强依法治校和法治教育。聚焦教育乱收费、规范化办学开展专项治理。参加2022年全国青少年禁毒知识竞赛线上初赛获得全省第二名。六是教育形象不断提升。结合喜迎党的二十大，开展"教育这十年"宣传报道，充分展现教育发展所取得的成绩和人民群众对教育的获得感。

各级各类教育

【基础教育】2022年，清远市有中小学校（幼儿园）1392所，其中幼儿园835所、小学354所、初级中学92所、九年一贯制学校67所、高级中学16所、完全中学12所、十二年一贯制学校6所、特殊教育学校9所、专门教育学校1所。全市有中小学校在校（园）生849731人，其中学前教育在校生169466人、小学在校生422369人、初中在校生179987人、普通高中在校生76891人、特殊教育（含高中阶段）在校生993人、专门教育在校生25人。全市有基础教育中小学校（幼儿园）专任教师51708人，其中学前教育专任教师10805人、小学专任教师22898人、初中专任教师11903人、高中专任教师5811人、特殊教育学校专任教师283人、专门教育专任教师8人。

（一）学前教育

2022年，清远市有公办幼儿园217所、民办幼儿园618所。规范化幼儿园707所，覆盖率84.67%。学前教育毛入园率107.06%。公办及普惠性民办幼儿园占比85.27%。

（二）义务教育

2022年，清远市有公办义务教育学校483所，民办义务教育学校30所。义务教育在校学生602356人。小学入学率100%，小学辍学率为0；初中入学率100%，初中辍学率0.1%。九年义务教育巩固率100.42%。

（三）普通高中教育

2022年，清远市有普通高中学校34所（含民办8所），其中完全中学12所，高级中学16所，十二年一贯制学校6所。普通高中学校在校生76891人。高中阶段教育毛入学率102.85%。

（四）特殊教育

2022年，清远市有特殊教育学校9所，在校学生993人（含高中阶段121人）。义务教育阶段残疾学生3880人，其中在特殊教育学校就读872人，随班就读1822人，送教上门1186人。适龄残疾儿童入学率99.15%。

【职业与成人教育】2022年，清远市有中等职业学校13所（含民办中职学校3所），其中2所国家中等职业教育改革与发展示范性学校，7所省级重点以上中等职业学校，4所广东省高水平中职学校建设单位。另有1所特殊教育学校附设中职班。全日制中职学校在校生36965人；教职工2247人，其中专任教师1858人，占教职工总数的82.69%。专任教师中，"双师型"教师比例85.99%；硕士学历教师46人，占专任教师的2.57%；本科学历教师1644人，占专任教师的91.84%；高级教师223人，占专任教师的12.46%。全市高中阶段教育普职比为56.43∶43.57。

2022年，清远市继续优化中职学校布局，初步建立以省级职教城为"中心区域"、示范带动"中东部"和"三连一阳"地区特色发展的合理格局。在专业布局上，推进学校专业设置对接区域产业发展，动态调整及优化专业，实现各校重点专业错位发展。清远市中职学校撤销农村医学、助产（中职）、民族音乐与舞蹈等专业，新增中西面点、运动训练、社会文化艺术等7个专业，共开设59个专业，专业总数比2021年增加3个，涵盖13个专业大类，专业布点数195个。专业点数排名前五的专业大类依次为装备制造、财经商贸、医药卫生、教育与体育、交通运输，其中医药卫生大类首次进入前五名。清远市中等职业学校专业设置基本能满足当地企业对技能人才的需求，区域经济社会发展人才需求满意度为97.33%。

2022年，清远市成人教育稳定有序发展。全市各中职学校积极服务地方经济社会发展，充分利用各类资源开展全民培训。全市9所中职学校设有职业技能鉴定所，面向社会人员和企业在职人员开展电工、焊工等特殊工种岗位技术操作、就业技能、安全生产知识、职业证书、技术咨询等多层次服务，设立培训项目55个，开展职业技能鉴定12678人次、社会培训11168人次、职业资格证书考试9869人次。全市共设有9所老干部大学，包括市级及8个县（市、区）各1所老干部大学，乡镇老年教育学习点（社区学院）335个，学员约4500人。清远市中职学校积极开展社会服务工作。其中，清远工贸职业技术学校社会服务范围覆盖清远市区、英德、佛冈、阳山、连州、连山、连南等区域，全年社会服务惠及22009人次。

【高等教育】2022年，清远市有10所高等院校（校区），10所院校均已招生开学，其中普通本科高等学校（校区）1所（广东金融学院清远校区），普通高等职业学校（校区）9所，在校大学生约12万人，高校教师约5000人。

【民办教育】2022年，清远市有民办幼儿园618所，占幼儿园总数的74%。民办园在园幼儿12.47万人，占全市在园幼儿的73.6%。全市有民办中小学校41所（不含技工学校），占全市中小学校的7.3%。其中，小学12所，占小学总数的3.4%；初级中学2所，占初中总数的2.2%；九年一贯制学校16所，占九年一贯制学校总数的23.9%；十二年一贯制学校和高级中学共8所，占高中学校总数的23.5%；中等职业学校3所，占全市中等职业学校总数的23.1%。民办学校专任教师11659人，占全市学校专任教师总数的21.9%。民办学校在校生

（含幼儿园）18.2万人，占全市学校在校生总数的20.6%。民办义务教育学校在校生（不含政府购买学位）41968人，占义务教育学校在校生的6.9%，其中，民办小学在校生25172人，占全市小学在校生的6%；民办初中在校生16796人，占全市初中在校生的9.3%；民办高中在校生10761人，占全市高中在校生的14%；民办中职在校生5069人，占全市中职学校在校生的13.7%。支持民办高中开设公费班和普惠班，2022年在市直7所民办高中设立公费班和普惠班，共增加学位1337个。

教育成果与特色

【政府教育履职考核】 2022年，省政府公布2021年市县政府履行教育职责考核评价结果，清远市获得良好等次，位居北部生态发展区第二位，连南瑶族自治县、阳山县、英德市获得优秀等次，清城区、清新区、佛冈县、连州市、连山壮族瑶族自治县获得良好等次。

【教育督导】 2022年，清远市人民政府教育督导室组织市、县两级督学对英德市6个镇、连山壮族瑶族自治县3个镇、阳山县4个镇进行"省教育强镇"复评的视导及验收。29所幼儿园被评为广东省规范化幼儿园，154所广东省规范化幼儿园通过复评。制定《清远市各县（市、区）督学责任区建设评估指标体系》《2022年春季清远市义务教育学校常规工作督导检查观测点》，修订了清远市普通高中学校办学质量评价督导检查指标，市直属幼儿园保育教育质量评价指标，特殊教育学校常规工作督导指标体系，特色高中学校评估指标及评分细则。组织开展中小学、幼儿园办学质量评价督导检查，共督导学校117所，查阅资料3712盒，撰写督导通报3份，发出督导整改通知书87份。组织市督学对学校疫情常态化防控、"双减"政策、学生体质及近视预防等专项督导和随机督导，进一步提升教育教学质量。

【教育公平】 2022年，就读清远市义务教育阶段学校的进城务工随迁子女有83546人。其中，在公办学校就读71686人，占比85.8%；在民办学校就读11860人，占比14.2%。义务教育阶段随迁子女适龄儿童入学率100%。

【学位供给】 2022年，持续推动《清远市教育设施规划建设管理规定》落地见效，全市动工新建、改扩建学校（幼儿园）30所，实际已投入使用学校（幼儿园）30所，新增学位24295个，其中幼儿园3065个，中小学21230个。

【质量监测】 2022年，佛冈县作为清远市唯一样本县参加了国家义务教育质量监测，监测学校20所（其中小学12所，初中8所），监测学生600人，监测科目有语文、艺术、英语。2022年6月，首次开展省级义务教育质量监测，全市8个县（市、区）均接受监测，监测科目有数学、劳动、心理健康，监测学校161所（其中小学97所，初中64所），监测学生4800人。做好2020年国家义务教育质量监测科学、德育状况监测结果解读，开展实地调研，落实监测结果运用，提升义务教育质量水平。

【教育科研】 2022年，组织开展清远市规划课题申报评审，共有申报项目198项，批准立项120项（重点课题10项）。组织申报省教育厅中小学教师教育科研能力提升计划（"强师工程"）项目，33个项目被批准立项（重点项目4项，一般项目29项）。市委、市政府继续对市级课题研究予以经费支持，重点课题10000元/项，一般课题7000元/项。8项省级课题、100项市级课题获批准结题。

【课程改革】 2022年，清远市以"双减"政策、教研基地、示范校建设和教学比赛为抓手，推动全市中小学课程改革。印发《关于加强义务教育阶段学校作业管理与优化作业设计的实施办法》《清远市义务教育阶段小学语文等12个学科作业设计与实施示例》《清远市教育局关于印发〈清远市义务教育阶段教学基本要求（试行）〉的通知》等通知文件；举行义务教育阶段11个学科书面作业设计评选活动3次，收集参赛作品6761份。采取线上线下同步进行的方式开展清远市义务教育阶段学科教研中心组主题教研暨送教下乡活动，涵盖小学、初中27个学科。获准建设省级基础教育教研基地15个、省级校本研修示范学校5所、省级校本研修示范培育学校5所、国家级名教师工作室1个、省级名教师工作室8个、学前教育高质量发展省级试验区4个、国家级安吉游戏（连州）实验区1个、普通高中新课程新教材实施省级示范学校2所。参加省精品课比赛，获评广东省基础教育精品课55节、广东省中小学实验精品课13节、广东省普通高中新课程新教材实施优质教学课例优秀作品39节；教学案例获"双融双创"教师信息素养提升实践活动省级奖项32个。举办清远市第三十届中小学教师教学基本功比赛，共17个学科173名教师参赛，评选出最佳教学技能奖、最佳课堂教学奖及总分一、二等奖。2022年高中区域联合蹲点活动聚焦连阳地区县域高中质量提升，首次走进民族地区，依托广清教研帮扶机制，邀请27名来自广州、深圳、东莞等发达地区专家及名师组成备课指导团队，以"核心素养导向下的教学改进"为主题，融入了大单元、大概念等理念，创新开展接力课、说播课等活动，开展讲座27场，展示学员研讨课、小组汇报课和名师示范课100多节，超1500名教师通过线下或线上方式参与活动。

【广清教育对口帮扶】2022年，广州对口帮扶清远指挥部安排专项资金2100万元，支持清远市第一中学扩建工程（A、B栋宿舍楼）建设和市直公办普通高中学位扩招增容项目。7月20日，广州清远两地党政联席会议达成共识，两市支持创建广清教育帮扶美林湖示范区，推动广州大学附属中学托管清远美林湖学校，在提高人才集聚的吸引力和教育教学改革等方面通过品牌输出的先行先试，探索基础教育创新发展的新模式，率先为全省教育帮扶树立典范。9月1日，广州大学附属中学美林湖学校天汇校区、广清产业园与广州黄埔区玉岩实验学校合办的广清玉岩学校顺利开学。

2022年，是第三轮广清对口帮扶工作收官之年。2020—2022年，广州市、区两级共投入教育帮扶资金超4亿元，支持清远各县（市、区）新建学校8所，改善322所学校教学条件，设立分校或联合办学或代管学校6所，共新增17 875个优质学位。清远市285所学校与广州市的250所学校实现结对，共结对子287对，涵盖学前教育、义务教育、高中教育和职业教育学校。与9所学校开展联合办班办学，设立12个实验班。广州教师到清远挂职支教、清远教师到广州跟岗学习、参加教师培训及教学教研活动，广州派驻清远支教（挂职）教师138人，清远前往广州跟岗学习教师316人。

【全口径全方位融入式帮扶】2022年，清远市人民政府印发《清远市人民政府关于推动基础教育高质量发展的实施意见》，明确全市推动基础教育高质量发展工作的总体要求、重点任务、工作措施和保障措施等，为各地各部门共同推动基础教育高质量发展提供政策依据和行动指南。以《广东省人民政府关于印发广东省推动基础教育高质量发展行动方案的通知》《全口径全方位融入式帮扶粤东粤西粤北地区基础教育高质量发展工作考核评价办法（试行）》为依据，推动30份结对帮扶协议及任务清单的落实。至2022年底，全市各县（市、区）累计完成学校结对285所，对口帮扶完成公办学位建设扩容6520个，建设种子学校8所，各地结对学校开展交流活动63场次，优秀骨干校长高端研修参训183人，培育后备校长155人，骨干教师提升研修506人，教师信息技术应用能力培训8544人，"三名"工作室培养教师67人，教研帮扶活动参训14 673人次。

【扶困助学】2022年，落实省、市、县各类政策及资金4.08亿元，资助各类学生177 332人。其中，资助学前教育阶段学生16 834人，投入资金1683.4万元；资助农村义务教育阶段家庭经济困难学生44 406人，投入资金3104.9万元；少数民族地区义务教育阶段寄宿制民族班生活费补助学生5613人，投入资金523.1万元；农村义务教育阶段营养改善计划（住宿生伙食补助）资助学生45 792人，投入资金4757.2万元；普通高中国家助学金资助学生9973人，投入资金1994.7万元；普通高中学生免学费政策资助学生1647人，投入资金373.3万元；中等职业教育国家助学金资助学生3497人，投入资金699.5万元；中等职业教育免学费政策资助学生33 313人，投入资金11 659.6万元；扶助贫困省外大学新生55人，投入资金24.6万元；东莞银行教育基金资助贫困大学新生15人，投入资金7.5万元；学校奖助学生5587人，投入资金2466.7万元；社会奖助学生824人，投入资金174.5万元。全市生源地信用助学贷款共有9752名大学生贷款，贷款总金额10 688.7万元。

【德育工作】2022年3月，清远市教育局召开全市中小学幼儿园安全工作推进会议。从"推进安全生产集中整治，健全安全预防控制体系""落实'防、查、教、督'四项常规，筑牢校园安全防线"两个方面对2022年全市中小学幼儿园安全工作进行部署。

2022年9月，由清远市精神文明建设委员会办公室指导，清远市教育局主办的"2022年清远市深化文明校园创建系列活动"在全市各中小学开展。累计举办29场讲座，包括"节能环保教育系列活动""党史和团、队知识学习教育活动""未成年人保护法宣传教育活动""安全教育活动""健康教育活动""思想品德教育活动"，有效落实立德树人根本任务，全面提高未成年人的思想道德素养。

2022年12月，清远市中小学青少年毒品预防教育暨"扫黄打非""扫黑除恶"进校园文艺汇演在清远市博爱学校举行。27个节目参与汇演。《呼唤》（阳山县第一小学）、《后悔莫及》（佛冈县振兴小学）、《阳光少年 无毒青春》（清城区新北实学校）、《红与黑》（清远市博爱学校）、《心灵的创伤》（清远市职业技术学校）、《重拳出击 扫黑除恶》（清远盛兴中英文学校）等12个节目获得一等奖。

【学校体育】2022年，制定并实施中考体育改革方案，新增国标测试内容。对接广州体育学院、广州体育职业技术学院开展体育浸润计划，进一步提升乡村体育教育整体水平。在广东省第十三届中学生运动会中，清远市代表队团体总分排11名（上届排13名），并获得"体育道德风尚奖代表团"和"优秀组织单位"称号。参加广东省第五届体育教师教学技能大赛获得一等奖。清远市华侨中学获得2022年广东省中学生篮球锦标赛高中女子组亚军，清城区石角镇中心小学队获得2022年广东省小学生篮球锦标赛男子组季军。参加2022年"省长杯"中学生足球联赛，清远工贸职业技术学校获得中职组第五名，英德市第一中学高中男子组和高中女子组均获得第六名，清远市华侨中学连续三年进入16强。11名学生入选广东省校园足球夏令营，其中4名学生入选国家校园足球夏令营。

【学校美育】2022年，依托华南师范大学等广州高校开展"美育浸润行动计划"。在广东省教育厅公布的2022年度美育浸润行动计划优秀组织单位名单中，清远市教育局获优秀组织奖。推进全市乡村学校全科美育教学实验。举办"时代画卷"——首届清远市全科美育成果展暨高峰论坛，人民日报客户端"广东频道"报道后浏览量达19.7万人次。

举办"只此青绿""只此火红""只此金黄""只此雪白"等4期全科美育系列"艺术大讲堂"活动，线下线上参与师生超过10万人次。举办"山花朵朵开，妙笔绘家乡"中小学生绘画、创意设计大赛。

2022年6月，举办以"童心向党 美育花开"为主题的清远市第四届中小学生美育节活动。活动分为现场表演类展演、学生艺术实践工作坊展示、艺术作品展览等环节。其中，现场表演类展演活动分为合唱、舞蹈、器乐3个项目6个专场共129个节目；展示学生艺术实践工作坊10间，包括编制、剪纸、陶艺、版画、民间手工艺制作、创意制作等；展出艺术作品206幅，包括绘画75幅、摄影56幅、书法和篆刻75幅。

在全国第七届中小学生艺术展演活动中，清远市教育局，清城区教育局、清新区教育局获评优秀组织奖，2名学生作品分别获评全国绘画一等奖、摄影三等奖。在第五届粤港澳大湾区学校美术作品展中，佛冈县第四小学荣获一等奖。在全省中小学粤韵操交流展示活动中，清远市教育局获得优秀组织奖，7所学校获得二等奖、4所学校获得三等奖。

【音乐教育】2022年，在粤东粤西粤北地区中小学合唱培训及交流展示活动中，清远市获得小学组一等奖1个、二等奖5个、三等奖3个，初中组二等奖3个、三等奖3个，高中组一等奖1个、二等奖2个，清远市教育局获得优秀组织奖。

【劳动教育】2022年12月19日，清远市"扣好人生第一粒扣子·劳动美"系列活动之劳动成果展在清远市新北江小学举办。此次展览共评选出一等奖12名，二等奖15名，最佳人气奖12名，最佳巧手奖60名，最佳组织奖20名。

（撰稿　陈嘉伟　蓝海鹏；审稿　巫秋菊　邹　胜）

潮州市教育

概 况

2022年,潮州市教育系统开展学习贯彻党的二十大精神系列活动,动态更新潮州市教育局党组贯彻习近平总书记重要指示批示精神台账。强化政治学习,市教育局党组开展44个专题学习,全系统学习研讨2600多场次、书记讲学220多场次。完善市县领导为师生上思政课制度,各级党政领导、学校书记讲思政课3100多场次,推进大中小学思政课一体化建设。开展教材读物排查、疫情防控舆情风险管控等8个专项工作,建立重大决策社会稳定风险评估制度。实施教育系统"干部思想作风转变"战役"1+6"方案,编制全市教育强基人才行动实施意见,培训教师超1万人次,培训学校书记1000多人次,探索订单式人才培养模式。新增在读和新招研究生教师共187人,人数创历年新高,实施人才"走出去+选上来+沉下去"培养,新增副高级以上教师475人。稳妥改革中小学党组织领导的校长负责制,推进完善665个学校班子建设和议事决策制度;100%完成民办中小学"党建进章程"、党的组织和工作全覆盖、理顺党组织隶属关系、班子"双向进入、交叉任职"等4项工作,"双向培养"发展党员452人;开展"四优学校"创建,遴选34所创建示范校推进"一校一品牌"建设,举办汇报展示活动,创新搭建"竞标争先"平台开展3期"杏坛争鸣"现场研讨;开展各类专项治理,100%压减学科类培训机构,推行学校食堂承包经营管理改革,改善师生用餐环境。推动潮州市专门学校、广东潮州卫生健康职业学院等总投资25.98亿元的13个学校项目竣工投用,及6所公办园、4所农村"两类学校"建设,扩容市直4所公办园。推动解决潮州市高级中学运动场等一批历史遗留问题,撤并100人以下小规模学校67所,处置闲置校舍224项并推进186项盘活使用,配合城市治堵保畅,拆除潮州市绵德小学开元路校园教学楼用于临时停车场。新增基础教育公办学位3.43万个,市域内民办义务教育在校生占比4.7%,饶平县入选省首批产教融合试点城市、获省创建"基础教育高质量发展实验区"立项,潮安区获省创建"城乡学前教育一体化管理资源中心"立项,推动职业教育学校扩容建设,优化普职比,推进潮州市职业技术学校建设省高水平中职学校。120多名师生获省级竞赛奖项,潮州市教育局获5项省级比赛优秀组织奖,潮州市"让传统文化魅力在校园绽放"入选广东教育杂志"2022年十大年度报道",首次有项目参加全国中小学艺术展演并分获全国一、二等奖。接受广东省教育厅组织的国家学生体质健康标准抽测,实现市级、县级优良率和合格率双达标,饶平县优良率70.1%、合格率99.4%,均创潮州市历年省测成绩新高。推动市、县级教师发展中心建设。提升教师队伍素质,完成全市中小学教师信息技术应用能力提升工程2.0项目和饶平"三区"教师轮训项目,重点开展第二批"十百千人才培养工程"名教师第二阶段培养。配齐市级43名专职教研员,建立教研员"联系学校蹲点教研"制度,新建2个省级教研基地,与北京师范大学珠海校区建立合作关系。以"三通两平台"建设为抓手,加大教育数字化基础设施建设,完成市教育资源公共服务平台升级改造,提高教室多媒体平台占比至98%,完成全市中学危险化学品储存室、中考考点实验室的升级改造。推进学校课后服务"基本托管+素质托管+假期托管",推动70所学校与中山市优质学校结对共建,韩师实验学校(集团)入选广东省首批优质基础教育集团培育对象名单。投入5998万元资助学生3.32万人次,投入近5000万元完成4847间教室照明设施改造,春节前100%完成全市182所学校卫生室达标建设。巩固提升学校"4个100%"安防体系建设水平,潮州市校舍安全工作在全省校园安全工作会上做经验推广。

各级各类教育

【基础教育】（一）学前教育

2022年，潮州市有各级各类幼儿园676所，在园幼儿10.05万人，学前三年毛入园率101.9%。全市新建、改扩建公办幼儿园6所，新增学前教育公办学位920个。全市公办幼儿园在园幼儿占比55%，公办幼儿园和普惠性民办幼儿园在园幼儿占比88%，学前教育"5080"攻坚成效得到巩固和提升，学前教育取得阶段性成效。潮安区获广东省学前教育高质量发展实验区"城乡学前教育一体化管理资源中心"立项。

（二）义务教育

2022年，潮州市有义务教育阶段学校631所，在校生30.52万人。落实国家科教兴国战略部署和全省基础教育高质量发展要求，坚持教育优先，全力推动教育提质升级。落实"双减"政策，各级各类义务教育学校100%建立作业公示制度，学校作业总量和时长调控基本达到规定要求，学生作业负担过重问题得到初步解决；实现课后服务义务教育学校全覆盖、对有需求的学生全覆盖；学科类培训机构压减率达100%，非学科类培训机构资质审核率达100%、资金监管率达100%。新增义务教育公办学校学位（含政府购买学位）3.33万个。

（三）普通高中教育

2022年，潮州市有全日制普通高中（含完全中学）34所，在校生5.26万人，高中阶段教育毛入学率95.72%。全面落实立德树人根本任务，推进普通高中教育课程改革和高考综合改革，推动普通高中育人方式改革，提升高中阶段办学水平和育人质量。与北京师范大学珠海校区合作，落实与中山市的结对帮扶，推动一批学校与中山市优质学校结对共建，选派一批校长、教师交流任职、跟岗锻炼。推动一批历史遗留问题解决，潮州市高级中学运动场投入使用并与周边学校社区共享。

（四）特殊教育

2022年，潮州市有特殊教育学校4所，分别是潮州市特殊教育学校、潮安区育智特殊教育学校、湘桥区集德启智学校和饶平县益智学校；在校生341人。全市4万人以上的乡镇已建设随班就读资源教室（中心），基本形成以随班就读为主体，以特殊教育学校为骨干的格局。潮州市坚持"全覆盖、零拒绝"原则，完善各项配套设施，巩固完善以随班就读为主体、以特殊教育学校为骨干、以送教上门为补充的安置模式，确保"应收尽收"，努力让每个孩子都能享用公平而有质量的教育。

【职业教育】（一）中等职业教育

2022年，潮州市有全日制中等职业学校7所，在校生10 522人（不含技工学校）。围绕做大做强中等职业教育的总体目标，加大对职业教育的投入力度，推进职业学校办学条件达标工程，优化中职学校布局和专业结构，切实推动全市中等职业教育以"扩容、提质、强服务"为主线，提质培优、增值赋能，增强职业教育适应性，推动职业教育高质量发展。推进职业教育重点项目建设，完成潮州卫生学校综合大楼建设、潮州市职业技术学校二期工程建设及中餐烹饪实训基地改造。推进潮州市职业技术学校建设省高水平中职学校中期进度，新建成广东省中职教育"双精准"示范专业3个，3个专业获批1+X证书试点。饶平县获批广东省首批产教融合试点城市，为全省唯一入选的县级城市。

（二）高等职业教育

广东潮州卫生健康职业学院是一所新建公办的全日制普通高等专科学校，开设护理、助产、康复治疗技术、药学、中药学、医学检验技术、食品检验检测技术、医学影像技术八个专业。截至2022年底，学校有教职工115人，其中具有研究生学位91人、博士生导师1人。2022年共录取广东省春季高考和夏季高考考生2 200人，实际报到入学新生2 129人，报到率97%。在校生规模从2021年一个年级的653人扩大到2022年两个年级的2 771人。

【民办教育】 2022年，潮州市有民办义务教育学校45所，其中小学6所，初级中学3所，九年一贯制学校36所，在校生总数4.8万人。审批设立全市第一所营利性民办高中学校——潮州市暨实高级中学。潮州市认真贯彻落实国家和省有关规范民办义务教育发展的工作要求，因地施策，全面启动规范民办义务教育发展专项工作。深入实施《广东省民办学校规范达标计划和品牌提升计划（2019—2022年）》，促进民办义务教育学校内涵发展、质量提升、规范特色办学。继续实施民办义务教育学校招生纳入审批地统一管理，与公办学校同步招生，对报名人数超过招生计划数的民办学校，全部实行电脑随机摇号录取。

教育成果与特色

【德育工作】2022年，潮州市教育局开展"喜迎二十大""扣好人生第一粒扣子""学习新思想，做好接班人""传承红色基因"等主题教育活动，引导学生不断坚定中国特色社会主义共同理想。全覆盖落实学校党组织书记、校长上第一堂思政课工作机制。加快推进德育教研一体化工作，开展省德育课题申报、市德育课题中期总结工作。推动思政教育同社会实践和志愿服务有机融合，实现思政小课堂和社会大课堂结合。13名优秀教师入选第三批潮州市中小学名班主任工作室主持人。加强寒假和春季学期学生心理健康教育；举行2022年潮州市心理教师专业能力大赛，5名教师入选第二批潮州市中小学心理健康教育名师工作室主持人。推动学校法制教育，建立健全法治副校长培训管理机制。组织开展"学宪法 讲宪法"主题教育活动，潮州市金山实验学校学生韦雅凡获全国赛亚军。开展首届"小手牵大手，反诈护万家"反诈主题征文活动，组织全市学生收看"青春助力·禁毒攻坚"2022年广东省中学秋季开学禁毒团课第一课，共有153所学校138 365人收看。开展新一轮潮州市文明校园申报创建活动，275所学校获评潮州市文明校园。制定潮州市大中小学劳动教育工作联席会议制度，印发劳动教育实施方案，建立潮州市全面实施劳动教育长效机制。开展"家教促成长 喜迎二十大"潮州市家庭教育宣传百场活动，开展"家庭教育名师讲座"公益活动。举办规范化家长学校优秀教案评比，共征集优秀作品153篇，推进湘桥区、枫溪区"全国规范化家长学校实践活动实验区"创建工作，组织师生观看《中华人民共和国家庭教育促进法》线上宣讲暨家庭教育公开课。

【教研工作】2022年4月，潮州市教师发展中心更名为潮州市教育研究与教师发展中心，并配齐配强全学段各学科教研员共43人。开展市、县（区）两级教研员培训，共举办49场教师培训活动，参训教师达29 257人次（含网络培训），实现教师100%全员培训。推动小学数学、小学英语教研基地项目建设，获批第三批省基础教育教研基地项目，全市教研基地增至4个。定期组织义务教育质量监测，开展教学质量、减负增效、高效课堂的下校调研，送教下乡和教研帮扶实现各县（区）、义务教育各学科覆盖率达100%。开展"蹲点式"教研，定期组织教研员深入学校调研和听评课，指导学校提升教学质量，引导教师转变教学观念，通过提高备考质量、构建高效课堂，助推基础教育高质量发展。

【学校体育】2022年，潮州市代表团参加广东省第十三届中学生运动会9个项目的比赛，以174.6分的成绩获得团体总分三等奖。潮州市代表团还获得广东省第十三届中学生运动会暨广东省第五届中小学体育教师教学技能大赛团体二等奖，10人次获得个人二等奖；1人次获得广东省第十三届中学生运动会科学论文报告会一等奖、3人次获得二等奖、12人次获得三等奖。组织第四届潮州市中小学生校园足球总决赛，组队参加广东省教育厅主办的"省长杯"青少年足球联赛（高中、中职组）全省总决赛。组织参加2022年广东省青少年校园足球夏令营活动，7名学生入选最佳阵容。饶平县上饶中学詹佳君代表广东省参加全国校园足球夏令营选拔赛，获得初中女子二、三年级组冠军，饶平县师范实验小学许名涵、湘桥区城南阳光实验学校谢佳烁代表广东省参加全国校园足球夏令营选拔赛，获得小学五年级男子乙组季军。组织市、县、区级体育教学教研活动23次，参与活动教师超过1 300人次。

【美育工作】2022年，潮州市创建广东省中小学第三批中华优秀文化传承学校7所，广东省中小学第五批艺术教育特色学校4所。开展美育教师专题培训、种子教师专业能力培训，先后举办艺术学科义务教育新课程方案和新课标培训暨粤东基础教育学科群"名师工作坊"活动、艺术教育随堂听课调研暨原创潮州童谣歌曲进音乐课堂优质课评选活动，推进潮州传统文化进校园。组织参加全国第七届中小学生艺术展演，潮州市饶平县洑洲中学的学生艺术实践工作坊获教育部一等奖，潮州市教育研究与教师发展中心教研员黄海花撰写的美育改革创新优秀案例获教育部二等奖。组织开展"唱响新时代·颂歌献给党"潮州市教育系统喜迎党的二十大中小学生合唱比赛，共有24个合唱节目参加角逐，评选出一等奖6个、二等奖9个、三等奖9个。开展全市中小学粤韵操师资培训及比赛活动，共有33支队伍参加决赛，评出一等奖11支、二等奖11支、三等奖11支。开展潮州市中小学优秀"学生艺术实践工作坊"创建评选活动，评出7个市级优秀艺术实践工作坊。组织参加2022年GD Youth Link"粤友杯"广东国际青少年书画比赛，共有34个作品获奖。组织参加"翰墨薪传"第三届全省教师书法作品展比赛，46名书法教师入围省复赛。

【教师队伍建设】2022年，全市组织各级各类教师培训49场，参加教师29 257人次（含网络培训）；继续实施学历提升工程（2021—2025年），落实补助政策；优化教师队伍管理，推进中小学教师资格考试、5年一周期定期注册制度建设，同时推动市、县级教师发展中心建设。完成"强师培训三年行动计划"，重点开展第二批"十百千人才培养工程"名教师培养、饶平"三区"教师轮训、中小学教师信息技术应用能力提升2.0项目；实施学历提升工程，落实补助政策。引进高层次人才，组织学校赴省内外知名高校招聘硕士研究生，全市共新招聘教师410人，其中研究生学历58人。继续实行山区和农村边远地区学校教师生活补助政策和上岗退费政策，补助标准为人均1 000元/月。加强师德师风建设，提高教师职业道德素养，对师德失范行为"零容忍"，办好人民满意的教育。

【信息化建设】2022年，全市城镇中小学接入带宽不低于500M、其他学校不低于100M，全市98%以上中小学校普通教室配备多媒体教学平台。推动全市学校实验室安全设施设备建设更新，共升级改造标准化实验室95间。全市建成智慧教室32间、智慧校园10所，创建省信息化中心学校8所、融合创新示范培育推广项目4个。组织开展2022年潮州市中小学实验教学技能竞赛系列活动，并选送优秀作品参加省实验精品课比赛，获得省一等奖5项、二等奖11项、三等奖22项。

【安全工作】2022年，潮州市加强校园食品卫生安全管理，开展全市春季学校食品安全和流行性传染病防控专项工作，完善全市校园集中用餐陪餐制度，对全市302家校外托管机构开展为期1个月的集中整治。完善校车审批许可制度，健全195辆校车的资格和运行管理，推进校车动态监控平台建设，全市81所拥有校车的学校实现校车监控平台全覆盖。制作《珍爱生命 预防溺水》中小学生预防溺水宣传教育片，在全市中小学播放；组织全市教育系统全体教职员工参加应急救援网络培训。联合潮州市公安局组织开展第一批"潮州市更高水平安全文明校园"申报评定工作，评定潮州市金山中学等83所学校为第一批"潮州市更高水平安全文明校园"，拟推荐其中50所学校参加"广东省更高水平安全文明校园"评定。全面推进巩固提升中小学幼儿园"4个100%"安全防范建设专项行动工作，配备专（兼）职保卫干部，聘用专职安保人员，全市1 364所学校（幼儿园）按标准配足保安员2 594人。

（撰稿 施骏烁；审稿 陈森雁）

揭阳市教育

概　　况

2022年，揭阳市教育局在揭阳市委、市政府的正确领导和广东省教育厅的支持指导下，坚持以习近平新时代中国特色社会主义思想为指导，以学习宣传贯彻党的二十大为主线，全面贯彻党的教育方针，落实立德树人根本任务，以推动落实《揭阳教育高质量发展三年提升行动方案（2022—2024年）》为抓手，开拓进取，攻坚克难，推动教育领域各项工作取得新成效。

揭阳市有中小学校2905所，其中幼儿园1380所，小学1207所，初中233所，普通高中68所，中职学校11所，特殊教育学校6所；在校生128.1万人，其中幼儿园28万人，小学56.7万人，初中25.8万人，普通高中14.6万人，中职学校2.93万人，特殊教育学校691人。另有高职院校2所（揭阳职业技术学院、潮汕职业技术学院），在校生12740人；本科院校（广东工业大学揭阳校区）1所，在校生1708人。

揭阳市有中小学校（含幼儿园、中职学校）教职工9.8万人，其中，专任教师7.9万人（幼儿园1.87万人、小学3万人、初中1.88万人、普通高中1万人、特殊教育学校180人、中职学校1471人）。另有2所高职院校教职工780人，1所本科院校教职工188人。全市有中小学正高级教师（正教授级）13人，中小学高级教师（副教授级）6368人，中小学特级教师65人；省级名校长1人、名教师4人、名班主任13人；省级名校（园）长工作室3个、名教师工作室7个、名班主任工作室1个。

揭阳市学前教育毛入园率98.69%，公办幼儿园在园幼儿占比51.79%，公办和普惠性民办幼儿园在园幼儿占比86.99%。适龄儿童入学率100%，小学五年巩固率99.77%，初中三年巩固率100%，义务教育九年巩固率98.37%，高中阶段毛入学率98.04%。全市有省一级幼儿园1所，市一级幼儿园10所；省国家级示范性普通高中8所，省一级普通高中5所，市一级普通高中40所；国家级中等职业教育改革发展示范校1所，国家级重点中职学校2所，省级重点中职学校4所，省级高水平中职学校建设单位2所。

各级各类教育

【基础教育】（一）学前教育

2022年，揭阳市巩固提高学前教育"5080"攻坚成果，扩大公办幼儿园优质学位供给。制定实施《揭阳市教育发展"十四五"规划》《中小学幼儿园公办学位建设专项规划和分年度实施计划》《揭阳教育高质量发展三年提升行动方案》等，对全市幼儿园公办学位建设进行整体规划、整体部署、整体推进。揭阳市投入2855.7万元，增加公办幼儿园学位1.76万个（含扩容增班等）；投入138.4万元打造12所市级示范性幼儿园，通过结对帮扶、培训观摩等活动，充分发挥市级示范性幼儿园的示范带动作用。

（二）中小学教育

2022年，揭阳市新增义务教育公办学位12万个（含政府购买服务等），落实义务教育免试就近入学政策，规范民办义务教育发展，实行公民办学校同步招生，进城务工随迁子女入读义务教育阶段公办学校比例达98.1%。逐步建立以市为主的普通高中统筹管理体制，改善普通高中办学条件，增加公办普通高中优质学位3010个，超额完成省下达任务，提升普通高中特色化办学水平。推进专门学校建设，2022年完成专门学校建设工程设计单位招投标。

【中职教育】2022年，揭阳市撤销中职学校4所，推动4所中职学校办学条件全面达标，新增省级重点中职学校2所。专业设置增设工业机器人技术应用、现代家政服务与管理等新兴专业8个，建设省级1+X证书制度试点专业11个，验收认定省级"双精准"示范专业2个。中职学校招生完成率达120.27%，招生人数创近三年新高；中职毕业生就业率达97.3%，超过省平均水平。参加广东省职业院校学生专业技能大赛，25个项目参赛，共获奖项38个，其中一等奖4项、二等奖7项、三等奖27项。

【民办教育】2022年，揭阳市深化细化"一县一策""一校一案"和风险防控工作，停设民办义务教育学校，清理民办学校名称，规范全市6所"公参民"学校，妥善解决8所筹设阶段学校，按时完成广东省规范民办义务教育发展工作专项督查12项具体指标。

教育成果与特色

【教育高质量发展】2022年，揭阳市研究制定《揭阳教育高质量发展三年提升行动方案（2022—2024年）》，并以揭阳市委、市政府名义印发。计划利用三年时间，投入28亿元，实施公办学位扩容提质、师资队伍建设提质、基础教育改革提质三大专项行动，落实20项重点任务，推进375个项目建设，有效推动揭阳教育发展。全年实施项目215个，投资11.2亿元，增加学位1.83万个，项目启动率达100%、年度工作完成率达100%、竣工率达120%、学位完成率达116%，超额完成民生实事和年度学位建设任务。

【五育并举】2022年，揭阳市启动新一轮（2022—2025年）中小学德育工作绩效评估工作，评选首批市级德育特色学校12所。与广东工业大学联合组建大中小学思政课一体化教学改革创新联合体，推动大中小学思政一体化建设。实施《揭阳市学生体质健康水平提升工作实施方案》；贯彻"学生每天锻炼1小时"要求；创建省级体育项目推广学校和全国体育项目特色学校，创建和申报2022年广东省篮球推广学校17所；做好备战参加广东省第十四届中学生运动会工作，组建田径、游泳、武术、足球、篮球、乒乓球、羽毛球、跳绳、定向越野跑9支体育单项代表队和1支教师技能大赛代表队赴韶关市参加广东省第十四届中学生运动会系列比赛，获得团体总分三等奖和体育道德风尚奖。印发《揭阳市全面加强和改进新时代学校美育工作实施方案》，健全协调机制，统筹财政支持学校美育工作。创新美育活动形式，参加并完成2022年"粤友杯"广东国际青少年书画比赛、广东省教育厅举办的粤东西北地区中小学合唱交流展示活动、全省中小学粤韵操交流展示活动、揭阳市中小学粤韵操教师培训及交流展示活动、"难忘乡愁"揭阳市中小学生美术作品交流展示活动、广东省中小学校优秀艺术团队交流展示活动。开展"非遗进校园"展览宣传活动18场次，"戏曲进校园"活动12场次，"高雅艺术进校园"2场次。创建第五批广东省艺术教育特色学校7所，第三批广东省中华优秀传统文化传承学校6所。开齐开足劳动教育必修课，开展劳动实践教育活动，深化劳动教育特色学校建设，有2所学校被确定为广东省劳动教育特色学校。

【"双减"工作】2022年，揭阳市制定实施《关于加强义务教育学校作业管理的通知》《关于落实"四个严格"要求的通知》《揭阳市义务教育阶段作业设计与指导意见》等文件，严格控制作业时长总量，提升12个学科学段作业设计实施的针对性和有效性，实现作业管理减量提质。落实"一县一策""一校一案"，全面开展校内课后服务，丰富服务形式内容，完善经费保障机制，强化过程监测管理。设立校外教育培训监管科，实施《揭阳市校外培训机构专项治理行动方案》，深化揭阳市教育局、揭阳市市场监督管理局、中共揭阳市委网络安全和信息化委员会办公室、揭阳市发展和改革局、揭阳市公安局、揭阳市民政局、揭阳市卫生健康局、揭阳市应急管理局、揭阳市城市管理和综合执法局、揭阳市消防救援支队等十部门联合开展校外培训机构专项治理，开展"监管护苗"暑期专项行动和"双随机、一公开"跨部门联合检查等专项治理活动，规范校外培训机构发展。2022年，揭阳市义务教育阶段学校作业管理各项要求达标率100%，实现校内课后服务"两个全覆盖"，校外培训机构完成"营改非""学科类转非学科类"比例100%，100%的非学科类机构预收费纳入银行监管，全流程开通率100%，在广东省首先实现校外培训监管数据稽核工作完成率100%。

【教育改革】2022年，揭阳市推进中考改革，首次实行网上平行志愿投档录取，开发"揭阳智慧教育"App，考生不出家门就可以查询中考成绩、录取学校和入学注册须知等。推动"学科教研员－学科教研基地－辐射学校"三级互动式学校教研机制的探索与创设；利用学科教研基地建设、新课程新教材实施示范学校建设、百个示范教研组创建、送教下乡以及教育科研项目、精品课程评选活动等，提升全市教学教研能力。继续推进中小学教师"县管校聘"管理改革，全面出台改革实施方案，建立完善中小学教师编制"总量控制、动态管理"机制；全面提高中小学校高级专业技术岗位比例，优化中小学岗位设置管理机制；推进县域内公办义务教育学校校长教师交流轮岗，2022年交流轮岗校长、教师2 564名。

【教师队伍建设】2022年，揭阳市招聘引进教师1 246人，其中硕士研究生58人，本科以上学历教师850人。落实广东省教育厅全口径全方位融入式结对帮扶政策，与东莞市签订结对帮扶协议书。2022年秋季学期，揭阳市选派163名中小学骨干教师前往东莞市跟岗学习一个学期，东莞市选派156名中小学优秀骨干教师到揭阳市各县（市、区）中小学支教。组织教师开展各级各类培训58 797人次。首批认定30个市级名校（园）长、名教师、名班主任工作室，遴选入室学员290人，每年投入150万元建设经费。全市有5名教师、3名校长、3名班主任入选广东省中小学"百千万人才培养工程"省级培养学员名单。健全师德师风建设长效机制，以2022年师德建设主题教育月为抓手，结合纪律教育学习月活动，围绕"迎接党的二十大 培根铸魂育新人"主题，组织开展系列专题活动。教师参加广东省第十一届师德主题征文活动，有21篇优秀作品获奖。全市有42名教师荣获"潮汕星河辉勇师表奖"，评选揭阳市教育系统优秀教师150人、优秀班主任100人、优秀教育工作者50人。中小学正高级职称评审取得新突破，有7名教师通过广东省教育厅评审。

【教育保障】2022年，揭阳市累计筹措省级以上财政教育资金24.71亿元，其中公用经费类资金12.26亿元，发展建设类资金6.37亿元，学生资助及其他补助类资金6.08亿元。2022年，揭阳市一般公共预算教育经费92.73亿元，比2021年增长0.27%。学前教育、普通小学、普通初中、普通高中生均一般公共预算教育经费分别比2021年增长11.55%、2.94%、2.86%%、0.92%，基本实现教育经费"两个只增不减"的目标。

【教育信息化】2022年，揭阳市持续优化和完善全市教育信息化基础应用环境。研发上线"揭阳智慧教育"App，助力揭阳市中考改革。持续推进教育装备与教育教学深度融合。组织223名师生参加各级各类竞赛活动。加强全市教育系统网络安全建设，开展网络安全宣传周活动，开展关键基础信息设施排查专项行动。建立危险源和风险点台账清单，及时排查并整改网络安全、实验室安全相关风险隐患。

【教育督导】2022年，揭阳市出台实施《揭阳市关于深化新时代教育督导体制改革的实施方案》《揭阳市教育局关于规范教育督导工作有关费用的意见》，完善教育督导政策和标准。制定实施《揭阳市教育督导问责实施细则（试行）》《关于进一步强化督政督学评估监测职能 加强教育督导结果运用的意见》等，推动将教育督导结果运用于学校及其负责人的考核、奖惩、任免。印发《揭阳市人民政府教育督导委员会关于认真整改市县级政府2021年履行教育职责评价存在问题的通知》《揭阳市迎接2022年对市县级人民政府履行教育职责评价的工作方案》等文件，全面推动市县人民政府履行教育职责。继续推进幼儿园办园行为督导评估工作，全市1 772所幼儿园（含小学附设班）均完成自评工作，自评报告提交完成率达100%。

【学校安全管理】2022年，揭阳市教育局开展校园安全排查整治，联合政法、公安等部门开展多轮校园安全大排查大整治专项行动；开展"护校安园"专项行动，聚焦突出风险隐患排查化解。提升校园安全建设水平，落实中小学幼儿园安全防范建设三年行动计划，巩固提升中小学幼儿园"4个100%"全覆盖；开展预防学生溺水"十个一"宣传教育活动，落实广东省教育厅《严防涉校暴力事件"十项"必须》要求，着力解决预防校园欺凌等问题，加强日常消防安全管理，为学生健康成长创造安全稳定的校园环境。从严从紧从细落实疫情防控举措，完善应急预案，加强应急演练，科学有效处置突发疫情。全市校园安全、稳定，教育教学秩序井然。

（撰稿 林建英；审稿 曾春风）

云浮市教育

概　　况

2022年，在云浮市委、市政府的坚强领导下，云浮市教育局深入贯彻落实党的二十大和十九届六中全会精神，落实习近平总书记关于教育的重要论述，围绕市委科教兴市战略部署要求，坚持"抓教育就是抓未来"发展理念，凝心聚力，砥砺奋进，推动教育各项工作再上新台阶。

全面加强教育系统党的建设，坚持社会主义办学方向。一是进一步加强党对教育工作的全面领导。二是掀起学习宣传党的二十大精神热潮。三是切实加强教育系统基层党建工作。四是推进全面从严治党向纵深发展。

坚决守住校园疫情防控和安全底线，确保广大师生生命安全和身体健康。一是坚决防止新冠疫情在校园扩散。二是坚决筑牢校园安全防线。三是坚决维护教育系统政治安全和意识形态安全。

全面推进基础教育提质攻坚行动，打造高质量的基础教育体系。一是坚持高位统筹高标谋划基础教育发展。二是切实增加基础教育优质学位供给。三是推进学前教育普及普惠安全优质发展。四是提升义务教育优质均衡发展水平。五是推进普通高中优质特色多样化发展。六是完善构建特殊教育体系。

以"提质、扩容、增效、调整、优化"为主线，提升职业教育服务经济社会发展的能力。一是加快推进高等院校建设和办学体制改革。推进广东药科大学云浮校区三期工程建设，推进2所公办高职院校办学体制调整。二是促进中等职业教育内涵发展。全力推进新兴中药学校和云浮市中等专业学校2所省高水平中职学校创建工作。

坚持五育并举发展素质教育，培养德智体美劳全面发展的社会主义建设者和接班人。一是稳步发展校园体育事业。深化体教融合，科学规划体育项目布局，规范办学行为，确保学校体育课程开齐开足，确保学生校内每天1小时体育锻炼。顺利组织2022年学生体质健康抽测工作，全市30所中小学校5 981名学生参加抽测，体质健康优良率50.01%，并将抽测情况通报各县（市、区）政府。二是切实加强卫生健康教育。先后举办校园疫情防控、预防肺结核、近视防控、控烟宣传、校园应急救护、预防艾滋病等线上线下知识讲座6次，倡导文明健康生活方式。三是全面加强和改进学校美育工作。不断完善课程和教材体系，以艺术课程为主体，开发艺术校本课程，注重开展以书法、篆刻、剪纸、版画、葫芦丝、口风琴等为重点的艺术社团和第二课堂艺术活动，提高学生艺术素养。四是全面加强新时代大中小学劳动教育。落实《广东省中小学劳动教育实施指引（试行）》，开足开齐劳动教育必修课，确保每周不少于1课时。同时，语文、历史等课程有机融入劳动教育内容，发挥学科渗透作用，教育引导广大学生热爱劳动、热爱劳动人民。

加强和改进学校德育工作，培育和践行社会主义核心价值观。一是加强学校思想政治教育。印发《2022年云浮市中小学校推进社会主义核心价值观"进教材、进课堂、进头脑"工作方案》。二是以活动为载体引领校园精神文明建设。深入开展习近平新时代中国特色社会主义思想进校园活动，广泛开展"我们的节日"、中华经典诵读、"传统体育、戏曲、书法进校园"、"家训家规家风进校园"等优秀传统文化进校园活动，开展"扣好人生的第一粒扣子"主题教育活动，开展新时代好少年、"优秀学生"、"最美教师"等一系列评选活动，利用各种节日举办歌咏、文艺、舞蹈、诗文朗诵、演讲比赛等庆祝活动，将社会主义核心价值观内化于心，外化于行。三是加强中小学心理健康教育和心理危机干预工作。建立心理危机预防、预警、干预工作机制，成立云浮市中小学心理健康防护工作专班，形成"校长亲自抓，分管副校长具体抓，在职教师全员抓"的良好局面。四是强化校家共育协同发展。建立并强化家长委员会职能，全市中小学家长委员会成员4 830人，共开展线上线下家长委员会培训940场次，参加人员16.2万人次，开展志愿服务9 690次，参加人员20多万人次。

坚持"抓教育就要抓质量"鲜明导向，不断提高教学教研水平。一是科学编制系列教育教学评价指标体系。深入贯彻落实党中央深化新时代教育评价改革的总体要求，以"落实立德树人根本任务，提高教育教学质量"为目标，制定《云浮市高中教学质量评价指标》《云浮市义务教育阶段教学质量评价指标》和《云浮市初中阶段语文等学科教学指导意见》等文件，将学校办学质量评价结果作为对学校奖惩、政策支持、资源配置和考核校长的重要依据。二是加强高考备考和高中教学视导。定期组织开展高中毕业班和非毕业班教学视导工作，增强备考工作和课堂教学的针对性，各学科教研员经过随机听课、备考交流研讨、教学常规检查、交流反馈四个环节，充分了解高三年级教师和非毕业班教师课堂教学工作情况，交流教育教学经验，并提出改进的方向和建议。三是扎实抓好义务教育教研工作。加强与省有关部门沟通联系，邀请省教育研究院到云浮市开展"走进粤东西北（云浮）教研帮扶活动"，以"线上＋线下"相结合方式，与名师专家"同课异构"、观课议课，并召开专题讲座进行交流。四是大力提升教育信息化发展水平。云浮市智慧教育云平台、教育质量监测系统、教育视频应用云平台等全部迁移部署到省"数字政府"政务云平台云浮节点，并部署开展等级保护测评和备案工作。

稳中求进，全力以赴实现"平安考试"目标任务。一是顺利组织各类教育考试。将"平安考试"作为重大政治任务，统筹做好疫情防控和考试组织工作，顺利组织实施高考、中考、学考、普通专升本考试、自学考试、成人高考、教师资格笔试等18次教育考试工作。二是加强考场建设和考务人员培训管理。全市实现"七个百分百"标准化考点建设。全市13个考点均实现保密室试卷"分科入柜"存放、人脸识别身份验证、考场网络信息点互联互通、网上巡查高清视频监控、通信设备检测及信号屏蔽、考场空调安装及正常运行、极端天气应急预案等"七个百分百"全覆盖。

深入实施"新强师工程"，全面提高教师队伍素质。一是加强师德师风建设。印发《关于印发2022年云浮市师德建设实施方案的通知》，深入开展师德师风建设月活动。二是实施"三名工程"和教育英才计划。把培育和引进高层次人才作为提升教师队伍素质的重要举措，印发《云浮市"新强师工程"实施办法》《云浮市"三名工程"实施方案（试行）》，评选出市级名校长30名、名教师100名、名班主任50名和学科带头人113名。三是实施教师全员培训计划。抓好教师继续教育工作，组织教师参加国家级培训54人次，参加省粤东粤西粤北地区中小学教师培训656人次。四是抓好教师资格认定和定期注册工作。2022年，全市共调配增加教师编制332名；共认定教师资格352人，其中高级中学教师资格325人，中等职业学校教师资格27人。

建立完善教育经费投入保障机制，夯实推进教育高质量发展基础。一是进一步健全教育投入保障机制。督促各地税改转移支付用于教育的资金、城市教育费附加、地方教育附加、土地出让收益10%用于教育的资金全部用于教育。争取矿产资源收益的1/3用于教育补短板。二是加强教育转移资金跟踪管理。云浮市委、市政府高度重视，多次强调要加快上级教育转移资金支出进度，严肃财经纪律，确保上级转移资金专款专用。三是全面落实学生资助政策。建立从学前教育到研究生教育全覆盖的资助政策体系，先后出台《关于扩大中等职业教育免学费政策范围进一步完善国家助学金制度实施意见》《云浮市家庭经济困难大学新生资助工作实施方案》等一系列资助政策。

发挥教育督导职能作用，助推全市教育高质量发展。一是做好市县级政府履行教育职责评价工作。二是突出重点开展专项督查。围绕市委、市政府教育中心工作开展督导，着力压实各地各有关单位履行教育职责。三是抓好义务教育质量监测工作。抓好组织实施，召开专题会议，制订实施方案，加强业务培训，注重保密安全，强化督导检查，确保各项工作落到实处，顺利推进。四是推进普通高中教育质量监测试点工作。五是加强中小学（幼儿园）评估工作。推进云浮市第二轮幼儿园办园行为及保育保教质量督导评估。

深化教育领域综合改革，推进教育治理体系和治理能力现代化。一是全面推进深化新时代教育评价改革试点市工作。印发改革工作任务清单和负面清单，先后召开改革试点工作推进和中期评估会，征集优秀教育评价改革案例20个。二是深化"县管校聘"管理改革。指导云城区政府印发《云城区中小学"县管校聘"试点校新招教师管理方案指导意见（试行）》，指定11所学校作为试点，针对新招聘的教师进一步深化"县管校聘"管理改革，由学校和教师进行双向选择。已有339名新招聘教师进行双向选择到校上岗。三是推进新时代教育督导体制机制改革。出台《云浮市深化新时代教育督导体制机制改革实施方案》，从5个方面重点任务和24项具体措施，全面部署云浮市新时代教育督导体制机制改革。四是规范民办义务教育发展。印发《云浮市关于规范民办义务教育发展的实施方案》，逐一排查全市民办义务教育学校财务管理、师资队伍、

· 市域教育 ·

EDUCATION IN VARIOUS CITIES

办学条件、党建等重点工作，规范招生管理。2022年，云浮市民办义务教育在校生占比2.89%，完成了省定目标任务。

各级各类教育

【基础教育】2022年，云浮市有各级各类学校777所（含民办普通中小学12所），其中幼儿园483所，小学183所，初级中学83所，普通高中23所，特殊教育学校5所。另有小学教学点602所。全市有各级各类学校在校生540888人，其中幼儿园在园幼儿109702人、小学在校生259676人、初中在校生120797人、高中在校生49735人、特殊学校在校生978人。全市有专任教师34600人，其中幼儿园专任教师7406人、小学专任教师15046人、初中专任教师8169人、高中专任教师3823人、特殊教育专任教师156人。全市有省级名校长2人、省级教学名师12人、省级名班主任10人、省特级教师32人。

2022年，云浮市各级各类学校协调发展。一是学前教育普惠性发展。抓好发展学前教育第三期行动计划（2017—2020年）和《云浮市促进学前教育普惠健康发展行动方案》，加大公办幼儿园建设力度。深入推进城镇小区配套幼儿园综合治理工作，按照"一事一议""一园一案"的要求制订工作方案，召开专门工作会议部署。二是义务教育均衡优质发展。全市公办义务教育学校100%建成标准化学校。抓好义务教育学校新扩建工程，罗定市泷州小学、新兴县惠能小学、云浮恒大学校、云浮市光明外国语学校、新兴黄冈中学、郁南县西江博雅实验学校等一批义务教育学校先后建成投入使用。全面实施中小学阳光招生工程，指导云城区积极探索义务教育积分入学制度，2022年秋季市中心城区首次实行积分入学制度，受到群众认可。三是普通高中教育全面提升。推进普通高中教育全面提升工作和普通高中三年攻坚行动计划，进一步加大普通高中招生市级统筹管理工作，实行"按志愿按分数按区域"招生，将省一级以上学校当年招生指标的50%分配到辖区各初中学校。四是特殊教育稳步发展。执行义务教育阶段残疾学生生均公用经费标准，按每年不低于6000元的标准拨付经费。实施高中阶段残疾学生免学杂费、课本费政策。

2022年，云浮市印发《云浮市推动基础教育高质量发展实施方案》，与各县（市、区）政府签订任务书，高标准完成省下达的基础教育高质量发展9项任务。2022年新增公办学位21440个，超额完成了省下达的9300个学位建设任务。对农村"小、散、弱"教学点开展新一轮优化调整，完成36个教学点撤并工作和43个农村小学运动场地、225所义务教育薄弱学校、98所义务教育寄宿制学校改造工程，办学条件得到进一步改善。新建云浮市专门学校。出台《云浮市打造品牌普通高中学校实施方案》，开展第一轮品牌高中办学水平评估工作。

【职业与成人教育】（一）中等职业教育

2022年，云浮市有中等职业学校6所（公办中职学校5所，民办中职学校1所）。其中，省示范性中等职业学校1所（广东省新兴中药学校），国家重点中等职业学校1所（新兴理工学校），省重点中等职业学校3所（云浮市中等专业学校、罗定市中等职业技术学校、郁南县职业技术学校），民办中职学校1所（罗定市培英中等职业学校）。全市中职学校生均校园用地面积47.81平方米，与2021年相比减少16.29平方米；生均校舍建筑面积20.32平方米，与2021年相比减少1.18平方米。中职学校在校生20621人（不含技工学校及输送珠三角学生），招生7886人（不含技工学校招生1329人及输送市外6467人），毕业生5106人。

2022年，云浮市扩容提质推进职业教育，提升服务经济社会发展能力。加快推进罗定职业技术学院西校区建设，全力推进新兴中药学校和云浮市中等专业学校省高水平中职学校创建工作。促进中等职业教育内涵发展，大力办好中药、畜牧兽医等6个省"双精准"专业建设。深化产教融合发展，以冠名班、"校中企"和"企中校"、共建实习实训基地等模式与50多家企业开展校企合作，全面提升职业教育服务经济社会发展的能力。

（二）成人教育

云浮市成人教育工作主要由云浮开放大学、罗定开放大学、新兴开放大学及郁南开放大学4所学校承担。2022年，全市成人本专科招生4063人，比2021年增长-35.1%；在校生11904人，比2021年增长6.1%；毕业生2860人，比2021年增长53.3%。

【高等教育】 2022年，云浮市有普通高校4所，其中本科高等学校1所（广东药科大学云浮校区），高职高专院校3所（罗定职业技术学院、广东云浮中医药职业学院、广州华立科技职业学院云浮校区）。全市普通高等教育全日制在校生26 939人，各类各层次成人学历高等教育在校学员11 904人。

（一）广东药科大学云浮校区

广东药科大学云浮校区是云浮市和广东药科大学为深入贯彻落实省委、省政府粤东西北发展战略，优化广东省高等教育区域布局共同打造的国内一流新型大学校区。校区位于云浮市云浮新区，占地153.33万平方米，按教育部普通本科院校标准建设，终端规模在校本科生10 000人，研究生1 000人。

云浮校区有中医学院、中药资源学院、护理学院、健康学院和医药信息工程学院共5个学院。学校紧密联系云浮经济社会发展需求，突出发展大健康产业和促进中医药事业发展，构建由生命与健康相关学科专业、中医药相关学科专业、临床护理类专业、计算机与信息工程类专业、经济与管理类专业等组成的大健康学科专业体系，具体以理学、医学、工学和管理学类专业为主。校区开设中医学、中药资源与开发、中草药栽培与鉴定、计算机科学与技术、健康服务与管理、康复治疗学、生物医学工程、护理学、电子信息工程共9个专业，在校学生5 769人。

（二）广东云浮中医药职业学院

广东云浮中医药职业学院是广东省人民政府批准、教育部备案，由云浮市人民政府主办的具有高等学历教育招生资格的全日制公办普通高等学校。学校坐落于"南药之乡"——美丽的云浮新兴，规划校园占地75万平方米，满足在校生为10 000人的办学规模，分三期建设，建筑面积13万平方米，总投资9.11亿元，已完成建设，配备标准化足球场、篮球场等各类运动健身场所，同时配备图书馆、教学楼、食堂等20余幢建筑单体，可容纳在校生4 500人。

学校有在校生2 601人，教职工138人。设有基础学院、中药学院、护理学院、医学技术学院、计算机学院、马克思主义学院等6个二级学院，开设中药学、药学、中医康复技术、护理、计算机应用技术（中医药大数据物联网方向）、中草药栽培与加工技术、中药材生产与加工、中医养生保健、康复治疗技术等9个专业（其中，中草药栽培与加工技术、中药材生产与加工、中医养生保健、康复治疗技术4个专业为2022年新增专业）。学校与广东省新兴中药学校、云浮市中等专业学校、广东省连州卫生学校等签订三二分段中高职贯通人才培养协议。学校被认定为云浮中药（南药）资源开发与利用中药材GAP重点实验室依托单位，建设有1+X证书建设项目3个，签订校外实践教学基地、产学研基地61家。2022年，学校春季高考和夏季高考招生均一次性满档，生源质量较好，共录取学生2 352人（实际报到2 213人）

2022年，学校章程获得省教育厅核准通过并公布实施；学校被评为广东省绿色学校，被认定为广东省科普教育基地；学院食堂获食品安全A级等级证书；"中药（南药）八角茴香资源开发与利用创新团队"项目获得2022年广东省普通高校重点科研平台和项目立项，"中药（南药）资源开发利用与中药材GAP研究重点实验室"项目被认定为2022年云浮市重点实验室立项建设平台。共有24项课题通过省级立项，5项课题通过市级立项，师生参加各类比赛获省级一等奖2项、二等奖6项、三等奖7项、优秀奖7项。

（三）罗定职业技术学院

罗定职业技术学院是经教育部备案、广东省人民政府批准、由云浮市人民政府举办的全日制公办普通高等学校，是共青团中央青年创新创业基地、广东省绿色学校、广东省国防教育特色学校、广东省农村小学全科教师培养基地、广东省语言文字工作先进单位、广东省征兵工作先进单位、广东省社会科学普及示范基地、广东省中小企业培训示范基地和云浮市文明单位、云浮市科普基地。学校设有国家职业技能鉴定所、广东省博士工作站，建立了云浮市云计算大数据人才培养基地、云浮市电子信息产业技术服务中心、云浮市自动化设备工程技术研究中心和云浮市南江文化研究中心。

学校下设马克思主义学院、社区教育学院、机电工程系、信息工程系、经济管理系、教育系、外语系和艺术体育系8个教学单位。开设装备制造、电子与信息、教育与体育、财经商贸、能源动力与材料、食品药品与粮食、交通运输、旅游共8大职业门类40个专业。建有中央财政支持服务产业专业2个、教育部认定的生产性实训中心3个、省级重点专业2个、省级高水平专业群2个、省级公共实训中心6个、省级以上教学实践基地12个、省级精品资源共享与开放课程4门、1+X证书制度试点项目8个，与岭南师范学院、广东石油化工学院、广州理工学院建立"三二分段专升本协同育人试点项目"。学校与中山大学、华南理工大学、华南师范大学、广东外语外贸大学、广东财经大学等联合开设专升本自考（函授）沟通班，学生在校学习期间可同时兼修，按要求修满所需学分可获所选修院校的本科毕业证书。

教育成果与特色

【推进中小学规范办学行为】2022年，印发《关于进一步加强义务教育和高中阶段教育招生工作管理的通知》，推动建立"统筹管理、统筹标准、统筹经费、统筹师资"以县为主的教育管理体制机制，落实"公民同招"政策，进一步保障教育公平，规范义务教育阶段和高中阶段教育招生秩序，进一步加强义务教育和高中阶段教育招生工作。全面推进义务教育"阳光招生"和"积分制"入学政策落地落实。切实加强招生政策宣传工作，印发3.6万份招生政策宣传单张。通过云浮教育公众号、网站、电台等媒体全方位宣传。加强中小学校办学行为规范，组织经常性例行检查，及时发现问题及时纠正。

【义务教育免试就近入学】一是科学合理划定片区。各中心城区均实施积分入学政策，落实市政府全面实行"阳光招生"制度要求，按就近原则划片招生，全市义务教育37.6万名学生全部实现免试就近入学。二是规范报名信息采集。全市183所小学和11所九年一贯制学校招生全面清理取消学前教育经历、计划生育证明、超过正常入学年龄证明等证明材料。三是健全有序录取机制。坚持"以县为主"，合理划定招生范围，落实招生计划审批报备制度，设立专门投诉电话，接受群众监督，邀请人大代表政协委员参与招生工作。全市没有发现违规考试入学行为。四是保障特殊群体入学。切实保障留守儿童少年54 676人就近入读义务教育学校，90%留守儿童入读寄宿制学校，随迁子女38 666人入读公办义务教育学校，占比96.85%。全面实施资助制度，没有家庭经济困难儿童因贫失学，免试就近入学率达100%。

【加强校内课后服务】实施财政保障和社会机构参与的"双线同行"模式校内课后服务。5个县（市、区）均建立校内课后服务经费保障机制，覆盖率100%。全市开展课后服务学校132所，参加服务学生11.8万名，实现应开展校内课后服务学校开展率和有需求学生参与率"两个100%"。

【推进优质学位供给】推进实施《云浮市推动基础教育高质量发展实施方案》，截至2022年底，累计投入资金5.07亿元，新增学位21 440个。优化学校布局，完成36个农村"小、散、弱"教学点撤并工作。

【推动集团化办学】全市新成立义务教育集团14个，其中云安区4个、新兴县3个、郁南县7个。新兴县申报成为广东省义务教育优质均衡发展实验区，推动县域义务教育质量整体提升。

【抓好教育结对帮扶工作】全面深入开展佛山-云浮全口径全方位融入式教育对口帮扶，助力云浮教育教学质量提升。加强与珠三角地区教育交流合作，与佛山签订全口径、全方位、融入式教育帮扶协议并如期推进。督促罗定市推进世行贷款系列项目的实施，改善办学条件，提高办学质量。

【加强教育资源统筹配置】开展新一轮优化镇域中心学校布局调整。印发《关于开展我市义务教育学校办学条件情况调查的通知》，全面摸清全市义务教育学校办学条件情况，制定《关于推进云浮教育高质量发展的实施方案》及《云浮市镇域中小学布局调整指导意见》《云浮市推进基础教育高质量发展中小学校（幼儿园）公办学位建设实施办法》《云浮市"新强师工程"实施办法》《云浮市打造品牌普通高中学校实施办法》《云浮市对县级人民政府履行教育职责推动教育高质量发展考核办法》等"1+5"政策文件。

【抓好控辍保学工作】落实广东省教育厅有关要求，召开专门会议研究推进云浮市控辍保学工作。迅速组织专门力量，列出清单，做好计划，全面进村入户，做好动员复学工作，进一步强化控辍保学，扎实完成"两不愁三保障"工作任务，实现义务教育有保障和九年义务教育巩固率达到95%以上的工作目标。全市控辍保学完成率100%。

【开展教学和教研指导】云浮市教师发展中心开展多元的教学教研活动。建立完善市、县、校三级教研体系。加强名校长、名班主任、名教师工作室建设，充分发挥示范引领作用。指导各县（市、区）开展各种形式、各层次的高效教学观摩研讨活动，提升备考效率。开展高中、义务教育非毕业班教学质量监测工作指导。开展"双减"背景下提升质量及初高学段科学衔接系列教研主题活动、"教研乡村行同课异构"主题教研活动。组建网络研修共同体，探索网络环境下教研活动的新形态，通过网络学校、网络课程等形式，系统性、全方位地推进优质教育资源共享。组织参加第四届广东省中小学青年教师教学能力大赛活动。

【招生考试管理】2022年，云浮市共组织各类教育考试18次，参加考试人数达12.2万人。参加高考考生22 796人，比2021年增加3 690人；参加中考（初二、初三）考生69 725人，比2021年增加4 949人；参加成人高考考生8 702人，比2021年增加34.8%；参加上半年及下半年教师资格考试笔试考生11 784人，比2021年增加22.2%；参加研究生考试考生1 967人，比2021年增加23.3%。

平稳完成2022年高考工作。一是加强标准化考点建设。新建云浮市中等专业学校标准化考点，扩容提质邓发纪念中学考点，增加考场。在郁南县召开现场会议，推进各县（市、区）和有关学校的中考试卷保密室建设，全市保密室均按省有关规定完成升级改造，筑牢考试安全保密防线。二是做好高考疫情防控工作。疫苗接种有序落实，各考点物资供应全面充足，联防联控和群防群控落实到位。三是有条不紊完成高考考务工作。各地各考点对试卷保管、考场编排、考务组织、考生管理等方面开展细致明确的考务和防疫培训，深入开展突发事件应急演练，严格做好考点考场布置，顺利组织高考。

平稳完成高中阶段学校招生工作。云浮市教育局先后出台2022年高中阶段学校招生录取工作实施办法、志愿填报、招生录取工作日程安排等通知文件，进一步规范招生行为。加强中考考点建设，各考点均按要求设置符合标准的保密室（考点试卷保管室）、作弊防控检测设备、视频及网络监控系统等必要场所设备，严格执行领卷和试卷运送保密要求，保障中考公平、公正和安全。协调联动开展高中招生录取，统一平台开展高中招录工作，科学划出全市普通高中批次最低录取控制分数线，严肃工作纪律，加强内外监督，高中阶段学校招录工作做到公平、公正、公开。

【教师队伍管理】2022年，继续执行云浮市人民政府办公室印发的《关于推进全市基础教育公办学校教师"县管校聘"管理改革工作的意见（试行）》的通知，推进义务教育教师队伍"县管校聘"管理改革，破解教师交流轮岗工作中遇到的困难和问题，促进校长教师合理流动、优化教师资源配置。全市教师、校长交流轮岗877人，其中校长61人。继续开展"三名工程"培养，对第二批名校长培养对象100人、名班主任培训对象100人、名教师培养对象300人进行系统培训。开展校（园）长任职资格培训，全市共组织226名校（园）长参加任职资格培训，其中高中校长40名，初中校长75名，小学校长83名，幼儿园园长28名。开展基层学校党组织书记全员培训。全市共组织860名学校党组织书记、党务工作者参加培训，覆盖全市公民办中小学、中职学校、幼儿园，全面推动基层学校党组织工作建设。

（撰稿　张文开；审稿　林文裕）

 教育统计

EDUCATIONAL STATISTICS

· 教育统计 ·
EDUCATIONAL STATISTICS

广东省学校数

(单位：所)

	2010 年	2015 年	2021 年	2022 年	2022 年比 2021 年		2022 年比 2010 年	
					增加数	增长率（%）	增加数	年均增长率（%）
各级各类教育合计	33 336	31 849	37 467	38 059	592	1.6	4 723	1.1
一、培养研究生单位	31	28	32	32	0	0.0	1	0.3
其中：普通高校	23	25	29	29	0	0.0	6	2.0
二、高等教育	146	158	174	175	1	0.6	29	1.5
（一）普通高等学校	131	143	160	161	1	0.6	30	1.7
其中：普通本科院校	55	62	65	66	1	1.5	11	1.5
本科层次职业学校	—	—	2	2	0	0.0	—	—
高职（专科）院校	76	81	93	93	0	0.0	17	1.7
（二）成人高等学校	15	15	14	14	0	0.0	−1	−0.6
三、高中阶段教育	1 838	1 663	1 606	1 641	35	2.2	−197	−0.9
（一）中等职业教育	566	481	382	372	−10	−2.6	−194	−3.4
（二）技工学校	246	163	148	148	0	0.0	−98	−4.1
（三）普通高中	1 026	1 019	1 076	1 121	45	4.2	95	0.7
其中：完全中学	697	573	544	547	3	0.6	−150	−2.0
十二年一贯制学校	—	106	204	204	0	0.0	—	—
高级中学	329	340	328	370	42	12.8	41	1.0
四、初中	3 308	3 415	3 832	3 903	71	1.9	595	1.4
其中：九年一贯制学校	—	1 358	1 855	1 941	86	4.6	—	—
五、小学	16 806	10 126	10 599	10 614	15	0.1	−6 192	−3.8
另有：教学点（不计校数）	—	6 285	5 533	5 195	−338	−6.1	—	—
六、幼儿园	11 161	16 368	21 101	21 566	465	2.2	10 405	5.6
七、特殊教育学校	75	116	150	152	2	1.3	77	6.1
八、专门学校	2	3	5	8	3	60.0	6	12.2

注：1. 各级各类教育合计数含高等教育（含独立学院）、高中阶段教育、普通初中、小学、幼儿教育、特殊教育学校、专门学校。
2. 2014 年起，中国科学院大学所辖的广州化学研究所、南海海洋研究所、华南植物研究所、广州能源研究所和广州地球化学研究所的教育事业统一归口中国科学院大学管理；从 2013 年起，研究生数据均不含以上培养研究生单位数据。
3. 2021 年，研究生培养单位含当年新增但未招生的肇庆学院、广东石油化工学院。
4. 技工学校有关数据由广东省人力资源和社会保障厅提供。

广东省毕业生数

(单位：人)

	2010年	2015年	2021年	2022年	2022年比2021年		2022年比2010年	
					增加数	增加率（%）	增加数	年均增加率（%）
各级各类教育合计	5 856 267	5 812 343	6 698 451	6 999 127	300 676	4.5	1 142 860	1.5
一、高等教育	514 911	720 468	1 032 938	1 145 779	112 841	10.9	630 868	6.9
（一）研究生	17 862	26 174	38 911	45 084	6 173	15.9	27 222	8.0
1. 博士	2 436	2 947	3 735	4 506	771	20.6	2 070	5.3
2. 硕士	15 426	23 227	35 176	40 578	5 402	15.4	25 152	8.4
（二）普通本科	152 893	224 145	282 227	316 869	34 642	12.3	163 976	6.3
（三）职业本科	—	—	0	4 154	4 154	—	—	—
（四）高职（专科）	181 294	252 756	292 180	312 737	20 557	7.0	131 443	4.6
（五）成人本专科	144 427	183 503	299 581	337 601	38 020	12.7	193 174	7.3
1. 本科	46 973	55 713	98 587	116 328	17 741	18.0	69 355	7.8
2. 专科	97 454	127 790	200 994	221 273	20 279	10.1	123 819	7.1
（六）网络本专科	18 435	33 890	120 039	129 334	9 295	7.7	110 899	17.6
1. 本科	10 545	14 102	24 268	30 242	5 974	24.6	19 697	9.2
2. 专科	7 890	19 788	95 771	99 092	3 321	3.5	91 202	23.5
二、高中阶段教育	1 027 389	1 288 599	1 007 078	1 076 557	69 479	6.9	49 168	0.4
（一）中等职业教育小计	459 741	561 909	414 972	445 262	30 290	7.3	－14 479	－0.3
1. 中等职业教育	331 741	417 278	260 465	271 921	11 456	4.4	－59 820	－1.6
2. 技工学校	128 000	144 631	154 507	173 341	18 834	12.2	45 341	2.6
（二）普通高中	567 648	726 690	592 106	631 295	39 189	6.6	63 647	0.9
三、初中	1 534 663	1 292 909	1 263 627	1 331 734	68 107	5.4	－202 929	－1.2
四、小学	1 741 881	1 214 916	1 590 812	1 660 918	70 106	4.4	－80 963	－0.4
五、幼儿园	1 036 468	1 293 693	1 800 294	1 780 043	－20 251	－1.1	743 575	4.6
六、特殊教育	4 165	3 053	9 289	10 241	952	10.2	6 076	7.8
特殊学校和附设特教班学生数	801	1 626	3 558	3 836	278	7.8	3 035	13.9
在普通中小学随班就读及送教上门学生数	3 364	1 427	5 731	6 405	674	11.8	3 041	5.5
七、专门学校	154	132	144	260	116	80.6	106	4.5

注：1. 各普通中小学毕业生数中已含特殊教育中"在普通中小学随班就读及送教上门学生数"。
2. 2019年起，教育部对"离园"指标统计口径进行了重新界定，仅指完成学前教育离开本园的幼儿人数；2018年及以前，"离园"含完成学前教育离开本园和从本园转出到其他幼儿园的幼儿人数。

广东省招生数

(单位:人)

	2010年	2015年	2021年	2022年	2022年比2021年		2022年比2010年	
					增加数	增加率(%)	增加数	年均增加率(%)
各级各类教育合计	6 883 172	6 821 761	7 721 165	7 776 281	55 116	0.7	893 109	1.0
一、高等教育	659 262	868 086	1 398 363	1 550 939	152 576	10.9	891 677	7.4
(一)研究生	30 700	35 893	64 501	68 644	4 143	6.4	37 944	6.9
1. 博士	3 307	3 540	7 023	7 687	664	9.5	4 380	7.3
2. 硕士	22 491	27 110	57 478	60 957	3 479	6.1	38 466	8.7
3. 在职人员攻读硕士学位	4 902	5 243	0		0		-4 902	-100.0
(二)普通本科	217 048	275 399	348 195	380 308	32 113	9.2	163 260	4.8
(三)职业本科	—	—	6 388	9 735	3 347	52.4	—	—
(四)高职(专科)	223 119	286 057	397 303	405 544	8 241	2.1	182 425	5.1
(五)成人本专科	161 757	241 193	431 525	483 544	52 019	12.1	321 787	9.6
1. 本科	57 130	60 360	163 481	199 271	35 790	21.9	142 141	11.0
2. 专科	104 627	180 833	268 044	284 273	16 229	6.1	179 646	8.7
(四)网络本专科	26 638	29 544	150 451	203 164	52 713	35.0	176 526	18.4
1. 本科	11 830	12 806	28 580	56 870	28 290	99.0	45 040	14.0
2. 专科	14 808	16 738	121 871	146 294	24 423	20.0	131 486	21.0
二、高中阶段教育	1 779 201	1 259 159	1 260 625	1 320 978	60 353	4.8	-458 223	-2.5
(一)中等职业教育小计	1 023 320	594 783	555 389	571 851	16 462	3.0	-451 469	-4.7
1. 中等职业教育	741 320	395 377	335 993	349 075	13 082	3.9	-392 245	-6.1
2. 技工学校	282 000	199 406	219 396	222 776	3 380	1.5	-59 224	-1.9
(二)普通高中	755 881	664 376	705 236	749 127	43 891	6.2	-6 754	-0.1
三、初中	1 663 662	1 164 480	1 546 199	1 616 328	70 129	4.5	-47 334	-0.2
四、小学	1 359 159	1 658 031	1 838 010	1 759 068	-78 942	-4.3	399 909	2.2
五、幼儿园	1 420 443	1 868 715	1 672 236	1 523 778	-148 458	-8.9	103 335	0.6
六、特殊教育	3 666	7 303	13 198	13 087	-111	-0.8	9 421	11.2
特殊学校和附设特教班学生数	1 330	3 185	5 371	4 954	-417	-7.8	3 624	11.6
在普通中小学随班就读及送教上门学生数	2 336	4 118	7 827	8 133	306	3.9	5 797	11.0
七、专门学校	115	105	361	236	-125	-34.6	121	6.2

注:1. 2017年起,在职人员攻读硕士专业学位招生纳入国家硕士生招生统筹管理,教育部按全日制和非全日制下达全国研究生招生计划。
2. 2019年起,教育部对"入园"指标统计口径进行了重新界定,仅指首次进入学前教育的幼儿人数。2018年及以前,"入园"含首次进入学前教育和从其他幼儿园转入到本园的幼儿人数。
3. 高职(专科)招生数为《教育事业综合统计调查表》招生报到数,含高职扩招学生。
4. 2020年高职(专科)招生数含2019年高职扩招秋季录取、2020年春季入学的学生数。
5. 各普通中小学招生数中已含特殊教育中"在普通中小学随班就读及送教上门学生数"。

广东省在校学生数

（单位：人）

	2010年	2015年	2021年	2022年	2022年比2021年		2022年比2010年	
					增加数	增加率（％）	增加数	年均增加率（％）
各级各类教育合计	22 707 645	22 819 662	27 741 264	28 522 688	781 424	2.8	5 815 043	1.9
一、高等教育	2 048 028	2 725 085	4 088 174	4 426 614	338 440	8.3	2 378 586	6.6
（一）研究生	90 542	110 378	174 309	195 410	21 101	12.1	104 868	6.6
1. 博士	12 341	14 474	25 020	27 906	2 886	11.5	15 565	7.0
2. 硕士	60 114	74 930	149 289	167 504	18 215	12.2	107 390	8.9
3. 在职人员攻读硕士学位	18 087	20 974	0	0	0	—	－18 087	－100.0
（二）普通本科	778 595	1 040 784	1 266 623	1 321 922	55 299	4.4	543 327	4.5
（三）职业本科	—	—	19 104	24 610	5 506	28.8	—	—
（四）高职（专科）	648 029	815 571	1 254 052	1 324 381	70 329	5.6	676 352	6.1
（五）成人本专科	463 987	664 495	975 147	1 102 687	127 540	13.1	638 700	7.5
1. 本科	161 569	172 624	380 130	456 527	76 397	20.1	294 958	9.0
2. 专科	302 418	491 871	595 017	646 160	51 143	8.6	343 742	6.5
（六）网络本专科	66 875	93 857	398 939	457 604	58 665	14.7	390 729	17.4
1. 本科	34 263	42 732	87 502	107 329	19 827	22.7	73 066	10.0
2. 专科	32 612	51 125	311 437	350 275	38 838	12.5	317 663	21.9
二、高中阶段教育	4 391 247	3 814 722	3 539 569	3 710 123	170 554	4.8	－681 124	－1.4
（一）中等职业教育小计	2 301 785	1 760 689	1 531 843	1 592 337	60 494	3.9	－709 448	－3.0
1. 中等职业教育	1 547 785	1 172 119	903 049	942 235	39 186	4.3	－605 550	－4.1
2. 技工学校	754 000	588 570	628 794	650 102	21 308	3.4	－103 898	－1.2
（二）普通高中	2 089 462	2 054 033	2 007 726	2 117 786	110 060	5.5	28 324	0.1
三、初中	5 001 040	3 553 170	4 292 084	4 536 040	243 956	5.7	－465 000	－0.8
四、小学	8 485 498	8 688 785	10 790 100	10 840 519	50 419	0.5	2 355 021	2.1
五、幼儿园	2 772 293	4 022 844	5 003 933	4 980 513	－23 420	－0.5	2 208 220	5.0
六、特殊教育	26 064	36 048	71 170	74 455	3 285	4.6	48 391	9.1
特殊学校和附设特教班学生数	9 331	14 677	26 761	28 221	1 460	5.5	18 890	9.7
在普通中小学随班就读及送教上门学生数	16 733	21 371	44 409	46 234	1 825	4.1	29 501	8.8
七、专门学校	208	379	643	658	15	2.3	450	10.1

注：1. 2021年起，广东开放大学学生统计从成人教育学生调整为网络教育学生。

2. 各普通中小学在校生数中已含特殊教育中"在普通中小学随班就读及送教上门学生数"。

广东省教职工数

（单位：人）

	2010 年	2015 年	2021 年	2022 年	2022 年比 2020 年		2022 年比 2010 年	
					增加数	增加率（％）	增加数	年均增加率（％）
各级各类教育合计	1 383 057	1 661 786	2 164 712	2 221 766	57 054	2.6	838 709	4.0
一、高等教育	123 849	144 174	193 522	199 601	6 079	3.1	75 752	4.1
（一）普通高等学校	114 018	139 888	190 310	198 115	7 805	4.1	84 097	4.7
（二）成人高等学校	9 831	4 286	3 212	1 486	－1 726	－53.7	－8 345	－14.6
二、中等职业教育小计	86 554	87 199	89 891	91 652	1 761	2.0	5 098	0.5
（一）中等职业教育	58 754	57 760	57 214	57 553	339	0.6	－1 201	－0.2
（二）技工学校	27 800	29 439	32 677	34 099	1 422	4.4	6 299	1.7
三、普通中学（含普通初高中）	445 335	475 396	543 201	566 103	22 902	4.2	120 768	2.0
其中：九年一贯制学校	—	133 681	235 044	248 864	13 820	5.9	—	—
十二年一贯制学校	—	30 475	80 921	83 710	2 789	3.4	—	—
四、小学	487 773	514 405	676 565	687 062	10 497	1.6	199 289	2.9
五、幼儿园	236 760	436 203	652 841	667 794	14 953	2.3	431 034	9.0
六、特殊教育学校	2 719	4 271	8 407	9 142	735	8.7	6 423	10.6
七、专门学校	67	138	285	412	127	44.6	345	16.3

注：1. 2010 年及以前，成人高等学校教职工数含广播电视大学分校的教职工数，2011 年起不含。
2. 2019 年及以前，高等教育的教职工取校本部的数；2020 年起，教职工取全口径数。
3. 因一贯制学校，小学和普通中学教职工数按照专任教师比例进行折算。
4. 表中的九年一贯制学校、十二年一贯制学校相关数据并未进行折算，是实际统计数据。

广东省专任教师数

(单位：人)

	2010年	2015年	2021年	2022年	2022年比2021年		2022年比2010年	
					增加数	增加率（%）	增加数	年均增加率（%）
各级各类教育合计	1 108 664	1 307 083	1 617 176	1 662 107	44 931	2.8	553 443	3.4
一、高等教育	84 684	101 449	130 890	136 708	5 818	4.4	52 024	4.1
（一）普通高等学校	78 569	98 897	128 811	135 907	7 096	5.5	57 338	4.7
其中：正高级职称	8 787	12 267	17 363	17 153	-210	-1.2	8 366	5.7
副高级职称	20 585	25 824	34 613	35 418	805	2.3	14 833	4.6
（二）成人高等学校	6 115	2 552	2 079	801	-1 278	-61.5	-5 314	-15.6
其中：正高级职称	64	52	28	14	-14	-50.0	-50	-11.9
副高级职称	1 034	510	419	196	-223	-53.2	-838	-12.9
二、高中阶段教育	188 402	216 844	227 193	236 940	9 747	4.3	48 538	1.9
（一）中等职业教育	43 533	44 972	44 944	45 885	941	2.1	2 352	0.4
（二）技工学校	19 800	21 011	24 866	26 316	1 450	5.8	6 516	2.4
（三）普通高中	125 069	150 861	157 383	164 739	7 356	4.7	39 670	2.3
三、初中	266 445	275 787	315 086	327 891	12 805	4.1	61 446	1.7
四、小学	430 735	468 608	592 196	602 033	9 837	1.7	171 298	2.8
五、幼儿园	136 321	240 749	345 057	351 002	5 945	1.7	214 681	8.2
六、特殊教育学校	2 026	3 550	6 589	7 328	739	11.2	5 302	11.3
七、专门学校	51	96	165	205	40	24.2	154	12.3

注：2010年及以前，成人高等学校专任教师数含广播电视大学分校的专任教师数，2011年起不含。

· 教育统计 ·
EDUCATIONAL STATISTICS

广东省各级各类教育基本情况（一）

	2010 年	2015 年	2021 年	2022 年	2022 年比 2021 年增加数	2022 年比 2010 年增加数
一、教育普及情况						
（一）学前教育						
学前教育毛入园率（%）	82.57	100.97	104.14	104.47	0.3	21.9
（二）小学						
1. 净入学率（%）	99.95	99.98	100.00	99.93	-0.1	0.0
2. 五年巩固率（%）	98.24	98.37	99.52	99.00	-0.5	0.8
3. 小学毕业生升学率（%）	95.51	95.85	97.20	97.32	0.1	1.8
（三）初中					0.0	
1. 毛入学率（%）	109.61	114.62	109.52	108.63	-0.9	-1.0
2. 三年巩固率（%）	90.41	94.84	98.09	98.35	0.3	7.9
3. 义务教育九年巩固率（%）		93.74	96.22	95.81	-0.4	95.8
4. 初中毕业生升学率（%）	94.30	93.49	97.64	97.50	-0.1	3.2
（四）高中阶段						
高中阶段教育毛入学率（%）	86.20	95.66	97.71	97.58	-0.1	11.4
（五）高等教育					0.0	
高等教育毛入学率（%）	28.00	33.02	57.65	60.07	2.4	32.1
二、生均校舍建筑面积（平方米/人）						
（一）小学	6.92	7.62	7.17	7.30	0.1	0.4
（二）普通中学	10.71	17.46	21.02	21.23	0.2	10.5
（三）中等职业教育	10.14	14.15	18.52	18.82	0.3	8.7
（四）普通高等学校	30.04	26.74	27.19	29.34	2.2	-0.7
三、生均教学仪器设备值（元/生）						
（一）中等职业教育	2 910.15	5 535.30	9 983.93	10 022.88	38.9	7 112.7
（二）普通高等学校	8 340.52	10 848.58	18 184.34	22 746.84	4 562.5	14 406.3
四、生均图书（册/生）						
（一）小学	19.11	21.62	21.93	22.48	0.6	3.4
（二）普通初中	17.56	35.11	39.89	39.51	-0.4	21.9
（三）普通高中	34.50	55.15	58.46	57.09	-1.4	22.6
（四）中等职业教育	16.24	24.84	25.88	26.44	0.6	10.2
（五）普通高等学校	68.16	69.37	67.98	80.35	12.4	12.2

注：1. 2011 年起，初中毕业生升学率（%）计算公式为新学年高中阶段一年级招生数（普通高中招生数 + 中职招应届初中毕业生数 + 技工学校招生数）/初中毕业生总数（普通初中毕业生数 + 职业初中毕业生数）×100%（不考虑跨省升学学生）。
　　2. 小学升学率（%）= 初中招生数/小学毕业生数（不考虑跨省升学学生）。
　　3. 小学生均校舍建筑面积（图书）= 小学校舍建筑总面积（图书资源总量）/小学在校生数总数。
　　4. 初中生均校舍建筑面积（图书）=（初级中学 + 九年一贯制学校）校舍建筑总面积（图书资源总量）/初中在校生数总数。
　　5. 高中生均校舍建筑面积（图书）=（高级中学 + 十二年一贯制学校 + 完全中学）校舍建筑总面积（图书资源总量）/高中在校生数总数。
　　6. 普通中学生均校舍建筑面积（图书）=（初中 + 高中）校舍建筑总面积/（初中 + 高中）在校生总数。
　　7. 中等职业教育生均校舍建筑面积（教学与实习仪器设备值、图书）=（学校产权 + 非学校产权独立使用）校舍建筑总面积（教学与实习仪器设备总资产值、图书）/中等职业学校在校生总数。
　　8. 初中毛入学率（%）= 初中在校生总数/12～14 岁年龄组人口数×100%。
　　9. 小学净入学率 = 小学在校学龄人口数/小学校内外学龄人口数×100%（分地区测算时分母采用常住人口数据）。

广东省各级各类教育基本情况（二）

	2010 年	2015 年	2021 年	2022 年	2022 年比 2021 年增加数	2022 年比 2010 年增加数
五、生师比（人）						
（一）幼儿园	20.34	16.71	14.50	14.19	-0.3	-6.1
（二）小学	19.70	18.54	18.22	18.01	-0.2	-1.7
（三）普通初中	18.77	12.88	13.62	13.83	0.2	-4.9
（四）普通高中	16.71	13.62	12.76	12.86	0.1	-3.9
（五）中等职业教育	35.55	26.06	20.09	20.53	0.4	-15.0
（六）普通高等学校	18.80	18.69	19.14	19.65	0.5	0.9
六、专任教师学历、职称比重（%）						
（一）幼儿园						
1. 高中毕业及以上	95.42	98.11	99.41	99.68	0.3	4.3
2. 大专毕业及以上	46.57	64.23	87.19	89.85	2.7	43.3
（二）小学						
1. 大专毕业及以上	83.51	95.25	99.19	99.40	0.2	15.9
2. 本科毕业及以上	23.47	44.51	78.10	81.71	3.6	58.2
3. 中级职称及以上	60.03	60.56	51.23	49.91	-1.3	-10.1
（三）普通初中						
1. 大专毕业及以上	98.70	99.96	99.98	99.98	0.0	1.3
2. 本科毕业及以上	60.87	79.66	93.74	94.76	1.0	33.9
3. 中级职称及以上	54.00	60.96	57.65	55.25	-2.4	1.2
（四）普通高中						
1. 本科毕业及以上	94.38	98.76	99.48	99.47	0.0	5.1
2. 研究生毕业及以上	5.14	8.41	16.33	17.89	1.6	12.7
3. 中级职称及以上	58.78	62.85	65.60	62.96	-2.6	4.2
（五）中等职业教育						
1. 本科毕业及以上	85.82	91.69	94.89	95.80	0.9	10.0
2. 研究生毕业以上	5.77	9.07	10.48	10.96	0.5	5.2
3. 中级职称及以上	58.45	61.64	58.45	55.78	-2.7	-2.7
（六）普通高等学校						
1. 研究生毕业及以上	61.75	69.52	78.39	79.38	1.0	17.6
2. 博士毕业以上	17.48	22.60	30.21	30.73	0.5	13.2
3. 副高职称及以上	37.38	38.52	40.35	38.68	-1.7	1.3
（七）成人高校						
1. 研究生毕业以上	18.66	32.13	29.10	42.95	13.8	24.3
2. 副高职称及以上	17.96	22.02	21.50	26.22	4.7	8.3

注：普通高等学校生师比不含临床教师。

广东省各级各类教育基本情况（三）

	2010 年	2015 年	2021 年	2022 年	2022 年比 2021 年增加数	2022 年比 2010 年增加数
七、生均一般公共预算教育事业费支出（元）						
（一）小学	3 487.0	8 758.0	13 424.2	13 487.3	63.1	10 000.3
（二）普通初中	3 921.0	11 456.7	19 546.7	19 522.9	−23.8	15 601.9
（三）普通高中	5 312.9	10 863.2	21 027.5	21 506.8	479.3	16 193.9
（四）中等职业学校	4 815.3	9 977.9	19 757.7	19 193.9	−563.7	14 378.6
（五）普通高等学校	11 200.2	17 823.4	28 340.9	27 221.4	−1 119.5	16 021.2
八、生均一般公共预算公用经费支出（元）						
（一）小学	735.9	2 251.1	3 101.4	3 119.1	17.7	2 383.2
（二）普通初中	974.2	2 947.4	4 538.9	4 789.4	250.5	3 815.2
（三）普通高中	1 509.0	2 601.1	4 148.5	4 833.9	685.3	3 324.9
（四）中等职业学校	1 975.1	4 099.0	6 650.6	6 370.8	−279.8	4 395.7
（五）普通高等学校	5 864.8	7 694.9	11 279.3	10 507.8	−771.6	4 643.0
九、普通高等学校各学科学生数比重（%）						
（一）哲学	0.0	0.1	0.1	0.1	0.0	0.0
（二）经济学	7.3	8.8	7.3	7.4	0.1	0.1
（三）法学	3.5	4.1	3.8	3.8	0.1	0.3
（四）教育学	5.3	2.6	3.0	3.4	0.4	−1.9
（五）文学	15.7	11.4	12.4	12.5	0.1	−3.1
（六）历史学	0.3	0.4	0.5	0.4	0.0	0.1
（七）理学	5.3	7.0	7.0	6.7	−0.3	1.3
（八）工学	29.8	26.9	30.5	30.6	0.1	0.8
（九）农学	1.0	1.4	1.3	1.3	−0.1	0.3
（十）医学	6.3	6.4	6.8	6.9	0.1	0.6
（十一）管理学	25.4	23.8	19.4	19.0	−0.4	−6.3
（十二）艺术学	—	7.0	7.8	7.8	−0.1	—
十、每万人口在校学生数（人）						
（一）小学	837.64	756.27	854.73	854.66	−0.1	17.0
（二）普通初中	493.68	309.27	339.99	357.62	17.6	−136.1
（三）普通高中	206.26	178.78	159.04	166.97	7.9	−39.3
（四）中等职业教育	152.79	102.02	71.53	74.29	2.8	−78.5
（五）普通高等教育	140.83	161.58	201.19	210.57	9.4	69.7
（六）成人高等教育	45.80	57.84	77.25	86.94	9.7	41.1

注：1. 因2011年采用了新的高职高专教育指导性专业目录，各学科分类全面调整，专科学科分类无法与往年对照；2011年起，各学科学生比重只能统计本科学生（不含专科学生）。
2. 因教育部2013年调分学科设置，新增"艺术学"学科分类，导致"艺术学"与2012年前数据对比情况为空。
3. 此表中的中等职业教育不含技工学校数据。
4. 每万人口在校生数＝今年度在校生数/上一个年度的常住人口数（常住人口取《中国统计年鉴》表2—6）
5. 因《2021年广东统计年鉴》按人口普查数据，调整了历年人口数；因此同步调整历年每万人口在校学生数。
6. 生均一般公共预算教育事业费支出、生均一般公共预算公用经费支出为当年上报数。

广东省各级各类民办教育基本情况（一）

（单位：人）

	2010年		2015年		2021年		2022年		2022年比2021年		2022年比2010年	
	计	占全省比例（%）	计	占全省比例（%）	计	占全省比例（%）	计	占全省比例（%）	增加数	增长率（%）	增加数	年均增长率
一、高等教育												
（一）普通本专科												
学校数（所）	47	35.9	52	36.4	51	31.9	51	31.7	0	0.0	4	0.7
毕业生数	94411	28.3	147235	30.9	193108	33.6	204925	32.3	11817	6.1	110514	6.7
招生数	132047	30.0	193501	34.5	204092	27.1	287718	36.2	83626	41.0	155671	6.7
在校生数	404632	28.4	618020	33.3	780479	30.7	853607	32.0	73128	9.4	448975	6.4
教职工数	27951	24.5	37257	26.6	44318	23.3	48096	24.3	3778	8.5	20145	4.6
专任教师数	19875	25.3	28053	28.4	34390	26.7	37203	27.4	2813	8.2	17328	5.4
（二）成人本专科												
学校数（所）	1	6.7	1	6.7	1	7.1	1	7.1	0	0.0	0	0.0
二、高中阶段教育												
（一）高中阶段教育小计												
学校数（所）	282	17.7	285	19.0	363	24.9	384	25.7	21	5.8	102	2.6
毕业生数	82138	9.1	99113	8.7	118702	13.9	143989	15.9	25287	21.3	61851	4.8
招生数	169263	9.5	125935	11.9	205889	19.8	217068	19.8	11179	5.4	47805	2.1
在校生数	380868	10.5	335056	9.2	520495	17.9	577301	18.9	56806	10.9	196433	3.5
教职工数	10507		23456	10.3	45051	18.9	51105	20.6	6054	13.4	40598	14.1

续上表

	2010年 计	2010年 占全省比例(%)	2015年 计	2015年 占全省比例(%)	2021年 计	2021年 占全省比例(%)	2022年 计	2022年 占全省比例(%)	2022年比2021年 增加数	2022年比2021年 增长率(%)	2022年比2010年 增加数	2022年比2010年 年均增长率
专任教师数	6809		16995	8.7	33602	16.6	38146	18.1	4544	13.5	31337	15.4
(二) 中等职业教育												
学校数(所)	156	27.6	123	25.6	98	25.7	101	27.2	3	3.1	-55	-3.6
毕业生数	55514	16.7	50771	12.2	44550	17.1	53321	19.6	8771	19.7	-2193	-0.3
招生数	132092	17.8	56291	14.2	81435	24.2	85703	24.6	4268	5.2	-46389	-3.5
在校生数	279753	18.1	155759	13.3	197770	21.9	218156	23.2	20386	10.3	-61597	-2.1
教职工数	10507	17.9	7219	12.5	11383	19.9	12771	22.2	1388	12.2	2264	1.6
专任教师数	6809	15.6	4925	11.0	9223	20.5	10544	23.0	1321	14.3	3735	3.7
(三) 普通高中教育												
学校数(所)	126	12.3	162	15.9	265	24.6	283	25.2	18	6.8	157	7.0
毕业生数	26624	4.7	48342	6.7	74152	12.5	90668	14.4	16516	22.3	64044	10.8
招生数	37171	4.9	69644	10.5	124454	17.6	131365	17.5	6911	5.6	94194	11.1
在校生数	101115	4.8	179297	8.7	322725	16.1	359145	17.0	36420	11.3	258030	11.1
专任教师数	6773	5.4	12070	8.0	24379	15.5	27602	16.8	3223	13.2	20829	12.4

注:1. 2018年起,教育部对中外(含内地与港澳合)合作院校划分为单独类型,不计入人民办教育。
2. 2019年及以前,高等教育教职工数取校本部教职工;2020年起,取全口径。
3. 此表中的中等职业教育不含技工学校。
4. 因一贯制学校,小学和普通中学教职工数按照专任教师比例进行折算。

广东省各级各类民办教育基本情况（二）

（单位：人）

类别	2010年 计	2010年 占全省比例（%）	2015年 计	2015年 占全省比例（%）	2021年 计	2021年 占全省比例（%）	2022年 计	2022年 占全省比例（%）	2022年比2021年 增加数	2022年比2021年 增长率（%）	2022年比2010年 增加数	2022年比2010年 年均增长率（%）
三、义务教育												
（一）义务教育小计												
学校数（所）	1539	7.7	1615	11.9	1743	12.1	1663	11.5	-80	-4.6	124	0.6
毕业生数	355462	10.8	447295	17.8	614749	21.5	619523	20.7	4774	0.8	264061	4.7
招生数	509621	16.9	660773	23.4	751138	22.2	626863	18.6	-124275	-16.5	117242	1.7
在校生数	2047492	15.2	2675509	21.9	3274570	21.7	3042557	19.8	-232013	-7.1	995065	3.4
其中：政府购买学位	—	—	142397	1.2	1359093	9.0	2539725	16.5	1180632	86.9	—	—
（二）普通初中												
学校数（所）	712	21.5	912	26.7	1101	28.7	1061	27.2	-40	-3.6	349	3.4
毕业生数	145095	9.5	202471	15.7	274141	21.7	275586	20.7	1445	0.5	130491	5.5
招生数	220355	13.2	260001	22.3	367681	23.8	319341	19.8	-48340	-13.1	98986	3.1
在校生数	586002	11.7	714511	20.1	980956	22.9	927520	20.4	-53436	-5.4	341518	3.9
专任教师数	29939	16.2	42917	15.6	67585	21.4	65129	19.9	-2456	-3.6	35190	6.7
（三）小学												
学校数（所）	827	4.9	703	6.9	642	6.1	602	5.7	-40	-6.2	-225	-2.6
毕业生数	210367	12.1	244824	20.2	340608	21.4	343937	20.7	3329	1.0	133570	4.2
招生数	289266	21.3	400772	24.2	383457	20.9	307522	17.5	-75935	-19.8	18256	0.5
在校生数	1461490	17.2	1960998	22.6	2293614	21.3	2115037	19.5	-178577	-7.8	653547	3.1
教职工数	81159	16.6	110063	21.4	164783	24.4	157521	22.9	-7262	-4.4	76362	5.7
专任教师数	60116	14.0	86805	18.5	120806	20.4	114713	19.1	-6093	-5.0	54597	5.5
四、学前教育												
学校数（所）	8648	77.5	11585	75.1	13175	62.4	13102	60.8	-73	-0.6	4454	3.5
毕业生数	506491	48.9	755361	58.4	960192	53.3	939724	52.8	-20468	-2.1	433233	5.3

续上表

类别	2010年 计	2010年 占全省比例(%)	2015年 计	2015年 占全省比例(%)	2021年 计	2021年 占全省比例(%)	2022年 计	2022年 占全省比例(%)	2022年比2021年 增加数	2022年比2021年 增长率(%)	2022年比2010年 增加数	2022年比2010年 年均增长率(%)
招生数	713434	50.2	1110175	59.4	892360	53.4	771987	50.7	-120373	-13.5	58553	0.7
在校生数	1687083	60.9	2610690	64.9	2802758	56.0	2685641	53.9	-117117	-4.2	998558	4.0
教职工数	178077	75.2	315511	72.3	391918	60.0	384410	57.6	-7508	-1.9	206333	6.6
专任教师数	102228	75.0	170889	71.0	197208	57.2	192239	54.8	-4969	-2.5	90011	5.4
其中：普惠性民办幼儿园												
学校数（所）	—	—	—	—	9963	47.2	9927	46.0	-36	-0.4	—	—
毕业生数	—	—	—	—	743381	41.3	722973	40.6	-20408	-2.7	—	—
招生数	—	—	—	—	658436	39.4	571572	37.5	-86864	-13.2	—	—
在校生数	—	—	—	—	2085967	41.7	2011165	40.4	-74802	-3.6	—	—
教职工数	—	—	—	—	278347	42.6	274407	41.1	-3940	-1.4	—	—
专任教师数	—	—	—	—	141440	41.0	138646	39.5	-2794	-2.0	—	—
五、特殊教育												
学校数（所）	5	6.7	7	6.0	5	3.3	5	3.3	0	0.0	0	0.0
毕业生数	—	—	48	3.0	103	2.9	103	2.7	0	0.0	—	—
招生数	—	—	141	4.4	159	3.0	191	3.9	32	20.1	—	—
在校生数	—	—	650	4.4	788	2.9	881	3.1	93	11.8	—	—
教职工数	—	—	242	5.7	232	2.8	258	2.8	26	11.2	—	—
专任教师数	—	—	174	4.9	157	2.4	178	2.4	21	13.4	—	—
六、专门学校												
学校数（所）	—	—	1	33.3	3	60.0	3	37.5	0	0.0	—	—
毕业生数	—	—	0	0.0	38	26.4	111	42.7	73	192.1	—	—
招生数	—	—	0	0.0	265	73.4	67	28.4	-198	-74.7	—	—
在校生数	—	—	156	41.2	422	65.6	373	56.7	-49	-11.6	—	—
教职工数	—	—	46	33.3	124	43.5	133	32.3	9	7.3	—	—
专任教师数	—	—	39	40.6	59	35.8	62	30.2	3	5.1	—	—

注：1. 2015年起，义务教育增加"政府购买学位"指标；2016年起，学前教育增加"普惠性民办幼儿园"指标。
2. 政府购买学位仅有义务教育阶段总数，无法按初中、小学统计数据。
3. 此表中特殊教育仅统计民办特殊教学学校和附设特教班情况，不含民办学校随班就读及送教上门的学生。

广东省主要教育综合指标在全国排位情况（一）

		2021年			2022年			2022年排位在广东前的省份
		全国水平	广东	排位	全国水平	广东	排位	
按常住人口计算	每万人口普通本专科在校生（人）	247.99	201.55	28	244.93	198.82	28	
	每万人口成人本专科在校生（人）	59.06	77.38	5	62.49	82.08	5	吉林、江西、湖南、山东
	每万人口高中阶段教育在校生（人）	277.83	230.99	25	271.29	227.78	24	
	其中：每万人口中等职业教育学校在校生（人）	93.05	71.66	25	89.64	70.14	25	
	每万人口普通高中在校生（人）	184.78	159.33	25	181.65	157.64	25	
	每万人口普通初中在校生（人）	355.97	340.61	18	342.73	337.65	17	
	每万人口小学在校生（人）	764.65	856.27	10	718.32	806.95	9	
	每万人口幼儿园在园儿童（人）	340.85	397.10	7	309.73	370.74	4	广西、贵州、西藏
按户籍人口计算	每万人口普通本专科在校生（人）	247.39	258.93	12	258.48	268.52	12	
	每万人口成人本专科在校生（人）	58.92	99.42	1	65.95	110.86	2	吉林
	每万人口高中阶段教育在校生（人）	277.16	296.76	11	286.29	307.63	12	
	其中：每万人口中等职业教育学校在校生（人）	92.83	92.07	17	94.60	94.73	18	
	每万人口普通高中在校生（人）	184.33	204.69	11	191.69	212.91	10	
	每万人口普通初中在校生（人）	355.11	437.58	2	361.69	456.02	2	新疆
	每万人口小学在校生（人）	762.80	1 100.06	2	758.05	1 089.83	3	新疆、西藏
	每万人口幼儿园在园儿童（人）	340.02	510.15	1	326.86	500.71	1	

注：1. 常住人口数取自上年国家统计局的《中国统计年鉴》"各地区人口年龄构成和抚养比"表中人口数。
2. 户籍人口数取自中国知网的《中国人口和就业统计年鉴》第五部分"各地区总户数、总人口"表中的总人口。

广东省主要教育综合指标在全国排位情况（二）

	2021 年			2022 年			2022 年排位在广东前的省份
	全国水平	广东	排位	全国水平	广东	排位	
小学教师学历达标率（%）	99.98	100.00	5	99.99	99.99	12	北京、上海、安徽、江苏、河南、四川、宁夏、甘肃、内蒙古、山东、山西
小学教师专科以上学历比重（%）	98.43	99.19	8	98.90	99.40	8	北京、江苏、浙江、上海、陕西、内蒙古、天津
普通初中教师学历达标率（%）	99.91	99.98	9	99.94	99.98	11	上海、安徽、江苏、浙江、宁夏、北京、内蒙古、新疆、吉林、四川
普通高中教师学历达标率（%）	98.82	99.48	7	99.03	99.47	7	上海、江苏、浙江、北京、天津、吉林
普通高校教师高职称比（%）	42.88	40.35	21	42.24	38.68	23	
普通高校数（所）	2 756	160	2	2 760	161	2	江苏
成人高校数（所）	256	14	4	253	14	4	北京、辽宁、黑龙江
普通本专科招生数（人）	10 013 151	694 317	3	10 145 421	715 658	2	河南
成人本专科招生数（人）	3 785 288	431 525	2	4 400 196	483 544	2	山东
普通本专科在校生数（人）	34 961 307	2 539 779	2	36 594 175	2 670 913	2	河南
成人本专科在校生数（人）	8 326 521	975 147	1	9 336 481	1 102 687	1	
研究生在校生数（人）	3 332 373	174 309	6	3 653 613	195 410	6	北京、江苏、上海、湖北、陕西
中等职业学校招生数（人）	4 889 890	335 993	4	4 847 810	349 075	2	河南
中等职业学校在校生数（人）	13 118 146	903 049	3	13 392 903	942 235	2	河南
普通高中在校生数（人）	26 050 291	2 007 726	2	27 138 747	2 117 786	2	河南
高等学校两院院士数（人事关系在学校）	1 271	74	4	1 159	89	3	北京、上海

续上表

		2021年			2022年			2022年排位在广东前的省份
		全国水平	广东	排位	全国水平	广东	排位	
"双一流"建设高校及建设学科数	建设高校（所）	147	8	4	147	8	4	北京、江苏、上海
	建设学科数（个）	433	21	6	433	21	6	北京、江苏、上海、湖北、浙江
博士学位授权一级学科点（个）		3 677	192	5	3 994	225	4	北京、江苏、上海
硕士学位授权一级学科点（个）		9 883	440	8	10 574	465	8	北京、江苏、湖北、山东、上海、陕西、辽宁
一般公共预算教育经费占一般公共预算支出比例（%）		—	20.79	—	—	20.87	—	

注：1. 本专科招生数不含专升本和五年一贯制转入学生数。

2. 小学教师合格学历取高中阶段学历以上，初中教师合格学历取专科学历以上，高中教师合格学历取本科学历以上。

3. 2017年起，公共财政教育支出占公共财政一般预算支出比例（%）改为一般公共预算教育经费占一般公共预算支出比例（%）。

广东省各地级以上市学校数

(单位：所)

	学前教育			小学			普通初中			普通高中			中等职业教育（不含技工学校）			特殊教育		
	2021年	2022年	增减	2021年	2022年	增减	2021年	2022年	增减	2021年	2022年	增减	2021年	2022年	增减	2021年	2022年	增减
广东省	21101	21566	465	10599	10614	15	3832	3903	71	1076	1121	45	382	372	-10	150	152	2
广州市	2155	2223	68	986	992	6	427	429	2	124	126	2	78	77	-1	19	19	0
深圳市	1896	1935	39	343	353	10	370	396	26	105	125	20	15	16	1	10	10	0
珠海市	403	423	20	144	149	5	68	71	3	19	19	0	8	8	0	2	2	0
汕头市	1209	1357	148	733	725	-8	214	220	6	98	98	0	15	15	0	8	8	0
佛山市	1058	1087	29	417	423	6	162	170	8	66	65	-1	27	26	-1	7	7	0
韶关市	612	606	-6	215	217	2	128	126	-2	25	25	0	14	14	0	11	11	0
河源市	575	565	-10	363	359	-4	165	164	-1	35	37	2	13	15	2	7	7	0
梅州市	934	936	2	452	448	-4	179	180	1	60	61	1	16	16	0	9	9	0
惠州市	850	867	17	577	590	13	254	262	8	46	47	1	24	25	1	7	7	0
汕尾市	535	563	28	451	448	-3	130	133	3	34	34	0	10	10	0	5	5	0
东莞市	1244	1269	25	337	341	4	205	211	6	53	56	3	21	20	-1	2	2	0
中山市	560	575	15	211	212	1	92	93	1	20	23	3	7	7	0	2	2	0
江门市	642	659	17	326	332	6	147	150	3	50	53	3	17	16	-1	7	8	1
阳江市	699	697	-2	165	166	1	100	99	-1	20	23	3	6	6	0	5	5	0
湛江市	2073	2042	-31	918	914	-4	245	244	-1	57	56	-1	38	33	-5	9	10	1
茂名市	1628	1652	24	1398	1400	2	200	202	2	69	70	1	12	12	0	8	8	0
肇庆市	698	706	8	237	234	-3	162	164	2	42	44	2	16	15	-1	8	8	0
清远市	834	835	1	353	354	1	155	159	4	32	34	2	14	14	0	9	9	0
潮州市	702	706	4	579	567	-12	112	114	2	33	34	1	8	8	0	4	4	0
揭阳市	1315	1380	65	1212	1207	-5	234	233	-1	65	68	3	15	11	-4	6	6	0
云浮市	479	483	4	182	183	1	83	83	0	23	23	0	8	8	0	5	5	0

广东省各地级以上市招生数

（单位：人）

	学前教育			小学			普通初中			普通高中			中等职业教育（不含技工学校）			特殊教育		
	2021年	2022年	增减	2021年	2022年	增减	2021年	2022年	增减	2021年	2022年	增减	2021年	2022年	增减	2021年	2022年	增减
广东省	1672236	1523778	-148458	1838010	1759068	-78942	1546199	1616328	70129	705236	749127	43891	335993	349075	13082	13198	13087	-111
广州市	206847	196193	-10654	211956	213837	1881	145159	153780	8621	54844	61936	7092	57152	55330	-1822	1750	1351	-399
深圳市	192791	175744	-17047	204514	204997	483	143846	151060	7214	64932	75516	10584	14144	15507	1363	1006	1239	233
珠海市	32647	29076	-3571	34833	35372	539	27470	29008	1538	12552	14438	1886	7142	6984	-158	194	210	16
汕头市	67312	77521	10209	99581	89972	-9609	87366	91259	3893	47929	51633	3704	11784	12950	1166	623	623	0
佛山市	118050	109683	-8367	115707	117674	1967	92769	97680	4911	46756	46958	202	22915	25365	2450	451	540	89
韶关市	37453	33269	-4184	41433	39864	-1569	40350	44148	3798	18384	18735	351	11940	11717	-223	533	571	38
河源市	43569	36577	-6992	46345	43229	-3116	55944	54550	-1394	26468	28748	2280	11129	14044	2915	714	695	-19
梅州市	56287	46718	-9569	59914	54574	-5340	61253	64391	3138	29566	30073	507	8704	8712	8	644	641	-3
惠州市	89292	84384	-4908	105655	99814	-5841	93084	95150	2066	40458	41881	1423	21370	20277	-1093	492	518	26
汕尾市	32385	27636	-4749	48705	44896	-3809	44674	45695	1021	20620	20972	352	7397	7690	293	269	257	-12
东莞市	120139	105572	-14567	143850	133382	-10468	104844	103795	-1049	41943	44011	2068	22252	23879	1627	296	269	-27
中山市	51353	50931	-422	61507	60925	-582	47242	50378	3136	18878	21157	2279	10218	9737	-481	337	260	-77
江门市	54501	45515	-8986	60154	57781	-2373	54042	55251	1209	29427	29269	-158	11983	11932	-51	399	395	-4
阳江市	34520	29182	-5338	40826	38617	-2209	41561	44214	2653	17936	19947	2011	6799	6891	92	477	395	-82
湛江市	119197	104532	-14665	134215	124364	-9851	111706	118742	7036	45267	48453	3186	25475	29614	4139	1000	1095	95
茂名市	124831	109561	-15270	118693	111128	-7565	109918	116416	6498	54484	53108	-1376	26948	26889	-59	1240	1222	-18
肇庆市	66544	57542	-9002	64182	61417	-2765	65295	67973	2678	25997	29139	3142	22892	23431	539	667	693	26
清远市	63231	57318	-5913	68962	65534	-3428	60657	65656	4999	25223	28012	2789	13894	13264	-630	640	739	99
潮州市	31526	27726	-3800	35310	31868	-3442	32423	33651	1228	17622	18058	436	3906	5163	1257	280	219	-61
揭阳市	84902	82867	-2035	99139	91531	-7608	86589	90126	3537	49395	49392	-3	10813	11563	750	788	762	-26
云浮市	44859	36231	-8628	42529	38292	-4237	40007	43405	3398	16555	17691	1136	7136	8136	1000	398	393	-5

广东省各地级以上市在校学生数

（单位：人）

	学前教育			小学			普通初中			普通高中			中等职业教育（不含技工学校）			特殊教育		
	2021年	2022年	增减	2021年	2022年	增减	2021年	2022年	增减	2021年	2022年	增减	2021年	2022年	增减	2021年	2022年	增减
广东省	5003933	4980513	-23420	10790100	10840519	50419	4292084	4536040	243956	2007726	2117786	110060	903049	942235	39186	71170	74455	3285
广州市	633203	655288	22085	1164403	1204223	39820	407956	432100	24144	161633	170272	8639	171402	163313	-8089	7571	7985	414
深圳市	597569	591691	-5878	1133041	1166852	33811	393641	421585	27944	169533	194735	25202	40186	41829	1643	4979	5616	637
珠海市	100457	100147	-310	194961	203540	8579	78311	82874	4563	35443	38760	3317	20634	20358	-276	1220	1220	0
汕头市	216751	227188	10437	584147	578465	-5682	245991	258341	12350	140739	145159	4420	30214	32577	2363	4174	4194	20
佛山市	358462	363630	5168	664264	686311	22047	260195	275210	15015	133772	137450	3678	66284	68499	2215	2456	2829	373
韶关市	122028	118616	-3412	269636	265341	-4295	112300	120511	8211	53177	54644	1467	34127	34386	259	2895	3042	147
河源市	118396	110821	-7575	303570	294519	-9051	157861	162261	4400	74669	80311	5642	27200	32593	5393	3736	3784	48
梅州市	164728	156952	-7776	373597	365319	-8278	174483	185443	10960	87545	88840	1295	24832	24700	-132	4016	3978	-38
惠州市	242747	242356	-391	633683	630105	-3578	255570	267075	11505	112554	120165	7611	53142	55831	2689	2850	2908	58
汕尾市	103559	103299	-260	289694	289512	-182	124427	129188	4761	57508	60358	2850	17558	19308	1750	1732	1785	53
东莞市	388436	383717	-4719	848515	832701	-15814	276080	283063	6983	107201	120953	13752	57362	62270	4908	1787	1767	-20
中山市	161069	165292	4223	350094	359892	9798	130424	140080	9656	54507	58586	4079	26333	27755	1422	1649	1706	57
江门市	158150	157768	-382	360059	360358	299	151976	157847	5871	84916	86087	1171	32533	33470	937	2228	2280	52
阳江市	109221	106863	-2358	260989	255442	-5547	112341	121713	9372	51161	54743	3582	16840	18532	1692	2140	2179	39
湛江市	354285	345112	-9173	770820	776083	5263	304459	327599	23140	130341	136888	6547	65865	73320	7455	5539	5884	345
茂名市	339475	329522	-9953	712258	709378	-2880	305187	324521	19334	161504	160672	-832	67182	70453	3271	6319	6933	614
肇庆市	163935	161929	-2006	408882	404118	-4764	180434	191870	11436	78014	84227	6213	61176	63776	2600	3504	3592	88
清远市	173553	169466	-4087	421202	422369	1167	166415	179987	13572	72035	76891	4856	34293	36965	2672	3756	4005	249
潮州市	104002	100498	-3504	213900	208943	-4957	92630	96260	3630	51371	52640	1269	9835	12066	2231	1483	1463	-20
揭阳市	279106	280656	1550	567135	567372	237	249477	257715	8238	142326	145670	3344	26927	29287	2360	4566	4778	212
云浮市	114801	109702	-5099	265250	259676	-5574	111926	120797	8871	47777	49735	1958	19124	20947	1823	2570	2527	-43

2022年广东省各普通高校研究生、普通本专科招生数和在校生数

(单位：人)

名称	招生数				在校生数			
	合计	研究生	本科	专科	合计	研究生	本科	专科
全省合计	864 030	68 443	390 043	405 544	2 865 832	194 919	1 346 532	1 324 381
1. 本科院校合计	464 879	68 443	390 043	6 393	1 598 336	194 919	1 346 532	56 885
公办本科院校	276 666	68 443	206 949	1 274	1 030 988	194 919	818 067	18 002
中山大学	18 701	10 742	7 959	0	66 479	33 254	33 225	0
华南理工大学	14 342	7 486	6 856	0	50 399	23 166	27 233	0
暨南大学	14 108	6 607	7 501	0	47 132	18 360	28 772	0
华南农业大学	13 061	4 148	8 913	0	50 518	12 035	38 483	0
南方医科大学	6 099	3 034	3 065	0	23 411	8 900	14 169	342
广州中医药大学	5 158	2 208	2 950	0	19 472	6 597	12 875	0
华南师范大学	13 794	5 952	7 842	0	45 356	15 772	29 584	0
广东工业大学	14 542	4 514	10 028	0	51 285	12 489	38 796	0
广东外语外贸大学	7 402	2 132	5 270	0	25 822	5 401	20 421	0
汕头大学	6 345	1 805	4 540	0	20 371	5 416	14 466	489
广东财经大学	8 824	1 354	7 470	0	32 559	3 233	29 326	0
广东医科大学	6 746	1 019	5 727	0	27 091	2 926	24 165	0
广东海洋大学	10 733	794	9 939	0	40 373	2 244	38 129	0
仲恺农业工程学院	6 142	746	5 396	0	27 591	2 154	25 437	0
广东药科大学	6 999	904	6 095	0	24 223	2 491	21 732	0
星海音乐学院	1 541	118	1 423	0	5 754	428	5 326	0
广州美术学院	2 382	439	1 943	0	7 956	1 263	6 693	0
广州体育学院	2 109	422	1 687	0	8 014	1 310	6 704	0
广东技术师范大学	10 971	665	10 306	0	38 346	1 799	36 547	0
岭南师范学院	4 180	0	3 883	297	27 789	0	24 748	3 041
韩山师范学院	6 537	0	5 871	666	22 973	0	20 917	2 056
广东石油化工学院	7 316	0	7 316	0	28 923	0	25 541	3 382
广东金融学院	8 256	182	8 074	0	26 250	347	25 903	0
广东警官学院	2 156	0	2 156	0	7 500	0	7 500	0
广东第二师范学院	4 053	0	4 053	0	16 099	0	16 099	0
广州大学	10 491	3 019	7 472	0	41 718	7 956	30 077	3 685
广州医科大学	3 913	1 763	2 150	0	14 291	4 599	9 692	0
广州航海学院	3 892	0	3 892	0	13 472	0	13 472	0
深圳大学	12 418	5 212	7 206	0	42 880	14 410	28 470	0

续上表

名称	招生数				在校生数			
	合计	研究生	本科	专科	合计	研究生	本科	专科
南方科技大学	3 074	1 788	1 286	0	9 244	4 504	4 740	0
深圳技术大学	3 955	0	3 955	0	9 261	0	9 261	0
佛山科学技术学院	4 802	662	4 140	0	19 616	1 897	17 719	0
韶关学院	3 449	0	3 141	308	26 368	0	24 027	2 341
嘉应学院	6 138	0	6 135	3	26 631	0	23 965	2 666
惠州学院	4 074	0	4 074	0	19 323	0	19 323	0
东莞理工学院	5 560	273	5 287	0	20 176	690	19 486	0
五邑大学	5 670	455	5 215	0	20 040	1 278	18 762	0
肇庆学院	6 733	0	6 733	0	26 282	0	26 282	0
中外（含内地与港澳台）合作院校	4 110	0	4 110	0	14 978	0	14 978	0
北京师范大学－香港浸会大学联合国际学院	1 981	0	1 981	0	7 242	0	7 242	0
香港中文大学（深圳）	1 381	0	1 381	0	5 330	0	5 330	0
深圳北理莫斯科大学	541	0	541	0	1 446	0	1 446	0
广东以色列理工学院	207	0	207	0	960	0	960	0
香港科技大学（广州）	0	0	0	0	0	0	0	0
民办本科院校	170 433	0	165 314	5 119	494 405	0	455 522	38 883
广东培正学院	5 634	0	5 634	0	17 966	0	17 966	0
广东白云学院	11 513	0	11 513	0	31 767	0	31 767	0
广东科技学院	12 749	0	12 331	418	35 712	0	30 924	4 788
广州商学院	12 400	0	10 900	1 500	28 015	0	26 130	1 885
广东东软学院	3 636	0	3 636	0	14 072	0	12 841	1 231
广州工商学院	7 979	0	7 838	141	29 748	0	28 984	764
广东理工学院	8 781	0	8 458	323	38 934	0	31 464	7 470
广州理工学院	10 882	0	10 882	0	21 924	0	21 924	0
广州软件学院	5 614	0	5 614	0	16 014	0	16 014	0
广州应用科技学院	9 693	0	9 693	0	20 412	0	20 412	0
广州华商学院	10 005	0	10 005	0	29 349	0	29 349	0
广州南方学院	5 361	0	5 361	0	20 127	0	20 127	0
广州新华学院	8 044	0	8 044	0	22 584	0	22 584	0
湛江科技学院	10 729	0	10 153	576	23 883	0	23 307	576
广州城市理工学院	6 693	0	6 693	0	24 342	0	24 342	0
珠海科技学院	8 660	0	8 660	0	31 323	0	31 323	0
广州华立学院	9 845	0	9 845	0	21 624	0	21 624	0
东莞城市学院	10 319	0	10 319	0	19 830	0	19 830	0
广州科技职业技术大学	5 585	0	4 931	654	19 753	0	11 975	7 778

续上表

名称	招生数				在校生数			
	合计	研究生	本科	专科	合计	研究生	本科	专科
广东工商职业技术大学	6311	0	4804	1507	27026	0	12635	14391
独立学院	13670	0	13670	0	57965	0	57965	0
北京师范大学珠海分校	0	0	0	0	5110	0	5110	0
电子科技大学中山学院	5242	0	5242	0	17816	0	17816	0
北京理工大学珠海学院	2964	0	2964	0	15979	0	15979	0
华南农业大学珠江学院	3290	0	3290	0	10713	0	10713	0
广东外语外贸大学南国商学院	2174	0	2174	0	8347	0	8347	0
2. 高职（专科）院校小计	399151	0	0	399151	1267496	0	0	1267496
公办专科院校	295536	0	0	295536	966259	0	0	966259
广州民航职业技术学院	4488	0	0	4488	13281	0	0	13281
广东轻工职业技术学院	6530	0	0	6530	27773	0	0	27773
广东省外语艺术职业学院	7275	0	0	7275	18206	0	0	18206
广东机电职业技术学院	6351	0	0	6351	25954	0	0	25954
广东工贸职业技术学院	6965	0	0	6965	24863	0	0	24863
广东职业技术学院	8263	0	0	8263	25644	0	0	25644
广东建设职业技术学院	6432	0	0	6432	22667	0	0	22667
广东理工职业学院	6635	0	0	6635	16195	0	0	16195
广东科学技术职业学院	9020	0	0	9020	30274	0	0	30274
广东交通职业技术学院	7202	0	0	7202	28198	0	0	28198
广东松山职业技术学院	4421	0	0	4421	20192	0	0	20192
广东工程职业技术学院	6620	0	0	6620	24875	0	0	24875
广东科贸职业学院	9869	0	0	9869	32243	0	0	32243
广东食品药品职业学院	6300	0	0	6300	21111	0	0	21111
广东水利电力职业技术学院	6004	0	0	6004	19745	0	0	19745
广东女子职业技术学院	2945	0	0	2945	9393	0	0	9393
广东环境保护工程职业学院	4000	0	0	4000	12378	0	0	12378
广东生态工程职业学院	4459	0	0	4459	14693	0	0	14693
广东文艺职业学院	2768	0	0	2768	6077	0	0	6077
广东舞蹈戏剧职业学院	3015	0	0	3015	6170	0	0	6170
广东财贸职业学院	6485	0	0	6485	14288	0	0	14288
广东体育职业技术学院	1491	0	0	1491	4759	0	0	4759
广东行政职业学院	3175	0	0	3175	6189	0	0	6189
广东青年职业学院	0	0	0	0	5302	0	0	5302
广东司法警官职业学院	1878	0	0	1878	5199	0	0	5199
广东农工商职业技术学院	6824	0	0	6824	22371	0	0	22371

续上表

名称	招生数				在校生数			
	合计	研究生	本科	专科	合计	研究生	本科	专科
广东邮电职业技术学院	2 986	0	0	2 986	9 547	0	0	9 547
广东南华工商职业学院	4 274	0	0	4 274	15 497	0	0	15 497
广州番禺职业技术学院	4 824	0	0	4 824	14 284	0	0	14 284
广州体育职业技术学院	906	0	0	906	3 616	0	0	3 616
广州工程技术职业学院	3 004	0	0	3 004	12 414	0	0	12 414
广州铁路职业技术学院	4 366	0	0	4 366	10 907	0	0	10 907
广州城市职业学院	5 977	0	0	5 977	16 311	0	0	16 311
广州科技贸易职业学院	4 205	0	0	4 205	10 123	0	0	10 123
广州卫生职业技术学院	2 646	0	0	2 646	8 065	0	0	8 065
广州幼儿师范高等专科学校	1 423	0	0	1 423	2 252	0	0	2 252
深圳职业技术学院	9 638	0	0	9 638	34 598	0	0	34 598
深圳信息职业技术学院	6 085	0	0	6 085	18 855	0	0	18 855
珠海城市职业技术学院	2 613	0	0	2 613	8 575	0	0	8 575
汕头职业技术学院	4 428	0	0	4 428	16 520	0	0	16 520
广东汕头幼儿师范高等专科学校	1 651	0	0	1 651	2 396	0	0	2 396
佛山职业技术学院	3 162	0	0	3 162	10 601	0	0	10 601
河源职业技术学院	5 650	0	0	5 650	17 487	0	0	17 487
广东梅州职业技术学院	2 240	0	0	2 240	2 687	0	0	2 687
惠州卫生职业技术学院	2 820	0	0	2 820	12 811	0	0	12 811
惠州城市职业学院	5 105	0	0	5 105	18 318	0	0	18 318
惠州工程职业学院	3 577	0	0	3 577	13 333	0	0	13 333
汕尾职业技术学院	2 988	0	0	2 988	9 689	0	0	9 689
东莞职业技术学院	5 161	0	0	5 161	17 749	0	0	17 749
中山火炬职业技术学院	2 848	0	0	2 848	8 941	0	0	8 941
中山职业技术学院	4 129	0	0	4 129	11 858	0	0	11 858
江门职业技术学院	5 478	0	0	5 478	17 022	0	0	17 022
广东江门中医药职业学院	3 826	0	0	3 826	11 912	0	0	11 912
广东江门幼儿师范高等专科学校	2 533	0	0	2 533	7 626	0	0	7 626
阳江职业技术学院	3 849	0	0	3 849	13 212	0	0	13 212
湛江幼儿师范专科学校	4 730	0	0	4 730	18 002	0	0	18 002
茂名职业技术学院	5 490	0	0	5 490	17 702	0	0	17 702
广东茂名健康职业学院	3 519	0	0	3 519	12 243	0	0	12 243
广东茂名幼儿师范专科学校	3 914	0	0	3 914	15 416	0	0	15 416
广东茂名农林科技职业学院	4 508	0	0	4 508	14 678	0	0	14 678
肇庆医学高等专科学校	3 660	0	0	3 660	11 894	0	0	11 894

续上表

名称	招生数				在校生数			
	合计	研究生	本科	专科	合计	研究生	本科	专科
清远职业技术学院	4 294	0	0	4 294	16 872	0	0	16 872
广东潮州卫生健康职业学院	2 131	0	0	2 131	2 766	0	0	2 766
揭阳职业技术学院	2 705	0	0	2 705	8 703	0	0	8 703
罗定职业技术学院	3 044	0	0	3 044	13 459	0	0	13 459
广东云浮中医药职业学院	2 213	0	0	2 213	2 601	0	0	2 601
顺德职业技术学院	3 521	0	0	3 521	16 677	0	0	16 677
民办专科院校	103 615	0	0	103 615	301 237	0	0	301 237
私立华联学院	3 022	0	0	3 022	8 478	0	0	8 478
潮汕职业技术学院	2 453	0	0	2 453	6 059	0	0	6 059
广东新安职业技术学院	1 568	0	0	1 568	6 648	0	0	6 648
广东岭南职业技术学院	5 373	0	0	5 373	22 213	0	0	22 213
广东亚视演艺职业学院	1 509	0	0	1 509	3 701	0	0	3 701
广州康大职业技术学院	1 127	0	0	1 127	3 051	0	0	3 051
珠海艺术职业学院	2 306	0	0	2 306	4 952	0	0	4 952
广州涉外经济职业技术学院	4 370	0	0	4 370	13 084	0	0	13 084
广州南洋理工职业学院	4 003	0	0	4 003	12 207	0	0	12 207
惠州经济职业技术学院	4 842	0	0	4 842	9 863	0	0	9 863
广州华南商贸职业学院	3 230	0	0	3 230	8 651	0	0	8 651
广州华立科技职业学院	8 629	0	0	8 629	20 932	0	0	20 932
广州现代信息工程职业技术学院	3 622	0	0	3 622	9 509	0	0	9 509
广州珠江职业技术学院	2 446	0	0	2 446	6 397	0	0	6 397
广州松田职业学院	2 426	0	0	2 426	11 508	0	0	11 508
广东文理职业学院	7 217	0	0	7 217	15 864	0	0	15 864
广州城建职业学院	7 223	0	0	7 223	22 525	0	0	22 525
广东南方职业学院	5 205	0	0	5 205	26 370	0	0	26 370
广州华商职业学院	5 899	0	0	5 899	23 880	0	0	23 880
广州华夏职业学院	6 288	0	0	6 288	21 666	0	0	21 666
广东创新科技职业学院	6 257	0	0	6 257	15 416	0	0	15 416
广州东华职业学院	5 895	0	0	5 895	11 843	0	0	11 843
广东信息工程职业学院	1 388	0	0	1 388	3 220	0	0	3 220
广东碧桂园职业学院	1 429	0	0	1 429	3 003	0	0	3 003
广东酒店管理职业技术学院	3 734	0	0	3 734	7 932	0	0	7 932
广东肇庆航空职业学院	2 154	0	0	2 154	2 265	0	0	2 265

注：1. 研究生招生数、在校生数不含科研机构数据。

2. 研究生在校生含在职人员攻读硕士学位。

3. 香港科技大学（广州）2022年6月14日由教育部批准设立，2022年未招生。